珍藏本
纪念版

汉译世界学术名著丛书

经济分析史

第二卷

〔美〕约瑟夫·熊彼特 著

杨敬年 译

朱泱 校

商务印书馆
SINCE 1897
The Commercial Press

2017年·北京

Joseph A. Schumpeter
HISTORY OF ECONOMIC ANALYSIS
Eleventh Printing, 1980
Oxford University Press, Inc.
本书根据牛津大学出版社 1980 年第 11 次印刷本译出

汉译世界学术名著丛书
（120 年纪念版·珍藏本）
出 版 说 明

2017 年 2 月 11 日，商务印书馆迎来 120 岁的生日。120 年前，商务印书馆前贤怀揣文化救国的理想，抱持“昌明教育，开启民智”的使命，立足本土，放眼寰宇，以出版为津梁，沟通中西，为中国、为世界提供最富智慧的思想文化成果。无论世事白云苍狗，潮流左右激荡，甚至战火硝烟弥漫，始终践行学术报国之志，无改初心。

迻译世界各国学术名著，即其一端。早在 20 世纪初年便出版《原富》《天演论》等影响至今的代表性著作，1950 年代后更致力于外国哲学和社会科学经典的译介，及至 1980 年代，辑为“汉译世界学术名著丛书”，汇涓为流，蔚为大观。丛书自 1981 年开始出版，历时三十余年，迄今已推出七百种，是我国现代出版史上规模最大、最为重要的学术翻译工程。

丛书所选之书，立场观点不囿于一派，学科领域不限于一门，皆为文明开启以来，各时代、各国家、各民族的思想与文化精粹，代表着人类已经到达过的精神境界。丛书系统译介世界学术经典，引领时代思想，为本土原创学术的发展提供丰富的文化滋养，为推动中国现代学术和现代化进程做出了突出的贡献。

为纪念商务印书馆成立120周年，我们整体推出"汉译世界学术名著丛书"120年纪念版的珍藏本，寄望既利于文化积累，又便于研读查考，同时向长期支持丛书出版的译者、编者和读者致以敬意。

两甲子后的今天，商务印书馆又站在了一个新的历史时间节点上。我们不仅要铭记先辈的身影和足迹，更须让我们的步伐充满新的时代精神。这是商务人代代相传的事业，更是与国家和民族的命运始终紧密相连的事业。我们责无旁贷，必须做好我们这代人的传承与创造，让我们的努力和成果不仅凝聚成民族文化的记忆，还能成为后来人可以接续的事业。唯此，才能不负前贤，无愧来者。

商务印书馆编辑部

2017年10月

目　　录

第三编　1790 至 1870 年

第三编

1790 至 1870 年

第一章 导言与计划

1. 包括的时期

2. 工作的条件

3. 本编的计划

4. 关于马克思主义体系

1. 包括的时期

本编包括十八世纪九十年代至十九世纪六十年代末或七十年代初的经济分析史。在《国富论》刊行后的一二十年间，就分析工作而言，可以报道的本来不多；有些可以报道的，大多已经纳入第二编。我看不出有什么理由必得指定某一年作为一个新的分析活动时期的开始，但是如果一定要这样做，我们不妨从马尔萨斯的《人口论》初次问世的时候（1798 年）算起。马克思的《资本论》第一卷（1867 年）、杰文斯的《政治经济学理论》（1871 年）、门格尔的《国民经济学原理》（1871 年）的出版以及社会政策协会的成立（1871 年），是明显地标志着另一个时期到来的一些事件。

我们都知道，划分历史时期是一件不得已而为之的坏事。首先就可以从原则上加以反对，而不问作者用来划分时期的具体方法如何：历史的发展永远是连续不断的，决不能将其割成片断，而不流于武断，并蒙受损失。拒绝用年代去标明一个时期，我们并没有解决这个问题，只不过是把因为我们无力解决它而引起的后果略微减轻一些罢了。第二，由于我们集中注意于经济分析的历史而不得不采用的特殊分期方法，必然不能满足对另外一些事情感到兴趣的人们。第三，即使从研究分析史的同行学者的观点来看，把亚当·斯密放在前一个时期的将近末了，而不把他放在一个可以说是为他的影响所支配的时期的开头，这种方法是很有理由可以反对的。我们对于这一切的承认，将在许多方面表现出来，例如，在本编中，我们就没有对在年代上属于这一时期的作者一一加以考察——最重要的例子是库尔诺，同时我们把在年代上不属于这一时期的某些作者却包括在内——卡尔尼斯就是一个例子。然而，我认为我们的时期划分是能够表明事情的基本真相的。这要由读者来判断。但我们可以立即提到两个事实，这些事实颇能证明我们的处理是正确的。第一，在我们以前的许多历史学家已经感到，这个时期形成了一个真正的单元。这种感觉表现在一个特殊的名称中：这个时期被称为经济学的"古典"时期——所谓"古典"，其意义与本书所用的这个词的意义完全不同。[①] 这个时期保留着这块牌子，一直到当"古典"一词失去了它的颂扬的含义而开始意味着"陈旧"时，凯恩斯勋爵使用这个词来表示马歇尔及其直接追随者的学说（或者简单地说，就是凯恩斯以前的经济学）。第

① 让我提醒一下：当本书把这个词用在这种不同的意义上时，另加引号，以免混淆。有三种意义须辨别清楚：旧的意义，"古典"一词用来表明本编所讨论的时期中的经济学著作，再加上亚当·斯密；凯恩斯勋爵的意义；和我们自己的意义。〔熊彼特原想在第一编（没有完成）中更详尽地说明这个论点。还可参阅第四编第一章。〕

二个并且是更重要的事实是，从十八世纪九十年代到十九世纪六十年代末这一段时间，确实合乎我们的分期标准：首先，有了同腐朽事物作有希望的斗争的崭新活动；然后，一切安定下来，出现了一种我们所称的标准的古典形势，这种形势已概括在约翰·穆勒的标准的古典成就（这又是从我们所持的古典一词的意义讲）中，他那从已经确立的真理的有利地位来说话的态度，他那对于这种已经确立的真理具有永恒性所抱的天真的自信，均着重指出了这个事实。随之而来的是停滞——这种状态普遍感到是表明这门科学已经成熟了，如果不是已经衰微了的话；在这种状态中，"懂行的人"在实质上是彼此意见一致的；在这种状态中，"大功现已告成"，大多数的人认为，除了一些细节以外，剩下所要做的就只是推敲和应用了。

2. 工作的条件

有一种极其类乎忌妒的东西，悄悄地打破了我们为欢迎这一时期的著作中透露出作者无限满足心情的许多段落而往往会含有的微笑。那时的经济学家们，或者是其中的大多数，对于自己取得的成果显然是感到满意的，就像二十世纪三十年代的某些经济学家重又这样感到一样。往后我们将要设法来了解经济学家的这种欣然自得的心情。虽然他们所盖起来的只不过是一个单薄的木头小屋，他们却把它看成是一所坚固的住宅。[①] 我们对斯密以前的

[①] 特别参阅约翰·穆勒的《政治经济学原理》第三编第一章第二节中常常被人嘲笑的关于价值理论的一段。

成就还是估计过低，而对“古典作家”的成就还是估计过高。

进行这一工作所处的环境，可以略述于下。要说专业的经济学在这个时期已经明确地建立，我是感到踌躇的。肯定不能说经济学作为一种专门职业已经确定下来，因为经济现象的研究还不是一个全部时间的工作，很少有只是经济学家而不做别的事情的人：许多人同时又是工商业家、政府官吏或新闻记者；即使大学中的经济学教师，有许多（如果不是大多数）也兼教同类的——甚或完全不同的——课程。然而，我们有权利说，在这个时期中，专业化的过程已在迅速进行：一开始，经济学就确立了它的有一定研究范围的主张；它变成了一门明确的专门学科；它应用了明确的方法；它的结果的明确性也有所增长；而经济学家们，尽管不是全部时间从事经济学，也比以往更加明确地彼此承认，并为公众所承认。新的政治经济学团体成立了；新的杂志、新的辞典、新的书目出现了——可是，所有这一切只不过意味着以前那套做法的继续。[①]经济思想史的研究有了一个生气勃勃的开端；[②]自然，教科书

① 在团体中，最重要的是伦敦政治经济学俱乐部（1821年）；在杂志中，最重要的是法国的《经济学家杂志》（1842年）；在辞典中，最重要的是法国的《政治经济学辞典》（各格林与吉约明版，1853—1854年）。值得注意的是，在1890年以前，英国并没有一种专门的科学经济学的杂志。但这部分地是由于已经有了这样一些优良的严肃的杂志，如《爱丁堡评论》、《季度评论》、《威斯敏斯特评论》，它们甚至刊登专业性极强的文章——这对这一时期的读者是一个很大的恭维。我除了利用过篇数极为有限的、我在“专业性”文献中看到曾经引用的文章以外，对这些期刊的内容没有考察过——这是我工作中的一个严重漏洞。我曾看过《辞典》，但也只是随意翻翻罢了。

② 关于个别学说论点的历史引证，为期当然还要早得多。在十八世纪也出版了几种书目提要，但是除了由杜邦以及其他的人所写的少数几本关于重农学派的书以外，我不知道还有什么历史的书。可是自从十九世纪初起，对学说史就表现了一种日

就像雨后春笋一般出现，其中有几本我们将在有关的场合提到。

研究大都靠研究工作者自行筹措经费；例如，图克若不是一个富人，即不能有所成就；自然，在某些场合下，刊行研究结果所得的收入是足以维持研究活动的。可是，教学方面的设施十分欠缺。即使在从前设有正规的经济学课程的国家，如德国、意大利、西班牙和苏格兰，用意也只是在为其他的研究学科——例如法律

益增长的兴趣。在J.A.布朗基的《政治经济学史》(附有《书目提要》)初版于1837年问世以前，唯一值得在这里提到的这一类出版物，就是麦卡洛克(在1824—1825年)和萨伊(在1829年，见《政治经济学教程》第六卷)各自所写的概略。自1837年至1870年间，出版了若干其他的有关著作，其中有一些只限于论述个别国家的情形。到1858年时，这类书籍的数量已经很多，因而罗伯特·冯·莫尔(1799—1875)在他的《政治学的历史和文献》(1855—1858年)第三卷中，插入了《关于政治经济学史的著作》一章。我想要提到的只是：(1)麦卡洛克的《政治经济学文献》(1845年)；(2)费拉拉在《经济学家丛书》中所写的各个序言(在1850年至1868年间，费朗基斯科·费拉拉编辑了两套外国著作的意大利文译本，他曾撰写序言，对之一一加以详尽的分析，这种分析就构成了他对理论所作的大部分贡献，实际上可以说是一部经济学史；这些序言的大多数曾于1889—1890年单独刊行)；(3)罗雪尔(他的大部分工作是属于学说史领域的。在这个时期内，他写出了《十六与十七世纪英国国民经济学史》，1851—1852年；《论亚当·斯密学说的传入德国及其应用》，1867年；他在1863年刊行的《一个十四世纪的伟大的国民经济学家》中，倾吐了自己对奥雷斯姆〔参阅上面，第二编，第二章〕的热情；我们还得立即加上他后来所写的《德国国民经济学史》，1874年，这是一项付出了巨大劳动得来的成果)；(4)曼纽尔·科尔梅罗的《西班牙政治经济学史》(1863年)，严格说来不属于这里所指的范围，但这本书和他的《书目提要》(1880年)一道，对于研究西班牙的经济学，依然是一个很好的起点。我感谢E.沙姆斯博士的卓越的研究《国民经济学说史研究引论》(载《国民经济学杂志》，1931年9月)一文以及他和O.莫根斯顿教授合写的《国民经济学说通史书目》(同上，1933年3月)一文所给我的帮助，但后者不包括论文，也不包括主要是不属于历史领域的理论研究但附带涉及学说史的一切著作。沙姆斯博士认为学说史编纂的"科学"时代是从E.K.杜林(参阅后面，第四章)的《国家经济学与社会主义批判史》(1871年)一书开始的。

或哲学——作补充，而不是作为经济学本身的训练来独立组织的课程。在美国，1818 年在哥伦比亚大学设置了一个“道德哲学和政治经济学”的教授席位，1824 年在南卡罗莱纳学院指派了一个化学教授去讲授经济学。在此以前，在各地也曾有过由具有极端不同资格的人去进行所谓经济学讲授的事。在英国，在下一个时期来到之前，教授或讲师席位是寥寥无几的。牛津大学的经济学讲座是 1825 年设置的，第一个主持该讲座的人是西尼尔；伦敦大学的大学学院的经济学讲座是 1828 年设置的，第一个主持该讲座的人是麦卡洛克；都柏林大学的经济学讲座是 1832 年设置的，第一个主持该讲座的人是朗费尔德；在赫利贝里的东印度学院中有一个历史、商业与财政讲座，马尔萨斯在 1805 年受命主持这个讲座。[①] 但从薪俸及任职的其他条件来看，充分证明这些讲席的设置人和行政管理部门甚至并不希望人们会长期地担任这种职位，更谈不到希望他们以此作为自己的终身职业了。在英国，为了改变这种状况，于 1857 年成立了“全国社会科学促进协会”，但几十年之后，才获得了显著成效。

在对这一时期的成就作任何评价时，必须把上述情况估计在内；对于某一个人的成就作任何评价时，尤其需要这样。在另外一个场合我得要强调，基金和讲座并不是最重要的东西，但在此处我必须强调，它们也不是丝毫无关紧要的。在上述情况下，具有卓越的才能和广博的文化素养的人们对于我们的学科不得不浅尝辄

① 在法国，十八世纪九十年代曾设置某些临时性的讲席，拿破仑战争以后又设置了这些讲席，但均只限于巴黎大学(参阅后面，第四章，第 4 节)。

止，尽管他们很有才能，也很有学问，但却是无足轻重的经济学家——这就是为什么，在我们的学科内，在这个时期中，对于成就的某种评价并不一定包含对于那个人的评价。①

在这个时期的成就中，除了海外几个孤独的高峰以外，英国泰然地居于首位。事实上，这个时期是我们这门科学的历史中一个特殊的英国时期。当时英国经济学家之所以享有无与伦比的威望，只不过部分地是由于他们的国家在经济上的成功所不合理地反射到他们头上的光辉。这种威望主要还是由他们所完成的工作的质量赢得的，这种工作不仅是由少数大师所做的，而且也是由许许多多能干的作家所做的，这些作家不能称为是第一流的，但是他们的努力加在一起，就颇为可观了。

3. 本编的计划

从本编起，我们将要改变我们的陈述方法。在第二编中，我们不仅要概括一个很长的历史时期，而且还要和这样的困难作斗争，即没有一个为大家所接受的体系可供描述。严格说来，在第三编所包括的时期内也不存在这样一种体系。但是多少有了一点近似的东西，虽然还不很理想。这就是说，绝大多数——像我们所说的——彼此互相承认是经济学家的人们，对于主题、方法和结果的

① 如果读者翻阅一下像佩勒格里诺·罗西这样的人的传记，他就会立即认识到这句话是有道理的。但即使就约翰·穆勒来说，这也很显然：在他的《原理》一书中，那些令我们感到不满意的地方，有许多是很容易用下面的事实来说明的，即这部著作大部分是在一个办公室里写成的，穆勒的心思因为要处理许多日常事务而受到了搅扰。

基本原则已经取得了足够一致的见解，因而有可能使得他们的贡献系统化，虽然在这些基本原则的范围内，他们对于每一个别问题的意见实际上是不一致的（或是在个人与个人之间，或是在一派人与一派人之间）。甚至还有比各个作家所愿意承认的更多的共同之处和——在各个接连的十年之间——更多的连续性。因为，在当时也和在今天一样，大多数经济学家往往强调不同之处更多于强调相同之处，虽然这也有重大的例外，其中最重要的是约翰·穆勒。诚然，当时还有许多抱着完全不同的见解的人，他们把正在成长的"古典"经济学的具体而微的体系抨击得体无完肤。但其中大多数不合乎我们所定的分析能力的要求。而其他的人反对这种体系，不是从分析的观点立论，而主要是从政治的、道德的或文化的观点立论，因此，他们的反对就不一定[①]同我们有关，即使在我们与他们意见一致的地方。

利用这些事实，我们在这一编就能够做出我们在第二编所没有能做的事情，也就是说，在对政治背景和学术背景的显著特征作过一番追溯（第二章和第三章）以后，便可以从横断面来描述分析工作的发展情况。这个横断面将由约翰·穆勒的《政治经济学原理》所代表（第五章）。但是为了使事情简化起见，我们将要减轻第五章的一些负担，其办法是使我们自己对最重要的个人和派别预先有一个认识（第四章），并把关于纯理论和关于货币的细节尽量放在单独的两章（第六章和第七章）中。第七章还得照顾到关于银

① 当然，读者应明白，道德上的反对可能构成寻找事实上或逻辑上的反对的动机，而这种反对则是同我们有关的。

行和商业循环所不得不说的一点点东西。

4. 关于马克思主义体系

我们的计划是简单的，并且在几乎所有的场合下都行得通，只是有一个例外，这就是在马克思主义体系的场合。困难并不是像可能设想的那样在于马克思的经济学光彩耀人，傲然独立，不能和我们所要讨论的其他著作相提并论。相反地，我们将看到，马克思的经济学乃是这个时期的一般经济学的重要组成部分，这正是为什么我们必须把它纳入本编的原因。当我在上一节谈到持完全不同见解的人时，我所想到的并不是马克思；在本书中，我们能够像对待其他经济学家一模一样地对待马克思，我们也将要这样对待他。① 困难也不是由于他又是一个社会学家所引起的。因为他的社会学能够纳入同它相适宜的地方，正像他的经济学能够纳入适宜的地方一样。困难在于，就马克思的情形而论，如果像我们的论述方式所要求的那样，把他的体系分解成为许多组成的命题并分别给予每一命题一个适当的地位，我们就会失去对于了解他所必不可少的某种东西。在某种程度内，对于每一个作家来说都是如

① 因为这一点既极其重要，又可能引起某些读者的惊讶，所以我除了请他们注意在后面各章将要读到的东西以外，愿意立即声明：这种惊讶完全是由于马克思在陈述他的经济分析时所带的一种预言者的愤怒气氛造成的；不论是从普通人还是从哲学家看来，这种气氛使得马克思的经济分析显得是一种同任何其他人所作的分析完全不同的东西。此外，这一时期和下一时期的英美专业文献也都确实把他当作一个外人来看待。但是在那种文献中，其他第一流的外国经济学家在这一方面所受的待遇并不比他更好。

此：全体总是比各个部分的总和要多一些。但只是在马克思的场合，忽视这一点①而使我们遭受的损失才具有非常重大的意义，因为他的看法的总和，作为一个总和，是贯彻在每一个细节之中的，对于每一个研究他的人，不论是朋友还是敌人，这正是使之在心智上感到迷人的泉源。我提出来解决这个困难的方法是不可能使正统的马克思主义者满意的，对于他们来说，马克思就是社会科学的中心太阳。这种方法也不能使得这样一种人满意：他们所要的是各个思想家的美术像。但对于每一个想要看到一幅技术经济学的发展图画（这是本书想要提供的）的读者，这种方法是完全可以使他满意的。我们充分认识到"马克思学"的特殊任务，但我们无意去重复它。我们不准备打乱我们的计划。我们要把马克思的著作拆散，并且要用极其经济的手法，单把合乎我们需要的东西用在根据我们的宗旨所要用的地方。但是我们要利用本节余下的篇幅，来评论他的整个学说。

I. 马克思在本书中只是作为一个社会学家和经济学家出现。自然，这位创立一种主义的预言家远远不只是这样一种人。而他的创立主义的活动和他的制定政策和宣传鼓动的活动，又都是和他所进行的经济分析活动不可分割地交织在一起的。这种情况是如此之甚，以致产生了这样一个问题：究竟能不能把他称为分析工作者。对于这个问题，可以从两种极其不同的观点给予否定的回答。正统的马克思主义者——对于他来说，这位预言家的每一句

① 我们从来没有完全忽视这一点。在所有比较重要的场合我们都把经济学家"介绍"给读者，在这个介绍中，就有机会看到各个经济学家个人的全部成就。但是我不能做得太过分，因为我们故事中的英雄是一般命题而不是个人。

话都是永恒的真理；对于他来说，反对马克思不仅是错误，而且是罪恶——会给予否定的答复，但其具体的意义是：在马克思的黑格尔高丘上，行动和推理、现实和思想都变成了同一的东西；在这个水平上，分析是不能和实践分离的；所以，如果我们把马克思的思想称为分析的，我们就应该立刻加上一句，这种分析在意义上和平常的所谓分析有本质的不同；因此，他的著作不是一种通常意义的所谓分析的著作，而本书的作者既然生来就不能对它作公正的处理，就应当收起自己的一双不圣洁的手，不要去触摸它。某些反对马克思主义的人们会同意这个结论，虽然他们可能表述得不同——他们忠告我收起自己的手，不要去触摸这种不圣洁的东西：对于他们来说，马克思的著作就是一系列在本质上是不科学的痛骂，是生来就不能看到事实或作出正确推理的人写出的东西。

可是，对于我们的问题，我的回答却是肯定的。作出这个肯定回答的理由是根据下面这个命题：马克思著作的大部分由于其所具有的逻辑性而是分析性的，因为它是对于社会事实的相互关系的说明。例如，政府在本质上是资产阶级的一个执行委员会这个命题可能完全是错的；但是这种说法体现了一项我们所称的分析，接受它或是驳斥它是由科学程序的一般规则来支配的。把《共产党宣言》——上述命题出现在这个宣言中——称为一种科学性的出版物，或把它当作一种科学真理的陈述来接受，诚然是荒谬的。否认下面这一点也是同样的荒谬：即使在马克思的最科学的著作中，他的分析不仅被实用目的的影响所歪曲，不仅被带着感情的价值判断的影响所歪曲，而且也被意识形态上的幻想所歪曲。[①] 最后，否认这一点也不免荒谬：要把他的分析同这种分析的意识形态上的因素分解开来是困难的，在某些场合下甚至是不可能的。但在意识形态上受到歪曲的分析仍然是分析。它甚至还可以产生一些真理的因素。总起来说：每当马克思的名字在下面的书页中出现时，我们不会高唱“呵，全能的主”；但我们也不会把他推在门外；我们只是把他看作一个社会学和经济学的分析家，他的命题（理论），也像其他每一个社会学和经济学的分析家的命题一样，具有相同的方法论上的意义和地位，并且应当根据相同的标准去加以解释；我们不承认有任何神秘的光环。[②]

II. 既然值得我们注意的只是一个作为“科学的”社会学家和经济学家的马克思，那么我们就不必去考虑与他的“科学”工作无关的东西——他的事业，活动，或个人性格等的任何方面。我愿意

① 关于这三种歪曲的不同之处，参阅前面，第一编。

② 让我再提一次：在对定义的不同和抽象化程度的不同给予适当的注意以后，马克思的每一个命题所表述的意思，就同这个命题如果是出于——譬如说——李嘉图笔下时所表述的意思一样。这个说法已经照顾到了马克思主义者常常（有时候是正当的）提出的一个主张，即马克思的批评者（甚至马克思的信徒）可能由于未能注意到以下的事实，而不能了解他的意思：(1)马克思所用的术语同其他经济学家所用的术语意义不同（例如，“价值”一词对马克思和对约翰·穆勒简直意味着完全不同的东西）；(2)他在自己著作的各个部分中所作的论证，其抽象化的程度也有极大的不同。同时，我们的说法表明我们拒绝承认上面已经注意到的另外一种主张——这是马克思主义者有时候提出来的，这种主张包含在他们对马克思的分析的逻辑性问题所作的答复中：即是说，马克思的命题似乎有一种不受科学程度的普通规则所支配的灵体。关于这一点，我们的答复是：马克思用经验的分析方法来论证这个经验的世界；因此他的命题——正如每一个对于批评还多少加以讨论的马克思主义者所默认的——具有通常的经验的意义，要不就毫无意义。关于黑格尔哲学对他的影响，参阅后面，第三章，第1b节。

指出，我丝毫无意去对他这个人加以“品评”，对于他的朋友和忠实的同盟者恩格斯也是如此。可是，为了正确地看待他们各自的工作，叙述某些事实还是必要的。这些事实见下面的脚注。[①] 让我们

① 卡尔·亨利希·马克思(1818—1883)是一个十足的资产阶级环境的产物(但这种环境未能维持他在经济上的独立)，是一种十足的资产阶级教育的产物，这种教育把他变成了(正像它把那么多的人变成了)一个知识分子、一个急进派和一个学者——这种急进主义是属于他那时代的资产阶级类型的，这种学者的学问是属于历史学和哲学类型，而与数学和物理学类型不同的。由于客观的情势，同样也是由于个人的选择，他从事新闻事业而没有去从事学术生涯，并在 1843 年去过巴黎，在那里他遇到了恩格斯，也遇到了经济学(这他在以前只接触到边缘)，在那里他使自己明确地站到了社会主义者的立场上。从 1849 年起他长期定居在伦敦，对于他这样一个酷嗜书本的读者来说，这就差不多等于是说，他长期定居在大英博物馆附设的图书馆。积极的革命主义——像他于 1848 年在德国所实践的——已经结束，在他剩下的半生中，他的研究工作就只是被赚取他的面包的必要活动(部分地靠从事新闻工作)打断过，只是被他在第一国际中的活动(1864—1872 年)打断过，到后来也被日益衰退的健康情况打断过。他的标准的传记依然是 F. 梅林所写的那一本(1918 年)。虽然这本书在某些方面比作者的其他作品所受到的狭隘偏见的损害要小一些，并且一般说来是值得推荐的，但它在一个方面却令人要为马克思抱不平：它对马克思工作中的科学因素完全未能加以应有的重视。我们自己在马克思的著作中可能会找到关于意识形态上的偏见的丰富证明，但梅林归之于马克思的，却只有表述无产阶级思想意识的动机而**没有其他的东西**(自然他的用意是在恭维)：他这样做是走得太远了。

弗里德里希·恩格斯(1820—1895)，在 1869 年以前，在相当成功的企业生涯中点缀了一些革命活动，这一年他从企业退休，以便用他的后半生贡献给马克思主义的社会主义事业。马克思死后，他变成了马克思遗著的护理人，此外，他还有几分像德国社会民主党的圣人和元老政治家(因此成为年轻一代的攻击目标)。他的忘我的忠诚不得不令我们表示崇高的敬意。他自始至终一心只想做马克思这位上帝的忠实仆人和代言人。因此，只是由于必要我才指出——因为必须这样做，来使读者了解在恩格斯所编的马克思手稿方面我们所处的境地——在智力上他是不能与马克思相匹敌的；虽然在哲学和社会学方面他还算赶得上马克思，在技术经济学方面他却特别欠缺。在他自己的经济学出版物中，《英国工人阶级状况》(1845年)我们将要再一次提到：不管多

来着重指出其中的几个事实。第一，一个人如果不正确地估量马克思和恩格斯的资产阶级文化背景所具有的含义，他就不能了解他们，这就是为什么必须把马克思主义看作是资产阶级头脑的产物、一个从十八世纪和十九世纪初的资产阶级根子中成长起来的产物的理由之一，虽然不是唯一的理由。相信马克思主义除了对于数目有限的知识分子以外，对于群众、或者在事实上对于任何集团曾经有过或者能够有任何的意义，这种信念是马克思和恩格斯个人的意识形态中最可悲的因素之一。[①] 第二，我们所了解的情况，使我们能够非常清楚地看到马克思有机会专心致志地搞自己的工作。有时候，他沉溺于活动，并且在这样一种情况下生活着：

么具有偏见，这却是一项值得赞扬的事实调查，其中还有许多是根据直接的观察。《政治经济学批判大纲》（载卢格和马克思编的《德法年鉴》，1844 年）同他的《欧根 · 杜林先生在科学中所实行的改革》（1878 年；英译本《反杜林论》，1907 年）的成就显然是很低的。他出版的哲学和社会学著作，虽然没有创造性的贡献，却维持了较高的水平。我们没有机会再来提到两者了。但是，让我重复一遍，上面这些话不应当使得我们把这样一个人看低了，这个人的名字是完全有资格享受它在德国社会主义的历史中所据有的那种光荣地位的。特别是，我心中根本无意想要来暗示：他是马克思的奴隶。在十九世纪四十年代，他甚至可能在经济学和社会主义方面帮助教育了马克思，因为他在那时候远远走在前头。有几部传记。只要提到一部就够了：D. 里查诺夫，《卡尔 · 马克思与弗里德里希 · 恩格斯》（英译本，1927 年；俄文原本我未见过）；马克思和恩格斯两人的著作目录，见马克思恩格斯学院（后来改称马克思恩格斯列宁学院）所编《马克思恩格斯文库》，第一卷，1926 年。〔《马克思恩格斯文库》头两卷系用德文和俄文同时刊行；以后各卷只出了俄文版。〕

① 马克思也这样来欺骗自己，并用下面的办法在他的信徒中培养同样的幻想：他在他的构造物中嵌入了足够多的这样的辞句——其中有一些是非常粗鲁的，这些辞句的确是每一个人都能看懂的，而这些辞句就是马克思主义对粗俗的人，也许甚至是对这个名词所没有包括的人们所意味着的东西。

这种情况是必定会使得人伤脑筋的，它比我们从实际占去的时数所推测的更要有害于他的科学工作。然而，平均说来，他所有的“留给自己”的时间，同留给我们今天一个典型的美国大学教授的时间——也是平均来说——比较，是只有多没有少的。而他充分地加以利用了。其次，一个人无论怎样也不会了解马克思和他的著作，如果他不去适当地重视这种著作中所包含的渊博学问——这是无止息的劳动的成果，这种劳动从他早年主要是对哲学和社会学方面感到兴趣开始，随着时间的推移而日益集中于经济学，直到他的工作时间几乎全部被经济学独占为止。他的头脑也不是那样一种头脑，在其中学问的煤会把火焰扑灭：对于每一个事实，对于在他的阅读中所碰到的每一种议论，他都要用那样洋溢的热情去与之搏斗，以致他不断地脱离了他的主要的前进道路。这一点，我是十分坚决主张的。如果我要写一部“马克思学”，这个事实就是我的中心题目。细读他的《剩余价值学说》就足以使人相信这一点。而且，一旦证实之后，这一事实又可以确立另外一个事实，并解开一个讨论得很多的谜：它所确立的事实是，马克思是个天生的分析家，是个感到被驱使去做分析工作的人，不管他想不想要做，也不问他的动机是什么；它所解开的谜是，为什么他未能完成他的工作，而是留给我们一堆堆的杂乱无章的手稿，尽管有人情愿费多大力气，也不能将其纳入令人满意的形式。

第三，我们了解的情况确保可以这样说：在他到巴黎去以前，他已经是一个很像样子的哲学家，涉猎一点社会学和政治学（像许许多多的哲学家所做的那样）；他在巴黎进步得很快，并且作为一个经济学家站住了脚跟；在这个时候，他和恩格斯合写了《共产党宣言》(1847 年;1848 年刊行);这就是说,在 29 岁的时候,[①]他已经掌握了构成"马克思主义社会科学"的一切必不可少的东西,唯一的重要空白是在技术经济学的领域内。至于以后,他的学术生活的主要路线可以描述为苦心完成那种"社会科学"和为填补那些空白所作的一系列的努力——这种任务,我相信马克思不曾预期会包含任何不可克服的困难,虽然他曾经预期,对于在那个宏大的构造物中将要安置进去的一切东西一一加以清理和调整,是需要进一步去进行大量工作的。

这种解释不是一般通常的解释。它认为马克思对于他的思想体系中一切根本的东西早就有了一种构思,并且除了在比较细小的地方以外,他在展开这种构思时保持了很大的一致性,这种一致性是从在主要之点上从来没有改变过的一种理论宗旨和计划中产生的。即使是同意这种看法的马克思主义者,也会觉得这种解释过于简单了;而马克思的批评者则会宣称这种解释是根本错误的。因此,必须作一些辩护。有关的事实如下。马克思在 1859 年刊行了《政治经济学批判》,这显然是当作一种广泛的说明的第一部分,因而可以作为证明,他必定认为自己是已经有了充分准备来撰写这部著作的。他放弃了这部未完成的作品,这一事实证明,他并没有这种准备,并且他感到他作了一次不能令人满意的开端。但那又有什么关系呢?在那样一种规模宏大的事业中——而且,在经济学方面,它包含了大量的细节,理论上的比事实上的更多——这

① 如果情形是这样,那就会替奥斯特瓦尔德的理论提供另一个例证,他的理论是:思想家在三十岁以前,就拥有了他们真正具有独创性的想法。

正是必须预料会要发生的事情，不能拿来证明在基本的东西上出了什么错误。他重新开始，经过奋斗——这最有教益地反映在他的一些手稿中，这些手稿最后由考茨基作为三卷刊行（《剩余价值学说》，1905—1910 年）——之后，得出了一个新的第一部分（《资本论》，第一卷，1867 年）。[①] 在马克思活着的时候并没有出版第二卷，而恩格斯不得不从未完成的手稿中去编订第二卷（1885 年）和编辑第三卷（1894 年），这个事实被反马克思主义者解释为意味着承认失败：他们说，马克思已经意识到，在他的体系中存在有不可调和的矛盾（特别是在他的价值理论中），因而不肯继续出版。可是，从《剩余价值学说》能够看出，当马克思刊行《资本论》第一卷时，他完全知道，并且计划好了从他的批评者看来似乎是具有不可调和的矛盾的东西。诚然，他的通信证实了这个事实：他的耽误了第二卷完成的理由，读来是不太令人相信的。但这肯定能够用一个年龄日增因而畏惧作出新的努力的有机体所具的日益增长的阻力来解释。可见，上述事实不能用来证明我的解释不对。我宁愿作出这种解释的正面的理由，是在上面已经提到过的他的工作方法，以及我自己作为一个理论工作者对于马克思的理论上的困难究竟是什么所具有的了解——从他的观点来看，这种困难并非是不可克服的。这同我所持有的马克思的体系有着严重错误的信念

① 关于马克思是否改变了他的计划以及为什么他要改变计划的问题，我要说的就只这些。这个问题对“马克思学”来说虽然很令人感兴趣，它同我的解释却完全没有关系。在所有一切时间拉得很长的研究工作中，计划的改变都是容易理解的。可是，参阅 H. 格罗斯曼：《马克思〈资本论〉结构的原来计划的改变及其缘由》，载《社会主义和工人运动史文库》，1929 年。

自然是毫不冲突的。我只是说，他可以不违背逻辑——那他就总得要违背事实——而提出一种广泛的经济理论。

III. 既然我们决定要做马克思主义者所——也许是正当地——不满意的事情，即把马克思的构造物拆成一片片，并且在它们所应属的地方一片一片地加以讨论，我们对于这个构造物就不能在任何地方得到一个全面的鸟瞰了。下面的评论，就是用来部分地代替这样一种鸟瞰的。

这些“片片”分成两类，一类是社会学方面的，另一类是经济学方面的。在社会学的片片中，包括像“经济史观”这种具有头等重要意义的贡献，这可以——像我将要论证的——看作是马克思自己的，完全像达尔文关于人的起源的思想是达尔文自己的一样。但是马克思社会学——即像每一个经济学家一样，他为了自己的经济理论而需要的社会学的骨架——的其余部分，在客观上既不是新的，在主观上也不是具有创见的。特别是他对资本与劳动关系的性质所持的先入之见，只不过是从在他那代的激进文献中已经居于统治地位的思想体系[①]拿过来的东西罢了。可是，如果我们想要进一步追溯这种先入之见的来源，我们是不难做到的。一个很可能的渊源就是《国富论》。亚当·斯密关于资本与劳动的相对地位的思想必定会对他有感染力，特别是因为这种思想是和一个关于地租与利润的定义——“劳动产品的扣除”（第一编，第八章，《论劳动工资》）——联系在一起的，这个定义强烈地暗示着一

① 正是在这个领域内，梅林对马克思学说的解释（说它是无产阶级意识形态的一种言辞表述）最接近于真实。我们同他的争执，只是在他把这种解释推广到马克思的全部著作。

种剥削理论。但是这种思想在启蒙运动时代是很普通的，它的真正故乡是在法国。法国的经济学家，打从布阿吉尔贝尔起，就用暴力来说明土地的所有权，卢梭和许多的哲学家也曾就这个题目加以发挥。可是，有一个作家，即兰盖，他比其他人更加清晰地绘出了马克思认为是自己绘出的那幅图画：这不仅是一幅对乡村农奴实行压迫和剥削的地主的图画，而且也是一幅对表面上自由而实际上是奴隶的工人作出完全相同的事情的工商业雇主的图画。[①]

这种社会学的骨架，提供了马克思所需要的大部分木钉〔借口〕，他要有些什么东西来悬挂他的强烈的辞句。既然历史学家们的主要兴趣是在这些辞句，不问他们对这些辞句是加以赞美还是感到震惊，那么，关于马克思体系中那些纯粹经济学的片片的性质如何的一种明显的真理，是难于得到一致赞同的。这种明显的真

① S. N. H. 兰盖(1736—1794)，律师和新闻记者，是一个多产的和好斗的作家，很难把他归入哪一类。他批评重农学派(《对现代学者们的答复……》1771 年)，参加过当时的许多论争，而没有作出什么建树。但他有一本书却使我们很感兴趣，即他的《民法理论》(1767 年)，这既不是因为它攻击了孟德斯鸠，也不是因为莫雷莱的辛辣的回答，而是因为它阐明了一种十分精细的历史社会学，其中心题旨是群众的被奴役。据我所知，这本书并没有产生很大的影响。但是，至少作为一种征兆来说，这本书是矗立在或靠近这样一种思想意识的源头的：这种思想意识是马克思以及其他许多的人——其中也有非社会主义者——拿来代替资本主义的现实的；甚至在今天，愚而好自用的人的热情也是靠这种思想意识来维持的。兰盖不仅提供了这幅图画，而且还提供了用来观察这幅图画的特别精神。举一个例子就可以说明这一点。兰盖采纳了这种理论：在文明的开端，有着生活在实质上是平等状态之下的农业居民；由于一些好战的部落征服了这些居民，并自立为他们的领主，于是产生了一种封建的社会。这种理论是可以说许多话来为它辩护的，它在事实上为某些现代的史前学家所接受。可是，在这种产生领主和农奴的征服所造成的结果中，就有着我们包括在“文化”一词之内的一切东西。然而兰盖不能够看到这一点。在他看来重要的，只是征服这个事实，而再没有别的。而他的结论就是道德的愤怒，也再没有别的。

理是：就纯粹理论而言，必须把马克思看作是一个“古典”的经济学家，更明确地说，是李嘉图学派的一个成员。[①] 李嘉图是马克思当作老师看待的唯一的经济学家。我恐怕他是从李嘉图学到他的经济理论的。但远为重要的，是马克思使用了李嘉图的工具这个客观事实：他采用了李嘉图的一套概念工具，而他的那些问题是以李嘉图所赋予的形式向他呈现的。无疑地，他改变了这些形式，而且他在最后得到了大不相同的结论。但他总是通过从李嘉图开始并批评李嘉图来得到他的结论的——在他的纯粹理论工作中，批评李嘉图就是他的方法。这里只能提及三个突出的实例：马克思在实质上接受了李嘉图的价值理论（参阅后面，第六章），并用李嘉图的论据来为之辩护，但由于认识到不能预期李嘉图的价值会同价格成正比例，他就试图就二者的关系提出一种不同的理论；马克思追随李嘉图之后，也像李嘉图一样碰到了剩余价值的问题，但认识到李嘉图的解决办法实际上并不是一个解决办法，他就从李嘉图的构造中发展出他自己的剥削理论；马克思全部接受了李嘉图的技术失业的理论，直到细节，但看到它不足以达到自己的目的，就试图把从李嘉图看来只不过是一种可能性的东西变成一个普遍的“规律”。我希望，当我们往下看时（第五章和第六章），这些论点会变得更加清楚。在这里之所以预先提到它们，是为了赋予我的下列陈述以明确的意义：李嘉图是马克思的老师；马克思虽然改变了他所找到的理论素材，但他是用他所找到的工具而不是用他所创

① 要注意，就理论而言，这就使得马克思成为一个英国的经济学家。而他也的确是一个英国经济学家。

造的工具来工作的。这只是下列陈述的另一种表达方式：不管马克思在某些方面是一个多么“不朽的”神人，他作为一个理论技术家实质上是受到时代束缚的——这是后来对他的信徒们造成了许多困难的一个事实，他们感到不能承认，马克思竟能在任何一方面变得过时。

可是，为了清楚地说明一个似乎很重要的论点，我在上段严格地把自己限制在马克思的理论技术上。但是，马克思的理论有两个超越于技术之上的特点。而这两个特点是不受时代限制的。一个是他的“经济表”。在马克思分析资本的结构时，他再一次发展了李嘉图。但其中有一个因素，不是来自李嘉图，而可能是来自魁奈：马克思是试图为资本主义过程建立清晰模型的第一个人。[1]另一个特点更为重要。马克思的理论具有一种为其他经济理论所没有的意义，即它是进化的：它企图揭示这样一种机制，仅仅由于这种机制的作用，不借外部因素的助力，就会把任何一定的社会状态转变为另一种社会状态。[2]

IV. 关于马克思体系的一般情况，以及对这个体系的各个组成部分将在本书中加以讨论的方式，由于篇幅所限，我们所要说的

① 第二个试图从事这一任务的经济学家是庞巴维克(参阅后面，第四编，第五、第六章)。两人的类似之处，被措辞用语和表面装饰掩盖起来了，然而这种类似是实在的、密切的。

② 马克思学家有时谈到马克思的方法在本质上是“历史的”。这个用语在这个场合有两种不同的意义：首先，它意味着，马克思理论的各个不同部分按照马克思的原意可能是用来分别应用于各种不同的社会状态的；其次，它意味着上述“进化的”一词所意味着的东西。两种意义都是可辩护的。但这个用语依然是不恰当的，因为它还包含不适用于马克思理论的其他意义——其中之一就是最自然地和“历史的”一词联系在一起的那个意义。(关于马克思理论的进化的方面，参阅后面，第三章，第4b节。)

就仅止于此了。[①] 现在应当提出的，是一个读书指导。但我感到提不出这样一个东西。马克思是那么一个啰啰嗦嗦和说了又说的作家，而他的理论著作，除了《资本论》第一卷之外，又反映了他在论证上所处的那么一种未完成的状态，所以不可能有丝毫信心地指出，哪些东西是最重要的。我不打算去尝试这种不可能的事情，而是向我的读者们推荐斯威齐博士的一部书（这是一位很有造诣的理论家所写的著作和一个无限忠诚的纪念品），它对马克思经济学的介绍是最容易使人看懂的，除此之外，就我所知，它还是一部最好的关于马克思文献的入门书。[②] 仗着有这样一部参考书，我自己只提出下面几点忠告。

读读马克思著作的选录，或者甚至是单单读读《资本论》第一

---

① 也许无需再一次告诉读者，所有这些是多么的不完全。但是有一点是值得明白提出的。我强调了亚当·斯密和李嘉图给予马克思的影响。我提到魁奈的影响只是作为一种可能性，因为马克思的模型很可能是在李嘉图的基础上独立发展而来的。但某些其他可能的影响，我根本没有提到。有许多是为其他历史学家所主张的；既然马克思对于文献的知识几乎是应有尽有，就不能排除他们是正确的这种可能性。但是并没有令人信服的理由，要假定有比他曾经阅读过、分析过和批评过许多其他的人一事必然会包含的影响更为具体的其他影响。因此，为了节约篇幅，我没有提及任何已经提出的意见。事实上，当一个人一旦了解了李嘉图的影响——这是马克思一点也不掩饰的——的重要性以及马克思的才智以后，他就会自然而然地对这些意见不再感到兴趣，至于剽窃的指控就更不要谈了。

② 保罗·M.斯威齐：《资本主义发展的理论》（第二版，1946 年）。我推荐这部书，并不意味着我同意斯威齐的全部解释，特别是在他企图把马克思变成一个凯恩斯主义者这一点上。请注意他的书目中所列的书都是挑选得很好的，我只有一本书要加进去：W.莱克塞斯：〔熊彼特在这里写下了庞巴维克批评马克思的一本书的名字，《马克思体系的终结》（1896 年）——这显然是一个错误。他想要提到的，也许是莱克塞斯在《资本论》第三卷出版以后所写的一篇书评，即《马克思〈资本论〉的最后一卷》，载《经济学季刊》，1895 年 10 月。〕博特基威切的贡献的重要性，在斯威齐的原文中曾予以充分的强调。

卷，都是没有什么意思的。任何一个想要对马克思稍稍进行研究的经济学家，必须定下心来仔细阅读整个的《资本论》三卷和《剩余价值学说》三卷。[①] 其次，没有事先的准备就去研究马克思也是没有一点意思的。他不仅是一个难于理解的作家，而且由于他所使用的科学工具的性质，如果不具备有关他那时期的经济学——特别是李嘉图——以及有关一般经济理论的必要知识，是不能了解他的。由于这种知识的需要并不能从表面看出，所以它就格外重要了。再次，读者必须提防被少数的黑格尔专门术语引入歧途。下面将要论证，马克思不曾让他的分析为黑格尔的哲学所影响。但他有时使用的字眼是具有特殊的黑格尔含义的，一个从通常的意义去理解这些字眼的读者，就不能体会马克思的意思。最后，一个想要得到除教训之外的任何东西的读者，当然必须学会把事实和逻辑上健全的推理同意识形态上的幻想区别开来。马克思自己在这一方面帮助了我们：有时候，当他模糊地意识到意识形态上的幻想时，为了防卫，他的骂人的话也就格外激烈，因而这就指点出了不对头的那种地方。

① 《共产党宣言》自然也是不可少的。但除了想要做一个“马克思学家”之外，为了任何目的，我想除了一本书之外，再也毋需加上什么了：《法兰西阶级斗争》，包括1848—1850年间所写的几篇文章，1895年作为文集刊行，恩格斯写了一篇导言。只有“马克思学家”才需要去阅读马克思的通信。

第二章　社会政治背景

1. 经济的发展
2. 自由贸易与对外关系
3. 国内政策与社会政策
4. 格拉德斯通的财政
5. 黄金

在法国革命前的最后十年左右，一种社会和政治形态的某些特点已经可以看得出来，这种社会和政治形态是在革命战争和拿破仑战争以及它们的直接后果成为过去以后，在十九世纪剩下的时间内或多或少地确定下来的。似乎需要提一提它的几个主要特点，即使仅仅是为了纠正读者心中可能具有的某些误解，并使由各种意识形态的传统所给它插上的那些不现实的明确色彩变得柔和一些。

在这样做时，我们必须同一种对我们来说并不是新的困难作斗争。我们将要试图想象一种经济的和社会的结构——自然是处于不断的变化过程中——以及这样一种文化的上层建筑，它或者是与前者联在一起的，或者，根据马克思的学说，是由前者造成的。

我们把它称为时代文明,或者称为时代精神,即 Zeitgeist。[①] 但是这种时代精神从来就不是一种结构上的单位。它永远是一种彼此斗争的成分的不完全的综合,决不是用少数前后一致的“原则”就能够真实地加以描述的。其所以如此,最明显的理由是:在任何特定的时间,一种社会的经济和社会结构与其时代精神两者均包含有来自历史上居先的各种状态的因素。但是也还有其他更为重要的但比较不容易说明的理由,使得不可能根据符合于一个社会有机体状态的内在逻辑的过程,或者是根据残存者的抵抗所引起的过程,去分析这个社会有机体内所发生的事情,或者更肤浅地说,就是不可能用“进步”或“反动”去加以解释。我们将要使用的概念上的安排,证明存在有这种困难。

可是,大体说来,可以断言:资产阶级上升的顶点虽然要到下一时期才能达到,但正是在我们所考察的这一时期内,工商阶级的上升几乎丝毫未受到阻碍,也几乎丝毫未受到挑战。在各个大国,当时资产阶级都没有在政治上占据统治地位,最重要的例外是美国以及路易·菲力普统治(共十七年)下的法国。但在所有的国家,不管在起源和结构上是怎样非资产阶级的政府,包括被资产阶级反对派宣布为最“反动”的政府在内,全都几乎是当然地拥护工商阶级的经

① 马克思的 Überau 一词直译为上层建筑是译得很好的。但是 Zeitgeist 这个德文词却没有完全相等的词来译。因此我将要使用它(就像我对其他难于正确译出的外国名词一样),这同美国物理学家使用 Eigenschwingung(本身振动)一词和美国哲学家使用 Weltanschauung(世界观)一词完全一样。

济利益，并尽自己最大的努力去保护这种利益。[①] 更重要的是，他们这样做是采取一种放任主义的精神，即是说，根据这样一种理论：促进经济发展和公共福利的最好方式，就是取消对私营企业经济的束缚，让它自由自在。这就是在本书中所称的“经济自由主义”。我请求读者把这个定义记在心上，因为这个名词从1900年左右起，特别是从1930年左右起，获得了一种不同的——在事实上几乎是相反的——意义：私人企业制度的敌人觉得把它的标签据为己有是聪明的，这是一种最高的——虽然是无意作出的——恭维。

我们所说的“政治自由主义”——正如我们的脚注所充分表明的，它必须同“经济自由主义”区别开来——指的是议会政府负责制，选举的自由和选举权的扩大，言论出版自由，世俗政府与宗教政府的分离，陪审制，如此等等，包括节约政策与和平的——虽然不一定是和平主义的——对外政策。这是“法国革命”第一阶段的纲领。[②] 一种将其付诸实施的趋势，最后在到处都表现出来了。

① 施泰因—哈登堡时代的普鲁士政府，1849—1859年的奥匈政府，以及自始至终的俄国政府都是这样一种政府的最显著的例子：这种政府虽然肯定是极其专制的，但就它们所实行的经济政策的原则和趋势而论，它们却是坚持我所将称的经济自由主义的。这句话可能会使人读了吃惊。但其所以令人读了吃惊的理由，只不过是因为在本时期之初，这些国家离开经济领域内的个人自由的状态是那样的远，而且就它们的情况而论（特别是就俄国的情况而论），向着这种状态的进步又不得不是如此之慢，以致这种趋势不像它在英国一样表现得那么壮丽。可是，读读任何一本欧洲经济史以及——在某种程度上——正文将要作出的评论，读者自会相信。为了理解这个时期的经济文献，这个事实是极端重要的。普鲁士的和俄国的“斯密主义”均不仅仅是反对派所耽迷的一种学术的狂热：它的坚固堡垒是在保守主义的官僚政治中。

② 其中某些项目是颇有争论的。例如，有些人，他们被称为政治自由主义者的权利是不容否认的，但他们却反对免费公共教育。并不是所有的自由主义者都赞成扩大选举权；而某些保守主义者却赞成。

但在不同的国家之间，前进的速度大不相同，使得采取每一个步骤的力量和环境的结合，亦复不同。

工商阶级本身转到政治自由主义的速度，不仅在不同的国家之间，而且在资产阶级以内的各个集团之间，均有很大的不同。甚至经济自由主义也不是在到处都受到欢迎的，也不是为整个工商阶级所欢迎的；政治自由主义对工商阶级的大部分人来说，就像生了一个本来不打算要的孩子一样。1811年"西班牙宪法"的拥护者——他们是最先自称为自由主义者的人——并没有得到整个资产阶级的支持。十九世纪二十年代法国的自由主义者亦复如此。法国的自由主义者只是一个派别，把政治自由主义的纲领强加于一个不十分情愿的大多数——这一派别只得到了部分的承认，但也获得了非工商界即知识分子和群众的支持——虽然这个大多数在最后还是转变了。在英国，这从首先是辉格党人，然后是帕麦斯顿派的人，都被称为"激进派"的一小群人推着走的方式中看得十分清楚。这一群人，或者至少是它的知识分子核心，即"哲学激进派"，对于我们来说是特别重要的，因为某些最重要的英国经济学家就属于这个核心，或者对它表示同情。但与他们后来的继承者不同，这些激进主义者根本不是我们在经济政策方面所应称为激进派的人。其中有一些，特别是约翰·穆勒，的确曾经想象到，在或多或少是遥远的将来，会有一种不同的经济活动组织。可是，在当时，他们还是我们在上面所说的那种意义上的经济自由主义者，或者是我们今天应当称为保守主义者的人。他们的激进主义在纯粹政治领域内发现有许多要做的事情。而且，在这个时期之初，放任主义——特别是自由贸易——还不是已经确立了的政策。那是一种需要为之奋斗的新鲜的而不是陈旧的东西，这种东西人们觉得是“进步的”。它吸引了大多数的知识分子，而不是让他们感到讨厌。他们的改革理想，就是清除经济制度中被他们看作是非本质的“弊端”，以便让放任主义充分发挥作用。[①] 他们是新“济贫法”的拥护者，而不是“宪章运动”的朋友，[②]更不是任何一个当时已经存在的社会主义小组的朋友。

可见，工商阶级的利益和态度同自由主义之间的联系是一点也不密切的。此外，像我们已经注意到的，资产阶级决不仅仅是被自己的左翼在推着走。在向着经济自由主义迈进的过程中，保守的政府——不仅是专制的政府，还有英国的保守党政府——也起了决定的作用。而且，并非源自资本主义的那些集团、阶层、政党和态度，虽然它们偶尔也不得不屈服，却在大体上固守着阵地。这一个时期的政治史可以证明这一点。该时期的宗教史也可以证明这一点。诚然，在这个时期的开头十年和结尾十年，盛行的是对宗教的淡漠，甚至是坚决敌对的还俗主义。但在拿破仑战争与十八世纪六十年代之间，天主教教会的活动和权力有了显著的恢复，基督教各国的情况亦与此类似，特别是在英国(一方面有福音新教运

① 因此，可以理解：为什么马克思和马克思主义者公开鄙视资产阶级的急进主义——虽然他们也把他们的鄙视移到了后来的急进主义上面——；为什么他们把它看作是一种伪装，其真实用意是在保存它所装作要加以改造的东西。虽然在感到自己是资产阶级急进主义的敌手的人们方面具有这样一种意见是令人可以理解的，然而这种意见却是十分错误的，(1)因为急进主义者以及由他们拖着一道走的单纯自由主义者，甚至在经济领域内也帮助劳工得到了一批价值很大的果实；(2)因为他们的工作在政治领域内创造了一种条件，在这种条件下，各社会党能够发展成为具有众多党员的大党。

② 关于“宪章运动”，参阅 M. 霍维尔所写的《宪章运动》一书(1918 年)。

动，另一方面有牛津运动）。这个时期的宗教领域以外的思潮，也不能纳入任何简单的图式。托利党的民主政治出现了。天真的急进主义——而哲学急进主义者的主要特征就是天真——肯定曾经把所有这一切东西解释为残存之物。只有下一个时期才能表明，当他们自以为是在同过去作斗争时，他们实际上是在同将来作斗争。

在下一章，我们将要对这个时期的知识背景以及经济学家特别感兴趣的各个学科的发展作一鸟瞰。本章余下的篇幅，将用来考察一下这个时期的政策。为了简单起见，我们几乎完全以经济政策和英国的范例为限。

1. 经济的发展

自由主义的插曲到处都有，但在英国看来最为壮丽，这是同一种——就我们所能判断的而言——空前的经济发展，即铁路时代初期和中期的全部成就相联系的。很容易把那些令人惊叹的一系列的不可否认的成功归之于经济自由主义的政策，认为这种政策是这种成功的主要的甚至是唯一的原因。读者可以体会到，这种理论不管是多么不充分，却远远不是完全错误的。我们没有理由怀疑：在那个时代的历史条件下，把束缚工商业活力的桎梏除去，并采取政策保证工商业者安稳地享受成功，同时使他清楚地了解到，在失败时，他不能期望得到援助，这种做法事实上必定起到了打气的作用，而这种作用则一直受到赞美，直到这个理由因为反复申述而变得陈旧为止。这样，这种制度在当时大多数观察家的心目中，甚至在对它不怀好感的人——像约翰·穆勒——的心目中，看来一直是有理由存在的。这样一种心安理得的“进步”记录，在我们这些人看来似乎是不可理解的，因为我们是从不同的观点，以不同的心情回顾那个时代，并且憎恶新兴工业家的惶遽匆促的家庭气氛差不多就像憎恶当时工人的肮脏住所一样。但是我们要记住，所有那些现在使我们感到不愉快的东西，有许多具有幼儿疾病的性质，其中有一些甚至在马克思进行激烈控诉时就已在消失，而自由企业制度对一切人的经济许诺并没有落空：群众的生活水平依然很低，却几乎一直在不断地提高着；日益增多的人口被吸收到了工作中，而实际工资亦在不断上升；英国自由贸易派的“早餐食物免税”，* 在政治家们所创造的口号中也许是最不骗人的一个。还有，当时的以及后来的批评家们，不论是保守主义者还是社会主义者，从来没有充分认识到，下一时期的福利政策，在多大程度上是得助于十九世纪开头七十多年的发展以及促成这种发展的政策，才有可能采取的。就此而论，我们没有理由低估当时经济学家的诚实或能力，没有理由把他们看作是意识形态上的幻想的牺牲品。

2. 自由贸易与对外关系

英国的自由贸易论者声称，他们的论证具有完全的普遍意义。对他们来说，那是适用于一切时代和一切地域的绝对的和永恒的

* “早餐食物免税”(free breakfast table)指免税进口糖、茶、咖啡等等。——译者

智慧;拒绝接受它的人就是一个傻瓜或是一个坏蛋,或者两者都是。但是,正如已经多次指出的,英国的特殊历史情况——它清楚地表明了应当采取自由贸易政策——对于英国的转变也许比自由贸易论中的一般真理因素关系更大。这样的一种希望,即一个光辉的范例也会促使其他的国家转变,也可能起过某些作用。可是,决定性的因素和理由,是同任何这样的希望完全无关的。1840 年英国工业所占的优势,在可以预见的将来是不会受到挑战的。而比较低廉的原料和食物,对于这种优势有百利而无一弊。这些并不是幻想:英国是如此满足于它所认为是这一政策造成的结果,以致在八十年代的萧条以前,批评几乎完全止息了。甚至在几十年中,上述的希望也没有落空。虽然英国一直是全心全意拥护自由贸易的唯一大国,但所有其他国家在或长或短的时期内,在或大或小的程度上,也都表现了自由贸易的倾向。例如,普鲁士和后来的德意志帝国,从 1818 年颁布"普鲁士关税税则"起,到 1891—1894 年签订各项卡普里维条约为止,是在一条从来没有同自由贸易原则离开很远的路线上前进的。[①] 1860 年的英法条约(科布顿—舍伐利埃条约)标志着法国的一般说来是保护主义政策的一个重要的——即使是短暂的——中断。可是应当注意,自由贸易或半自由贸易政策在大陆上从来没有像在英国那样受到舆论的强烈支持:它是由官僚政府——如在德国——或统治者——如拿破仑三

① 这个事实,由于在 1834 年的"关税同盟"条约缔结以前所采取的措施和反措施、由于对个别的保护主义利益集团不时所作的让步,而变得模糊起来。可是,大体说来,对于关税同盟政策以及德意志帝国在这个世纪的其余时间内采行的政策,上面这句话是一个恰当的描述。俾斯麦实行温和的保护主义,主要是出于财政上的理由。

世——所强加的，后者在这种事情上是教条主义的自由主义者。那些像法国的大多数经济学家那样主张自由贸易的经济学家，从公众那里得到的反应是不多的。在美国也是一样，除了在经济学家——而且不是所有的经济学家——方面，自由贸易从来就不受欢迎。国家情况的不同自然可以充分说明这一点，而这种不同情况也使得我们能够对于这些国家的保护主义经济学家的观点给以比热心的自由贸易论者惯常所给予的更为有利的解释。英国转向自由贸易的戏剧性的故事无须在此重述了。但它有两个方面是我们所不能忽视的。

第一，从一种议会的观点来看，采取自由贸易政策完全是保守党的功劳。以自由贸易为方向的最初的一些有效的步骤，是在法国革命爆发以前由谢尔本勋爵和小皮特采取的。十九世纪二十年代时，赫斯基森重新采取了向自由贸易前进的步骤。自由贸易（实质上）是由罗伯特·皮尔爵士的保守党政府实行的，较为困难的一点——废除谷物进口税——也包括在内。虽然他的内阁和政党遭到困难垮台了，以下一点依然是真实的：一个主要是由地主组成的政府，执行了显然不但同他们与之有密切联盟关系的阶级——农民——的经济利益相违背，而且同他们本阶级的经济利益也相违背的政策。对于此事你爱怎样解释都可以，但是不要忘记，对于政治社会学上的这一个最有趣的现象要多想一下。至于提供政治上的动力的制造业家和商人，那是另外一回事。这里应提到 1820 年的“商人请愿书”，因为它是由这个时代的主要的科学经济学家之一——托马斯·图克起草的。而这是我们仅有的机会，在一部分析史中提到“反谷物法同盟”的两位英雄——理查德·科布登和约翰·布赖特。[①]

但是,第二,自由贸易政策的含义,远远不是仅仅限于在对外贸易问题上采取一种特殊的处理方式。事实上,可以认为:这是它的最不重要的方面;一个人即使很少想到主张自由贸易本身的纯粹经济的理由,他也可能是一个自由贸易主义者。很容易看到——在某种程度上我们不久就会看到——自由贸易政策同其他的经济政策是这样联系在一起的:不仅由于经济上的理由,而且也由于政治上的理由,没有自由贸易政策,那些其他的政策是难于实行的,反之亦然。换言之,自由贸易只是一个广泛的经济政策体系中的一个要素,决不应当孤立地去加以讨论。不仅如此,要提出的真正重要之点是:这种经济政策体系决定了某种更具广泛性的东西,并且是被这种东西所决定的,这就是在国内和国际生活的各个部门中表现出来并且的确可以同功利主义联在一起[②]的一种一般的政治与道德态度或眼光。被其敌人称为曼彻斯特主义〔Manchesterism,即自由贸易主义〕的这种态度,事实上是科布登和布赖特的态度。在它的许多表现中,殖民政策和对外政策对我们来说是特别重要的。获得殖民地的唯一目的,常常是为了宗主国的利益去实行统治和剥削,并排斥其他国家去做同样的事情。从曼彻斯特学派的观点来看,这样做甚至在经济上也是没有理由为之辩

① 不管我怎样辩解,在这本书中对这两位名人只这样草草处理,看来总是不恰当的。但是我除了向读者介绍两本他读来既会高兴又会获益的杰出传记之外,再也不能多说什么,这两本书是莫莱勋爵的《理直德·科布登传》和G. M. 特里维廉的《约翰·布赖特传》。

② 在英国,这种联系是明显的。但是这种联系不是必然的——有着会产生同一态度的其他思想体系。

护的。在政治上就更没有理由了。殖民地是为它们自己而存在的，就像任何其他一个国家是为它自己存在一样；它们应当是自治的；它们不应当给予宗主国任何特殊的商业利益，宗主国也不应当给予它们任何特殊的商业利益。所有这一切也不是停留在哲学或运动的范围以内的。朝着这个目标已经有了某些实际的进展。英国的加拿大政策，如在“德勒姆报告”中所略述的，此时就是最重要的一步。[①] 自然，有着许多倒退的事实。

对于这个时期的对外政策，不论是“神圣同盟”时候的还是以后的，不能简单地加以分析。可是，就英国来说，我们可以举出少数的事实，它们虽然不足以代表通行的做法，却表明存在一种同自由贸易的较广的含义相适合的趋势。其中最重要的是废除“谷物法”的第二届皮尔政府的实际做法：它在处理对外事务上的稳健的和负责的态度，它的拒绝承认在地球上任何一处所发生的任何事件中都有英国的利益存在，就是这个时代的一个重要标志。另外一个重要标志是采取这样的原则（坎宁），即同“正当地为自由而斗争”的国家，甚至同争取全国统一的国家（在德国的情况则略有保留）站在一边，因为民族主义当时还不具有它在后来所获得的含义，它是资产阶级自由主义或者比自由主义还左一点的东西（马志尼）的同盟者而不是它的敌人。其次，这个时期中虽然也发生了几次战争，其他的战争却为这种新态度所防止了：在“南北战争”时期英国同美国的关系就是一个例子。最重要的是，通过激起一种侵略的或者怀疑的

① 参阅查尔斯·P.鲁卡斯编的《德拉姆勋爵关于英属北美事务的报告》(1912年)。德拉姆勋爵(1792—1840)是在 1839 年提出他的报告的。

情绪来散播战争种子的企图——这自然一直都在继续着——也一直受到批评:作为举例,我提一提科布登为争取更好地了解法国而作的非常独特的斗争,以及他同厄克特[①]所作的同样独特的斗争。在议会中,格拉德斯通变成了——并且一直是——这种新态度的最有力的代言人,他的演说把这种新态度赞扬备至。[②]

3. 国内政策与社会政策[③]

我们必须记住,即使指导原则相同,但由于各个国家的情况大不相同,因而所采取的政策也就不同,经济学家所抱的态度也就不同。例如,俄国的废除农奴制以及德国与奥地利的土地改革——所谓"农民解放"——肯定都是以经济自由主义的精神去设想和执行的,但在英国,使农民成为自由财产的自由所有主和听凭他自己去办而不加援助的想法,则肯定激进得叫人不可思议,激进得荒唐透顶。然而在法国,在"革命"中就这样做了;英国的土地制度暂时还没有出现什么迫切的问题;而爱尔兰的土地问题则具有完全不同的性质。同样地,束缚或者庇护手工业行会以及其他的经济部

① 戴维·厄克特原来是一名外交官,1835 年创办了一份名为《公事包》的期刊,后来又创建了一些外交委员会,大力鼓吹采取一种积极外交政策。科布登对这样一种政策可能带来的利益进行了毁灭性的批判,取笑了那些狂妄自大和无知无识的外交人员与政治上的好管闲事之徒,并且大体上有效地抵制了厄克特。

② 读者弄清这一点的最好的、肯定也是最愉快的办法,或许是读一读莫莱勋爵的格拉德斯通传这部巨著(《威廉·尤尔特·格拉德斯通传》共三卷,1903 年)。就本章的其余部分来说,这或许也是能够举出的最好的参考书。

③ 我以前说过,我宁愿用一个人人都懂的词,即使它是一个外国词,而不愿用一个需要解释的词。从这里起,我们将一直使用社会政策(Sozialpolitik)这个词。

门的规则，在这个时期以前在英国就已经废弛了；在法国，又是“革命”把它们摧毁的；在别处，它们在不同的时间内被废除了，而在某些地方要比在其他的地方废除得更彻底些；例如，在普鲁士，是在耶拿一役之后由施泰因—哈登堡的改革予以废除的。可是，有些不同并不是什么经济原则的不同，虽然作家们有时候可能这样去对它们作理论解释。它们只是由于社会状况的不同，由于在本时期初在不同国家所存在的经济结构的不同。其次，英国彻底改革了它的股份公司法。在某种程度上到处也都这样做了；在到处，都表现了一种使公司法“自由化”并减少国家控制的趋势（直到 1873 年的崩溃以前；在这一年，从前采取的一些步骤又被放弃了）。但结果是大不相同的。

不仅在不同的国家之间，而且在同一国家的不同时期之间，我们看到在诸如宗教、出版、刑事和民事诉讼、教育等等事项方面采取了极其不同的政策，这不仅是由于当时存在的状况不同，而且也是由于原则的不同。例如在英国，古老的公民自由在“拿破仑战争”后既已得到恢复，在非经济领域内为日常政治提供必要资料的，就是天主教的解放、议会改革——首先是自由党的专利，后来这种权利也被迪斯累里的保守党人[①]侵犯了——和爱尔兰。但我

① 在英国，为了最后给大众以选举权的连续不断的斗争，完全是在上层阶级各个集团之间进行的：群众自己丝毫没有参加，只是站在旁边喝彩或讥笑。这个有趣的现象很好地说明了政治解释所特有的困难。辉格党和托利党采取的态度同策略有很大的关系：天主教解放“驱使辉格党人回到议会改革上去”，而辉格党的议会改革又驱使托利党人回到进一步的议会改革上去。但是单单策略还不足以说明这种现象。迪斯累里的这个论点是有些道理的：他那种类型的保守主义（托利党的民主政治）代表着群众的真正利益和感情，因而可以指望得到群众的支持。

们主要是对这个时期英国的[①]社会政策感兴趣。

英国的劳动立法是沿着三条路线发展的。第一，是工厂立法——可是，保护实质上仅限于妇女和儿童。[②] 第二，禁止工人联合的各种法规是在 1824 年废除的，虽然拖到 1871 年和 1875 年才使工会完全合法化。第三，“济贫法修正案”是在 1834 年通过的，这对我们很重要，其中的一个原因是，它是以埃德温·查德威克和当时的主要经济学家之一西尼尔合写的一个报告为基础的。这个法规有两个方面必须仔细地加以区别。一方面，它大大改善了济贫工作的行政机构，并制止了即使在那时也会认为是虐待的许多做法。这一点差不多是被普遍承认的，虽然某些批评家认为这个法规中所规定的行政方案还有缺点。不管怎样，这一方面在这里同我们没有关系。另一方面，这个法规采用的某些经济原则，却同我们有关。这些原则决不是新的。事实上，它们同济贫法的论争一样古老：这个法规只是采用了争论中的一方的看法。这就是说，它把济贫工作限制在济贫院中的维持生活，并在原则上禁止户外救济，[③]着眼点是，陷于困境的有劳动能力的失业者，诚然不应当

① 正如读者可能预料到的，前一时期的父权主义趋势在某些大陆国家要残存得长久些。但还有些别的东西。在法国，在拿破仑三世即位以前，社会主义运动除了引起激烈的敌对以外，很少有实际的效果。但还有一些作者，他们十分清晰地想象到了以后时代的政府的社会政策。其中最突出的，要数查尔斯·杜邦—怀特（1807—1878）；参阅他的《论劳资关系》（1846 年）和他的《个人与国家》（1875 年）。拿破仑三世和他的某些谋士们在由政府机关实行的改革（“权威社会主义”，“国家社会主义”）这个主题上具有相当先进的看法，并且采取了某些切实可行的措施。杜邦—怀特可以算作是鼓吹这种国家主义的文人。

② 其内容不能在此细述，仅举一本参考书来代替，即哈钦斯和哈里森的《工厂立法史》（新版，1907 年）。

③ 不久即证明，在有着激烈抵抗的地方，不可能实行这个原则。

让他挨饿,但是应当将其维持在一种半属惩罚的状态中。

对于这些政策加以解释是一件十分费力的事情。我们至多也只能想象一下产生出来的各类问题。第一,对于这些政策决不应孤立地加以考察。它们是一种还提供其他的东西给工人阶级的制度的一部分。如果我们将这种制度的真正重要性放在自由贸易政策对实际工资总额的影响上,放在"早餐食物免税"所包含的全部意义上,我们就会对这个时期的社会政策的成就具有完全不同的看法。第二,这些政策究竟怎样同经济自由主义相适合,这决不是很清楚的。例如,在工厂立法方面,要主张它是经济自由主义的逻辑的一部分,就像要主张它意味着同这种逻辑相背离一样地容易。我建议,就对妇女和儿童的保护而论,我们采用前面的意见。第三,决不应忘记,这种类型的工厂立法虽然得到了某些自由主义者或急进主义者的支持,例如科布登就强烈表示站在儿童方面,但使之付诸实施的政治力量绝大部分却是得自保守党人(阿什利勋爵,第七代沙夫茨伯里伯爵),他们以一种完全不同的态度来处理这一整串的问题。这个事实是意味深长的,不管我们怎样去回答社会立法同经济自由主义逻辑如何适合的问题。

当时的和以后的批评家,特别是德国的社会政策代表者,谴责英国"古典"经济学家对劳工命运抱着冷淡的漠视态度。关于这一点,第一件要说的事是,这种控诉透露出缺乏历史观念,这在属于德国历史学派的批评家是特别奇怪的:在 1847 年不赞成十小时工作法案的人,在现代美国就很可能是"新政"的拥护者,而我们没有任何权利去责怪他前后不一致。但我们还能够作进一步的辩解。大多数的"古典"经济学家是赞成工厂立法的,特别是麦卡洛克。

各种反对工人联合的法规的废除是由边沁派的一个成员(普莱斯[①])大力促成的。而“济贫法修正案”——它几乎为经济学家全体一致地拥护——除了从我们看来似乎是对困难中的人们的粗暴对待以外,也还有其他的方面。同时,我们也不要说得太多了。“古典”经济学家给予这个法规的支持,由于下述事实而获得了额外重要的意义:这种支持所根据的理论完全符合于他们的经济和政治思想的一般图式,即与他们的天赋自由的图式是完全符合的。也符合于他们关于人口和工资的看法,更加符合于他们几乎是荒唐可笑的信心,即相信个人有能力去劲头十足地、富于理性地行动,去负责地照顾他们自己,去找到工作,并去为老年和困难的日子而储蓄。这自然是边沁的社会学,因而是不好的社会学。在这一点上,批评者是对的,不管他们把一颗不纯洁的社会良心归之于“古典”经济学家是多么错误。[②]

4. 格拉德斯通的财政

在财政政策领域内,我们比通常更容易有把实际上是属于马

① 关于这个有趣的人物,参阅格莱安·沃勒兹,《弗朗西斯·普莱斯传》(1898年);有些书把过去的环境描绘得栩栩如生,这本书就属于这一类。

② 认为所有的“古典”经济学家从政党的意义讲都是自由主义者,那也不完全真实;马尔萨斯就不是自由党人。但大多数其他的人则是;而且,说“古典”经济学家同自由党有一种“联盟”,那是有些道理的。因此,由于心理上的——虽然不是逻辑上的——联系,后来政治自由主义的衰落亦有助于“古典”经济学威望的衰落。可是要注意,在承认这一点和把“体系”及其命运同当时的政治情绪等同起来之间,是有一段很长的距离的。

的功绩归之于骑师的倾向。P.J.刚本是一个能干的理财家，但是读者关于法国大革命时期的财政可能知道的一切，就是它的纸币的崩溃。[①] F.N.莫利昂是一个理财艺术的大师，但在拿破仑统治的情况下，他没有机会提出“伟大的”财政政策[②]——另外还有几个人是值得我们尊敬的，虽然他们留下的记录是波折重重的。然而有一个人，他不仅把卓越的能力和空前的机会结合起来了，而且还知道如何把预算转变成政治上的胜利，[③]他作为最伟大的英国经济自由主义的理财家而名垂青史，这个人就是格拉德斯通。我们最好是单独地来看看他。

格拉德斯通财政的最大特点——它同所有的“伟大财政”共有的特点，也可以说这个特点给“伟大财政”下了一个定义——就是根据它所适用的国家的条件，极其充分地表达了那个时代的整个文明和需要：或者，稍稍改变一下说法，它把一种社会、政治与经济的看法——这种看法不但是在历史上正确的，而且是广博的——译成了一套协调的财政措施的条文。这既适用于这些措施本身，又适用于带来这些措施的直觉，但不适用于当时的议论，连格拉德斯通自己的议论也包括在内，这种议论是十足的教条。我们感兴趣的，不是这些措施的细节，而只是其中所包含的原则。现在就让

---

① 这给了我一个机会，来提请读者注意勒内·斯图姆编写的一份关于十八世纪法国财政的重要书目(《十八世纪法国财政史书目》1895 年)。

② 可是，弗朗斯瓦·N.莫利昂的《一个财政部长的回忆录，1780—1815 年》(1845 年)在有些地方升到了科学分析的水平。

③ 这些胜利中最辉煌的一次，是由 1853 年的预算赢得的。读者最好能够熟悉一下它的主要特点。读者从已经提到过的莫莱勋爵的《格拉德斯通传》中，可以看到关于这些特点的叙述，书中提到了整个政治背景，并且极力赞扬了这些特点。

我们来试图陈述这些原则。

格拉德斯通的财政是一种"天赋自由"、放任主义和自由贸易的制度的财政。从这种制度所包含的社会与经济看法来看——对这种看法我们现在必须历史地去理解，而不问所有一般的赞成与反对的理由——最重要的事情是消除对私人活动所加的财政障碍。为此，又必须使公共支出保持很低的水平。紧缩开支是当时的胜利口号，急进主义者——例如约瑟夫·休谟，"财政方面的不眠的守夜狗"——甚至要比辉格党人或托利党人更欢迎紧缩开支。紧缩开支意味着两件事情。第一，它意味着把国家的职能减到最低限度；这被后来的、特别是德国的批评家称为"守夜人国家"的政策。例如，在那种社会看法之中，有关艺术或科学的公共支出就几乎没有任何地位：促进艺术与科学的途径——而它们确实被有力地促进了——就是让人们去赚钱，以便他们有钱购买图画或享受研究的余暇。[①] 第二，紧缩开支意味着使国家保留下来的职能合

① 在其著名的一段话中，拉斯金(参阅后面，第三章)谴责了英国政府不肯像大陆国家的政府那样，花钱鼓励艺术。这是这样一种类型的社会批评的有趣的例子：它总是不能作为一个整体去看一种社会制度。拉斯金有权利喜欢其他的鼓励艺术的方法。但是作为一个社会现象的分析家，他也有责任认识到，英国鼓励艺术的方法尽管是不足的，却还不失为一种方法，而并不是等于零。除此之外，他应当进一步认识到，英国方法的不足之处，从结果来看是并不明显的。这对科学来说，特别是对经济学来说，也是适用的。如果我们从历史的背景去观察结果，特别是对研究的独创性给以应有的重视，我们就觉得不容易满怀信心地断言：这个社会制度所创造的艺术与科学成就，比使用不同的和更为直接的方法的现代制度所创造的要来得少。我之所以强调这一点，是因为它所包含的原则在技术经济学领域内是非常重要的：例如，现今的凯恩斯主义者在逻辑上有权断言，倾向于事前使储蓄和投资平衡的资本主义机制是脆弱的，是动辄就会陷入泥淖的；但是如果他们断言这种机制并不存在，那他们就简直是在犯一个明确的和可以证明的错误。

理化，其中包括尽可能减少军队。据认为，这样造成的经济发展，另外还会使社会支出大部分成为多余的。要再一次注意，所有这一切如果变成没有时间性的一般原则，那就是完全错误的，但对 1853 年的英国却包含有很大的真理因素。

从关于经济机会与机制的同一看法来看，同等重要的是，要用这样的方式来征收那些依然必须征收的赋税：使经济行为尽可能地少偏离它在没有一切赋税时会走的原道（“征税只是为了收入”）。而既然利润动机和储蓄偏好被认为是对于一切阶级的经济进步都是极端重要的，这就特别意味着，征税应当尽可能地少干预企业的净收益。因此，就直接税而论，不应有累进。在原则上，如果不是在实践上，格拉德斯通在 1853 年甚至比这走得还远。拿破仑战争带来了所得税（从英国的意义说）。在这次紧急事变过去之后，立即把它取消了（1816 年）；但又由皮尔重新采用（1842 年），以便弥补预料由于他降低进口税而会产生的赤字。[①] 但格拉德斯通在 1853 年提出在七年之内再把它取消。[②] 关于间接税，最小限度干涉的原则被格拉德斯通解释为意味着，赋税应集中在少数重要的物品上，让其余的免税。这种意见与克里米亚战争期间的财政大臣乔治·康沃尔·刘易斯爵士的意见针锋相对，一直占着上风，

① 1913 年威尔逊政府也采取了同样的政策。

② 事实上，他一直保持了这种想法。在他的 1874 年的选举宣言中，他再度宣布赞成完全取消所得税。这究竟在多大程度上同经济自由主义的信念相调和，是一个困难问题。一种高到足以在实质上改变收入分配的所得税，肯定同经济自由主义的信念是不调和的。这显然会同“为收入而课税”的原则冲突。但是一种百分之几的所得税，即使是累进的，在我看来，似乎也比格拉德斯通实际采取的方针更符合于他的那套看法。

后者喜欢一种数目多而在其接触到的每一点上负担都很轻的赋税制度。[①]

最后，但并不是最不重要的，我们看到有平衡预算的原则，或者毋宁说，既然公债必须减少，这就是格拉德斯通时代的财政大臣之一罗伯特·洛在他的关于财政部长的定义——“一个应当有盈余的生物”——中所体现的原则。其次，从现代的观点去批评预算平衡政策或公债偿还政策，都是毫无意义的。即使我们同意现代赤字财政拥护者所主张的一切，我们也应当承认，在一个充满了“投资机会”的世界中，两种政策都不能认为是纯粹的胡说。

5. 黄金

关于这个时期的通货与银行政策就我们的目的需要说的一点点东西，打算留到本编的最后一章去说。因此，在这里只有一点要谈。当拿破仑战争引起的货币紊乱——通货膨胀——结束后，所有国家便都争取回到公认的正常状态。这在像奥地利一类的国家需要好几十年，但在英国和法国则迅速地、比较容易地办到了。在

① 我想，从经济上看——虽然也许不是从行政上看——刘易斯是对的。格拉德斯通的正统观念还忽略了另外一点。它是强烈反对对“必需品”课税的。事实上，这个原则，连同自由贸易政策，是格拉德斯通财政对社会福利的最大的直接贡献（虽然为了估计它的全部贡献，我们必须记住，这个直接贡献并不是它的唯一贡献：此外，它还做了一些事情去促进财富的形成，这种财富后来证明极易于为了大众的利益而对之课税）。但是对“必需品”和“奢侈品”的区别所作的这种过分的强调，没有能够对在需求上有弹性的商品和在需求上没有弹性的商品两者的区别所包含的意义予以充分的照顾。

大陆上，正常状态意味着银本位制或复本位制，但英国在使十八世纪建立的事实上的金本位制合法化以后，在滑铁卢之役以后的几年中就恢复了英格兰银行的银行券的黄金兑现，很像它在我们时代的第一次世界大战以后按战前平价（虽然采取一种稍稍不同的形式）回到金本位一样。而且，那是一种完全“自由的”或“自动的”金本位制，除了在中央银行——即“最后可以依靠的贷款者”——的调节权力中所包含的东西以外，不容许进行任何其他管理。我们的问题是：为什么？这种措施引起了许多方面的攻击，甚至引起了某些经济学家的攻击。有势力的土地利益集团把使得他们遭殃的萧条归之于这种措施——现在别管他们是对还是错。失业多到使政府（卡斯尔雷，1821 年）提出公共工程——一个几乎是罗斯福的纲领——作为一种救济手段。商人并不欣赏遭受的损失，银行家也不欣赏冻结的资金——而两者都是很多的。还有，我们将要看到，有许多有资格的人赞成采用一种管理纸币。然而，金本位政策在政治上从来没有处于实际的危险中，而如果直到很久以后，它才为所有的工业国家采用，那也因为这不是一件可以听凭它们选择的事情：不管所有的反对理由如何，“自动的”金本位制几乎在一切地方都依然是奋斗的和祈求的理想，不管在什么时候。我们重又要问：为什么？

在现在，我们被教导去把这样一种政策看作是完全错误的——看作是一种不能予以合理解释的拜物教。我们也被教导不要去完全相信实际上可以引来为之辩护的、一切合理的和一切纯粹经济的理由。但是完全不问这些理由如何，金本位制有一点是会把它从被指摘为愚蠢的境地中解救出来的，即使不存在任何纯粹经济上的好处——当时还有许多其他的看法在这一点上是和我们不同的。一种“自动的”黄金通货[①]是一种放任主义和自由贸易的经济的重要组成部分。它把每一个国家的通货比率和价格水平同所有其他实行金本位国家的通货比率和价格水平联结起来。它对政府支出，甚至对不直接包括支出的态度或政策，例如对外交政策，对某种税收政策，并且，一般说来，对真正是所有的违背经济自由主义原则的政策，都是极为敏感的。这就是黄金在现在为什么如此不受欢迎的理由，也就是黄金在一个资产阶级时代为什么那样受欢迎的理由。它加诸政府或官僚政治的限制，要比议会的批评有力得多。它是资产阶级自由的标志和保证，所谓资产阶级自由，不仅是为了资产阶级利益的自由，而且是从资产阶级的意义来说的自由。从这种观点看，一个人可以十分合理地为它而奋斗，即使他完全相信根据经济的理由提出来反对它的一切主张都是正当的。从国家主义和计划的观点来看，一个人或许可以同样合理地谴责它，即使他完全相信根据经济的理由提出来赞成它的一切主张都是正当的。

① 当然，它从来不是完全自动的，而自动一语是容易令人误解的。我在这里使用它是为了简便起见，其意义只不过是：所有一切其他的支付手段均可兑换黄金；每一个人均有权随意输入和输出黄金，把黄金铸成货币，和把货币熔为黄金。

第三章　知识背景

1. 这个时期的时代精神及其哲学
   (a)功利主义
   (b)德国哲学
   (c)孔德的实证论
2. 浪漫主义与编史工作
   (a)浪漫主义
   (b)编史工作
3. 社会学与政治科学:环境决定论
   (a)政府与政治的自然法社会学
   (b)历史学家的政府与政治社会学
   (c)环境决定论
4. 进化论
   (a)哲学家的进化论
   (b)马克思主义的进化论
   (c)历史学家的进化论
   (d)孔多塞与孔德的唯智主义的进化论
   (e)达尔文的进化论
5. 心理学与逻辑学

〔(a)观念联想论的和进化论的心理学〕

〔(b)逻辑学、认识论以及相关的学科〕

〔(c)约翰·穆勒的逻辑学〕

6. 马克思以前的社会主义

〔(a)协会主义的社会主义〕

〔(b)无政府主义〕

〔(c)圣西门的社会主义〕

1. 这个时期的时代精神及其哲学

当我们转向一个时期的哲学潮流，以便发现社会科学的哲学渊源——如果有的话——时，我们对于下述命题的真实性就会更加深信不疑了：一个时期的时代精神是决不能依据一个由许多彼此一致的思想或信仰所组成的单一体系去加以说明的。

(a)功利主义。 在这种渊源中，最明显的就是同英国功利主义的关系。[①] 功利主义诚然是十八世纪的产物。但它所经历的最好的一段时间，却是在十九世纪的上半叶。从技术的意义说，它根本不是哲学，[②]作为一种"人生哲学"又是无比的肤浅，但它同与自由主义或商人心理可能有联系的那种唯物主义的(反形而上学的)

① 参阅莱斯利·斯蒂芬爵士的《英国的功利主义者》(1900年)。

② 显然，"快乐与痛苦的计算法"和"最大多数人的最大幸福"原则，其本身并没有提出任何涉及特殊的哲学或认识论问题的东西，虽然它们是能够产生一种伦理学说的。功利主义的这种思辨上的缺陷之所以未被痛切地感觉到，乃是因为功利主义者从洛克和休谟类型的经验主义的传统中，就近取得了他们所需要的东西。

唯理论的气味却是十分相投的。然而，实际上英国工商阶级中的大多数人并没有接受它；不管是圣公会教徒还是非国教徒，都是坚持教会的或教堂的宗教哲学。功利主义的领袖们显然知道，为什么他们是如此小心翼翼地不去公开触犯宗教。[①] 而所有的主要政治家都知道，为什么他们对功利主义是敬而远之。它的选定的使徒，哲学上的急进主义者，[②]起初是围在边沁和詹姆斯·穆勒周围的一个很小的圈子。不能把约翰·穆勒无条件地称为功利主义者。在某些方面他超越了这种信条；在另外一些方面他使之更臻完美了。但他从来没有明确地抛弃它，正是由于他对十九世纪五十和六十年代的后起各代的影响，一种更为驳杂的功利主义在一些学术中心，特别是在剑桥大学建立起来了。但它却不曾居于统治地位。分析一下当时或者后来成为剑桥生活和思想的领导人物的立场，特别是西奇威克的立场，似乎就可以明白这一点。[③]

① 约翰·穆勒的《宗教论文三篇》是在他死后于1874年刊行的。在他的《威廉·汉密尔顿爵士哲学的考察》(1865年)这部精心撰写的作品中所包含的他的有关宗教的看法，也许不曾渗透到一般读者心中。

② 例如参阅C. B. R.肯特的《英国的急进主义者》(1899年)；E.哈勒维的《哲学急进主义的形成》(1901—1904年；英译本，1928年)。

③ 同我们所能给予的相比，亨利·西奇威克(1838—1900)实在值得给予更多的注意。他的经济学著作将按其所属的年代在我们下面的讨论中顺便提到，但关于他对"古典"学说所作的杰出的合理阐释，却几乎不需要在这样一个短注中加以评论。恐怕伦理学或政治学——他作出重要贡献的另外两门学科——方面的历史家也不能说出更多的东西。但他仍然是最伟大的英国大学人士之一，他创造环境，领导环境，并在极大的程度上起着陶铸人心的作用。缺乏独创性也许是取得这种特殊类型的学术成就的条件之一。在所有的剑桥大学领袖人物中，他是——带着他那反形而上学的头脑，那种头脑是如此清澈，而又如此的不能飞翔——一个天然最适于接受功利主义出发点的人。但是，他的伦理学不能称为纯粹的功利主义，而这正是检验的标准，因为正是在这里，功利主义的信条作为哲学，应当起支配作用。

稍后我们将要提到，称李嘉图为功利主义者是没有必要的，虽然他同这一派人有私人交往，对这一派的信条也可能表示赞同。只有边沁、詹姆斯·穆勒和（有条件地）约翰·穆勒三人既是杰出的经济学家，同时又是杰出的和好斗的功利主义者，像十八世纪的贝卡里亚和维里那样。边沁和穆勒父子很自然地会觉得在经济学中自己应当起到哲学保护人的作用，并对经济学与功利主义的联系承担责任，这种联盟为许多后来的经济学家如杰文斯和西奇威克等所默认；但是这种联盟既不是必要的，也不是有用的。为什么在经济学家的关于十九世纪思想的图画中，功利主义显得那样的大，比它作为一种哲学或是作为时代精神的一个要素所应具的重要性要大得多，这种联盟是唯一的原因。我们必须稍稍离开本题，来看看这个联盟对经济学所产生的影响。读者可以回忆到，就较早的各时期说，我们已经谈到过这个问题了。

既然经济学家们，特别是非理论家，关于哲学背景对实证经济分析工作所具的重要性很容易，并且一向总是容易抱夸张的看法，我们就会明白，为什么这种联盟使得英国的经济理论在许多地方不受欢迎。特别是对某些德国作家来说，只要是穿着功利主义外衣出现的理论，就不分青红皂白地一律加以谴责。可是，比这种态度——它显然是由于误解，毫无其他根据——更有趣的是这个问题：功利主义哲学对“古典”经济学的内容究竟有过什么真实的影响。我们必须把对于政策建议的影响、对于经济社会学的影响和对于经济分析本身的影响三者区别开来。在“古典”建议方面，毫无疑问，有许多建议就任何的人生哲学来说是完全中立的：一个人不一定要成为功利主义者然后才建议爱尔兰采用农民土地所有制，或是在拿破仑战争以后建议或谴责回到金本位制。但另外一些建议，例如无条件的自由贸易，则确实包含了有关一般政策和人生态度的看法，这种看法似乎至少可以说同功利主义比同任何其他的人生哲学联系得更紧密。在经济社会学方面，只能说功利主义遭到了完全的失败，因为它的关于个人行为与社会制度的理性主义概念，显然是根本错误的。但在用理性图式来进行经济分析的这一部分，功利主义的哲学虽然是肤浅的，却并没有造成损害。而这个事实——这是批评家们会承认的，如果他们是有资格的经济学家——把功利主义者在经济分析上所做的大部分工作抢救了出来。[①]

英国的专业哲学，主要是苏格兰的常识派哲学，只是一般地受到功利主义的影响，并且大体说来，对于功利主义处理个别哲学问题的方式是不怀好感的。但在那个时期，没有一个英国哲学思想的领袖是强大到能对哲学急进主义者的能干的和有力的宣传加以抵制的。在某种程度上曾经抵制它的思想领袖是由浪漫主义运动（参阅后面，第 2 节）和几次宗教运动产生的。属于另外一种类型的一个领袖可以在这里提到一下，即卡莱尔。[②]对经济学家来说，

① 当然，这不应当理解为这种工作不能根据其他的理由去加以反对。

② 托马斯·卡莱尔（1795—1881）的名声是建立在他的历史著作的坚实基础之上的，这些著作太有名了，毋庸在此提到。但是在称他为历史学家时应加上一句，他还特别是一个“独特的”历史学家。他以艺术家的风格和精神来描绘人物肖像。虽然这些肖像是以正确的并且常常是细密的研究为基础的，但所提供的是艺术的而不是科学的解释。现代读者会因为几乎完全找不到经济的和社会的事实而感到震惊。并且现代读者会产生一种类似于恶心的感觉，厌恶在到处都看到的对个人因素的过分强调。然而这究竟不是现代读者所应当做的。就卡莱尔的“英雄崇拜”——这似乎使历史变成了一连串的个人传记——这件事本身来说，诚然不是可以接受的社会学。但在有的

他是那个时期的整个文化界的最重要和最独特的人物之一——以英雄的姿态挺立着，对他那时代的唯物主义的渺小之辈信口讽刺，手里噼里啪啦地摇着鞭子，用来痛打特别是我们这门沉闷的科学。这就是他怎样看自己的，也就是他的时代怎样看他并且喜欢这样去看他的。他完全不能理解定理的意义，忽视一切科学对艺术家都是"沉闷的"这个事实，自以为抓住了一个应当挨打的孩子。大部分公众都喝彩，某些对于什么是"科学"和"科学"是做什么的不比他懂得更多的经济学家也喝彩。但是上面关于功利主义经济学的插叙表明，他并不是完全错误的。功利主义经济学家确曾提倡过

时候，当个人的因素及其解释价值有被淹没在统计数字之中的危险时，当"普通人"占据舞台时，卡莱尔的英雄崇拜，由于强调了被忘记的个人因素，倒是一种有用的解毒剂。直接与经济学历史有关的，是他的《宪章运动》(1840 年)、《过去与现在》(1843 年)和《新文集》(1850 年)。

卡莱尔对个人因素的强调(同是个人主义者但不是"个人至上论者"的边沁比较对照一下，就足以表明两人的完全不同)使人想起了 R. W. 爱默生(1803—1882)，后者用他自己的话来说是另一个"代表人物"。就爱默生来说，这种强调不曾达到英雄崇拜的地步，而在这个限度以内，他对一种有关历史过程的社会学图式所作的贡献要比卡莱尔的完善一些，虽然独创性要少些。爱默生同"古典"政治经济学不曾交锋。但从另一个角度来看，他对我们要为重要：他的思想——既是许多思潮的集中点，又是其他思潮的源泉——是在新英格兰环境的具体条件下反映出来的那个时代的文明的充分表现。我想这就是他在思想史上享有盛名的原因。我很抱歉，这句话听来有些不大清楚。可是，既然不可能在篇幅许可的限度内去描写那种(新英格兰的)知识的和道德的环境，我们只好说了这句话就算了。我们也不能停下来去看看爱默生以及他的同事们与之直接或间接有联系的康科德派和剑桥(或波士顿)派。这尤其是令人遗憾的，因为它们是一种美国特有的急进主义的一个重要成分的泉源，在那些派别本身消逝了很久很久以后，这种急进主义还在影响美国经济学家的态度，并且说明了欧洲人所如此难于理解的许多东西。研究一下梭罗的作品可能是极有启发作用的。(关于"社会科学运动"，参阅后面第 6a 节。)

具有人生哲学色彩的政策，那是完全应受卡莱尔的一切鞭挞的。而读者应当停下来想想主要是由于我们有那么多徒劳无益的争论而产生的那种困难，也就是说，专业人员和一般读者在把这些问题的分析方面同与之牵连在一起的文化哲学区分开来时，以及在看到对于前者的不利批评和对于后者的赞赏（或者相反）完全共存时，在心中所感到的困难。可是，甚至从分析的观点也可以替卡莱尔说一些话：他有一种关于经济社会学的看法，比起功利主义的看法来要现实得多，虽然他没有方法去使之在分析上明白清楚。一个国家是什么，它真正需要的是什么，它的命运的真正决定因素又是什么，他比边沁要看得清楚得多；从他的著作中可以提炼出来的分析会考虑到若干重要事实，这些事实是边沁所不理睬的，或者无论如何是他所忽视了的，因为从他的信条着眼，这些都是无关的变态。约翰·穆勒在某种程度上意识到了这一点。他渐渐认识到，功利主义的理性图式，除了对于有限的一些问题以外，是十分不够的。但他不是一个对此能有任何作为的人，由此可见，一个人的眼光同另一个人的分析能力从来就不曾在一起来共同发挥作用。卡莱尔影响了另一个但（对我们来说）重要性要小得多的预言家，即拉斯金，因此，虽然拉斯金的有关经济问题的著作属于下一时期，我们也要在这里提到他。

几乎在我们所讨论的这一整个时期中，约翰·拉斯金（1819—1900；任何一种参考书均会给予读者以体会本段所提出的论点所需的一切东西）是对艺术——绘画，建筑，雕刻，还有诗歌——进行创造性解释的人之一：他的解释本身就是艺术作品，这种作品有其自己的生命，即使（像我这样）不相信它们是解释的人，也会对其加以赞美。对我们来说，特别重要的是注意他对普通艺术社会学所作的贡献，他试图分析产生伟大艺术作品或有利于这种作品产生的社会条件。可是，从十九世纪六十年代末开始，他转向使得他不仅在具有急进倾向的作家方面而且在群众方面那样受到欢迎的使命——对于资本主义的罪恶给以愤怒的和外行的批评：读者只要涉猎一下《直到最后》(1862年)、《微薄的礼物》(1872 年)和《持钉的命运女神》(1871—1884 年)，均见《拉斯金全集》，对于这种批评就可以得到一个充分的概念。我只有一点要说的。我有一明确理由反对拉斯金处理经济问题的方式(我所谈的自然不是他为了大众的福利和文明所做的慷慨而富有成效的实际工作)：他在这个领域内，未能做他在艺术领域内实际所做的事情。我们知道，他为自己作为一个艺术解释者的生涯做过极其小心周到的准备工作；他按照学术的规范掌握了技术并研究了历史的细节。在他的解释中所流露出来的是"天才"，然而是经过教导的并且是由于学习而变得有效的天才。在经济学领域内他却没有做这类事情；他所做的，只不过是把满腔的愤怒加在一知半解的观察和没有经过消化的片断阅读上。正是这一点，而不是他所作的评价(对这种评价，我们中有许多人会表示赞同)，使得他不受重视，除了对霍布森那样的作家外。我对他所作的评价——而他是代表着那么多的人——，就同他本人会对任何这样一个作家作出的评价是完全一样的：这种作家试图评论例如特纳的画，而不通过一种在道德上中立的研究，预先去充分掌握有关的事实和技术。

(b)德国哲学。　读者大概已经知道，在我们所讨论的这个时期的头一阶段，德国思辨哲学的成就已经达到了最高峰；康德、谢林、费希特、黑格尔和叔本华的名字，也会立即在读者的脑海中涌现出来。但是，不管读者对他们是了解得多还是少，我们在这里都不可能讨论他们著作的纯粹哲学方面。关于康德、谢林和叔本华，我不作举证而能说出的东西只有下面这些。第一，他们的创造是独立的哲学思维的惊人实例：试图把他们的学说同那些可以和资产阶级或任何其他成分的阶级地位联系起来的态度连在一起，[①]那是没有成功之望的。第二，在三人之中，康德是唯一具有重大国际影响的人；[②]但在德国，他们三人对几代人的思想都产生了强烈的影响，在这些人的思维方式中，哲学这个组成部分在那时比在下一时期关系更为重要。然而，不管这种影响波及到或形成了其他什么东西，它都不曾波及到德国——更不要谈德国以外的国家——经济学家的专业著作。在这些经济学家中，无疑地有许多人会自称是康德派的成员。但是他们在研究经济学中所使用的方法和所得到的成果，是同样可以和任何其他哲学相容的。在费希特和黑格尔方面，这种影响问题则表现得略有不同。

对费希特[③]之所以需要加以评论，是因为他把一种社会的和政治的哲学加在他的思辨哲学——依这个名词的技术意义来说——上面，前者自由地侵入到经济学的领域，并且因为下述两个

① 某些马克思主义者曾经这样尝试过，他们坚信那一定是可以做到的。这样一种信念总是会保证得到某些一钱不值的虚伪的成功：人们总是能够强迫每一件事情同其他事情发生联系。

② 康德的思想特别是传到了英国。甚至詹姆斯·穆勒也曾对之苦思冥索，但是对它特别怀着好感的还是非功利主义者们，尤其是汉密尔顿，以及具有哲学头脑的神学家们：考虑到我们在康德思想中所看到的渊源于英国的那些要素，这就不会使我们感到奇怪了。A. 马歇尔的热衷于康德——这是他早年十分重要的知识背景——将在适当的地方提到。

③ J. G. 费希特(1762—1814)的著作，与我们特别有关的，是他的《对德国人民的演说》(1808 年)、《自然法基础》(1796—1797 年)和《闭塞的商业国家》(1800 年)，均见他的《全集》(J. H. 费希特编，1845—1846 年)。由于他的思想在若干主要方面经历了两种不同的变化而大大增加了解释上的困难：他的哲学，在他的一生中，由于他自己的继续进行研究而有所改变；他的一般见解，由于在拿破仑时期的一个德国人的典型经验而有所改变，这个时期使这位世界主义者——他曾把一个人的国家解释为在任何时候恰好处在“文明最高峰”的那个国家——变成了一个热烈的爱国者。

原因而必须予以注意。他为一个特殊的社会经济组织的计划勾勒出了一个轮廓，这将在后面论述社会主义的一节中谈到。而且，他在 O. 史盘的“全体主义经济学”①的早期发展中，占据着关键性地位。

费希特诚然不是边沁派意义上的个人主义者，但他也不是主张放任主义的人。如果这就构成一个“全体主义者”，那他就是一个这样的人，而唯一要说的是，这样一来，这种人就会多到使人感觉不舒服的程度。如果这还不足以构成一个全体主义者，我们就剩下了费希特的超个人的和“超意识的”群众心理——个人的意识也参加进去——的构想。他强调了“社会”这一现象对“国家”这一现象的独立性，如果单纯这样做的话，那么，这种做法除了同经院

① 正如已经提到过的，认为可以把经济学史说成是两个思想“体系”——个人主义的和全体主义的——的斗争的想法，实际上是普里布拉姆教授的想法。但在德国建立所谓全体主义学派的，是史盘教授。关于费希特与这个学派的关系，为后者所想的，参阅 O. 史盘：《国民经济学的主要学说》（第一版，1911 年，以后还有许多版；英译本，1930 年）。如果读者不满足于我所能作的描述，想对全体主义经济学有更进一步的、更具同情心的初步了解，那他最好是参看萨林教授在《社会科学百科全书》中所作的阐述（“经济学”条，论“浪漫主义和全体主义经济学”一节），萨林教授提到了史盘的全部著作。

如果读者仔细阅读萨林教授的阐述（上引书，第五卷，第 386—387 页），他立刻就可以看出在我这一方面之所以缺乏同情的理由。如果全体主义者满足于鼓吹对经济现实和经济理论作“整体论的”经济玄学或哲学的解释，那是不会有人反对的；事实上，我会真正赞同他们的经济玄学，虽然我可能根据形态心理学来解释它。无论如何，他们的哲学与我们无关，就像魁奈的神学一样。但是他们要求承认的却较此为多，即是说，他们认为自己发展了一种新的和不同的分析方法。例如，他们实际上“摈弃”了关于价格与货币的命题。在摈弃了这些命题以后，他们所做的只是用一种笨拙的和不适当的方式去重新表述它们。例如，在摈弃了均衡概念之后，史盘教授就采用了（在边际上）均等重要这个概念，用来达到完全相同的目的。

哲学的做法一样古老之外，肯定并不包含有什么特殊的“全体主义”。诚然，这种构想同“全体主义”的看法是一致的，但它同许多其他的看法也是一致的，例如同迪尔凯姆的完全实证主义的看法也是一致的。通过浪漫主义去假定在费希特与史盘之间有着联系，也许不像把迪尔凯姆的思想追溯到费希特那么不现实。对于这种纯粹用语上的关系的深信不疑，无论如何是放错了地方，它只会妨碍对于真实的关系的理解。

对于黑格尔，[①]由于三种考虑而需要加以评论：第一，因为他的了不起的成功；第二，因为他的国家理论，和因为他的哲学构成我们将称为进化论的东西的一个重要分支；第三，因为他对于卡尔·马克思的思想形成有过影响。

关于第一点，我所能说的只是：这种成功使黑格尔的哲学成为我们所试图考察的时代精神的因素之一。比这更多的我就不能说了，因为这种成功是我所无法解释的。我对于这样一个哲学家在德国的暂时成功是能够加以说明的，据说他说过：“在我的所有学生中只有一个人理解我；而这一个人还把我理解错了。”也许我还能够说明，部分地根据黑格尔哲学能够作极其不同的解释这个事实，为什么黑格尔对德国思想的影响不仅证明是持久的，而且在二十世纪还经历了一次强大的复兴。但超过了我的理解能力的是，他为什么在英国、法国、意大利和美国，这就是说，在不利于这种植

① G. W. F. 黑格尔(1770—1831)。对我们来说，他的最重要的著作是：《精神现象学》(1807 年；英译本第二版，1931 年)，这是可以用来说明他的某些较为“抽象”的方面的最“现实”的著作；《逻辑学》(1812—1816 年；英译本，1929 年)和《历史哲学讲义》(1837 年根据讲稿编印；修订英文版，1899 年)。

物的土壤上，也发生了巨大的影响。可是，这个事实本身是毋庸置疑的。第二点将在本章第4节中谈到。第三，即黑格尔对马克思的影响，乃是我们立刻要谈的。

许多马克思主义者，不仅是那些具有哲学头脑的马克思主义者，几乎都认为：马克思主义植根于黑格尔主义；这种关系既然是一种依存的关系，接受“辩证法”就构成了马克思主义正统观念的一部分。马克思自己的意见却不同。在《资本论》第一卷第二版的序言中，他告诉我们：作为一个哲学家，他曾经是一个黑格尔派；他从来没有失去他早先对黑格尔哲学的爱好；而那种他认为是对黑格尔哲学的肤浅的批判，只是加强了他对它进行“玩弄”的嗜好；但在他对资本主义社会的事实进行实证的研究中，从来没有让自己去受它的指导。我建议接受这种声明。作家们常常把自己的程度解释错了，而马克思也有可能是错的。但是能够证明，他并没有错。因为，不但他对整个资本主义过程的看法，而且他的每一个命题，不论是经济学的还是社会学的，或者是可以追溯到哲学以外的起源，例如李嘉图的经济理论，或者是可以理解为他自己的全然是经验分析的结果。他的表述中的黑格尔主义只不过是一种形式，在任何情况下我们均能将其抛在一边，而不影响他的论证的实质。可以认为是有疑问的唯一的一种情况，将在下面讨论。

“唯心主义”（即形而上学）哲学的统治，从来不是没有受到挑战的。当这个时期渐渐消逝时，我们认为与资产阶级理性相关联的唯物主义倾向就表现出来了，这是同功利主义思潮无关的。特别是，这种倾向鼓励了人们对黑格尔作唯物主义的解释。一些人发现，他的形而上学概念对于他的一般推理方式并不是真正必要的，后者没有前者也能站得住脚，因而将其抛弃了。在这样做并发展成为纯粹唯物主义者的黑格尔派哲学家中，最重要的也许是路德维希·费尔巴哈。[①] 有一群不高明的“自由思想家”，即机械唯物论或感觉唯物论的鼓吹者，在这个时期的最后几十年中曾经刊行著作，他们之所以具有重要性，仅仅因为他们受到群众欢迎是这个时代的一个重要标志，这些人同费尔巴哈不无关系，但是这种关系比我们所想象的要少，也比许多历史学家所想象的要少。再说一遍：在分析思想的主流时，我们是太容易认为从同一缺口中涌现出来的泡沫彼此之间都有关系了。

(c)孔德的实证论。 当然，这个时期的哲学思想的形态，比我们在上面的考察中所表明的要丰富得多。但我们从中只能再取一个成分，它不仅体现了这个时期的时代精神的另一个主要构成部分，而且对经济学家也是特别重要的。在法国，专业哲学继续维持笛卡尔的传统，但却同另外一些思想奇妙地交织在一起，这些思想来自英国的经验主义者，来自孔狄亚克，来自（作为对孔狄亚克

① L. A. 费尔巴哈（1804—1872）的最重要的著作《基督教的本质》（1841 年；英译本，第二版，1877 年），在两个方面极为重要：第一，它从根本上攻击了黑格尔形而上学中最使其“自由思想的”信徒讨厌的那一部分、即似乎会支持宗教信仰的那一部分；第二，它攻击了——虽然不是那么直接地——黑格尔的整个形而上学体系，并把哲学变成了——这是那个时代的一个最重要的标志——一种似乎是社会学的东西。（关于马克思对费尔巴哈的思想体系的激烈反对——这自然并不排除他受到它的影响——参阅后面第 3c 节。）

的反动的）苏格兰“常识派”。[①] 我将把这个反形而上学的成分称为实证主义的成分，不管这个词还可能有其他什么含义。当时这个成分在许多方面都有所表现，但它最充分的表现还是见诸由圣西门所暗示、而又由奥古斯特·孔德（1798—1857）——在教养上是一个理论物理学家——在他的《实证哲学教程》中付诸实行的一个建议中，这个建议是用来满足两种不同的并且在逻辑上彼此无关的需要的：第一，需要有一套一般的思想，用来填补正在衰落的形而上学思辨所留下的真空，即需要有一种代替哲学（或宗教）的东西；第二，需要有一套一般的思想，用来把专门化研究的蓬勃发展纳入某种秩序。赫伯特·斯宾塞的《综合哲学》——的确是综合的！——从1862年起分册出版（《基本原理》、《生物学》、《心理学》、《社会学》和《伦理学》），从一种意义说，是满足这两种需要的另一个尝试。

孔德的《教程》共分六卷，在1830—1842年间陆续出版。在孔德的其他著作中，只有他给约翰·穆勒的信（《奥古斯特·孔德致约翰·穆勒的书信集，1841—1846年》，1877年出版）属于我们的范围。至于其余的，则说得越少越好。应当记住，在谈到孔德和他的著作时，我所指的全然以这两种著作

① 这一集团通常被称为（带着一种价值判断）折衷派，这也许对它的最重要的成员维克多·库辛，并不完全公道。这个集团同环绕在鲁瓦耶-科拉尔这个强有力的人物周围的另一个政治理论家和实干家（以及历史学家）集团是有联系的（后者称为“空论”党，基佐这位历史学家和总理就或多或少地属于该集团）。这两个集团在1815年至1848年这个时期的巴黎图画中都是重要因素，而他们的思想同这个时期的经济学家的思想显得颇有类似之处。但是我只能提到他们，借以为我不能把他们列入本书表示歉意。

为限，因为他晚年衰老而丧失常态时，“实证论”和“孔德主义”还获得了完全不同的意义。

正如在上面已经说明的，《教程》表现了两个方面，必须小心地予以区别。第一，它解释了这样一种学说：我们的全部知识都是关于一定现象之间的不变关系的知识，对于这种现象的性质或因果关系去加以思辨是没有意义的。这种实证论使早先的趋势发展到了顶峰，而又在某些方面预示了属于下一时期的更加有趣得多的经验批判论。这是一种严格意义上哲学学说，不过也是一种消极的哲学学说，从而它对任何一门特殊科学的研究都不曾产生、也不可能产生什么影响。

但是，第二，孔德主要关心的，并不真正是这种哲学。《教程》以这样一个问题开始：在一个专门化成为不可避免的时代，我们怎样才能抢救全人类知识的有机统一体——这在博学者的时代是如此重要的一个现实。他的答复是，我们应当如此创立另一个专门科学，即普通学这门专门科学。这个计划的意义是与一个人可能具有的任何哲学见解完全无关的，它在后来再一次被提出来了。《教程》是用一种独特的方式并按一种独特的见地去执行这个计划的。

孔德的独特方式是：他试图把一切科学知识的总和（他不承认有得自科学来源以外的知识）排成一种科学的等级体系，或者换一个比喻，构成一种建筑物，它的每一层楼均为一门不同的科学所占据，它从逻辑和数学的基础一直上升到人类社会的问题。楼高六层，分别指定给数学，天文学，物理学，化学，生物学和——心理学由于没有地位而显得很突出——社会学，即关于社会的科学。并且他实际上进而——如果我可以继续使用同一个比喻——为每一层楼准备他所认为是在每一门科学中对位于次一层楼的科学最关重要的那些因素。关于这种计划或其执行的宏伟和缺点，不能说什么，也无需说什么。

孔德对于一般社会科学、特别是对于经济学的影响是相当大的，并且当这个世纪渐渐消逝时，这种影响越来越大。这并不是由于他的"哲学"，而是因为他自己曾从事于社会学的研究。在本章的剩下部分以及在以后各章，我们将不得不接触到他的贡献——建设性的和批判性的。可是，最好先列举四个最重要的贡献，并且立即说明其中的两个：(一)孔德为新生的社会学命名，并为它草拟了一个研究计划，这个计划预示了"社会心理学"中后来的发展；(二)我们将要看到，这种社会学是同一种十八世纪的关于社会进化的概念联结的；(三)他把"静态学"和"动态学"的概念引入了社会科学；(四)他发展了一种方法论，这导致他依这样一种方式去攻击"古典"经济学的程度：这种方式也是后来的许多批评所采用的。我将进而就(三)和(四)加以评论。

(三)孔德所关切的主要是社会进化(参阅后面第4b节)。但他充分认识到，进化的观念不能概括社会有机体所呈现的一切问题。还有非进化的现象或方面，需要作不同的处理。因此，他收集了另一套有关"社会本能"的事实和命题，这些本能彼此发生作用和反作用，从而通过一种达到平衡的过程去造成"社会的自发秩序"；他把这套事实和命题与进化论这个复合物或——用他自己的话来说——“自然进步”的理论并列在一起。他告诉我们，他采用了动物学家德·布兰维尔的术语，称前者为“静态学”，称后者为“动态学”。约翰·穆勒是把这两个名词引入经济理论的作家，他十分熟悉孔德的思想，自然可以假定，他是从孔德那里把这两个名词拿来的，虽然他没有这样说。如果事情是这样，那么，当穆勒说(《原理》，第四编，第一章)“一个数学用语的巧妙的一般化”时，就是错误的了。既然许多未能了解那种区别的重要性的人，企图把它妄称为一种机械思维方式的不合法的转借语，现在就是指出以下事实的时候了：如果谈转借——就名词的本身而言，而不是就在任何情况下迫使我们承认的这种区别本身而言——还有意义的话，最后的借出者不是机械学，而是动物学。我们将要不止一次地回到这个题目。可是，必须提到，就我所能看出的而论，穆勒的静态学和动态学的定义同孔德的定义是一致的；但是这两个名词后来获得了几种不同的意义，而在现今使用它们时，意义更有所不同。

(四)在方法论上，孔德的计划是要观察历史的和人种学上的事实，用综合这些事实而得出的结论来建立他的关于社会的科学。这自然是一个极其平常的计划，为当时和以后的许多作家，特别是历史学派的经济学家所采用。更加重要的是，要认识一个似非而是的事实：虽然历史学派经济学家采用这样一个计划是非常自然的，孔德这样做却是一点也不自然的。历史学家，因而历史学派的经济学家，不相信任何企图把社会生活中的经济因素“孤立起来”的理论。对他来说，理论的确是思辨的和非现实的。它甚至是更坏的一种东西：它是这样一种思辨的结构，其方法是假诸物理科学的。对他来说，只有在其一切历史方面——对经济的、伦理的、法律的和文化的方面全部同时考虑到——表现出来的真实现象，才是社会研究的真正对象，因此，这种研究所应用的方法同物理学家所应用的方法必须有天壤之别。但是孔德不能这样来主张。相反地，他需要采用物理学家的方法。当他以非科学的思辨责备"古典"经济学家时，他的意思同历史学派经济学家的意思刚刚相反。而在这里，正如约翰·穆勒所认识到的，他是完全错了。但除了在批评方面他是错误的以外，他在自己的方法选择上也是错误的。因为物理科学并不接受未加分析的事实：不论是在实验室中还是（在不能进行实验室试验的场合）通过心内的体验，物理学家们确实是把各个个别方面分开或孤立起来，然后大胆地就它们提出理论，其大胆的程度远远地超过了经济学家从来所敢于尝试的。假若孔德想在这种意义上是"科学的"，那他就不能采取任何同边沁、萨伊和后来约翰·穆勒所遵循的方法有所不同的方法。他采用了由于错误而采用的一种方法（从未加分析的历史的或人种学的事实，去得出一般的结论）；如果说他预示了历史学派后来提出的某些论点，那他也同样是由于错误而预示了这些论点——对于经济学的真正的无知，和以圣西门式的偏见去反对经济学，自然是两种错误的心理根源。当我们认识到，更严重的是，他自己也沉溺于真正的形而上学的思辨时，那么，他的错误的喜剧就达到高潮了。这样澄清一下，可以使我们对于孔德的影响的想法大大减少：后来的施穆勒学派的历史经济学家根本不是孔德主义者；他们的哲学的和方法论的渊源是完全不同的；他们从自己的学术立场的逻辑得出了反对“古典”理论的论证，即使从来没有孔德这个人他们也会得出这种论证；至于这些论证，或其中的某一些，在历史学家看来事实上就像孔德的论证，那只不过是一种偶合。[①] 对历史主义的其他代表来说，孔德的影响则较为显著。（例如，对英格拉姆，参阅后面，第四编，第四章。）

2. 浪漫主义与编史工作

假如有可能的话，考察一下该时期的文学潮流，我们可以由此而对时代精神有许多了解。例如，从狄更斯、萨克雷或福楼拜的小说的成功，就能够得出一些非常有趣的推论；这些小说也是真正的社会学论文——受到我们通常并不认为阅读它们的人都会具有的那样一种意识形态的高度渲染。或者，再举一个关系极其疏远的例子：分析德国从十八世纪开始（但维持到十九世纪很久）对希腊艺术迸发出来的热情，[②]我们也可能学到许多东西。我们必须限制考察范围。但是有一个文学运动，即浪漫主义，是我们所不能忽

① 这对社会学来说则是不真实的：许多社会学家，特别是法国的社会学家，的确出自孔德一系（例如德·罗贝蒂、迪尔凯姆等人）。但就在“方法战”中彼此对立的经济学家而论，门格尔这个理论家远比施穆勒这个历史学家更带孔德主义的色彩。

② J. J. 温克尔曼的《古代文艺史》在作为象征和表示原因两方面都是一本重要的书，该书出版于 1764 年。

视的，部分地由于它对社会科学的发展确实重要，部分地也由于错误地归之于它的重要性。

(a)浪漫主义。 像文化上的另一极——功利主义一样，浪漫主义运动是在十八世纪开始的：我们主要是对它在分析上的成就感兴趣，最好是选定赫尔德这个伟大人物作为我们的界标。[①] 与功利主义不同，浪漫主义不是一种哲学，不是一种社会信条，也不是一种政治或经济的“体系”。它主要是一种文学风尚，同对待生活与艺术的某种态度连在一起：一方面，这个运动完全限于知识分子的圈子中——没有一个浪漫主义者不属于知识阶层；另一方面，这个运动在国际上的重要性，主要是在纯文学的领域内以及在文学批评和语言这些邻近学科中。对于绘画、建筑和音乐，它的意义要小些，虽然它在这些方面也开了新的风气，例如，某些“哥特式”的可怖的建筑物就可以作为证明，而它对它所接触到的任何其他东西，都只有一些表面的影响。但从文学史中，的确可以列出一个给人印象深刻的名单，例如拜伦、阿尔菲耶里、雪莱、华兹华斯、科

① J.G.冯·赫尔德(1744—1803)：《德国新文学片断》(1767年)，该书在他的著作中最明确地属于浪漫主义的；《论语言学的起源》(1772年)；《有关人类历史哲学的思想》(1784—1791年)，对我们来说，该书在他的著作中是最重要的一本。但赫尔德的思想是超越于浪漫主义的：受到浪漫主义的影响和给予浪漫主义以影响只是他的著作的一个方面。作为一个社会学家，他也经受了并且施加了一种环境决定论类型(参阅后面第3c节)的影响；他以一种几乎是经验主义的态度同康德的美学作斗争，而在他的《思想》一书中有些论及文化变迁的篇章是带有斯宾塞音调的；他的关于语言、文学、艺术、宗教、神话学等的理论——包括在比较语方学和比较神话学与圣典学方面的方法论上的暗示——使得他成为现代一些重要趋势的先驱，就像它们使得他成为十八世纪一些重要趋势的继承者一样，这种趋势包括霍布斯—洛克—休谟的传统中所包含的那些趋势。如果我们不能深入研究这些相互对立的思潮——它们会说明十九世纪时代精神的许多特点——我们引以为慰的必定是：它们于经济学完全无所裨补。

尔律治、斯科特、朗费罗、夏多布里昂、戈蒂埃、雨果、荷尔德林、诺瓦利斯、布伦坦诺、阿尔尼姆和两个施莱格尔。[①] 我们必须从这些人中寻找浪漫主义的成就和浪漫主义者的重要著作。他们无疑地从那个根据地踊跃地走了出来，像知识阶层将要做的那样，并在哲学与社会科学中那些偶然吸引他们的地方到处漫游。我们在这里所关心的，是他们在这种漫游中所完成的功绩。但是我们必须记住，在谈论这些功绩时，我们并不是在谈论浪漫主义成就的核心，而且我们应预料到，在外行人的粗糠之中，我们也能找到一些谷粒。

可是，即使在纯文艺方面，我们也不能不注意到一个事实，这个事实在我们列举的小小名单中的确已经显然可见，而在任何更为扩大的名单中就会看得更加清楚：在这种或那种意义上可以称为浪漫主义的著作和人物，彼此常常很少有共同之处，而将其并列在一起，就显得很奇怪。但一当我们试图解释浪漫主义的态度究竟是什么时，这一点就不再使我们感到奇怪了。在表面上，这种态度意味着反抗古典的艺术准则，例如，反抗亚里士多德的戏剧三一律（时间，地点和行动的统一）。但是在这个表面之下，还有某种更为重要的东西，即对习俗、尤其是对据理解释的习俗〔rationalized convention〕的反抗：感情（可能是真正的）起而反对冷酷的理性；自发的冲动起而反对功利主义的逻辑；直觉起而反对分析；“心灵”起而反对理智；国民历史传奇起

① 歌德是太伟大了，不能把他挤在这个名单内，况且，他极其厌恶浪漫主义者。但是他的作品，初期的和晚年的，都表现了许多浪漫主义的因素。只是在中期，歌德才是，或者试图成为，严格的“古典的”。

而反对启蒙运动的人造艺术品。让我们称这种态度为反理智主义，虽然这个名词在后面还将应用于一种不同的意义。记住浪漫主义运动是限于知识分子以内的——因而是和我们可以称为普通人的反理智主义十分不同的一种东西——我们对于这个表面上荒谬的名称，即理智的反理智主义，就不会回避了。采取这种看法浪漫主义现象实际上就是人们所熟悉的了：像其他工人一样，知识分子似乎也不时对于自己的工具感到厌恶，一心想"丢下"工具，而改用自己的拳头。

这个诊断特别说明了为什么不可能把浪漫主义系统化，使之成为一个统一的整体，为什么不可能定出一套规则来，使我们能够像辨认例如功利主义的思想或计划那样，很容易地辨认浪漫主义的思想或计划。浪漫主义运动具有一种激励作用。主要正是由于这个事实，它才如此丰富多产。感受到其冲击的个人，在被激励起来之后，就可以自由地走向任何一个方向。这特别适用于各个浪漫主义者的政治和经济观点，对于这些观点，以后的历史学家们，如果他们是表同情的话，就试图按照他们自己所赞同的方向去加以统一；如果他们是反对的话，就按照他们所不赞同的方向去加以统一。在两种情况下，得出的图画都是不真实的。有人把浪漫主义同政治上的"反动"等同起来；诚然，有许多浪漫主义者，追随他们时代的趋势，当环境适宜时，变成了保守主义者或"反动派"，其中有些人甚至卖身投靠"反动"政府；但是这个运动的本质上革命的性质却从来没有完全丧失，这从那个强有力的舆论领袖约瑟夫·冯·格雷斯的身上便可以看出来。有人把浪漫主义者的意识形态同边沁主义者关于自由与民主的思想对比；毫无疑问，浪漫主义者的自由并不是约翰·穆勒的论文中所说的自由，而且浪漫主义者的民主也不是边沁的那种机械的东西；但却可以认为，某些浪漫主义者对于自由和民主之于人民——按照他们的实际以及他们所想象的和他们所感觉的——究竟意味着什么的理解，要比功利主义者或任何一个试图把自己的逻辑图式加诸现存的社会形态之上的人要深刻一些。也有人认为浪漫主义对于罗马天主教信仰有一种强烈的嗜好——嗜好是一个合适的字眼，因为我们所谈的是知识阶层；的确，浪漫主义者带着他们的活生生的现实感，对于那个强大的结构必定会有同功利主义者十分不同的感觉，而且的确，至少在十九世纪初，他们的运动同天主教的复兴是平行发展并且与之有关的；但把两者混淆起来，则是十分错误的。天主教运动的真正领袖（格雷斯是最重要的例子，而夏多布里昂则是一个可疑的例子）当中，几乎没有哪一个在浪漫主义运动中占有突出地位；他们大都对浪漫主义运动抱漠不关心的冷淡态度。最后，如果说浪漫主义曾经和“全体主义”的社会哲学有联系，那也只是因为浪漫主义者反对功利主义类型的理性主义的个人主义；但他们所颂扬的感觉、直觉和冲动是主观的和个人的感觉、直觉和冲动——这种没有任何约束的极端主观主义正是使得歌德反对他们的东西。

读者很可能要问，这样一种运动，对于经济学究竟能作出什么贡献呢？答复自然是随着我们所想的是对待实际问题、意识形态的光环、心情等等的态度呢，还是技术分析而有所不同。一个浪漫主义者，或任何一个受到浪漫主义态度影响的作家，自然会以一种非资产阶级的精神去看工业生活及其问题，并采取与边沁主义者完全不同的观点。更为一般地说，他对于把丰富多彩的各种社会形态和过程简化为少数几个关于彻底合理化的享乐主义的利益的大胆概括这种功利主义趋势，会感到极端的厌恶。于是他会在功利主义留下真空的地方——或者在功利主义为从自己的观点看来简直是胡说的那些东西设置了垃圾箱的地方——为历史上的独特无比的东西或是为超理性的价值（虽然，正如上面的讨论所表明的，这些价值在一个浪漫主义者的眼中同在另一个浪漫主义者的眼中大有不同）建立起一个神龛。从某些浪漫主义作家所说的话来看，这有许多听起来并不真实。但很显然，这并不完全是文学上的杜撰。适用于一部科学真理寻觅史的观点，对于一种广泛的评价就不适用。尽管如此，我们还是可以列举出浪漫主义运动对实证分析所作出的确定无疑的贡献。

就技术经济学而论，没有什么东西可供记载。考虑到这个运动的性质，这只不过是我们应该预料到的，甚至并不构成一种批评。浪漫主义的热诚爱好者坚持存在有这种性质的贡献，在我看来，他们似乎是犯了一个策略上的错误，特别是因为这使得他们不得不去吹捧像亚当·米勒（1779—1829）这样的人。说到这里，应该坦白承认，一向根本就没有所谓“浪漫主义经济学派”。

我想，是 W. 罗雪尔通过他的《德国国民经济学的浪漫主义学派》一文（载《总体经济学杂志》，1870 年）使得这个名词传播开来的，他对米勒作了不应有的恭维。现代的“全体主义者”感到没有办法去为这个“学派”找到其他的成员，就采用三种手段：第一，他们把像根茨和哈勒（感兴趣的读者可在任何一种参考书中查到他们的事迹）这样的人也包括进去，这些人根本不是经济学家；第二，他们把像 F. 李斯特这样著名的人物也算作这个学派的成员，这些人即使同这个学派真有关系，那也只是极其淡薄的关系；第三，他们专心致志于发现真正是名副其实的天才那种额外成员，例如弗兰茨·冯·巴德（《社会哲学》，见他的《全集》，1854 年），他还可以算得上是一个社会学家。至于亚当·米勒自己（主要著作有：《政治术基本原理》，1809 年，新版，1922 年；《一种新货币理论的探讨……》，1816 年，新版，1922 年；《论总体政治学的理论基础的必要性》，1819 年；雅各布·巴克萨博士曾编过一本他的论文选集，还写过一部米勒传，附有一关于其全部著作的目录，1930 年），只要说明这一点就够了：他的经济学，就是对亚当·斯密提出的——关于放任主义、自由贸易、劳动分工等的——一部分事实和论证进行消极的重要评价（这是他的事情，而不是我们的事情），并引入一些完全不能应用的形而上学概念。

即使假定以下说法是有意义的，例如，货币只在它从一个人手中转到另一个人手中的那一刹那才是货币，而在这一刹那它不是私有财产（他称之为 allod），而是公有财产（他称之为 feod），或者说，这是“国家价值”或“国家力量”的表现——那又怎么样呢？这种形而上学意义上的解释，就经验世界中已经存在的关系来说，本来就不能够告诉我们任何不是我们已经知道的东西。另一方面，我不想比这一点说得更多。不理解分析的任务与方法是愚昧无知，不理解对意义进行哲学上的想象或解释的任务与方法也同样是愚昧无知，我无意在这两者之间画等号。只要能使读者理解以下一点，我就感到满足了：这是两个不同的世界，它们在任何一处均无接触之点，没有一个世界能够告诉我们关于另一个世界中的现象——或者不管应当使用什么字眼——的任何事情而不使它自己的论证归于无用。为了使这一点显得特别突出，我抑制住自己不去问以下问题：A. 米勒的理论，当其被当作哲学来看待时，究竟是好还是坏。①

可是，似乎可以说有一种浪漫主义的社会学，或者至少可以说

① 只是在这个问题上，我们同 A. 米勒的现代全体主义敬仰者之间才可能产生有意义的意见分歧。而他们是应当真正同意这种说法的——特别是当我也在准备给予政治评价时——因为他们总是装作鄙视这个我认为独立于浪漫主义的或任何其他形而上学的思辨的领域。

浪漫主义作家对经济的、政治的和普通的社会学作出了确定无疑的贡献。其中一种贡献前面已经提到过了，我们可以这样来加以复述：这种贡献是，在对制度和制度内的行为所作的分析中，插入了非理性的——不一定是无理性的——人类意志、习惯、信仰等等的混合物，主要是由于这种东西，某一社会才成为它所是的那种样子，没有它，一个社会及其反作用的形态就不能被人理解。可以提出赫德和诺瓦雷斯[①]这两个人来作为例证。对于心理上的关系和反作用的强调，特别是由于浪漫主义中的艺术成分所造成的；这个事实使这样一种看法似乎带有几分真实性，即浪漫主义者是现代社会心理学的先驱。[②] 这一类贡献的显著例子是这样一些概念：民族精神、民族性和民族命运。这种概念很容易为知识分子所接受，并且在他们那里获得感情的涵义。但是感情，以及任何哲学的幻想，都是可以抛弃的，于是民族精神表现为一种承受器，盛着若干非常重要的事实。甚至作为一个实体，它也激发了许多后来的群众心理类型的社会学家。能够把它变成一个多么“实证”的东西，由这一事实表明出来了：在孔德这样一个彻底的非浪漫主义作家那里，我们也发现有它。

但是浪漫主义运动对于分析经济学之所以重要，主要在于它给予所有各种历史研究以刺激。它教导我们更好地理解我们自己的文明以外的各种文明，例如中世纪以及欧洲以外的各个文化世

① 诺瓦雷斯是德国诗人弗里德里希·冯·哈登堡(1772—1801)的笔名。从他的没有系统的著述(《选集》，奥本纳尔编，1925 年)中，可以整理出一种不完全的社会理论。卡莱尔写了一篇论他的文章，但所谈的没有超出艺术的方面很远。

② 我不能无条件地同意这种看法(参阅后面，第四编，第三章，第 3e 节)。

界。这意味着新的展望，更加广阔的眼界，新鲜的问题，特别是，伏尔泰主义者和功利主义者对"这个开明时代"以前的一切东西所表示的愚蠢鄙视的终结。① 让我们来看一看浪漫主义影响和民族精神等等至少在表面上表现得最为明显的那一事例，即法理学历史学派的出现。这个学派对于我们具有特别重要的意义，因为它帮助在经济学中造成了一场相同的运动。②

解放战争以后，在许多或多或少直接主张德国统一的建议中都表现出了民族意识。有些建议主张使德国的法律法典化。其中由卓越的法理学家蒂鲍提出的一项建议，在萨维尼所写的一本引起全国注意的小册子中受到了非难。③ 这本小册子的议论远远超出了就事论事的范围，而等于提出了一种有关法律的普通社会学。

① 西奥菲尔·戈蒂埃偶尔使用"中世纪人"一词作为浪漫主义者一词的同义语，而这两个词对巴黎整个浪漫主义的文艺界来说，似乎实际上是意味着差不多相同的东西。这种对中世纪文化的崇拜自然不能不引起自由主义者的嘲笑，而由于它包含了非历史的理想化并且(在戈蒂埃的场合)牵涉到红背心，就更加是那样。但是我们必须透过表面去察看本质，并原谅文学家们不可避免的不正常举动：如果说在这种崇拜中掺杂有愚昧成分，那么在理性的崇拜中就掺杂有更多的愚昧成分。

② 法理学历史学派的影响，在罗雪尔那里特别明显，他从法理学家那里取得论据，很重视他所认为的法律领域和经济领域的极为类似之处。在其他人那里，例如在 R. 琼斯那里(参阅后面第六章)，则不能证明有此种影响。

③ 《论我们时代的立法和法理学的使命》(1814 年)，由声望卓著的学院法理学家弗里德里希·卡尔·冯·萨维尼(1779—1861)所著，他早先出版了一本具有惊人独创性的著作(《财产法》，1803 年)，曾使他那时代的已经衰颓的法理学恢复了青春。通过同艾科恩(他代表了这个联盟中的德意志法学家的成分，而萨维尼则代表了罗马法学家的成分)一道创办的《历史法理学杂志》(1815 年)，通过他的《中古时代的罗马法史》(1815—1831 年)，以及通过他的《现代罗马法制度》(1840—1849 年)，他升到了他那时代德国法律界——从学院的意义说，以及从(普鲁士)官方的意义说——公认的领袖地位。这种领导暂时意味着历史学派的胜利。但是不应称他为这个学派的"创始人"。如果篇幅许可，我们可以表明，他出色地领导了并发展了一种趋势，其全部种子都是在以前播下的。

它认为,一个国家的法律制度,是其作为一个国家的个体生活的一部分,是其整体的表现,是其整个既定历史情势的表现;这些法律制度体现了这种生活的一切密切关系和需要,这种生活在这些法律制度中得到了或多或少是充分的表述;它们像人体的皮肤一样适合于这种生活;用一部靠理性编纂出来的法典去代替它们,就像剥去一个人身上的皮肤,而代之以一种人造物一 般。因此——这是与我们有关的——有必要不是从少数理性原则的观点去研究法律,而是在法律同民族精神或民族性的全部联系的框架中去研究法律。由此得出了与边沁派刚好相反的结论,即科学的法理学所应采取的唯一方法,就是历史的方法。① 用一句话来说,这就是法理学历史学派的信条和纲领。由于使用了民族精神和民族性这个概念,这种历史的法律社会学与浪漫主义特有的思想之间的关系就表现得十分强烈,也许比应有的关系更为强烈。因为常识告诉我们,即使从来没有什么浪漫主义,也会有历史的法理学。这也适用于这样一些德国经济学家,他们曾受过法学的训练,或者具有所谓制度主义的(后来的美国术语)倾向,因而无疑地受到了法理学历史学派的影响。

① 为了避免误解,必须记住下列各点:(1)这种法律社会学并不是无为主义或敌视改革的。它只是提倡从"有机的"需要去进行"有机的"改革,而反对从推论的原则去进行改革。萨维尼本人,作为大法官,就曾经进行过改革。(2)这种社会学由于强调既定的历史条件,因而有一面可以描述为"民族的"。但它毫无"民族主义"的意味。(3)即使是以历史的精神所进行的改革,也先得有某种一般的原则以及从这些原则作出的推论。萨维尼忽视了这一点,因而,不管他的计划具有多大优点,它在科学上都是不充分的。从我们作为经济学家的立场来看,十分重要的是,一方面,要注意到这个错误;另一方面,要认识到这个错误不一定会损害历史方法的用处。

(b)编史工作。 该时期专业历史编纂的蓬勃发展究竟在多大的程度上应当归功于浪漫主义思想，是争议更多的问题。诚然，浪漫主义情绪刺激了对历史研究的兴趣，并增加了公众对于这种研究成果的接受力。于此之外，如果只有对浪漫主义普遍影响的一般信念而没有更为特殊的理由，那么，再要多说就不可靠了。但在我看来，似乎实际上存在有这样一个理由。这个时期的确有大量的历史学家，他们为一个东西辩护，即为一个国家或为一个政治制度或为一个政党而辩护，或是以此作为自己的职责：按照他们自己的道德的或文化的标准，去对所报道的人物或事件划分等级——是的，就像一个教员在他的学生名册中划分等级一样。①

① 例如，麦考利勋爵不仅为英国辩护，而且也为辉格党辩护，而不想去理解任何其他观点。米希里颂扬法国；德罗伊森赞美普鲁士的政策；达尔曼和冯·罗特克为自由主义和立宪制度辩护；格罗特为雅典的民主政治辩护（乔治·格罗特著有《希腊史》，初版，1846—1856年，此人对我们来说具有特别重要的意义，因为他是一个正统的边沁主义者，是哲学急进派的最重要成员之一）；班克罗夫特为杰克逊式的民主政治辩护。在所有这些情况下，不问作者有无任何自觉的意图，均有对事实作意识形态上的歪曲的明显危险。但即使所有事实的报道都是彻底公正无私，它们似乎仍将处于一种人造光——作者的信念或信条之光——之中，而不是以它们自己的本来面目出现。让我们再来看另一个属于稍稍不同类型的例子：W. E. H. 莱基（特别是他的《唯理论的精神在欧洲的兴起与影响的历史》，1865年），是十九世纪人数较少的鼓吹十八世纪理性的作家之一。首先，他是根据一定的历史社会学来写作的，这种历史社会学认为思想是历史过程的原动力。另外，他把思想的发展简化为这样一种图式，在这种图式中，除了理性不断战胜宗教外，没有任何其他东西。他据此而所作的描述，究竟能否站得住脚，完全取决于一种明确的信仰；抽去这种信仰，它就变得毫无意义。我利用这个机会，来谈谈从这样一些历史学家的天真习惯所产生的问题：他们没有私人的企图，即没有要为之辩护的东西，但是他们把自己当成是一切人类事物的审判官，他们知道一切的动机，掌握了行为的一切标准。举一个例子就可以说明。伟大的蒙森就是这种自我欺骗的突出的牺牲品：他知道在特雷比亚河的战役中罗马军团应当怎样调遣；他知道西塞罗应当怎样去对付卡提利纳的阴谋；他知道是一些什么动机支配着尤利乌斯·恺撒。他从未意识到依靠他的直觉理解——无疑是十九世纪中叶富有才智而令人尊敬的资产阶级头脑的理解——具有多大的危险。这显然也在某种程度上影响了经济学家的思想方法。

可是，也表明有采取一种不同方针的趋势：按照事实的本来面目去加以陈述，让事件的出现就像它们出现在曾经经历过它们的人们面前一般，把时间和地点的色彩与精神保持下来。这种对历史过程的"内在解释"，显然引起了非常严重的方法论上的问题，即它所包含的对个人和文明的直觉理解的性质。这种解释对我们具有特别重要的意义，因为它的原则同马克斯·韦伯的原则极为近似。它主要是同列奥波特·冯·兰克的名字相联系的。① 它的一个法国提倡者是奥古斯坦·梯叶里。这些人以及其他人的著作，在治学态度方面，是独立于浪漫主义的，在其他方面，甚至同浪漫主义是敌对的。但是他们对每一种文化的独立性，以及对每一种文化的独特色彩的尊重，则与浪漫主义思想相近似，这是我们所不应忽视的。

至于其他方面的情况，因为我们不可能报道这个时期的全部编史工作，不能向人们提供一完整的印象，所以就应该只简单地考察其与经济学最有关系的那些特征。第一，出现了新的资料和新的批评标准。正是在这个时期内，编史工作确定无疑地走出了以书籍作为史料的圈子，并且系统地和大规模地开始利用原始文件以及隐藏在纪念物、碑文、钱币等背后的信息。楔形文字和象形文字再也保守不住自己的秘密了。利用史料的技术得到了传授，并已着手广泛刊行史料。《巴黎文献学院学报》、《英国档案汇编》和

① 我不愿擅自发表自己的意见，但可以说，所有国家的大多数历史学家都会同意称他为这个时期首屈一指的历史学家。他的国际影响——以及对美国编史工作的影响——主要来自于他的有名的讨论班所确立的历史学问的新标准。他娴熟地利用新的原始资料和娴熟地应用新的批评准则，同他拒绝接受哲学（特别是黑格尔哲学）思想的指导是完全一致的。如果我们在他的著作中看到有浪漫主义的成分，那就应当加上一句：他自己是很小心地要使自己远远避开浪漫主义的。

《德国历史纪录》的出版，就是这种有目的、有计划的活动的例子，这在经济学领域内是没有可以与之比拟的。考订史料的工作达到了新的水平，正是这一点，再加上新的材料，造成了尼布尔[①]和蒙森的成就。但是对原始文件的强调是非常普遍的。它构成了米希勒治学上的主要优点。在我们主要不是当作学者看待的作家，例如在梯也尔这个政治家身上，我们也可以看到这种优点。甚至在现实主义小说的创作者，例如龚古尔兄弟身上，我们也可以发现它。

第二，历史学家养成了进行社会学分析的倾向，这种分析由于接近事实而获益匪浅。尼布尔注意制度问题，注意政策与改革的效果问题，梯叶里注意民族因素，都可以作为例子。这很少达到明确的理论化，但它常常包含有社会学的理论，虽然，不用说，这些理论决不因为没有得到适当的表述而就更好一些。此外，比以往更多地，我们看到人们对经济现象本身越来越感兴趣。这种兴趣甚至在我们最不会预料到的地方也表现出来了：一方面，在古代史的领域中；[②]另一方面，在这个时期的"图画式的"历史中。麦考莱勋爵的《英国史》(1848—1861 年)充分表明了我所谓的图画式的历

① 我希望我能够停下来对这位文官、学者、银行家、教师和大使(B. G. 尼布尔，1776—1831)的生平和著作说个大概，他的《罗马史》(1811—1832 年)一书把罗马史的研究置于一个新的基础之上。特别是，由于以下两个原因，我们也可以把他看作是经济学家：他是通货政策的权威；他写有《国际金融和银行史探讨》(A. 特伦德编，1929 年)一书。泰奥多尔·蒙森的著名的《罗马史》是在 1854—1856 年出版的。

② 例子是《雅典的财政》，这是奥古斯特·伯克所著的一部研究雅典财政的著作(1817 年)，而更加重要的是 A. H. L. 黑伦所著的《旧世界最重要各民族关于政治、交通与贸易的思想》(1793—1812 年；英译本，1833—1834 年)。这个伟大的学者和教师的影响扩大到了包括政治地理学在内的广阔领域。

史，该书集中注意于生动的军事或政治事件，并从动人心魄着眼去叙述它们的历史。但是麦考莱的这本书也有描述经济和社会状况的篇章，这些篇章诚然是生动的图画，但也是完全不同的图画。类似的说法对 L. A. 梯也尔的《法国革命史》(法文初版，1823—1827 年；英译本，1838 年)也是适用的。

第三，有一种文献可以称作是法理学历史学派纯粹科学一翼的产品，或历史学家中制度主义者一翼的产品。这种文献由于其本身的成就而很重要，但作为后来发展的基础则更为重要。我将举出四个著名人物来说明这种文献，他们的研究范围彼此虽有很大的不同，但全都属于我们所考察的这个类型。莫勒[①]在中世纪德国社会组织方面是一个主要的虽然不是没有受到挑战的权威，他的理论的影响在整个十九世纪是广远的——甚至在它们已经变得陈腐以后。菲斯特尔・德・库朗热斯的那本著名著作，渗入了受过教育的人们的一般阅读范围之内(但就我所知，并没有渗入经济学家们的一般阅读范围之内)，该书把学术研究的成果环绕一种理论来排列，该理论认为，宗教是影响一个社会的法律制度和政治制度的最重要的因素；由于国民生活各个部门之间具有密切的联系，这种理论是决不会与事实相抵触的，即使它是错误的或不恰当的。[②] 亨利・梅因爵士(1822—1888)是在下一个时期发挥领导作用的，但是确立其声誉的著作则是在本时期发表的。该书是历史

① G. L. 冯・莫勒(1790—1872)：《德国马尔克状况史》(1856 年)；《德国……庄园状况史》(1862—1863 年)；《德国乡村状况史》(1865—1866 年)；《德国都市状况史》(1869—1871 年)。

② N. D. 菲斯特尔・德・库朗热斯(1830—1889)：《古代城市》(主要是希腊的城邦)，1864 年；英译本，1874 年。

学家在建立理论方面所完成的一部最有教益的著作。[①] 最后应提到 J. J. 巴霍芬的那本历史人种学著作，[②]虽然该书也是在下一时期产生影响的。

最后，第四，文化史[③]虽则自然不是一种新东西，也作为一门公认的专门科学建立起来了。它同我们学科的关系是很明显的。对于文化史，既可以从大处落墨，也可以从细微之处着墨。下面的脚注提到了这两种形式的杰出大师，即伯克哈特和里尔。[④]

① 亨利·梅因爵士：《古代法》(1861 年)。经济学研究者不仅应当知道"从身份到契约"这个口号，而且还应该对梅因的著作有更多的了解。

② 即我将要提到的巴霍芬的那本著作：《母权》(1861 年)，该书是论述母权制的全部文献的源头。

③ 这是又一个难于翻译的词，只能用 history of culture(文化史)这个不像英文的词。文明史(History of Civilization)不完全正确。社会史(History of Civil Society)更会引起误解。

④ 在雅各布·伯克哈特(1828—1897)的令人赞叹的著作中，就我们的目的来说，提到《文艺复兴时代的文化》(1860 年；英译本，1878 年)一书就够了。这种成就我相信是每一位读者所熟悉的，其性质很难用一般的字眼去描述。也许以下一句话是在我力所能及的范围内所能作的最好描述：该书用艺术和政治(均按其最广泛的意义)词汇描绘了一个时代生活的景象。把这样一种构造物同为它提供材料的任何东西的历史区别开来——同艺术与文学本身的历史，或是科学本身的历史，或是经济的、社会的或任何其他的政策本身的历史区别开来——的主要之点是：这些东西在这个构造物中不是为了它们自己而存在，而是为了在机能上表现某种较大和较深的现实而存在。雅各布·伯克哈特在思想史中的地位超过了这种成就；分析一下有助于造就他这样一个人的影响(兰克的影响包括在内)以及他所产生的影响，一定很有趣味。但是我所提到的这部书虽然受人欢迎，我们却不应对于他作为社会哲学家或政治思想家所具的影响产生错误的想法。他同当时自由主义的口号离得太远了，于是也就同预言家对这些口号表示的愤怒离得太远了，以致没有产生多大的影响。

W. H. 里尔(1823—1897)是可以包括在下一节的报道中的。因为他的著作比伯克哈特的著作同专业社会学有更明确的关系。但是他的社会学因素(其中有一些决不是无懈可击的)，须从一部——很幸运地——始终依然是历史的著作中去挑选出来。我认为他的影响没有超出德国国境很远。但是读读他的《三百年间的文化研究》(1859 年)，对于研究经济学的人会有很大的好处。这本书可以很好地替代我们通用的必读书目中的某些项目。

3. 社会学与政治科学：环境决定论

我们知道，社会学肇始于经院哲学家，甚至渊源于希腊人。但直到下一时期（参阅第四编第三章），社会学作为一独立研究领域的地位才得到人们的承认。在我们所讨论的这个时期内，正如我们在上面所说的，社会学的确是由孔德命名的，但对这个事实不应赋予巨大的重要性。诚然已经进行了许多重要的社会学研究工作，但这些工作仍然是彼此不协调的，缺乏系统的。其中绝大多数我们在前面已经提到了。我们可以说，有一种哲学家的社会学，有一种法律学家的社会学，有一种历史学家的社会学。其中每一种都采取了许多彼此极为不同的形式，这些形式相互之间的关系亦千差万别。把这些形式勉强归入若干大类是很危险的。但是，为了作一个扼要的说明，可以把它们分为“抽象的”和“历史的”两种混合体。从实际上的重要性来看，边沁派的功利主义在前者中居于首要地位，①历史法理学在后者中居于首要地位。在这一节中，我们将尽可能地采用这种先验图式。另外，我们将试图通过从这个时期的论述政府与政治的文献——对于这些文献，那时已开始越来越多地使用“政治科学”一词——中所能搜集到的东西，并通

① 所谓抽象的社会学系指根据少数几条“基本原则”推演出来的社会学。在抽象社会学中，除边沁派的功利主义外，其他类型的社会学，或社会学的片断，主要可以在思辨哲学家的著作中找到。例如，康德描述了他所谓“法律理论”中的“形而上学因素”（《全集》，第九卷，第72页以下）。这种理论是非常抽象和非历史的，当然决不是功利主义的。

过简要论述会使经济学家特别感兴趣的一个思想流派即“环境决定论”，来补充我们的社会学成果。

(a)政府与政治的自然法社会学。 让我们回忆一下，以前在我们前进途中的不同阶段已经确立了三种结果。第一，一切社会科学的历史起源都是在自然法这个概念中，自然法从最初阶段起就是同“利害共同体”或“社会”这种或多或少是明确的概念相联系的。希腊人可能把后者同政府的概念混在了一起。在城市国家的条件下，他们这样做是很自然的。但经院学者是不会犯这种分析上的错误的，因为他们时代的实际问题以及他们自己在社会有机体中所处的地位会使他们看得很清楚：“国家”或“政府”——或“国君”——是一个不同的行为者，它有它自己的利益，这种利益不一定同人民或利害共同体的利益(共同利益)相一致。“社会”究竟是自然法哲学家的发现，还是浪漫主义者的发现，抑或是更晚的派别的发现，这是社会学史中的传奇之一。[①] 第二，我们已经看到，功利主义是一种自然法的体系。像所有的自然法体系一样，它在原则上是无所不包的，在实际做法上也几乎是如此。它被设想为一种单一的社会科学，既是规范的，又是分析的，包括伦理学、政府和法律制度，直至诉讼程序和犯罪学实践——对这两者边沁本人至少是同对任何经济问题一样非常感兴趣——的全部细节。第三，我们知道，这种功利主义的统一社会科学是个人主义的、经验主义的和“理性主义的”，最后一词在这里只是意味着，这种体系在它的

① 如果有一个作家实际上能够被指摘为把国家和社会混淆起来的话，这个作家就是浪漫主义者 A. 米勒，因为他称国家为“人类事务的总和”(《纲要》，第一卷，第 60 页)。

分析方面和在它的规范方面，都严格地排除一切不能由功利主义的或快乐主义的理性标准检验的东西。读者如果对下述两个主要事实给以适当的注意，就会给自己省去许多麻烦，并大大地增进他对于学说史的理解。其一，个人主义不一定包含经验主义或这种意义上的理性主义；[①]经验主义不一定包含个人主义和这种意义上的理性主义；而这种意义上的理性主义也不一定包含个人主义和经验主义。但是，其二，像边沁那样的强有力的综合，不但在朋友们的心目中，而且在敌人们的心目中，必然会造成在这种综合中的所有因素相关联，以致即使不相关联，也会给人以逻辑上相关联的印象。[②]

而且，由于其本身的性质，这种体系无法考虑到政治生活的事实以及国家、政府、政党和官僚机构实际起作用的方式。我们已经看到，这种体系的基本的先入之见在像经济学这样的领域中害处是很少的，因为在经济学中，"马厩和谷仓逻辑"可以被认为是关于实际趋势的一种还算过得去的表述。但是把它应用于政治的事实，就意味着对政治机构和机制的实质——真正的逻辑——的非经验主义的和不科学的漠视，只会带来一厢情愿的幻想，而且这些幻想也不是十分令人鼓舞的。公民都是有理性的、都意识到了自

① 理性主义一词的这种意义，自然同我们在另一个地方(第二编，第一章，第 6 节)赋予它的意义毫无关系。但是，许多作家一直把这两个意义以及其他意义混同在一起，这是产生相互间的误解与毫无意义的对抗和争论的肥沃土壤。

② 实际上，下述事实在过去和现在都使情况进一步复杂化了：在所提到的这些名词中，只有"经验主义的"(就反形而上学的这种意义说)一词具有相当稳定的意义。上一脚注表明：就"理性的"或"理性主义的"一词来说，情况就不是这样了。而就"个人主义"一词来说，情况则更糟。

身的(长远)利益,都可以自由投票,政府则都是按照这种利益行动、表达这种意志的代表,这难道不是童话的极好例子吗?因而,我们可以预期,这种体系对于一种有用的政治社会学不会作出任何的贡献。而这种预期几乎被可悲地证实了。有力的常识在某种程度上挽救了边沁在《政府论断片》(1776 年)中所陈述的政府哲学,当然也挽救了他许许多多关于司法程序之类的实际建议。但是詹姆斯·穆勒的《政府论》[①]只能说是一种没有得到挽救的胡说,虽然看来也是难于根绝的胡说。而且,该书纯粹思辨的性质——与同一作者在其经济理论著作中表现出来的无疑是抽象论证的性质大不相同[②]——是很明显的。这在当时就被许多非功利主义作家例如麦考莱认识到了。但远为重要的是:约翰·穆勒(不提他父亲的名字)把"不科学的"这个意义明确的形容词加在了边沁派的政治理论上(《逻辑学》,第六编,第八章,第三节);此外,他还急切而又有所克制地说出了关于这种政治理论需要说的几乎其他一切东西。在这方面,像在许多其他方面一样,约翰·穆勒超越

① 《大英百科全书》(1823 年补编)。

② 在说了上面所说的一切以后,这种差别应当是明显的。但是这一点不论就我们当前的目的来说,还是就我们较为广泛的目的来说,都是很重要的。我们当前的目的是要说明,为什么对于功利主义前提的一般反对理由,在经济理论的特殊情况下,不一定构成反对的理由;我们较为广泛的目的是想让人们理解,为什么对于任何一种哲学的一般反对理由,其本身并不适用于同那种哲学在实际上或表面上有联系的任何一种特殊理论。因此,让我以另外一种不同的形式来复述这个论点:任何理论都包含了抽象,从而决不会完全与现实相适合,因此之故,经济理论不可避免地在这种意义上是不现实的;但是它的前提是从对追求利润和锱铢必较的生意人所作的现实观察得来的;而政治理论(詹姆斯·穆勒式的)的前提则不是从对政治行为者即政治家所作的观察得来的,而是从一个完全假想的行为者即有理性的选民来假定的;因此,这些前提,从而由这些前提得出的结论,不仅是抽象的,而且还在一种不同的意义上是不现实的。

了他早期的边沁主义。但是他从来不曾完全摆脱功利主义的桎梏：他的《论自由》与《关于代议制政府的考察》这两篇论文，虽然无疑地由于较广阔的眼界和较深刻的识见而部分地得到了挽救，但仍然是"哲学上的急进主义"。这样，约翰·穆勒的理论究竟是放弃了还是改进了他父亲的理论，就永远是历史学家见仁见智的问题了。[①]

非功利主义的和反功利主义的哲学家们也不断提出自然法体系和相应的国家哲学，但所涉及的范围却要狭窄得多，其中大多数反映了浪漫主义情绪的影响，要不然就是反映了康德或者黑格尔的影响。[②] 对于我们的目的来说，从这个领域所能收集到的果实确是很少的。法律学家也在继续创造自然法的纯理论。可是，最有价值的纯理论是在特殊领域，例如宪法或刑法中。[③] 这种类型的涉及范围较为广泛的计划，由于历史学派日益上升的威望而迅速受到阻抑。[④] 可是，还是应该提及属于这一类型的一本极有影

① 稍后我们将看得更为清楚，这恰恰同价值理论的情况一样；在约翰·穆勒的广阔研究领域的一切组成部分中，他的学术地位和所得的评价也完全是这样。

② 可以列出一个相当长的名单，主要是德国的著作，至于英国，则应提到 T. H. 格林的著作。我们只回忆一下已经提到过的那本最早、最有影响的著作，即费希特的《自然法基础》(1796—1797 年)。我们提到黑格尔把国家赞美为"绝对理性"的化身，仅仅是作为一种珍闻。无怪乎他受到普鲁士官僚们的欢迎。

③ 作为例子，我只提及 P. J. A. 冯·费尔巴哈(不要把他同哲学家 L. A. 费尔巴哈混同起来)在其《自然法批判》(1796 年)一书中提出的犯罪学。

④ 但读者应记住：历史学派既反对边沁派"实验主义"类型的抽象思辨，也反对德国"唯心主义"类型的抽象思辨，因为这些是同自然法已经没有什么两样的抽象思辨；他们反对这样的自然法。可是，从我们的观点看来，这样做是没有意义的，历史学派的法理学家所作的任何综合也应该列入自然法主体之内，正如历史学派的经济学家所作的综合仍然是经济学，并且甚至可以纳入经济理论的概念中一样(例如，在市场起源的"理论"方面)。

响的著作，即施塔尔的那本著作。[①] 其余的讲演者则表现出了一种重要趋势，就是把自己关于法律、哲学的演讲转变为关于法律哲学的历史的演讲。[②]

(b)历史学家的政府与政治社会学。 身为专业历史学家或者至少是注视历史现实的作家们，就政治方面而论，一定会比功利主义的或其他的理论家做得更好，因为要忽视明明白白摆着的事实，在历史学家是比较难于办到的。例如，埃德蒙·伯克就是一个

① F. J. 施塔尔(《历史观点的法律哲学》，第一卷，1830 年；第二卷，1837 年)可以说是路德派的明星，在弗里德里克·威廉四世的时代上升为普鲁士学术生活中的一个有影响的人物。这部著作的名称对第一卷是恰当的，因为它攻击了功利主义自然法的理性主义(与此相连的是，因为它赞同法理学历史学派的观点)，但对第二卷就不恰当了，因为在这一卷中，施塔尔在找到了他的方位以后，就攻击法理学的历史学派，并全然以路德的神学作为自己的基础。见闻广博的读者会发觉没有 K. 弗兰茨的名字(《国家的自然哲学》，1870 年)，就像他们会发觉没有许多其他人的名字——例如约瑟夫·德·迈斯特尔的名字——以及所有论述教会和国家的相关文献一样。作为辩护，我只提请读者注意这个不全面的概述的特殊目的。

② 我很不愿离开这个题目，它是欧洲大陆经济学的近邻，在其范围内，大陆经济学的许多特色都可以得到解释，特别是可以解释德国经济学家为什么那么谙熟经济学中的制度学派：在别处，特别是在进行制度主义争论时的美国，需要经过努力才能发现这种联系，但对于欧洲大陆的大学所造就的许多乃至大多数人来说，这种联系却是理所当然的事情。欧洲大陆许多学经济的人，在尚未听说过技术经济学以前，就已经吸收了有关法律制度的社会学——这对于他的知识装备来说，是颇有意义的。因此，我要提到两个杰出人物的名字，他们无疑地总的说来是法学家，但他们仍然影响了许多经济学家。他们的影响属于下一时期而不是属于我们所讨论的这个时期，但两人均在 1870 年以前刊行了他们的最具特色的著作。鲁道夫·冯·格奈斯特(1816—1895)是个典型的亲英派的德国自由主义者，一个许多学科的但特别是宪法和行政法的权威。参阅《现代英国的宪法和行政法》(1857—1863 年)。鲁道夫·冯·耶林(1818—1892)：《罗马法精髓》(1852—1865 年)。就我所知，两书均无英译本，虽然他们两人后来的著作都有英译本(例如，格奈斯特的《英国宪法史》，1882 年，英译本，1889 年；耶林的《法律的标的》，1877—1883 年，英译本，1913 年)。

满腔热情地观察具体情势的人，不论在耽于愤怒的爆发，还是在提供冷静的忠告时，都是这样，并且知道如何据此提炼出一般的结论，后者已使他的著作得到政治智慧宝库的名声，即使对于不喜欢他的政治学的人们来说，也是如此。可以说，他是用实例法讲授政治学，而且正如每一个人所知道的，其效果是很好的。① 其次，从来没有人以思想的深刻去称赞麦考莱勋爵。但就对政治过程的性质的洞察力来说，他却比詹姆斯·穆勒不知强多少倍，并且他对后者在《爱丁堡评论》(1829 年)中所作的功利主义政治理论陈述进行的批判，就其已经谈到的而论，都是完全恰当的，虽然批判得不够深入。政治学对他来说仍然是一门"科学"(而不是科学的对象)，虽然是一门"实验"②科学。他使用"实验"这个词，只不过是意味着：功利主义的政治原则是脱离政治实际的；只有观察政治实际，才能得出一般的结论。他不曾试图明白地作出这种一般的结

① 埃德蒙·伯克(1729—1797)的名字——不必叙述有关他的细节——在对这个时期的知识背景作不管怎样简要的说明时，都是不能省略的，虽然就年代来说，他的最具特色的著作属于上一时期。学经济的人应当仔细阅读他的著作，不但是为了学习人们应当怎样在政治问题上进行推理，而且也是为了学习人们应当怎样在经济问题上进行推理。像读者所看到的，我感到难于附和一般的人，把伯克作为一个思想家来异口同声地赞美。事实上，给政党下以下定义的人，肯定不是什么深刻的分析家，他认为政党是一群为了根据他们全都同意的某种原则去促进公共利益而从事合作的人；而且，他显然受了他那时代的趋势的影响，把合理化当作分析上的解释。读者只要试着把伯克的定义应用于例如美国的两大政党，就能够很容易看出这种定义非常缺乏现实性。

② 注意"实验"一词的这种用法是有趣的。功利主义者是经验主义的哲学家，是相信能应用物理学研究方法的人，他们特别宣称，他们的方法是"实验的"。"理论家"和"反理论家"都试图把这个由于物理实验的成功而获得了颂扬意义的词据为己有，这种情形也贯穿于从十七世纪起的经济学的整个历史，这是我们会一再看到的。实际上，这个词应用到社会现象方面几乎是毫无意义的；使用这个词的作家们所想要表达的是什么，必须按每一种情况去分别确定。

论。假若他曾经这样做，我们可以肯定，这些一般的结论会是理想化的辉格党政治。那些不曾试图作出有关政治的一般结论的历史学家，情形亦复如此。[①] 最后，让我们回忆一下德·托克维尔的《美国的民主》(1835—1840年)，我认为该书是这个时期政治分析文献中最美丽的花朵。[②] 产生这个时期的"巨著"之一的这种成就的性质是怎样的呢？它没有表述什么新发现的事实或原则；它没有使用任何精巧的技术；它没有做任何事情去取悦于公众(特别是美国公众)。由古老文明的果实培育出来的一个极为聪明的头脑，不辞无限的辛劳去从事观察，并且卓越地使观察结果服从于分析的目的。全部奥妙尽在于此。但那是很了不起的。并且我不知道还有什么其他的书，会使我们在成功地进行这样一种政治分析的艺术中得到更好的训练。

① 由于这个题目对我们非常重要，我要提到几个例子：历史学家乔治·韦茨所写的《政治学要义》(1862年)是我所知道的最好的一本书，虽然没有完全摆脱知识分子的谬见；具有强烈党派观念(自由党)的历史学家F.C.达尔曼所写的《政治学，它的根基与现实情况对策的探索》(1835)年是一项富于才智的分析；党派观念更强(急进派)的历史学家K.W.R.冯·罗特克所写的《理性法和政治学教科书》(1829—1835年)说明了这样一个真理：戴上一副非常合适的遮眼罩，一个人会完全丧失对历史现实的感觉，而这种感觉是从历史研究中可以得到的主要的实际好处。最后，在这里可以提到这样一本书，它在年代上属于下一时期，但却是一个极好的实例，可以表明我们讨论的这个时期的最好的历史家笔下的"政治科学"：J.R.西伊莱的《政治科学导论》(初版由H.西季威克编辑，于1896年出版——是从西伊莱就这个题目举行的"谈话课"中搜集而来的，这种谈话课对通行的正式讲课办法是一种非常有趣的偏离)。

② 阿列克西斯·德·托克维尔(1805—1859)是无需介绍的，因为他的名字和著作已经渗入了中等学校——因为这种成功是那么当之无愧，所以就更有点难于解释了。请注意他的其余著作。参阅《全集》(博蒙编，1860—1865年)。

但是，这个时期的政治社会学领域中的最大成就，是由卡尔·马克思的名字来代表的。我们此刻还没有掌握为证明这一点所必要的事实。这种事实将在下一节（第 4b 节）中提供。在这里我只想预先说一说，马克思的历史理论、社会阶级理论和国家（政府）理论，[①]一方面是使国家从茫茫云雾中落到地面上来的首次严肃尝试；另一方面实际上是对边沁派理论的最好批评。不幸的是，这种科学的国家理论，像马克思主义思想中那么多的其他东西一样，由于其作者的特别狭窄的意识形态而几乎被糟蹋了。这是多么可惜，但同时，又是多么好的一个教训和多么大的一个挑战！举两个例子可以说明另外一种类型的政治分析，这种分析从十八世纪的微不足道的萌芽开始，在本时期内得到了某些进展，虽然它不曾走得很远。政治分析一经感觉到有应用科学方法的必要时，它必然会碰到批评的问题——即逻辑意义上的批评，而不是政治意义上的批评，也就是对政治概念和政治推理进行批评——和机制的问题。一个本人就是卓越的政治家的人，乔治·康沃尔·刘易斯爵

① 马克思关于国家的真正是社会学的、即不是思辨的理论简要地包含在《共产党宣言》中；在那里一简洁的句子把它概括为：政府是管理资产阶级共同事务的一个委员会（译者按：《共产党宣言》原文为“现代的国家政权只不过是管理整个资产者阶级共同事务的委员会罢了”）。因此，没有像社会主义国家那样的东西——国家本身在向社会主义过渡中就已经死亡了：这个命题由列宁拾起来，并大加强调(!)。关于这种国家和政治理论所应当说的，不可能都在这里说完。那个核心句子当然充其量也不过是片面的真理。但它间接地暗示了比那个片面真理更为重要的某种东西，即这样的想法：国家（政府，政治家和官僚）不是一种应当对它加以哲理化或崇拜的东西，而是一种应当对它来进行现实分析的东西，就像我们分析例如任何一个工业部门那样。

士(1802—1863)所写的一本书,说明了对于批评意识的觉醒。[①]另外一个有几分像政治家但主要是学界领袖的人,弗朗茨·冯·霍耳岑多夫(1829—1889)的稍后的一本著作,表明人们已日益感到有必要分析舆论的机制问题。[②]

(c)环境决定论。 一种包含有机械唯物论——或者几乎等于是相同的东西,感觉唯物论——成分的时代精神,必定会精确地按照这个成分的相对力量,促进那种强调环境因素的解释价值的社会学理论。因此,我们看到有一种环境决定论的思想,可以称其为孟德斯鸠思想的庸俗化形式。[③] 举两个例子就够了。哲学家(不是个法律学家)费尔巴哈认为,人是其物质环境的产物。如果我们加上为了把这个命题提高到还可以对它进行讨论的水平所必须加上的限制,在这里我们就有一种理论,它在我们自己的时代又已经明显地或是暗暗地惹人注意了。费尔巴哈在环境因素中强调

① 《论政治学中的观察与推理方法》(1852年),这本书已被人完全忘记了,而其作者也已被人忘得差不多了。但两者都值得人们记起。这本书值得热心地向读者推荐,因为经济学家非常需要它所提供的那种教训。该书作者我们在前面已经顺便提到了(前面第二章)。

② 《舆论的本质与价值》(1879年)。冯·霍耳岑多夫还写有《政治原理》(1869年)一书,此书在我看来似乎价值不大。这位多产作家的其他著作我都不熟悉(虽然他从事编辑活动的成果有一些是我所知道的)。

③ 在我看来,孟德斯鸠似乎并未过高估计环境因素的解释价值。我无法断定十九世纪后半期社会学文献中颇为频繁地出现的环境决定论——例如在赫德的著作中——在多大程度上应归结为孟德斯鸠的影响。《论法的精神》是那个世纪的最有名的和传诵最广的著作之一。另一方面,有那么多的其他源泉,人们可以从中得到环境决定论的启发,所以即使在孟德斯鸠被引证的场合下,也很难作出绝对的断定。

食物[①]这个因素，这在我们的第二个例子布克尔[②]那里也是很明显的。如果篇幅允许的话，我们将分三个方面来考察布克尔的著作，但事实上只能略微提到一下。第一，有这样一种想法：通过对观察到的事实进行“归纳”，可以得到同他所想象的物理学“规律”完全相同的那种规律，从而将历史变成一种科学。在意图上，布克尔不是马克思对历史的解释才是真正“唯物主义的”解释：这种解释后来自然是完全归功于马克思了。可是，一旦我们钻研布克尔的著作，就会无比清楚地看到：这种想法在性质上纯粹是空想的；尽管他想付诸实施这一想法，然而他实际上被一种纯粹的空论所支配，后者自始至终都把事实勉强纳入一种预想的图式中。第二，对这种想法作了概念上的补充，这是由决定社会状况及其变化的三种规律——物质的，道德的（即关于人类行为的命题）和智力的——构成的。后者（主要是技术对物质环境日益增强的控制）提供了“进步”的动力，这是一个同我们即将称为孔多塞与孔德的进化论

① L. A. 费尔巴哈（《全集》，1903—1911 年，第十卷，第 22 页）说过这样一句名言：“Der Mensch ist was er isst”，大意是“人就是他所吃的东西”，这句话一经译出，便失去了双关俏皮的味道，这是表达出整个内心世界的句子之一。费尔巴哈的著作是使得马克思和恩格斯那么恰当地形容为“庸俗唯物论”的东西通俗化的文学潮流的一部分。让我们顺便指出以下这个非常有意义的事实：费尔巴哈的许多（如果不是全部）思想一定投合马克思的心意，因为它们同马克思的著作的一个方面是完全一致的。然而，马克思总是同它们进行斗争（例如参阅《马克思恩格斯文库》，第一卷，1926 年，和恩格斯的《路得维希 · 费尔巴哈……》，1888 年；英译本，A. A. 刘易斯译，1903 年），而所提出的论点由于出自马克思，却常常不那么令人信服。不过，解释是很简单的：不论马克思在其他方面如何，他毕竟是个学识非常渊博的人；把那种东西囫囵吞下去，是他所办不到的。

② H. T. 布克尔：《英国文明史》（共两卷，1857—1861 年）。这是一部未完成的著作；事实上它不过是被设想为一个巨大计划的引论。论述布克尔的文献数量很多。

有联系的原则。就这些方面即分析的方面而论，甚至我们关于这本书所已经说过的一点点也嫌太多了：它的重要性全部在于为分析的失败提供了一个例案研究，可以告诉我们在一个非空论的计划背后如何寻找空论的倾向，和在表面上很大的一套科学器械背后如何寻找外行艺术。但是还有第三，这本书在所有类型的人——富人和穷人，受过教育的人和没有受过教育的人，英国人和外国人——那里都取得了几乎无法令人置信的成功。只是由于这种成功，才抬高了这本书的地位：当时许许多多外行人都读了这本书，对那一时期公众的思想产生了很大影响。因而，该书提出的学说在我们所试图描述的知识背景中是一个重要组成部分。

像其他“理论”一样，环境决定论能够被很容易地驱向极端，以至变成明显的胡说。但在其范围以内，它却是社会现象分析家的不可缺少的帮手，例如，对米什莱说来，就是如此。这种情况，可以由(在这方面)类似的“种族论”的情况来说明。这里要提出的一个可悲的然而很重要的看法是：在社会科学中，有些因素总是在发挥作用，从而迫使理论走到胡说的地步，并且几乎总是使得它们成为各种意识形态和各种政治党派斗争的原因。环境决定论和种族论两者均适合于那么多的书籍，以致这两种理论没有一种能对我们理解社会过程作出贡献——它们的朋友和它们的敌人总是共同致力于防止它们做到这一点。让我们提及这个时期的另外一部著作，即 F. T.(不是乔治)韦茨的《原始民族人类学》(1859—1864 年)，特别是第一卷，该书在很大程度上摆脱了偏见，终于使环境因素和种族因素彼此平衡，而且就此而论，平衡得令人十分满意。

4. 进化论

社会现象是有史时期中的一种独特过程，而无止息的和不可倒转的变化就是这种现象的最明显的特征。如果我们所说的“进化论”只不过意味着承认这种事实，那么所有关于社会现象的推理一定是二者必居其一：或者它本身就是进化的，或者它是同进化有关的。可是，在这里，进化论的含义并不以此为限。一个人可以承认上述事实，但却不把它当作自己思想的枢轴和自己方法的指导原则。功利主义体系可以用来说明这一点。如果有人问詹姆斯·穆勒，他是否意识到社会变化的发生，他会一笑置之，并且还会认为这个提问者的智力未免太低了。然而，他的各种体系，不论是经济理论体系，政治理论体系，还是心理学理论体系，都不是进化论的，即他的思想在上述任何一个领域中并不是以进化为枢轴而旋转的。而对我们来说，这将是进化论的标准，不论是在哲学方面（也包括纯粹形而上学的思辨），还是在任何“科学”领域方面。这种意义的进化论在十八世纪就得到了发展，但在十九世纪才达到并且超过它的最高水准。

但是要注意，存在一种扰乱的因素，其影响将在许多方面被感觉到，而不仅是在这一节中。除了在明白规定的标准以内，[①]进化这个概念本身是同任何评价完全无关的。就此而论，我们只承认：如果人们喜欢一种变化，就将其描述为进步；如果他们不喜欢，就将其描述为退步或退化。但在十八世纪，进化被天真地同——向

① 例如，在牙科这个专门职业公认的标准范围以内，断定说现在拔牙比在一个世纪以前“拔得好”，甚至说牙医甲拔牙比牙医乙“拔得好”，都是有意义的命题。类似的说法也适用于技术经济理论。但是在比较各种社会结构或各种文明时，以及一般说来在特定的标准范围以外时，情形显然就不再是这样了。

着理性统治的——进步等同起来了，即是说，它在定义上就包含一种价值判断。而这种天真的观念联合在整个十九世纪一直继续存在着，虽然随着时间的推移，在严肃的研究工作中表现出来了它逐渐解体的迹象。生意兴隆和阶级地位不断上升的资产阶级，对于某些类型的"进步"曾有过一定的信心，而资产阶级和资产阶级心理的书面说明者都表现了一种可悲的趋势，即把这种对于自己所希望发生的某种变化抱有的信心同某种推动文明甚或推动宇宙的不可抗拒的力量连在一起。但是我们必须努力避免这种幼稚病，不论其作为时代精神的特点是多么重要。

为了把事情讲清楚和作具体说明，最好把进化主义的思想分成五种不同的——虽然常常是部分重叠的——类型，在这一个时期的以及在下一个时期的知识背景中，它们全都显得非常重要：以下所述均指两个时期，虽然例子是从我们现在考察的这个时期找出来的。

(a)哲学家的进化论。 黑格尔是一个突出的例子。尽管我可以为这种大胆行为百般道歉，我还是要把同本书目的有关的一点提出如下。让我们假定存在有一种形而上学的实体，不管我们怎样称呼它，总之那是最后的和绝对的实在，并且让我们因此而站在一种极端唯心主义[①]哲学的立场上。让我们，在同一个时候并且在同一种意义上，把同一的实在明确规定为全部实有的和可以观察到的事实的总和。这怎么可能呢？这是可能的，只要我们把

① 用来指从康德到黑格尔的德国哲学的唯心主义，当然同伦理意义上的理想主义是风马牛不相及的(唯心主义和理想主义在英文中是一个词。——译者)。

这些可以观察到的事实看作仿佛是体现(表现)那种实体的魔术符号[①],就像如果我们信奉通常意义上的泛神论,我们会做的那样。现在,那个实体被假定要在一种正、反、合的本质上是逻辑的过程中经历一种内在的进化。[②] 而可以观察到的实在也是如此。这是这样一种东西,它总是投合一种人的心意,而绝对不会投合另一种人的心意。我们将进而提出一个定义和一点评论。定义是:根据一种形而上学的实体——它在表露自己的内容时就在经验的实在中造成一系列的变化——概念所作的推理,我们称之为放射性的。评论是:读者会注意到,在黑格尔关于进化的这个放射性的概念中,即使我们把这个概念的形而上学的装饰都抛弃掉,也还留下某种东西,即这样一种看法,或者也许是发现:我们从经验中所了解到的实在,其本身可能就是从内在的必要性引出的一种进化过程,而不是一组寻找一种确定状况或水平的现象,如果是这样的现象,那就需要有一个外部因素——或者至少是一种不同的因素——去

① 这就是黑格尔的一句名言的原意(如果我们把我们的形而上学的实体和理性等同起来的话):凡是存在的东西,都是合理的(合乎理性的);凡是合理的(可以想出的)东西,都是存在的。从原意讲,这句话并没有给予保守主义态度以任何支持。但是读者不难认识到,要使得它这样做是多么容易。况且,黑格尔的措辞也引诱人们去作这样的解释。这甚至是使他取得成功的一个重要因素。

② 不敬的人注意到,这里有一个机会,可以证明黑格尔的体系是胡说。由于他们不能升到黑格尔的高度而走到了错误的方向,他们——带着恶意的微笑——指出:这一项哲理推究是很不容易译成英文的。aufheben 这个德语动词有两种意义:取消和提高。黑格尔断定说,一个命题甲是乙,和它的反命题甲不是乙,彼此 aufheben 而成为某种更高的东西,即包括两者的内容的综合物。但是互相矛盾的两个陈述,不能从彼此提高的意义说彼此 aufheben 而成为某种内含更多的东西:它们只是彼此取消,即彼此消灭——这对黑格尔和进化来说,是相当严重的事情。自然,这种情势是可以得到挽救的。可是,这对我们依然是一种警告。

把它们推动到另一种状态或水平，像同牛顿力学的类比所表明的那样。如果这种看法站得住脚的话，那它自然是极端重要的，例如，在哲学方面，由此而有可能从本来意义上的"黑格尔主义"发展成为可以称作是黑格尔唯物论的东西，许多所谓"青年黑格尔派"就是这样做的。在社会学方面，它对于社会变化的事实提出了一种新的探讨途径。

在往下讨论以前，我们可以指出，有另外两种方法，有时被哲学家用来赋予他们的哲学以进化的色彩。"进步"很是流行，哲学家像其他人一样，也欢喜自己变得时髦。无神论者或唯物论者，特别是半通俗的那一种，倾向于用知识的进步去代替他所抛弃的实体，也就是说，倾向于从下面(d)将要描述的孔多塞与孔德的进化论中借用某种东西；或者倾向于把生物进化论(e)用于哲学的目的。这种东西，作为一种哲学不管我们对它作何评价，仍不失为通俗的文献。

(b)马克思主义的进化论。 我刚刚提到过一种物质化的黑格尔哲学对于社会学可能具有的含义。这一点表明，在这里，黑格尔对马克思毕竟产生了并非仅仅是用语上的影响[①]。然而，如果我们主张马克思的所谓"唯物史观"对黑格尔主义具有实质上的独立性，如果我们把它列为另外一种进化论，我们这样做是由于两种

---

① 纯粹用语上的影响有许多例子，顺便可以举出一个。单纯的读者阅读马克思的著作时可能会觉得奇怪，为什么马克思那么经常地谈到资本主义的"矛盾"，而他所指的只不过是相互发生反作用的事实或趋势，但从黑格尔逻辑的观点来看，这些**都是**矛盾。这产生了一种好笑的结果。直到今天，一般的马克思主义者，按照普通逻辑和普通说法的意义来理解"矛盾"一词，认为马克思在每一次谈到"矛盾"时，都是想要以这种普通意义的**逻辑上的**不一致指控资本主义制度——自然，实际上并非如此。

考虑。第一，马克思的历史理论的发展，是与马克思同黑格尔的关系不相牵涉的。我们知道，[①]他的分析是从批评这样一种当时的（并且显然是永远的）错误开始的，即创造历史的行为是由观念（或“人心的进步”）决定的，而这些观念又是由于纯粹心智的过程而侵入行为者的。从这种批评开始，是一个完全正确和极其实证的方法，但同黑格尔的思辨毫无关系。第二，马克思的历史理论在性质上是一种工作假说。它同任何哲学或信条都是可以相容的，因而不应当把它同任何一种特殊的哲学连在一起——不论是黑格尔主义或者唯物主义，对它都是不必要的，或者是不够的。[②] 所剩下的又只是马克思对于黑格尔的用语的偏好——以及他自己和大多数（虽然不是所有的）马克思主义者对于听起来是反宗教的任何东西的偏好。

在那个假说中所体现的成就以及这种成就的局限性，可以通过对它的主要之点作简要的和大胆的说明来最好地得到表述。(1)“文明社会”——用一个十八世纪的名词——的全部文化表现，

① 例如参阅马克思为他的《政治经济学批判》（发行人克尔，芝加哥，1904 年）所写的导言。该书德文原版是 1859 年刊行的，《导言》载《新时代》，1902—1903 年；该书的斯通英译本把“最近刊行的”导言列在了附录中。

② 我已经感到，这个说法可能会引起诧异。但要证明它是很容易的。因为，我们可以按照例如圣·托马斯·阿奎那所教导的意义，完全接受个人意志自由的学说，但是仍然继续认为：这种自由意志的行使是受到自然界的和社会的事实的限制的。一般说来，它将产生一系列符合这些事实的事件。经济的解释只不过是关于这些事实又是受什么所决定的一种假说，其本身并不包含个人对他的行为不负道德责任的意思，也没有拒绝承认对于这些事实本身及其表现的方式可能有超世俗的影响。诚然，马克思主义者是不承认这一点的，但他们不承认这一点所根据的理由——信仰，哲学——是与经济史观的逻辑上的主要内容无关的：哲学上的决定论在事实上主要是同鼓吹后者相联系的，但在逻辑上，它同其中所包含的方法论上的决定论毫无关系。

从根本上说乃是其阶级结构的函数。[①] (2)一个社会的阶级结构，最后地和主要地是由生产结构支配的，即是说，一个人或一个集团在社会阶级结构中的地位，主要是由他或它在生产过程中的地位决定的。(3)社会生产过程显示出一种内在的进化(改变它自己的经济的事实、从而也改变社会的事实的趋势)。除此之外，我们要加上马克思的社会阶级理论的主要之点，这个理论在逻辑上是同说明经济史观的(1)至(3)点可以分开的，但在马克思主义的图式中构成了经济史观的一个组成部分。(1')资本主义社会的阶级结构可以分解为两个阶级：拥有物质生产手段的资产阶级和不拥有这种手段的无产阶级，物质生产手段由雇主拥有就是"资本"，但是如果由使用这种手段的工人拥有，则不是"资本"。(2')由于这两个阶级在生产过程中所处的地位，他们的利益必然是互相冲突的。(3')从而引起的阶级斗争或阶级战争提供了实现经济进化趋势的经济和政治机制，这种趋势在于改变(变革)各个时代的每一种社会组织和社会文明的一切形式。所有这一切我们可以用三个口号来概括：政治、政策、艺术、科学、宗教的和其他的信仰或创造，全都是社会经济结构的上层建筑；[②]历史的进化是由经济的进化推动

① 我重复一遍：这里所使用的"函数"一词，并不包含因果决定关系。事实上，坚持这样一种"绝对的"或"机械的"决定关系的企图，除了使这种理论极其容易被人反驳外，不会有任何其他好处。恩格斯和普列汉诺夫是关于这个题目的主要的马克思主义权威，他们都已经看到了这一点，并且都把这种严格性大大地放松了。强调"从根本上说"就是这样做的方法之一。

② 这种理论的一个方面或一种应用我们已在第一编中讨论过了，即一切思想都具有不可避免的"意识形态上的偏见"的学说。

的;历史就是阶级斗争的历史。①

用极简单的话来说明马克思的社会进化论,我们所能做到的公平的表述就是如此。这种成就具有头等的重要性;②虽然其中所包含的各种成分的价值是彼此非常不同的,或者毋宁说,它们受到明显的意识形态偏见的削弱是彼此非常不同的。除了达到煽动的目的以外,对于任何目的来说,价值最小的,是马克思将其同自己的经济史观联系在一起的社会阶级理论:对于认真的分析,两个阶级的图式几乎是毫无用处的;单单强调阶级矛盾,如同凯里和巴师夏单单强调阶级调和(参阅后面第四章)一样,显然是错误的,并

① 马克思关于社会进化和阶级的思想自然是他所写的一切东西的基础,有关这些思想的评论在他的著作中到处都是——这并没有使得对它们更易于作公平的处理。但在他的全部著作中,下列各种在我看来是在试图作出解释时应利用的最重要的来源:《共产党宣言》;《法兰西的阶级斗争》;《路易·波拿巴的雾月十八日》和《政治经济学批判》。(都有英译本;关于出版年代及出版公司,参阅斯威奇,前引书,第382页。)

② 我认为,这种成就应当归之于马克思一个人。因为对于每一种涉及面如此之大的成就,自然都可以列出一些先驱者的名字。但是同我们在类似的场合下惯常于找到的相比,这种先驱者的数目是相当少的。唯一的还有一点可以为之辩护的有资格的人是洛伦茨·冯·施泰因(1815—1890),他的《现代法国的社会主义与共产主义》(1842年;以后的版本改称《法国社会运动史》,1850年,新版,1921年)一书,实际上是把社会主义思想的发展同社会运动与经济变化的现实联系起来的一项重要分析。可是,这并不是经济史观;更不可能从施泰因所讨论的社会主义作家们那里,或是从论述革命、复辟以及奥尔良王朝统治的法国历史学家那里去找到经济史观。就我根据对于他们的了解所能作出的判断而言,在他们所描述的历史过程中,他们全都或多或少地强调了经济的因素,他们不得不这样做。但这显然是不够的。我觉得,在这种文献中找到有任何使人联想是对整个历史过程作经济解释的东西的那些人,他们所具有的经济史观的概念,是同我所认为它应当采取的概念不同的。仅仅承认经济因素的重要性,那是一件无足轻重的事情,其本身既没有与众不同的地方,也没有值得称赞的地方,圣西门的情况可能是一个例外,将在下面谈到。

且显然具有意识形态色彩；这样的命题，即社会组织形式的进化，是由只有根据这两个阶级之间的斗争才能说明的一种机制所造成的，是过于简单化的东西，它把实际发生作用的机制所具的要素都消除了。可是，必须加上一个限制：尽管我们从马克思那里得到的是一个关于阶级和阶级矛盾的受到意识形态歪曲的定义，尽管我们因此而得到的对政治机制的描述是不能令人满意的，但我们却也得到了一种非常有价值的东西，即对于阶级现象的重要性有了极为充分的了解。假如在这个领域内存在过任何没有偏见的研究，那么，马克思的提示老早就应当引导人们提出一种令人满意的理论了。

然而经济史观却是一种不同的东西。如果我们使它只起工作假说的作用，如果我们小心地表述它，把“历史唯物主义”或“历史决定论”这些用语所暗示的一切哲学上的雄心都抛开，那我们就会看到一个强有力的分析上的成就。于是(1)点和(3)点就可以针对反对的意见来加以辩护，这些反对意见大部分证明是出于误解。[①]第(2)点则不那么可靠；它可以很好地应用于某些历史形态，而却

① 通过简单的实验，读者可以很容易明白第(1)点说得多么好。例如。就拿像现代谋杀故事这样一种朴实的“文化表现”来看吧。注意观察它的主要特征——不要忘记它的英国特征——并把这些特征同有关我们时代的社会结构的显著事实联系起来。你一定会享受到一次富于启发性的经历。

我借此机会提到这样一种误解，这种误解是恩格斯本人偶尔也在所难免的。有些作家从“唯物主义”一词的伦理意义去错误地理解它，认为他们的所谓“历史唯物主义”是意味着，人是被物质的、即经济的利益所驱使，以此作为心理意义的动机的。马克思的理论并不是这个意思，它是可以容纳各种各样的动机的。

根本不能应用于其他一些历史形态。[①] 这个问题马克思似乎没有很认真地进行研究。但还有另一个问题，为了求其解决，马克思付出了自己余生的大部分巨大能力。显然，以经济史观作为基础的宏大建筑物，在没有充分分析整个人类文明进化所依赖的经济部门的内在进化以前，不得不继续处在未完成的状态中。因此，对他来说，经济史观依然是一个计划，而不是一种本身具有价值的成就。

我们已处于一个正确理解马克思著作的十分重要的关头。一方面，我们现在能够想象出他的一元论的"社会科学"，这是源于功利主义的唯一无所不包的重要体系：我们可以看到他是以什么方式以及在什么意义上把社会学的一切部门和经济学结合成为一个单一而均匀的整体的——这是一种大胆的尝试，致使其现代信徒们头晕目眩，甚至比当年站得太近的恩格斯晕得还厉害。另一方面，我们现在看到了马克思主义经济学的真正面目。它的一个个特征，或某些特征，将在适当的地方谈到和评价。在这里，我只想指出，这种构思是极伟大的，马克思的分析是这个时期产生的唯一真正进化的经济理论。[②] 不论是它的假定还是它的技术，都难免

① 马克思主义的原理可以用像大规模制造业消灭工匠阶级那样的过程来说明。但是，正如杜林所指出的，能够引证其他的例子来表明，这种"因果关系"常常被倒转过来了——事实自然是，在生产条件与社会结构之间，有着相互依存的关系。这个马克思主义原理的处境可以这样来略微予以改进，就是承认社会结构可以比产生它的生产条件存在得更久，这将说明一定数量的不一致之处，而不破坏这个原理。另一个办法更危险些：我们可以例如把一群军事征服者的活动说成是"生产性的"，然后说，在被征服国所产生的社会结构仍然处在马克思主义解释的范围之内。但是这几乎等于使这个原理成为一种同义反复。

② 我们将在别的地方讨论斯密、李嘉图和穆勒对经济变比理论所作的贡献。即使是认为经济变化理论有优点的那些读者——甚至假定这种理论可能为马克思提供了出发点——也将不得不承认：经济变化理论在马克思的理论旁边显得是那么幼稚。

要受到严重的反对，虽然部分地是由于它还没有完成。但是，在最有力的批评给予了它最严重的打击以后，一种经济过程内在进化的伟大景象依然存在，这种过程以某种方式通过积累发生作用，以某种方式摧毁了竞争性资本主义的经济和社会，并以某种方式造成了无法维持的社会局面，后者将以某种方式让位于另一种类型的社会组织。正是这个事实，并且仅仅是这个事实，使我们有权把马克思称为伟大的经济分析家。他不只是一个经济分析家，我们在本节中已经看到了。他不只是一个分析家，那是无需再加以说明的。

〔关于马克思和熊彼特两人对本节所涉及的问题的看法的讨论，参阅 O. H. 泰勒：《熊彼特与马克思：熊彼特体系中的帝国主义与社会阶级》，载《经济学季刊》，1951 年 11 月。这是一篇评论熊彼特的《帝国主义与社会阶级》(英译本，保罗 · M. 斯威奇编并著有导言，1951 年)一书的文章。〕

(c)历史学家的进化论。　仅仅专注于描述不断变化的世界中的事件，并不意味着本节所称的进化论。因此，专业历史学家就并非由于其职业而就是进化论者。只有当他们试图把社会的状态——经济的状态，政治的状态，文化的状态或一般的状态——排成序列，并认为其所以有此必要是因为每一个这样的状态是下一状态发生的必要的和充足的条件时，他们才成为进化论者，一种不同的进化论者。这样做的最古老和最原始的方式，就是构想一种经济所必须经历的典型阶段。这种方法在这个时期是由弗里德里希 · 李斯特所代表的，他的图式——狩猎，农业，农业加制造业，农业和制造业加商业——从卡尔·克尼斯那里得到了应有的批评;[①]如果不是由于下述事实,我们确实应当把这种图式看作是毫无价值的:它可以用来(李斯特就是用来)作为一种简单的说明手段,使初学者(或公众)把这样一个训诫深印脑海,即经济政策是同变动中的经济结构有关的,所以不能由一套不变的处方构成。另外一个例子是布鲁诺·希尔德布兰德的图式:交换经济,货币经济,信用经济。除此之外,在这方面便没有什么好报道的了——越是好的历史学家,越不喜欢这样的构造——只不过在那个时期的历史著作中经常可以遇到一种对于进化顺序的模糊信念,这种进化顺序被认为类似于个人的青年、成年和老年这种历史顺序。就我所知,有一个耽于这种信念而又不被它引向错误道路的经济学家和经济史学家,那就是W.罗雪尔。[②] 值得注意的是:这种"经济史规律"的信念构成了他的方法论同施穆勒的方法论的主要不同点之一,不过后者也有他自己的类型序列:农村经济、城市经济、地区经济和国家经济。

(d)孔多塞与孔德的唯智主义的进化论。 孔多塞[③]比任何其他作家都更多地从事于这样一种社会进化理论的推敲,这种理论同启蒙运动的思想有着明确的联系,并且在理性的一切拥护者的著作中都隐隐地或者明显地存在着:让我们称它为唯智主义的进化论。这是最简单不过的东西。就其主要内容而言,这种理论

① 参阅他的《从历史方法的观点来看的政治经济学》(1853年;增订版,1883年)。

② 李斯特、希尔德布兰德和罗雪尔的著作将在后面第四章第5节讨论。

③ 孔多塞侯爵(1743—1794):《人类精神进步史梗概》(1795年;参阅前面第二编,第二章,第7d节)。

简单说来是：人类的理智是一种一定的力量，它对人的物质环境，并且在任何一定的阶段，对人类在自己历史的以前各阶段上所获得的信仰或思想习惯进行着不断的征服战。这种不断的斗争所造成的结果是，一方面，对于自然的真正规律的洞察有无止境的增进，从而对于自然力的生产技术上的控制更加完善了；另一方面，人类不断摆脱错误的和反社会的信仰与偏向：人类的智能在使自己臻于完善的过程中，使得整个人性也臻于完善，从而使人类的制度也臻于完善，没有可以指定的限制。既然许多读者的心中大抵都充满了这种理论——也许达到了认为这种“人类心智的进步”是一种理所当然的事情的地步——我们最好是确实说明，我们了解到有反对它的理由：这种理论之所以站不住脚，是因为它假定了它所要加以说明的东西。在信仰方面，在知识与技术的总和方面，在思想的习惯方面，变化——适应性的变化，也可能是自动的变化——无疑地在历史上是同社会进化的其他表现相联系的。但它们至少是为一种不断变化的社会结构的事实所制约的，而它们起作用的方式也是如此。如果我们把例如现代实证论或现代的飞机归之于人类心智的进步，我们显然对于解释它们并没有做什么事情。事实上，我们什么也没有做：我们只是把问题换了一个提法。如果我们为了挽救这一点而乞灵于人类智力的可以臻于完善的性质，我们仍然什么也没有做：我们只是假设了解决办法。而如果在认识到这一点后，我们引入其他解释因素，例如生物学上的因素，那我们也就离开了唯智主义的进化论这个停泊所了。

但是，尽管有着明显的不足之处，这种理论在继承启蒙运动传统的自由人士或进步人士的圈子中仍旧残存了下来。可以再次提出莱基和布克尔来证明这一点，不管他们的立论是多么不同。可是，对于我们来说，孔德的见解是特别有意思的。根据他的三个阶段的先验图式或“规律”，文明是从一种宗教的或魔术的阶段演进到一种形而上学的阶段，然后又演进到一种科学的阶段。这种图式显然是得自启蒙运动的思想，同孔多塞的思想没有什么本质上的区别。而且，它不仅令人难以置信地狭隘，并且按孔德自己的意义来说，还是思辨的和不科学的：按照他的“实证”计划的路线进行研究，立即就会发现，有一些因素和机制是不能归并为那种“规律”所体现的那一个因素的。可是，要注意，从表面上看，那种规律似乎很容易证明：合理的科学程序（虽然不是在政治中）事实上是我们自己时代的特点之一；而魔术则在事实上是原始智力的特色——问题只是，这究竟有多大的意义，以及对于这种关联在多大的程度上可以作因果关系的解释。

需要注意的另外一点是：宗教的、形而上学的和科学的态度显然是社会现象，而不单纯是个人现象。因此，孔德的阶段可以说是一种集体心理或集团心理发展中的阶段。孔德比起孔多塞来要明确得多，他在事实上采用了这个概念，并且还做了一些工作去加以精制。在他的集体心理和浪漫主义者的民族精神之间，自然是有着天壤的差别。可是，当作分析的工具来看，两者都差不多是相同的东西，并且两者都影响了后来的社会学家和社会心理学家的工作。

(e)达尔文的进化论。　这是需要在此予以注意的唯一的一种生物进化论。拉马克的影响虽然不是全部但大部分被达尔文的影响代替了(不过,达尔文提到拉马克的次数是很多的);而孟德尔虽然在1866年公布了他的三条定律,却根本没有产生任何直接的影响。[①] 达尔文在《物种起源》第三版以及以后各版中所增加的《历史概略》会把那些有决定意义的观念逐渐出现的迷人故事告诉读者,因而在此毋需赘述。[②] 然而,关于这本书的社会意义以及它

① G. J. 孟德尔(1822—1884),是个奥古斯丁派的僧侣,不仅进行了出色的实验工作——这是专家们的意见;我自己自然没有什么意见——而且对这种实验作了理论上的说明;当他所得的结果被独立地重新发现(大约在1900年)以后,他的理论说明被证实是生物学家们可以接受的。他没有试图将其应用于社会的过程。既然我们对科学的社会学感兴趣,问题就发生了:一种最重要的成就没有被人注意,从这个案例中我们能学到什么呢?可是,考察一下这个案例,似乎表明它并没有给我们什么教训。罗伯特·迈耶把他的发现(热功当量)直接告诉了在专业上显然有地位的人们(至少有一个人),他们是能够并且应当懂得它和公布它的。库尔诺在伟大学术中心之一的光天化日之下刊行了他的《研究》(参阅下面,第四编,第七章)。但是孟德尔住在一个外省城镇的修道院中,并且在一种不知名的本地期刊上发表他的研究结果,这就是说,其发表的方式等于是把他的研究结果掩盖起来。因此,这个被忽视的案例是不说自明的。

② 我劝读者仔细地阅读该书。该书是几本最重要的科学史之一,它就我们感兴趣的对象之一——人类智力进步的方式和科学发展的机制——提供了一种案例研究。此外,它还阐明了一个在我们自己的历史中起着某种作用的概念。即"优先权被承认的不足"的概念,达尔文提出了一个关于"充分承认"理想例子,来说明上述概念的意义。这个人所做的一切对于他自己以及对于产生他的经济和文化制度都是一种活生生的颂扬——在读者感到要对资本主义的文明(以及附带地,要对研究组织的更为现代的形式)沉思默想的时候,我提请他注意这一点。

查尔斯·达尔文(1809—1882)花了很长的时间才得出他的劳动成果,到发表的时间就更长。《物种起源》出版于1859年。《人类的由来及性选择》出版于1871年,在沃格特和海克尔(还有其他人)已经宣布赞成该书的主要命题之后。该书第3,4,5,19章讨论与普通社会学和经济社会学直接有关的问题。

达尔文非常爽气地推荐的赫伯特·斯宾塞的那篇论文,首先发表在1852年的《领导者》杂志上,斯宾塞的《心理学》出版于1855年,而穆勒重述"古典"经济思想的《原理》,则出版于1848年。

对于社会科学的意义，必须提出下面的评论。[①]

首先，《物种起源》和《人类的由来》两书在我们的这个时期的时代精神图画中，构成了最大的一块色彩。它们对于人类的宇宙概念的永久重要性，足以与太阳中心说相比拟。它们被一般公众非常广泛地阅读着，热烈地讨论着，并且在资产阶级心房的重新装饰中是惹人注目的，尽管在大多数场合，这件新家具似乎并没有排挤掉仍然存在的形而上学的家具，只不过是占据了空下的地方罢了，我们的根本的信仰和态度，不是任何书籍的力量所能造成或动摇的；特别是，我不认为任何有教养的人会发现自己的信仰由于阅读达尔文而被摧毁，只要那个人还有可以被摧毁的任何信仰的话。[②]

其次，尽管我们对于达尔文主义在说明原因方面所起的作用可以认为是很大或者很小，但它作为一种象征所具有的重要性却是无可置疑的。它出现了，并且迅速取得了成功，这都恰恰发生在根据马克思主义的知识上层建筑理论来说它应当是这样的时候。而且它只是一条更广阔的大河之中的一股水流，正如地质学中的独立的然而又是类似的发展足以表明的。[③] 这也是裹挟着上述其

① 读者会看到，在下文中，我自然并不敢把这本书当作它自己领域内的一项专业成就去加以评判。因此，这样一个微妙的问题，即一个研究工作者在涉及到不属于他自己的那些研究领域内的研究结果和研究程序的事情时应当怎样行事才算合适的问题，此刻还不会产生，虽然联系到“达尔文主义的”社会理论它就会产生。

② 我说的是有教养的人，因为对于在解释和批评方面缺乏防御手段的那种没有受过训练的头脑来说，情形就会两样。然而，没有受过训练的头脑可以躲藏在权威的背后。

③ 这些都是同查尔斯·赖尔爵士（1797—1875）的名字联在一起的，几乎就像生物学的发展同达尔文的名字联在一起一样。他的《地质学原理》（1830—1833 年）并没有完全“把秘密暴露出来”，但是，从含义上讲，它同他的《古人类的地质证据》（1863 年）说得一样多。

他各种进化论的同一条大河。但在所有其他方面，那些进化论在逻辑上既与达尔文主义无关，亦与其他任何生物学理论无关：十分重要的是要认识到这一点，以便避免那种威胁到我们对这个时期的知识史的理解的混淆。在达尔文主义的进化论出现时，马克思可能感到很满意。但是他自己的进化论同这种进化论是风马牛不相及的，彼此都没有给予对方以支持。

再次，达尔文主义或达尔文主义的议论在后来确曾侵入社会学和经济学。这将在我们考察下一时期的知识背景时涉及到（第四编，第三章）。就我们现在所讨论的这个时期来说，除了我们可以设想达尔文主义对于人民的一般思想习惯曾有过影响以外，[①]我找不出对于社会科学还有什么重大的影响。达尔文和斯宾塞两人对心理学均有所贡献，而后者更表现了一种把前者的学说应用于社会学方面的倾向。但是仅此而已。在结尾时，我想要评论一下达尔文的这个说法：他从马尔萨斯的人口理论得到了启示。不同意一个人关于他自己的心理过程的说明，看起来的确是很危险的。但是，极其不重要的事件或暗示是可以引导出某种思想潮流的；达尔文自己不曾把马尔萨斯的著作包括在上面提到的《历史概略》中，虽然他在自己的导言中曾经提到它；而且仅仅是“在每一类中出生的个体比能够活下来的更多”这句话（并且，它算不算马尔萨斯主义还有疑问），其本身也不过是一种老生常谈。因此，我恐

---

① 1872 年，瓦尔特·白哲特刊行了他的《物理学与政治学》（更恰当的名称应当是《生物学与社会学》或者《对于历史的生物学解释》），在他所利用的东西中，即有达尔文的社会心理学。这本书本身只不过是一件才气焕发的外行艺术品，但它含有许多暗示，后来都得出了结果。这本书至今依然值得一读。

怕,经济学对达尔文学说的发展所提供的服务,也同那群著名的鹅对罗马所提供的服务有些类似。

5. 心理学与逻辑学

在心理学领域内,这个时期的工作的最有意义的产品,是抢在下一时期发展之前的、或者至少是预告下一时期发展的那些产品。我所指的,是 P.J. 卡巴尼斯、F.J. 加尔(他的著作也包括反射动作的最初理论)、查尔斯·贝尔爵士和 P.P. 布罗卡的大脑解剖学;是特滕斯和博内的生理心理学或实验心理学,以后经约翰尼斯·P. 米勒、E.H. 韦伯、R.H. 洛茨、G.T. 费克纳继续加以研究并取得了更大的成就;是克劳德·贝尔纳所研究的有关方面;[①]并且,如果我们坚持把民族心理学包括在心理学中的话,我们所指的还有 F.T. 韦茨的著作,在前面讨论"环境决定论"的一节中曾经提到过他。其次,如果我们把关于集体心理的哲学也包括进去,并且如果我们喜欢称之为现代社会心理学的先驱的话,则我们一方面需要

① 提到这些名字仅仅是为读者引一下路,读者如果想要更进一步,那么在任何一本心理学史中都可以见到这些名字,这就是我为什么没有举出书名及其出版年代的缘故。卡巴尼斯、布罗卡、韦伯和费克纳的名字是同使我们特别感兴趣的成就联在一起的。有一些将在第四编的有关章节中再次提到,以便我们不致失去我们的线索。读者自然明白,我没有资格判断像加尔或洛茨的著作在技术方面的价值,因而我所选择的名字可能会把人引入歧途:这个名单是一个经济学家所开的名单,他的印象部分地是从偶然的阅读(可是,在某种程度上,是根据专家的指导进行的)和偶然的接触得来的。例如,布罗卡的名字列在这个名单中,是因为这位作者把大脑解剖和文化人类学两方面的研究在一种异乎寻常的程度上结合起来进行,还因为他的著作在我形成性格的时期给了我深刻的印象。

加上孔德，另一方面需要加上赫德和许多其他“浪漫主义者”。

〔(a)观念联想论的和进化论的心理学。〕 但是同技术经济学可能具有的心理学基础——如果这样一种基础对于我们确实有用处的话——比较直接有关的，还是赫尔巴特(1776—1841)和贝内克(1798—1854)的心理学。① 前者研究出了一种简单的概念工具来分析心理现象，这种现象不是求助于生理学，而是从内省观察得来的。经济学家可能从他那里学到了一点什么，虽然更多地是向他的方法学习，而不是向他的成果学习。不过，除了少数没有丝毫意义的引证之外，我没有能够找出任何例子来证明：他的心理学或是他的普通哲学对于经济学家的专业著作产生过任何影响。我不知道，对于这个时期的心理学著作中的一个因素、并且从经济学史的观点来看是最为重要的一个因素，即哈特莱的观念联想论，应否作出同样的断定。这种观念联想论到当时应该已经过时了，但由于哈特莱著作的新版(1791 年)和我们自己的同行詹姆斯·穆勒的卓有成效的重新阐述②而又复苏了：心灵，就是洛克说的一张白纸；精神生活，就是联想的机械体系。甚至约翰·穆勒也感到不能满足于这种解释，而 A. 贝恩则把它同达尔文的因素以及得自德国生理心理学家的因素结合起来，把它变成了一种远远不合乎观念

① 例如参阅 J. F. 赫尔巴特的《心理学教科书》(1816 年)和他的《作为科学的心理学》(1824—1825 年)。赫尔巴特的非常有影响的哲学和教育学在这里并不使我们感兴趣。F. E. 贝内克的《伦理学的物理学的基础》(1822 年；同康德的《伦理学的形而上学的基础》一书是不同的两极)和《作为自然科学的心理学教科书》(1833 年)使心理学变成了逻辑学、伦理学和美学的唯一基础，并为本书所说的“心理学主义”提供了一个极好的例证。

② 《人类心灵现象的分析》(1829 年)。

联想论正统观念的东西。但对我们却产生了这样的问题:既然这种观念联想论的正统观念是边沁派的正统观念的一部分,难道它就不会影响作为功利主义正统观念另一部分的这一集团的经济学吗?自然,我们是这样预料的,但是我们将会感到失望。这个例子很好地说明了一个广泛的体系同其组成部分之间的关系所具有的性质。心理学的观念联想论同功利主义的哲学或者功利主义的伦理理论或一般行为理论是完全一致的,并且从这种意义上说,的确补充了功利主义。但是,如果根据这一点,我们进而考察詹姆斯·穆勒的关于经济理论的那部篇幅不大的论著,我们会发现,它的命题同观念联想论者的心理学完全没有关系,并且同任何其他心理学是一样可以相容的:功利主义的经济学虽然是边沁帝国中的一个省,但却是一个自治省,即使同帝国分离,也能够生活得同样好。这证实了我们在其他方面已经得到的一个结论。①

唯一需要加上的东西,就是进化论的心理学。正如已经提到的,达尔文和斯宾塞都想回答人类心灵如何获得每一种"心力"的问题:他们都试图建立关于"本能"、感情、好奇心、记忆、注意、信仰、道德观念、社会美德等等起源的理论。应当指出,这种努力并不属于普通意义上的心理学:例如,分析"记忆"的能力是一回事,而关于我们是怎样才具有这种能力的假说则是另一回事。可是,关于起源的假说是可以启发真正的心理学理论的,因而达尔文的

① 特别要注意到,这对休谟也是同样适用的:他的经济学不论是同他的心理学,还是同他的哲学,都是毫无牵涉的。对洛克亦复如此。另一方面,观念联想论同功利主义经济学的关系由于这个事实而复杂化了:边沁自己的经济学同其他功利主义者的经济学是不同的,尽管这些功利主义者在除此之外的每件事情上都是边沁的信徒。

影响很快就开始在专业心理学中表现出来乃是一件可以理解的事情。可是，经济学家并未着手从事这方面的研究，尽管这种研究同经济行为问题，同经济行为在例如社会主义社会组织中所具有的适应性问题有着明显的关系，这确是一件值得深思的事情！

〔(b)逻辑学、认识论以及相关的学科。〕 在这些学科中，[①]不论是在哲学基础方面(康德；黑格尔的《逻辑学》从任何技术的意义讲都不是逻辑学，虽然在某些方面同逻辑学有关)，还是在形式上的和实质上的发展方面(洛茨，德·摩尔根)，可以说都取得了很大进展。从我们的观点来看，重要的是要提到一个人的著作，这个人在我们现在所看到的这些科学的历史上占有主要地位，这个人就是理查德·惠特利[②](英国圣公会的都柏林主教)。对于这个时期的时代精神的图画有着巨大意义的，是另一个主要人物即惠厄尔

① 如果我们可以称数学为一种相关学科的话，则它是进展最大的一个学科。关于这些学科，在这里只能指出以下一点：这个时期——它紧接在“数学的英雄时代”之后，在英雄时代，开拓者的发现所造成的激动，几乎压倒了对逻辑基础的兴趣，压倒了对概念和方法的批判性分析的兴趣——奠定了现代(严格)数学推理的基础。但必须提到关于概率论的少数资料，因为这门学科对统计学和对经济理论都很重要。拉普拉斯的《概率分析论》初次出版于 1812 年；他的《哲学论文》(可是，这完全是十八世纪式的)出版于 1814 年；普瓦松的有名的《研究》一书出版于 1837 年；库尔诺的《机会和概率理论说明》出版于 1843 年；P. L. 德·切比舍夫的论文(《中值》，载于利奥维尔的《纯粹和应用数学杂志》)发表于 1867 年；维恩的《概率逻辑》(常常为埃奇沃斯所援引)出版于 1866 年。费克纳的《大量法》(1897 年)也属于这个时期，虽然在年代上不是。J. 冯·克里斯的《概率计算原理》(1886 年)亦复如此。对概率颇有研究的库尔诺是伟大的经济理论家(参阅后面，第四编，第七章，第 2 节)。我对于他的随机事件理论评价很高，但这是一个外行人的看法。不过已故的维也纳大学教授齐伯尔也持有同样的见解。

② 《逻辑学纲要》，原来是一篇文章，载《都市百科全书》(1826 年)。关于他在经济学方面的著作，参阅后面第四章。

的《归纳科学史》(1837 年)一书,这是为实现一种一再被表述的——在我们自己的时代,是由 J. 杜威表述的——迫切要求所作的努力,也就是使逻辑学更加接近于科学的实际程序。[①] 现代经验主义逻辑学,如卡尔纳普、弗兰克、理查德·冯·米塞斯、施利克等维也纳大学的实证主义者所讲授的那种现代经验主义逻辑学,其纲领是要分析科学的程序,并抛弃其他一切东西,特别是所有"形而上学",认为这些东西不仅与科学程序毫不相关,而且是毫无意义的,在主观上,惠厄尔同这种纲领或是用来执行它的概念结构自然都是离得很远的。但是从客观上来说,他的著作由于对穆勒的《逻辑学》产生了影响,所以是走向逻辑实证论的漫长道路上的一个里程碑。

〔**(c)约翰·穆勒的逻辑学。**〕 以上所作的简短叙述,使我们有了准备,可以进而讨论我们主要感兴趣的一部著作。从我们的

① 威廉·惠厄尔(1794—1866)这位有势力而专横的人物,属于我们称为"学院领袖"的那种科学人士,是这类人物的最好例子:他在三一学院和剑桥大学都具有无比巨大的影响,是那种创造环境的人,这种人尽管从来没有写过一行东西,也应当列入科学史。可是,惠厄尔并不是没有著述的人。《归纳科学史》一书不仅是一部学识渊博的著作,而且是给人以启发的活的源泉(对约翰·穆勒来说就是如此),不过他的《归纳科学的哲学》(1840 年)一书却使人很失望(至少对于我来说如此),他的《伦理(包括政治)学纲要》(1845 年)也已经理所应当地被人遗忘了。从某种意义上说,他也是经济学家。他的《讲演录》(1852 年和 1862 年)诚然价值不大,虽然他很有本事,从来不会使人感到厌烦。但是他在编辑理查德·琼斯(参阅下面第五、六章)的著作时表现出了对于质量的辨别力;他作了一次当时没有一个平凡的人会去作的尝试,即把他那时代的经济理论中的几个命题用数学来表示(《剑桥哲学学报》,第三卷),从而表现了一点点独创性。这种努力没有超出用符号来表示已经用文字叙述过的东西,因而并未真正构成数理经济学(并没有数学的推理)。但是他所作的初步的需求分析,考虑到它的时代,并不完全该当受到杰文斯的轻蔑的批判,嗣后这种批判又重复过许多次。这里之所以提到这一切,是因为我们的这个简史篇幅太短了,无法在适当的地方一一提到。诸如惠厄尔这样的成就。

观点来看，约翰·穆勒的《逻辑学》是应当受到尊崇的，这不仅因为我们认为该书的作者是我们自己的人，也不仅因为我们经济学家阅读它比阅读那时候的任何其他方法论著作的可能性都要大，而且还因为它是那个世纪的伟大著作之一，它是那个世纪的时代精神的主要组成部分之一，对于一般读书界的影响是其他逻辑学著作所从来不曾有过的。它在我们的图画中虽不是像《物种起源》那么惊人的一片色彩，却是同样不可少的一片色彩，尽管当我们回顾在各自的领域内造成今天情势的历史上一系列的成就和思想时，它不像《物种起源》那样鲜艳，尽管穆勒[①]的著作已经失去了生命，不像达尔文的著作那样还具有生命。

对经济学家们来说，说明穆勒的成就的性质的最好办法，就是指出他的《逻辑学》和他的《政治经济学原理》——这将在下面适当的地方（第五章）详细讨论——两书具有隐约的相似之处。在两本书中，穆勒均以令人赞美的谦逊态度，否认自己要“为世人提供一种关于心智运行的新理论”或关于经济过程的新理论（参阅两书第一版的序言）。在两本书中，他的目的

① 约翰·穆勒：《推理的和归纳的逻辑体系：与证据原理和科学研究方法相联系的一种看法》（1843 年）。当人们谈到穆勒对于在十九世纪五十和六十年代开始从事活动的一代英国知识分子的影响时，他们心中想到这本书的成功就同想到该作者的《政治经济学》一书的成功一样多，甚至更多。在国外，一部分读者对这本书无动于衷。但其余的读者则以愈来愈大的热情来接受穆勒的启示。在爱尔兰的一个农民的家里可以看到有这本书。一个自视为进步化身的维也纳才女（一个费边主义者和妇女参政主义者）则称它为“书籍的书籍”。至少在一个我从小就认识的语言哲学家的心目中，它所占据的崇高地位，比柏拉图的著作低不了许多。我说这些是想表明：第一，在资产阶级的文化中这本书是一种活生生的力量；第二，每个人对它所表现出来的热情与他们判断它的能力这两者之间的关系，并不是十分令人满意的。

都是要协调已经存在的知识要素，发展它们，并且，像他所喜欢说的，把结子打开（即已有的绳子上的结子）。在两本书中他都没有完全成功；但在两本书中他都做了极为有用的工作，这种工作也许由于包含着使人兴奋的学理上的矛盾而更加富于启发性。

两本著作除了属于同一类成就外，还以同样的方式透露了作者的精神境界和——也许可以说是"道德的"——倾向。在他所能理解的范围以内，他是极其公平的，并且有充分的决心，把心灵的门户向来源极为不同的各种观念敞开——在《逻辑学》中他甚至（通过从孔多塞那里引证的一段话）对经院哲学的成就表示了应有的敬意。他是"实事求是的"：虽然他的心灵并非在这个词的每一意义上都是"注重实际的"，但他的意向却总是"注重实际的"，甚至是实用主义的，实际有用的结果比每一种其他的东西更先引起他的注意。就《逻辑学》一书来说，他的实际目的是分析科学的程序，其用意是，第一，证实科学程序的有效性（即"鉴定证据"）；第二，定出一套能够鼓舞和指导研究活动的规则。这就使我们很难按照现代"经验主义"或"实证主义"的逻辑去描述他的根本观点或诸观点，因为现代经验主义和实证主义所特有并使其信奉者分裂（特别是在数学的基础探讨领域中）的问题和方法，大部分是超出他的视野和兴趣范围的。（因此顺便说说，从现代的观点去批评他的似乎同现代争论有关的零碎话语，是不公道的。）但是《逻辑学》的这种主要是实用的目的，也使我们难于按照较老的各种哲学去描述穆勒的基本观点。康德革命的重大意义他几乎不曾领悟到。大体可以这样说：他的哲学是植根于洛克和休谟传统的英国经验主义中的，尤其是，他的哲学具有一种观念联想论的心理背景。但是我认为，尽管我不能在此处证明，这两个说法都不是完全正确的。无论如何，穆勒并不是严格的经验主义者或严格的观念联想论者：在《逻辑学》中，哈特莱的观念联想论受到了批评，特别是在第四编的一个战略要点上。

这本书的目的，几乎使得它成为惠厄尔的著作的一种补充，它在事实上也深深得力于后者。让我们这样来说吧：穆勒的《逻辑学》主要是一种关于科学知识（推断）的理论，同惠厄尔的书比较起来，实质上是理论性的，而同关于任何个别科学的任何论著比较，尤其是如此；但同关于纯粹逻辑或纯粹认识论（可是，对穆勒来说，两者差不多就是同一个东西）的论著比较，它主要则是注重实际的。至于逻辑的基本原理，穆勒主要是根据 R. 惠特利，甚至在他与之意见不同的地方，亦复如此。[①]

在哲学基本问题的某些方面，穆勒虽然是谨慎的，没有发表意见，在关于他个人的贡献方面，他虽然是谦虚的，然而在一个方面他却是既不谨慎又不谦虚的：正如在他的《政治经济学原理》中一样，他对于他所阐述的结果，以一种使我们深深感到是莫名其妙的天真方式，兴高采烈地声称这些结果是人们所能得到的最后得不能再最后的定论。他似乎在对我们说：要知道

---

① 《逻辑学》中（以及《威廉·汉密尔顿爵士哲学的考察》中）的另一个透露作者倾向的地方，是穆勒提到了托马斯·布朗博士的《人类心灵哲学讲演录》，这本书是在布朗逝世（1820 年）后编出的，取得了巨大成功。有趣的是，这位苏格兰医生和哲学家，虽然在很大程度上接受了感觉论，却从来不曾放弃“直觉的”知识，也没有经验主义者的因果关系理论。穆勒极力推荐这本书，此事的意义，并没有因为他有条件地反对这本书的论证而完全丧失。

呀，我已经把这个开明时代的最好的思想，即由开明时代最富于才智的思想家所宣布的或者为他们所遵守的原则都搜集到一起并使之系统化了——还能够有什么事情可以留下来要做的呢？他的充满信心的教诲，在逻辑学中出现得和在经济学中一样多。

第一编《论名称及命题》（包括“分类”和“定义”；其中有些段落令人想起现代的“语义学”）和第二编《论推理》（“三段论法”；“演绎科学”，这种科学穆勒认为就它们的前提是通过归纳程序从经验得来的而言，实在是归纳的）涉及的问题，是穆勒感到很好论述的：对于他这样一个很少深入到表面现象之下的人来说，没有产生什么阻碍道路的严重问题。对于第三编《论归纳》（或经验的综合，这是科学程序的核心，也是穆勒的成就的核心）所包括的东西，他的感觉就不同了。这一编包括自然进程一致性原理、得自这个原理的有效归纳理论、因果关系哲学以及有名的“四种方法”（“类同法”、差异法、“剩余法”、“共差法”），这一切都部分地受到了思想上或表述上的错误的损害，这种错误只有根据以下假设才能予以解释，即：甚至在第三编中，虽然他是就使他极为感兴趣的题目进行写作，他也是像往常那样，草草从事。但恰恰是因此之故，在若干场合下，他可以无损于主要论旨而对有关理论作出实质上的改进。大体上说，毫无疑问的是，第三编是对科学知识理论的巨大贡献之一。实质上是辅助性的第四编和第五编中的许多有趣之点必须忽略过去，但是第六编《论精神〔社会〕科学的逻辑》，对我们却具有头等重要意义。应当把这一编连同穆勒较早的（在成为孔德主义者以前的）关于经济学方法的论文（1836 年）一道阅读，后者收入了那本名为《若干未解决的问题》的书中。

为了公平看待这种社会科学的方法论，有两件事情必须记在心头。第一，作为穆勒一般认识论的较为根本的缺点的一个不可避免的结果，第六编中有许多东西是可以加以反对的。但是这些东西并没有严重损害这一编的论证。例如，他把物理科学的方法推广应用于社会科学，包括推广应用科学规律和因果关系等概念，远不是人们所想象的那么要不得，因为它已大大冲淡了物理上的因果关系，以致将其推广应用于社会科学实际上是无害的：他的“自然主义”是拔掉了牙齿的自然主义。第二，我们决不应忘记，穆勒著作的名声和影响使得他的观点广泛流行，以致许多读来像是从《哈姆雷特》援引的话那样陈腐的东西能够流行，乃是由于他自己的成就所使然。

当我们把以上所说的一切记在心中时，除了钦佩以外，就没有可说的了。在同孔德进行的连续战斗中，穆勒胜利地捍卫了经济学家的实际程序，同时承认了——实际上是吸收了——一切应当承认或吸收的东西。经济学的标准方法是我们所称的“具体演绎法”，而辅之以“反演绎法”或“历史法”，以便研究整个社会结构的历史变动。假如适当了解了这一点，那么，后来的经济学家们关于归纳法同演绎法的无谓之争本来是可以避免的。有关“纯理论”的那些问题，由他的“抽象的或几何学的”方法照顾到了，他对错误地把这种方法直接应用于实际问题进行了严厉的[①]批评。穆勒把经验规律精密地划分为同在的

① 这个形容词我想是用得对的，尽管穆勒一向很客气，在某些场合下由于对前辈表示尊敬而更显得客气，使得他措辞很温和。以下一点读起来会使人感到奇怪，但我们却能够严格地证明：穆勒所宣扬的方法论原理，同施穆勒最后（虽然不是最初）所采取的见解没有什么不同。

一致和变化的一致，他赋予这种规律的地位，是我们很难加以非议的。他充分认识到，不可能得出普遍适用的实际原理，同时充分认识到，在研究人类的实际行为时，必须考虑到地点和时间的不同，这应当能使经济人永远免于被诅咒。他的生态学的中级原理提供了至今仍没有加以充分利用的启示。在《逻辑学》一书中，穆勒已把以下两种问题区别了开来，一是在一定的社会条件下一定的原因所产生的结果问题，一是决定这种社会条件本身的"规律"问题，而六十年后人们仍在为把这两种问题区别开来而斗争。穆勒实际上是想使最纯粹的纯粹理论同最具体的制度研究和平地合作，同时又不使两者遭到阉割。当然，杰文斯即使说的是陈词滥调，读起来也很新鲜而富有启发性；而穆勒即使说的是至理名言，读起来也总是缺乏新鲜感，缺少启发性。这是由于他早年所受的训练之故。但至于《逻辑学》的第六编，虽然它没有包含什么后来的人例如老凯恩斯说得更好的东西，但在结束本节时，我还是要劝读者再去读读它。

6. 马克思以前的社会主义

在前面第二章里，我们几乎没有谈到这个时期的社会主义和社会主义派别或社会主义运动。我们是从大处落墨的，因而很少有机会谈到它们。这种疏忽可以用几句话来加以弥补。[1] 十八世

---

① 感兴趣的读者有许多参考书可资利用，以了解进一步的情况，补充以下枯燥乏味的论述。他必须记住，从本书的目的的角度看，我们对社会主义运动及其观念形态本身并不直接感兴趣。在这一具体场合下，我们的论述之所以很简短，还有另外一个原因：这一段所作的陈述是无可争议的。作为一般参考，我们推荐亚历山大·格雷教授的《社会主义传统》(1946 年)一书。

纪下半叶产生了若干孤立的社会主义（或半社会主义）著作，但在法国革命以前，并没有能够称为社会主义运动的东西。法国革命本身，在起源、性质和观念形态上都是资产阶级的。但是，1791 年后它的政治结构和政治思想两方面的解体却同这样一种文献连在一起，这种文献本身虽然无足轻重，却表明了在法国知识界的一部分人中间具有一种并非暂时性的社会主义情绪，并且帮助了这种情绪在拿破仑统治时期在暗地里保持活跃。这就为在第二帝国出现以前，我们在法国所看到的具有一种社会主义（或半社会主义）性质的文字宣传活动和其他宣传活动的爆发奠定了基础，[①]1848 年的革命在起源上虽然也是资产阶级的，但迅速地表明了存在着可以说是革命社会主义部队的参谋本部的东西，甚至存在着管理一个社会主义国家的或多或少是明确的计划。资产阶级集团被吓得要死，它们做了路易十六所决不可能被说服去做的事情，即在还不太晚的时候，用武力镇压革命。这样，在现代社会主义文献方面，法国在时间上就抢先了一步；而在所有各国的工商阶级中，法国的工商阶级在这个时期是唯一面临着严重的社会主义革命可能性的阶级。英国 1836—1839 年的和 1840—1848 年的宪章运动，[②]都从来没有达到这样的地步，尽管这种运动在早期的工会组织中有着基础，这就使得它从另一种更为根本的意义上来说，更加

① 不过，前面已经提到，这种运动的文字成分也为拿破仑第三的权威社会主义提供了一部分思想，正像信奉社会主义和半社会主义的工人为拿破仑掌权提供了一部分政治支持那样。

② 应当记住，“人民宪章”本身是由威廉·洛维特同弗朗西斯·普莱斯这个边沁门徒一道起草的，是功利主义的而根本不是社会主义的。事实上，它的“六点”除了彻底的议会改革之外，并没有体现别的什么东西。

严重。唯一重要的另外一种社会主义劳工运动是德国的劳工运动，它产生了两个有组织的政党：拉萨尔的德国总工人协会（1863年）和倍倍尔与李卜克内西的社会民主工党（1869年），二者在1875年合并了[①]。这里之所以提到第一国际的建立和经历（1864年），仅仅是因为马克思发表了著名的“就职演说”。[②]

① 不论是A.倍倍尔的还是W.李卜克内西的成就都不在本书讨论的范围之内。但却不能不提一下费迪南特·拉萨尔（1825—1864；请读者注意乔治·布兰德斯所写的传记，还有几本其他的人所写的传记）在社会学分析和经济分析方面的功绩，以后就没有机会再提到它们了。拉萨尔是个具有高度文化修养、卓越才能和百折不挠毅力的人，他自始至终是个活动家，他的学术研究活动，更不要说科学研究活动在其令人心醉、使人兴奋的一生中，总是居于次要地位，虽然他也总是热心地从事学术活动。他的最完美的著作《勤劳所得的权利体系》（1861年），也许应当算作一个例外，这是使得许多专业法学家为之目眩的一部辉煌的法律社会学著作。可是，如果我们把这部著作作为一个例外，如果我们认为那是真正集中精力的产品，那么，我们也必须承认，它在表现出非常渊博的哲学知识和法律知识以及强有力的批判能力的同时，也表现了缺乏独创性。他的其他著作也同样缺乏独创性，但并未由于学识渊博而得到挽救，虽则仍然显示出了远远超出一般社会主义作家或其他作家之上的能力。三本最重要的经济学出版物，《工人纲领》（1863年）、《坦白的回答》（1863年）和《巴师夏—兹尔兹·冯·德里梯施先生，经济学上的恺撒》（1864年），全都是才气焕发的小册子，就分析而论，它们体现了有点儿肤浅的然而又是利用得很好的“李嘉图主义”——这同拉萨尔自己的观点是一致的，因此，他把似乎对他是有价值的唯一经济学称为一种对李嘉图学说的“内在的发展”。顺便说一句，他的理论同马克思的理论的相同之处，仅止于此。把拉萨尔称为马克思学说的普及者或信徒，都是十分错误的。谈到宣传鼓动的策略或者实际的提议，他同马克思恰好是两个极端——这就造成了阻碍德国政治社会主义前进的分裂，这种分裂一直持续到1875年（哥达代表大会），在这一年，按照一个对拉萨尔的观点作出了巨大让步的纲领实行了两派的合并，这是马克思所极端厌恶的。

② 但是没有一个马克思主义者会对这次演出感到骄傲。它的内容透露出一种也许是不可避免的妥协所造成的影响，但是这种妥协在使他人陶醉的时候，就已激起了马克思的愤怒。事实上，正如马克思自己幽默而又悲酸地指出的，它完全是非马克思主义的。

〔(a)协会主义的社会主义。〕 现在,我们应当记在心里的一件重要事情是,社会主义思想的马克思主义阶段,在下一时期开始之前,还不曾到来[①]。我们所讨论的这个时期中的社会主义,不是马克思主义的,而是协会主义的。[②] 协会主义这个名词用来表示所有各种各样采用下列原则的社会主义计划:由工人协会来管理生产,并通过生产者合作社来进行社会改造。因此,协会主义的社会主义是超乎科学之外的,因为它本身所关切的主要并不是(批判的)分析——而马克思主义则是——而是一定的计划和将其付诸实行的办法。此外,协会主义的社会主义还是不科学的,因为这些计划包含了根本经不起科学分析的关于人类行为和关于行政管理与工艺技术可能性的假设。由于这两个缘故,马克思把协会主义的作家纳入他的"空想社会主义者"的范畴之中[③]并同他们进行激

① 让我立即指出,就分析而论,马克思主义的阶段不仅是在下一个时期开始的,而且也是在那个时期终了的。这个说法似乎令人奇怪,因为我们十分自然地非常重视马克思主义在俄国和纽约的复活。但是这个说法将在后面得到证明(第四编,第五章,第八节)。

② 这个词使用起来很方便,我请求准予使用它,虽然我知道在同一本书中把同一个词用在两种完全不同的意义上是很别扭的(观念联想论和协会主义在英文中是同一个词)。

③ 马克思把除他自己以外的任何形式的社会主义思想都称为空想的,而称他自己的为"科学的"。可是,他的科学社会主义的特点,就是对社会主义的不可避免性作科学证明,因此,对他来说,"空想"一词不应当同"不严肃"具有同一意义,虽然那个词曾经具有这种意义。马克思所说的"资产阶级经济学家",指的是没有能看出这种不可避免性的经济学家,或者更严格地说,指的是相信资本主义秩序将无限期地存在下去的经济学家。如果读者注意到,这样的定义同通常赋予这些名词的意义并不是一致的,那他就可以避免许多误解。

烈的斗争是极其正当的。因为他认识到，他们是在损害严肃的社会主义的威信。到1840年时，他们已经在事实上使得“社会主义”这个名词具有一种空想的意味，这有助于说明法国经济学家所特有的对待社会主义的态度：[①]对他们来说——而这是有理由的——社会主义开始意味着两种东西，那就是暴力和胡说。“乌托邦主义者”的某些想法实际上是十足的胡说，在一些场合下，肯定是病态的胡说，几乎不能十分认真地看待它们，虽则L.勃朗(1811—1882)[②]也许应当算作例外。对我们来说，这诚然不是据以忽视他们的充足理由：在奇想和梦想中也可能隐藏着正确的分析。可是，根据这种精神所作的探索，得到的结果是不多的。并不是我们没有在这里或那里找到正确的推理或正确的观察；但是所能找到的东西绝大多数都是无足轻重的。因此，我只准备提到罗伯特·欧文(1771—1858)和沙尔·傅立叶(1772—1837)这两个

① 恩格斯认为，在马克思和恩格斯宣言的标题上，马克思之所以选用“共产党”而不用“社会主义”一词，是因为马克思不喜欢一个已经获得了一种“体面”气味的词。然而，更可能的是，马克思之所以不喜欢它，是因为它已经获得了一种奇怪的气味。

② 路易·勃朗(《劳动组织》，论文选集，1839年初版)无疑地也是一个具有人道主义倾向和修辞学倾向的协会主义者，这就使得他从后来的资产阶级的和社会主义批评者那里赢得了一种半是仁慈的轻蔑。但是他的建议同例如欧文的建议的不同之处，是它们具有一种实际可行的因素，这特别表现在赋予官僚机构(国家)以比监督更多的作用上。这种因素使人想起它可能对拉萨尔有过影响。勃朗一度提议把已经关闭的工厂交给工人，这个提议在1930年和以后又有某些社会主义者提出过。根据“按需分配”的原则来实行分配是他的一个得意的想法(虽然他没有坚持这种想法)，而这句话在他当时的和以后的社会主义者中间流行，可能就是由于他的缘故。

突出的例子，[①]他们和圣西门一道曾一度使美国人倾倒。

我们借此机会略微看看“美洲的（而不仅是美国的）社会科学运动”。[②]“科学”一词同这个运动联在一起时，必须从类似它在“基督教科学”一语中的那种意义而不是从通常的意义去理解，因为几乎没有真正科学的努力。一个造成富裕阶层比造成文化传统更快的社会，除了很容易接受外来移民的影响外，还很容易接受各种思想的不平衡的渗入。少数人享有闲暇——即有一些悠哉游哉的文人——并具有开阔的心胸，这可以用热情和急进主义去补偿生意中的精明，这些人在除生意外的所有其他事情上都是豁达大度而又不加批

① 感兴趣的读者在任何一种参考书中都可以找到两人所著的（和别人论他们的）书目。就欧文来说，很有理由出现大量有关他的文献，因为，完全与他的“新和谐”型的计划和实验无关，他的想法以及他的做法在彼此毫无关系的许许多多不同的方面，都具有开创性意义。例如，他在新拉纳克所采取的基本上是温情主义的措施，为现代大企业的劳工政策树立了一个榜样，而且，比这更重要的是，创立了一种对待工资问题的新态度。他强调罢工和工会相对于政治行动而言所具的价值，使得他成为工会史和工会理论中的一个古典作家。他有关工人合作社的想法，使得他成为当时和以后的一个重要运动的守护神。他的想法不仅“在道德上是崇高的”（托伦斯语），而且在我们的例子所规定的思想和行动的领域以内，从常识上说是正确的，甚至是精明的（他自己在经营上的成功就足以证明这一点）。但是，一旦他走出这个真正属于他自己的领域，就立刻暴露出，他丝毫没有作那种更为精微的分析的能力。不论是他用来代替“货币”的“劳动券”的想法，还是他的公平劳动交换市场的想法，其本身并不是荒谬的，但他对着最明显的批评就是不知道如何来为自己辩护。

就傅立叶来说，我要向读者推荐我在大量有关他的文献中所遇到的唯一一篇真正具有启发性的文章，即 E. S. 梅森的《傅立叶与无政府主义》，载《经济学季刊》（1928 年 2 月）。有两点需要说明：第一，傅立叶的计划（“布鲁克农场”移民区就是这种计划最有名的体现物）是以对一般人性、特别是社会性质的精心分析为基础的，但它完全是以十八世纪最坏的思辨方式构想出来的；第二，他的法伦斯泰尔组织不能被毫无保留地称作是社会主义的，有趣的是，由于不了解实际情况（这些预言家中有那么多的人同具此特色），他为利息和利润实际保留的相对份额，要比它们在资本主义现实中长期平均所得到的还多一些。

② 这个运动的美国分支在 L. L. 伯纳德和 J. 伯纳德的《美国社会学的起源：美国的社会科学运动》（1943 年）一书中得到了描述。

判的。这种热情中的最具特色的一种，就是外行人对“科学”的喜爱，特别是对社会炼金术的喜爱，因为对充满了无法利用的精力的那种没有受过训练的头脑来说，真品还不及赝品的一半那么令人兴奋。这就是这个运动的社会学。在给予美国的经济学和社会学以推动方面，它的重要性如何，这是难以评定的，就像欧洲的浪漫主义运动对于认真的研究究竟具有多大重要性难以评定一样。实际上，我们可以把社会科学运动看作是欧洲浪漫主义运动在美国特有的对称物。我看不出它同最后在美国建立起经济学和社会学的成就之间有什么关系，并且倾向于认为，它在南北战争时代的逐渐消失，比它的出现更有利于社会研究。但是读者很容易看到能够用来证明相反论点的全部东西。

但是我们怎样才能说明，为什么会出现这些无疑应加以认真对待的协会主义的鼓吹者呢？这呀，首先，有着由法国协会主义肯定是成功地创造出来的文学风尚的影响。其次，协会主义的社会主义作为一项广泛的社会改造计划，有着从实际的合作运动及其文献所得到的——自然是完全不合乎逻辑的——支持。我想，这两个因素就是产生拉萨尔的协会主义的原因。这种协会主义提出了生产协会计划，生产协会将由国家给予补助，由于有这个有利条件，生产协会将在竞争中击败私人企业。[①] 但是还有另外一些原因：对马克思和对我们中间的许多人来说，协会主义可能是胡说；但对边沁主义者来说，它并不是胡说。事实上，看一看功利主义者

① 虽然我们应当认真对待这个人，但是否也应该认真对待他的计划，却很成问题。人们只要研究了拉萨尔的充满了崇高努力和悲惨失败的一生，就会感到自己是在研究德国悲剧的一个重要方面。换句话说，拉萨尔是个天生的政治领袖，自觉到具有无比的力量，而对他的计划轻而易举提出反对意见，就像指出迪斯累里的早期思想在逻辑上的弱点一样没有必要。真正的反对办法莫如任命他去担任内阁阁员。而这正是普鲁士所天生办不到的。

关于人心和关于社会关系的性质的看法，即足以表明：一旦承认了关于个人的地位——和实质上的平等——的那些假设，协会主义者的希望就不再是荒谬的了。而这也是产生约翰·穆勒的谨慎的协会主义的原因。[①]

〔(b)无政府主义。〕 如果我们把协会主义的原则推广到政治领域，并想象不仅工业企业已分解成为工人合作社，而且民族国家也已分解成为自愿组成的“公社”，那么，我们就得到了无政府主义——其最明白的，但不是最正统的或最一贯的解释人，是 P.J. 蒲鲁东。[②] 在这里，不论是对于他的政治的无政府主义还是对于他的哲学，我们都不感兴趣。他自己称其哲学为黑格尔哲学，虽然我觉得更容易把它同费希特的哲学联系在一起。我们只是对于他的经济学感兴趣，因为它为在一个没有威望的科学中不幸经常遇到的一种类型的推理提供了一个绝妙的例子：这种类型的推理，由于完全没有能力进行分析，也就是说，由于完全没有能力去使用经济理论的工具，而达到了无疑是悖理的、并且为作者所完全承认是悖理的结果。但是作者不是由此推论说，在他的方法上可能有某种错误，反而推论说，他所研究的对象一定有某种错误，以致他的

① 关于应在多大程度上把约翰·穆勒看作是社会主义者，参阅下面第五章第 1 节。穆勒可能对拉萨尔有过影响。

② 在有关蒲鲁东的文献中，我只提一种确实具有学术价值的著作，虽然在这类文献中还有几种其他的著作：卡尔·迪尔的《P.J. 蒲鲁东：他的学说和他的生平》(1888—1896 年)。在约瑟夫·蒲鲁东(1809—1865)身上我们看到的是一个不平常的人，他在社会主义思想家中间很少见，就像马拉车在纽约很少见一样，他是个真正的、活生生的无产者。他是一个自学出来的人，而他的缺乏训练，在他许多著作中的每一页上都表现了出来。他的某些想法是英国的社会主义者在以前就刊布过的。但几乎可以肯定他并不知道这些英国社会主义者。

错误被以极大的自信心宣布为得出的结果。蒲鲁东的《经济矛盾的体系或贫困的哲学》(1846 年)就是这种精神状态的杰出作品。例如,他提不出一种可以运用的市场价值理论。但他得出的结论不是"我是一个蠢人",而是"价值是极端愚蠢的"。马克思的严厉批评(《哲学的贫困》,1847 年)完全是应该的,虽然并不是在每一方面都切中要害。可是,应当指出,蒲鲁东是否能称作一个他所谓的无政府主义者,这还是有疑问的。因为,虽然在为他树立名声的一本小册子(《什么是财产?》,1840 年)中,他重复十八世纪的一句话,把财产说成盗贼,但他的计划却是免费信贷而不是消灭私有财产:用一个公共银行的银行券来发放无息贷款,从而使每一个人都可以获得生产手段并成为所有者——某些现代的"社会信贷"计划还将重新提出这种想法。

米哈伊尔·巴枯宁(1814—1876)这个马克思所最厌恶的人,在分析史中是没有地位的,正如他自己会首先承认的一样。[①] 但是另外有一个无政府主义的共产主义者或共产主义的无政府主义者,却提出了一项分析,这个人就是设在威斯康星州的"公社"的创办人魏特林。[②] 他的具体计划同我们无关,但他的贫困理论则确

① 下一时期最著名的共产主义思想家克鲁泡特金(1842—1921)的情况有所不同。他在分析上作出了不可忽视的努力,而他的法律社会学并非没有意义,不过意义不是太大,因而我们有理由不讨论它。当然,对于一部(与分析史不同的)经济和政治思想史来说,他和巴枯宁二人都是非常重要的。而对于经济和政治思想的社会学来说,就更是如此。沙皇俄国的社会怎么会在其较高的和最高的集团中产生革命的共产主义,这件事本身就是个十分吸引人的问题:在共产主义冲动的各种培育室中,第一流的骑兵团并不是最坏的培育室。

② 威廉·魏特林(1808—1871):《人性:它是怎样的和应当是怎样的》(1838 年);《和谐与自由的保证》(1842 年)。

实同我们有关，因为它似乎享有一种不朽性：它总是一再出现。这种理论属于社会批评的类型，它像亨利·乔治或 F.奥本海默的理论一样，把贫穷追溯到土地私有制。[①] 按照魏特林的意见，只要有自由的土地，每个人都可以得到土地，那么就没有任何理由反对其他生产手段的私有制，也没有任何理由反对私人经营企业。一切麻烦的产生，任何一种财产成为可诅咒的东西，只是在土地变得稀少，因而成为财产权的客体之时。我想要读者从这一点取得的教训有二。头一个是经济思想的社会学方面的教训。即使像洛克那样一个吹毛求疵的思想家，对于下述命题的分析价值也没有什么挑剔：上帝把土地赐给所有的人共有。而这个想法在所有的时代都表现出来了，虽则形式极为不同，甚至在声称要表述严格经验主义的思考结果的著作中亦复有之。另一个是从错误的分析中得到的教训。在许多实际的和可能的场合下，农业部门的制度结构的确可能是要对群众的贫困负责，即是说他们的生活标准比在一个不同的结构下可能会有的标准要低些。为了证明这种可能性，我们只要设想这样一种状况就行了：土地是如此之多，以致可以成为一种自由财货，但它却被单独一个土地持有公司所垄断（从这个词的严格意义来说），这个公司定出了使用土地的垄断价格。于是比这个例子略见真实的那些例子就变成了一个完全不同的命题的证明：仅仅由于土地私有制这个事实，就必然减少了实际工资总额。这个一般的命题能够被一个相当简单的论据所驳倒，任何一个人，只要用几分钟去想想为什么私有财产会产生那种结果，就必定会

① 当然，并不是所有的农业社会主义者都这样做。

碰到那个论据。但是从来没有一个有这种怪念头的人肯花这几分钟的时间，并且即使他这样做了，他也宁愿——像卢梭在奇迹问题上一样——发疯而不放弃那个安慰他的感情生活的想法。而某种这样的怪念头，虽然不一定是这一个，却是就经济问题进行写作的人们中多得可悲的人所最珍爱的东西。①

如果我们不去触动民族国家，不是把经济活动组织成为在原则上自给自足的小小的自由集团，而是组织成为比较像（虽然不一定是十分像）中世纪的工匠和商人行会的职业集团，那么我们就得到了“合作国家”的思想。这种思想是由费希特和像巴德那样的许多天主教作家提出来的。主要之点是：这些计划并没有假定国家应当管理这些社团，而毋宁是刚好相反：②因此，不应把它们同现代法西斯主义等同起来；与后者不同，它们在构想上是反国家主义的。这些作家中没有人肯在经济方面去费许多心思。有趣的是他们的文化幻想。从我们的观点看，无须作什么评论。

在这里，我们可以顺便提一下卡尔·马尔洛的著作，③他是被诸如罗雪尔和舍夫勒这样的非社会主义作家评论得很多的作家。他不是一个彻底的社会主义者，他计划在自由主义的“昔拉”和共

① 某些读者会觉得奇怪，为什么在谈共产主义时，我不提卡贝。但从我们的观点来看，关于他没有什么可说的。

② 即使把一定的协调职能或监督职能给政府，这些社团也仍将拥有很大的自治权。

③ 即以卡尔·G.温克尔布勒希（1810—1865）的笔名发表的《劳动组织的研究》（1848—1859年）。

产主义的“卡利布底斯”* 之间走中间航线，通过对工业实行大规模国有化以及在不实行国有化的那部分经济中建立社团组织，来保证真正的平等和真正的自由。一种强烈的责任感使马尔洛很关心他的制度的效率，关心人口问题，关心保险问题，正是这种责任感使他受到了资产阶级的赞扬，而且在一个主要是计划者的人身上具有这种责任感是十分令人惊奇的。但在此处使我们感兴趣的唯一一点，是他对竞争资本主义所作的分析。一方面，他描绘了一幅工人阶级状况的图画，和恩格斯的图画一样阴暗。[①] 另一方面，他不是把这种状况归之于资本主义发展初期阶段通常——虽则不是必然——具有的特定历史情况，而是归之于资本主义制度的内在逻辑，如果听任这种内在逻辑发生作用，总是会使劳工的命运陷入日益悲惨的境地。第一，我们可以看到，即使从 1850 年左右的情形来看，这幅关于事实的图画也是有偏见的。因为，即使在那时，已经有了统计数字，任何一个外行人都可以看到，关于奴役和饥饿的风谈，尤其是关于大众贫困化日益增长的风谈，除特殊情况外，实际上是没有根据的。第二，我们可以看到，马尔洛所作的分析努力也具有同一方向的偏见。因为马尔洛对于竞争资本主义的分析，完全没有考虑到关于奴役的命题的明显代替物是什么，也始终不去注意在资本主义过程中倾向于从另一个方向发生作用的那

---

* 昔拉（Scylla）是意大利墨西拿海峡中的岩礁，其对面有漩涡名为卡利布底斯（Charybdis）：喻左右为难。——译者

① 我们借此机会再提一本对于社会主义思想有影响的书，即弗里德里希·恩格斯的《英国工人阶级的状况》（1845 年；英译本，1887 年），这本书的影响至少在德国远远超出了社会主义正统派的圈子。

些机制。但是这种惯常的偏见同指数的偏差或者个别消息来源中的偏差显然是不同的。这是一种典型的由意识形态幻觉产生的偏见，这种偏见是从作者的超分析的信念中产生的，不论是事实还是论据都影响不了它。驳斥这种偏见的事实和论据所遇到的，是道德的愤怒。

正是从这一点着眼，我们才认为马尔洛还值得一提。虽然他个人并没有多大的重要性或影响，他却是许多这样的作家之一：这些作家在十九世纪中叶左右，促进了关于资本主义过程的思想意识的凝固化。这种思想意识的主要特点到1776年就已经全部出现。它们在以后的七八十年中，通过这样一些作家例如李嘉图派的社会主义者、恩格斯、马尔洛和许多其他的人的努力，而变得日益明确。于是这幅图画便固定下来了。这就是说，对于很大一部分经济文献和公众来说，它达到了“人所共知”的状态，在日益众多的人们的心目中不再受到怀疑，而被认为是当然的了。在这些人们的思想中，它代替了资本主义的现实，后者日益与之脱离了。这就是马克思所分析的那幅图画。这也是肤浅的急进主义直到今天仍赖以获得力量的图画。[①]

〔(c)圣西门的社会主义。〕 我们能够无止境地谈下去，但是，既已从三个例子中了解到为了我们的目的从这种文献中应该了解

① 要认识到这一点实在不会有任何困难：当劳工利益集团在政治上和经济上占统治地位的时候，仍然有人真诚地相信工人阶级的穷困、无助和受挫，对这种现象唯一的解释便是“思想意识的凝固化”。考察一下那些精心的论证，只会加强这种诊断。但是，这种凝固了的思想意识，可以满足人们内心的强烈欲望，因而拼命努力为自己辩护。

的一切东西，我们如果再谈下去就不会有太大的收获了。① 可是，还有一个名字必须加上，那就是圣西门。② 大体说来，这个病态的天才——用艾米尔·法盖的话来说，是“极端疯狂的聪明人”——

① 有一个人像魏特林一样可以很好地达到我们的目的，虽然要比更为严肃的马尔洛差一些，这个人就是查尔斯·霍尔，参看他的《文明的影响》〔即“技术的进步”〕，1805 年。就他来说，我们所要讨论的问题，虽然在所有其他的方面都是相同的，却会表现另一个——虽然是同性质的——对社会科学的社会心理学并非不重要的方面。我们可以通过提出下面的问题来加以说明：既然这个人无论如何算是一个能干的医生，那么在社会批评的领域内，他怎么有可能使用会使得他不能通过他的医学博士考试的思想方式呢？我所说的不是他的建议，而是他在推理和处理事实的形式上的特性。另一个这样的人是 J. F. 布雷，参看他的《劳动中的不公正现象及消除办法》(1839 年；伦敦政治经济学院重印，1931 年)。关于他，我想要说的只是，不应当这样去侮辱马克思，说布雷在任何一点上都抢在马克思的前面：任何主张剥削的论据，都会成为同马克思有某种渊源的令人误解的证据。F. 于埃的著作(《基督教的社会影响》，1853 年)提出，当人死亡而遗产被让与时，应在青年一代中分割遗产，特别是分割土地，这表明圣西门的思想在天主教的中心也有人赞成。“李嘉图式的”社会主义者稍后将略予考察。关于英国的基督教社会主义者，参阅 C. E. 雷文的《1848 至 1854 年的基督教社会主义》(1920 年)和 L. 布伦坦诺的《英国的基督教社会运动》(1883 年)。还可参阅 J. O. 赫茨勒的《乌托邦思想史》(1923 年)。

② 克劳德·昂利·德·卢夫罗阿·圣西门伯爵(1760—1825)是卢夫罗阿家族的一员，因而，从谱系来说，他属于法国最好的但也是最衰微的血统；《圣西门选集》(1859 年)；M. 勒鲁瓦所写的传记(1925 年)；许多关于圣西门的思想“体系”和圣西门主义宗派的著作，例如 S. 沙尔勒提的《圣西门主义史，1825—1864 年》(1896 年)。关于对我们特别重要的一个方面，参阅 E. S. 梅森：《圣西门主义与工业合理化》，载《经济学季刊》(1931 年 8 月)。究竟我应该向读者推荐他的哪一种著作，这个问题使我大感为难：对具有不同的兴趣和嗜好的人，必须作完全不同的答复。就我自己来说，我只知道《选集》中所包括的东西。一般说来，我相信经济学家们仔细读读《论实业制度》(1821 年)将比读他最后的和最有名的著作《新基督教》(1825 年)获益更多，后者同其余的著作稍有不同，它所包含的主要是一种功利主义性质的说教，即增进人数最多的和最贫穷的阶级的福利等等，这种说教更像是边沁的而不是圣西门的。或许我也应当提一提巴扎尔的《圣西门学说释义》(1830 年)，这本书解释得特别清楚。关于他的信徒们(安凡丹和巴扎尔是最重要的)，除了在正文中已作的一般评述之外，就我们的目的而言，不必再说什么。

只是提供了另一个例子，说明一个人对于经济思想史的重要性和他对于经济分析史的重要性两者是不同的。圣西门的名字在经济思想史中是永垂不朽的，这是由于一种半宗教性质的启示和由于门徒们把这种启示——不是没有更改它——变成了一个宗派的信条。关于圣西门身后的成功，著述很多：不仅在法国，而且也在英法、德国，特别是在美国和拉丁美洲，出现了圣西门主义集团，甚至还出现了一种范围远更宽广的圣西门主义的学术风尚。但是这种集团都有小小的核心，它们迅速地驱散了严肃的成员，并由于对信条作了异想天开的发展而使自己名誉扫地。在这些核心的周围有着人数更多的信徒，他们的归依并不是十分真诚的，而主要是口头上的。至于对那种学术风尚究竟应赋予多大重要性的问题，像在所有类似的场合下一样，直到世界末日以前，人们的意见将是不同的。一旦我们看出了这种启示的两个主要特点，那种风尚也就解释清楚了，这两个特点结合在一起，产生了从任何其他信条中所找不到的某种东西：一方面，是它的强烈的人道主义的乐观主义；另一方面，是它对“科学”（技术）和工业制度的赞美。在其他的人道主义者对资本主义工业会给全人类提供一种什么样的前途感到愁眉不展和疑虑重重的时候，圣西门却提供了安慰。在其他热心于工业进步的人士严厉苛刻和冷漠无情的时候，他却宣称为一切人所共有的黄金时代将到来。正是这两种特点结合在一起，使得圣西门主义一时很受创办企业的金融家的欢迎，例如很受以创办“动产信用社”而闻名的皮埃尔兄弟的欢迎。但是，难道读者能够受到唯智论者的错误想法的严重影响，以致相信，如果没有圣西门的教导，动产信用社就不会恰好像实际情形那样建立起来和经营下去，就不会恰好像实际情形那样垮台吗?

可是,还有一些别的东西。圣西门的看法虽没有用分析工作去加以补充,但它在两个方面仍然同我们有关。第一,有一种社会变化的构想,这可以说是隐约地预示了经济史观。圣西门对旧制度的崩溃和一个新时代的到来有一种敏锐的现实感,用威廉·詹姆斯的话来说,对于任何一个不是卢夫罗阿家族的人,这种感觉不会这么自然地产生。圣西门把现实简化为封建世界的崩溃和在经济(技术)发展的压力之下的工业制度时代的到来,从而抓住了社会组织永远变化以及在其中的经济阶级的斗争的某些要素,他的想法是,他要用“科学”的惊人成就去领导人类摆脱这种斗争,这一半是说大话,但是这种大话中也闪烁着深刻的悟力。[①] 第二,有一种对于资本主义过程的真实性质的理解或瞥见,这是马克思和他的同时代的资产阶级人士所都没有的,因而具有特殊的重要性:圣西门看出了实业领导的关键作用。诚然,他把企业家同设计新工艺技术的“科学家”混同起来了。并且他把他的看法用于建立一种新的社会组织,而不是像马克思如果处于他的地位会做的那样,用于解释实际社会过程。但是,他引入一个新因素,这一新因素本来应革“古典”经济学的命,并且可能使分析的——有别于规范的——平等主义归于终结的。然而,从他的看法中只能得出这样的结论:他的社会主义——如果他的“体系”还能够称为社会主义

① 可是,我不认为,这对经济史观是马克思所独创的这种主张会有重大的损害。因为我觉得很难想象,任何一个自己没有这种想法的人,能从圣西门著作的暗示中得到启发,而去构成这种想法。最坏的情况不过是,圣西门在这方面之为一个先行者,也像布丰和伊腊兹马斯·达尔文之如查尔斯·达尔文的情况一样。

的——是教阶制度的[①]而不是平等主义的。而经济学家也就完全未能开发这个矿藏。

① 这在安凡丹和巴扎德在1830年写给国民议会主席的一封信中看得非常清楚，读者在格雷教授的《社会主义传统》第168页可以看到这封信的原文。让我再加上一点：圣西门也谈到了“协会”，但是这同上面讨论过的协会主义毫无关系。

第四章 部队的检阅

1. 超越自己的时代而写作的人们
2. 李嘉图派
3. 马尔萨斯、西尼尔和一些也参加了竞赛的人
   (a)马尔萨斯
   (b)惠特利主教和西尼尔教授
   (c)一些也参加了竞赛的人
4. 法国
5. 德国
6. 意大利
7. 美国
8. 事实调查工作
   (a)图克的物价史
   (b)统计资料的搜集和解释
   (c)统计方法的发展

根据计划,我们将在第五章考察这个时期的分析经济学的一般情况,而以约翰·穆勒的《原理》一书作为大本营。把比较重要的人物和派别拿来在本章评论,是为了那些除了最著名的人物以外一切

均不熟悉的读者的方便。这一章所包括的人名，只以一般确定方位时所必要者为限。其他的则将在我们进行叙述时便中介绍。

1. 超越自己的时代而写作的人们

我们已经着重指出了经济学在所考察的这个时期内所达到的相对成熟性。它的相对不成熟性可以由下述事实来衡量：有许多重要的成就，其有权威的独创性是后来都承认的，但在当时，经济学界完全未能或者差不多是完全未能予以承认。库尔诺以及发现边际效用原理的各个作家，特别是杜皮伊、戈森和劳埃德的遭遇就是如此。我们将把这些人物移到第四编，此刻只是讲讲这种忽视的可悲的含义：它表明了这个时期的经济学家缺乏警觉和纯粹科学的兴趣，这又足以说明为什么经济学不曾有更为迅速的发展。[①]此外，还有一些其他的成就，其运道稍许要好一些，但从下述意义讲，也是超越它们的时代的：根据事后的判断，我们认为它们在当时未能受到应有的注意，未能产生应有的影响。在这种著作中，最值得注意的是那些发展了边际生产力原理的著作。既然当时的某

① 我们可以援引一些足资辩解的情况，但这个指摘基本上是站得住脚的。库尔诺在引人注意方面并非处于不利的地位。如果他没有受到注意，那完全是因为他的书中所用的数学。但是老实说，因为一本书有一点点难读，就把它抛在一边，这是一种什么样的专门职业呢？杜皮伊至少是引起了一些批评。戈森的处境颇为不利；如果他不曾努力去在教授们中间散发他的著作，那么后者的过失是可以原谅的。但 W. F. 劳埃德却是牛津大学的“基督教堂学院的研究员和政治经济学教授”。他的关于边际效用的议论是非常直截了当的，并没有什么妨碍人理解的东西。有几个作家碰到过它，例如西尼尔。一定有许多人知道它。对于劳埃德的议论不曾发生影响这一事实所能作出的唯一解释就是：曾经读到过它的经济学家看不出其中所包含的分析上的可能性。

些领袖人物也在它的势力范围之内行动，[①]我们更要立即向这个原理的特别重要的两位早期阐述者朗费尔德和杜能致敬。我们还要附带说说另外一位超越他的时代来写作的人，即约翰·雷。

蒙蒂费特·朗费尔德(1802—1884)在教养上是一个律师，是主持都柏林三一学院政治经济学讲座——由惠特利主教所设置——的第一个人。他也就济贫法和其他题目进行写作，但我们所要注意的他的唯一出版物是《政治经济学讲演稿》(1833 年讲授，1834 年刊印，1931 年伦敦政治经济学院重印)。任何愿意看一看这本书的人，都很容易明白，为什么它在表述和内容上虽然具有优点，却未能留下名声，以致其作者不得不同其他人一道，要由塞利格曼教授在其应享盛名的《论若干被忽视了的英国经济学家》(《经济学杂志》，1903 年)[②]一文中加以发掘，对于这篇文章，所有研究经济学史的人均有一切理由要永远心怀感激。但是只有在我们体会了下面这一点时，这种忽视才容易理解：能够打动经济学舆论的东西是什么，经济学史家通常所寻找的东西又是什么，即是说，一方面，是一个人关于他那时代的实际问题的看法；另一方面，是他运用在他那时代通用的理论工具的方式。新的想法，除非经过谨慎的推敲，辛苦的辩护，并强行提出，简直是不会发生影响。朗费尔德的例子极好地说明了“什么东西奏效以及怎样奏效

① 稍后，读者将会看得明白，他们要不这样做是完全不可能的。稍后也将说明，为什么我不认为应当把比书中这句话所包含的更多的东西归之于他们，特别是李嘉图。

② 重印于 E. R. A. 塞利格曼的《经济学论文》(1925 年)，第三章。

和为什么奏效”这个重要问题，因为他能够同李嘉图的学说保持接触——他使李嘉图派有一切机会被渐渐地引导到一种更为完善的分析，而不发生任何突然的断裂——还因为他找到了继承人：他实际上建立了一个地方性“学派”（关于这一点，参阅 R. D. 布莱克，《都柏林的三一学院与价值理论，1832—1863 年》，载《经济学》，1945 年）。接替他主持惠特利讲座的艾萨克·巴特（《地租、利润与劳动》，1838 年），公开宣称是朗费尔德的信徒，并且——我认为是正确的，如果我们只考虑纯理论的话——把他和亚当·斯密相提并论。

朗费尔德的功绩总起来说是，他仔细考察了全部经济理论，提出了一种在 1890 年也会站得很稳的体系。特别是，他为驳斥劳动价值论所作的论证是曾经写出来的最好的论证之一。不过，我们只能讨论他的两个独创性贡献。他是预示庞巴维克理论要素的人士之一（把“迂回的”生产过程作为他分析资本的枢轴）。他还提出了一种相当完整和相当正确的分配理论，该理论不仅以边际成本原理为基础，而且还以边际生产力原理为基础。也就是说，他用向生产组织增加最后一个单位的资本（工具）或劳动对总产品所作的贡献来解释“利润”（物质资本的报偿）和工资二者。至少这样来解释他似乎是公道的，虽然在细节上他的论证会受到许多批评（特别是，他未能清楚地区别最后增加的工人和效率最低的工人，正像许多作家甚至在 1900 年以后也未能做到的那样）。他的论证之所以仍然值得一读，因为它很好地表明了经济学家的头脑在为使用一般边际原理铺平道路时是怎样运用的。

约翰·海因里希·冯·杜能(1783—1850),这个A.马歇尔宣称“同我的所有其他老师相比我最喜爱”(《艾尔弗雷德·马歇尔回忆录》,1925年,第360页)的人,对他那时代的重要性自然要比李嘉图小得多。但这是由于后者对政策的才气焕发的鼓吹。如果我们单单根据体现在他们著作中的纯理论才能的大小来评价这两个人,那么,我想,杜能应当位于李嘉图之上,而且实际上位于这个时期的任何一个经济学家之上,只有库尔诺可能是例外。杜能是个北德意志的容克地主,从事北德意志Junkertum(正确的译法是“乡绅”)的典型职业:在他一生的大部分岁月里(在他毕业于一个农业学院并在格廷根大学读了两个学期以后),他经营着他那中等地产上的劣质土地,勉强做到收支相抵,并牺牲其他的一切,来维持他在冬季进行的学术研究。可是,这个务实的农夫是个天生的思想家,他在监督工人给他犁地时必然会把这个过程的纯理论研究出来。从幼年的时候起,他在思想上就常常作出种种荒诞不经的概括,但首先,他是个受过泰尔思想熏陶的农业家,是个农业经济学家。作为这样的人,他确曾得到他本国人的承认。后来,他也获得了更普遍的承认,但其方式是很特别的。例如,罗雪尔认为,杜能的著作是在严密经济学的领域内在德国所写出的最重要的著作之一。但是他完全未能理解它的真实意义。评论者们都是恭维的。但是除了列入下面(III)的那一部分以外,他们没有一个人懂得这种著作。至于其余的方面,杜能不像库尔诺,从来没有得到应有的重视。因为,他虽然不断被人引证,边际生产力分配理论却是后来独立地重新发现的,而他的理论只有当读者看到的都是它的缺点时才能完全被人理解。他的《孤立国同农业和国民经济的关系》一书的第一卷是1826年出版的(第二版,1842年);第二卷的第一编是1850年出版的。第二卷的其余部分和第三卷是由H.舒马赫于1863年根据尚未完成但已经整理得很好的手稿印行的。在《社会科学大师集刊》(第八卷,1910年)中有一个新版,由亨里希·温蒂希写了一篇导言。第三卷包括《确定地租、适度轮作期和各种年龄的冷杉木的木材价值的原理》[这是J. A.熊彼特的意译]。标准的传记也是舒马赫所写的那一本(1868年),但读者从E.施奈德教授的《约翰·海因里希·冯·杜能》(载《经济计量学》,1934年1月)一文中也可以找到有关的事实。

杜能的贡献可以归结如下:(I)他是头一个使用微积分作为经济推理的一种形式的人。(II)他从数字资料中得出了他的概括或者某些概括,他辛辛苦苦地花费了十年的时间(1810—1820年)来认真执行一项综合计划,即给他的农场记账,以便让事实本身提供对于他的问题的答案。由于他以理论家的精神从事这项独特的工作,他成了经济计量学的守护神之一。在以前或以后,没有一个人为此深刻地懂得“理论”与“事实”之间的真正关系。(III)但是,这个如此看重事实的人,同时又知道怎样设计出巧妙的和想象力丰富的假设图式。他在这种艺术上的最高成就,是他的这种构思:一个圆形的土质均一的孤立国,在运输上没有任何的阻碍,也没有特殊的方便,有一个“城市”(对农产品的唯一需求来源)位于其中心。

假定技术、运输费用以及产品和生产要素的相对价格均为已知数，他从而得出了各种农业活动——制酪业、林业和狩猎包括在内——的最适宜的位置（这在上述假设之下都会是环状地带）。作为一种副产品，还得出了一种地租理论，这种理论在某些方面要优于李嘉图的地租理论。虽然有许多人反对这种大胆的抽象，这却是他的著作的一部分，是他那时代的人所了解和承认的。就我们来说，重要的是要认识到这种抽象的卓越创造性。李嘉图或马克思（或在读者心目中受到尊崇的那个时期的任何一个理论家）应用早就已经铸好的分析工具，来解决从外面向他们提出来的问题。只有杜能是用事实和想象这种没有成形的黏土来工作的。他不是在改建。他是在建筑——而就他的著作来说，即使当时和以前时代的经济文献根本不存在，那也没关系。（IV）从完全相同的精神来说，他是第二个（第一个是库尔诺，至少在出版的年代上）想象出一切经济量的普遍依存关系和有必要用一个方程式体系来表现这个宇宙的人。（V）他明白地引入了一种分析工具，这自然是李嘉图实际使用的，它可以称为经济过程的“稳定状态”——马歇尔的长期正常状态——与其说它同“古典”理论的静止状态类似，不如说它同静力学类似。（VI）他像朗费尔德一样充分地，有时是更加正确地，发展了一种边际生产力分配理论，至少就资本同劳动、利息以及工资之间的关系来说是如此。但是这个基本概念本身（他依据偏微分系数，用文字加以说明，这样做是很对的，见温蒂希版，第 584 页）在他环绕着它所聚集起来的大量问题中几乎只是一个次要的因素。我们不能介绍这些问题都是什么。但是我们必须提到另外一点，不是因为它本身有什么重要性，而是因为它吸引了人们过多的注意，即杜能关于“自然工资”的著名公式。他一定把它看得很了不起，因为他将其刻在了自己的墓碑之上。

为了简单起见，假定生产过程为时一年，唯一的生产费用为工资。称国民净产品的货币价值为 p，工资总额为 w，从而利润（杜能同其他的人一样，把利润同利息等同起来）总额为 p－w，利润（利息）率为$\frac{p-w}{w}$。设工资收入者每年消费一个固定的数额 a，而将其余的即 w－a 按当时的利息率即$\frac{p-w}{w}$进行投资。在这种投资上，他们显然将赚得$\frac{p-w}{w}(w-a)=p-w-\frac{ap}{w}+a$。如果要求得这个公式的最大值，我们就必须有[①]（p 和 a 视为常数），

$$\frac{d(p-w-\frac{ap}{w}+a)}{dw}=-1+\frac{ap}{w^2}=0$$

由此得出了杜能的公式，$w^2=ap$，或 $w=\sqrt{ap}$。这种工资会使工人得自投资的收入最大。这种思想不无有意义的启示，特别可以应用于某些利润分配计划。但是，这种工资当然不是这样一种意义的“自然”工资，即自由市场机制会帮助造成

① 为了求得最大值而不是最小值，第二个导数还必须是负数。但这是对的，因为它等于$(-\frac{2ap}{w^3})$，a、p 和 w 本来都是正数。

的工资。这个公式没有体现杜能的工资理论。它也不是那种理论的不可缺少的组成部分。可是,那种极端不现实的假定不应促使我们去宣称:这种论证是错误的。在它的假定之下,它是十分正确的。

约翰·雷(1796—1872;不要把他同本书中所提到的另一个约翰·雷——亚当·斯密的传记作家混同起来)是苏格兰人,过高的才智和神经质的敏感使他在他所接触的每一件事情上都是一个失败者。他毕业于阿贝丁大学和爱丁堡大学,是优秀的古代希腊和拉丁语学者和数学家,并且是至少受过部分训练的生物学家和内科医师。从 1821 年起,他就在加拿大、美国和包括夏威夷群岛在内的其他国家漫游,在这些地方他不得不过着艰苦的生活(在他所尝试过的一切职业中,只有两次担任学校教师是最为适意的),直到他临死之前不久,才抱着折断的桅杆漂流到斯塔腾岛的克利夫顿,在一个友善的家庭中找到了避难之所。可是,他一直还在同在当时的情况下要算是最大的不幸搏斗,那就是同他在生物学、语言学、人种学、航空学以及其他种种题目上所具有的不可胜数的想法搏斗,所有这些,或者其中的大部分,都是他在幼年时所想出的关于一部人类"哲学史"的宏大计划的组成部分。直到此刻为止,读者会觉得我在谈论一个尽人皆知的人。如果读者这样认为,那他就错了。因为一个完美而精巧、又具有惊人威力的成就,驳斥了读者可能具有的这种看法。这种成就恰巧是在我们的领域内。在想象力和创造性上,雷远远地超过了那些成功的经济学家。

《有关政治经济学这个主题的若干新原理的陈述：对自由贸易制度和〈国富论〉中所主张的若干其他学说的谬误的揭露》是1834年在波士顿出版的。在这个短注中，我们只是试图评价这种成就的性质和重要性并记录其遭遇。

雷的经济学知识是不算丰富的。很显然，他所有的那点训练，主要是得自他加以攻击的那部著作。但他却掌握了这部著作的一切方面、前提和含义，这只有一个类似的心灵才能办得到；在他经常参考这部著作来发展自己的想法以后，他就进而建立了一个和它差不多的构造物。我们在雷的著作中所看到的，是另外一部《国富论》，或者更正确地说，是如果再加上十年静心的研究，辅之以足够的收入，就能逐渐变成另一部——并且是更深刻的——《国富论》的某种东西。因此，详细谈论这部著作中的许多次要的好东西是极不恰当的——有几个将在适当的地方提到。主要的东西是生产过程的概念，这大大地超出了这样一种平凡的看法：推进资本主义机器的，是资本本身的积累。第一编中所发展的概念装置，由于这种新的看法而增加了光彩，但在其他方面没有什么值得注意的。第三编也没有什么值得注意的东西，该编讨论的是那个想象的实体即"立法者"的"作用"。自然，雷的不同意斯密的反对国家主义的看法，将使研究经济思想的人首先感到兴趣。可是，第二编却吸引了后来的经济学家给予这部著作的大部分注意力。它可以称为一种资本理论，其构思的深度与广度都是前所未有的。要说它表现了庞巴维克的整个理论，那就表明我们没有能力理解庞巴维克。但是后者的构造物中的两个柱石——其中之一也是西尼尔的构造物中的柱石——事实上已经在那里了：一个命题是，“延长”生产过程（推迟）通常会增加最后产品的实物量（第五章）；另一个命题是，“欲望的直接客体的实际存在”，在我们的评价中，将使得它对预期在某一将来日期会得到的——即使这种预期是完全肯定的——完全相同的客体具有决定性的优势。

按照惯例，一部提出新颖见解的著作，如果不是由于它出自一个著名作家的笔下因而得到一种支持，就不会引起什么反响。因此，我们应当对它所获得的反应感到惊奇，而不是对它没有获得更大的反应一事感到惊奇。约翰·穆勒注意到了它，并且——也许是因此之故——在 1856 年还有一个意大利文译本。那么，怎么还能够有必要去“发现”雷，像米克斯特教授所正当地主张的那样呢（参阅 C. W. 米克斯特，《庞巴维克的一个先驱者》，载《经济学季刊》，1897 年 1 月，和《庞巴维克论雷》，同上，1902 年 5 月，以及同一作者出版的雷的著作（重新整理过的），书名为《资本的社会学理论》，1905 年，有一篇传记作为序言，本书上面有关雷的生平的叙述即取材于此）。答案也许可以作为一部科学社会学的题词。约翰·穆勒总是公平的，并且甚至是宽大的。发觉了这本书的美质，他就乐于用一种友好的态度去提到它，不仅是从它摘取恰好符合他的思想路线的一个用语（“有效的积累欲望”），而且还大量地引证它（第一编，第十一章）。穆勒甚至拿雷在积累问题上的成就去同马尔萨斯在人口问题上的成就比较。而所有这一切，虽然写在一本将要成为四十年中最有影响的经济学教科书上面，却不足以把雷介绍给经济学界，不足以引起对于他的著作其余部分的任何好奇心！或者，这个印象是错的，穆勒的很多读者看过雷的著作，但他们当中却没有一个人认识到它的真正重要性。不过，注意到以下一点也是有意义的，即西尼尔知道这本书（参阅《约翰·雷与约翰·斯图亚特·穆勒：一封通信》，载《经济学》，1943 年 8 月，第 255 页）。

2. 李嘉图派

在所考察的这个时期内形成和解散的所有集团中，只有李嘉图集团值得单独叙述。它的中心人物的显赫名声，它在一个时期所享有的国际威望，它在公共辩论中所占有的突出地位，它的成就和它的失败——所有这一切以及更多的东西，均可以用来证明，我们力图使读者尽可能清楚地了解它是对的。而且，这个集团是道地的从我们的意义来说的学派：有一个宗师，一个学说，私人之间的结合；有一个核心；有势力范围；有边缘末梢。让我们先来看看它的核心。这实际上只是由李嘉图本人、詹姆斯·穆勒和麦卡洛克组成的。但是我们还应加上韦斯特和德·昆西。由于稍后将要说明的理由，我们没有加上约翰·穆勒。更不待言，我们没有加上福西特或卡尔尼斯。

大卫·李嘉图（1772—1823）在十四岁的时候就开始从事商业（先是场外经纪人，然后是股票交易所的经纪人和买卖人，始终活跃在货币市场上），并且发了大财。这一点之所以和我们有关，是因为它意味着：(1)虽然他出生于一个有文化的家庭，他却几乎没有受过学校教育；(2)既然这样一种生涯需要全神贯注，在 1814 年他四十二岁退休以前，他可以用来从事分析工作的就只不过是他的智慧和精力的很小一部分。然而，到这一年的时候，他已经完成了他的分析工作的绝大部分，这是就他的心灵这个工场(不是就出版)而言的。这是他的卓越才能的一个显著证明，但也是为什么他的分析工作——事实上没有受到人生第三个十年精力完全集中的益处，而这十年在一个思想家的生涯中是具有决定性意义的——除了从形式的和技术的意义讲处于完成得很不好的状态以外，从来没有深入到最深处的原因：摆在我们前面的是这样一个摔跤家的记录，他在和人竞技时，右手被绑在了背后。在说了这一点之后，读者在读到我对于他的分析工作所作的某些评论时，当不致怀疑我对于他这个人不够佩服。我还要更进一步。针对某些毫无根据的厌恶，有必要来为这个我们有理由为之感到骄傲的人物辩护。有些作家毫不羞愧地提出，李嘉图的金钱利益——作为一个"空头"——决定了他参加当时关于通货政策的争论。我回答说，不但在行市下落的时候，就是在行市上涨的时候，李嘉图也是足够有能力捞一把的；除此之外，我要重复一句，这样的作家似乎没有认识到，当乞灵于这样的"解释"时，他们是什么意思，实际上他们能够直接观察到的唯一的动机就是他们自己的。另外一些作家要客气一些，他们称李嘉图为"金融利益集团"的代表，认为他是被一种对地主阶级的"憎恨"所鼓舞的。这一点，除了同他的著作的科学内容毫不相干以外，自然是纯粹的胡说，它只不过是证明了——如果它能证明一点什么的话——这些作家没有能力理解一项分析工作。如果我愿意浪费篇幅的话，我能够就每一种情况证明他们缺乏这种能力。[①]

有一天，我们也许可以看到斯拉法教授所编的李嘉图全集的完成，我们已经热切地等待了二十年〔到1952年4月，前五卷已经出版。——编者〕。在这期间，麦卡洛克编辑出版了李嘉图《选集》(第一版，1846年)，该选集以李嘉图的传记作为序言。此刻，既然我们把有关货币的著作留待本编的最后一章去谈，我们所要提到的就只是李嘉图的《论谷物低价对资本利润的影响》(1815)和他的《政治经济学及赋税原理》(1817；我将使用的是1821年第三版；读者大概会使用E. C. K. 冈纳1882年的版本，最后一次印行是1929年)。任何彻底的研究，均应细读下列文献作为补充：他写给萨伊、马尔萨斯、哈奇斯·特罗尔和麦卡洛克的书信(关于版本，参阅J. H. 霍兰德在《社会科学百科全书》中所写的关于李嘉图的文章，这篇文章对李嘉图的著作作了简短的但是正确的素描和评价)，以及他的《马尔萨斯人口论注释》(J. H. 霍兰德和T. E. 格雷戈里合编，1928年；参阅E. S. 梅森的书评，《李嘉图对马尔萨斯的注解》，载《经济学季刊》，1928年8月)。在所有一

① 指责李嘉图漠视劳工利益，倒有些理由。因为，虽然这远远不是事实，但在他那马虎得几乎难以令人相信的表述中，他在两三处使用了似乎可以支持这种指责的措辞方式。李嘉图经常抱怨被人误解(这一点见他给J. B. 萨伊的一封信)，而这并不是没有理由的。可是，这部分地也只能怪他自己。然而，在这种所谓漠视上，也表现了一点点美德：他是不屑于说那种所费甚少而所得异常之多的甜言蜜语的。

般的解释中，最重要的是：K. 马克思在《剩余价值学说》中的解释；J. H. 霍兰德的《大卫·李嘉图》(1910)；和 K. 迪尔的《大卫·李嘉图的基本法则的社会科学注释》(第二版，1905 年)。对我们的目的来说，更有教益的，是 E. 坎南在《有关生产与分配的各种理论》(第三版，1917 年)中所作的评述。有关李嘉图的文献是非常之多的，特别是如果我们像应当做的那样把理论著作(例如庞巴维克的或陶西格的)中提到他的所有地方都算进去的话。可是，我想挑出两种比较晚近的由优秀理论家所作的研究，来说明最卓越的批评家对于李嘉图成就的性质和价值这个问题可能发生多么大的分歧：F. H. 奈特教授在《加拿大经济学和政治科学杂志》第一卷(1935 年 2 月)上发表的论《李嘉图的生产和分配理论》一文，和 V. 埃德尔伯格博士在《经济学》第十三卷(1935 年)上发表的《李嘉图的利润理论》一文。

上面的讨论已经稍稍说明了李嘉图著作的性质。我将极其简略地加上以下评论，但愿能给读者提供一些用来思索的要领。李嘉图通常被称为功利主义者，但他并不是一个功利主义者。这不是因为他有另一种哲学，而是因为繁忙而注重实际的人是根本没有什么哲学的。他同哲学急进派交情很好，主要是通过詹姆斯·穆勒。他大概也常常表示同意功利主义的教义。历史学家很容易夸大这类事情的重要性。但是这类事情并没有多大的意义。同样，不是他的社会学不充分，而是他根本没有社会学：有某些经济问题吸引了他的强大的智力，但是社会学的构架他是认为理所当然的——

这不是一件可以责备的事情，而只不过是一种分工罢了。他的理论既然具有这种性质，就是披上社会学的美丽外衣也不会有什么改进；那些找不到制度方面的专题论文的批评家，简直是找错了地方。但是这种说法自然是只适用于他的作为理论的理论，而不适用于他的建议。在这些建议中，我们的确觉得没有对社会过程的原动力的洞见，也没有历史感。①

可是，另外有两点是同李嘉图的作为理论的理论直接有关的。第一，虽然马克思持有相反的看法，李嘉图的头脑却不像杜能的那样，是运用黏土来从事分析工作的。他的工作方法实质是抓住时代向他提出来的问题，并运用他通过批评所得到的工具去解决它们。前者在他所有的著作中，除了《原理》一书以外（在那里只不过是不那么明显），是一眼就能看出来的。后者从他的《原理》中可以看得清楚。即使我们不知道李嘉图1799年在一个休养地闲得无聊的时候，偶然拾起了《国富论》，不知道他的思想受到了这本书的启发，我们也不能不看到：《原理》的论证是从批评亚当·斯密开始的，这种批评实际上贯穿于全书。我们可以十分有把握地重现他的思想——就其不是由他对现时事件的兴趣（分析的和实际的）所决定的而言——的发展：他研读了《国富论》；他对于在他看来

① 我认为李嘉图没有读过多少历史著作。但我指的不是这一点。他的问题，和我的美国学生在这方面遇到的问题颇为类似，大量历史材料被填鸭式地塞进了他们的脑袋。但是一点用处也没有。他们缺乏历史感，这是不论多少事实的研究都不能提供的。正是由于这一原因，把他们变成理论家要比把他们变成经济学家容易得多。

似乎是一种逻辑上的混乱感到震惊;他着手去清理这种混乱;而《原理》一书就是这种创造性批评工作的最后结果。让我们记下这一点:李嘉图的理论构造物代表着改写《国富论》的一种特殊方式;马尔萨斯的理论构造物代表着这样做的另外一种方式。作为一个推论,我冒昧地说,李嘉图得力于任何其他作家的东西是很少的,虽然他后来对萨伊和马尔萨斯的研究以及他同这两个人和詹姆斯·穆勒进行的讨论无疑地有助于澄清他的思想——关于这一点马上还要谈到。第二,李嘉图的头脑不是那种主要对根本原理或是对广泛性的概括感兴趣的头脑。时常萦绕在杜能脑海中的那种关于经济体系的一切要素均具有普遍依存关系的综合景象,也许从来不曾使李嘉图耽误多至一小时的睡眠。他的兴趣在于具有直接实际意义的明确的结果。为了获得这种结果,他把那个总的体系切成一片一片的,尽可能把它的大部分包捆起来,放进冷藏室里,以便使尽可能多的东西冻结起来,成为"既定的"。然后他把使事情简单化的假设一个个堆砌起来,直到通过这些假设实际上使一切都安排妥当以后只剩下几个集合的变数,在它们之间,根据这些假设,他建立起简单的单向关系,以便所希望的结果在最后显露出来,几乎就像同义异语反复那样。例如,李嘉图的一个著名理论就是利润"取决于"小麦的价格。而在他的绝对的假设之下,从这个命题的措辞所包含的特殊意义来说,这个理论不仅是真实的,而且它之为真实是无可辩驳的,实际上也是毫无价值的。利润不可能依存于任何其他的东西,因为其他的每一样东西都是"既定的”,即是说,都是冻结了的。一种决不可能被驳倒的、除了没有意思之外什么都不缺少的理论,诚然是妙不可言的理论。① 应用这种性质的结果去解决实际问题的习惯,我们将称之为“李嘉图的恶习”。

一会儿,我们将要评价这个学派的成功。现在,我们想要描述李嘉图个人的成功,并看一看他是怎样能够形成那个学派的。第一步是很容易的:毫无疑问,不但在他的同行经济学家方面,而且在公众方面,他的名声都可能是他关于当时重大经济问题的著作造成的,首先是关于货币政策的著作,其次是关于自由贸易的著作。在他所接触到的一切问题上,他都站在无论如何终归是要胜利的那一方。但是对于这一方的胜利他贡献了有用的论证,赢得了相应的赞扬。虽然其他的人也在这样做,他的辩护却比他们的更为出色,更为动听:在他的著作中没有一句多余的话;没有什么限制条件——不论是怎样必要的——会削弱他的论证;而其中所包含的纯正分析在分量上正是恰到好处,足以使人在实际上相信,同时又足以满足高度学术标准的要求,但又不会使人望而却步。其余的地方则得力于他的辩论才具,后者又在一种完全不平常的程度上同敏捷、有力和真正的教养结合在一起。人们喜欢他的理论,是因为他们赞同他的建议。他变成了一批人的中心,这一批人

① 在谈到凯恩斯勋爵的理论时,里昂惕夫教授曾称这种程序为“绝对推理”。这两个卓越人物,凯恩斯和李嘉图在目的和方法上的相似之处的确是惊人的,虽然那些主要是向一个作家寻求忠告的人不会深深感到这一点。自然,在这方面,凯恩斯与李嘉图之间是有着天壤之别的,而凯恩斯在经济政策上的观点同马尔萨斯的倒更为相似。但我所谈的是李嘉图和凯恩斯获得明确结果的方法。在这一点上,他们在精神上是兄弟。

仰仗他的指导，而又捍卫他的意见。使得他直到今天在某些人的心目中成为古往今来的第一个经济学家的，既不单单是他对将要胜利的政策所作的鼓吹，也不单单是他的理论，而是两者的巧妙结合。[①]

但是，他对科学经济学的贡献是怎样的呢？最重要的贡献，我认为，是他的宝贵的领导才能。他使得人心神爽快，也使得人急躁暴怒。在两种场合下，他都使得人惊醒过来。他的推理的成果使得不曾看出我在上面试图描述的那种技巧的人们感到兴趣。他的教导，在其中间一层和较高一层，作为一种新东西确立起来了，同它一比较，其他的东西没有一样不是低劣的、过时的、陈腐的。他的那批人很快就造成了这样一种态度——看起来是那么可笑而又，唉，那么可悲——一群得到了一种新玩具的儿童的态度。他们把它看得异常之重要。对他们来说，它具有无法衡量的价值，只有过于愚蠢以致不能升到李嘉图的高度的人，才不能欣赏它。而所有这一切意味着争论，兴奋，新的热情，新的生活，而这些东西本身就构成了有价值的贡献。[②] 但是还不只于此。经济理论并不是一批政治处方；借用琼·罗宾逊夫人的一句中肯的话来说，它乃是一箱分析工具。而这些工具并不是一堆拆开的零件，而是组成一部机器。这部机器在广大的限度内会磨出结果来，不管放进它里面去的具体问题是什么。它在外表上是按同一个方式运转

① 这里又有他和凯恩斯勋爵的一个相似之处，请读者注意。上一段所写的每一句话，都是可以用在凯恩斯身上的。

② 参阅上一个脚注。

的，不管这个问题是一项赋税的效果，还是工资政策的效果，还是一个规定所产生的效果，还是保护政策或其他什么东西的效果。因此，在这种限度内，这部机器可以一劳永逸地构造起来，以便随时用于各种不同目的的需要。这一向被人们本能地感觉到。坎梯隆和重农主义者公开说出了这种想法。但是在李嘉图以前，并没有人像他那样有力地抓住过它。在《原理》的头两章里，他着手来构造这样一种通用的机器。这意味着决定性的进展。但是，自然，虽然一部有缺陷的机器也偶然得到了成功，那种进展却很容易被证明是一条弯路。我要立即说：李嘉图的分析正是一条弯路。

这样一种分析机器的建立所引起的后果是，构成普通经济学的各个要素被焊接在一起，成为一个有系统的统一体，而它们在过去却从来不是这样。尽管李嘉图的《原理》一书在形式上是没有系统的，它在实质上却是一个第一流的系统的成就。在这些要素本身中，没有一项是可以把发表的优先权肯定地归之于李嘉图的。在上面我曾经表示过这样的意见：李嘉图得自亚当·斯密者虽然很多，得自其他作家的却极少。[①] 事实上，我相信他的主观创造性是第一流的。而且他在承认得自别人的东西上是坦白而又大方的：虽然我曾经以承认别人的东西不足批评亚当·斯密并将以此

① 巴顿或许是一个例外（参阅后面，第六章，第 6h 节）。李嘉图的序言提到了杜尔阁、斯图亚特、斯密、萨伊、西斯蒙第“和其他的人”（除了马尔萨斯以及韦斯特的论文，参阅下一个脚注）。但是只有斯密的影响具有头等重要性。萨伊只在一点上影响了李嘉图的学说（“市场规律”）。我找不出有受到杜尔阁，斯图亚特或西斯蒙第的任何影响的痕迹。

批评 A. 马歇尔，我却并不认为应对李嘉图提出这样的批评。[①] 但是在客观上，《原理》中的一切想法都分别在以前见到过的，我们所能归之于李嘉图的，只不过是有效的综合，除非(1)我们决定说，在随着亚当·斯密一同外出猎取海狸和野鹿之后，李嘉图把斯密的启示牵强附会成为劳动价值理论，这是他自己的东西；(2)我们决定驳回在第 180 页脚注①中所提到的托伦斯的要求权。

提供一“读者指南”很容易，但是，由于李嘉图的论述(从形式上说)缺乏系统，做起来却不那么容易。分析机器在《原理》的头两章陈列了出来。每一行文字都是重要的，而第一章的第四、第五两节或许是读者在经济文献中所碰到的非常难于吸收的东西。第三版(这个指南只是根据这一版)增加的第三十一章《论机器》，在一重要方面上补充了那些原理。所有其余的东西实际上就只不过是发展(第三—六章)、应用(第八—十八章和第二十九章，全是论赋税的)、辩护和批评(第二十、二十一、二十四、二十六、三十、三十二章)，但是，很不幸，它们包含了那么多有关原理的附论，以致跳过去不看是非常危险的。例如，第二十七章“论通货与银行”和第二十八章所讨论的东西，在研究李嘉图的普通理论的人是不免要忽视的，却包含了这样一些段落，这些段落

① 可是，有人向他提出了要求，特别是在三个场合。韦斯特颇为辛酸地抱怨，李嘉图在利润率下降的理论方面没有承认他的优先权。李嘉图在《原理》的初版序言中说过，“1815 年，马尔萨斯先生……和牛津大学的大学学院的一个研究员〔韦斯特〕向世界公布了……正确的地租学说……”的确，他没有就利润作出同样的承认。但是可以这样来答复：这件事情已经包含在对韦斯特在地租理论上的优先权的承认之中了。托伦斯颇有意——虽然是温和地——为自己在比较成本原理方面的优先权辩护。他或许是对的。但就算他是对的，在这样两种不同的作品之间，作者在这类事情上的态度仍然是有所不同的：一种作品是像《原理》这样匆匆的速写——这同说李嘉图的成就具有系统性并不矛盾！——一种是极为精心制作出来的完全成熟的作品，如像亚当·斯密的《国富论》和 A. 马歇尔的《原理》那样。第三个提出要求的人是 J. 鲁克，《对某些新理论的初次公布权的要求……》(1825)，这是由塞利格曼教授发掘出来的。就我所知，他根本没有理由提出要求。

对于了解李嘉图如何对待边际成本等于价格这一原则，对于了解他在什么意义上完全掌握了这一原则提供了非常必要的说明。对外贸易是在有名的第七章讨论的，这一章实际上也是对第一、二章的补充（它本身又由第二十二，二十三，二十五章加以补充）。第十九章（从某种意义说，还有第二十一章）证明李嘉图是忠于萨伊法则的。

这么灿烂的亮光自然会吸引飞蛾，于是出现了一定数量不出名的李嘉图派作家。并且还有许多人，包括非经济学家在内，自称是这个亮光的信仰者，尽管他们只是朦胧地感觉到了这个亮光，正像今天的许多凯恩斯主义者和马克思主义者根本没有读过凯恩斯或马克思的著作那样。此外，一些中立派人士，甚至少数像托伦斯那样持异议的人，对于他们所反对的这位卓越的经济学同行仍然表示了相当的尊敬，并且只要他们觉得能够办到，他们立刻就会使用他的话语和命题。最后，后代的经济学家——约翰·穆勒和 A. 马歇尔就是显著的例子——或许会用这样一种方式来对过去的一个伟大人物表示敬意，那就是使他们自己和其他的人看不见把他们同他隔离开来的鸿沟的整个宽度。所有这一切都容易使向后的回顾发生错觉，并使得李嘉图和他的学派的影响看起来比实际的影响要大一些。为了得到一幅关于经济分析史的真实图画，必须还这种影响以本来面目。[①]

我们已经看到，这个学派的核心，除了李嘉图本人之外，只是由四个人组成的。我的意思是说，唯独詹姆斯·穆勒、麦卡洛克和德·昆西是李嘉图学说的无条件的信徒和斗志昂扬的拥护者，他们

① 以下一点是无论重复多少遍也不为过的：除了对于分析史外，对于任何其他目的均无需进行任何这类工作，而我们所要估价的影响，只是对于科学经济学的影响。

所赢得的声誉，足使他们名垂后世。韦斯特[1]——部分地由于他去了印度——则站在一旁。韦斯特——并且他自己也这样觉得——不是任何一个学派的成员，而是李嘉图的一个平辈，是李嘉图学说要义的独立发现者。他对李嘉图所抱的明显的怨恨也许是没有理由的。但是他抱憾李嘉图的巨大影响和显赫名声把他从他认为是自己应有的地位上撵走，则不是没有理由的。因为他的《论资本用于土地……》实际上不仅包含了"李嘉图"地租理论的系统表述，而且也包含了报酬递减律对利润理论的应用，因而也就包含了李嘉图体系的枢轴。所以，虽然我们不得不把他包括在"李嘉图"学派中，我们将偶尔用韦斯特与李嘉图学说这个名称来稍稍补救这种不公道的做法。

詹姆斯·穆勒肯定应被看作是光辉四射的人和领袖人物，不管我们对于他所散发的光辉和他所给予的领导二者的价值可能有什么看法。[2]麦卡洛克[3]受到了马克思和其他人，特别是庞巴维克

① 爱德华·韦斯特爵士(1782—1828)，当时主要的科学经济学家之一，从来没有受到应有的重视。他的《论资本用于土地……》(1815，在霍兰德教授的经济论文丛书中重印，1903)在经济学史中通常仅仅被认为是陈述了报酬递减规律，其实远远不止于此。他的第二本书《谷物价格与劳动工资……》(1826)，也具有同样的思想上的独立性这个特色。

② 我们已经碰到过詹姆斯·穆勒(1773—1836)两次，都是在要害位置上：作为《人心现象的分析》(1829)的作者，和作为官方边沁派政府学说的鼓吹者。我们还得加上他的不朽的并且的确是开拓性的著作《英属印度史》(1815)，该书在他死后扩张成为十卷，是他在一般公众方面享有名气的柱石；以及他的两本经济学著作(第三本，也是最早的一本，我不知道)，即《为商业辩护》(1808)和《政治经济学概要》(1821；第三版，我将使用的是 1826 版)。作者在序言中把后者说成是一本"教科书"，是缺乏独创性的(情况不完全是这样，尽管富有独创性的地方并不都是一种改进。正像例如马克思所承认的那样，这本书代表着一种决不可轻视的努力)。标准传记(1882 年)是由 A. 贝恩撰写的，但它未能正确评价詹姆斯·穆勒的经济学，也未能解开这个人的谜——这部智力机器不知道如何不工作。

③ 约翰·拉姆齐·麦卡洛克(1789—1864)是个杂志撰稿人、大学教师和文官，

的极为粗暴的对待，因而这里似乎应该强调他的功绩，而不应强调他的才能虽然是最有用的却不是第一流的。他收集资料的工作是一项重大成就，这将在以后提到。他的热心于社会改革——其中有一具有一定分析价值的要素：他是“工资基金理论”的一个主要阐述者，但却认识到这个理论并不能证明工会工资政策的无用——应当使他受到现代批评家的注意。而且，他地位很高，是那时经济学界最著名的人物之一，并且在几乎所有其他经济学家均离开了“李嘉图主义”的时候，仍能使“李嘉图主义”的旗帜继续飘扬，这是颇为难得的。最后，他写的一本教科书是英国十九世纪头四十年所出版的最成功的普通经济学论著，该书尽管有许多缺点，却不是无足轻重的；①这本书对于公众比李嘉图的著作有更大的

并且可以列入哲学急进派，虽然他的头脑是最不哲学的。暂时不去管他的资料收集工作，我只提一下他的以下著作：《政治经济学原理》(1825；第五版，1864 年)；《政治经济学文献》(1845)，这是一本涉及面相当广泛的带注释的目录，是一本极为有用的参考书(该书对每位作家的评论是从一种对李嘉图学说怀抱着天真的和毫不怀疑的信仰的角度写出的，因此对于任何想要掌握李嘉图学派精神实质的人来说是一本启示录)；以及《论决定工资律的情况》(1826)，这是他在经济理论方面所作的最具雄心的努力。他给李嘉图的书信和李嘉图给他的书信已由 J. H. 霍兰德教授于 1931 年和 1895 年分别刊行。它们是研究那时的理论推理方法的最重要的资料之一。

① 谈到教科书，我们也应当提一提简·马塞特夫人的《政治经济学问答》(1816)，该书取得了巨大的成功(第七版，1839)。詹姆斯·穆勒的是一本关于纯理论的初级教科书，但不大好读。麦卡洛克的是一本供大学普通经济学课程使用的畅销书。而马塞特夫人的则是一本供女中学生使用的教科书。读者真应当看看这本书，应当注意到它的两个有趣之点。第一点是出版年代：这本书是在李嘉图的《原理》出版以前问世的，虽然不是在每一个细节上都是正统的“李嘉图主义”，虽然缺乏李嘉图的严格性，它却描述了李嘉图学派的许多最重要的教义。这是意味深长的，并大大加强了这种成就的意义，嘲笑这种成就是很不合适的。第二点是，如果后来有那么多的经济

直接影响，并且实际上由此而形成了所谓低水平的“李嘉图主义”。德·昆西——以“鸦片烟鬼”著称——的情况却有所不同。他喜爱精密的逻辑学，这使他同粗率而敏捷的麦卡洛克成为不同的两极。但是他只接触到经济学的边缘。他的贡献虽则不无趣味，却是华而不实的。①

这三个人都没有增加什么重要的东西，就是他们所增加的那一点点，特别是詹姆斯·穆勒和麦卡洛克所增加的东西，其价值大都也是可疑的。②他们甚至没有能够正确地总结概括李嘉图的理论，也没有能使人对于李嘉图的《原理》一书中所包含的丰富启发得到一个概念。他们所传达的是一种变得很肤浅的音信，还在他们手上的时候就已经枯萎了，实际上是立刻变得陈腐和无用了。李嘉图的体系一开头就没有得到英国大多数经济学家的赞同，而不像李嘉图派力图相信的那样，只是没有得到低能和迟钝的人的

学家嘲笑它，那么，这不仅是由于男性的偏见，而且也是由于该书所具有的性质：马塞特夫人所深信不疑的，不仅是有关经济学和经济政策的最后真理已经最终被发现了，而且是，这个真理是如此可喜地简单，乃至可以教给每一个女中学生。这种心理状态在当时是很普遍的，是那个时代的显著特征，正如同样一种心理状态在现代凯恩斯主义者当中很普遍，也是我们自己时代的显著特征一样。

① 《三个法学家关于政治经济学的对话》，载《伦敦杂志》，1824 年 4 月——让我们向出版这种东西的编者和并没有因此而停止订阅这本杂志的一般读者致敬吧——和《政治经济学的逻辑》(1844)。我认为，这本书之所以流传下来，仅仅是由于约翰·穆勒援引了该书的许多话。我看不出该书有什以独创性的东西。“获取困难”这个概念是李嘉图的，后者已用一种更富有启发性的方式表述了这一概念(“一件商品的实际价值是……由条件最为不利的生产者所遇到的实际困难来规定的”，《原理》，第二十七章)。

② 例如，李嘉图无论对于詹姆斯·穆勒或麦卡洛克的利息理论，还是对于麦卡洛克的工资基金理论，都是不负责任的。

赞同，这并不是詹姆斯·穆勒、麦卡洛克和德·昆西的过错。这是由它所固有的弱点造成的。这个体系不能经历长久而不败，也不是他们的过错。但是，失败来得那么快，却是由于他们的过错。李嘉图死于1823年。贝利于1825年就发动了攻击，就事情的是非曲直来看，那应当算作定论了。实际上那还不是，因为学派都不是那么容易被摧毁的。但是李嘉图学派的衰落必定是不久就显而易见了，因为我们在1831年刊行的一本小册子中读到“还有一些李嘉图派成员仍然残留着”。[①] 无论如何，很明显，当时“李嘉图主义”已经不再是一种有影响的力量了。而普通的印象则与此相反，这是很容易说明的。有一些坚持李嘉图立场的忠实追随者继续讲授已经被推翻的学说，就像什么事情也没有发生那样。舆论也落在了后面，它迟迟未能认识到一个旧学说已经消逝，正像它迟迟未能认识到一个新学说已经诞生那样。而且还有另外一些更重要的东西，可用来说明为什么几乎没有历史学家会同意我的看法：有着李嘉图的个人威望，即比他的著作保留得更长久的伟大名声。正如已经指出过的，李嘉图在获得直接的信徒方面虽然不是特别幸运，但在另一方面却较为幸运。约翰·穆勒自始至终强调他早年的“李嘉图主义”，既没有认识到，也没有向读者说明，到他写他的《原理》一书时，他实际上离开它已经多么远了。并且，在稍小的程度上，甚至马歇尔和埃奇沃思的情况也是这样。此外，李嘉图的名气也不单是靠他的理论构造物。一方面，

① 这句话见C.F.科特里尔，《价值学说的考察……》(1831)，系由塞利格曼教授所引(见前引书第三节)，我这个引证是根据他的。

有他对货币理论和货币政策的贡献以及他的国际贸易理论。另一方面，那个构造物的某些个别要素证明要比整体更为经久一些。最重要的例子是他的地租理论，虽然从逻辑上讲，它应当和其余的一道被抛弃掉。

外国的势力范围部分地呈现了一幅不同的图画。[1] 马克思和洛贝尔图斯在维持李嘉图思想的继续存在上，出了不少力气。部分地由于他们的影响，部分地由于本国竞争的微弱——并且在后来，也由于对奥地利理论的普遍憎恶——对具有理论野心的大多数德国经济学家来说，直到十九世纪末，李嘉图依然是最伟大的理论家：瓦格纳、迪策尔和迪尔等人就是显著的例子。就所讨论的这个时期（但不超过它）来说，类似的说法也适用于——或者几乎适用于——意大利的经济学。在费拉拉的著作中以及在教科书中，有受到李嘉图影响的明显痕迹。罗西提供了另外一个例子，如果我们把他算作意大利人的话，但是如果我们称他为法国经济学家的话，那他几乎就是法国方面唯一重要的例子。法国遵循自己的传统，比任何其他国家都更坚决地抵抗了李嘉图的影响。在美国，麦卡洛克的教科书占据了很大地盘——在教学中和萨伊的教科书一道占据首要的地位。而且一直到下一时期，在较高的水平上还有李嘉图的影响——在一流人物中，陶西格就是一个例子。

我所谓的李嘉图学派的“边缘末梢”，可以通过指出属于

① 关于马克思和洛贝尔图斯的影响，参阅后面第 5 节。

这个名词含义范围之内那个最重要的集团得到最好的说明，即所谓李嘉图派社会主义者。当然，马克思是最大的李嘉图派社会主义者，但是通常把这个集团描述得更为窄狭一些；即是说，只包括若干作家，他们主要是在十九世纪二十年代和三十年代，根据劳动是唯一的生产要素这个命题，来为工人阶级辩护。虽然这个命题渊源于洛克和斯密而不是渊源于李嘉图，但李嘉图的价值理论很可能鼓舞了这些社会主义作家，并给了他们以启发。既然这个集团——它在社会主义思想史上自然占有重要的地位——的著作所提供的同经济分析史有关的东西很少，我们就只提及对于我们来说似乎较为重要的两个人物。威廉·汤普森的《财富分配原理的研究……》(1824)是个很好的例子，在较高水平上说明了这个集团是如何进行论证的，说明了它的温和的平等主义，并说明了它如何习惯于考虑分配理想，而不管这些理想实现之后，对于生产会产生什么影响。边沁派的影响打上了深刻的烙印。托马斯·霍吉斯金的《反对资本而为劳动辩护……》(1825)和《通俗经济学》(1827)，至少使人感到作者具有真正的分析意图。[①] 应该指出，一个作家一旦把以下两种想法结合在一起，一种想法是劳动是财富的唯一源泉，所有商品的价值均能用劳动时数来表示，另一种想法是劳动本身是一种商品，他就不可避免地会得

① J. F. 布雷的《劳动关系中的不公正现象及其救治办法》(1839)已由伦敦政治经济学院重印(1931)，从而在这种著作中从最不容易得到的变成了最容易得到的。这就是我提到它的唯一理由。参阅 M. F. 乔利夫：《以新观点来看约翰·弗朗西斯·布雷》，载《经济史，经济学杂志副刊》，1939 年 2 月。

出这样的结论:市场机制从工人那里夺走了“他的”产品的劳动价值与投在该产品上面的工作数量的劳动价值两者之间的差额。除细节外,这就是马克思的剥削理论。正是由于这一原因,有几个李嘉图派社会主义者一直被称为马克思的先驱。“先驱”这个词可以意味着很多的东西,也可以意味着很少的东西,如果使得它意味着的东西不是太多,那么,上面的说法可以算是通得过的,虽然我找不到任何例子(即使是汤普森和霍吉斯金),说得上是完全预言了马克思的剥削理论在马克思体系内的全部含义。但是,如果没有其他理由,剽窃的指控是没有根据的,因为任何研究李嘉图的人,如果按照马克思发展李嘉图学说的方向去发展这种学说,就一定会把前面说的那两种想法结合在一起。意味深长的是,这种指控虽然常常为经济学家所重复,但最先提出这一指控的那个人安东·门格尔(1841—1906;那个经济学家的兄弟)却不是经济学家,关于安东·门格尔的其他主张,请读者参阅他的《劳动对全部产品的权利》(1886 年;英译本,1899 年,附有 H. S. 福克斯韦尔写的一篇重要的导言)一书。这个集团较重要作家的理论,在埃丝特·洛温撒尔的《李嘉图派社会主义者》(1911 年)一书中有比较详尽的叙述。

3. 马尔萨斯、西尼尔和一些也参加了竞赛的人

虽然我们反对按国家谈论学派,但我们将按国别来评述其余那些必须提到的人。就英国来说,既然我们已经提到了朗费尔德,

既然我们把约翰·穆勒和卡尔尼斯留待下一章再谈——当然，还把杰文斯留待下个时期再谈——剩下的主要就是马尔萨斯和西尼尔了。但我们不应只谈历史上著名的成就，而让所有其他人默默无闻。这会造成一幅错误的图画。因为历史上的成就很少像平原上的漂石。它们更像是耸立于群山之上的最高峰。换句话说，一门科学是通过点点滴滴的汇集发展起来的，后者创造出一个共同的思想宝库，从它涌现出进入荣誉之宫的著作，这种著作的出现，不仅是由于功夫到家，而且也是由于机会凑巧。因此，我们至少必须加上几个这样的作家，他们虽然未能获得历史上的名声，却曾经做过重要的工作，对于分析的发展有过影响，这些工作虽然没有署名，却不是可有可无的。在叙述他们时，我们也就证明了以下命题：韦斯特和李嘉图学派在英国经济学中从未居于统治地位。①

(a)马尔萨斯。②　马克思对他大肆嬉笑怒骂。凯恩斯对他

① 让我重说一遍，其成就完全属于货币、银行和商业循环等领域的作者，将分开来评述。

② 托马斯·罗伯特·马尔萨斯(1766—1834)是一个牧师，是赫利贝里的东印度学院的历史和政治经济学教授。正如我们已经知道的，当他在 1798 年刊行他的《人口原理论》(第二版，1803 年；第三版，1806 年；第六版，1826 年)时，他从完全默默无闻一跃而声名大著。在他的许多其他著作中(论货币者暂时不谈)，下列各种对我们是最重要的：(1)《……粮食涨价……》(1800 年)；(2)《关于济贫法……给塞缪尔·惠特布雷德的信》(1807 年)；(3)《论实行谷物法的效果》(1814 年)；(4)《地租的性质与发展的研究》(1815 年)；(5)《主张实行限制外国谷物输入政策的理由》(1815 年)；(6)《政治经济学原理》(1820 年；即在西斯蒙第的《原理》出版后一年)；(7)《价值的尺度》(1825 年)和(8)《政治经济学定义》(1827 年)——其中(4)和(6)两种又是最重要的。特别参阅 J. 博纳的《马尔萨斯及其著作》(1885年，第二版，1924年；这是论述马尔萨斯的标准著作，

赞扬备至。很容易看出，辱骂和颂扬都是出于偏见。马克思——或者从内心上说，他这个世俗主义的资产阶级的急进派——对于担任过牧师的人是恨之入骨的。此外，对于赞成粮食自由贸易的人他虽然从来不给予赞扬，对于不赞成这种自由贸易的人他却要给以苛刻的侮蔑。对马克思来说，以及很自然他对于他的忠实信徒来说，这些人只不过是土地利益集团的佣仆。用这种方式勾销马尔萨斯的贡献，比起其他人借口李嘉图是犹太人、是"金融利益集团"的代言人而勾销李嘉图的贡献来，不过是伯仲之间罢了。不过，凯恩斯对马尔萨斯的偏爱虽然在道德上是令人钦佩的——因为称赞先驱者的人究竟是少数，而凯恩斯则相信马尔萨斯是自己的一个先驱者——但他却走向了极端，比起马克思的憎恨来，其不合理的程度并不稍逊。① 从《人

在纯理论方面，略有不能令人满意之处)，以及凯恩斯勋爵在《传记集》(1933年)中所写的关于马尔萨斯的饶有趣味的文章，这篇文章读者是一定会欣赏的，它也使得我在"背景和影响思想形成的因素"这个题目上无需再说什么。让我简单地说一说马克思对马尔萨斯提出的三种有关剽窃的指控。第一种我们已经知道了：指的是在人口理论方面马尔萨斯的先驱者，特别是汤森。第二种是关于他的地租理论(报酬递减)。马克思十分肯定，马尔萨斯剽窃了安德森，但是举不出任何充分的理由来说明其所以然：在这个问题上把马尔萨斯说成是剽窃者的那种论据，如果成立的话，也可以把马克思说成是剽窃者。第三种是关于过剩理论的，马尔萨斯被认为剽窃了西斯蒙第。两个人的理论有着很大的差异，此外，没有理由认为，马尔萨斯不能从至少是1814年就已在他心中具有的那些想法，得出他在《原理》一书中所持的见解(参阅凯恩斯，前引书，第141页)。

① 在上面提到的那篇文章中，有一段实际上读起来就好像凯恩斯勋爵把"系统经济思维的开端"归功于马尔萨斯。

口论》问世之日起，直到今天，马尔萨斯很幸运地——因为这是一种幸运——是同样不合理的、彼此矛盾的评价的主题。有人说他是人类的恩人。又有人说他是恶魔。有人说他是深刻的思想家。又有人说他是笨伯。

一个人的著作激动了人们的心灵，以致引起如此带有感情色彩的评价，这个人实际上就不是庸碌之辈。一个人认识到某些经济问题类似于微积分中的最大值和最小值问题，这个人就不是什么笨伯。他的情形说明了能力与才气两者之间的区别。倘若不是因为他和许多——大多数？——经济学家所共有的一个弱点，给予他的评语就是很有眼力。他有几个得意的想法，执意要拿来应用在实际问题上。而当他这样做的时候，他的常识却每每变成了胡说。[①] 此外，他也不是一个优秀的辩论家。

对于公众以及对于经济学界的大多数人说来，马尔萨斯在过去和现在主要是撰述《人口论》的马尔萨斯。他享有声誉的第二项权利，即他对货币分析所作的贡献，几乎没有受到历史学家的注意。他的第三项权利，也就是使得他的名字在我们自己的时候惹人注目的那项权利，是他的储蓄与投资理论，或者说就是他的"一

① 关于这一点，突出的例子是他的《给塞缪尔·惠特布雷德的信》(参阅上上个脚注)。在这封信中，他反对惠特布雷德的一个住宅计划(由教区当局建筑小房子)，理由是，这会鼓励不慎重的结婚。即使凯恩斯勋爵也不能为这一点辩护。凯恩斯只是把它当作一件偶然的小事而一笑置之。可是，这意味着凯恩斯未能看出，这件事情对于甚至是第一流经济学家的建议来说具有的含义。如果公众没有认真地对待这些建议，难道真是他们应当受到责备么？

般过剩”理论。[1] 此刻，我们所关心的只是他享有声誉的第四项权利，即是说，他是这样一种经济理论体系的作者，这种理论是《国富论》理论的翻版，从翻版来说，李嘉图采取的是一种方式，而马尔萨斯采取的是另一种方式。先不去考虑他的地租理论和其他比较细微之点，我们现在必须把这一点弄个明白。

我们已经看到，李嘉图的工作，就普通理论而言，是从分析《国富论》开始，并用一种以价值概念为中心的方法，改铸了《国富论》的理论内容。就马尔萨斯的《原理》来看，他的工作显然也是完全一样。除了他的储蓄与投资理论——从表面上看来，这种理论似乎是马尔萨斯自己的[2]——之外，这部著作的分析器械中所包含的一切要素，甚至所使用的名词术语，都令人想起《国富论》第一编。只是，李嘉图用劳动量的价值理论去改铸《国富论》的学说，而马尔萨斯则用亚当·斯密实际上所使用的价值理论，即供给与需求理论[3]去改铸它，在选定劳动作为价值单位上也遵循亚当·斯密的先例。所以，马尔萨斯采取了最后得到胜利的路线，比李嘉图的路线更为直接地指向马歇尔的体系，虽则马歇尔力图保持接触

① 我对马尔萨斯的这三个方面的讨论，参阅前面第一章以及后面第六章和第七章。

② 如果我们不想远远回到十八世纪去探求先驱，那么在这方面可能有资格作为一个先驱的唯一作者就是劳德戴尔。西斯蒙第不是一个先驱，而是一个竞争者，虽然就他的学说同马尔萨斯学说的不谋而合而言，他在出版方面抢先一步。〔熊彼特用铅笔注出——“魁奈？”〕

③ 稍后我们将要看到，在逻辑上，不应使劳动数量论和供求论对立起来。但是李嘉图和马尔萨斯两人都错误地把它们看作是互相替换的东西。我暂时采用这种看法，因为它们确实可以用来描述两种不同的分析器械的特性。

的是李嘉图而不是马尔萨斯。[①] 这对两人间的另一不同之点也是适用的。我们已经看到，李嘉图的分析器械是同分配问题，即同相对份额的解释联结在一起的。马尔萨斯则又一次回到亚当·斯密并且又一次走在A.马歇尔的前面，把他的器械同整个经济过程的分析联结在一起。因此，他不像李嘉图那样，把总产量(马歇尔的“国民收入”)当作一个已知数，而是把它看作一个有待解释的主要变数。[②] 所以，在分析史中，马尔萨斯不仅应当以李嘉图理论的一个有效替换物的制作者，而且应当以那个得到胜利的理论的创始人(或者毋宁说是创始人之一)而名垂千古，虽则我们所持的理由同引导凯恩斯勋爵得出同样结论的理由[③]是不相同的。这是了不

① 马歇尔的这种贯穿于其《原理》一书中的趋势，极大地掩盖了实际情况。在这里我只是预先说明一下：在他的“第五编”的分析中占居统治地位的，正是供给与需求这一器械。可是，另有一个混淆，我想要立即提起注意。用供给与需求进行分析，在短期现象和长期现象方面都是行得通的。曾经有人再三重述，马尔萨斯不像李嘉图，他主要感兴趣的是短期现象。在某种程度上情况是这样。但是说因为马尔萨斯对短期现象感兴趣，所以他选定了供给和需求作为价格分析的枢轴：这就未免假定得太随便了。情况并不是这样。正如从正文应当可以看清的，他同李嘉图在价值这个题目上的分歧要比这一点根本得多——这是李嘉图没有认识到的。〔熊彼特可能想把这个脚注删去。在上面轻轻地画了一条斜线。〕

② 附带说一句，这种不同的观点包含有不同的概念解释，这自然引导他去挑剔李嘉图的概念解释。他在《定义》一书中特别清楚地说明了这一点。他再一次没有使自己的意见得到充分的发挥。他责备李嘉图使用了既不普通又不一致的名词，似乎一切只不过如此。但是，正和以前一样，所涉及的有比名词术语更带根本性的某种东西。他这次所应当反对的乃是李嘉图的分析意图，名词术语只不过是这种意图所造成的结局。这种意图之所以易受反对，是因为它为了那些部分地与经济分析的目的关系较小和部分地没有结果的命题，而忽略了真正有关的问题。

③ 对凯恩斯来说，起决定作用的一点是马尔萨斯对待储蓄的态度。对我们来说，起决定作用的乃是他对斯密与马歇尔产量分析的支持，正如这两个名字足以表明的，这种支持同那种态度不一定有密切联系。

起的。但也仅止于此。这是同承认下述事实一点也不矛盾的:用在马尔萨斯的分析图式中的发明才能,比用在李嘉图的分析图式中的要少得多;前者一直处在一个经济学家所能遭遇的最不令人羡慕的境地,即是说,针对着另一个人的无益的然而又是巧妙的闪烁其词,他不得不为明白的道理而辩护。

(b)惠特利主教和西尼尔教授。 其次,我们来看西尼尔和曾经做过他的导师的人,即惠特利。后者[①]对于我们的重要性是很大的,又是难于捉摸的。他不是学问渊博或者很有学问的。他不是有独创性的,甚至也不是有才气的。但是他的条理清楚而又强有力的理智则把它在非常广阔的兴趣领域内所领悟到的一切东西抓得很稳、很紧。而且在他的时代、他的国家和他的世界中,他是一个很有影响力的领袖,是一个所谓关键人物的理想实例。他凭借他的人格和他的劝告的分量而悄悄地领导着,外表上却看不出是在领导,正是这种藏而不露的领导才具有价值。因为在宗教政治中,也像在经济学中一样,明显的东西有时候正是人们所最不愿看到的。可是,他对经济学的最重要的贡献,就是他陶冶了西尼

① 神学博士理查德·惠特利(1787—1863),是牛津大学的学监,后来成为(英国国教的)都柏林主教,在那里他设置了政治经济学讲座并作出了无数同一类型的贡献。但这些并不能概括他所从事的活动,或者说并不能表明他的特征。他主要是个神学家,是左右英国国教政策和舆论的领袖。但这也不能表明他的特征。最后,他在他那时代和他的国家的社会政策中从事的广泛活动,同样不能表明他的特征。他的《政策经济学导论》(1831 年;1855 年增订本,我只看到这个版本)和他的《货币问题简释》(1833 年)不足以表明他是一个地位很高的经济学家。更有趣的是他的《逻辑学》一书的一个附录,题为《论政治经济学中最容易用得不明确的若干名词》(在西尼尔《大纲》的“经济学丛书重印本”中重行印出)。E. J. 惠特利女士写了一本富有教益的传记(1866 年),它不仅描述了一个人,而且还描述了一个环境和一个时代。

尔，后者的整个治学途径表明了惠特利的影响。

许多经济学家较为轻视西尼尔[①]，还有一些经济学家则毫无道理地嘲笑西尼尔。由此引起的反作用是，另外一些人把他看作是“天才”，他的确不是天才，如果我懂得这个词的含义的话。在我们的图画中，他将同马尔萨斯和李嘉图合成一个三人小组：有三个英国人的著作是从亚当·斯密到约翰·穆勒的主要垫脚石，他就是其中的一个。但是，约翰·穆勒虽然是逻辑学家，却没有看到西尼尔的伟大成就。关于西尼尔的不朽业绩（或许应该与惠特利分享），应该记录下来的，有以下各点：第一，他试图根据假设法的要求去统一和表述经济理论，也就是说，试图把经济理论表述为从四个归纳性或经验性假设得出来的一系列的推论，这我们将在第六章加以讨论。这虽然远远不是完善的，却的确使得他成为那个时期的第一个“纯粹”理论家——从而永远把库尔诺和杜能排除在外，也许还把朗费尔德排除在外——并足以谴责那些拒绝对他表

① 纳索·威廉·西尼尔（1790—1864）是一个具有高度教养的牛津人，在他的平静的一生——主要是由适度的独立收入来源维持的——中，只有两件事情需要在此处记载：他曾两度担任牛津大学的德拉蒙德教授席位（1825—1830 年及 1847—1852 年）；他在几个重要的皇家委员会中工作过。他在这些委员会中曾从事数量颇为中观的事实调查工作，这就使得他丝毫不能被怀疑是一个空谈理论的自由放任主义者。除了他的关于货币的讲演录——现在可以在“伦敦政治经济学院重印书”中找到（1931 年）——以外，对于我们说来最重要的只有他的《政治经济学大纲》（1836 年；“经济学丛书重印本”，1938 年）。我们应感谢玛丽安·鲍利博士对西尼尔的著作及其在经济学史中的地位所作的卓越的解释（《纳索·西尼尔与古典经济学》，1937 年），我希望我的读者们注意这部书，它使得我可以把这个脚注缩短。她的解释同我的解释差异很少，也不重要。可是，她把西尼尔同“古典”经济学家隔离开来的倾向——根据本书所采用的术语，西尼尔属于古典经济学家之列——造成了我和她的一些分歧，但这只是表面的而不是实际的分歧。

示尊敬的人。第二,他勾画出了一种大有改进的价值理论的轮廓和一种大有改进的资本与利息理论的轮廓。第三,他还建立了各种各样较小的功绩,其中有一些将在同它们有关的地方提到(人口,报酬递减,地租)。第四,将在本编最后一章提到的他对货币理论作出的辉煌贡献,作为纯智力成就来看,并不亚于李嘉图的货币理论。我想把他的主观创造性看得和李嘉图的一般高。从客观上说,在他作出贡献的大多数方面,他也像李嘉图一样,被人抢在前面了。那么,为什么很少有经济学家赞成同等看待西尼尔和李嘉图呢,为什么他的影响实质上只限于约翰·穆勒从他那里所接受的那些呢?[①]

其所以如此,有三个极好的原因,它们说明了如果我们想要描述科学情况而不得不对经济学家作一点比较评价的话,我们会遇到多大的困难。第一,即使我们下定坚强的决心,只估计分析的功绩,我们也容易忘记,李嘉图是站在受人尊敬的地位上对我们讲话,这个地位就是他在公共政策的公开讨论中所建立的名声。西尼尔这个人物则没有这样的地位。他只不过是一个分析经济学家。他的有关政策问题的写作都深藏在蓝皮书中,几乎没有一个人去读。他的公开言论没有树立什么名气,对一般公众来说,他是或者几乎是一个无名小卒。第二——这完全是他的精神气质的毛病——他是,用一个什么字眼好呢?懒惰的?我用这个词,并不是想要说他不曾进行大量的工作,而毋宁是想要说,他缺乏那种有意

① 约翰·穆勒对西尼尔的评价,甚至比我们从他提到西尼尔的地方可能推断的更高:穆勒在他的一本《大纲》里夹了许多白纸,在上面写下他自己的评论。这些评论由冯·哈耶克教授发表在《经济学》杂志第十二卷(1945年8月)上,它们是极有趣味的。

追求肯定结论的精力。李嘉图好比这样一匹马：它咬住嚼头，仰起鼻子，拼命地奔驰。西尼尔则好比这样一匹马：它吐出嚼头，鼻子朝地，动也不肯动。他的《大纲》在结构上比李嘉图的《原理》还要糟，它讨论着，批评着，支吾着，躲闪着。它未能像后者那样，通过热情来给人以深刻的印象。更糟的是，西尼尔的读者得到了这样的印象，不，读者被用那么多的话告诉说：全部经济分析就在于寻求和前后一致地使用一种方便的术语。这是惠特利的过错？[①] 无论如何，这种说法离真理太远了，太令人沮丧了。另外一些经济学家——事实上整个十九世纪的大多数经济学家——使用了并且捍卫了这样一种研究方法，即探求文字的意义。但是没有一个人像西尼尔走得那么远，他似乎想要通过下定义来解决他的“政治经济科学”中的全部问题。这样一种“方法”在敌对的批评家的心目中必定会造成怎样的印象，我们是不难理解的。第三，他有一种“自陷于窘迫境地”的奇怪本事。甚至贤明的荷马也偶尔打打瞌睡，像一个古代格言所说的。但是西尼尔打瞌睡的时候太多了，也就是说，蠢话说得太多了。他是漫不经心的。他虽然是能干的，却并不是聪明的。例如，只举那个最有名的例子：他实际上写道(《有关 1837 年……工厂法的信件》)，棉纺厂的利润假定是百分之十，如果把工作日缩短十一分之一，利润即将化归乌有，

① 惠特利依据常识指出(见他的《逻辑学纲要》)，经济学家所争执的问题有许多是属于纯粹字面上的，而名词使用的不严密——既是造成思想不严密的原因，又是思想不严密所产生的结果——乃是引起误会的一个丰富来源。但是，当他似乎认为，掌握“一套像数学用语那样有着精确定义的通用名词”，不仅是一项重大的迫切要求，而且实际上就是唯一需要的东西时，他却言过其实了。

因为全部利润都是在最后一小时创造出来的。这种事情在李嘉图是不会发生的，虽然我们在其他方面可能把西尼尔置于李嘉图之上。[①]

(c)一些也参加了竞赛的人。 由于在本节开头已经说明的理由，我现在要另外加上几个人的名字。其他的作者无疑地会提到其他的名字，至少是部分地有所不同，但是我所选定的人是：贝利、查默斯、劳德戴尔、拉姆赛、里德、斯克罗普和托伦斯。[②] 他们的成就在性质上彼此极为不同，难于使之调合一致，虽然他们确实使得我们的图画完整无缺了。不管我多么想避免用开一览表的方式，我还是得按照字母顺序来介绍他们。

① 说西尼尔是在对事实进行仔细考察之后得到这个荒谬结论的，就他在应用理论方面的才能来说，只是把事情弄得更糟。另一方面，马克思在《资本论》第一卷对西尼尔的论证所作的严厉攻击，也没有抬高我们对马克思的才能的估价。在他投在这上面的那么多页的谩骂中，他未能得出那种有决定意义的批评，这他似乎是没有想到的。他也忽视了另外一件事情，那就是，如果马克思自己的理论是正确的，那么西尼尔的论证也会是正确的(至少是在原则上)。可是，西尼尔和马克思两人的论证或许会使那些拒绝承认从那时起分析技术取得了进展的人感到踌躇。而这个例子也可以用来说明另外一点，这一点是应当经常使之深印读者脑海的。根本的问题是，西尼尔和马克思两人都犯了错误，表明了技术的不完善。这些错误之所以是错误，同它们为之辩护的原由是丝毫无关的。说西尼尔是"为了"工厂主而马克思则是"反对"工厂主，是完全文不对题。而根据我们自己是站在哪一边，去责备一个人，赞美另一个人，那也是幼稚的。

② 使我注意到里德的，是塞利格曼教授的《论某些被忽视的英国经济学家》(上面已经提到)一文；使我注意到斯克罗普的是 R. 奥佩博士的文章(载《经济学季刊》，1929 年 11 月)，在此以前，我只注意到斯克罗普对于货币理论和政策所作的贡献；使我注意到拉姆赛的，是马克思的《剩余价值学说》。有两个重要的人，即詹金和詹宁斯，已归入第四编。当然，韦斯特是一个十分典型的"也参加了竞赛"的人。但是似乎不如把他和李嘉图连在一起。

正如已经提到过的，贝利[①]在一条广阔的战线上攻击了李嘉图、穆勒和麦卡洛克的分析，并获得了完全的成功。他的《论文》，就根本的东西来说，说出了实际上能够说的一切，因而要算是我们领域内的批评文献中的杰作，应足以使其作者在科学经济学的历史中居于第一流或者将近是第一流的地位。他的著作也不是没有人注意到的。有几个作家，里德是其中之一，承认曾受益于他，并且效法他：因而可以有把握地假定，他的影响超过了公开承认的范围。可是，直到今天仍未能给予贝利以应有重视的历史学家，则只是看到当时的表面现象。麦卡洛克于1845年在他的《政治经济学文献》中写下下面的话时，并没有冒引起哄堂大笑的危险：贝利未能正确地理解李嘉图的理论，没有"能丝毫地动摇它的基础"，而事实是，如果让1826年至1845年间有关价值问题的作家进行投票，会证明大多数人是赞成贝利的。我所能提供的解释如下。第一，在科学中，也像在艺术中特别是像在政治中一样，有所谓来得太快这种事情；时机未成熟的时候采取的行动，结局通常是失败，比贝利的失败更要大得多。第二，贝利的批评的确是建设性的，并实际上暗示了他所攻击的体系怎样能够被一个更为令人满意的体系所代替；但他自己不曾试图这样做，而追随他之后去试图这样做的人们，在名望上又敌不过李嘉图。

---

① 萨缪尔·贝利（1791—1870）。他的唯一需要提到的著作是《有关价值的性质、尺度和起因的一篇批判性论文；主要涉及李嘉图先生及其信徒们的著作》（1825年；"伦敦政治经济学院重印本"，1931年）。也许我应当加上他对《威斯敏斯特评论》上刊登的一篇非常不公正的批评文章的答复，《给一个政治经济学家的信》，1826年。可是，在不公正上和对贝利的论旨缺乏了解上，威斯敏斯特的评论员都被马克思超过了（《剩余价值学说》）。

他们无疑地削弱了李嘉图的体系，并从而有助于约翰·穆勒改造它，但他们是经由一种缓慢的消耗过程而不是经由一次辉煌的胜利做到这一点的。

在这个消耗的过程中，查默斯[①]起了很大的影响，至少是在苏格兰。作为一个理论家，他是彻底的非李嘉图派，他所遵循的路线，是我们所谓马尔萨斯对《国富论》的重铸。他在一般过剩和资本供给过多等事情方面，也是追随马尔萨斯。如果可以说在普通理论中有一个马尔萨斯学派（我怀疑是否可以这样说），查默斯的地位就相当于麦卡洛克的地位——这实际上并不像读者可能会感觉到的，是一句那么不真实的恭维话。

劳德戴尔勋爵[②]站得离开队列稍微远一点，他在经济学史中只居于一种次要的地位，但是他的这种地位是完全应得的，与因为他反对公债偿还的论点（《给惠灵顿公爵的三封信……》，1829

① 托马斯·查默斯牧师（1780—1847）的活动包括在圣安德鲁斯大学讲授道德哲学和政治经济学，在爱丁堡大学讲授神学，他是一个有许多功绩的人。我们只能说分析经济学不过是他的工作的一部分。他的著作只有两本需要提到：他的《国家资源的范围和稳定性的研究》（1808年），部分地纳入了他的《论政治经济学》（1832年）中。后者是一本颇为重要的书，但是不容易对它作出评价。它呈现为健全的识见和技术上的缺点的一种奇怪混合物。而这种缺点有时候可以说明一些显然站不住脚的结论，例如这样的命题：国外市场的丧失对于一个国家几乎是一件无足轻重的事情，这忽视了整个有关劳动分工的论证，虽然可以把它解释为（在适应以后）国外市场的丧失不一定影响到就业这个真实命题的一种夸张的说法。我们将要再提到这本书。查默斯似乎造出了“耕种的边际”这句话，虽然这个概念自然不是他提出来的；他还说明了为什么战争的破坏一般会迅速得到恢复，约翰·穆勒对之非常欣赏。

② 詹姆斯·梅特兰，第八代劳德戴尔伯爵（1759—1839），《公共财富的性质和起源的研究》（1804年）。这是他的唯一的一本可以算作是一种分析上的成就的书。

年)——这是以反对过分储蓄和赞成过分支出的论点[①]为基础的——而现在应当给予他的额外表彰无关。他对价值、资本和利息这些主题均有所贡献,正如我们将要看到的,但比这些贡献本身更为重要的,是他所给予的精神上的激励:他是一个独立思考的人,不肯接受由斯密的传统所传给他的基本东西。虽然是一个业余爱好者,并且从这个新生的专门职业的观点来看,是一个局外人,他却是一个有说服力的作家,并且在大多数场合下,是一个锐敏的作家。[②]

给予过拉姆赛公道待遇的唯一作家是马克思,他在《剩余价值学说》中对他作了详尽的讨论。[③] 甚至塞利格曼教授——他使人记起了拉姆赛(前引书)——强调拉姆赛依赖于法国作家我认为也过分了一些。诚然,特别是在他的企业和利润理论上,他已经被萨伊抢在前面了。也诚然,他不是第一个把这些想法引入英国经济学的人,并且他还甚至可能是从第二手"抄来"的。但是他所作的综合比其他人所作的要好一些;更重要的是,有许多带启发性的细节是他自己的。很容易看出,他为什么没有出名。但是必须附带说明,他几乎出了名,而他没有获得成功,与其说是由于他具有一

① 关于这一点,参阅 F. A. 费特,《劳德戴尔的过分储蓄理论》,载《美国经济评论》,1945 年 6 月。

② 近来,有人企图根据他作为一个地主的私人利益来"说明"他的分析和他的建议。这样做的解释价值如何,我们知道怎样评价了。

③ 马克思的承认拉姆赛,自然必须联系到他的批评习惯去评价。如果考虑到这一点,那么他的承认意义就很大了。这也表明了马克思的学识渊博,因为当他写作的时候,拉姆赛实际上已经被人忘记了。乔治·拉姆赛爵士(1800—1871)的唯一有关著作是他的《论财富的分配》(1836 年)。

些非常严重的缺点，还不如说是由于他不得人心地反对取消农业保护。因此，没有理由小看他。[①]

里德[②]由于某些怪脾气而破坏了成功的机会，特别是由于他有关“财富权”的含糊的空论。他对李嘉图派社会主义者的攻击，对于我们来说没有什么意义。可是，他的著作对于我们之所以仍有某种重要意义，第一是因为它证明了贝利的影响，里德在批评李嘉图时，是追随着贝利的，也证明了在1830年左右反李嘉图潮流的汹涌；第二是因为它具有一些优点，从而又产生了一些它自己的影响，特别是在利润和利息的分析上。在它直接影响到的作家中，最杰出的是斯克罗普，[③]斯克罗普是以指数著名的货币改革家，他不仅写有关于货币与银行、济贫法、农业劳动和其他题目的许多小册子，而且还是一个颇为重要的经济理论家。可是，他的《政治经

① 拉姆赛的情况是耐人寻味的，特别是在一个方面：当一个作家未能和他的同时代人保持适当的接触时——除了在稀有的场合，某一勇敢的人会起来在他死后把他捧上天去——历史学家就对他采取一种不可思议的敌视态度，并定下会使得亚当·斯密相形见绌的标准，反之，对待那些较为幸运的人，历史学家则往往把莫须有的创造性或其他功绩归之于他们，这种做法从来也没有得到纠正。

② 萨缪尔·里德(我不知道他的生卒年月)，在这里需要提到的唯一著作，是他的《政治经济学。享有可售财产或财富的权利的天然根据的研究》(1829年)。E. R. A. 塞利格曼(前引书，笔四节)已经说明了这本书同我们有关的所有之点。

③ 乔治·波利特·斯克罗普(1797—1876)是愉快的、有闲暇时间的而又辛辛苦苦地工作的英国人之一，我们的科学像其他的科学一样，受益于他者甚多。特别是，他是一个研究火山的权威，是一个国会议员。他作为一个经济学家的名声，主要建立在他的论中央银行政策和论物价水平稳定的著作上。但在他论及其他实际问题的小册子中，有一些也具有分析价值——以及显著的独立性和创造性。虽然他接受了当时有关“天赋自由说”的基本口号或原则，但他在提出失业保险计划和赞成公共工程这些事情上，却勇敢地逆潮流而上。当考虑到年代时，这中间所包含的见识——我重复一遍：分析的见识——把他高高地放在他那时代普通经济学家之上。

济学原理》(1833 年)是为一般人写的,根本没有对他的分析作出令人满意的发展。很容易看出来,他有关人口和"物价指数"的想法是具有独创性的。但这些并不是我在此刻想要说的。对我们远为重要的,是他洞察到了经济均衡的性质:他看出了供给与需求机制是以每个人追求最大收益的倾向为基础的,看出了这种机制是如何解决资源配置(生产)问题和收入形成(分配)问题的,由此而附带地处理了韦斯特和李嘉图的整个构造物。在利息和利润的分析方面,他也取得了进展:正是在这里,他似乎有些要感谢里德的地方。

这一节至此所叙述的成就——我们开列的清单是很不完全的——都是非李嘉图派或反李嘉图派的;而要就李嘉图派的著作开出一个平行的单子来,那是完全不可能的。而且,它们全体所表现出来的同韦斯特与李嘉图的图式的对抗,主要是科学的而不是政治的:里德对李嘉图派社会主义者的敌视,也可能使得他反对李嘉图的价值理论,但是除此之外,我找不出在这些作家与李嘉图派之间有作为动机的政治对抗。[①] 把经济学家之间的一切分歧归结为他们政治上的分歧并总是寻找"一个人代表什么利益"的理论,在这个场合失败了,正像在下一时期在边际效用理论胜利的场合它也要失败一样。最后,我们作为例子提到的那些著作,使人可以用新的眼光来看待以后的发展:凡是注意到这些著作的人,都会看到分析努力是连续不断的。这些著作完全淹没在了通常人们所讲述的有关李嘉图主义盛行的故事中,在这种故事中,约翰·穆勒

① 例如,拉姆赛对谷物法的有条件的拥护,也能够用李嘉图的理论为之辩护。这就是为什么我给作为动机的几个字加着重号的原因。

扮演的是李嘉图派的角色。李嘉图主义是被 1870 年左右的经济理论“革命”彻底粉碎的。

我要提到的最后一个作家托伦斯，[①]不能算是反李嘉图的。但他也不能算是一个李嘉图派。塞利格曼教授曾为托伦斯辩护，认为他独立地发现了“李嘉图的”地租理论，对马尔萨斯和韦斯特有优先权；独立地发现了比较成本原理，对李嘉图有优先权。一方面，这就足以使他在分析史中占据一个地位；另一方面，这似乎把他包括在李嘉图的集团中。可是，他在一般理论中的功绩，如果不是反李嘉图的，显然也是非李嘉图的。但这些功绩是难于评价的，因为托伦斯在表述上漫不经心，不是一个很好的技术专家，所提供的精华大多和糟粕混在一起。他没有接受李嘉图的主要学说，该学说得自利润完全取决于工资这个命题。但是他反对它的论据有力地表明，他并没有领会李嘉图所主张的这种学说的原意。他所理解的是另外一种意思，那或许在实质上是正确的。但就其实际情况来看，并不是特别有启发性的。他需要有一个解释人，为他来做像 1890 年左右李嘉图的赞美者为李嘉图所做的那种工作。直到这样一个解释人出现并得到成功以前，要像在一个场合下所做

① 另一种令人感兴趣的、性格坚强而又富有同情心的人！罗伯特·托伦斯上校(1780—1864)是个上过战场的职业军人，在拿破仑战争以后看到自己的报酬减少了一半，就立即到政治和财政方面自谋一种新生涯，并以经济学家闻名。他主要是以拥护皮尔的法案而闻名于世：除了奥维尔斯顿勋爵以外，他是拥护这个法案的唯一有地位的经济学家。像斯克罗普一样，他就当时的问题写了许多小册子和“书信”。令人惊奇的是，他也上升到了纯粹理论这一空气稀薄的领域。他在这方面的重要著作有：《论对外谷物贸易》(1815 年)；《论财富的生产》(1821 年)；《论工资与工人联合》(1834 年)。参阅塞利格曼和霍兰德：《李嘉图与托伦斯》，载《经济学杂志》，1911 年 9 月。

的那样——大概是由于托伦斯在其他场合下受到的蔑视所引起的反动——把他和李嘉图与马尔萨斯一道，列为“古典学派的奠基人”之一，至少还为时尚早。

4. 法国

如果要使这个时期的法国经济学按其本来面目呈现在我们面前，有两件事情必须记在心头。第一，正如我们所知道的，直到1848年，巴黎的舞台一直为各个社会主义集团的著述活动和其他活动所占据。其范围之广，是当时任何其他地方无与伦比的。不那么壮丽但从长期看来同等重要的，是信奉经济和政治自由主义（“1789年原则”）的天主教批评家的著述活动和其他活动，不过这种活动超越了批评的范围，指向了天主教社会改革的目标。① 信奉极端自由主义的世俗资产阶级形成了第三个集团。所有这一切，对政治思想和社会思想的社会学说来都是引人入胜的材料。但对科学经济学史说来，却不是好材料。第二，这个时期完成了出色的资料工作，勒普莱的伟大成就创造了极可钦佩的最高纪录。

① 我要利用这个机会来提到阿尔邦·德·维尔纳夫-巴吉蒙（1784—1850；特别参看他的《基督教的政治经济学》，1834年），此人是一场浩大运动的核心人物。要对他的工作作出公正的评价是极其困难的。一些人，特别是世俗自由主义者只考察他的社会哲学和他的政治学，决定自己是喜欢还是不喜欢并据此对他作出评价，这些人的工作的确是很轻松的。但是我们的工作却不那么轻松。我们首先必须认识到他的信仰的深度和社会意义，认识到他的许多实际建议所包含的智慧，认识到他的社会学所具有的科学价值，同时认识到他的实际上很原始的技术经济学所存在的缺点。这些缺点丝毫不应降低我们对这个人或他的思想的尊敬；只是，从本书的观点看来，它们恰好是有关的。

可是，在其余方面，就只有两个一流人物要提到（自然是除了库尔诺以外），即 J. B. 萨伊和西斯蒙第。

让-巴蒂斯特·萨伊（1767—1832）体现了以下两个重要的虽然略微显得荒谬的真理：第一，为了正确地评价一个人并把他放在恰当的地位，有时候不仅必须反对他的敌人而且必须反对他的朋友甚至反对他自己来为他辩护；第二，表述上的浅薄和思想上的浅薄两者之间是有着根本区别的。[①] 萨伊使读者首先感到的，实际上就是浅薄。他的议论在文笔上是那么平易流畅，以致读者很少会停下来想一想，也很少会觉得在这个平滑的表面之下或许有更深刻一些的东西。这就使得他在许多人那里得到了彻底的成功；这也使得他丧失了少数人的好感。他有时确实看到了重要的和植根深处的真理；但当他看到它们以后，他就用读来好像是平淡无奇的话语去指出它们。他从来没有用心——甚至还不及李嘉图所做的——去对它们加以锤炼，以便使每一个人都可以看出它们的分量，并使它们经得住批评和磨损。还有，在争辩中他总是杂乱无章地回答批评，不肯在上面下必要的工夫，从而使自己的理由得不到正确的表述。因此，历史学家必须替他来重新陈述他的论证，在这样做时，必须常常忽视不恰当的措辞，甚或干脆抛弃那些只是由于疏忽才造成的糊涂的推理。每一个人都应认识到，对李嘉图和马克思也必须这样做，因为就他们说来，表

① 让我举例来说明这一点：没有人会称黑格尔的表述是浅薄的，但是一些（被引入歧途的）人可能认为，他那竭力卖弄的深奥掩盖了许多浅薄之处。正如正文中将要论证的，J. B. 萨伊提供了相反的一种例子。

面上的凹凸不平也是有待于加以铲除的。但是能够并愿意为萨伊提供这种服务的经济学家，的确是很少的。

这样，他就从来没有得到应有的重视。他的巨著《概论》作为教科书所取得的巨大成功——在别处都没有在美国那么大——只不过是证实了当代的和后来的批评家的诊断：他仅仅是亚当·斯密的普及者。的确，这本书之所以深受欢迎，是因为它似乎可以为性急的和基础不好的读者省去死啃《国富论》的麻烦。这实质上是李嘉图派的意见，他们由于从他那里接受了"市场法则"[①]而有一些尊敬他，但在其余的方面则认为他是这样一个作家(参阅麦卡洛克在《政治经济学文献》中对他的评价)：他刚刚够得上斯密的智慧水平，但却没有达到李嘉图的智慧水平。对马克思来说，他仅仅是"乏味的"萨伊。对于后来的批评家来说，他只是经济自由主义的说明者之一，单凭这一点，就应把他抛弃。在他继续活着的领域，即在商业循环理论中，他的法则也被认为是错误的，或者是一种没有价值的同义反复。在我们自己的时代，他经历了一种奇异的复活。他的"市场法则"被宣称为——我们将要看到，这是弄错了的——凯恩斯所指的(参阅前面，第一章，第一节)古典经济学的整个结构的基础。这赋予他一种于他不利的重要性——但至少这赋予了他一种重要性。

然而甚至他的朋友们也被那种虚伪的浅薄外衣所欺骗

① 甚至在这个法则方面，他们也表现了某种据为己有(替詹姆斯·穆勒说话)的倾向，虽然萨伊的优先权是丝毫无可怀疑的。

了。即使对于那些有决心来保护他的身后之名的法国历史学家来说，他也主要是亚当·斯密学说的说明者——其中有一个人说他是亚当·斯密学说的"庸俗化者"。诚然，除了这项功绩之外，他们还加上了种种其他功绩，这些我们可以预先提一下：萨伊把经济学的研究主题铸成了这样一种图式，即生产、分配和消费；经济学的方法论有一些要归功于他；他有主张效用价值理论的倾向；他帮助建立了生产三要素（土地、劳力和资本）说；他强调了企业家的作用，并使用了这个名词（它出现在坎梯隆的著作中）；自然，他是"萨伊市场法则"中的那个萨伊。所有这一切，如同通常所说的，只不过形成了一种中等的请求权，因为这些功绩本身的重要性不大，甚或有无价值尚可怀疑。我们将在适当的时候对它们一一加以评论。现在，我们所要谈的是一根本性错误，这一错误损害了对萨伊在经济学史上的地位所作的评价，也就是要谈人们通常对他和亚当·斯密的关系所作的解释。

萨伊的著作纯粹是以法国来源为根基的，如果我们把坎梯隆看作是法国经济学家的话。他所继承的乃是坎梯隆和杜尔阁的传统，正是从这种传统，他才能够发展——不管他实际上所做的是什么——他的分析的一切主要特征，包括——顺便说说——他的系统图式和他的企业家。[①] 这些特征中的最重要的一个，以及他对分析经济学的真正伟大的贡献，就是他

① 虽然我在请求给予他以公正的待遇，我必须强调指出，在某种程度上，这削弱了他对创造性的请求权。坎梯隆的传统在法国从来没有完全消失。

的经济均衡的概念，虽然它在表述上是模糊不清的，不完善的：[①]萨伊的著作是从坎梯隆和杜尔阁到瓦尔拉这个链条中最重要的环节。

在他的生活中只有两件事情同我们的目的有关。除了法国革命中的某些不重要的例子以外，他是法国大学中的第一个经济学教师，先是在国立工艺美术学院(1819 年)任教，后来在法兰西学院(1830 年)任教。而且，在他一生的很大一部分时间里，他是一个务实的工商业家，这样，对于他所写的东西就享有掌握第一手知识的便利。只是从报纸上了解工商业的知识分子，每每以自己的超然地位而自庆。但是这件事情显然还有另外的一面。在他的出版物清单中，对我们来说主要的项目是：《论政治经济学》(1803 年；普林塞普翻译本，1821 年，系译自原书第四版，可是在使用这一版时如果不参看第一版是很危险的，因为萨伊有一个忘记自己的真正意图的坏习惯)和他的信件。《实用政治经济学全套教程》(1828—1829 年)并没有增加很多的东西。他的著作集构成了吉约明的《重要经济学家集刊》(1840—1848 年)第 9—12 卷。《论政治经济学》一书是无需有什么读书指导的。但我想再次告诫读者：读这本书要想有所收获，是一件比表面看来费劲得多的事情。

J. C. L. 西蒙，自称为"德·西斯蒙第"(1773—1742)，有点像务实的农夫和业余政治家(他借此而极好地熟悉了现实问题)，但主要是个生活不那么宽裕但自得其乐的世俗知识分子和历史学家。他的主要成就，我认为是他的《中世纪意大利诸共和国史》(1807—1818 年)。我曾跳着阅读过这部 16 卷的巨著，但却没有读过他的《法兰西人史》(1821—1844 年)。关于他的其余历史著作(也包括文学史)，我只知道《罗马帝国衰亡史》(1835 年)，其学识方面的缺点，对一个经济学家来说，部分地为有趣的社会学方面的观察和分析所抵偿了。他的经济学更多的是英国的而不是法国的。他的《论商业财富》

① 这里提到的不完善，部分地是由于这个事实：这项工作本来是一种数学工作，他没有处理它的素养。这也增加了在其他方面给予他以公正待遇的困难：他的"市场法则"是用不严谨的文字表达的，可以使之具有不同的精确意义。

(1803 年)的确根本不像一些人所说的那样是斯密派货色,即使我们抛开第二卷中的非斯密派的建议不论。真正的西斯蒙第,即晚年时代的西斯蒙第,偶尔在这本书中显露了出来。可是,大体说来,传统的意见是相当接近真理的。西斯蒙第作为一个经济学家的名声建立在他的《政治经济学新原理》上,该书出版于 1819 年。[①] 但是我们知道,这本著作中的主要论点,实际上在 1815 年西斯蒙第为布鲁斯特的《爱丁堡百科全书》写的一篇文章中就已经写出来了,虽然这篇文章直到《新原理》出版以后才印行。最迟到那时,他就已经掌握了同他的名字连在一起的那种学说的全部组成部分。他以后的著作,例如他的《政治经济学研究》(1837—1838 年),只是强调和发展了这些主要论点——和他的要求权——但并没有添加任何真正的新东西。[②]

西斯蒙第的著作立即引起了注意和批评,特别是在李嘉图派方面。由于时势于李嘉图派不利,西斯蒙第的名气就不断地增大,直到最后,对社会改革家和一般放任主义的反对派来说,他升到了这样一种地位:人们对之表示尊敬已成为礼貌。部分地,这是由于同分析的成就并无牵涉的态度;他宣讲这样一种福音:经济学的真正客体是人而不是财富。他攻击李嘉图主义,认为它只不过是"理财学",并且还是不现实的理财学。[③] 他再一次鼓吹国家干预经济事务。并且他是完全站在劳工方面

① 《新原理》第二版于 1827 年问世,作了一些重大修改。

② 西斯蒙第选集(1945—1949 年)已用德文出版,附有阿蒙教授写的一篇导言和所作的评论。并参阅 A.阿夫塔利昂的《西蒙·德·西斯蒙第的经济学著作》(1899 年)和 H.格罗斯曼的《西蒙·德·西斯蒙第及其经济理论》(1924 年)。

③ 西斯蒙第利用一切机会赞扬亚当·斯密而诋毁"新学派"(李嘉图派)。在方法问题上,他断定亚当·斯密的方法是真正科学的和"实验的"(意指经验的),同时谴责李嘉图的方法是脱离实际的抽象空论。可是,应当指出,他的论证,如果用在李嘉图身上是正确的,那么用在斯密身上也同样是正确的。

的。不论谁做了任何一件或所有这样的事情,他一定会从某些方面得到赞扬,就像他一定会从其他方面遭到批评一样。但是必须附带说明:他实际上是后来的社会政策的最重要的先驱者之一;他的一些建议——例如,关于雇主应当负责保证工人在失业、疾病和年老穷困时的生活的建议——是属于他真正最富有创造性的贡献之列的。[①] 在分析经济学方面,他的名声主要建立在他反对萨伊法则的论证和他的消费不足危机理论(如果他的理论确实应当这样称呼的话;参阅后面,第七章,第 6 节)上。但即使人们(主要是那些不以经济理论见长的经济学家)就这一点给予他的无批判的承认实际上是很有理由的,这些仍不足以表明他在分析史上的真正重要性。

西斯蒙第的分析所具有的显著特点是:它是同一种**明确的动态模型**——**按这个词的现代意义说**——联结在一起的。**静态**和**动态**这些名词我们已经碰到过了。我们将利用这个机会,为进一步了解它们的意义而迈出第一步。为此,让我们从李嘉图在给马尔萨斯的一封信中作的一个著名陈述开始:[②]“你心中所想的总是当前的和暂时的效果……〔我〕把我的全部注意力集中在由这些效果产生的事物的永恒状态上。”这不是十分真实的,但是假如它是真实的,它的意思就会是:假定

① “保证工资”这个更为有限的现代概念,可以正当地说已经由他想象到了。他的建议的创造性在以下一点上特别显著:他想要把节约劳动的改进措施的社会支出变成雇主们的营业支出。

② 霍兰德教授在他给李嘉图的《马尔萨斯的原理注释》所写的《导言》中引了这封信(1928 年版,第 88 页)。

在我们前面有一个经济过程，它是完全平衡的和极其适应于它的已知量的；然后让我们任意使它的某一因素或某些因素——譬如说某些价格或数量——发生某种变化；这种扰乱会产生立即的适应，某些适应又会产生进一步的扰乱；但最终，当什么都有时间来得到调整以后，会得到一个新的完全平衡的经济有机体状态，它又是极其适应于它的已知量的。[①]李嘉图显然认为：重要的事情是对照我们由以开始的那个"正常"状态的特征来研究这个新的"正常"状态的特征：用新的"不变的"收入、价格和数量去同旧的收入、价格和数量比较。后来开始用"比较静态学"一词来称这种方法（参阅后面，第四编，第七章，第 3 节）。它自然包含有这样两种意思，一种意思是：这个体系在走向新的"正常"状态时所必须通过的一系列中间的或"过渡的"状态，并不影响这种新的"正常"状态，也就是说，新的"正常"状态只随旧的"正常"状态和扰乱的性质为转移，而不随一系列过渡状态为转移；另一种意思是：过渡状态至少就下面的意义来说是比较不重要的，即它们并不向分析者提出任何很使人感兴趣的问题。

西斯蒙第像亚当·斯密和李嘉图一样不加批判地承认，这样一种均衡状态（他使用了"均衡"一词）最后是会出现的。但是他坚决认为，通向这种均衡的道路可能非常漫长并须经历非常严重的动乱——他说是"可怕的灾难"——致使分析家

① 事情决不总是这样，即使是这样，也需要证明，而证明是会带来许多伤脑筋的问题的。此刻我们先不去管这一点，就像李嘉图自己也不去管它一样。

实际上不可能立时处理非主要的现象。到这里为止,一切还好。马尔萨斯(独立地)做了同样的事情。但是西斯蒙第向前迈进了一步,也许除魁奈外,他无须和马尔萨斯或任何其他人分享由此而带来的荣誉。他认识到,过渡现象是经济过程的本质,因而不仅同经济过程的实际问题有关,而且也同有关经济过程的根本理论有关,其所以如此的最重要的理由是:经济过程是同某种序列拴在一起的,后者将排除某种适应形式,并坚持其他的适应形式。举一个例子就可以说明。如果产生于某一生产过程的货币收入总是用在同一生产过程所生产的产品上,我们就有理由相信,[①]公众的"购买力"和所生产的货物和劳务,除有个别误差外,会永远彼此相当,从而,至少是作为一种可能性,后者总是能够按照成本价格出售。然而,假设经济过程是按下面的方式分成许多时期的:任何一个时期 t 的货币收入都产生于某一生产过程,该生产过程的产品在 t+1 时期出售;这笔货币收入是在 t 时期中用在 t-1 时期的产品上面的。在这种情况下,我们就没有理由相信收入与产品在前述意义上是相当的,因为 t 时期的货币收入是由在 t 时期作出的决定造成的结果,而在 t 时期提供的产品则是由在 t-1时期作出的决定造成的结果,因而可能是在不同的情况下作出的决定——这个事实显然可能是适应总遇到困难和经常附带产生新现象的根源。这个例子过于简单化了,并且在

① 这个条件是不充分的。但是,为了使我的论点尽可能地简单,我在此处暂且不注意这一点。

其他方面也是不现实的。但它足以表明，经济过程是一种由许多周期和滞后组成的体系，单单由于这一点，就包含了许多问题，对于李嘉图经济学或同一类型的任何其他经济学来说，这些问题的确是不存在的。注意到这一事实并试图解决这些问题的分析，称为动态分析。以后我们将要谈论它(第四编第七章和第五编)。现在我们要中断这一论证，因为它除了说明西斯蒙第的分析的显著特点以外，暂时没有其他用处。

我们刚才谈到的事实，早已是尽人皆知的。从重商主义的时代起，就能够列出一长长的分析著作的单子，这些著作都包含有一些动态因素，尽管是无系统的、初步的。甚至李嘉图也会列入这个单子中。但是西斯蒙第的伟大功绩是：他系统地、明白地使用了时期的图式，也就是说，他第一个应用了这种称为时期分析的特殊动态方法。而且，他清楚地看到了这样做所造成的差异，特别是看到了从下述事实产生的扰乱、矛盾和障碍：经济生活是受到序列的制约的，序列的每一个单位均为过去所决定，它本身又决定着未来。同时，这种伟大的分析上的功绩却是他的唯一功绩。他像运用他的其他观念一样，非常笨拙地运用这一工具，以致严重地削弱了它的用处。而他用来反对李嘉图的体系和为他试图用来代替这一体系的命题辩护的所有其他论证，在技术上又错误百出，以致使得李嘉图派很容易对付它们，甚至不去认真地对待他。这样，在我们面前再次出现了这样一种情势：一个人是被正当地打败了，但在另一种议论水平上，这个人却是对的。李嘉图派对西斯蒙第的看法，在十九世纪后半叶的非李嘉图派中间也很流行。

一些人欣赏他的强烈的社会同情心，欣赏他发现了资本主义过程中的障碍，但这些人的喝彩，就科学经济学而论，并不足以抵消李嘉图派的看法——对于有资格的理论家来说，这种喝彩毋宁是具有这样的性质：证明了对他的批评。[①]

萨伊在法兰西学院[②]主持的政治经济学讲座，后来由意大利的罗西接替，罗西由谢瓦利埃[③]接替，谢瓦利埃又由他的女婿保

① 作为西斯蒙第在技术上无能的一个例证，我请读者去看他在《新原理》第一卷第 374—384 页的数字论证。西斯蒙第正确地觉察到，他的时期分析大大地削弱了关于自由竞争的"古典"论证。但是他试图用一个数字实例来表明竞争是怎样导致停滞的；而他的数字实际所表明的恰恰是相反的东西——它们显示了一般可以避免障碍的那种机制。

② 法兰西学院既不是一个美国的所谓学院，也不是一个美国的所谓研究院，虽然略微有点像后者而不像前者。任命担任这个讲座意味着对于被任命者的领导地位的承认，而不是提供一种鼓舞和指导研究的机会。讲课是对广大公众开放的，有时候也有上流社会人士参加。

③ 米歇尔·谢瓦利埃(1806—1879)无疑是那个时期最杰出的经济学家之一，以英法科布登-谢瓦利埃商业条约(1860 年)中的谢瓦利埃而闻名于世，这个条约签订之后，在法国和若干其他国家间又订立了许多半自由贸易的条约。他的各种活动——常常是为法国政府服务的，但决没有屈从它——产生了数量相当可观的有价值的资料性著作，偶尔也产生了异常不中肯的预言，例如黄金的价值会跌落(在 1859 年!)，普遍的自由贸易在十九世纪终了以前会实现。那种资料工作可以用他的《北美书信集》(1836 年)和他的《法国的物质利益》(1836 年)作为例证，这些都是那种类型的典范。可是，人们应当预料到，由于缺乏时间，这样一个人对于分析经济学的器械的效率是不能有所贡献的，而一部分析经济学史之所以必须提到他，主要是为了说明为什么那种器械在几十年中得到的改进是那样的少。并不是因为经济学家们是不能干的。例如，谢瓦利埃毫无疑问是一个非常聪明的人，他的资料分析工作，如果可以比较的话，我们中间有许多人会把它放在纯粹分析家的资料分析工作之上。但是献身于经济学的许多能干的人的全部精力，完全花在了当前的实际问题上——投入了可以同原始狩猎相比拟的一种生产过程之中。谢瓦利埃的系统性著作：《政治经济学教程》(1842—1844 年第一版；1850 年增加了《货币》，一卷)，可悲地证明了这一点，这是他在法兰西学院讲演的果实，严格地只触及事物的表面，不过就这种著作来说，它还是值得赞美而不宜加以鄙视的。

尔·勒鲁瓦-博留接替，后者的事业实际上包括了整个下一时期。这种主讲人的继承是应当注意的，因为这也是一种精神和学说的继承。诚然，在最高水平上，萨伊的真正继承者是伟大的瓦尔拉。但是，在一个不那么高的水平上，在"应用"经济学、对经济政策的态度、制度安排方面，以及在经济理论的较低层次上，这些人（罗西不及另外两人）可以看作是萨伊的信徒，是这样一个学派的核心，这个学派如果我们把它从 1803 年即萨伊的《概论》刊行之年算起，享有大约一个世纪的历史。我们将在下一编讨论这个学派。在此刻，除了注意这个有趣的事实本身之外，我们只限于作出以下的评论。第一，就非社会主义的经济学而论，这个学派直到下一个时期才遇到强大的反抗。在我们所讨论的这个时期内，以及稍稍超过一点，它居于绝对统治地位，特别是控制着专业杂志和学府，还有政治经济学会，后者同《经济学家杂志》一样，是在 1842 年创立的。第二，这个学派和它的所有成员——部分地，正如上面提到过的，由于在 1848 年以前存在着一种对资本主义社会的强大的社会主义威胁——都具有强烈的自由放任意义上自由主义倾向和反国家主义倾向。[①] 现代批评家对于他们的敌视，包括对萨伊本人的敌视，自然是起因于此，但无需指出，这些人的贬毁是非历史的。第三，这个学派的许多成员都具有高尚的人格、超群的智力和处理实际事务的丰富经验。但是，第四，部分地由于他们的崇尚实

① 可是，它的成员中有一些人，谢瓦利埃也包括在内，在少年时代曾迷恋过圣西门主义。

际的心性和把注意力过多地集中在经济政策上，他们对纯粹的科学问题缺少兴趣，从而在分析方面几乎是毫无成就。在现代激进派看来，他们这个集团的存在本身就是一种“进步”的阻碍。从一种完全不同的观点和从一种不同的意义来说，它在我们看来也是如此。

但必须再提到一些人来作为进一步的例证。首先，我要提到两个超出其余的人之上并且显示了这个学派的最大优点——虽然他们也显示了它的弱点——的人：迪努瓦埃（1786—1863）和库塞尔-塞纽尔。[①] 其次，我们要提到 J. A. 布朗基和约瑟夫·加尼埃，这两个人都是卓有功绩的研究者，在他们自己的时代和在后来都

① 两人都是可钦佩的，他们总是毫不妥协地主张他们所认为的他们国家应采取的正确方针！但是，尽管我们在夏尔·迪努瓦埃的《论劳工自由》（1845 年）一书中可以看到真正的才气和强有力的道理结合在了一起，但我们却不能把它列为一种科学成就。就连社会主义者也会同意以下看法：迪努瓦埃的每一句话都是受意识形态影响的，都是用来达到某种“辩护”目的的。但我们自己的判断却不是基于这一点。假如是那样的话，我们实际上就得把同样受到意识形态影响的所有社会主义著作一律排除在外。这部著作不论是对于我们的知识还是对于我们对事实的掌握均无所增益。J. G. 库塞尔-塞纽尔（1813—1892）的情况则有所不同。他的《论政治经济学的理论与实践》（1858 年）、《论工商农业企业的理论与实践》（1855 年）以及《论银行业务的理论与实践》（1853 年）——只提提一个忙人的学术成果中的几个——是这种类型的著作的典范，并且也起到了典范的作用。即使我们不重视他所作的初步图解或他在名词术语上的某些不成功的革新（他把经济理论称为 plotology，把应用经济学称为 ergonomy），在他的著作中也有着对于经济事务的透彻理解，这是从亲身的直接经验得来，而我们在现代文献中所如此感到缺乏的。同时，我认为除了下面这一点之外，我们不能为他多作辩护。他的著作是我们说过多次的一个真理的例证：做一个优秀的经济学家是一回事，做一个理论家又完全是另外一回事。

取得了成功:[①]两人,尤其是加尼埃,一直被人援引着。第三,还有德斯蒂·德·特拉西,他也是过于经常地被援引的,虽然主要是在他自己时代的文献中,所以完全可以忽略过去。[②]另外还有几个

---

① J. A. 布朗基(1798—1854),是那个"专搞暴动的"革命家 L. A. 布朗基的兄弟,也是萨伊在国立工艺美术学院主持的那个讲座的继承人。他主要是以其《欧洲政治经济学史》(1837 年)而著名,这是一部有趣的资料汇编,之所以在国际上取得了成功,是因为它确定很有用。比此书重要得多的,是他的《商业和工业史纲要》(1826 年)以及他对劳动经济学的研究;在我看来,考虑到出版年代以及当时所能利用的资料,《商业和工业史纲要》一书所作的概括是非常审慎而卓有成效的。约瑟夫·加尼埃(不是孔德·日尔曼·加尼埃,此人主要是以 1802 年翻译出版《国富论》和作为一个过时的重农学派而著名,无需占用我们更多的时间)是布朗基的一个学生和亲密同事,是个诲人不倦的教师、学校行政人员和作家。他的获得了很大成功的《政治经济学大纲》(1845 年;从 1860 年起改称为《政治经济学研究》;我们还可以加上的 1858 年发表的《财政学大纲》,该书后来也发展成为《财政学研究》)之所以有趣,主要是作为穆勒以前的法国经济学的样本。他的《统计学大纲》也是由于这一原因而令人感兴趣。他所注释的马尔萨斯《人口论》法文版(1845 年)更为重要一些。之所以必须提到他,是因为有人说他享有国际声望,而从引证去判断,这样说不是没有理由的。在这里加上夏尔·冈尼尔(1758—1836)的名字或许是适当的,他也继续在那样一种理论文献中被引用,这种文献的作者认为,不管他们所要说的是什么,必须对就他们的题目发表过意见的以往的作家一一加以考察。他的《政治经济学体系》(1809 年),是一部早期的经济思想史,由于出版年代较早以及由于没有不加批判地附加当时流行的斯密和萨伊领导的自由贸易潮流而值得注意。他的《政治经济学理论》(1815 年)以其"现实"性或"资料"性而得免予全然不足取。

② A. L. C. 德斯蒂·特拉西伯爵(1754—1836)在拿破仑帝国(以及稍前和稍后)的知识背景中是个颇为重要的人物,是个天生的思想家,虽然造物主未能同时赋予他创造性。而且,他是在十八世纪的世界中陶冶出来的;他的思想受到人们的注意,有趣地表明了当时仍残存着十八世纪的思想,与此同时,他的思想本身也是一同样有趣的例子,说明十九世纪的思想是如何部分成功地与十八世纪的思想相适应的。在哲学方面,他属于孔狄亚克的传统;在政治方面,他是孟德斯鸠的许多继承人之一,尽管他对孟德斯鸠有一些重大的保留。他的构思宏大的《观念学纲要》(我认为最好的译本是苏

人将在有关的场合提到。但是以后将没有机会提到卡纳德和巴师夏。所以他们的名字最好也放在这里。

卡纳德的著作(N. F. 卡纳德,《政治经济学原理》,1801年,这是坎梯隆的《三种地租》的奇妙的复活)有时被列入对数理经济学的最早的贡献之中(凭着几个毫无意义的代数公式),如果不是因为有一件不幸的事情降临在它上面,它早就应当被人忘记了。这件不幸的事情是:它受到了法国科学院的"嘉奖",而这个科学院后来对库尔诺和瓦尔拉却未能给予任何承认。那些由于嘉奖卡纳德而更加痛切地感到库尔诺和瓦尔拉遭到忽视的参加奥林匹克竞赛的人,就报之以尖刻的侮蔑,这就使他具有了一种并不令人羡慕的不朽性:在科学人物史上,卡纳德必定永远有一席之地。可是,那本著作却并不是所有著作中最坏的一本。它对西斯蒙第产生了一定影响。

弗雷德里克·巴师夏(1801—1850)被冷酷的批评家们弄

格兰文译本《道德哲学体系》)于1801年开始出版,《论意志》是它的一个分册。这部未完成的著作的另一个分册是一部有关经济学的论著,1823年以《论政治经济学》这一书名重新出版。适当考虑到这部论著——它属于萨伊一派——作为其构成部分的那个宏大整体,我不得不承认,我在这部论著中只能发现以下一个显示出其特色的东西:德斯蒂·德·特拉西并不是一个一无足取的哲学家。他很注重逻辑的严密性。因此他坚持所提出的概念要简洁。他的定义之一——生产意味着形式或地点的改变;拉姆赛加上了时间——已为一些英国经济学家所接受。但是,由于强调生产的所谓物质方面,它模糊了经济的方面。他还坚持价值必须用一种价值单位来测度,测度的要旨是把需要加以测度的东西去同选定作为单位的一定数量的同一种东西比较(例如,长度是用米测度的)。李嘉图赞许地引证了这种说法,但它是误人的。可以援引其他的例子来表明,他关于逻辑基础的先入之见,虽然本来是可以产生有用的结果的,但却始终是一无所成。

得过分突出了。但那只不过是这样一件事情：一个游泳者，在浅滩上玩得很痛快，然后走到了深处而被淹死了。巴师夏是个坚定的自由贸易论者和自由放任的积极支持者，由于写了一篇漂亮文章《英法关税对两国人民未来的影响》(载 1844 年《经济学家杂志》)而名声大振。这篇文章恰恰符合了一个小小的巴黎自由贸易集团的利益，他们当时正在企图仿效科布登在英国开展的宣传鼓动。他随后写出了一系列的《经济诡辩论》，其活泼的才智——蜡烛制造商和有关的行业请求保护，以免遭受太阳的不公平的竞争，如此等等——在有关自由贸易的表面论证之上运用自如，使后来许多人读了为之解颐。巴师夏创办了法国的自由贸易协会，开展了大量的活动，不久就把他的轻炮对准了他本国的社会主义者。到这里为止，一切还好——或者无论如何是不关我们的事。他的名字为同情者所赞扬，为反对者所辱骂，是很可以作为有史以来最有才华的经济新闻工作者而留传后代的。但是在他的生命的最后两年中(他的狂热的生涯只包括 1844—1850 年)，他却从事了一种不同的工作，《经济和谐论》的第一卷于 1850 年问世。请读者理解，巴师夏对无限制的自由放任的信心(他的有名的“乐观主义”)——或他的社会哲学的任何其他方面——与在我看来似乎是强加的不好的评价毫不相干，虽然在他遭到的批评中，大多数是由这种信心引起的。我个人甚至认为，他一味强调阶级利益调和，同一味强调阶级利益对立比起来，如果有什么不同的话，那就是不那么傻。也不应断定，在这本书中根本没有什么好的想法。可是，它的缺乏推理力，或者无论如何，它的缺乏运用经济分析器械的能力，使得它在此处无权请求受到重视。我并不认为巴师夏是一个不好的理论家。我认为他不是一个理论家。这个事实必然在实质上是一种理论上的冒险事业内反映出来，但并不影响他的任何其他功绩。我并没有谈到关于指控他剽窃凯里的事，这是凯里本人主张的，然后又由费拉拉和杜林提出。既然在这本书中我无论如何也看不出有什么科学的功绩，这个问题对本书说来就不重要了。但对它确实感兴趣的读者，可参考E.泰尔哈克教授在《美国经济思想的先驱者》（英译本，E. A. J.约翰逊教授译，1936年）一书中对它所作的公允的、博学的处理。泰尔哈克的论证相当成功地证实，许多初看起来似乎是无法解脱的剽窃，乃由于巴师夏和凯里两人共同使用法国资料所致。巴师夏的附有传记的《全集》曾发行第二版（1862—1864年）。

至于其余的人，我们应满足于提及一本我认为是"古典"经济学的最好教科书，即谢伯利兹的《概要》。①

5. 德国

在我们图画的德国部分中，我们首先看到的，是旧"官房学派"的传统——德国顾问行政官的传统——在亚当·斯密的影响下正处于部分转变的过程中。《国富论》虽然在出版以后立即首先译成

① A. E.谢伯利兹（1797—1869），瑞士人，在训练上以及在他一生中的一部分时间内在职业上是一个律师，后来成为一个政治家和经济学教授；他起初是一个政治科学家而不是一个经济学家。当他认真转到经济学时已经年逾四十；他从来没有发表过任何有创造性的东西。但是他长于解说，而他的《经济科学概要》（1862年）也值得予以注意，是那个时期教科书文献中的佼佼者。它取得了很大的成功，但同其功绩相比还很不够。

了德文(1776—1778 年),却需要经历一定的时间才能产生影响。政治学界开头并不很喜欢它,并且,正如前面已经提到过的,有些人倾向于把斯图尔特的《原理》摆在它的上面。但在 1800 年左右他们经历了一次彻底的改宗,首先是少数人、不久就是大多数人变成了狂热的斯密派。这比起最初的抗拒来,事实上在他们是更为自然的,因为,正如也提到过的,他们自己的思想在这以前的许多年中也在沿着同样的路线移动。

胡菲兰德、冯・雅各布、克劳斯和冯・索登的著作足以作为这种斯密官房学说的例证:戈特利布・胡菲兰德(1760—1817)著有《国家经济学的新创立》(1807—1813 年;第二卷,论货币,是相当有趣的);L. H. 冯・雅各布(1759—1827)著有《国民经济学原理》(1805 年,后来曾加以扩充和改进);C. J. 克劳斯(1753—1807)著有《国家经济学》(1808—1811 年);F. J. H. 冯・索登伯爵(1754—1831)著有《国民经济学》(1805—1824 年)。雅各布和克劳斯也是哲学家(康德派)。他们四个人全是这样一种意义上的斯密派:几乎他们的全部经济学思想和经济学著作都是从《国富论》吸取营养并随它转移的。克劳斯是个有影响的教师,把自己的看法灌输给了许多未来的公务人员①,他盲目而狂热地崇拜《国富论》,把它说成是唯一"真实的、伟大的、高贵的、仁慈的体系",并把它同《新约全书》相提并论。胡菲兰德和雅各布虽然也是十足的斯密派,却不曾走得那么远;冯・索登更要独立一些。他对亚当・斯密的批评并没有打中要害,但是他偶尔也遵循自己的路线。特别是,他初步提出了这样一种后来由李斯特加以发展的想法,即对外贸易或任何其他政策的真正目的,与其说是要直接增进福利,毋宁说是要开发国家的生产资源,这是

① 在这些公务人员中,有些参与了施泰因与哈登堡的立法。这样,在《国富论》与那位普鲁士改革家冯・雅各布之间就存在着一种很有趣的关系,后者不但在哈雷大学任教,也在哈尔科夫大学任教,曾担任圣彼得堡的一些官方委员会的顾问,颇有助于在俄国传播斯密的学说。

一种"重商主义的"观点,不仅对建议来说是重要的,而且对分析来说也是重要的。他们四个全是颇为著名的人物,我准备着为我的选择辩护。但是读者应当明白,列举另外几个人也同样可以很好地达到目的。

还应加上两个人,尽管这两个人通常不被看作是德国经济学家。一个是G. F. 比凯-朗格瓦伯爵(1781—1851),这是个非常有意思的人:奥地利的大贵族,非常富有,非常激进(在一大把年纪时参加了1848年的革命),是许多学科的具有天赋的业余爱好者,而且至少在两个学科(理论力学和经济学)中要高于业余爱好者的水平。在他的著作中,有《国民经济学理论》(1815年;1816—1819年数度补充),和一本关于货币与货币政策的小册子,题为《一种真正国民信用的基础货币》(1819年),两者均以斯密的学说作为其基础,但包含了几个富有创造性的有趣建议,其中有管理纸币一项。我认为,忘记这个人和他的著作是不公道的。

另一个要加上的人运气比较好些,由于在他那时代在英国和法国被讨论过,他在我们这门科学的历史中占据了一席之地。这个人就是H. F. 冯·施托尔希(1766—1835),虽然从种族和所受的教育上说他是个德国人,但由于他一生在俄国政府部门中工作,所以常常被当作俄国人。这里应当首先提到他关于俄国的历史统计研究(特别是:《十八世纪末俄罗斯帝国的历史统计图画》,1797—1803年)。我曾经匆匆翻阅过这九卷书,但是没有资格判断,究竟施托尔希是否已经完全充分利用了他的资料。关于他的系统性著作(《政治经济学教程》,1815年)和他在收入分析方面的尝试(《国民收入性质的考察》,1824年),应当指出:前者注重事实的倾向及其中所包含的伦理的口头禅,不能证明学说史家把他归入后来的历史伦理学派——作为一个成员或是作为一个先驱者——的习惯是对的。他并不比亚当·斯密更加“注重事实”，而在方法论上把他同他的英国同时代人划分开来，只不过是使得轮廓线模糊起来罢了：西尼尔所做的资料工作是在各个皇家委员会的报告中而不是在他的《政治经济学》中，但是没有理由来谈在两人之间存在着不可调和的方法论上的差异。如果施托尔希怀疑过表述经济现象的普遍规律的可能性，那么，他之所以怀疑在一种意义上乃是西尼尔和约翰·穆勒衷心赞许的，这种意义是，具体的经济现象，作为历史上既定的东西，是不遵循简单的和普遍有效的规则的。至于其余，他的分析最好是用“批判的斯密主义”一词来加以描述：他的基础和概念器械在实质上是斯密的，但是施托尔希在若干重要之点上同斯密和萨伊二人均有不同的看法。特别是在收入分析方面。施托尔希具有某种权利，可以要求同劳德戴尔、马尔萨斯和西斯蒙第一道，列作凯恩斯主义和后来断断续续地表现出来的相同趋势的一个先行者。可是，如果我懂得他在《考察》一书中的论证的话，其中并没有多少东西：像所有这方面的作家一样，他忽视了——而其他人则过分强调了——资本主义过程中的均衡机制。但是我们将要回到这一点。在此刻，我想叮嘱读者不要忘记这个人：虽然作为一个理论家他的地位不是很高，他却是一个重要的人物。

斯密主义，日益增多地带点（常常是被误解的）李嘉图的味道，消除了十八世纪行政政策中的一些较为陈旧的东西——这就是普通德国经济学直到甚至稍稍超过我们所考察的这个时期的末了所具有的特征。这种文献采取了教科书的形式，劳[①]的著作在几十年中证明是令人满意的。但是在这个水平上高高地耸立着两个具有卓越才能和力量的人物的成就，这两个人就是赫尔曼和曼戈尔特。为了尊重德国经济学史家的一个奇怪的习惯，还应加上伯恩哈德。

考虑到杜能和马克思遵循着他们自己的道路，这种道路离开普通德国经济学很远，我们可能倾向于怀疑 F. B. W. 冯·赫尔曼(1795—1868)的声望，其理由是他由于没有竞争而卓然独立。这种怀疑是有些道理的。然而，他的《国家经济学研究》(1832 年；增订版，1870 年；重印 1924 年)，虽然在科学史上没有地位，但同给予它的许多恭维(甚至 A. 马歇尔也恭维过它)却是大抵相称的。赫尔曼的判断力很强，从而为他节省了别人花在怀疑"抽象方法"等事情上的一切精力，而他那敏锐而有条不紊的头脑又能使他自如地运用经济理论的基本原理。考虑到他的著作的出版年代，他的方法是既简单又值得称赞的：他从"供给与需求"开始，进而考察隐藏在后面的决定因素。他的清晰的概念化完成了其余的工作，而成功是

① K. H. 劳(1792—1870)，起初是埃尔兰根大学然后是海德堡大学的教授，肯定具有健全的常识、渊博的学识和一般的才能。但是，如果编撰一部成功的教科书还需要什么其他品质的话，他一定也具有那种品质。他的《政治经济学教科书》(1826—1837 年：第一卷，理论〔"规律"〕；第二卷，应用经济学，或经济政策；第三卷——最好的一卷——公共财政)多次再版，但最能说明其巨大成功的还是以下事实：阿道夫·瓦格纳认为它还值得加以改造，而不需要用一本崭新的教科书去代替它。作为一个教师，劳在经济学史中应当居于很高的地位，尽管对于他写的教科书，我们只能说以下好话：它把极为丰富的事实整理得井井有条——它正好是未来的律师或文官们能够并愿意吸收的东西。

很大的：人们一般没有认识到，他的著作意味着越过李嘉图跨出了一大步。这就足以一般地表明他作为一个理论家的功绩的特色。但是这还没有道出他的（统计和其他方面的）资料工作的价值，也没有公平地评价他这个人，他作为一个政治家、文官和教师，在德国的形成年代留下了自己的足迹。

汉斯·冯·曼戈尔特（1824—1868）的名气要小得多。但是，这位文官和教授（在格廷根大学和弗赖堡大学）在我们这门科学中是这个世纪最重要的人物之一。除了他的关于萨克森工业的历史著作而外，我们还应提到他的另外两部重要著作：《关于企业家收入的学说》（1855 年；该书实质上提出了一种关于企业家收入的能力地租理论）和《国民经济学大纲》（1863 年；第二版在他死后于 1871 年发行，把其中最有创造性的因素删去了，即曼戈尔特为国际价值理论设计的几何器械；但是埃奇沃斯又使之重见天日）。

特奥多尔·冯·贝恩哈德（1802—1887）的出名，系得力于罗雪尔的德国经济学史。我之所以含含糊糊地把列举他的名字的习惯称为一个奇怪的习惯，是因为实际上没有经得起考察的理由要这样做。所谈的这本书的名字我最好是译出来：《评人们为支持大地产和小地产所列举的各种理由》（1849 年）。贝恩哈德是个具有广博文化修养和丰富经验的极为聪明的外行人，他对这些理由的讨论无疑是很高明的。但并不是这一点引起了罗雪尔的兴趣。贝恩哈德把他的题目放在了这样一个宽广的——并且是外表美观的——框架里，即对产生英国"古典"学说的社会与经济背景作一般性考察，这种考察自然十分成功地表明了英国古典学说的历史和社会学具有相对性，其有效性也是有限的，但是也表明了贝恩哈德没有能力认识到，有关实际问题的看法或建议与一般原理之间是有区别的。

既然杜能和马克思（如果后者真的能称为德国经济学家的话）放在别处叙述，剩下来的就一方面有李斯特和洛贝尔图斯（说杜能、马克思、李斯特和洛贝尔图斯全都是非职业经济学家，也许稍微有点使人感到不安）；另一方面有罗雪尔、希尔德布兰德和克尼斯，即所谓旧历史学派的成员。

弗里德里希·李斯特（1789—1846）在他本国同胞的看法上和感情上都处于一种伟大的地位。这是因为他成功地说服了德国各州建立关税同盟，而这正是德国国家统一的萌芽。这种同盟对德国意味着什么，是不能被那些幸运的国家的人民所理解的，因为对于这些国家来说，国家生存的权利和国家的野心是理所当然的事情。也就是说，李斯特像所有那些从事漫长的艰苦斗争从而名垂史册的人们一样，是一个民族英雄。我丝毫无意去批评这种态度，除了一个方面以外，我也丝毫无意在任何其他的方面不给李斯特以赞美，只是这个方面不幸恰好是在本书中有价值的唯一方面。不过，即使作为科学经济学家，李斯特也具有伟大的因素之一，即关于国家形势的伟大想象力，这种想象力本身虽不是科学成就，却是取得某种科学成就——在我们自己的时代，凯恩斯就是取得这种科学成就的突出代表——的先决条件。李斯特也不缺少那些必须专门用来补充想象力以便取得科学成果的必要科学条件。他的分析器械实际上对于他的实际目的来说，是非常够用的。但这种分析器械的个别部件并不是特别新颖的。

李斯特看到的是一个国家正在最近的悲惨过去所强加的桎梏中挣扎，但是他也看到了这个国家在经济上的全部可能性。因此，国家的将来乃是他的思想的真正目标，现在只不过是一种过渡状态罢了。他认识到，在这么一种实质上是过渡的状态中，当政策是联结在处理被想象为实质上是永久的一系列现存状况的任务上时，它们就失去了自己的意义。这一点他是用他的"阶段"学说来表达的——就他的教育宗旨来说，这是一个巧妙的设计，但它本身只不过是十八世纪的一个古老观念。其次，他(像索登一样)认识到，强调国家的将来会限制从现在着眼的福利方面的考虑。这一点他是用他的"生产力"学说来表达的，同在一定的生产力水平下所能创造出来的消费品相比，生产力在他的体系中处于尊崇的地位——作为一种教育手段，这也不是不巧妙的，但它只不过是一个没有解决的问题的标签罢了。最后，就他在经济政策方面对德国舆论的教育所作的最有名的贡献来说，有幼稚工业论，这显然是汉密尔顿的东西，是李斯特在美国逗留期间所吸取的经济智慧的一部分。从美国回来后，李斯特完全美国化了，以致实际赞成发行银行券来筹措铁路建设资金，实际这样做的只有美国这个很难说做得十全十美的先例。应当顺便提到，从李斯特保护贸易的论点可以得出自由贸易的论点：如果这一点不明显，我们可以指出下述事实：约翰·穆勒接受了幼稚工业论，显然认为它是合乎自由贸易的逻辑的。[①]

这样，我想，就对李斯特的分析天才和成就作了公平的估价，同时也把它缩小到了它固有的比例。那些坚持要把他们的英雄变成一切可以想象的功绩的所有主的人，是在用造成虚假历史的虚假关系来表现他的思想。他是十八世纪思想的继承者。他是浪漫主义的产物。他是经济学历史学派的先驱。这一切说法只不过是意味着：每一个人都是在他以前所发生的一切事情的继承者，又是在他以后将要发生的一切事情的先行者。他是一个伟大的爱国者，一个目标明确的有才气的新闻工作者，和一个把似乎可以用来补充他的想象的一切东西调节得很好的能干的经济学家。这还不够吗？在他的全部著作中，《美国政治经济学大纲》（1827 年）是我们最感兴趣的，因为该书展示了李斯特最早的体系。由此而产生的他的成熟著作《政治经济学的国民体系》（1841 年；英译本，1885 年），尽管有上面所有那些评论，仍不失为一部褒义上的古典著作。他的著作的一个新的综合版本（《著作，演说，书信》）已由德国李斯特协会出版（1927—1932 年），该协会还出版了《李斯特原稿》。

约翰·卡尔·洛贝尔图斯（1805—1875）的名气也有些是由环境造成的：一方面，他不曾遇到如果他在英国会遇到的那种竞争或批评；另一方面，虽然他不理睬阶级斗争和革命，并

① 可以附带地说说，称李斯特的计划为“民族主义的”或“帝国主义的”，是在玩弄这两个词的双重含义。

且从根本上说是一个保守的君主主义者，但他却鼓吹一种大部分公众所能接受的国家社会主义。至于其余，包括体力劳动者对全部工业产品的自然权利（根据自古以来的理由：一切商品都只是体力劳动的产品或所值），都不关我们的事。但是应该提到某些建议，因为它们有助于说明产生这种建议的分析。洛贝尔图斯认为，只是由于制度的形态才使得劳工被剥夺了"自己的"一部分产品，这个命题反映在他的下述建议中：用例如课税（在那个时代的自由主义世界中，这是利用课税达到非税收目的的首批建议之一）这样的国家行动去改变这种制度形态；不但要规定价格和工资，而且还要规定财产收入。他的地租理论反映在曾在德国发生某种实际影响的一个极为切实的建议中，即建议用只体现年度支付权的抵押去代替那种体现资本要求权的抵押。他的贫困和商业循环理论反映在一项听起来很时髦的建议中：即用重新分配收入的办法来消除贫困和商业循环。

洛贝尔图斯的分析图式可以最简要而又最有效地叙述如下。从根本上说，他是个李嘉图派，就同马克思是李嘉图派的意思一样。他在分析上作出的努力，是沿着某一方向发展李嘉图学说的努力，在本质上同马克思的努力是平行的，虽然是彼此不同的。根据出版的年代，马克思可能从洛贝尔图斯那里得到过启发，特别是在一切非工资收入的一元概念上——马克思的剩余价值和洛贝尔图斯的"地租"——这是两种图式的一个特征。可是，总的说来，洛贝尔图斯的榜样最多也只能教导马克思怎样不去着手进行他的工作，和怎样去避免最大的错误。因此，并且还因为马克思的理论发展在我看来是自然而然地产生于李嘉图的系统表述的，这种表述指出了马克思的理论发展所应有的方向，所以我认为没有任何令人信服的理由可以怀疑恩格斯的看法，恩格斯认为马克思并没有从洛贝尔图斯那里“借用”什么东西。

称洛贝尔图斯为李嘉图派，自然是限定了他所具有的创造性。此外，对于任何一种剥削理论，W.汤普逊都有优先权，对于洛贝尔图斯的劳动券(货币)，欧文则有优先权。[①] 但两者都没有什么了不起。读者为了自己的方便，应当把下面三点记在心里，我预先在这里提到它们，是因为它们特别说明了洛贝尔图斯建立理论的能力的特色：(1)他的地租理论是完全站不住脚的；[②] (2)他认为，随着资本主义的发展，劳工在国民收入中所占的份额将日趋减少，这种理论在事实上和理论上都是无法为之辩护的；(3)他的消费不足危机理论本来是不值得讨论的，但不幸人们却讨论得很热烈，这种理论是建立在下述命题之上的：由于(2)，劳工不能购回其产品的一个足数量，结果必然定期地造成生产过剩。西斯蒙第有一些段落似乎指向了同一方向，但他实际上做得要比洛贝尔图斯好得多。洛贝尔图斯的最重要的著作是：《对我们国家经济状况的认识》(1842 年)；《致基尔希曼的社会书信》(1850—1851 年；英译本名为《生产过剩与危机》，1898 年；第二版，1908 年)；《现代地产信用券的说明及其补救》(1868—1869 年)。我们感兴趣的其他著作，已在他死后接连发表，其中包括一些书信，这些书信对某些重要问题作了澄清。有关洛贝尔图斯的文献浩如烟海，大部分是德文的。我只提一下 H.迪策尔的《卡尔·洛贝尔图斯》(1886—1888 年)，该书作者具有很强的分析能力，从而弥补了由于它出版较早而缺乏资料这一缺陷。洛贝尔图斯之所以在十九世纪最后二十

① 对欧文和洛贝尔图斯两人来说，并且按照实质方式，劳动单位不只享有金本位制度下黄金单位所享有的地位，而且这种劳动货币的机制还可以“纠正”价值。

② 这里指的是通常意义的地租而不是洛贝尔图斯所说的地租，后者等于利润加利息加地租。

年受到人们注意，乃是由于 A. 瓦格纳的吹嘘。

把"经济学历史学派"这一概念限制在古斯塔夫·冯·施穆勒的时代和集团（参阅后面，第四编，第四章）上面，对于真实地了解经济学的发展情况是有利的，其理由将在下面提到。这含有这样的意思：谈论"旧历史学派"并不是一个好习惯，这个名称主要是在反对施穆勒的"历史主义"的论争中使用的，它用来表示这样一群作家，他们虽然了解历史研究的重要性，却没有表现出对"理论"的敌视。我认为，这样一种立场并不构成一个显著的特点，而在这一方面常常提到的经济学家，也没有从任何有用的意义说形成一个集团，更不要说形成一个学派了。但是我们必须注意这些经济学家本身：希尔德布兰德、克尼斯和罗雪尔。希尔德布兰德[①]是个异常活跃并具有相当影响的人，从历史学派这个词后来被大家所接受的真正意义上说，他最接近于是一个历史派经济学家。克尼斯是德国经济学中最重要的人物之一，我们将在考察下一时期时提到他，他的主要著作属于那个时期。可是，这部著作是在经济理论的领域之内，而他能在旧历史学派中占有一席之地，依靠的是一种

① 布鲁诺·希尔德布兰德（1812—1878）的主要著作《现在与将来的国民经济学》（1848 年；格里希新版，1922 年），对自然法概念（从使得经济规律在认识论上同自然科学规律相类似的意义上说）表现出了敌意；它强调经济学的道德科学性质（他用的是"文化科学"一词，与自然科学相对立），强调在施穆勒学派的纲领宣言中以及在文德尔班和里克特的社会科学方法论中重现的其他特征。此外，他还从事历史研究工作。但是刊登在他于 1862 年创办的《国民经济与统计年鉴》第一期开头的他自己的纲领宣言，却是以宽容大度而惹人注意，显然不是用来发起或支持一个特殊的方法论党派的。无论如何，如果我们一定要想把他列为历史学派经济学家，也应当称他为施穆勒学派的一个先驱，而不是称他为那个根本不存在的三人小组的一员。

方法论上的信仰宣言，这种宣言本身虽然很有意思，但考虑到克尼斯本人的实践，却没有多大意义。克尼斯的方法论属于我们所讨论的这个时期，因而将在下面提到(第五章，第 2b 节)。罗雪尔[①]曾在莱比锡大学教了四十六年的书，除了这种教学活动所产生的影响之外，还要加上他的许多著作的影响。他的著作无一不具有很高的水平，全都充满了真实的学问和健全的常识，而在从事各种科学研究时，他那优雅而具有高度教养的头脑所表现出来的深刻理解力，则使这些著作对后代学者的用处，也许要大于更富创造性的著作。马克思曾对他加以没趣的戏弄。在一些人看来，罗雪尔像是前进的障碍。可是，大体说来，在那个时期很少有另外一个经济学家在德国内外受到那么接近于普遍的尊敬。那些想颂扬罗雪尔的作家，由于感到难于把创造性的结论归功于他，于是就试图在他的方法或门径上找一些创造性的东西。由此他便落入了这样一种境地：要么被看作是普通历史学派的“奠基人”之一，要么被看作是所谓“旧”历史学派的一个领袖。他常常谈到他的历史方法或观点，这就招致了上述结果。但是以后我们将要看到，这样说是没有多大意义的，而就他的分析器械而论，他应当列为英国“古典”经济

---

① W. G. F. 罗雪尔(1817—1894)是个勤奋不懈的人，著述甚丰，其中我们已经提到过《十六和十七世纪英国国民经济学史》(1851—1852 年)和《德国国民经济学史》(1874 年)，都是不朽的学术著作。我们可以为罗雪尔的著作开列一长长的清单，其中有两部经济学史著作以及几部经济史著作。这里我们略过这个清单中的所有其他项目，而只提提他的极其成功的著作《国民经济学体系》，读书共分五卷：《国民经济学原理》(1854 年；直到 1922 年还出了第 26 版；英译本 1878 年)、《农业国民经济学》(1859 年；第 14 版，1912 年)、《工商业国民经济学史》(1881 年；第 8 版，1913—1917 年)、《财政学体系》(1886 年；第 5 版，1901 年)以及《济贫制度与济贫政策体系》(1894 年；第 3 版，1906 年)。

学的一个非常有功绩的信徒，虽然是一个对历史的例证碰巧具有强烈嗜好的信徒。

我想，在上面的讨论中大体描绘了为我们的目的必须记在心头的那个背景的一切显著特点。在这样一种尝试中，不全面是不可避免的，这也无需多作辩护。但是尽管如此，似乎还得补上某些读者会感到缺少的三个名字。在讨论经济史观时，我已经提到了洛伦茨·冯·施泰因，因为他的最重要的著作全都是在这个时期内发行初版的，也许应当把他包括在这个概略之内。可是，我已经把他移到下一时期去了，因为他的影响是在十九世纪八十和九十年代大为增加的。同样的理由也使我把阿尔伯特·舍夫勒移到了下一时期。但是我将利用这个机会来简单地评论一下杜林，他摆在任何别的地方都不合适。

欧根·K. 杜林(1833—1921)由于视力迅速衰退以至完全失明而不得不放弃律师的生涯，于是一方面从事大学教学生涯，另一方面致力于学术研究，结果征服了一个广阔的领域，从数学、力学和普通理论物理学直到人种学、经济学和哲学。可是，真正值得赞美的——事实上几乎是难以令人置信的——功绩是：在那个广阔领域的几门学科内，他达到了取得创造性成就所必须具有的精湛程度。特别是，他出版了一部杰出的力学史(《力学一般原理批判史》，1873 年)，在被授予学术奖金时，评判员们作出了这样的奇妙评论，即该书的水平远远地超过了为获得奖金所必须具备的水平；而更重要的是，它为恩斯特·马赫所十分重视(参阅后者的《力学》第一版序言）。而且，在反形而上学和实证主义思潮的历史上，他也必定占有卓越地位。在另一个思想领域——同“哲学”一词的最初意义相当的那种人生哲学——中，他发展了一种态度或体系，我们可能喜欢它，也可能不喜欢它，但它却既有趣，又富有创造性（他称之为“人格主义”）。还有他的社会哲学——或社会改革体系——也应享有同样的评论（他称之为“社会学”；同洛贝尔图斯的社会哲学有些相似）。为什么这个重要的思想家遇到的尽是挫折，原因主要是他有一种既豁达大度又喜欢打架的脾气，由于进行凶恶的攻击，他实际上把他所注意到的一切个人和集团都变成了敌人。不过，他在本世纪二十年代经历了一次复活。其所以要说到这一切，是为了使人明白，对他采取不尊敬的态度是不恰当的，也是为了防止由于误会而产生的东西。

在经济社会学的领域内，确实有一项重要成就应归功于他，即这样一种部分站得住脚的反马克思主义理论：资本主义时代的许多财产关系，不是由资本主义的经济逻辑造成的，而是由超经济的政治原因作用的后果造成的。但是，既然我们把政治思想和政策建议排除在外，在其他方面就没有什么积极的贡献可供我们报道了。考虑到他在力学方面的成就，说也奇怪，他是个很糟的技术专家。他居然不知道以下这样一种论证在分析上的弱点：资本主义的财产关系（由于制度上的原因）使工人阶级维持在最低限度的生存水平上并使工人阶级得不到技术进步的果实（因此，国家必须插手来保证劳工得到应有的份额——又是一种同洛贝尔图斯相似的观点）。他对凯里有着无限的热情，而对巴师夏的剽窃则大发雷霆；但看得出来，他对凯里体系的优缺点毫无了解。既然这是同我们有关的，我们就没有机会再提到他了。在杜林的著作中，以下各种是属于我们的领域的：《国民经济学和社会学中的凯里革命》(1865 年);《资本与劳动》(1865 年);《国民经济学批判的创立》(1866 年);《国民经济学和社会主义批判史》(1871 年);《国民经济和社会经济教程》(1873 年)。参阅 E. 拉斯金:《欧根·杜林的经济与社会学说》,载《经济与社会学说史杂志》(1912 年)和 G. 奥尔布雷希特:《欧根·杜林……》(1927 年)。

6. 意大利

每一个国家的政治和行政结构,都反映在其科学工作的组织中。这样,像每一件事情一样,法国的科学工作是高度集中的。在英国,完全不同的情况造成了一种类似的结果:在包括经济学在内的每一门科学中,都有一个比较小的、紧密结合在一起的集团,在这种集团内,严格的选择使得真正重要的人物寥寥可数。这样的结构是容易描述的。德国经济学要分散得多,因而描述起来困难较大。意大利的经济学更为分散。我承认,在有限的篇幅内,我是没有能力绘出任何令人满意的图画的。关于在这个时期内在国民生活的各个中心所进行的经济研究,一般能够说的只是:它不论是同较早的贝卡里亚和维里时代的成就还是同较晚的潘塔莱奥尼和帕累托时代的成就都不是处在一个水平之上。这表现在许多方面,特别是表现在外国影响的统治力量上。亚当·斯密、马尔萨斯、李嘉图和萨伊所起的带头作用,无论是被接受或是受到批判,都是研究工作的起点和材料,这种研究工作虽然常常是富于才智的,但却是派生性的。因而当时人们对意大利过去的著作(库斯托迪编辑的《意大利政治经济学古典全集》共五十卷于 1803—1816

年出版)[1]和翻译外国著作(《经济学家丛书》第一辑和第二辑于1850—1868年出版)都表现出了特有的兴趣。考察可以得到的事实表明,在意大利经济学界颇多有能力的人士,因而上述现象更加值得注意。作为例证,我提两个特别引人注目的人物罗西和希阿洛亚,他们的经历也说明了为什么强有力人物的科学成就具有相对弱点(我们已经知道了这种原因,而它总是照例如此)。[2] 有两个例子表明了仅仅由于范围太广而产生的经济学成就上的相对弱点:瓦莱里亚尼和罗马格诺西。[3]

① 在西班牙我们看到有同样的现象:胡安·森佩雷-瓜里诺斯的《西班牙政治经济学丛书》于1801—1821年出版。

② 但愿我能给出一幅佩勒格里诺·罗西(1787—1848)的图画,他在许多政治活动中的失败,比起别人的成功来,更能显示他的能力。这个意大利人后来成了瑞士的宪法改革家和罗马法教授,后来又成为巴黎大学的经济学及宪法教授和法兰西贵族,后来又成为法国驻罗马的大使,后来又成为罗马教廷的首相。他的著作中有一本《政治经济学教程》(1840—1854年;第三卷和第四卷是在他死后出版的),该书的成功不是偶然的,但在一本分析史中,却不值得再提到它。该书各处表现出来的广阔眼界和实际洞察力,并不能改变这个事实:从分析上看,它是冲淡了的李嘉图主义加上一点儿萨伊。安托尼奥·希阿洛亚(1817—1877)写了一本不伦不类的东西《社会经济学原理》(1840年),可是却写得非常好,因而取得了相应的成功,此外再没有写什么了。但他出这本书时才23岁!一个能够完成这种功绩的人,如果不参加政治活动,不担任公职,不因此而被数次监禁,数次放逐,以及数次入阁,那他的成就会是多么大啊。

③ L. M. 瓦莱里亚尼(1758—1828)可以说是个博学者,在他那时代和在他本国很受崇敬。不过,他为经济学保留的那一点点精力在他的价格理论(《论全部商业活动中的价格》,1806年)中却运用得很好,这本来应教会西尼尔和穆勒如何运用供给与需求函数。意大利的历史编纂学认为他(和希阿洛亚)在经济学中首次使用了数学。但是,他(和希阿洛亚)在这方面的功绩实际上只是觉察到一种巨大的可能性。另外一些意大利经济学家也看到了这种可能性,例如富奥科。G. D. 罗马格诺西的名字将在法律和犯罪学史中保留下来。他也是一个哲学家,并在某种程度上是数学家和物理学家。但是他的具有反国家主义和平均主义性质的经济哲学,却不值得我们注意,这种哲学可以称作是意大利功利主义的尾巴。

更为集中的努力产生了重大的成就，这在本时期的前半部分有希奥亚和富奥科的例子，在本时期的后半部分有梅塞达格利亚的例子。希奥亚[①]的著作最好称作是从他所憧憬的统一的意大利这种观点重写《国富论》的一种尝试。珍珠埋藏在没有用处的废物堆里——但是部分地由于书中所包含的统计工作而得到了补救。公平地评价富奥科[②]要容易些。他是一个不应当被人忘记的著名理论家。在某些方面，例如在把极限概念运用于经济学这个方面，他表现了很大的创造性。他的经济均衡概念在某些方面要优于萨伊的经济均衡概念。他在意大利的历史中是经常被提到的——可是，主要是同他的专注于地租理论相联系的——但是似乎根本没有产生影响。梅塞达格利亚[③]的情况则与此不同。我所以要提到他，是因为他在意大利经济学和统计学中处于要害地位。当马菲恩·潘塔莱奥尼写出下面的话时，我相信他是表达了意大利经济学界绝大多数人的意见：梅塞达格利亚是三个人之一——另外两个是科萨和费拉拉——这三个人的教导陶冶了下一时期的“所有”

① 梅尔奇奥雷·希奥亚(1767—1829)。《重要著作》(我只知道这一部)是在他死后于1838—1840年编辑出版的。

② 弗朗西斯科·富奥科(1777—1841)的著作有《经济论文》(1825—1827)和《工业经济学引论》(1829)。另外一本有趣的著作《快速信用的魔力》，在关于信用的生产力的长期争论中占有一定地位，是为进行一种奇怪的商业交易活动用“维尔兹”这个假名在1824年出版的。

③ 安格洛·梅塞达格利亚(1820—1901)是帕多瓦大学和罗马大学的法律教授，后来是经济学和统计学教授。他的平静的教授生活(只在一个短时期内曾为政治活动所打断)正像他耐心从事研究的性格一样，对于他的成就是有所贡献的。但并非没有神圣的火花。他为研究天赋、爱好和环境(好的环境有利于取得坚实的科学成就，并足以使人达到除最高成就外的任何其他成就)三者的特殊结合提供了最好的例证。任何一种参考书都会向读者提供他的著作名单，其中有几种将在后面提到。

(?)意大利经济学家，在这下一时期中，意大利经济学重又放出灿烂的光芒。这种坚实的成就并不是以他的任何单独一部著作为基础的，虽然他的著作大都具有较高的学术水平，例如他的关于公债、人口(只有关于这两个题目的著作属于本时期)、统计理论和货币的专题论文。这些著作能产生影响，与其说是由于它们对于各自的题目分别有所贡献，毋宁说是作为治学精神的启示，和作为拒绝为当前服务的学术研究的榜样。我们加上纳萨尼的理由，同把卡尔尼斯包括在这个时期的英国经济学家中的理由是一样的。纳萨尼也许是"古典"理论的最卓越的意大利解释者，而且他的主要贡献属于这个时期，虽然它们在出版年代上不属于这个时期。[①]

除了非常不完全[②]以外，这个概略还由于下述原因而受到损害，即我们不可能对意大利经济学家所进行的事实调查工作——特别是关于农业问题的，包括所有权和租佃——予以应有的重视，如果能那样做，我们的印象是会大大改变的。但对此我们是无能为力的。关于教科书，除了希阿洛亚的以外，我还要提到博卡多的和我个人最喜欢的一本，即德·塞扎的。[③] 这个时期以及或许这

① 埃米利奥·纳萨尼(1832—1904)的《论地租》(1872年)，1881年同另外三篇论文(工资，利润，英国"古典经济学")合为一卷重新出版。

② 许多空白之一可以通过提到皮奇奥伯爵撰写的那部意大利经济学史来填补:《意大利国家经济学史》(1829)，他曾被麦卡洛克——偏偏是他——谴责为具有民族的偏见！

③ G.博卡多(1829—1904)的《论政治经济学的理论与实践问题》(1835年)，是对学生在考试前的请求所作的答复。卡洛·德·塞扎(1824—1882)的《国家经济学手册》(1862)，虽然基本上也是"古典的"，却是不以此为限的一种东西，比博卡多的著作要广博得多，深刻得多。这部书的作者是一个杰出的人物，他的著作中有对许多困难问题所作的许多优秀的报告，他也是这样的人士之一，他们对自己的国家是无比宝贵的仆人，的确，他们是那么倾心于为自己的国家效劳，以致如果没有其他精神类型的人，知识就决不会前进一步。

个时期以后二十年意大利经济学中最著名的人物是费拉拉，我把他留到了最后讨论。他是一个伟大的领袖，形成了自己的学派。但是，由于人们对他太有感情，太钦佩了，致使他的形象过于高大了。

弗朗塞斯科·费拉拉(1810—1900)主要是一个学者和教师。但他也是一个政治家，在建立统一的意大利以及在组织新的民族国家的事业中起了自己的作用。我之所以提到这些活动，之所以提到他对经济政策问题的强烈兴趣，是因为两个理由。第一，它们说明了为什么费拉拉像李嘉图一样，从一个不单单是由科学成就所构成的地位上向我们讲话：意大利人很可能把这位伟大的经济学家当作他们的开国元勋之一来尊敬。第二，这些活动以及他在讨论实际问题时的态度很好地表明了他的性格：我们看到了一个极为注重名誉和良心的人，在一种引诱很多的环境中，完全不受任何引诱，一个真心诚意的爱国者，对于错误毫不妥协；但是我们也看到了一个几乎是令人不能相信的没有灵活性的空论家。在经济上和政治上，他是一个在本编第二章所说明的那种意义上的极端自由主义者。而对他来说，同这种极端自由主义最小的背离，就是诅咒。在这一方面，像许多自由主义者一样，他的不能容忍达到了专横的地步——这对反对者来说是一种天赐，他们知道如何来利用这个脾气。他似乎从未试图去理解他自己的观点以外的任何其他观点。社会政策只是引起他的愤怒。这之所以同我们有关，是因为他在政治活动中怎么做，他在科学活动中也怎么做。他盲目相信经济理论的力量，因而历史学派也只是引起他的愤怒。这样一种领导显然是有其危险性的。但是我们决不应忘记这种领导的优点。坚强的信心是足以使人信服的。但这种领导也很难避免片面性和褊狭性。费拉拉擎着经济理论的旗子走过一片不毛的土地，使这面旗子没有倒下，谆谆教诲人们要对经济理论感兴趣（这只有热情才能办到），激励他的听众，从而为更美好的东西的到来做好了准备。这就是他的成就，而这种成就的确是伟大的。但他自己在理论分析领域内的开拓却显然是不成功的，尽管后来的作家们说了不少的恭维话，尽管人们为进行有利于他的解释而作出了一切的努力。他十分清楚地看到，经济现象和经济问题构成了一个紧密结合的整体，而把它们统一起来的就是价值理论。但他却把用劳动来说明的"再生产成本"当作这种价值理论的原理，这个原理只有最粗暴地歪曲逻辑才能使之一般化，并且不论如何，它（如果予以正确的叙述）也不会比旧的生产成本原理告诉我们更多的东西。挑出一些完全不通的论证作为例子来加以批评是没有必要的。倒不如让我们来赞扬这位战略家用如此残缺不全的装备赢得了胜利，并让我们加上这样一句话：他对早期作家所作的学术研究，以及他就银行、政府法币和其他题目所写的文章，都包含有许多有价值的东西。他的最重要的著作《对十八世纪和十九世纪上半叶经济学家和经济学说的历史的和批判的考察》（1889—1890 年），上面已经提到过了。至于更加好得多的评价，请参阅 G. H. 布斯凯教授的出色传略，《一个伟大的意大利经济学家，弗朗塞斯科·费拉拉》，载《经济与社会史评论》第十四卷，1926 年，以及费拉拉的《经济文选》一书的导言和注释(G. H. 布斯凯和J. 克里萨弗利合编,1938 年)。

7. 美国

对于前一时期来说,我们感到,美国的少量经济文献并不完全该当受到美国大多数经济学家似乎对它所抱有的那种轻视。可是,对于我们所考察的这个时期来说,邓巴在 1876 年所发表的意见,即美国文献"对于政治经济学理论的发展毫无贡献",[①]并没有由于最近的研究提供的资料而失去效力。如果我们考虑到所提出的问题、所作出的暗示和所进行的事实调查工作,那样说的确是不真实的,但是如果我们强调"理论"这两个字,那样说却是真实的。既然这是经济学界的一般意见,我们的叙述就可以简短了。在进行叙述之前,我想要提出这个问题:为什么事情会是这样?

那些不熟悉科学研究的社会学的人们,会理所当然地认为,有

① G. F. 邓巴(1830—1900):《经济科学在美国,1776—1876 年》,载《北美评论》,1876 年重印于他的《经济论文》(1904)。如果读者不满足于我将要提供的情况,而想了解更多的情况,请参阅 E. R. A. 塞利格曼的《经济学在美国》,这是两篇文章,在他的《经济学论文》(1925)中合成了一章;并参阅 F. A. 费特的《美国政治经济学的早期历史》,载《美国哲学会会议录》,1943 年。在有关这个题目的其他美国出版物中,我想要特别提到的,有 J. R. 特纳的《美国早期经济学中的李嘉图地租理论》(1921);以及在 M. G. L. 奥康纳的《美国学院经济学的起源》(1944)中所载的有用的书目。最重要的由非美国人所作的贡献,在我看来似乎是 E. 泰尔哈克的《十九世纪美国经济思想的先驱者》(由 E. A. J. 约翰逊从法文译出,1936 年),这是本学术著作,由于他的探讨途径和我的完全不同,我觉得更应当推荐这本书。〔倘若熊彼特能把他的这部《分析史》写完,他会加上约瑟夫·H. 多尔夫曼的《美国文明中的经济学家》,头两卷(1946 年)包括 1606—1865 年这段时期,第三卷(1949 年)包括 1865—1918 年这段时期。〕

实际问题就有分析，或者换句话说，分析是由生活的需要所引起的。但美国当时有许多实际问题，人们热烈地讨论它们，有时还带有同它们的重要性很不相称的一定程度的感情。然而，我们却很难看到为解决这些问题而发展分析工具的冲动。而且，当时对讲授经济学有很大需求——需求量比合格教师的供给要大得多——从而设置了相应的课程，出版了教科书。人们会以为：开一个课或者写一本教科书至少会促使一个人稍稍地独立思考一下；一个开课或写教科书的人，当他考察得来的材料时，恐怕会这样问自己："我难道不能比这做得更好一些吗？"但是事情显然不是这样：对于课程和教科书的需求就只产出了课程和教科书，而没有多少别的东西。这不正好表明本书的一个论点，即需要并不是分析向前发展的必要的和充足的条件，而对于讲授的需求就只产生讲授而不一定产生科学成就，有几分道理吗？可是，这个谜的答案看来是简单的。一旦我们注意到缺乏创造性的研究并不是那个时期的美国经济学所特有的现象，我们马上就找到了问题的答案。我们在别处也看到同样的情形，例如在数学和理论物理学领域中，直到我们达到威拉德·吉布斯这个孤独的高峰以前，没有什么可以记载的——虽然并不缺乏技术上的问题，而且有一些是解决得惊人成功的。这就暗示着有一个共同的原因，我看不出怎样才能避免到这个国家的状况和它的人民的特质中去发现这个原因：利用自然环境的可能性——这种可能性在当时的社会结构之下，表现为工商企业具有空前的发展机会——的任务，既吸收了全国的创造性人才，又把这种人才吸引到了它一边。确实培养才智和学识的圈子在数量上居于次要地位，而且缺乏科学的首创精神。我认为，这同邓巴所要表达的意思是一致的，虽然他的表达方式令人很反感。①

但是我已经强调了“理论”这个词，而我所说的理论就是指分析的器械。在我所知道的任何一本教科书的场合下是不需要这样强调的，因为它们在一切方面都是一种平凡的东西，甚至更糟。讲授主要是用麦卡洛克和萨伊的书，而在用本国自编的教科书时，那也不过是麦卡洛克和萨伊的翻版，除了凯里学派②的一些贡献以外。但是谈到这个时期美国经济学中最重要的人物凯里，③这种

① F. A. 费特教授（前引书，上一脚注）实际上已经反对用“环境”来解释（这自然是对的，因为环境这个词本身并不能说明什么东西），而用另外两个因素代替“环境”：一是（英国“古典”经济学的）“虚假的权威”，一是为私利打算的党派性，“这种党派性阻塞了通向不为私利的科学研究的道路”。但是第一个因素本身又需要解释：因为权威，不论是假的还是真的，它的统治并不是一件理所当然的事情；创造性的头脑就不屈服于权威；而沿着这条路线，我们就被引回到环境，它或者是不包含科学人才，或者是把科学人才吸收到其他事业中去了。至于党派性，肯定在英国也存在，但是英国的经济分析依然很发达。党派性本身也不会阻碍科学研究。最后，怀着对费特教授的崇高权威的极大敬意，我请求准许发表如下的意见：教授们也是不能免予偏见的，而我在许多卓越人士对待民族主义学派的态度上就感到有一些：确实，除了屈从于金钱利益或偏见以外，对于这个时期和以后的美国经济学家的保护主义观点，是可以作另外一种解释的。

② 关于萨伊在美国的成功以及他对凯里的影响，参阅泰尔哈克，前引书；萨伊《概论》的普林塞普译本初版刊行于 1821 年。麦卡洛克的美国版由 J. 麦克维克刊行，麦克维克是哥伦比亚大学政治经济学讲座的第一任主持者。德斯杜特・德・特拉西是由杰斐逊这个显赫人物于 1817 年介绍给美国公众的。在美国的教科书中，弗朗西斯・韦兰牧师的《政治经济学大纲》（1837 年）我相信是最成功的。我曾经听到和谈到一些有关它的严厉批评，但当我读它时，却感觉到某种似乎是令人愉快的惊奇。

③ 关于他的最重要的信徒的名单，参阅 F. A. 费特，前引书，第 56 页脚注。他们——可能还有其他的人——形成了一个我们所说的学派，并且同这位“老师”——他们是这样称呼他的——有私人接触。这个学派被称为而且也自称为是“民族主义的”，但是应当指出，这个词完全没有它今天所具有的那种咄咄逼人的意味。

对理论的特殊强调是非常需要的。因为他只是在这一方面缺乏创造性。从凯里那里可以引出一有趣的教训，说明技术上的缺陷在长时期内会对一个人的名声产生什么影响：[①]凯里的声誉受政治仇恨损害的程度，无疑远远大于受技术缺陷损害的程度；但是假若他在陈述自己的主张时具有勉强过得去的能力，那就没有人可以轻视他了。

凯里认为一切科学从根本上说是统一的，这种思想是一种被推广了的孔德主义，学术生活为关税壁垒所封闭的人是不会有这种思想的。再次宣称科学规律在一切知识部门中都根本相同的人，无疑地是错误的；但是在他的错误中却有一个伟大的因素。而一个能够把美国设想为一个设立的世界——连同这所包含的经济方面、道德方面和文化方面的一切意义——的人，无疑地具有像李斯特那样的伟大想象才能。在这种想象之下，他的保护主义以及他的农业、工业和商业利益的“调和”——他的“平衡”经济的构

① 亨利·C.凯里(1793—1879)的经济主张部分地是由他父亲马修的主张所决定的，后者已经感到自己是一个“民族主义学派”的领袖。在儿子的著作中对我们来说最重要的是：《论工资率》(1835年；这是他的第一本经济著作，该书已经表现出了他在分析方面所特有的弱点)；《政治经济学原理》(1837—1840年)；《过去、现在与将来》(1848年)；《农业、工业和商业利益的调和》(1851年)；《社会科学原理》(1858—1859年)；以及《法律的统一》(1872年)。这个单子没有把他在货币与信用方面的著作以及另外几部著作包括在内。单子中的倒数第二种是我所读过的凯里的唯一一本著作，而且也是不想对凯里作彻底研究的人唯一应当读的书。有关凯里的文献，除了再一次提到他的德国赞扬者杜林以外，我们无须多谈。约翰·穆勒把凯里的《社会科学原理》称为“我费力读完的一本最糟的政治经济学著作”(G.奥布赖恩：《约翰·穆勒与J.E.卡尔尼斯》，载《经济学》，1943年11月，第274页)，并且说他从来没有遇到过“这样一整套事实和论证，其中事实是那么不可靠，而对事实的解释又是那么不得当和荒谬”(同上，第280页)。

想——获得了一种新的意义,而这是所有那些只看到他是工商阶级的喉舌而此外别无是处的人们所完全忽视的。我们不一定要去喜欢凯里的保护主义,我们也不一定要去喜欢凯里的整个想象。特别是,我们也许感到,假如美国的较大精力用在营利事业以外的目的上,从而工业发展缓慢一些,则美国现在也许是一个更为幸福的国土,也许会达到更高的文化水平。可是,这是一种属于个人评价的事情,我们不能因此而否认凯里的想象是一种伟大的想象,并且在大多数方面,这种想象充分表达了美国的情势和精神。而且,我们不得不承认,这种想象同其可悲的分析上的补充是不相牵涉的,它是可以作出更加令人满意的补充的。可是,这恰恰是批评凯里的人拒绝承认的。他们之中的大多数是或多或少地受过良好训练的经济学家。他们可以毫无困难地证明,凯里的理论一钱不值。根据这一点,他们就给他的启示定案,而没有说明白——大抵是没有注意到这个事实——这种启示的要素是超出理论分析的范围以外的。

把凯里一方面同英国的自由贸易论者比较,另一方面同李斯特比较,将使以上所述更为清楚。英国的自由贸易论者和李斯特都从一种我们可以接受也可以不接受的全面的社会和经济观点立论;而且,两者均从他们各自国家的观点立论;最后,两者所鼓吹的政策都是更加符合一些集团的利益,而不那么符合另一些集团的利益。在这些方面,凯里的情况与英国自由贸易论者或李斯特的情况没有丝毫不同,自然是除了就我们自己的偏好而论。但是英国的自由贸易论者在分析上成功地补充了他们的想象和他们的政治见解——比较成本原理就是对我们的分析器械的主要贡献。这就是为什么他们有权在科学分析史上占有一席之地的原因——而不是因为鼓吹自由贸易本身。李斯特对经济学的分析器械没有作出独创性的贡献。但他适宜地、正确地使用了原有分析器械中的某些部件。而这也意味着科学的功绩。凯里的情况不同于二者之处是，他对分析作了负的贡献。而我的论点是：这无论是在对他观察美国现实和问题的方式所作的分析补充上，还是在他的政策——包括保护，平衡经济以及其他一切——表述上，都是完全不必要的。如果他缺乏创造性分析家的天赋，他可以像李斯特一样使用原有的分析工具，并根据美国的实际情况来决定自己的立场，可以主张，英国人对于许多经济问题的观点，不适合于美国的情况，必须引入其他事实方面的假设来加以修正。假如他稍微有点能力这样做了的话，那些诽谤他的人虽然仍会保留政治兵工厂中的全部武器，但是他在科学战线上就不会受到攻击了。

可是，凯里未能把英国自由贸易学说中的理论因素和事实因素区别开来，也未能把二者同政治意志因素区别开来。他只看到了实际的建议，并且天真地认为它们产生于理论前提，因而他有责任将后者完全摧毁。① 他不是简单地说"人口压力"在可以预见的将来在美国显然不重要，而是投身于驳斥马尔萨斯理论的不幸尝试。他不是简单地说"李嘉图的"地租理论所具有的最为重要的实际——社会的和政治的——含义不适用于一个新国家，而是笨拙

① 可以看出，这样他就犯了他的自由贸易批评家们所犯的同一错误。

地证明(在《社会科学原理》中,1858—1859 年,而不是在以前)这个理论是完全站不住脚的,因为人们一般不是先耕种比较肥沃的土地,然后再耕种比较贫瘠的土地,而是先耕种比较贫瘠的土地,然后再耕种比较肥沃的土地。[①] 他不是简单地强调在迅速发展的情况下,上升的成本曲线不断地向下移动,致使李嘉图的价格同"处境最不利的"生产者的成本相等的原理丧失了其大部分实际意义,而是去讨论愈益减少的和愈益增加的成本,似乎它们体现了关于同一现象的两个互相冲突的命题。而在他最为得意的价值理论中,他犯的错误如此之大,以致葬送了这种理论的一个可取之处。这个理论是一种劳动数量理论,包含了一种改进的地方:决定商品价值的,不是实际投在它上面的劳动量,而是为再生产它所必需的劳动量。[②] 他认为,在技术进步的过程中,这个数量是迅速下降的。但他由此却推论说,在技术进步的过程中,劳动的相对份额必然增加,这种推论除了实际上是错误的以外,也不是从他的论证的逻辑必然会得出的结论。从这个例子可以特别清楚地看出,他所力图表达的东西并不是完全错误的,有能力的理论家能够对其加以改造制作,使之成为一种有价值的贡献;但是他却使得它读起来完全是错的,因为他不能为它找到正确的说法。没有必要讲下去了。但还有

① 读者自然会体会到,给作为思想家的凯里定案的,不是他关于历史事实的断言——因为,对于他的从历史上看比较贫瘠的土地先于比较肥沃的土地而被耕种的理论,是可以为之辩护的:由于多种原因,确实有可能发生这种事情——而是他认为这种(或真或假的)断言同李嘉图的理论有关。

② 这种理论是凯里在他的《政治经济学原理》(1837—1840)中加以阐述的,同费拉拉的再生产成本理论有本质上的不同。

一个有趣的问题。许多人赞扬凯里对美国现实所作的诊断，并且同意他对经济政策的看法，敬佩他所表现的热情。成功和名誉在等待着一个人，他只要能够消除凯里著作中的错误并把他的体系纳入一种可以为之辩护的形态，就可以得到这种奖赏。而且这种奖赏是明摆在那里的，对于凯里的信徒们来说，拾起它来在世界上是最自然的事情了。为什么没有人去尝试呢？原来，机会只是取得一种伟大成就的必要条件，而不是充分条件。机会本身并不产生能够利用它的人。当时能够完成这种任务的人都正在生产靴子。

然而，虽然没有人把这项涉及面很广的工作全部承担起来，虽然甚至没有人把它的一部分有效地承担起来，却有一些作家在比较狭窄的范围内、用不甚充足的力量试着做过这项工作。这些作家并非全是凯里的先驱或信徒。他们也没有形成我们所说的那种学派。但是，由于他们是根据相同的资料，就相同的问题并在某种程度上以相同的精神进行推理，因而他们发表的著作，不仅彼此之间有某种隐约的相似之处，而且同凯里的著作也有某种相似之处，其中一些人把他们的经济学称为“美国政治经济学”，这个词应用到他们每一个人身上都是恰当的。他们全都或多或少是保护主义者。但相似之处不仅限于这一特点，还包括其他同我们更有关系的特点，即他们的质朴的分析器械的特点，这种分析器械大部分是通过接受或批评而从亚当·斯密那里得来的。可是，他们当中没有一流人物，他们几乎没有利用摆在自己面前的绝妙机会。他们也不曾达到任何占优势的地位。

因而，他们没有在下面的名单中占优势，这个名单我相信是为这个时期的美国经济学提供了一个相当有代表性的样本：雷蒙德、埃弗雷特、塔克、鲍恩和阿马萨·沃克。[①] 如果我们高兴，我们也可以把李斯特最早的一本著作包括在美国的成就以内，因为该书是美国环境的典型产物，也许还可以把约翰·雷的伟大著作包括进去，这本书在本章第一节已经讨论过。自然，这不包括货币与银行方面的著作，也不包括由美国经济学家所完成的更为重要的事实调查工作。

8. 事实调查工作

在上面的考察中，我们已一再推崇了一些人所做的令人钦佩的事实调查工作，这些人通常被称为“普通经济学家”，甚或仅仅被

① 丹尼尔·雷蒙德(1786—1849)著有《政治经济学思想》(1820 年；第二版改名为《政治经济学大纲》，1823 年)一书。同我提及他的方式所包含的评价相比，更为有利的评价，见泰尔哈克，前引书。差别主要是由于泰尔哈克教授强调了雷蒙德著作的经济思想方面，这的确比他的分析更为有趣。可是，必须承认，他还是作出了分析努力的。他提出了一种资本(指中间货物)理论，考虑到出版年代，这种理论并非没有长处。关于 A. H. 埃弗雷特的主要成就，参阅后面，第六章。乔治·塔克(1775—1861)的著作中，有《工资规律、利润规律和地租规律的研究》(1837 年)；关于这个并非不重要的经济学家的其他著作，参阅后面，第 8b 节和第七章第 3 节。弗朗西斯·鲍恩的《美国政治经济学》(1870 年；1856 年初版的书名是《应用于美国人民的状况、资源和制度的政治经济学原理》)之所以列在这里，仅仅是因为它的标题。阿马萨·沃克(1799—1875；弗朗西斯·A. 沃克的父亲)的《财富科学》(1866 年)，应被看作是美国经济学的“非美国”路线的一种代表性成就。读读这本书，读者便可以很好地了解当时这种经济学所能提供的东西。至于其余，读者可以从塞利格曼的前引书中得到进一步研究所需要的一切东西。

称为理论家，但是如果我们不考虑到他们用来搜集和陈述事实的时间和精力所占的比例，我们是不能够完全理解他们的。让我们再来看一下一个精选的包括大大小小人物的名单：布朗基、查默斯、谢瓦利埃、加尼埃、布奥亚、马尔萨斯、梅塞达格利亚、麦卡洛克、曼戈尔特、詹姆斯·穆勒（《印度史》）、罗雪尔、西尼尔、施托尔希和杜能。这个很容易加以扩大的名单足以表明，所考察的这个时期的经济学，就其总体说，决不像一些人所说的那样是一种思辨的东西，同时表明，那种认为经济学界那时忽视了事实调查工作的意见（这是许多无谓争论的根源），是完全没有根据的。相反的意见实际上倒更加接近于真理："古典"分析器械的缺点，有许多可以从下述假设得到最自然的解释，即投在它上面的工作量是不够的，而对于这个时期的事实调查工作我们却不能提出类似的批评，特别是，如果我们像应该做的那样，把经济史学家和前一章已举例提到的法律制度学者的工作也包括进去的话。这一节将为各种重要的事实调查工作提供更多的例子，从而帮助完成我们的图画，并确立我们的论点："古典"时期完全维持了事实调查的传统，正如我们所知，这种传统是可以追溯到十六世纪的。

〔(a)图克的物价史。〕 对我们来说特别有意义的是这样一种分析，它把对事实的陈述和解释如此结合在一起，以致两者不再是不同的任务，而且在每一步上彼此互为条件，也就是说，这种分析通过讨论个别情况来得出自己的结论。我们只需提及这种分析的最高成就，即图克和纽马奇合著的《1792 至 1856 年物价和流通状况史》。① 更好的标题应当是:“1792 至 1856 年英国经济过程的分析,特别是关于通货与信用的状况。”杰文斯称它是“独一无二的”,它也的确是独一无二的。在以前或以后,这种方法从来没有在同样大的规模上应用过,或者说,就对纯理论研究的影响而论,从来没有产生过同样的效果。作者们是否把它处理得像他们可能做到的一样,那是另一问题。我所指的不是这个事实,即他们自然是为一种政策辩护,并且更明显的是,反对另一种政策:这不损害他们的事实或他们的论证的价值,两者均可以为任何反对他们的关于合意性的观点的人所欣赏。我所指的也不是他们的著作的散漫和重复:在这种类型的“现实”理论中两者都是有其作用的——这种方法是一种“彻底讨论”事情的方法,李嘉图的简洁是做不到这一点的。我所指的是比较根本的缺点,受过训练的读者读了他们的著作,很快就会觉察到这些缺点。两位作者均欠缺对经济理论的

① 托马斯·图克(1774—1858)是全部六卷的作者,如果“作者”一词是按拉丁文 auctor(创始者)的意思来理解的话。但实际上只有前四卷(第一卷和第二卷,1838 年;第三卷,1840 年;第四卷,1848 年)是他撰写的,合作者们只起了研究助手的作用。最后两卷(1857 年)主要是威廉·纽马奇(1820—1882)撰写的。纽马奇虽然深受图克的影响,却自有其地位。他不仅是皮尔法案和“通货学派”的较为重要的批评者之一,还是皇家统计学会的主要成员,是《经济学家》杂志上刊登的指数和该杂志刊登的“年度商业史”的创始人。在指数(顺便说说,《物价史》并没有利用这种指数,这是经济学家抗拒新方法的一个突出实例)方面,纽马奇并不具有特别的独创性,但“商业史”却是一种有意思的工作的一个有意思的典型。甚至在今天,经济学家也没有完全注意到它的科学重要性和它所引起的方法论上的问题,而且几乎没有能使它受到现代理论的影响,或是能用其他方法改进纽马奇的成就。《物价史》已经重印(1928 年),由 T. E. 格雷戈里爵士编辑并写了一篇导言,充分讨论了该书的性质和由来,读者应当仔细阅读这篇导言。提及了这篇导言,也就不需要再考察图克的其他著作了,这些著作都是为《物价史》铺平道路的。

掌握。此外图克还是一个"模糊的"思想家——他常常由于误会对手的论点而削弱了自己的论据。而这一点带来了后果。不仅他的论证有时十分正当地被人贬损;而且他的权威虽然当时很大,在这个世纪的其余时间内也很大,却从来没有达到假如他的思想有更多的理论锋芒的话可能会达到的程度。然而这部著作是一部经典著作,是一个可以仿效的范例。但它似乎迫切需要由一个受过更好训练的或是更为熟练的人去加以改写。

〔(b)统计资料的搜集和解释。〕 以图克和纽马奇的著作为突出代表的那种工作,虽然决不是一种新东西,但在这个时期却受到了新开辟的统计数字来源的强有力推动。这个时代是各国政府开始设立统计局和统计委员会的时代;是对国际合作进行初次尝试的时代(第一届国际统计会议于 1853 年举行);是统计学会在到处出现的时代——例如在英国,十九世纪三十年代建立了几个统计学会,其中伦敦统计学会(1834 年)随即被特许为皇家统计学会。[①]根据官方统计局提供的原始材料编制像样的统计记录,在很大程度上仍然是私人研究者的任务,就像在上个时期特别是(但不完全是)那些由于担任政府职务而能接触原始材料的人的任务一样。但是这些研究者并不只是发掘者。他们没有把自己限制在整理资料和进行估计的范围以内:其中许多人还提供了解释。因而我们看到,从这个泉源产生了另一类著作,它们与图克和纽马奇的著作的不同之处,就在于它们是从统计资料出发而不是从经济问题出发的,因而,它们比图克和纽马奇更加强调统计情报本身。但是,

① 美国统计协会是在 1838 年成立的。

这些研究者也写出了分析性著作，虽然有时只是作为一种副产品。

在考察斯密以前的时代时，我们曾提请读者注意一种分析，这种分析可以称为对一国经济状况的分析。在所讨论的这个时期内，这方面的研究取得了一些成绩，科尔奎霍恩、波特和塔克三人的著作可以作为例证。[①] 这些著作——以及同一类型的其他著作——无疑地由于下述事实而受到了损害，即它们的作者不知道如何利用经济理论作为分析事实的工具；但就这一点而论，它们同现代出版的这类著作处境是相同的。该时期其他类型的统计经济学可以由下列人物来代表：麦卡洛克、巴克斯特、迪特里希、维勒梅、勒普莱和韦尔斯。

① 在帕特里克·科尔奎霍恩(1745—1820)的许多著作中，只有两种需要提到，即曾被麦卡洛克愚蠢地加以嘲笑的那本《论不列颠帝国的人口、财富、力量和资源》(1814年)和匿名发表的《论如何使大不列颠和爱尔兰的多余人口得到有效的利用》(1818年)。头一部著作特别重要，倒不是由于它对国家财富的估计，而是由于它为解释所陈述的事实所作的经济论证(尽管是朴素的)，以及由于它为叙述和解决问题——用事实来解释好像是当时比较流行的学说——所作的尝试。

乔治·R. 波特在更大的规模上也做了这种工作，并且取得了更大的成功。波特是个文官，曾一度担任商业部统计司司长。他的《国家从十九世纪初到现在在各种社会与经济关系方面的进步》(1836—1843年)已被当之无愧地推崇为十九世纪上半叶英国经济发展的标准记录，即关于经济事实和数字的原始资料集。该书已由F. W. 赫斯特先生和其助手加以改造——诚然是非常随意地——和续补(1912年)。但该书对我们来说并不重要。有关系的一点是：这部著作达到了其预定的目标，确实是一部成功地探讨了人口、生产、交换、财政、消费、积累、道德进步和殖民地等问题的普通经济学论著，其探讨的方式同穆勒的《原理》并不是完全不同的，从某种意义说，应该把波特的这部著作看作是穆勒的《原理》的姐妹篇：特别是，穆勒的自由贸易没有波特的自由贸易就不完全，反之亦然。

乔治·塔克在上面已经提到过了，以后还要提到。他的与此有关的著作是：《五十年中美国在人口和财富方面的进步》(1843年；第二版，1855年)。该书主要是一部美国人口学方面的论著。可是，对我们来说，更重要的是：它也是一部经济分析方面的论著。

麦卡洛克(参阅前面,第 2 节)的最重要的统计学著作,是《贸易与商业航行的实践、理论和历史辞典》(1832 年)。这是一部大胆的论著,虽然采取了辞典的形式,却把事实和分析穿插得非常好。这正是他所真正擅长的,实际上不应当单凭他的《原理》来评价他。

罗伯特·D.巴克斯特(1827—1875)是一个比较重要的经济学家。他对于统计数字的谨慎而适当的处理,他的被经常引用的(关于国民收入和财富)的估计,虽然是可钦佩的,却只构成他对经济分析的最不重要的贡献。对于我们来说,更加有意义得多的,是他对下述问题所作的统计理论方面的大胆尝试:公众得自铁路的利益以及赋税的压力和归宿(为此目的他还搜集了家庭预算方面的材料)。这些研究并不是完美无缺的,主要是因为他在纯理论方面不行,但他很认真地试图从数字上回答地方税怎样在地主和佃农之间进行分配这类问题,仅仅这一事实就应当使他在经济计量学史上占有一席之地。在他的著作中,我要特别提到《预算与所得税》(1860 年)、《铁路扩充的结果》(1866 年)、《英国的国民收入》(1868 年)以及《英国的赋税》(1869 年)。他的夫人所写的《回忆录》很值得一读。

卡尔·F.W.迪特里希(1790—1859)是个政治经济学教授和设在柏林的普鲁士统计局局长。著有《普鲁士邦和德意志关税同盟贸易与消费重要资料统计摘要》(1838—1857 年)。他的《普鲁士邦的国民财富》(1846 年)和《关于普鲁士情况,关于劳动与资本》(1848 年),也很重要。他在"方法"问题上所发现出来的可爱的沉着镇静,是值得记录下来的。他的演讲《讲授政治经济学方法与手段》(1835 年),虽然十分恰当地强调经济过程的历史方面具有根本的重要性,但得出了这样的结论,即纯粹的理论化或者纯粹的经验化都是错误的,这个结论可以说是预先总结了一个世纪的有关方法论的论战。他在赞扬李嘉图注重事实这一点上,也表明了良好的辨别力。他虽然没有从事像波特那样的综合尝试,但他却有计划地、忠实可靠地出版了他所领导的统计局的研究成果,更为难得的是他理解科学经济学的需要,从而他所选定的研究计划都很有价值。例如,他的消费统计直到今天仍对经济分析有所帮助。①

路易·R.维勒梅(1782—1863)并不单纯是,甚至并非主要是一个经济

① 特别是,他的消费统计证实了这样一个事实,即在商业循环的上升阶段,群众的消费是有可能下降的(当然,大家都知道,在通货膨胀的漫长时期内,群众的消费是有可能下降的)。

学家，其所以把他的名字包括在我们这个概略中，是因为他曾调查过法国几个制造工业部门中的劳工状况，这种调查是在道德和政治科学院领导下作为一项研究计划而进行的(很像今天的这一类做法)，由此而出版了《棉织业、毛织业和丝织业中工人的物质和精神生活状况描述》(1840 年)。他的建议(保护童工)在这里与我们无关。这本书之所以重要，是因为它是这样一大类著作的突出例子，在这类著作中，研究方法从那时起几乎就一直没有任何进步。

P. G. 弗雷德里克・勒普莱(1806—1882)从所受的教育来说是个数学家和采矿工程师，在职业上是冶金学教授，是这个时期的人物而不是下个时期的人物，虽然使他获得国际声誉的一些著作和活动属于下一时期。勒普莱于 1856 年创立了"社会经济实践研究国际学会"。该学会于 1881 年开始发行一种评论性的双周刊，名为《社会改革》。同我们的目的有关的那部著作是在所讨论的这个时期内完成的：《欧洲的工人》(第一版，1855 年；第二版，1877—1879 年)。他不是一个技术经济学家，并且从心坎里厌恶他所知道的那一点点被误解了的经济学。然而，他在经济分析史中应当有一个地位，因为他研究家庭预算的方法将来有一天会帮助产生出一种名符其实的消费理论。这种方法是对为数不多的个别实例作极为仔细的调查，对每个实例均从其社会的、道德的和文化的状况的整个背景加以尽可能广泛的考虑。我们不能讨论同这个伟大人物的名字联系在一起的社会改良计划。但是他形成了一个学派，这个学派是同那项计划联系在一起的，并沿着那条路线继续工作。

正如已经提到过的，统计经济学在美国颇为发达，从汉密尔顿发表那篇著名的《制造业报告》(1791 年)到这个时期的末了，这类出版物的数量越来越多。不过，我们只想加上另一个能说明问题的例子，即 D. A. 韦尔斯的早期著作——他的后来的远更有名的著作属于下一时期。[①] 他在进入中年时，

① 戴维・A. 韦尔斯(1828—1898)是一个地质学家和化学家，在他于南北战争期间开始研究经济学和担任文官以前，曾在这两门学科内分别出版了一本成功的教科书。应当在这里提到的两种出版物是：著名的《我们的负担和我们的力量》(1864 年)和《税收专员报告》(1866—1869 年)。

由于对当时美国的实际问题发生了兴趣，才转而研究经济学。他对我们的分析器械毫无贡献。但他是一个重要的经济学家，他的著作甚至在今天还值得阅读。他是一个善于充分利用不完全的资料的艺术大师。① 而且，他的健全而认真的头脑使得他能把一种情势的诸要素正确如实地表达出来，尽管他并不清楚为什么是这样。他的判断是许多最优秀的理论家所极端缺乏的那种健全而实际的判断，这种判断在他后来的某些著作中表现得更为明显。

自然，在这一节中我所能叙述的一切，只是一些零星的例子，而且所选择的也许不是最好的。例如，除了提到图克和纽马奇以及提到西尼尔外，我完全没有谈到在英国的官方报告中所能见到的全部科学经济学。可是，我希望甚至这种零散的资料也将有助于读者对这个时期的科学情势形成一个正确的概念。但是我想在读者的心中一定会产生这样的问题：在上述情况下，即使是最不公道的批评家，怎么能谈论当时是“理论思辨”横行一时呢？我所能提供的唯一答复如下。对科学经济学的批评大部分来自无知的门外汉，而这种门外汉中包括许多自称为经济学家的人。单单这个事实，就使人可以理解：为什么批评误解了我们在前面提到的这个时期的经济著作的一个特点所具有的意义。经济学在当时已确立了自己的地位。这特别意味着，不仅有个人的较大的专业化，而且有

① 库兹涅茨教授曾经告诉我，韦尔斯对国民收入所作的估算是值得信任的，考虑到他可以利用的资料，这种估算所立下的功绩甚至要大于巴克斯特的估算，因为后者至少有所得税的资料可供利用。

出版物的较大的专业化，以及纯理论著作的出现。几乎不可能忽视《国富论》对事实所作的补充——虽然某些批评家似乎也完成了这一功业——更不可能忽视沃邦的《什一税》所做的事实调查工作。但是，如果像西尼尔那样的经济学家决定分开来单独讨论经济学的分析器械，那我们就很容易忽视他的事实调查工作，特别是，如果这种工作是隐藏在委员会的报告中，从而，若拿《大纲》和《国富论》相比较（这自然是荒谬的），就很容易得出这样的结论；两人之间在方法论上存在着一条鸿沟，西尼尔是耽于纯粹思辨的，而亚当·斯密则颇为注重历史事实。

〔(c)统计方法的发展。〕 任何一个科学知识部门中的各个工作者集团，也许都不应当比作一支军队的各个兵团。因为后者，至少从原则上说，是按照某种计划移动的，而各个科学集团则从根本上说是不协调的：一个集团冲到前面，其他的集团落在后面，每一个集团都不能支援其他的集团，也不能得到其他集团的支援。统计方法的进步可以作为这一点的例证。我们已经注意到，在概率战线上取得了很大进展。此外，还应当加上高斯的误差律和最小平方法，这些成就都意味着经济学家的工具箱中增添了重要的工具。可是，在这个时期，却没有因此而得出什么可以谈论的结果，相反，统计学家的纯理论和经济学家的纯理论几乎是完全脱节的——这种状态一直延续到我们自己的时代。我不知道我能否在读者的心中造成对于这种情况所应有的惊奇感。为此目的，让我们设想自己是处在一个较好的世界中，并从这个较好的世界去看经济学的情况。于是我们看到这样一门学科,在其大部分领域内,论证实质上是并且不可避免地是涉及数量的,因而所有经济学家都肯定会努力掌握起码的数学知识。即使他们未能看到掌握数学知识对于改进纯理论的必要性,他们也肯定会努力掌握数学知识来改进对于统计数字(我们刚刚看到,他们对于统计数字的重要性是充分理解的)的处理。他们会寻找统计研究的新工具,而当外界向他们提供这种工具(事实上外界已经提供了)时,他们会抢着去加以利用。而且我们应当预期,这个时期的主要论著的作者约翰·穆勒,在辛辛苦苦地工作时,一定会懂得并且会教导如何使用这种工具。应该指出,如果经济学家们在智力上生气勃勃并且适当意识到科学家的职责,这一切是没有什么不可能的。但在事实上,如果我们回到现实世界一看,这一切我们全都看不到,直到大约一个世纪以后,而且即使在那时,我们所看到的也只是为其实现而进行的艰苦斗争。在我们所讨论的这个时期,我们真正看到的,是由于智力上的惰性或者——这差不多是相同的东西——是由于全神贯注于生活本身无需任何帮助就能解决的当前实际问题而产生的无知。在人口学或通常所理解的社会统计学中,情况不完全是如此。这是我们唯一的机会,来提到凯特尔的名字。

阿道夫·凯特尔(1796—1874)对于我们这门学科的重要性是很小的,看不出这个时期哪位经济学家的经济学受到过他的影响。他是一个数学家和天文学家,通过概率这一门户进入了社会统计学的领域。在这方面,就我所能看到的而论,他的功绩仅限于值得称赞的宣传活动:在他的《致萨克森—科堡—戈塔大公 S. A. R. 书:论概率理论在道德科学和政治科学方面的应用》(1846 年)中,没有什么独创性的东西。但是他参加了一班才气横溢的统计行政人同的行列，这班人在这一时期领导并鼓舞了各个新成立的统计局，并且坚持不懈而干劲十足地做了大量工作来改进统计方法和统计方案，特别是促进国际合作。

不过，他的贡献远远不只是这些。他对人类特征的分布所作的生动而富有创造性的调查，标志着前进了一步，这一步路决不需要回头再走，并且，作为一个可以学习的榜样，最后对经济学也具有某种重要性。但是他还走了另外一步，在获得短暂的成功以后，这一步却需要回头重走：他由于提出了这样一种理论，即上述调查显示出一种普通人的稳定类型，其特性是同单纯的一般“原因”联结在一起的，偏差则具有高斯所说的观察误差的性质，因而陷入一种可以说是统计决定论的哲学中。他由此而希望在统计的基础上，把社会科学的方法论简化为自然科学的方法论。这方面的思想发展是同这种理论完全违背的，而许多严肃的研究者把它看成只不过是非非之想，或许也有点过分。他在人体测定学方面的功绩自然并没有因此而受到影响。特别参阅他的《论人》(1835 年；英译本，1842 年)，以后扩充为他的《社会物理学》(1869 年)，关于批评，参阅 G. F. 纳普的《作为理论家的凯特尔》以及若干其他短论，均刊登在《国民经济与统计年鉴》(1871—1872 年)上，并参阅莫里斯·哈尔布瓦克斯的《普通人理论》(1912 年)。

经济学家甚至未能利用表达数字的最原始的手段。因而也就更有必要注意以下事实，恰好在本时期之初，普莱费尔①就已经把至少是简单的图形——线形图、条形图、圆形图和饼状图——引入了经济学。而且，描述事实的经济学家迟迟不肯利用物价指数，理

① 威廉·普莱费尔，物理学家约翰·普莱费尔的兄弟(前者说他的图表法是由后者建议采用的)，是一个在商业和经济新闻方面经验丰富的人。他首先把这种方法引入了他的《商业和政治地图》(1786 年)中，这本书共有 44 幅图，曾被译成法文。可是，他的最有效验的图表，是用来说明他在《论我国农业危难的一封信》中的论证的；它表明了小麦价格和工资在 250 年中的动向。参阅丰克豪泽和沃克：《普莱费尔和他的图表》，载《经济史》杂志，1935 年 2 月，附有插图。我读了这篇文章才知道普莱费尔的著作，并且只看到上面所提的两种。关于他的其他著作，参阅这篇文章所附的书目。

论经济学家迟迟不肯担当为物价指数提供理论的任务，也都是无法为之辩解的。我们已经看到，编制指数的想法在亚当·斯密之前就已经出现了。1798 年人们向着充分认识这种方法的重要性前进了一大步，这一年乔治·沙克布勒·伊夫林爵士向英国皇家学会提交了一篇论文。在这篇论文中，他一面为讨论一个如此有损于这个庄严团体的尊严的题目而表示歉意，一面使用了指数——无疑地是一种原始的东西，但要比卡利的指数优越——来测量“货币的贬值”。[①] 洛氏[②]对“物价指数表”的想法同伊夫林的相比并没有什么新东西，但他改进了技术，并建议把指数用于下述目的：“减轻由波动所造成的损害，并〔在长时间内〕给予货币收入一种始终如一的价值，”也就是说，创立一种稳定的延期支付单位——这种想法在下一时期将很流行，而在二十世纪的二十和三十年代则将更为流行。G. 波利特·斯克罗普似乎是把这个题目引入一本普通论著(1833 年)的第一个人(1833 年)。

① 《哲学会报》，1798 年，第一部分。阿瑟·扬(《英国货币递增价值的研究》，1812 年)是第二个追随他的人，也是第一个攻击他的人。

② 约瑟夫·洛：《英国农业、商业和金融的现状》(1822 年)。这本书似乎获得了相当的成功并且包含许多有趣的讨论，例如关于人口的讨论。可是，作者对于伊夫林的开拓性尝试是很不公道的。

第五章　普通经济学:一个截面

1. 约翰·穆勒及其《原理》。福西特与卡尔尼斯
2. 范围与方法:经济学家认为自己在做什么
    (a)这门科学的定义
    (b)方法论
    (c)这门科学和这门艺术
3. 穆勒的读者实际得到的是什么
4. 经济过程的制度结构
    (a)资本主义社会的制度
    (b)“古典”经济学中的国家
    (c)国家和阶级
5. “古典的”经济过程图式
    (a)演员
    (b)生产要素
    (c)模型
6. “古典的”经济发展概念

1. 约翰·穆勒及其《原理》。福西特与卡尔尼斯

穆勒的《原理》一书不仅是我们所考察的这个时期的最成功的著作,而且完全有资格充当这个时期我们所谓的经典著作。既已决定选择它作为我们考察这个时期普通经济学的大本营,我们最好是这样来开始:先来看看这个人和这本书。

约翰·斯图亚特·穆勒(1806—1873)就是——约翰·斯图亚特·穆勒。这就是说,他是十九世纪知识界的主要人物之一,凡是受过教育的人都非常熟悉他,所以要在几十本书中所能读到的有关他的事情以外再加上一点什么,那是多余的。而且经济学家所需知道的,大部分已在 W.J. 艾希利为他自己出版的穆勒《原理》(1909 年)所写的导言中说得很好了,这个版本我希望每个学生都有一册。[①] 有几点仍然必须提一提。我们中间的大多数人都已经听到或者读到他的父亲詹姆斯·穆勒使他的儿子从童年初期所受的严格的智力训练,这种训练是比天天鞭打还要残酷和有害的,由此可以说明为什么我们会从约翰·穆勒一生令人赞叹的著作的许多段落中会得到那种发育不全和缺乏生命力的印象。我想,我们

① 要特别注意这个版本的附录,它真正成功地把穆勒学说的许多内容同当时的、较早的、甚至较晚的思想的关系列举了出来,应当仔细加以研究。其余合格的文献,则较多地是对穆勒的哲学和逻辑学著作加以分析,而很少分析他的经济著作。但是有一篇决不应忽视,那是由一个大师写的,即埃奇沃斯的文章《穆勒,约翰·斯图亚特》,载《帕尔格雷夫辞典》。此外,E. 坎南的《生产与分配理论》(第三版,1917 年),对穆勒的经济学讨论得非常详尽,是本章及下一章最重要的一本参考书。

中间的大多数人也知道，维持其（相当舒适的）生活的，首先是东印度公司的薪俸，然后——1858 年后——是该公司的养老金；他的工作虽然平均来说不很费力，却意味着对他的思想造成了进一步的损害：正如已经指出过的，不但是干扰，而且仅仅是对于可能有的干扰的预期，都会使创造性的研究无法进行。其次，还有他对于当前问题的不倦的兴趣，也造成了额外的干扰和精力的损失。这种兴趣和办公室工作加在一起，说明了为什么在他的一切著作中都表现出了那种仓促和匆忙，即使从文字上说最为完善的那篇论文《论自由》，也不例外。最后，由于太有理智了，并且被教导去轻视智力兴趣以外的一切兴趣——特别是轻视功利主义范围以内的一切兴趣，虽然他在这方面像在其他方面一样，超出了他父亲的教导——他从来不懂得生活实际上是怎样的。通过他同泰勒夫人的友谊，以及后来同她的结婚，他为自己创造了一个内心的休息室。但他连这一点也赋予了理智的性质，任何一个人只要能听出《论自由》这篇论文的序言所具有的那种歇斯底里的调子，都不需要有其他迹象——例如，从他的《自传》中去苦心寻找——才能感到，他所缺乏的，确实不是理论家的许多必要条件，而是社会生活的哲学家的许多必要条件。

我们所看到的，是一个纯正的世俗主义激进派的画像。但是，同其他世俗主义激进派不同，这一个从来没有让教条窒息批评。他内心的诚实与坦荡无论怎样加以赞美也不过分，正是以这种态度，他对他的世俗主义和功利主义宗教——当时世俗主义和功利主义确实是一种宗教——的基础施以了批评之斧，而更加重要的是，他向他所能理解的任何启示敞开了自己的心扉。他试图同卡莱尔和科尔律治[1]的思想和平共处；他深入研究了圣西门主义和孔德主义；他通过批评证明自己是非常严肃地对待汉密尔顿哲学提出的问题的；而且，他诚实地钻研所有这一切以及许多其他东西，实际上已离开了他早先的淀泊所。他是一个和狂热者相反的人。不仅他的兴趣的范围，而且从某种意义说，他的理解的范围，都是异乎寻常地广阔的。但是我现在必须加上一点，这一点是极其难于叙述而又非常容易引起误会的。你可以走得很远很广，但是无论走到哪里你都戴着眼罩。穆勒的理解从来没有深入到某些层障底下——讨论他的《逻辑学》时，我们已经指出了这一点——而他的理智也从来没有超越某些栅栏。凡是在这些层障底下和在这些栅栏外面的东西，他都用我们下意识的自卫器官的熟知手法，一律称为胡说。

在他的三部伟大著作《逻辑学》(1843 年)、《威廉·汉密尔顿爵士哲学的探讨》(1865 年)[2]和《政治经济学原理及其在社会哲学上的应用》(1848 年)中，只有一部是属于我们的范围。他的其他

---

① 在投给《伦敦与威斯敏斯特评论》(1838 年和 1840 年)的两篇文章(在《论文和讨论》第一卷中转载)中，约翰·穆勒就科尔律治和他的集团对社会学所作的贡献，并且含蓄地就他们对于他自己的影响，发表了成熟的意见。读了这两篇文章，我想，一定会加强我们对于其作者的尊敬。穆勒在很大程度上接受了他们对十八世纪的唯理论——以及“边沁学派的利益哲学”——的批评，并表明他自己是非常容易接纳他们的浪漫主义的历史观的：事实上，我不认为写这两篇文章——以及《逻辑学》中论詹姆斯·穆勒的政府理论的段落——的人，竟还可以被恰当地称为一个功利主义者。但他非常懂得技术经济学，所以他不会因此就抛弃技术经济学。对于那些不是同他一样懂得技术经济学的批评家来说，这看起来很像是犹豫不决，很像是无止境地改变观点。可是，实际上，在这一方面，他的看法完全是前后统一的，而且还是远远超越他的时代的。

② 《逻辑学》和《汉密尔顿的哲学》已在前面第三章讨论过。

著作的清单[①]加强了这样一个印象，即经济学以外的兴趣对于他居于支配的地位，因为清单只包括一种讨论技术经济学问题的著作，即《论政治经济学中若干未解决的问题》，该书包含着他对经济学所作的最新颖和最有独创性的贡献。事实上，如果我们主张他是我们自己的人，我们就必须公平地评价这个人，永远要记住，在他十八九岁以后，除了在他写《原理》一书的 1845—1847 年，他决不是一个把全部时间（甚或"全部闲暇时间"）用来研究经济学的人。至于有助于形成他的经济学的影响，自然首先要数他父亲的影响和李嘉图本人的影响。但是我已经说过了，而且通过拒绝把约翰·穆勒包括在李嘉图学派之内而强调了，《原理》的经济学已经不再是李嘉图的经济学。这一点，由于孝道，[②]而且还——与孝道无关——由于约翰·穆勒自己认为他只是在修饰李嘉图的学说，而被弄模糊了。但他这样认为是错误的。他的修饰影响了理论的实质，尤其是，自然还影响了社会观的实质。李嘉图主义对于他无疑地比对于马歇尔具有更大的意义。但是穆勒和马歇尔的类

① 任何一本参考书都会提供这种清单。对我们来说，最重要的著作，除了上面三种以外，还有：《自传》（1873 年；两个新版，分别由 J. J. 科斯和 H. 拉斯基于 1924 年出版）、《若干未解决的问题》（1844 年出版；大约在 1829 年和 1830 年写出）、《论自由》（1859 年）、《代议政体论》（1861 年）、《功利主义》以及《孔德和实证论》（1865 年）。

② 做儿子的这种无疑是值得赞美的态度，也使得这位父亲在其他方面，例如在观念联想论心理学方面的影响变得模糊起来了。如果我们所说的影响是指一个人对另一个人的教导所产生的总的效果，那么，上述影响确实可以说是占优势的。但是，如果我们只把在看法的一致上表现出来的效果称为影响，那么，上述影响就根本不占优势了。在许多——如果不是在大多数——思想领域中，这位儿子虽然仍然反映他父亲的意见，但却是站在不同的，并且常常是相反的立场上的。就上面所注意到的一点来说，在儿子的著作中向我们说话的，分明是詹姆斯·穆勒（学说）的一个敌人。

似之处在于:出于他们各自不论是值得赞许还是不值得赞许的理由,他们都不适当地强调了李嘉图的影响而忽略了其他人的影响。可以从马歇尔的《原理》中把李嘉图主义除去而根本不感到缺少什么。从穆勒的《原理》中也可将李嘉图主义根除而不会感到缺少很多东西。约翰·穆勒未能适当地加以强调的,乃是萨伊的影响。他只在一个方面即市场规律方面强调了萨伊的影响。但是这种影响存在于穆勒的价值与成本理论中——这种理论实质上是李嘉图理论和萨伊理论的折衷,但特别着重李嘉图的因素——也就是说,存在于他的理论结构的真正核心之处。穆勒半自觉地和相当不情愿地受到的另一种影响,是西尼尔的影响,西尼尔也只在一点上得到了明确的承认,即节欲。还有许多其他的影响,例如马尔萨斯的影响和雷氏的影响,这是穆勒自觉地接受的,因而是他坦白地承认的——因为他对待别人是小心翼翼地保持公平的,总是乐意把荣誉归于别人,而对他自己的任何应得权利则完全漠不关心。这种公平和这种淡漠乃是他的品格中最强烈和最可爱的特点,以上就萨伊和西尼尔的影响所说的话,不应解释为含有任何诽谤或就这一点含有任何怀疑的意思。

> 穆勒所公开宣称的撰写《原理》一书的目的,同这本书实际体现的成就恰好完全相符。原来的序言很值得一读。他可以不加什么修改而把这篇序言用在《逻辑学》一书上面。他的目的再一次是打开结子和建造桥梁。他并没有自以为书中有什么新奇的或独创性的东西——虽然有几处是有理由这样主张的。穆勒只是解释说,自从《国富论》刊行以来,就没有过一本同样的综合性论著,特别是没有一本对于实际的应用给予

那么多注意的论著。可是，那本书已经陈旧了，不论是在事实方面还是在理论方面。所以他以达到这种“足够有用的成就”为目的，即写一部“在其目标和一般构想上和亚当·斯密的书相同，但适合于现代更为扩充的知识和更为进步的想法”的著作，这是“政治经济学在现时所需要的那种贡献”——而他写出的正是这样一种书。就具有穆勒的能力和地位的一个人来说，这是最谦逊不过的了。应当加上两点评论。

第一，这种可钦佩的谦逊有一个方面也许可以被认为是造成一种不是那么可钦佩的结局的原因。假若穆勒对于他的任务曾经抱着一种不那么谦逊的想法，他可能会写出一本甚至更好的书。看来似乎是，他把他的任务看得太轻松了：就是希腊神话中的大力神海格立斯也不能在一年半——这似乎是实际上投入的时间——内写出一部《国富论》。但是，正如我们已经有机会就《逻辑学》一书说过的，不管穆勒在替他自己说话时是多么的谦逊，他在替他的时代说话时却是一点也不谦逊的。“这个开明的时代”已经解决了一切问题。如果你知道这个时代“最优秀的思想家”所想的东西，你就能够回答一切问题。我不想重复我以前就穆勒从已经明确树立的真理的有利地位来说话的态度所讲的话。但我想要加上一句：这种态度除了滑稽可笑之外，还助长了贫乏，也助长了浅薄。他太不注意基础了，对事物极少作彻底的思考，过于相信大多数必要的思考都已经做过了。从斯密到穆勒再到马歇尔这一谱系是十分清楚的。但是中间一个名字，由于使用的劳动相对不足，不能和另外两个人等量齐观。部分地因为这个缘故，造成了一种东西，它看起来似乎是那么多的支吾搪塞，或者给人这样的印象，马克思有力地表达这种印象说：穆勒从来没有说过一件事情而不同时说到它的反面的。但这在很大程度上是由于穆勒的公平的心性，这迫使他考虑每个问题的一切方面。还有，这是由于一种更有称誉价值的东西。他是一个具有强烈偏好的人。但他的诚实也是不可腐蚀的。如果他能做得到，他是既不会歪曲事实，也不会歪曲论据的。当他的偏好——他的社会同情心——依然还是表现出来的时候，他是毫不迟疑地予以剪裁的。因此，产生了许多不得要领的东西，甚或是许多自相矛盾的地方。

第二，穆勒再三强调——虽然不是在他的序言里——他的《原理》同其他的论著有某些不同，这种不同他归之于他的妻子的影响，即具有道德的情调或气氛。事实上，书中有很多热情的人道主义和很多对劳动阶级福利的关心。可是，更重要的是一个类似的方面：他把无情规律的作用限制在生产所必须服从的物质必然性的范围以内，对于其余，特别是对于所有的制度，则强调它们是人为的，可以改变的，可以适应的，和"向前进步的"。对他来说，社会事物没有什么不可改变的自然秩序，而经济的必要性对他主要是意味着在不断改变的制度结构中所存在的一定状态方面的必要性。不管在其他方面他多么赞美他的时代，他对于他所看到的实际社会状态却既不认为是理想的，也不认为是永久的。《原理》的第四编第七章以及许多其他的段落，甚至某些批评他那时代的乌托邦社会主义的段落，在这一点上，以及在他预期社会发展将采取的方向方面，都是确证。虽然他在细节上再三改变立场，但他从大约二十五六岁起，就是一个信奉进化论的具有协会主义色彩的社会主义者。就一部分析史来说，这一点之所以重要，只是因为它驳斥了这种荒谬的指摘："古典"经济学家相信资本主义秩序是最后的和最高的智慧，是必定要万世长存的。如果有人回答说，穆勒是一个唯一的例外，我们的答复是：这是不真实的，但是，即使这是真实的，这个例外的人却是那个时代最成功的和最有影响的一部著作的作者。对于资本主义的社会学家来说，更加令人感兴趣的事实是：在资产阶级那么欢迎的一本书中却带着一种社会主义的启示，而且它的作者是一个明显地不同情工业资产阶级的价值方案的人，没有比这更能透露资产阶级文明的性质了，也就是表明了资产阶级文明具有真正的自由，但它在政治上却软弱无力。

约翰·穆勒恰好是进化论社会主义者一词所指的那种人。他对社会主义的态度是稳步向前发展的，其发展痕迹在《原理》的先后连续各版中只是部分地可以辨别出来。而且，海伦·泰勒女士于穆勒死后在《双周评论》(1879 年)上所发表的那三篇论述社会主义的文章，也许不但没有帮助，反而会引起误会：它们是在 1869 年或这一年左右撰写的，用来当作穆勒当时打算要写的一本论述社会主义的书的说明概略，它们所包括的，只不过是对 1869 年以前的法国和英国的社会主义文献以及流行的社会主义口号所作的批判性评价；这本书如果写出来的话，大概会包含一种积极的补充,把这些概略的读者可能得到的印象颠倒过来。不过,撇开一切细微末节不谈,我们可以相当有信心地把穆勒对待社会主义的态度描述如下。在感情上,社会主义总是对他具有感染力的。他对他所生活于其中的社会一点也不喜欢,而对劳动群众则具有丰富的同情。一当他取得智力上的独立性以后,他立即爽快地向他那时代的社会主义——主要是法国的——敞开了心扉。但是,他是一个受过训练的经济学家和极为注重实际的人,不能不觉察到稍后被马克思称之为空想社会主义者的那些人所具有的弱点。因此,他心非所愿地得出了这样的结论(但认为圣西门主义有一部分是例外):这些计划只不过是美丽的梦想罢了。这是第一阶段。从表面上看,一种对社会主义的完全否定的态度——连同在某些方面的,例如在土地所有权方面的彻底的激进主义——可以被认为是同他在《原理》第一版中所写的东西不矛盾的。但是没有理由可以怀疑他在第三版(1852 年)的序言中所作的声明,其大意是,他从来没有打算要"谴责""作为人类进步的最后结果来看的"社会主义,他反对社会主义只是因为"人类尚处于无准备的状态"。可是,在正文中所作的修改和订正比这句话所暗示的要走得远些(特别是,参阅第四编第七章新增加的第二段),实际上等于是明白承认社会主义是"最终目标"。这标志着一个第二阶段。还有一个第三阶段:一方面,他终于相信"进步"正在惊人地加快步伐,而这个"最终目标"正在迅速地进入视野;另一方面,他终于相信资本主义已经接近于完成自己的工作，因而纯粹经济方面的反对理由正在失去它们的部分力量。同时，他总是坚决否认在资本主义制度中存在着使工人阶级状况恶化或使它在社会产品中的相对份额或绝对份额减少的任何趋势；他也同样坚决地拒绝接受通过革命来转变的思想，他之所以反对通过革命来转变，主要是因为在他看起来革命会产生管理上的不可克服的困难。但是这种观点就给进化论社会主义下了定义。这种观点同三十年以后德国修正主义的领袖 B. 伯恩施坦（参阅后面，第四编，第五章，第 8b 节）将要为之辩护的观点并没有实质上的不同。自然，这种观点不仅为马克思主义者所深恶痛绝，而且也为所有这样的社会主义者所深恶痛绝：他们的议论是以工人阶级不可避免地日益贫困化这个命题为基础的；对他们来说，革命是一个主要的信条。而穆勒在这个题目上的教导，恰恰由于它是那么完全诚实，恰恰由于它显然赞同最终目标而又阐述了不合口味的真理，因而比起直接的反对来变得更叫他们讨厌。所有这一切对于了解穆勒的世界观都是非常重要的——特别是对于我们中间的这样一些人：他们认为一个人的阶级利益或哲学将决定他的经济理论或他在经济政策方面的观点，他们被教导去把《原理》看作是资产阶级思想意识的语言表达。

约翰·穆勒《原理》一书的成功是巨大的，并且比李嘉图的《原理》一书远更普遍地受到欢迎，其发行量在所有经济学受到重视的国家也比李嘉图的书分配得远更平均。这主要是由于穆勒把科学水平和易于接受二者巧妙地结合在了一起：他所表达的分析确实是能够使有资格的鉴定家满意的,而除了证明是障碍的很少几点之外,又使得每一个经济学家能够懂得他。这本书的多次重版只不过衡量了它的直接的影响。就讲授而论,于此之外还必须加上由此而产生的一批其他教科书。即使在英格兰,学生和一般读者似乎也感到需要有一个更简单的本子。而这种需要就为福西特[①]所满足了。在较高的水平上,即使实质上接受穆勒的最后结论的人,也不能不发现,在他的建造物中有许多石头是很松的。这个时期修补这个建造物的最卓越的英国经济学家,是卡尔尼斯(他是否取得了成功是可以争论的)。[②] 他可以称为穆勒的学生,因为他总

① 亨利·福西特(1833—1884)的《政治经济学手册》在他在世时发行了六版。他在二十五岁时失明,可是仍然教书,写作,从事体育运动,是个生气勃勃而有主见的国会议员,甚至是一个成功的内阁部长(邮政总长),这个卓越人物的超人精力是令人无限佩服的:他理所当然地赢得了其经济学同行的最崇高的尊敬。他主持了剑桥大学的经济学讲座,是马歇尔的前任。可是,在一部经济分析史中,他所享有的地位却低于许多小得多的人物,而且我们无从为他说话。

② 约翰·E.卡尔尼斯(1823—1875)作为一个研究工作者、作家、大学教师和政治家(虽然是在幕后)的生涯——如果生涯确是一个恰当的字眼——被他的不良的健康情况所毁坏了,他的巨大能力为什么没有得到充分的发挥,原因显然就在这里。尽管如此,他仍然达到了名流的地位:在穆勒于1873年死后(杰文斯还未受到应有的重视),当问到谁是英国的第一个科学经济学家时,每一个人都会提到他。对我们来说,他的最重要的著作是《政治经济学某些主要原理的新解释》,1874年出版。然而,我们把它的作者(不像杰文斯,他的《理论》一书出版较早,即在1871年)归入现在所考察的这个时期,是因为他解释的是旧的分析经济学,而与刚刚诞生的新分析经济学则保持着明显的距离,这样他就表明自己完全未能理解新分析经济学的意义和发展前途。因此,我们把他归入(加引号的)“古典学派”,而不是把他列入李嘉图学派。他属于穆勒的集团,像我们不称穆勒为李嘉图派的理由一样,不称他为李嘉图派。自然,我们很可以等到下个时期再来谈他,并把他和西奇威克、尼科尔森和其他的人一道,列为“遗老”集团的成员。他的同我们有关的另一著作是《政治经济学的性质和逻辑方法》(1857年),是方法论史上的一个里程碑。

是引证穆勒的教导来从事说理(甚至在他没有明白提到这个事实的地方),而他对穆勒所具有的感情,正如他的通信所表明的,只有“尊敬”二字才能形容。[①] 然而,他有时候尖锐地批评穆勒,而由于这种批评,就构成了有几分可以算作是他自己的东西,虽然完全是在穆勒的基础之内。他是一个天生的,但不是一个非常具有独创性的理论家。虽然他的贡献大部分都缺乏独创性,但他的分析性著作和方法论方面的著作,却标志着一个重要的阶段。可是,在称他为一个天生的理论家时,我们决不应忘记——某些批评家,特别是德国历史学派的批评家却忘记了——他的大部分工作时间耗费在了实际问题上面,使得他在当时英国公众中出名的,乃是他在“事实调查”方面的贡献(特别是他的《蓄奴国》,1862 年)。

2. 范围与方法:经济学家认为自己在做什么

前一章已使我们对于这个时期的经济学家实际上在做什么有了一些了解。我们马上就会看到,他们的工作在多大程度上反映在穆勒的《原理》中。但是这个时期的特点之一是,经济学家开始解释他们自己,即是说,为他们的目的和程序建立理论

① 穆勒给卡尔尼斯的信,有几封已由休·S. R. 埃利奥特先生发表(见他所编的《约翰·穆勒书信集》,共两卷,1910 年)。可是,我所说的这封信系由 G. 奥勃莱恩在《约翰·穆勒与 J. E. 卡尔尼斯》一文中发表,载《经济学》,1943 年 11 月。它增加了人们的好奇心,想要再看到一些。

（或“作合理的解释”）。在研究方面，也像在其他方面一样，我们是先做然后再想的。只有当一门学问发展成为一门公认的科学时，它的献身者才会对范围与方法的问题和对一般的逻辑基础产生一种带点儿焦虑气味的兴趣。这是十分自然的，虽然这类活动过多会成为一种病理上的征候——有一种称为方法论上的怀疑病的东西。这种兴趣的出现——以前几乎没有，虽然并非完全没有——表明经济学在当时已经达到相对成熟的阶段。这种兴趣所造成的结果本身，对我们并没有多大的重要性。我们对于我们自己全都是不好的解释者，对于我们的实践的意义全都是不可信赖的见证人。但恰恰是因为这一点，我们对于这个时期的方法论不能够完全忽视。因为批评家们已经照字面去理解它，从而，在“古典”经济学的范围和意义上，它变成了一种误解的根源。

(a)这门科学的定义。　我们知道，甚至在亚当·斯密以前，经济学家就感到有必要为他们的学科下个定义。在所考察的这个时期内，他们对于这门特殊学科的责任感已经变得远更强烈，所以实际上所有的专著作家都试图来给它下定义。这里举几个例子。J. B. 萨伊用加副标题的方式，给政治经济学下的定义是：对财富的形成、分配和消费方式所作的解释。麦卡洛克给政治经济学下的定义是，一门“关于调节那些对人必要的、有用的或适意的同时具有交换价值的物件或产品的生产、积累、分配和消费的规律的科学”或“价值科学”（原文如此！）。在施托尔希看来，政治经济学是“关于决定国家繁荣的自然规律”的科学。西尼尔的政治经济学是“讨论财富的性质、生产和分配的科学”。约翰·穆勒在《原理》中则满足于研究"财富的性质,以及它的生产和分配的规律,包括:直接地或间接地,使得人类状况……变得繁荣或相反的一切原因的作用"。罗雪尔说:"我们的目的只不过是描述人的经济性质和经济欲望,研究涉及这些欲望的满足的制度的规律和性质,以及它们所获得的成功的大小。"这些例子已经足够提供一个概念。如果我们认识到,要试图作出一个适合于经济学界的一切活动的定义是没有希望的,而且是没有意思的,那么,我们就不会感到想要去苛刻地判断这些以及其他定义的任何一个明显的缺点。可是,某些特点是值得注意的。

这个时期的所有定义都强调经济学对于其他的社会科学或道德科学所具的独立性——这同承认与它们有密切关系自然是完全相容的。大多数的定义都强调经济学的分析(科学)性。[①] 这两个事实,虽然或许不是每一个批评家所喜欢的,却应当作为分析经济学前进道路上的里程碑记录下来。可是,还得提及第三个事实,因为它引起了我在上面所提到的那些误解中最重要和最使人不愉快的误解之一。读者会注意到,关于应当列入经济学范围之内的事实和问题,上面所引的定义没有一个是十分明确的:例如,约翰·穆勒的定义读起来就像一个无所不包的大容器,即使西尼尔的定

① 如果我们同例如詹姆斯·斯图亚特爵士的定义或是同亚当·斯密在《国富论》第四编开头所提出的定义作一番比较,则这似乎表明一种同过去的决裂。但是这种决裂与其说是真实的,不如说是表面的。一方面,某些作家,例如西斯蒙第,仍然遵守用一个实际目的去给经济学下定义的老办法。另一方面,尽管有那个定义,亚当·斯密的著作绝大部分在性质上仍然真正是分析的;而这个时期的经济学家尽管给经济学下了那样的定义,却继续提出价值判断和建议政策。这将在下面第 c 小节讨论。

义，单独拿来看，也使读者不明白财富的生产和分配所包含的意思是什么，因为一个社会的制度形态的整体同生产和分配是显然有关的。当时，要为之下定义的"科学"自然是称为"政治经济学"。[①]大多数大陆经济学家从一种非常广泛的意义来使用这个词。但是大多数第一流的英国经济学家，特别是詹姆斯·穆勒和西尼尔，则把它限制在称为经济理论也许更为适当的东西上面，而他们的方法论方面的声明所涉及的也正是经济理论。[②] 对批评家来说，这看起来似乎与英国经济学家的态度和看法有惊人的差别。他们感到，英国"古典作家"眼中所看到的只有"财富"而没有别的东西，他们的政治经济学只不过是思辨性的"货殖学"（西斯蒙第语），如此等等。但是我们已经看到，情况并不是这样。他们的实践证明，他们并不想要限制他们的活动或他们的兴趣。他们所要限制的，乃是一个词的用法。例如，西尼尔诚然会把任何有关事实的分析和任何有关福利问题的讨论排除在他的政治经济学之外。但是，如果他同时在他所谓的"伟大的立法科学"[③]中又欢迎这两者，那他

① 除某些德国作家所使用的"国家经济学"一词外，大陆上所使用的名词，甚至"国民经济学"一词，都是和"政治经济学"意义相同的。经济学是在下一时期开始应用的，而且那时也只在英国和美国使用。德文与此相等的词"社会经济学"从来没有流行。

② 惠特利主教认识到了潜藏在这个术语中的危险，建议用 Catallactics——根据希腊文的 κατάλλάτειγ，交换——一词取代该意义上的"政治经济学"一词，但他的这一建议没有取得成功。在这一点上他表现了他常有的优良辨别力。但他没有能把他的意思说清楚，反而被误解了，实际上把事情搞得更糟了。读者无需运用多少想象力就能想象得到，这会使批评家多么吃惊：什么！政治经济学这门有关人类经济命运的科学，竟被贬低为一种可怜的买卖理论！

③ 约翰·穆勒改而采用了"社会哲学"一词。

把这两者排除在政治经济学之外又有什么关系呢?

(b)方法论。 从由此而得到的观点来看,我们不难再一次为"古典经济学家"开脱程序上的任何重大错误。他们的程序是粗糙的,并且常常是笨拙的。他们的许多争论只不过是由于不能看清对手的论点而产生的,有一些纯粹是字面上的争论(就像我们的许多争论一样)。[①] 当时盛行的可笑"方法"是,试图通过找出一个词的意义来分析一种现象。但实际使用的程序其实在原则上是不易受到任何严重反对的。这种程序完全是切实的,恰恰是每一类问题的性质向只不过是以简单的常识武装起来的头脑所暗示的那种东西。"古典经济学家"建立理论,是为了清理某些在逻辑上盘根错节的论点;他们收集他们认为有用的事实。可是,对于他们的方法论上的声明却不能这样说,即使这些声明(至少是英国经济学家的那些声明[②])所指的只是经济理论。但在大多数场合下,可以通

① 例如,李嘉图和马尔萨斯争论的一个问题是,地租的产生,是由于大自然的"慷慨"呢,还是由于它的"吝啬"。没有比这更能清楚地表明当时分析器械的原始性了:两个能干的人事实上竟在讨论,对一个生产要素的报偿,是由于它的丰饶呢,还是由于它的稀缺。

② 这个时期最重要的方法论专著有:西尼尔的《政治经济学引论四讲》(1852年)、卡尔尼斯的《逻辑方法》以及约翰·穆勒的《某些未解决的问题》中的第五篇论文(这篇论文1836年最先发表在《威斯敏斯特评论》上)和在他的《逻辑学》中的有关段落。有几个批评家认为,穆勒在《逻辑学》中的主张同他在上述论文中的主张不同。这是一种误会。论文所讨论的,是作为经济理论来理解的"政治经济学"的方法论。《逻辑学》中的有关段落所讨论的,则是社会科学中一个广泛得多的部门的方法论,主要是讨论在本书中所称的经济社会学。两个领域的认识论上的情势有实质的不同,为一个领域规定"演绎的"方法而为另一个领域规定"归纳的"(或"反演绎的")方法是没有矛盾的。其所以要这样做的主要理由是,经济理论由于它的数量性质,比起任何其他社会科学的分析器械来,在更大得多的程度上有进行系统的精制的余地。

过小小的修改而得到纠正。例如,大多数经济学家,特别是 J. B. 萨伊和约翰·穆勒,太看重经济学与自然科学的类似之处了,约翰·穆勒曾宣称自然科学是经济理论的"正当典范"(《自传》,第165页)——这一点被批评家抓住不放,但实际上没有关系,因为并未加以实际应用。[①] J. B. 萨伊,虽然正确地强调经济学是观察的科学,却称之为"实验的"科学。但是可以很容易地纠正为"经验的"科学。其次,几乎所有的经济学家都使用了"规律"或者甚至是"自然规律"一词,假如避免了这个词,就会使他们不受具有哲学头脑的批评家的许多谩骂。但是这个习惯是完全无害的,因为他们真正指的,只不过是孟德斯鸠所说的经济现象之间的"必然关系",或马歇尔所说的"对趋势的陈述"。鉴于约翰·穆勒一再坚持说"旧政治经济学只具有非常有限而暂时的价值",后来的批评家也就没有理由老是反反复复谈到这些字眼。事实上,后来批评家的方法论信条中所有那些真正站得住脚的东西,可能完全是从穆勒那里抄来的。另外,穆勒常在一种使人误解的意义上使用"先验的"一词,[②]还对"演绎法"一词加以不必要的强调。这或许是造成后来有关"归纳法与演绎法"的荒谬论证的原因,但是,只要记住当他说到政治经济学的方法时,他所想的是经济学的理论器械,我们

① 我们已经指出,经济学家虽然引入了"静态学"和"动态学"这两个词,但并没有对其加以实际应用,也就是说并没有从物理学那里借用一种方法。当经济学家使用"均衡"一词时,他们从力学所借用的,也不比一个"平衡"其账户的簿记员所借用的更多。

② 这是非常令人吃惊的,因为他在《逻辑学》中甚至把几何学变成了一种经验科学,还因为,他虽然不是一个百分之百的经验主义者,但肯定比康德更加是一个经验主义者。

就很容易看出，它从来没有造成实践上的任何错误。① 最后，在"隔离"经济现象或动机或者使之同非经济现象或动机分离的方法方面，不仅"古典经济学家"的做法，而且即使是他们对于这种做法所作的理论解释，都没有严重的错误。很难相信，就这一点提出反对意见的任何批评家可能是研究过约翰·穆勒的。② 自然，这个说法必须理解为，所指的是"古典经济学家"用来开辟纯粹经济研究领域的隔离与分离原则本身。只是就此而言，我坚持认为，不但在实践上，而且在原则上，他们的程序不论是同亚当·斯密的程序③，还

① 再说一遍，这才是真正的检验。一种方法论上的信仰表白的文字意义，除了对哲学家而外，是没有什么意义的。换句话说，我们的检验可以表述如下：任何一种可以反对的方法论，如果能将其抛弃而不致迫使我们将与之相连的任何分析结果也抛弃，则它就是无关紧要的。

② 事实上，像罗雪尔那样了解约翰·穆勒的人，就没有提出这样的反对意见。不过，正如我们即将指出的，从以下一种意义上说罗雪尔实际上并不是"古典经济学家"的批评者，即他的批评包含着一种与"古典经济学"不相容的方法论上的信条。可是，大多数后来的德国批评家，即那些属于真正历史学派的批评家对于穆勒或者对于一般的"古典作家"不可能具有很多直接的了解，因为很难相信，假若他们直接了解穆勒的话，他们竟会完全误解穆勒的方法论：他们所反驳的，是一幅到他们写作时已经固定下来的关于穆勒方法论的错误图画。而考虑到他们专心致志于他们自己的研究计划，这毕竟是不太难理解的。但对英格拉姆(参阅后面，第四编，第四章)又当如何解释呢？他怎么能宣讲一种方法论借自于孔德的"新经济学"的福音呢？我所能提供的唯一答案——任何一个专业经济学家只要研究一下英格拉姆的《政治经济学史》，都会得到这个答案——是，他的经济学知识和他对经济学的兴趣均没有超出普通"哲学"的范围，这种哲学虽然产生于对当时的那些伟大口号的强烈热情，但从来没有应用于实际问题的研究。他对"古典"经济学的其他反对意见，比起他从孔德主义的立场出发对独立的经济学的反对来，更清楚地显示了这个结论。

③ 这是如此重要以致值得重复一遍：亚当·斯密的著作看起来不很"抽象"，因为它包含了那么多的事实材料，这是后来的经济理论专门著作所不包括而留给其他专门著作去提供的。但当他在经济理论的轨道上移动时，他的推理所具有的抽象性并不比譬如说李嘉图的推理少多少。就后者说，"抽象性"表现得多乃是因为他把自己限制在具有"抽象"性质的题目上，而不去提供作为例证的枝叶，但仅仅是如此而已。

是同后来的经济学家的程序都没有什么不同。后一种程序是由卡尔·门格尔和约翰·尼维尔·凯恩斯等后来的方法学家系统陈述的(参阅后面,第四编,第四章),是于1900年左右为绝大多数非德国的经济学家所接受的。但是我并不坚持认为,每个"古典"作家,在那个领域之内推理时,总是正确无误地"隔离"有关的因素或把它们同其他因素"分离"开。这样说从表面上看起来会是荒谬的,因为这等于说,他们的几乎全部命题都是正确无误的:批评如果不指摘逻辑上的错误也不指摘事实陈述上的错误,其矛头就可以看作是针对着被批评的作家所采用的"隔离"或"分离"方式。

我刚才试图表达的区别,会大大有助于我们理解这个时期方法论方面的情势,也就是说,理解当时经济学家有关"方法"问题的分歧的性质和程度。乍看起来,我们得到这样一种印象:当时的科学论战主要集中在方法问题上。例如,两次最有名和拖得最长的论战,一次是关于价值的,一次是关于普遍过剩的,很快就陷入了这样一种大家熟知的境地:既然不能在提出更多的具体论证方面有所进展,双方就都只好反对对方的方法。这实质上意味着承认不能说服对方,同时也宣布自己没有被对方说服,总而言之是陷入了僵局。例如,在过剩问题的论战中,马尔萨斯(和西斯蒙第)反对李嘉图的程序,认为李嘉图的程序太抽象了,而李嘉图本人则强调论证应具有抽象性质,[①]他们只不过是用言语发出了一种失望的

① 因为,"抽象性"虽然常常被用来反对一种论证,它也可以用来为它辩护。特别是,马克思主义者经常——并且在某些场合下是正当地——这样来挽救危险的局面:在某一抽象水平上放弃某种(正在被争论的)学说,但保留说,在某种较高的抽象水平上这个学说是完全正确的。

叹息。如果以为马尔萨斯和西斯蒙第真是在反对李嘉图的“方法”,即反对人们在后来的“方法论战”(参阅第四编第四章)中所说的那种方法,那就完全错了。情形并非如此,这是可以通过分析他们自己的推理方式来证明的:他们的推理方式是“理论的”,同李嘉图的推理方式是理论的具有同样的含义——正如凯恩斯勋爵的理论之为理论,同马歇尔的理论之为理论具有同样的(逻辑)含义一样。换言之,马尔萨斯和西斯蒙第采用一种不同的方式并着眼于一组组不同的事实来建立理论,但是他们的实践证明,他们并不像后来的施穆勒学派或美国的制度主义者一度曾经做的那样,反对建立理论这件事情本身。

但是这种反对(反对理论本身)不是也由其他人提出了吗?是的,但只在一些孤立的场合下,并且对大多数经济学家的著作没有重大影响。[①] 一个这样的彻头彻尾的反对者就是孔德。但是正如我们已经看到的,他在这个时期内对经济学家没有产生可以觉察得出的影响:约翰·穆勒,就技术经济学而论,没有作丝毫的让步。另外一个反对者是勒普莱。他首创了一种重要的研究方法,但在其余方面,他则几乎不为这个时期的经济学家所知晓。我怀疑 R. 琼斯和 B. 希尔德布兰德能否称为彻头彻尾的反对者。但即使能够这样称呼,他们也没有超越其前驱者。克利夫·莱斯利在 1876 年以前并没有表示支持经济学采用独特的历史方法。英格拉姆在

① 我现在所谈的不是超科学的反对者,例如卡莱尔。我所谈的也不是由于一般公众不喜欢任何看起来像是一种复杂论证的东西而产生的那些反对,最后,也不是仅仅表现每一个人对他自己所选择的那种工作的自然偏好的那种反对。

1878 年以前也没有树起“新经济学”的旗帜。克尼斯[①]主要是个经济理论家，在其余方面，他虽然是个能干的普通经济学家，但对于方法问题却没有特殊的兴趣，这一点无论怎样重复都不过分。罗雪尔则把李嘉图和马尔萨斯称为“一流政治经济学家和发现家”，并且特地表示同意约翰·穆勒的方法论，[②]若把他的《原理》一书同约翰·穆勒的《原理》比较一番，在程序上看不出有任何根本不同——他甚至谈到了自然规律。固然，他认为自己使用了一种历史的或“生理学的”方法。但是，从《原理》的引论的第三章可以看出，他说这句话的意思只不过是想表明他同他所称的“理想主义”方法（这种方法试图为理想的社会状态规定准则）没有关系，而只想“按照自然研究者的方式”（前引书，第一卷，第 111 页）如实地描述事物。[③]因此，我们可以得出结论：除了偶尔有一些吵闹声外，“方法论战”此时尚未开始，实质上占优势的是方法论上的和平共处（“方法”一

① 正如前面已经说过的，克尼斯的主要著作以及他作为一个教师的大部分活动属于下一时期。但是把他同历史学派联系起来的那本著作却是在所考察的这个时期出版的：《从历史方法的观点看政治经济学》（1853 年；1883 年版作了许多增订）。这本书提出了一个有趣的问题。它不仅表达了这样的意思，即社会制度是经常变迁的，因而不可能制订出普遍有效的“政策”（以及其他可能也是由作者从约翰·穆勒那里拿来的东西），而且实际上略述了施穆勒计划的主要部分。但他在后来出版的所有著作中实际使用的方法，却一而再再而三地否定了这些原则。还有，作为一个教师，克尼斯也并没有谆谆教导人们信奉经济历史主义。

② W. 罗雪尔：《原理》（英泽本，《政治经济学原理》，1878 年，第一卷，第 106 页脚注）。

③ 这不能无条件地适用于 L. 沃洛夫斯基的《序言》，这篇《序言》是罗雪尔著作的翻译者莱勒加在英译本（1878 年）前面的。1878 年事情看起来有所变化，而由于一种很自然的混淆，莱勒把罗雪尔说成是当时的“历史学派”的“创立人”。这提供了一幅完全错误的图画。

词取其与此处有关的意义)。这也是卡尔尼斯的看法。

(c)这门科学和这门艺术。 有名望的作家,只要认真注意过方法论上的根本问题,大都清楚地看到了并且非常强调关于是什么的论证和关于应当是什么的论证二者之间的区别,也就是强调经济学的"科学"和政策的"艺术"二者之间的区别。[①] 但是如果认为他们的声明中含有这种区别在后来人们提出"价值判断"问题时所获得的那种意义,那就大错特错了。西尼尔在这一点上比任何其他人都得更为明确。他诚然说过,经济学家的结论"并没有使他有权去加上一个字的忠告"。但是他这句话并不意味着:不容许作为科学工作者的经济学家提出实际的忠告,因为这种忠告包含有在性质上是超科学的最后评价,也就是包含有超出科学证明范围以外的偏好。采取这种观点的,是卡尔尼斯(可是,他在实践上没有遵守它),后来西奇威克和 M. 韦伯更为明确地采取了这种观点。西尼尔、穆勒和他们的同时代人丝毫没有这种意思。他们只是认为,经济政策问题总是包含那么多的非经济因素,所以不应当在纯粹经济考虑的基础上去处理它们——顺便说说,这种意见本身即足以说明,以下一种常见的指摘是多么没有道理:英国"古典经济学家",总是只看到事物的经济方面,或者更糟,总是只看到事物的财富方面甚或利润方面,而从来没有看到别的东西。但是他

① 把两者混同起来,甚或否认确实存在这种区别,自然都是常见的事,但也并不比在后来(包括现在)更甚。在大多数情况下,这种区别是牢牢记在心里的。就法国来说,夏尔·科克兰为《政治经济学辞典》所写的文章,在这一方面也像在其他方面一样是有代表性的。特别值得注意的是,罗雪尔也曾强调了是什么和应当是什么两者之间的区别。

们之中没有一个人真正怀疑这样一些价值判断的正当性：这些价值判断依据的是“哲学上的”理由，不仅适当考虑到了某一情形的经济因素，而且还适当考虑到了非经济因素——用西尼尔在《政治经济学大纲》第3页上的话来说，也就是这样一些作家和政治家所作的价值判断，“这些作家和政治家考虑到了可以促进或妨害一般福利的一切原因”，他们所作的这种价值判断不同于“理论家所作的价值判断，因为理论家只是考虑到了一个原因，尽管这个原因是那些原因中最重要的一个”。我们已经看到，这也是约翰·穆勒的看法，事实上差不多是每一个人的看法。这种看法自然是完全有道理的，但愿那个时期的（或者任何一个时期的）经济学家决不要忘记这一聪明的想法——决不要沾染“李嘉图的恶习”。[①] 然而，有一点依然是正确的，那就是他们从来没有想到价值判断这个现实问题。直到这个时期的末了，经济学家仍然认为他们关于政策的建议是从科学的，虽然不是纯粹经济的分析得出的科学结论。从这种意义上说，他们确实像后来的批评家尖刻地指出的，是处方的承办商。幸而，他们并非完全如此。

3. 穆勒的读者实际得到的是什么

穆勒的读者所得到的，首先是事实方面的情况，约占全书六分之一。从表面上看，这个比例比起亚当·斯密或罗雪尔分配给事实陈述的篇幅来要小一些，而且仅有的这一点事实陈述又是极不

① 参阅前面，第四章，第2节。

平衡的，例如，有关“自耕农”的事实所占的分量，较为适合于穆勒自己对这个题目的兴趣，而不太适合于他的读者对这个题目可能具有的兴趣。但采取这种看法也许是错误的。正如穆勒的序言强调指出的，他的论文充满了实际的“应用”。而这些应用是同穆勒常常未能提供的事实材料有关的，他之所以没有提供，也许是因为他认为他的读者能够很容易从普通可以查到的来源——像巴布基[①]的著作一类——弥补这种缺陷。如果我们把书中从这种意义上说以事实情况为前提的（虽然实际上并未提供这种事实情况）一切讨论都算作是有关“事实的”讨论，那么，如果我的估计还算正确的话，书中的“事实”部分就增至全书的三分之二稍多，剩下的三分之一不到则用来说明分析的器械。其次，他的读者在“理论”方面得到了一个相当充实——但不是十分充实——的基础。可是，正如已经指出过的，穆勒的《原理》一书一点也没有触及统计方法。

从另一种观点看，我们可以用下面的标题清单来说明穆勒所讨论的题目的范围，读者很容易看出，这个单子是可以通过把另外

① 查尔斯·巴布基:《论机器和制造业的经济》(1832 年)。这部书曾被广泛利用(马克思也用过)，是一个非凡人物的一项惊人成就。巴布基(1792—1871)是继牛顿之后主持(剑桥大学)鲁卡斯数学讲座的人士之一，是英国科学促进协会(1831 年)和统计学会的创立人之一，是在许多学科方面的一个多才多艺的作家，也是一个著名的经济学家。他的主要长处是，他既掌握了简单的然而是正确的经济理论，又透彻而直接地了解工业技艺及与之有关的商业活动。由于他几乎是绝无仅有地同时具有这两种知识，他不仅能提供大量的人所共知的事实，而且，不像从事同样工作的其他作家，还能提供解释。特别是，他长于用概念进行说明：他给机器下的定义和从概念上对发明所作的说明，都理所当然地引起了世人的注意。值得注意的是，在某些方面他承认希奥亚享有优先权，希奥亚的名字事实上应当与他的名字同时提到。为了同他的健全而匀称的处理作一对比，我提出 A. 尤尔的处理(《制造业的哲学》，1835 年)，尤尔也陈述了有趣的事实，但作为一个分析家则不能与巴布基相提并论。

一些小的项目列进去和把其中一些主要项目再加以划分而拉长的,价格、价格决定、竞争、习惯、垄断;工资与就业、工资政策、工会、济贫法以及那个时代社会政策中的其他项目;社会主义,着重讨论的是圣西门主义和傅立叶主义;生产合作社和消费合作社;工人阶级的前途;教育;人口;企业与企业的形式、资本、利润、利息;储蓄与投资;技术的进步;货币与银行、中央银行、外汇,政府纸币;危机;对外贸易;殖民地;私有财产、继承;合伙、公司、破产法;地租、土地所有制、长子继承、农民土地所有、分成制、小农租佃、奴隶制;"进步"、"成熟"(停滞状态);政府政策与政府管制;实行自由放任的理由及其所受到的限制;公共财政,特别是税收和公债。我不认为,这个清单会因为范围狭窄或远离当时的实际问题而惹人注目。特别应该指出的是,后代人所感兴趣的一切问题都可以同穆勒所讲的挂上钩,而不打破他的体系。例如,后来的制度主义者很可以把他们想要加进去的具有明显的制度性质的全部额外材料加到穆勒的壁龛中去,而不会因此破坏这部论著的一般性质:在它的广阔褶层内一切东西都有容身之地;一切东西都可以作为原有之点的发展而参加进来,没有什么东西需要作为一种革命才能参加进来。

约翰·穆勒把他的材料排成五编:"生产"、"分配"、"交换"、"社会进步对生产和分配的影响"以及"论政府的影响"。最后一编也包括公共财政以外的东西,但主要还是同亚当·斯密的第五编相当的东西。在最短的第四编,穆勒集中了他就经济进化这个题目所要说的东西,这在表述上是一种巧妙的革新。前三编的标题表明是受了萨伊的安排的影响,或者毋宁说,是改进这种安排的一种不很巧妙的尝试。最为重要的价值理论虽然从逻辑上说是应当首先提出来的(而且在李嘉图和马克思那里也是首先提出来的),却是在第三编陈述的,仿佛它只同商品的"流通"有关,仿佛没有它也能理解生产和分配。这一点之所以值得一提,是因为它指出了"古典"结构的一个根本弱点。我并不责备"古典作家"没有认识到价值(选择)分析的关键性意义,价值是——如果我可以这样说的话——经济过程特有的经济要素。但奈特教授的以下指控是不无道理的:"古典作家"对于"经济的意义是取得最大价值报偿的过程,没有清晰的或明确的概念";"分配问题……根本不是作为一种估价问题去处理的。"[①]在这个限度内,我们必须就我们对李嘉图的主要功绩的承认加上限制。他和所有"古典作家",包括穆勒在内,固然在获得一种能把一切纯经济问题统一起来的分析器械方面有所前进,但是,部分地由于他们的基础有缺陷,他们从来没有充分认识到获得这种分析器械的可能性。他们仍然把生产同分配分离开来——约翰·穆勒甚至认为这样做是自己的功劳——仿佛它们是受不同的"规律"支配的。第一个指出这一点的人是费拉拉。[②] 但萨伊和穆勒两个人的权威加在一起,却使这种表述方法还要通行几十年。这种表述方法的变体是不值得我们花时间去讨

① F. H. 奈特:《李嘉图的生产和分配理论》,前引书,第 6 页。这种说法的第二部分也许有些过分了。但是奈特教授用李嘉图给麦卡洛克的一封信中极有意味的一段来作为论据,在这封信中,李嘉图用那么多的字句来断言,相对的分配份额"同价值原理是根本无关的"。虽然不能就字面来理解这句话,因为能够用李嘉图自己的论证来反驳这句话,但它却表明了:对于资本主义的分配是一种价值现象这一事实的全部含义,甚至李嘉图也没有清楚地看出。马克思则看出了它的全部含义。

② 在他为萨伊的书写的《序言》中。

论的。例如，罗雪尔的表述方法是：生产，流通，分配，消费，人口——把信用包括在生产中。

五编之前，有一个“序言”，其中除了有些意思不大的东西外，还简要描述了我们所谓的经济社会的发展，也就是提供了一部极为概括的经济通史。既然穆勒撰写此书的目的是要再做一遍亚当·斯密所做过的事情，他概述经济社会的发展自然也就不足为奇了。但远远超出传统引导我们期望于穆勒的，是他对这样一些因素的处理：这些因素他认为在一个社会或一个国家的财富形成中是起着决定性作用的。环境、种族（从种族上说，构成人的材料的不同特性）、阶级结构、习惯或癖好，这些共同造成了一幅五彩缤纷的而且是非常现实的图画。这种看法并没有什么唯智主义的特别是功利主义的错误：“知识”不但被看作是“财富的生产和分配的状况”的原因，也被看作是它的结果，而客观条件比思想或原理受到了更大的重视。随着这个世纪的冉冉消逝，撰写这种序言式的经济史概略——虽则自然并不总是这种性质的——也变得日益流行：马歇尔撰写的序言式经济史概略是这类成就的最高峰。

4. 经济过程的制度结构

(a)资本主义社会的制度　经济社会学首先涉及经济学家赖以作出某些假设的有关经济行为的事实，其次涉及作为所要研究的社会经济组织特征的制度。“古典作家”关于前者的处理将在下一章讨论，因为这样做比较方便。关于后者，我们必须区别三个问题。许多作家，主要是英国的理论家——例如李嘉图、詹姆斯·穆勒和西尼尔——不屑于具体描述他们所看到的制度结构的细节，认为它们是理所当然的。人们经常断言，古典作家相信资本主义的事物秩序具有永久性，甚至相信自由放任的资本主义是文明社会唯一可能的形式，古典作家真是这样认为吗？他们所认为当然的制度又是什么呢？他们在什么时候讨论这些制度，他们所用的方法是什么呢？

我想，对第一个问题的回答必然是否定的。诚然，以李嘉图为例，正是由于他没有具体说明他所假设的制度是什么，他造成了这样一种印象，仿佛社会变化的问题是超出他的视野之外的。但这并不是必然的结论。从他的做法所能得出的结论只是：制度不包括在他所选定的研究范围之内。没有理由相信：倘若他曾经作出一种关于制度结构的描述，这种描述同约翰·穆勒的会有很大的不同（虽然他的价值判断可能有很大的不同），约翰·穆勒以系统性和完整性为目标，因而说得比较明确。而且正如我们已经知道的（参阅前面，第 1 节），毫无疑问：约翰·穆勒意识到了社会制度的历史相对性，也意识到了至少他的某些“经济规律”是具有历史相对性的。因此，一般认为只有后来的历史主义的个别先驱者，例如 R. 琼斯和西斯蒙第，才有这种意识，那肯定是错误的。较为真实的说法是：只有个别人明确相信资本主义是万世永存的或在一切时代均具有无比的优越性。

可是，读者应当注意，这并不等于说“古典”理论家有这种想法：资本主义秩序只是一个历史阶段，由于其本身的固有逻辑，必然会发展成为某种其他的东西。这种想法只是马克思才有。甚至约翰·穆勒也只是认为：人们能够、应当而且必定会依靠理性感觉到他所认为的资本主义制度的缺陷，从而改变这种制度。他不曾认为，制度本身会自行改变，甚至也不曾认为，这种制度会由于在客观上存在不下去而必须予以改变。他认为“思想观点……不是一种偶然的东西”[①]，而是社会条件的产物，我们也许会不由自主地朝马克思主义的方向来发挥这一点。但这样做是没有什么道理的：我们应当把他留在十八世纪坚信理智进步的堡垒中，无疑地他偶尔也从这个堡垒中冲出来，但他总是要回到那里去。在实践上，这一点无关紧要。在科学上，它却关系重大。

第二个问题是容易回答的。想要为自己的时代和国家服务的经济学家，是把他们时代和他们国家的制度视为当然的——并且根据这种制度来进行推理。既然不同的国家有不同的情况，这就造成了在看法上有某种不同，这种不同在当时和后来被错误地解释为分析原理上的不同。英国“古典作家”所选定的图画的特征是非常鲜明的。他们所看到的是一种私有财产经济的法律制度（如果我们把令人想起另一种社会的历史遗迹搁置不论的话），这种经济为自由订立契约留下了这么多的余地，以致几乎可以认为经济学家把限制置诸考虑之外的做法是正当的。自然，这只是意味着，他们没有明确而自觉地考虑到限制。事实上，英国经济学家在作出推理时，总是联系到英国法律和行政惯例留给私人作出决定的范围的实际限度以及（在通行的道德习惯下）这种自由在上述范围内被实际利用的情况。由于没有把一切明白说出，遂使英国“古典作家”受到许多错误的批评，说他们显然忽视了伦理方面的问题。

① 第二编第一章第一节倒数第二段。

这种私有财产经济的单位就是中等规模的企业。它的典型的法律形式是私人合伙。除了“隐名”合伙人之外，它一般是由所有人或几个所有人经营的，在试图理解“古典”经济学时，这正是应当记在心头的。大规模生产的事实和问题，以及与之有关的股份公司的事实和问题，只是在每一个其他的人都承认了它们以后才得到了经济学家的承认。它们在约翰·穆勒的手中达到了列入教科书的地位，他正当地责备了亚当·斯密在公司企业上的观点狭隘——只是忽视了这个细节：在 1848 年认识到公司企业的重要性是没有什么价值的；实际上约翰·穆勒所做的并不比亚当·斯密更多，即把立在他眼前的东西用清醒的并且是略微陈旧的常识去加以描述。还有两点值得注意。

在正常情况下，这些企业被认为是在“古典作家”所谓的自由竞争之下运行的。对古典作家来说，这种竞争是制度的假设而不是某种市场状况造成的结果。他们坚信自由竞争是人所共知的明显事实，所以不曾费力去分析它的逻辑内容。事实上，这个概念通常甚至连定义也没有。[①] 它只是意味着不存在垄断（垄断被认为是不正常的，受到严厉的谴责，[②]但也没有给其下适当的定义），不

---

① 值得注意的是，虽然约翰·穆勒在其《原理》第二编讨论“竞争与习惯”的第四章中深信，“只有通过竞争的原则，政治经济学才能说得上带有科学的性质”（这大概是说，只有在竞争的场合下，商品的数量和价格才比在其他场合下具有更大的确定性），但他却不曾认为有必要去说明竞争是什么。把完全或纯粹竞争处理得正确的唯一作家是库尔诺，他还给竞争下了一个正确的定义，尽管所用的词语不是那么多（参阅后面，第四编，第七章，第 4 节）。

② 罗雪尔对竞争的无条件的歌颂和对垄断的不加鉴别的谴责，参阅前引书，第二编，第一章，第九十七节。

存在政府决定价格这样的事情。约翰·穆勒被不无道理地认为有功于采取了以下两个步骤。第一，他强调了习惯价格的重要性，主要是对以前的各种文明以及对欧洲大陆来说很重要，但在某些场合，例如地租和专门职业的收费，对英格兰来说也很重要。第二，他强调了以下事实，虽然他所举出的它的存在理由只有习惯，这个事实就是，竞争常常“不能达到最大限度”；在这种情况下，对根据完全竞争这个假定所得出的一切结论必须作一般的修正，“不论明白提到与否”（第二编，第四章，第三节）。因此，合作定价只能像纯粹垄断那样，作为正常情况的另一种背离进入这幅图画，或只能完全像现在的情形那样作为一种危害公共福利的阴谋进入这幅图画。可是，在这一点上是有例外的：在约翰·穆勒的事物图式中，工会是整个制度结构中的一个正常因素，而反对工会的法律则“表现了奴隶主的残暴本性”（第五编，第十章，第五节）。

应当记住的另外一点如下。许多英国经济学家都严厉批评英国的土地制度。[①] 但当他们不批评它时或不是在讨论代替它的制度时，他们也把它看作是当然的，也就是说，他们是联系到英国的土地制度和英国式的地主（他们拥有但不经营大地产）来进行推理的。可是，在这个特殊场合，根据现存的制度进行推理是有其优越之处的，同根据所有人经营的企业来推理一对照，这种优越性便会

① 如此之甚，以致根本看不到它的优点。我这里所指的不是它所产生的政治社会和文化价值：说句公道话，我们是不能期望资产阶级激进派看到这些的。但是许多经济学家也看不出这样一种制度的优点：它把土地的管理同土地的经营分离了开来，从而例如消除了农业信用问题中最严重的问题。理性社会主义可能要比抄袭这种制度搞得更糟，自然是用政府机关来取代地主。

显示出来：地主和农民既是不同的人，理论家便很容易把他们的经济“职能”区分开来；而由于企业所有人——“资本家”——在当时大都也就是经营企业的人，理论家便不那么容易认识到这种“职能”的区分。这给我们上了有趣的一课：倘若运气好的话，某一**特殊**历史形态，虽然整个看来丝毫没有永久性，但却**有可能**显示出在分析上具有普遍重要性的事实和关系。自然，事情通常是反过来的，一方面我们必须经常注意“古典作家”的特殊制度假设给他们的结论所加的限制，另一方面我们必须经常注意从他们所看到的社会形态的特点中偶尔可以找到可以为这种结论辩护的理由。

第三个问题，即关于“古典作家”在讨论社会制度时使用什么方法的问题，为了简明起见，我们只结合约翰·穆勒这个实例予以回答。[①] 作为一个例子，让我们考察一下他关于继承的观点。[②] 约翰·穆勒的讨论最后得出了如下的建议：(1)遗赠自由应成为一般法则，只是应对后裔规定适当的强制性份额并规定任何人“通过继承获得的财产数量均不得超过中等的独立生活所需的数量”；(2)“在没有订立遗嘱的情况下，死者的全部财产归国家所有”，但对后裔也应有“公平合理”的规定。就其本身而言，这种建议以及

① 这样做的不利之处是：我们的回答将是片面的。因此，让我明确指出：更具历史眼光的经济学家，尤其是专门研究制度史的现代学者，一般都没有忘记我将要对穆勒提出的指责。可是，穆勒这个实例对普通经济学是重要的，因为他创立了一种教科书的式样，其流行的时间远远超出了我们所讨论的这个时期。例如，我们在冯·菲利波维奇理所当然取得了成功的教科书中所看到的对财产和继承的讨论，就其方法论来讲，就是按穆勒的方式进行的。

② 《原理》，第二编，第二章和第五编，第九章。在同一部论著的两个不同地方来讨论同一个题目，对读者是极其不方便的，也妨碍任何系统完整的表述，这是这部著作仓促写成的许多征象之一。

其中所体现的“公平”思想，只有从我们的观点以外的观点来看才有意义：对研究文明的历史家来说，它们透露了一个属于中产阶级并生活在维多利亚时代中叶的一流知识分子所具有的文化价值图式的一部分。① 但是除了许多纯粹是观念形态的东西之外，在这种建议的背后也有一些东西具有分析的性质，对其可以运用科学方法。只是，这种科学方法不是我们可能会期望的那一种。穆勒所要解决的问题不是从历史方面和社会学方面去说明继承制度的起源和各种形式。正如他讨论财产制度时用那么多字句所说明的(第二编，第一章，第二节)，这不是“社会哲学”所关心的事情。社会哲学关心的是社会方便的问题，虽然不是任何现实制度的方便与否，而是一个没有受到任何传统或“偏见”妨害的社会可能会——根据社会哲学家的提议，我想——采取的任何制度的方便与否。这也许不是说明这件事情的最科学的方法，但是这足够清楚地表明了穆勒分析社会制度的方法：一种制度的方便与否取决于它对经济有机体所产生的影响或在其中所起的作用——实际上取决于预期某种形式的特定变化所产生的影响——于是穆勒进而分析了这种影响。在这样做时，这个反对偏见的斗士诚然表明他

① 从穆勒的论《功利主义》一文看得很清楚，他并非没有觉察到“公平”这个概念的可疑地位。但他像过去或现在的其他一些经济学家一样，又不能不使用这一概念。甚至李嘉图也偶尔感到某些事情是“公平的”而另外一些事情是“不公平的”。就穆勒来说，我们也许会略带一丝苦笑地不免发现，在他认为是正当合适的东西同他自己所享受的中等特权之间有着明显的联系。约翰·穆勒同他父亲一样认为，像苏格拉底这样的知识分子确实应当比一个愚夫受到略微大一些的照顾，而如果有可以肯定的事情的话，那就是，约翰·穆勒不认为自己是愚夫。上面对“中等的独立生活”的强调也指向了同一个方向。因为只有中产阶级才会像穆勒那样，希望每个人都过上“中等的独立生活”。

自己是最不能抵御偏见的人，即他对与他自己的生活方式或思想方式有很大距离的任何东西都抱有偏见（在这一点上表明了一种可悲的狭窄眼界[①]），但这种任务和这种方法本身在性质上却是科学的（分析的）。

(b)“古典”经济学中的国家。 在本编第二章，我们对这个时期经济学家的“政治学”，对所谓“天赋自由制度”的意义和限制有了一些了解。在第三章，我们熟悉了几种政治社会学，其中有马克思主义的“国家理论”。在第四章各处，我们有机会看到个别经济学家对国家在经济事务中的作用采取的立场。在这一节，我们将不讨论这一切，不讨论哲学、观念形态和政治上的一切偏好（这些部分地只不过是工商阶级的哲学、观念形态和偏好，这个阶级由于在经济上能够自立，因而除了法律保护和低税以外，无所求于国家），也不讨论与这种偏好有关的政治建议。我们只是集中注意一个问题：这一切是怎样影响经济分析的？或者说，既然这一切由于经济学家对国家（政府，议会，官僚政治）的性质以及国家的正常职能和效率所作的假设而进入或影响了经济分析，那么，就经济学家的分析命题所将适用的历史状况来说，他们所作的假设究竟在多大程度上是现实的？

我的回答是：这些假设相当好地再现了当时这些经济学家的国家的实际情况。当时几乎所有经济学家都相信（不管他们所希望的是什么）：正如约翰·穆勒所说的，自由放任是管理一国经济

① 如果读者查阅穆勒的原著，他大概会不同意我的看法。但这只是因为他也具有穆勒的偏见。不过，我们自己也具有偏见。

事务的通例，而被意味深长地称作国家“干预”的那种东西则是例外。而且，虽然在不同国家是由于不同的原因，但不仅在事实上而且在实际必要性上，实际情况正是这样。当时没有一个认真负责的行政官员会认为，现在也没有一个认真负责的历史学家会认为，在当时的社会经济状况和公共行政管理状况下，任何管制和监督方面的富有雄心的冒险活动能够取得除失败以外的其他结果。至于其他方面，即在公共行政机关能够做什么和“应当”做什么上，不同国家的经济学家之间则存在着极为不同的意见。但是，正如第二章已经指出的，这种意见不同的主要原因，不是在于经济原理的不同，而是在于各个国家的实际情况有所不同。① 实际上，就职业经济学家而言，可以用下面一句话来概括当时各国经济学家的情况：他们都“对自由放任这个通例的例外程度持有不同意见，有人认为例外是必不可少的，有人认为例外只不过是合乎需要的，有人赞成有例外，有人不赞成有例外”。

英国的特殊情况可以说明这一点。② 在那里，没有发生扫除十八世纪臃肿的官僚机构的革命，这种官僚机构是毫无效率的，浪费的，是一大堆乱七八糟的挂名差事，是同不受欢迎的重商主义政策、甚至同政治上的腐败贪污连在一起的。在一个新的更有效率

① 自然事情并不完全是这样，其所以不是，原因之一便是：不同的历史发展在不同的国家造成了不同的关于国家和官僚机构的政治学说，这导致经济学家把他们的被本国状况所决定的意见“绝对化”起来，即把这些意见推崇为永恒的真理。情况还由于思想的传播而变得复杂起来，例如“斯密主义”流入了德国，在那里它不仅征服了许多经济学家，而且征服了大多数大官僚。我们不能停下来分析由此而造成的结果。

② 读者将看到，我所要说的不适用于其他国家。但在有限的篇幅中，也只能说明应当对这类问题采取什么样的观点。

的机构能够建立起来以前，这个旧的机构无论如何——我的意思是说，不管人们想要用来代替它的究竟是什么——必须一点一点地拆除，以便廓清场地。在没有做到这一点以前，现存的公共行政机构是不能胜任现代管制或社会政策所包含的那些复杂任务的。约翰·穆勒意识到了这一点，他的判断是令人钦佩的。他并不是在原则上反对大量的政府活动。他并未幻想能在哲学上确定国家职能的"最低必要限度"。但是他认识到，工商业者能够比当时的政府官吏更好地管理生产资源，这在当时的情况下是绝对不容怀疑的。他认识到的还不止这一点。仔细读他这部论著的人一定会注意到，在他得出这种或那种事情（例如，把所得税限制在消费者的支出上）是"合乎需要的"这个结论以后，由于存在不可克服的行政困难（这种困难在当时确实是不可克服的），他有多少次拒绝把这种价值判断变成建议。诚然，其他英国"古典作家"——更不要提反对国家主义的偏执狂，这种人是当时的社会情况造成的，特别是在法国——不仅未能看到这种情况实质上是暂时的，而且还主张，对于当时正在被消除的官僚作风，理所当然地决不应以任何东西去代替：政府和官僚政治"自然地"应当被限制在某种最低限度的职能以内。但是，尽管这的确代表了一种实际的趋势，然而即使这种态度——就其作为关于经济过程的制度结构的一部分的一种假设而言——也没有损害他们的经济分析的价值。

但是我们可以再向前走一步。从我们的论证似乎可以得出这样的结论：如果"古典作家"的分析在所讨论的这方面是正确的，因为这种分析关于国家作用的假设是现实的，虽则是受时代限制的，那么,对于任何其他时代它必定是不正确的,因为这些假设是受时代限制的,虽则是现实的。这对应用经济学中的许多命题来说确实是这样——就建议来说更是这样。但对“古典”分析本身来说却不是这样。我们永远需要懂得我们想要管制或监督的究竟是什么。这就是说,无论在什么时候,也不管政府的经济任务是多么广泛,只要问题还只是管制或监督,我们就永远需要“古典”式的理论——社会主义需要的自然是一种不同类型的理论。由于“古典”经济学在分析上存在缺陷,我们固然可以不求助于它寻找譬如说失业究竟是由哪些因素造成的。但是,虽然它关于立法和公共行政的作用的假设不适合于我们时代的状况,可这一事实本身并不构成我们不求助于古典理论的有效理由。自然,读者将会看到,后来的经济思想史家要接受这一点是多么困难,他们感兴趣的只有思想(社会学说或哲学)和政治建议,他们无法决定:当“古典”命题的制度构架中的某一因素不复存在时,哪些“古典”命题是必须放弃的,哪些是无需放弃的。

(c)国家和阶级。 我们对“古典”经济学的制度方面所作的考察有许多漏洞,在结束这一节时我想提到其中的两个:我们没有讨论那个时期的经济学家是如何处理我们称为国家的那种社会现象的;我们没有讨论他们有关社会阶级结构的概念。前者在三方面与经济分析有关。第一,它是许多经济学家的普通社会学或社会哲学中的一个因素,某些人也许认为是最主要的因素:在这方面为了本书的目的所要说的已在第三章中说过了(特别是在“浪漫主义”这个标题下)。第二,与上一点有区别的,是经济政策中的国家观点,关于这一点我们在第四章已经了解到了一些东西

(凯里,李斯特),而在后面讨论对外贸易的一节(第六章,第 3 节)还要涉及。第三,一个非常有趣的问题是:那个时期的经济学家究竟在多大程度上考虑到了经济行为的国别差异和作为经济行为的一种动力的民族自觉性,这个问题将在后面讨论(第六章,第 1 节)。"社会阶级"这个题目为从这一节转到下一节提供了一个方便的过渡。

在经济学中,也像在所有的社会科学中一样,"阶级"一词表示两种不同的东西,从严格的逻辑来讲,这两种东西彼此是毫无关系的。当我们谈到"社会阶级"或"社会阶级结构"时,我们指的是一种不随研究工作者的活动为转移而独立存在的真实现象:无论是在实际上还是在比喻上,我们都可以认为一个社会阶级是一个思维着、感受着和行动着的实体。但我们有时所说的阶级,指的只不过是由于研究工作者的分类活动才产生出来的范畴。例如,当我们谈论工人阶级运动时,我们指的诚然是一群群的个人,但这些个人是聚集在群的标准周围的,他们似乎形成了一种心理上的团体,即一个社会阶级。当我们考察所有那些从出售劳务(个人努力)获得其收入的人们时,我们则是在把很少有共同之处并且从来就几乎没有一致的感觉和行动的那些社会类型结合在一起,例如街道清洁工和电影明星,体力劳动者和行政人员,临时女帮工和杂务妇:总之,我们是在考察我们自己所想象出来的一个范畴。如果问题全部都在这里,那么,我们应做的就只是提到在经济讨论中存在着另一种混淆的根源,只需要搞清楚在每一个具体场合下使用"阶级"一词时,我们或某一个作家所指的究竟是哪一种意思:是社会阶级这种活生生的现实呢,还是参与经济过程的各种类型的人这种没有血色的抽象。[①] 但同这种简单的区别连在一起的，还有一个重大问题，也可以立即加以注意。

马克思的两个“参与经济过程的阶级”，[②]即资本家和无产者，不仅是范畴，而且是社会阶级。这一特征是马克思的体系不可缺少的。它把马克思的社会学和经济学统一了起来，其办法就是使同一的阶级概念对两者都是十分重要的。一方面，社会学中的社会阶级实际上是经济理论中的范畴；另一方面，经济理论中的范畴实际上是社会阶级。这一特征的重要性当我们观察它同社会对抗的关系时会变得特别清楚：社会对抗在马克思的体系中既是纯粹的经济现象，同时又是关于社会主义以前的所有人类历史的一个十分重要的事实。我们将看到，从这种观点出发，任何想在社会阶级之外建立经济范畴的企图，都必定是想抽掉或掩盖资本主义过程的真正实质的企图，用马克思主义者中间流行的一句话来说，也就是企图“剥夺经济理论的社会内容”。这样一种企图不仅带有“辩护”的色彩，而且是徒劳无益的，是不能为经济学的现实问题提供答案的。

但是非马克思主义经济学也同样不得不采取——而且日益强调——相反的观点，不得不把马克思主义者过去（和现在）引以自豪的那个特征看作是由残存的前科学思维方式造成的一种缺点。这是分析发展的不可避免的结局，分析的发展日益有利于把纯粹的经济关系同与之在实际上有联系的其他东西清楚地区别开来。在分析经济现象时，社会阶级结构以外的那些范畴，已经证明不仅

① 有些现代经济学家称这种抽象为“职能阶级”。为了更加明白起见，我们自己将使用“范畴”一词，不管它在某些方面多么招人反对。

② 不幸的是，德语 Wirtschaftsrbjekt（经济人）一词没有很好的英文同义语。

在逻辑上更为令人满意，而且更为有用。这并不包含对所研究的关系的任何有关的阶级斗争方面，或者仅仅是阶级方面，有忽视之意。① 它所包含的只不过是：现实的一切不同方面都有维护自己权利的较大自由。

正如我们即将看到的，该时期的经济学家向前迈出了一大步，逐渐不再用社会阶级来进行经济分析，而越来越多地用经济类型的范畴来进行经济分析。但他们却没有遵循逻辑的道路前进；也就是说，他们没有先提出一种社会阶级理论，将它嵌入他们的经济社会学中，然后再划分经济范畴供经济分析使用：若采用这种方法，经济学家就得对那些与他们相隔很远的问题有所觉察。反之，他们走了一条捷径，只不过把普通人所知道的社会区分不加修改地变成经济分析中的范畴。除马克思（他的社会阶级分析不管有多大的缺点，却毕竟是分析）外，他们没有作出分析上的努力。而且他们也从来没有想到要作出这样的努力，因为事实上，普通人所作的社会区分已浸透着足够的经济意义，足以供"古典"经济分析的粗疏目的使用。普通人总是对高踞在社会其他成员头上的土地

① 当然，布丁是好是坏，要尝一尝才知道。一般地表示相信或者一般地论证说，除了根据社会阶级以外不能根据其他的东西来分析例如收入的分配，是不能解决问题的。自然，这个问题由于另一个问题而变得复杂起来，即马克思的阶级理论是否正确的问题。但就此处而论，这是一个枝节问题。即使它是正确的，一种适合于经济分析这个特殊任务的概念化，在方法论上的必要性仍然是存在的。大多数现代社会主义者通过使用现代的理论，证明他们是同意本书所采取的观点的。远更重要的是，马克思本人在他的分析实践中也和我们一致。因为他只把他的阶级用在解释资本主义经济所产生的结果上；正如马上就要看到的，他并没有把阶级作为**演员**引入他的基本分析著作。诚然，只要有可能，他总是强调社会阶级。但是，除了在政治领域内，他的阶级并不**作为阶级**而彼此斗争。

贵族有着深刻印象。同样清楚而不容忽视的，是在天平另一端的“贫苦”农民和工人的地位。至于其余，普通人所看到的是农场主、手工业者、制造业主、有钱人、银行家、商人等等，而不是一个单一的工商阶级。对于从事专门职业的人，普通人肯定会为其保留特殊的位置。在最后这一方面，“古典”经济学家同普通人或多或少是一致的。[①] 但就这种区分中的其余部分而言，他们(“古典”经济学家)确实对分析有所贡献，即为了某种(虽然不是所有的)目的，把这些区分放在了一起，形成了一个单一的经济范畴，不久，这一经济范畴的名称“资本家”就在经济文献中被普遍采用了。[②]

这样，在所有的主要分析家中，就只有马克思在原则上自觉地保留着经济类型的范畴的阶级含义。对于他所注意到的离开这种阶级含义的通行趋势，他简单地认为那是资产阶级经济学退化的征兆之一，他认为资产阶级经济学再没有面对现实问题的勇气和老实态度了。而且，他以赞许的态度注意到了通常混淆这两种含义的残迹，这在较早的“古典作家”特别是李嘉图的著作中可以找到。在不仅是缓慢的而且也是下

① “古典作家的”工资分析反对把从事专门职业的人包括在劳工范畴内，这在分析上是有困难的，但一些作家在某种程度上避免了这种困难，他们把从事专门职业的人称为非生产性工人，从而把从事专门职业的人从这些作者的命题所主要适用的经济社会中排除了出去。把技术看作是资本的人，也可以将从事专门职业的人包括在资本家之内。

② 1900年以前，公众并没有广泛采用这一名称。虽然“资本家”一词在经济学家的行话中取得了公民资格，但“资本主义”一词在整个十九世纪却除了马克思主义者和直接受到马克思主义影响的作家之外几乎没有被人采用。在《帕尔格雷夫辞典》中并没有“资本主义”这个词条。

意识的一种分析发展过程中存在着这样的残迹，是我们应当预料到的。但是这种残迹的重要性究竟有多大呢？诚然，李嘉图把“土地产品的分配”说成是在“社会的三个阶级”之间的分配过程（《序言》）。这似乎包含有阶级的含义。可是，如果我们愿意把这个短语照字面解释，我们就必须把整个一句话也照字面解释——而这就会使李嘉图变成一个重农主义者。其次，同样真实的是：他的工资理论——如果它还同现实的任何一部分相符合的话——只适合于体力劳动者，即无产阶级的工资。最后，根据传统的解释，李嘉图强调了阶级利益的对抗——特别是，地主的利益被认为同社会其余成员的利益“总是敌对”的。这种看法自然是马克思最喜欢的，是其他也认为这是李嘉图经济学的主要特征的经济学家，例如凯里和巴师夏所最不喜欢的。但就李嘉图所采用的旧工资理论而言，十分明显的是，他并没有给旧工资理论以任何阶级斗争的曲解。把旧工资理论的部分正确性看作是一种有缺陷的分析器械的不可避免的结果，而不看成是尽力强调阶级的结果，似乎要现实得多。像大多数“古典作家”一样，李嘉图对于政治上的含义是非常敏感的。作为谷物自由贸易的拥护者之一，他认为谷物自由贸易是用来反对一个社会阶级的经济利益的政治措施之一——在这种场合下，社会阶级在他的心中出现是可以理解的。而每当讨论政治问题时，社会阶级在他的心中出现也是很自然的。这没有什么好奇怪的，政治观点带来了政党斗争，而政党又带来了社会阶级因素：我无意为这样一种作法辩护，即在处理一个政治问题时，忽视这种阶级因素，并根据一种幻想的共同利益来进行推理。但在李嘉图的经济分析本身中，阶级利益对立的意义却完全是另外一个问题。这可以归结为关于相对分配份额的长期趋势的命题(参阅后面，第六章，第六节)。例如，他认为地主的份额倾向于主要是牺牲资本家的份额而增加。可是，无论是从马克思主义的意义上说，还是从通常的意义上说，这都不构成阶级对抗。马克思只承认两个阶级，他只在这两个阶级之间看到经济的和政治的阶级“斗争”，这就证实了马克思的看法，即李嘉图所说的利益对立并不构成阶级对抗。从通常的意义上说，阶级对抗意味着社会阶级之间的对抗——这是在例如政治舞台上表现出来的真实情况。要产生这种现象，李嘉图的分配份额中的对抗趋势既不是必要条件，也不是充足条件。由此而似乎确立了我们的论点，即李嘉图的范畴所具有的阶级含义事实上只不过是一种残迹，对于他的体系是无关重要的；特别是，凯里和巴师夏以及所有采取同样做法的作家是错误的，他们认为李嘉图所说的分配份额中的趋势意味着社会斗争，于是就动手去证明不存在这种趋势。

5. “古典的”经济过程图式

在刚刚简略叙述过的社会学骨架中，“古典作家”嵌入了一个经济过程图式，描述它的一般特征就是我们现在的任务。这个任务本身是颇为简单的。但由于下述事实，这个任务变得比较困难了：这个图式在这个时期的经典(从我们的意义)著作即约翰·穆勒的《原理》中所采取的形式自然只不过是大量的或多或少与它有些不同的图式的“代表”；但它也是长期争论的结果，这种争论部分地是没有意义的，有时候只不过是字面上的争执，但在后人看来，却显得很重要；分析工作的状况在不同的阶段显得很不相同。要说在澄清问题和改进分析结果方面有丝毫的进步，这种说法本身就会被这样一些读者认为是错误的表述：他们或者是忘记了，或者是在原则上不赞成一部分析史的目的和观点。

(a)演员。 任何经济过程图式都必须首先解决容许什么样的人物登场的问题，这样才能预先判定这个图式的许多特点。演员自然是厂商和家庭而不是社会阶级，否则就无所谓竞争了：这对马克思的理论也是适用的。正如我们所知，这些演员是这样分类的，即把凭日常经验知道的社会集团变成三个经济类型范畴（或"职能"阶级）：地主、劳工和资本家。① 自然，这只是继续按照亚当·斯密所批准的老办法行事。既然这三个只不过是范畴，每一个是由一种经济特征所规定的，这就不难看出，一个人可以属于两个范畴（例如，如果他是一手工匠）或属于全部三个范畴（例如，如果他是耕种自己土地的农民）。正如我们也知道的，马克思用他的两个阶级的图式代替了这种三分法。②

可是，在一个方面取得了重大的，虽说是蹒跚的进展。第四个范畴或类型即企业家最后得到了明白的承认。这并不是说经济学家们在此之前忽略了资本主义过程中这个最为有声有色的人物，他们是做不到这一点的。经院学者，至少是从佛罗伦萨的圣安东尼的时候起，就将工商业者的勤劳同工人的劳动区别了开来。十

① 需要的时候，自然还作了进一步的分类。但在讨论经济理论的一般样式时，我们可以忽略这个事实。

② 做过同样事情的唯一的另外一个大经济学家是西斯蒙第。但他这样做仅仅是为了简单起见，不是作为一种原则性的东西。

七世纪的经济学家已表现出对这一经济类型有一种明白无误的但没有明说出来的理解。就我所知，坎梯隆是第一个使用“企业家”一词的人。但是这些提示都没有产生什么结果。亚当·斯密偶尔也瞥一眼这一经济类型，即偶尔也谈到经营人、主人和商人，并且如果被人追问时，也不会否认买卖是要由人来经营的。然而，他的读者得到的全部印象仅止于此。商人或雇主积累“资本”——这的确是他的主要职能——并且他用这项“资本”来雇用“勤勉的人们”，即工人，后者完成其余的一切。在这样做时，商人使其生产手段冒着遭受损失的危险；但除此之外，他所做的就只是监督他的商号，以便确保利润能够进入他的口袋。按照法国（坎梯隆）传统行事的J. B. 萨伊，是第一个在经济过程图式中给予企业家（作为企业家本身并有别于资本家）以一定位置的人。他的贡献由下面一句精辟的话作了概括：企业家的职能在于把各个生产要素结合成为一个进行生产的有机体。的确，这句话①可以有很大的意义，也可以没有什么意义。他肯定未能充分利用它，大概也没有看出它

① 为了使读者不至于认为坎梯隆或者亚当·斯密也有这种见解，让我进一步说明我所以相信萨伊的表述应当被认为是分析中的性质不同的一步的理由。坎梯隆诚然说过，企业家按一定的价格购入生产手段，目的在于按不定的（预期的）价格出售。这把工商业者的许多活动方面中的一个方面描述得很好，但未能描述出（或者无论如何，未能强调）这种活动的实质。亚当·斯密诚然考察过把自己的资本贷与他人的资本家的情况，从而似乎承认了那些不怕麻烦和风险使用资本的人们的不同职能。但是从资本家那里借得资本的工商业者仍然是代理资本家，即资本所有主和劳动力之间的中介人；他所做的只不过是为劳动力提供工具、生存资料和原料。可以这样说：萨伊明白说出的那个不同的职能，坎梯隆和斯密都曾暗示过。但是分析的进步——不仅是在经济学中——其关键大部分就在于把多少世代以来暗示的或者默认的东西明白说出来。亚当·斯密也知道我们支付货物价格是因为我们需要这些货物，但这并不能使他成为一个边际效用理论家。

应用于分析的全部可能性。在某种程度上他认识到，如果使企业家在分析图式中成为他在资本主义现实中那样的一种人，即每一样东西都围着他来旋转的枢轴，那就可以得到一种大为改进的经济过程理论。但他未能认识到，“把要素结合起来”一语应用于一个经营中的商号时，所表明的只不过是例行的经营活动罢了；只有在不是应用于一个经营中的商号的日常管理工作而是应用于组织一个新的商号时，把生产要素结合起来的任务才成为一种特殊的任务。可是，不管怎样，他毕竟把一种通俗的想法变成了一种科学工具。

在德国，企业家这一概念是“官房学派”传统中的一个熟知的因素。与之相应的德文 Unternehmer 一词也是如此，这个时期的经济学家继续使用这个词，例如，在劳的教科书中就出现了这个词。有关企业家职能的分析在不断地虽然是缓慢地发展着，在曼戈尔特[①]的著作中达到了最高峰。究竟这有多少——如果有的话——是受萨伊的影响，我说不出来。但在英国这种影响表现得比较明显。李嘉图、李嘉图派的成员以及西尼尔，诚然都没有注意到萨伊的启示，事实上几乎完成了我所说的那种不可思议的功绩，即把企业家这个人物完全排除在外。对他们来说——对马克思也是一样[②]——经营过程实质上是自动进行的，使之运转所需要的

① 参阅前面，第四章，第五节和后面，第六章，第 6a 节。在这方面，这部著作取得了自从萨伊以来最重大的进展。

② 就他来说，这一点显得非常突出，因为他对积累过程研究得那么仔细。对他来说，所积累的资本是按一种完全自动的方式自行投资的。机械化大企业出现过程中所有取决于人的因素的那些现象和机制，完全被排除在他的视野之外。《共产党宣言》中有一段（关于“资产阶级”所完成的“奇迹”）著名的话，似乎与这一点相抵触，因为仅仅是所积累的资本的投资很难说能够产生“奇迹”。但是这种关于企业家的成就的想法——因为，此外还有什么东西能够造成资产阶级的奇迹呢？——完全没有能影响他的基本分析。

唯一东西就是足够的资本供应。但十九世纪二十年代末和三十年代的某些非李嘉图派和反李嘉图派的作家，却把萨伊的观点接了过来，值得特别提到的是李德和拉姆赛，拉姆赛使用的名词是“主人”而不是企业家，虽然他也谈到了企业。约翰·穆勒走出了具有决定意义的一步，他使得“企业家”一词在英国经济学家中通行起来，并且在分析企业家的职能时，从“监督”走到了“控制”，甚至走到了“指挥”，他承认这种职能所要求的“常常不仅是普通的技能”。但这只是说明了经理的职能，与单纯的管理并无不同。如果这是事情的全部，他满可以满足于“经理”这个很好的英国名词——这个名词事实上在后来被 A. 马歇尔采用了——而不必去惋惜没有很好的英国词来翻译“企业家”一词〔译者按：英文 entrepreneur 一词原来是个法文词〕。他没有采用“经理”这个词的理由可能是，经理常常是领取薪金的受雇人，他们不一定要分担企业的风险，而约翰·穆勒像那个时期的所有作家和下一时期的大多数作家一样，希望使承担风险同“指挥”一道成为企业家的职能。但这只落得把车子在错误的轨道上推得更远，①而且车子卡在了错误轨道上。在

① 既然许多现代经济学家也把承担风险包括在企业家的职能中，最好是立即指出反对这种看法的理由。一旦我们认识到企业家的职能与资本家的职能不同，马上就会明白：当企业家使用自己的资本经营一个不成功的企业时，他是作为一个资本家而不是作为一个企业家蒙受损失的。有人说，如果他是按固定利息率借入资本，那么不管经营结果如何，资本家都有权要求还本付息，而承担风险的乃是企业家。但这只不过是一个典型的例子，说明人们通常是如何把经济问题与法律问题混淆在一起的。如果借款的企业家自己没有资金，那就显然是贷出款项的资本家蒙受损失，尽管他在法律上有要求偿还债务的权利。如果借款的企业家自己有钱可以用来偿还他的债务，那他也是一个资本家，而当企业破产时，他就是作为资本家而不是作为企业家而遭受损失的。

那个时期和后一个时期，人们作出了各种各样的尝试，力图改进和发展有关企业家职能的概念。然而事实上，整个十九世纪流行的是约翰·穆勒关于企业家职能的概念，也就是说，归根到底，萨伊的启示没有得出什么结果。我们一会儿还要回到这个题目上来。

(b)生产要素。 请读者注意，从承认经济过程的三类参加者（地主、工人和“资本家”）到提出这一过程的一般图式，这一步是多么的短，多么的简单和自然。这三类参加者具有一种纯粹经济的特点：他们分别是以下三种服务的供应者，即土地的服务、劳动的服务和被称为“资本”的一批财货的服务。这似乎就确立了他们在生产中的作用，而著名的生产三动因、或三要素或三条件——或三工具（西尼尔语）——学说也就自然而然地出现了。与三要素学说相适应，很自然地出现了三收入（地租、工资和“利润”）学说。对于任何一个没有由于熟悉以前的经济争论而受到影响的人来说，似乎没有比这更有用、更简单和更加明显地与事实相符合的学说了。关于三要素学说，这是我想让读者了解的第一点。

应当记住的第二点是：三要素学说并不受现代经济学家的欢迎。它是在十九世纪中叶前后确立起来的，又因 A. 马歇尔的鼓吹而得到新生。① 由于在初等经济学的讲授中使用它很是方便，所以它幸存了下来。可是，在这个范围以外，现代经济学家并不特别喜欢它：有些人把它看作是以往的分析阶段的遗物，是一种笨拙的工具，是一种累赘而不是一种帮助。但在此刻，我们要谈的不是这

① 马歇尔诚然还提到了第四个生产要素或动因，即组织。但这只不过是一大堆题目——如分工和机器——的标签，而企业管理只是其中之一。它不是和土地、劳动与资本具有同一意义的动因。

个而是第三点。由于完全不同于促使现代理论家抱有上述态度的原因,所考察的这个时期的经济学家也是不愿接受三要素学说的,因而它征服得很慢,很不完全——考虑到这个图式的明显性,这一事实是需要解释的。而且,考察一下这些原因,会使我们了解经济学中“人类思维的方式”,这是很有意思的。

在《国富论》第一编第六章中,亚当·斯密把产品的价格分解为三个组成部分:工资、地租和利润。在第七章,这种价格又由同样的组成部分重新组成了。[①] 就其本身而言,这就足够强烈地暗示了三要素学说。但在第六章的论述中,这种暗示却完全消失了。在那里,工人、地主和资本家诚然是作为分配过程的参加者来介绍的,但是他们的份额没有被看作是他们提供的要素由于在生产中被利用而得到的报酬:即使不是完全被否认,即使偶尔还得到“承认”,[②]分配份额的这个要素价值方面也由于支持一个完全不同的方面而被搁在了一边。应当记住,亚当·斯密试图表明地主和资本家的份额是怎样从总产品——这“自然”完全是劳动的产品——中“扣除”的。这似乎暗示了一种不同的概念安排,它把生产要素的作用单单保留给劳动,从而排除了三要素学说,尽管亚当·斯密在第七章第一页上的文字很清楚地暗示了三要素学说。

之所以要复述亚当·斯密的表述,第一是因为他的表述富于

---

① 这种价格是均衡价格。正如我们知道的,所提到的这种安排体现了亚当·斯密承认以下事实的方式,即在经济体系的诸要素之间具有一般的相互依存关系,这种安排是他在纯分析领域内所取得的最大功绩之一。但是我们也知道,这遭到了严重误解——某些批评家甚至认为这是一种循环论证。

② 例如,亚当·斯密把社会总收入称为“他们的土地和劳动的全部产品”(第二编第二章开头)。

启发性地预示了在整个这一时期内经济理论的这个角落里的一般情势。不管是受了亚当·斯密的影响还是独立地，在他的两块指路牌所指示的路线中，一些经济学家采取了其中的一条路线，而另外一些经济学家则采取了另一条路线。但是大多数的经济学家是踌躇的，他们采取了折衷的办法，虽然趋势一直是有利于三要素学说的。第二，我们从亚当·斯密着手，是因为他的表述很好地说明了横在顺利接受三要素图式途中的主要障碍的性质。为了看清这一点，我们必须再一次回忆到：整个产品单是由劳动创造出来的这个命题，是不具有任何同经济过程的事实分析相符合的经验内容的：很显然，没有人能够主张，为了生产某种东西，所需要的全部只是劳动，除了在不重要的一类情况以外。但是这个命题可能有一种具有伦理色彩的"超经济"意义，它很符合这样一些劳工利益拥护者的感情倾向和政治原则，他们——如亚当·斯密——喜欢替为所有的人创造了所有的东西而自己则"老是穿得破破烂烂"的工人们进行巧辩。他们以为，坚信这个学说就是在为劳工赢得一份力量，他们的这种幼稚信念，又由于许多拥护三要素学说的人认为把土地或资本确立为生产要素就是为地主或资本家赢得一份力量的同样幼稚的信念而加强了。[①] 他们没有看到，他们的伦理哲学和政治原则在逻辑上同解释经济现实是没有关系的。换句话说，

---

① 自然，我不否认，给一般群众听的口号从两种分析结构都是可以得出来的。在这个范围内——这就是说，如果唯一的目的只是在蒙骗脑筋迟钝的人们——两者都不是幼稚的。只是这样的诚实信念才是幼稚的：任何关于生产要素的分析上的安排能够依健全的逻辑加强政治上的用处，借以拥护或者反对这些要素的所有人的要求权。我在本书中已一再指出，情形并非如此，即使有理由认为例如土地生产一切东西，这也不成为把土地的报酬都归于土地所有者的理由。

他们没有看到，要解释经济现实，有关的只是这样一个简单的事实：为了进行生产，一个企业不仅需要劳动，而且也需要包括在土地和资本中的一切东西，而建立三个要素学说的全部意义即在于此。再换句话说，他们还不清楚分析的特别目的——我们就清楚吗？——还不清楚什么是同分析的目的有关的和什么是同它无关的。因此，我们可以体会到，在当时的情况下，要看出这种特别目的，要了解三要素图式以一种简单的方式有助于达到这个目的，并不像人们从这种图式的明显性可能推断的那么容易，因此，采用三要素图式确实意味着分析取得了重大进展。

可是，这件事情还有另一个方面。如果我们接受一种劳动数量价值说，不论是李嘉图式的还是马克思式的（参阅后面，第六章，第二节(1)），那么我们一直在因其简单而加以推荐的三要素图式就会遇到分析上的困难，这种困难是与任何哲学毫不相干的。因为，分配份额必须从产品的价格中付出，而由于存在着劳动以外的要求者，这种价格一般是不能同体现在这些产品中的劳动数量成比例的。因此产生了一个新问题，即这些其他的要求是如何得到满足的。而在试图解决这一问题时，我们发现，三要素学说由于把这些要素都放在基本相同的逻辑地位上，因而运用起来很不方便：[①]从这种观点看，所有动因都同样“必要”就不能再被认为是决定性的了。请注意以下有趣的事实：从劳动数量论以外的任何价值理论的观点来看，这个问题似乎是假问题的极好例子，所谓假问题就是由于分析上存在缺陷才产生的问题，一旦消除了缺陷（在这

① 詹姆斯·穆勒和麦卡洛克曾试图这样做，但结果很糟。

个实例中是劳动数量价值学说)，问题也就毫不费事地消失了；但是从劳动数量价值学说的观点来看，所谈的这个问题则是最为重要的问题，解决它必定会揭示出资本主义社会最深处的秘密。因此，马克思有充足的理由要愤怒地起来反对三要素学说，谴责它是一种卑鄙的辩护：因为它把丰富多彩的社会阶级斗争变成了无声无息的彼此合作的生产要素的报酬分配，这样就阉割了资本主义的现实。[①] 有时候，分析的任务会由于所要分析的问题的性质而变得困难起来——波动力学就是一个好例子。有时候，困难不存在于事物中，而是存在于我们的头脑中。

了解到这一点之后，我们就可以简单地谈谈与这个实例有关的事实。由于哲学的或政治的或感情上的原因而产生的对三要素图式的嫌恶，终于站不住脚了，最后只是在口头的让步中表现出来。对李嘉图本人以及对李嘉图派社会主义者(包括马克思在内)来说，劳动数量说自然几乎是不可克服的障碍。但是这种障碍被十九世纪三十年代的非李嘉图的和反李嘉图的理论克服了——这

① 马克思把经济分析看作是社会进化中的一个要素，把除他自己的理论以外的理论看作是产生于经济分析的迷雾，因而如上所述，他便认为，在李嘉图以后，“资产阶级经济学”同产生它的社会一道进入了一个腐朽的时期。他拿什么事实来当作这种腐朽的表现呢？提出这一问题并非没有意义。第一个是我们已经知道的：那就是“资产阶级”经济学不肯按照社会阶级来进行分析。第二个同第一个有关就是资产阶级经济学越来越趋向于采用三要素图式。第三是资产阶级经济学趋向于断言：经济过程不管在“干扰”的影响之下是多么容易发生故障，然而从它的纯粹逻辑来看，却没有什么本身固有的障碍。马克思认为这又是一种“粉饰”，虽然从另一种观点来看，这是分析得到改进的自然结果。第四是资产阶级经济学趋向于按照工商业者所看到的情景去描述工商业实践的表面现象，以此代替马克思的所谓最深刻的真理。现在应当让读者自己去就这些事实作出判断，这是一种极好的练习。

再一次表明李嘉图的教导实在具有一种迂回曲折的性质。在欧洲大陆上，萨伊——可能是追随杜尔阁之后——确立了三要素图式[①]，确立了在生产理论与分配理论中把三个要素的"服务"放在同等地位上来处理的做法。在英国，罗德戴尔是把资本确立为一个单独要素的头一个一流作家。马尔萨斯没有强调三要素说，但是他的理论结构暗示了这一学说。托伦斯、李德和西尼尔，特别是西尼尔，是帮助三要素说在英国经济学中扎下根来的最重要的经济学家。[②] 最后，约翰·穆勒实际上采用了它，但是态度迟疑，也未能贯彻到底，这很好地反映了当时经济理论的实际情况。他像配第一样，从两个生产"必要条件"开始，这是个巧妙的用语，它由于避免了使人联想到"动因"在道德上有权得到"报偿"，而使缺乏智性的批评丧失了力量。[③] 继而他又注意到这个事实：每一个时期的经济过程还取决于该时期开始时可供利用的财货存量：把"资本"确立为一个单独要素的全部含义尽在于此。因而他承认资本是一个要素，但把它同另外两个"原始"要素区别了开来。[④] 西尼尔把资本说成是"次要的"动因，以与两个"主要的"动因相对照。事实上，认为资本是一个"不同的要素"是有道理的。因为，如果资

① 他也把"土地"归结为"自然动因"。

② 虽然萨伊有优先权，虽然我们现代人并不觉得这有什么了不起，但在 1830 年左右这却很有价值。

③ 就我所知，"必要条件"一词是詹姆斯·穆勒先用的，可是他说的是劳动和资本，而不是劳动和土地。约翰·穆勒也使用了"动因"这个词。

④ 如果我们想要找麻烦的话，我们可以引证他的话来证明，他是从两个要素开始的，然后经过冗长的讨论，把这两个要素"归结为"三个要素（第一编，第一章，第一节和第七章，第一节）。

本是财货，它就提出了折旧和更新的问题，这是另外两个要素所没有的。如果给资本下的定义把工资财货也包括在内，那么资本同土地和劳动就不是完全一样的东西，而是就工资财货而论，同它们具有一种特殊的关系。但是，约翰·穆勒不曾走得更远。虽然他偶尔也承认，在他的图式中，地租完全像工资一样，可以构成也可以不构成价格和成本的一部分，但是他拒绝完全同等地看待土地和劳动。因而他可以说在形式上坚持了李嘉图的地租理论，虽然这对于他完全是多余的。[①] 而资本对于他来说仍然是贮藏的劳动，就像对于詹姆斯·穆勒来说一样，虽则从他的图式的角度来说，如果他想把资本"分解"为某种别的东西，他就应当把资本分解为劳动和土地二者的贮藏的服务。[②]

总起来说：分析家"承认"什么是，什么不是生产动因，只是一个分析上的便利和效率的问题。可是，这个问题本身是非常重要的，因为一个作家回答它的方式在很大程度上将决定他的经济过程图式和对所要解决的问题的表述。在分析的最初阶段，之所以会出现三动因说，主要是因为它同经济过程的三大类参加者正相吻合，这三类参加者得自于普通人的社会图画。而且碰巧这种三动因说也具有经济意义，因为它为物质生产的必要条件提出了一

---

① 从逻辑上说，地租理论中那个特殊的李嘉图成分对他是多余的，因为仅仅土地的"必要性"和稀缺性就完全足以说明土地的服务的价格。可是他偏偏要接受李嘉图的地租理论，例如第三编，第二章，第二节的最后一句。

② 让我们立即指出，"分解"资本财货例如一部机器包含两个问题：第一，把机器"分解"为构成它的因素，包括其他资本财货的服务在内；第二，只分解为土地和劳动(或者，对马克思来说，只分解为劳动)。在下一时期，特别是庞巴维克以及随他之后的维克塞尔二人使用并宣传了把资本"分解"为土地和劳动的方法。

个完整的清单，其中的项目既不相重复，又可用经济上有关的特点来加以区别。因而，它变成了一个很有用的基础，可以作为起点。J. B. 萨伊似乎是头一个充分认识到这一点的人。但是这个时期的大多数经济学家不是这样来看待这件事情的。他们认为，当他们决定“承认”什么是动因时，他们是在处理分析上的、更重要的是有关社会正义的重大实际问题。因此我们看到当时的经济学家普遍不肯采用三要素说，这种不情愿在某些场合下又由于一种同它不相调和的价值理论和由于下述事实而加强了：资本在生产过程中的作用确实表现出了某些特点，这些特点是两个“原始的”或“主要的”动因所没有的。所以在整个这一时期一个要素的图式或两个要素的图式幸存了下来。而且，即使是在事实上采用三要素图式的作家也表现了在口头上对另外两个图式让步的趋势①——这就更加使情况模糊起来。

(c)模型。　在每一种科学探索中，最先出现的是想象。这就是说，在开始从事任何一种分析工作以前，我们必须首先挑出我们想要加以观察的一组现象，并且对于它们是如何结合在一起的——换句话说，对于从我们的观点看来什么是它们的根本性质——首先凭直觉得出一个初步的观念。情况显然应该是这样。如果不是这样，那仅仅是由于虽然我们实际上多半不是从自己的

① 一个人接受三要素说，但却可能被口头上的让步所掩盖，这种情况可以用以下措辞来说明：资本增加劳动的生产力（或者说资本的职能在于提高劳动的效率）。由于把生产力这种受人尊敬的品质只赋予了劳动，这种措辞似乎是指向了一种单一要素的理论，但实际上，就对事实的解释而言，这同“承认”资本是生产的一个动因完全相同。

想象出发，但却是从我们前辈的工作出发的，或者是从浮现在公众头脑中的观念出发的。然后我们进而使我们的想象概念化，并通过对事实的比较仔细的考察来发展它或者纠正它，这是两件必然会连在一起的工作——我们在任何时候所具有的概念以及这些概念之间的逻辑关系引出进一步的事实调查，而进一步的事实调查又引出新的概念和关系。我们的概念和我们所确立的这些概念之间的关系两者的总和或“体系”，就是我们所称的理论或模型。我们已在许多场合看到，在从事分析的最初阶段，概念化是一件多么困难的工作，主要是因为科学工作者需要经过一定的时间，才能通过不断的摸索，懂得在“解释”所观察的现象时什么是重要的，什么是不重要的。特别是在经济学中，在分析者清楚地懂得自己工作的性质以前，有许多障碍需要克服。但建立模型，即自觉地使概念和关系系统化却更加困难，是科学研究后一阶段所要做的工作。在经济学中，这样的努力实质上是从坎梯隆和魁奈开始的。在我们所讨论的这个时期内，从坎梯隆和魁奈的样式中演化出一种模型，既然我们已经知道了出现在这种模型中的演员和动因，我们便可以将其简要叙述如下。至于其细节，将留待下一章考察。[①] 此外，我们将在下一节评论“古典”经济进化图式。在本节我只描述一下静态过程的“古典”图式——这个图式在这方面非常像魁奈的图式。

从亚当·斯密起，大多数英国的“古典作家”都使用了“静态”

① 这样做的不便之处是：某些概念在未加充分说明以前，即须使用。可是，这样做也不会有太大的不便。

一词。但这种静态是他们预期在将来某个时候会变成现实的一种经济过程的实际状况。从这种意义来理解，静态这个题目就属于下一节。我们这里所谈的是一种不同的静态，它不是一种未来的现实，而只是一种概念构想或分析工具，为了进行初步的分析，用它来把在一个不变的经济过程中所能观察到的那些经济现象分离出来。头一个明确认识到这样做在方法论上的重要性的人是约翰·穆勒。但是马克思要比穆勒深刻得多，马克思的"简单再生产"图式(《资本论》，第一卷，第二十三章)是仅仅在一定的时候自行再生产的一种经济过程的图式。可是，所有其他的作家，包括亚当·斯密和李嘉图在内，虽然实际上也使用了这种工具，但却没有意识到这一点，因而他们是以一种偶然的和不能令人满意的方式使用它的。这一点既属重要，又颇难于理解，故须作额外的评论。

我们已经一再有机会提到经济(或社会)静态学和动态学这种观念的缓慢发展，在我们所讨论的这个时期内甚至在下一时期内都没有完结。正如我们已经看到的，约翰·穆勒很可能是从孔德那里得到这种观念并用之于逻辑学中的，他给静态学下的定义是："有关社会经济现象"的理论，这种理论把社会经济现象看作是"同时存在的"(《原理》，第四编，第一章，第一节)。这个定义本身，作为现代定义(弗里施)的先驱，还算说得过去。这样解释的静态学以(稳定的或不稳定的)均衡概念为枢轴，这个概念在穆勒的著作中和一般"古典"文献中，是披着例如像"自然"价格或"必要"价格这样的构想的外衣而出现的。但在稍后，我们从上面引证的一段话中看到，他并没有真正想起他用文字所说明的那种静态学，或者毋宁说，他把它同“一种静态的和不变的社会的经济规律”混淆在了一起。我们在稍后将要看得更加清楚，这是两种不同的东西：我们可以用静态的方法去研究一种变化的过程（比较静态学，参阅后面，第四编，第七章，第 3(a)节）；我们也可以用西斯蒙第偶尔用过的那种序列分析（这种分析把属于不同时刻的经济数量联系起来）去研究一种不变的过程，即是说，用弗里施所称的那种动态理论去研究它。穆勒追随孔德之后，把动态学理解为某种完全不同的东西，理解为对在长时期内造成根本变动的那些力量的分析——这种东西我们在下一节将加以讨论。这一切已经够混乱的了。但我们在这种混乱之上还得加上最后一个因素。除了谈到一种静态理论和一种静止状态（这是一种分析工具）之外，穆勒像李嘉图一样，也预期经济过程在将来某个时候会陷入一种特殊的静止状态，这不是为了便于研究非静止的现实所使用的分析器具，而是本身就是一种现实。我重复一句，在这一切中，穆勒所做的只不过是把每一个人都在摸索的变得明白罢了。

这样就可以用李嘉图的话（《原理》，第三十一章）来描述经济过程的“古典”模型或诸模型的某些基本特点。假设一个资本家“运用值 20000 英镑的一笔资本”，“利润为百分之十”。在这笔资本中，有 7000 英镑“投入固定资本，即用在建筑物、工具等等上面”，“其余的 13000 英镑用作”工资资本[①]“以养活劳动者”。“每一年，资本家在开始自己的经营时，手中都掌握有价值 13000 英镑

① 李嘉图写作“流动资本”，但参阅后面，第六章，第 5b 节。

的食物和必需品〔另加供他自己消费之用的价值2000英镑的数量，熊彼特〕，全部均在一年之中售给他自己的工人，得到同样多的货币，而在同一时期内，他付给他们同样数量的货币作为工资：到年终，他们把价值15000英镑的食物和必需品重新置于他的掌握之中，其中2000英镑他于是在下一年自行消费。”[①]这种序列分析肯定是最简单不过的，而这正是为什么我不肯用一组方程或是用一种魁奈式的经济表去说明它。[②]

第一，在整个这一时期，人们普遍接受了这种模型的一个特征，马克思接受这一特征的程度并不下于萨伊。这就是它所体现的重农学派的观念，即构成经济过程的基本货物（和货币）流量是“垫支款项”的流出和（增大的）流回。但是，和重农学派不同，“古典作家”使资本家成为这种垫支款项的唯一来源，而且垫支财货的价值是在工业过程中而不仅仅是在农业中增大的。然而，它实质上是魁奈的旧想法，这种想法已经被杜尔阁改造过了。我要不厌其烦地加以强调的一点是：这是解释经济过程的一种特殊方式，根本不是由生活的实践所直接提示的：实际上，雇主只是“雇用”工人（或者可以说是“购买”工人的服务），并没有垫支任何东西给他。

① 李嘉图自然是忽视了机器等等的磨损。这是很容易避免的，但我们没有改动李嘉图的模型。那2000英镑每年必须消费掉，否则就不会是静态过程了。

② 但是，我们从李嘉图那里得到的模型虽然只是一个骨架，仍然可以达到两个目的，这是于读者不无益处的。第一，它可以表明现代的动态分析是什么，以及现代的动态分析同约翰·穆勒称之为“动态学”的那种研究有何不同。第二，它可以说明甚至今天的某些经济学家听来也似乎是自相矛盾的那种东西，即怎么能够用动态方法去处理静态过程，也就是怎么能够用属于一个时间序列的各个数量或者用把属于不同时刻的各数量联结起来的关系去描述静态过程。这个模型所表现的特殊动态分析形式常常称为“时期分析”，其理由是很明显的。

而且，这种解释只不过承认了以下无关紧要的事实：所消费的一切东西必须是以前生产出来的；或者说，不管任何时刻，社会总是依赖过去而生存，为将来而工作；或者说，原始资本永远包括在我们必须赖以开始的资料之中。J. B. 克拉克的同步过程理论，或者瓦尔拉在这方面的体系（二者均在后面，第四编，第七章讨论）完全可以证明：这些事实不能迫使我们将它们变成我们分析的枢轴。但是如果我们真把它们变成分析的枢轴，那就会带来许多后果，这些后果不是简单地拒绝承认所能避免的。如果“资本家”实际上垫支了劳工的实际收入，如果这不仅仅意味着一种货币上的安排，那么在经济过程的要素中就必须承认有贴现和“节制”，不管我们是否喜欢这些东西；[①]也就是说，任何有关生产和消费的分析如果不以这种或那种方式考虑到它们，那就是不完全的。这是如此重要，以致对运用所讨论的这个观念的一切分析模式应当给予一个不同的标签。我们可以称之为垫支经济学，使之与同步经济学区别开来。所谓同步经济学指的是这样一种分析模式，这种模式认为，在静态过程中，下述事实并不重要，即社会在任何时刻所赖以生存的都是过去生产的结果，其理由是，静态过程一旦建立以后，消费品的流动和生产性服务的流动就可以被认为是同步的，因而在这个过程的进行中，社会仿佛是依赖当前的生产而存在的。

① 谈论剥削可以把这种事情掩盖起来，但却不能改变它。假若有人问我，要推翻马克思的理论结构，我认为最容易的方法是什么，我肯定会这样回答：从马克思承认资本家垫支工资着手，然后推出这种承认的逻辑结果。自然，我应当加上一句，我回答的问题是，要推翻马克思的学说，采用什么样的方法最为简单，而不是采用什么样的方法最为深刻。

第二，我们还可以介绍另一种分析模式（“理论”），虽然它的实际用处是在有关增长的分析中而不是在有关静止状态的分析中。自然，没有一个经济学家曾经否认过，像每一种其他的引擎一样，经济引擎除了对于外部因素的扰乱十分敏感之外，是很容易发生故障的。但是经济模型随其是否建立在下述假设之上而有所不同：经济过程有或者没有造成障碍的内在趋势（仅仅是通过正常的运转和根据设计），这种障碍于是使得它失去速度或者按照设计停止正常的运转。我们在后面将要讨论的各种形式的消费不足危机理论可以作为例子：它们全都认为，由于过分储蓄或其他原因，经济制度在它发生作用的过程中由于它自有的设计或逻辑而产生了拉力或压力，这种拉力或压力——真正地或假设地——表现在（例如）不能按可以维持成本的价格出售其所能生产的产品上。请原谅，我要采用两个名词：一个是“有障碍的”，用于承认在经济制度中存在有发生故障的内在趋势的那种模型；一个是“无障碍的”，用于不承认有这种内在趋势的那种模型。在此刻，我们从应用这种区分所得到的只是这句话：迄今所建立的一切静态过程模型都是无障碍的。例如，马克思就非常清楚地表明了这一点——在他的“简单再生产”图式中是没有障碍的；障碍只是随同“积累”才进入他的图画中。

作几点评论也许是有用的。首先，虽然所有的经济学家的确都承认，经济引擎在受到刺激时有发生故障的倾向，并对外部的干扰很敏感，然而经济学家仍可能在以下问题上存在意见分歧，即这种发生故障的倾向和对于干扰的敏感性究竟具有多大重要性，特别是相对于它们在一种计划经济中所具的重要性而言，二者的重要性究竟如何。在估计不同的经济组织形式的相对效率时，这些问题是很可能造成巨大差异的。其次，让我们注意，正因为这一点，建立无障碍的模型并不牵涉到辩护或“粉饰”的问题。因为，建立这样一种模型的经济学家有可能过于强调他所要描述的经济制度的敏感性，以致他可能由于这种敏感性而把这种经济制度的效率估计得比较低，而另外一个喜欢有障碍的经济模型但并不过分强调障碍的重要性的经济学家，则可能把那种经济制度的效率估计得比较高。马尔萨斯的经济增长模型是有障碍的。但这并没有使他成为一个“计划者”。最后，要注意，分析家是建立一个有障碍的模型还是建立一个无障碍的模型，这种抉择在某种程度上只不过是分析上的便利与否的问题。两个经济学家对于他们都承认是一种压力的东西可能具有完全相同的看法。但是，一个人可能认为先建立一个无障碍的模型然后再把压力加上去是更为有益的，而另外一个人则可能认为把压力好像是当作一个原始参加者，一开头就把它包括在他的模型中以便得到一个有障碍的模型是更为有益的。同一个人，为了某些目的可以这样做，而为了另外的目的又可能那样做。仅仅是由于我们没有能力把研究同政治分离开来，或者是由于我们完全有理由地怀疑别人不能用一心忠实于真理的态度进行分析，才使得经济学家所作的上述抉择成为问题和党派争执，而在较为幸运的研究领域，这种抉择是不会使任何人感兴趣的。

第三，我们据以开始的模型可以用各种方式变得复杂起来而不丧失它的根本简单性。例如，我们可以很容易地引入当前的生产者财货的生产，并考察存在于各个生产部门之间的简单均衡条件。[①] 还有，我们也可以很容易地引入仆人、医生、教师等等。更重要的是，读者或许会感到奇怪，在这个模型中，第三类演员——地主怎么样了？在李嘉图的原文中他们为什么没有出现，马上就会看得清楚。马克思把他们当作“资本家”的一种附属物。“资本家”雇佣劳动并从它榨取“剩余价值”。但这种剩余价值并不全是李嘉图的利润。“资本家”必须同地主分享他的掠夺物，即剩余价值。这样，在分配这出戏的第二幕，剩余价值便被划分为利润和地租，因此二者只不过是一个单一的剥削所得的两部分。可是，每一个没有被教条灌输完全蒙住眼睛的人马上就会看出，就事实的描述而不是就鼓动性的词句而论，这同这样说是一样的：资本家雇用土地的服务，其意义与他雇用劳动的服务完全相同。事实上，为了得出这个结论，我们所需要做的只是提出这个问题：为什么地主能够攫取“资本家”的掠夺物。唯一的答复是，土地的服务也是生产的必要条件。我们一旦了解了这个不很深奥的真理，就会得出对任何不怀偏见的人来说似乎必然是要采取的最自然的观点：地主

① 马克思比他那时代的任何其他经济学家更加直接地受到了魁奈的启发，并且更加清楚地懂得这种研究的重要性。他试图从魁奈的《经济表》出发，建立他自己的经济表或再生产图式。在这个尝试中，以及在用算术的或代数的方程式去代替经济表的尝试中，技术上的困难使得他未能走得很远。然而，一心要成就大事业的马克思凭直觉所看到的要比他所能表达的为多。他的努力自然是集中于“扩大”再生产而不是“简单”再生产。但他正确地提出了达到静止状况的条件，正确地提出了消费财货和生产财货两个生产部门之间达到均衡状况的条件。感兴趣的读者可以从P. M. 斯威齐的《资本主义发展理论》以及都留重人为该书所写的附录中得到所需要的一切。

应当同劳工一道，作为另一类生产性服务的所有主，进入静态过程的模型，在每一时期的开头（或者当中），这种生产性服务随时准备着同人们认为"资本家"拥有的收入财货相交换。[①] 这自然也应当推广应用于拥有非工资资本的"资本家"（或任何这种人）。

第四，我们关于"动因"的讨论肯定会使读者预料到，填入该模型的框架中的，不是一个而是两个关于生产和分配的理论（或理论类型），这两种理论在约翰·穆勒的那本斑驳杂陈的著作中被很蹩脚地撮合在了一起。这是因为三动因和三报酬学说被人接受得很慢（我们知道这是因为什么），以致那些显然是较为原始的分析不仅保留了下来，而且还很受欢迎。

于是，一方面，我们有主要是同杜尔阁和萨伊的名字连在一起的分析；亚当·斯密也部分地，含糊地，并且同一些不能相容的因素混在一起，略述了这种分析的梗概。这种分析在最完全和最深刻的意义上接受了三动因和三报酬学说。让我们重述一下该学说的含义。按"生产"这个名词的经济意义[②]来说，生产只不过是通

① 这是个奇怪的想法，根据这种想法，拥有资本的雇主也拥有洋白菜和鞋，他们将其售给自己的工人。我们必须把这种想法看作是一种简化方法，用来揭示隐藏在货币经济中大量变化不定的表面现象之下的本质和意义。自己不生产食物和必需品的"资本家"被假定是从生产这些东西的"资本家"那里得到它们的。即使承认这个图式正确地揭示出了事物的本质，我们也还得指出，它忽视了那么多的中间步骤，并且把各种本质弄得如此千篇一律——这样做的另外一个例子是"古典"储蓄和投资理论——以致能否从这样一种理论得出实际结论是成问题的。

② 绝大多数作家坚持从技术方面来给生产下定义，很可以说明大多数作家在概念化这一工作中所遇到的困难。他们从哲学观点论证说，人类不能"创造物质"，只能移动物质的位置，按有用的方式改变物质的形式，并从哲学观点论证了其他一些毫不相干的事情。萨伊的生产创造效用的说法指出了正确的方向，但远更重要的，是他在给企业家活动下定义时强调了各种服务的结合。

过购买而把各种必要的和稀缺的服务结合在一起。在这个过程中,每一种必要的和稀缺的服务都获得一种价格,而这些价格的确定就构成了分配或收入形成的全部基本内容。因此,在完全同一的一系列步骤中,这个过程既完成了经济意义上的生产,又通过估价生产所不可缺少的各种生产性服务,完成了分配或收入的形成。这样,在这个图式中,资本主义的生产和分配就不再像在社会主义社会中那样是两个不同的过程:我们只看到一个选择和估价的过程,生产和分配只是它的两个不同的方面。在这个图式中,各种收入都可以用同一原则来加以说明,这就是给相互合作的要素的服务定出价格的原则。表明这一原则——就消费者财货及其服务而言是非常明显的——怎样也可以应用于生产者财货及其服务,这种分析工作在下一时期的归属理论(参阅第四编,第五章,第 4a 节)兴起以前并没有被人们清楚地认识到,更不要说去完成它了(但少数的先驱者如朗费尔德和杜能或许是例外)。但在萨伊的《概论》中,基本论旨已得到了明白无误的表述,即资本主义社会的生产与分配过程,归根结底是相互交换生产性(或直接消费性)服务的一张网,雇用这些服务的企业家只不过是中介人。在英国的主要经济学家中,罗德戴尔、马尔萨斯和西尼尔或多或少地理解这种想法。但只有萨伊相当成功地利用了它。这真是一件可悲的事情:由于反对者完全缺乏理解,由于拥护者甚至对最基本的数学工具也一无所知,这个有希望的开端不仅在后来几十年中处于冬眠状态,而且还得了个肤浅和无用的坏名声。

另一方面,还有另一类分析,李嘉图的迂回就是这种分析的突出例子。说李嘉图完全没有看到上面所描述的经济过程的那一方面，自然不免言过其实。他不时瞥见了它，因而如果奈特教授责备李嘉图根本没有看出分配问题是估价问题，那他也许就走得太远了。[①] 但李嘉图未能看到由估价方面所提供的说明原则，这倒是真的。他未能做到这一点，是同他的著作的一个特点密切联系的，这个特点对于了解他是至关重要的，而且比任何其他的东西更好地证明了，李嘉图实际上走了一条弯路，脱离了经济学家努力的历史路线。

对亚当·斯密、A.马歇尔和我们自己来说，决定“社会产品”或“国民总所得”或“总净产量”的大小和变化速度的那些要素是极端重要的。但李嘉图的看法不是这样。反之，在他的《原理》第一版的序言中，他告诉我们：“确定调节这种分配〔总产品在地主、资本家和劳工之间的分配，熊彼特〕的规律乃是政治经济学的主要问题。”这就是说，他几乎把经济学同分配理论等同起来了，言外之意是，他对——用他的话来说——“调节总产品的规律”几乎没有或者根本没有什么话要说。采取这种看法是很奇怪的，虽然必须立即加上一句：他并没有老是坚持这种看法，正如他讨论对外贸易和论机器的各章所表明的。可是，这种看法使我们能够用四个变量之间的方程式去陈述李嘉图想要解决的根本问题：净产品等于地

① 参阅F.H.奈特：《李嘉图的生产和分配理论》，载《加拿大经济学和政治科学杂志》，第一卷，1935年2月。但是奈特从李嘉图给麦卡洛克的一封信中引证了一句话，有效地支持了他的指控，这句话是说“整个产品在地主、资本家和劳工之间的分配比例……实质上与价值学说无关”（同上，第6页脚注）。即使从李嘉图自己的观点来说，这也不是真实的。〔实质上这个脚注已出现在前面第3节中。熊彼特在他临终前抽出了这一节（第5节）准备加以修改（他的按语表明他是不满意于这种粗疏的论证的）。〕

租加利润加工资（每一样东西都是用李嘉图的价值来衡量的，参阅后面，第六章，第 2a 节）。不仅如此，这种看法还去掉了这四个变量中的一个。因为，既然我们关于总净产量没有什么话要说，我们就可以把它的无论是大还是小的数量作为已知数。这样我们实际上就是从一个只包含三个变量的方程式开始的。但是一个包含三个变量的方程式仍然是一个无法解决的问题。因此，李嘉图（第二章）把他自己放在农业生产的边际上，在那里地租等于零。要仔细观察这对李嘉图的分析结构意味着什么。无数的作家孤立地讨论韦斯特和李嘉图的地租理论，心中只有一个问题：这个理论是“正确的”还是“错误的”。这个问题是完全没有意义的。韦斯特和李嘉图的地租理论是不能孤立地，也就是说，不能不联系韦斯特和李嘉图的整个体系来加以讨论的。只是在这个体系之内它才获得了分析上的意义，而且，事实上是由于李嘉图没有能力处理联立方程组，才不得不采用它的。在韦斯特和李嘉图的整个体系之外，它的意义是很小的，几乎不值得去费心思。

让我们接着谈下去。在那种地租理论完成它的唯一目的即把我们方程式中的另一个变量消去以后，在生产边际上就剩下一个包含两个变量的方程式了，这仍然是一个无法解决的问题。但是，李嘉图想到，工资实际上也不是变量，至少在那个方程式中不是变量。他以为他从外部的考虑知道在长时期内工资是怎样的：在这里旧的魁奈学说出现了，并从马尔萨斯的人口规律得到了补充——工资大体上等于使“劳动者平均能够维持生存并使其种族维持不断，但不增也不减”所必需的东西。因而最后我们达到了神圣的目标：剩下的唯一变量利润也确定了。如果你愿意，你可以称这个补缀品是巧妙的，但不要否认这是一个补缀品，而且就这一点说，是一个颇为原始的补缀品。

马克思的图式也很容易受到同样的反对。[①] 他也把地租从基本问题中消除了，虽然所用的方式不同。他的分配方程式——按马克思主义的价值来说——是这样：净产品等于工资加剩余价值。我们重又可以把净产量当作已知数。剩余价值重又是一个余额，其确定随确定工资的外部考虑为转移。

反之，约翰·穆勒的体系则吸收了足够的萨伊想法——此外还从西尼尔的节欲观念得到了足够的帮助——因而免于任何这样的反对，并且为马歇尔将要建立的完整模型提供了一切要素。但是他保留了那么多的李嘉图遗迹，以致杰文斯和奥地利学派看不出他们是在发展他的分析，反而相信他们是在摧毁这种分析，是情有可原的。

6. "古典的"经济发展概念

在前面（第一编，第四章，第 1d 节）我曾试图说明我所称的"想象"的意义和作用：想象就是对所要研究的现象的最初知觉或印象，然后通过事实的和"理论的"分析，经过无数次协调和取舍，把它变成科学的命题。但当我们没有这么大的野心，想要做的只是表述诸经济数量如何（在纯粹逻辑的水平上）"结合在一起"时，也

---

① 关于马克思是如何从最后所要解决的问题中把地租消掉的，参阅前面，第一章，第四节；关于他按照马克思主义的价值所列的分配方程式，参阅后面，第六章，第 6g 节。

就是说，当我们关心的是静态均衡的逻辑甚至只是静态过程的主要特征时，想象的作用就不那么大了，因为我们研究的实际上只是几个非常明显的事实，这些事实我们是容易觉察到的。当我们转而分析长期变动过程中的经济生活时，事情就完全两样了。想象这个过程的真正重要的因素和特点，同我们一旦已经（或者以为我们已经）掌握了它们而只是去表述它们的运行方式相比，要困难得多了。因而想象（连同它带来的全部错误）在这种冒险事业中要比在另外一种冒险事业中所起的作用大些。这可以举我们时代的“停滞论”作为例子来说明。这种理论认为：资本主义制度已耗尽了自己的力量；发展私人企业的机会正在枯竭；我们的经济在震动中已经陷于一种“长期停滞”状态，或者像某些人欢喜说的那样已进入了“成熟”阶段。无疑地，有人一直在搜集事实和论据来证实这种理论，它也被体现在了理论模型中。但很显然，这些事实和论据所要合理说明的预先存在的想象或印象，乃是他们没有能力去创造出来的，因为即使没有其他的理由，有关的观察所包括的时期也太短了，而且这个时期所受的显然不正常的事件的影响也太大了，以致不能保证任何那一类的结论或预言是正确的。经济学家的想象在一个世纪左右以前，并不比这种情况更好。我们将讨论三种有关人类经济前途的想象，这是所考察的这个时期的作家企业表述并证实的。换言之，我们将讨论三种经济发展理论。

第一种想象主要是同马尔萨斯、韦斯特、李嘉图和詹姆斯·穆勒的名字连在一起的，它充分证明这些人被称为“悲观主义者”是正当的。它的人所共知的特点是：人口的压力，现在已经存在，预期将会更大；自然对人类为增加食物供应所作的努力将越来越没有反应;因而,勤劳的净报酬将不断下降,实际工资将或多或少保持不变,地租(的绝对份额和相对份额)将不断增加。我们现在所关心的,不是这些"古典作家"如何给予他们这种想象以分析效果,即是说,不是他们如何表述他们的人口、农业报酬递减等等"规律"以及他们在分析上如何利用这些"规律"。这类问题我们将在下一章进行研究。这里我们所关心的只是他们认为自己所看见的是什么,即他们分析背后的想象——或者如果你喜欢的话,也就是他们的先入之见。

值得注意的最有趣的事情,是这种想象竟然如此缺乏想象力。这些作家生活在前所未有的最为壮观的经济发展的开端。巨大的可能性就在他们的眼前一一变为现实。然而,他们所看到的却只有受到束缚的经济,人们为每天的面包而奔忙,得到的面包却愈来愈少。他们深信,技术的进步和资本的增加到头来终究不能抵抗致命的报酬递减规律。詹姆斯·穆勒在他的《纲要》中甚至为此提供了"证明"。换言之,他们全都是停滞论者。或者,用他们自己的话来说,他们全都预期在将来会出现一种静止状态,这在此处不再意味着一种分析的工具,而是一种未来的现实。

很显然,约翰·穆勒的情况要好一些。他完全抛弃了"悲观主义",甚至聪明地认识到没有理由要把群众的前途看成是"毫无希望的"。可是,这仅仅是因为他像另外一些马尔萨斯主义者如查默斯在他之前所做的那样,相信人类正在记取马尔萨斯的教训,人类将自愿地限制人口繁殖,从而资本与人口之间的竞赛将由前者赢得。在这一点上,他证明自己是一个比另外一些人更好的预言家。但他对资本主义的生产引擎将要取得的成就却毫无所知。相反,到晚年(1870 年左右),他实际上却变成了现代意义上的停滞论者，相信私人企业经济已经大致上完成了它所能做的事情，而经济过程的静止状态已近在眼前。但在他和现代停滞论者之间，有这样一种区别。他不像亚当·斯密和李嘉图那样，带着忧虑不安的神情来看待这种静止状态(《原理》，第四编，第六章)，因为他把人口过剩这个怪影消除了。但他也没有现代停滞论者的那种忧虑不安，因为他并不惧怕消费不足这个怪影。对他来说，静止状态看起来是相当舒适的——仿佛是一个“不慌不忙”(他自己的话)的世界，像他这样的哲学家是会愿意生活在这样的世界中的；在这个世界中，到处会有适度的繁荣(或者更好一些)。[①] 至于在资本主义企业家的主要职能不断丧失的环境中资本主义的社会结构究竟能否存在下去的问题，我们可以代他回答说，他所想见的静止状态的到来是一个非常缓慢的过程，因而在制度和心理方面即时作出必要的调整是不会有什么困难的。

同所有的英国“古典作家”相契合——或许我们还可以说，同他那时代的精神相契合——约翰·穆勒大大低估了个人首创精神这个因素在经济发展中的重要性，因而他过分强调了有形的生产者财货的单纯增加的重要性。而在这一点上，他又过分强调了储蓄的重要性。[②] 他接受了杜尔阁和斯密的投资过程理论，理所当

① 这种静止状态是一种特殊状态，不符合上面所下的定义。它并不完全排除技术进步或资本的增加。它实际上只是在人口方面的静止状态，认为这样会使得一切能够比较平静地进行。

② 自然，我们可以给储蓄下一特殊定义，使这句话变得没有意义。但我说的储蓄(或节俭)是我们全都知道的那种独特现象(除非我们对二十世纪三十年代的经济理论太熟悉了)，因而我把它看成是有形资本财货积累过程中的一个因素。于是我的这句话就意味着，约翰·穆勒像所有遵循杜尔阁与斯密路线的作家一样，在相信节俭是这个过程的最重要的(表示原因的)因素这一点上走错了路。

然地认为，重要的事情是要有某种可以投资的东西：投资本身不会提出什么问题，不论是在敏捷性方面（投资在正常情况下一定是立即进行的），还是在方向方面（投资是受投资机会指导的，这种机会对所有的人都是同样明显的，并且是不随投资者为转移而独立存在的）。[①] 于是，储蓄就成了经济发展的强有力的杠杆。而储蓄是从来不会造成阻碍的；储蓄行为本身不会造成阻碍，因为储蓄的款项会立即用在生产性劳动上；由此而造成的生产能力的扩大也不会造成阻碍，因为根据正确计划生产出来的产品总是能够按可以维持成本的价格出售的。[②] 用我们自己的话来说，约翰·穆勒的经济发展图式也像萨伊的一样，实质上是没有障碍的。马尔萨斯和西斯蒙第的图式是有障碍图式的两个例子，在这两个图式中障碍均不是从储蓄本身产生，而是从由此造成的生产能力的增加产生的。李嘉图的图式也是有障碍的，但这是由于另外一个原因，这个原因存在于他对报酬递减律的解释中。

第二种关于经济前途的想象，属于“乐观主义的”类型，可以用凯里和李斯特这样的名字来最好地加以说明。不管我们对他们的经济分析的优劣抱有怎样的看法，至少他们是不缺乏想象力的。他们直觉地感到，有关资本主义的最主要的事实是它创造生产能

---

① 这种机械论的观点也是“古典作家”经济世界观中的一个重要因素。他们完全没有觉察到，资本主义现实有多么大一部分就被他们这样无声无息地抹杀了。

② 后面这个命题要比约翰·穆勒和他那个时代的同他走同一路线的经济学家们所认识到的更加难于处理。但反对这一命题的人是处于该命题所申述的有限真理之下而不是超出其上的。还有，虽然采用的是一种非常狭窄的方式（只是通过储蓄），但穆勒毕竟由此而承认了在有关资本主义发展的全部真理中最为明显的那一个，即资本主义的发展由于其本身的逻辑，是有助于提高群众的生活水平的。

力的力量,并且他们看到了在最近的将来朦胧地现出的巨大的潜在可能性。欧洲大陆上的大多数经济学家虽然想象力要少一些,但却不乏正确的判断,他们不肯接受李嘉图派和马尔萨斯的"悲观主义"。至少,他们中的大多数人把它打了折扣。此外,在技术理论方面多少追随萨伊的那些人很自然地认识到了,不论是事实还是分析,都不能证实李嘉图的想象。这些人被称为"乐观主义者";而且部分地——但不是全部地——由于马克思的影响,产生了一种看不起他们、认为他们浅薄的传统。从历史上来看,这种观点事实上是同完全应当这样称呼的许多作家——巴师夏类型的——连在一起的。但是这种"乐观主义"本身是比"悲观主义者"的想象和理论更为正确的一种想象和一种理论的结果:一种学说所包含的真理的多少并非总是同这种学说的提倡者所具有的能力成正比。[①]

第三种关于经济前途的想象和相应的经济发展理论是由马克思一个人提出来的。马克思的这种理论所依据的是对十九世纪四十年代和五十年代的社会状况所作的诊断,这种诊断从根基上就受到了意识形态的污染[②],没有提供充足的事实,也没有作充足的

① 在这方面以及其他方面,情况与阶级利益基本和谐这个学说的情况相类似。通过研究,可以看出这个学说只是部分地站得住脚——但比起阶级必然对立的学说来略为更能站得住脚一些。然而后者却一直被人用无比巨大的力量加以鼓吹,而且为激进派知识分子提供了思想武器。前者则从来没有被人有力地甚或令人信服地阐述过。而它也不合激进派知识分子的口味。因此,主张它的人很可能被嘲笑为没有勇气的人,而这种嘲笑同严肃的论证是完全一样有效,甚至是更加有效的。不过在当前这个例子中,还有一些别的东西。不管原因是什么,事实总是:关于一件事情的悲观主义的看法,在一般舆论看来,总是显得比乐观主义的看法更为"深刻"。

② 前面曾指出,马克思是从其青年时期的激进思想中得出他的这幅关于社会现实的图画的。

分析，便完全错误地预言人民大众将日益贫困化，尽管如此，马克思的理论却是最强有力的。在他的一般思想图式中，发展与那个时期的所有其他经济学家所理解的发展——即经济静态学中的一个附属品——不同，它乃是中心论题。而且马克思把他的分析力量集中使用在这样一项任务上，即证明由于自身内在逻辑而不断变动的经济过程是如何不断地改变着社会结构——事实上是整个社会。我们已经谈到过这种构想的伟大；下面我们将简单地讨论一下它的分析方面。

这里只能提到两点。第一，在当时，对于未来的资本主义引擎的规模和力量，没有人——甚至是在这一点上与马克思有共同看法的最坚决的乐观主义者——有过更全面的构想。带着一种目的论的古怪气味，马克思再三说到，创造出一种适合人类文明更高形式的需要的生产机构，乃是资本主义社会的"历史任务"或"特权"。不管现代实证论对于这种说法多么反感，他所要表达的主要真理在这一方面却是显得十分清楚的。

第二，马克思的经济发展的动力诚然不完全是约翰·穆勒的没有色彩的"储蓄"：他把"储蓄"——或投资——按一种在穆勒的《原理》中所找不到的方式同技术变动联结了起来。然而动力仍然是"储蓄"，"储蓄"在他看来，也像在穆勒看来一样，是迅即变成投资的。马克思使用"积累"一词，以及他猛烈抨击有关储蓄创造物质资本的"童话"，只是掩盖了而并没有消除这个事实。马克思不喜欢"储蓄"一词，有正当的理由，也有不正当的理由。特别是，资本主义的财富一般并非产生于储蓄所得到的货币并把它们整齐地堆集起来，而是产生于开创带来报酬的泉源，这种报酬的资本化就是所谓“财富”。可是，马克思既不喜欢上述说法的含义，也不喜欢这样一幅图画：善良而节俭的人们把钱储蓄起来，直到成为富翁。因此动力就不得不永远是“剥削”这种说法事实上是如此专断，以致危及了他的图式的解释价值：对整个社会过程来说，主要之点不论在何种场合下都是利用资本家的所得来创造生产能力，而不管这种所得是否产生于剥削，也不管是否为了进一步的剥削而再一次用来投资。一部分析史所必须提到的是，这个主要之点，在马克思和穆勒那里基本上是一样的，不管他们用来表达它的辞句有多么大的不同。

第六章 〔普通经济学：纯理论〕①

〔1. 公理学。西尼尔的四个公理〕

〔(a)第一条公理〕

〔(b)第二条公理：人口原理〕

〔(c)第四条公理：报酬递减〕

2. 价值

(a)李嘉图和马克思

(b)劳动数量价值理论的反对者

(c)约翰·穆勒的折衷

3. 国际价值理论

4. 萨伊的市场规律

5. 资本

(a)关于财富与收入的名词之争

① 〔本章第1节远在写出本章其余部分以前就写出来了。打字稿上注的日期是1943年12月。很显然，熊彼特原来打算要修改论述西尼尔的这一部分，并把它作为本章具有导论性质的一节。早先的打印稿中夹有许多字条。这一节和这一章都没有标题，但其余各节是比较完整的，各节和各分节都有标题。这一节是照原稿付印的，虽然没有普通应有的引言和熊彼特打算要作的修订。〕

〔1. 公理学。西尼尔的四个公理〕

西尼尔当之无愧地享有这样的殊荣:他第一个试图自觉而明确地阐述四条公理,这四条公理是建立——说“演绎出”会引起误会——普通称为经济理论的这个小小分析器械(或者换一个说法,为它提供一种公理基础)的充足必要条件。这种尝试的功绩,并没有由于他所列举的公理不完全而且还有其他缺陷而减低,也没有由于他给那个器械所下的定义过于狭窄或者说把这个理论同“政治经济学”等同起来以致引起攻击而减低。这种尝试的功绩反而由于下述事实而增加了:它是在进行理论总清算的过程中出现的,并且是人们力图建立严格的概念这一更为广泛的尝试的一部分。

首先他润饰了“财富”和(交换)“价值”;接着他陈述了他的四个“基本命题”即四条公理;最后,在“分配”这个不适当的标题之下(“交换或价值与分配”会更适当些),他提出了另外一套概念和关系,它们同这些公理(这些公理所涉及的,大都是通常在“生产”这个标题下讨论的问题)的直接发展一道,被认为构成了理论上的研究原则。作为纯理论方面的大胆尝试,他的成就显然在李嘉图之上。我们现在要来考察这些公理,在考察中将利用一切可能的机会作进一步的展望。

〔(a)第一条公理。〕 第一条公理说的是:“每一个人都希望用尽可能少的牺牲去得到更多的财富。”[①]至少从含义上说,某种这样的命题是一切理论论证的基础,把它放进李嘉图的或马尔萨斯的原文中同样很合适。亚当·斯密和约翰·穆勒认为这是理所当然的,而罗德戴尔几乎要把它明白说出来了。用下一个时期的语言——譬如说用马尔萨斯的——可以这样来表达:每一个人都希望使自己现时贴现的满足总量和牺牲总量之间的差额最大。但这条公理具有什么样的性质和地位呢?

西尼尔把这一命题称作“依赖于意识的问题”,以与另外三个命题区别开来,他称这三个命题为“依赖于观察的问题”。但假如把这个命题称作是依赖于反省性观察的问题,也并不会影响西尼尔的意思。况且,西尼尔在“发挥”这个命题(例如,第 27—28 页)时,[②]对于墨西哥的荷兰人、英国人和印度人的行为作了各种各样的评述,这些评述所依据的,显然是各种外部观察。因此,即使就

① 〔这些公理的讨论见纳索·威廉·西尼尔的《政治经济学大纲》(1836 年第 1 版;1872 年第 6 版;1938 年作为“经济学丛书”中的一种而再版)。〕

② 〔页数指的是“经济学丛书”版的页数。〕

这个命题来说，我们也可以暂时只谈论观察，并进而立即对所有这四个命题以及一个经济学家可能认为是适于作出假定的任何其他命题作出如下的概括。在这样做时，我们也就说明了并在某种程度上证明了萨伊关于经济学是一门观察科学（虽然他说的是实验科学）的看法是正确的，人们由此也就可以看出，这种看法无论外表上怎样，都同西尼尔的看法没有什么不同。

从来没有人否认过，或通过其实践证伪过这样一条真理，即经济理论也像任何其他理论一样，是以观察为基础的。西尼尔很花工夫去观察，而把注意力集中在得自观察的推论上，或许造成了一种错误的印象，而且他自己对于观察与推论的相对重要性或许也抱有错误的看法，但他在事实上却不曾——虽然他在言辞上曾经——把经济学看作是完全“演绎的”。现在，被观察到的事实是作为假说、假定或者“限制条件”进入理论的，也就是说，是作为由观察所引出或提示的概括性陈述进入理论的。[1] 当我们想要强调我们相信它们的确实性时，我们常常称之为“规律”，例如凯恩斯把储蓄倾向就称为“心理规律”。当我们只想强调我们在某一论证过程中不想对它们提出疑问时，我们就称之为“原理”。但所有这些名词实际上所指的都是同一个东西，并没有必要去对它们进行哲理推究。这一点不但适用于属于我们这个学科本身的事实，也适用于处在它边缘的事实。不同之处是，正如前面已经指出的，对于前者，就我们关于它们所作的陈述的确实性而言，我们感到能负有

① 应当注意，这只是“假说”一词的几种含义之一。我们已经看到了其他的含义。“规律”和“原理”也是如此。

完全的责任，而对于后者则不能。

完全不同的另一个问题是，我们对于西尼尔式的观察，或者就这一点而论，对于李嘉图式的或穆勒式的观察，是否感到满意。如果我们要了解“古典学派的”或任何其他的理论方法，我们就必须仔细把这个问题的三个方面区别开来。首先，观察可以分为两种，一种是通过内省来观察，另一种是通过普通的或日常的经验来观察。许多后来的经济学家，特别是所谓奥地利学派的创立者们，都坚决拥护这两种观察。尤其是维塞尔似乎同约翰·穆勒完全一致，认为普通经验是建立理论的坚实基础。批评家有时走得很远，以致完全排斥这两种观察，其理由是，内省和普通经验只不过是纯粹臆断的外衣罢了。对于这种极端形式的批评，诚然可以这样来答复：某些公理——例如生意人大体上是宁愿赚钱而不愿亏本的——显然离真理是相差不远的，而一定要为确立这类公理进行仔细的研究，则未免令人厌烦。但这种批评如果采取不那么极端的形式，就不能用上述事例来反驳了。在另外一些事例中，例如拿储蓄习惯来说，是不能令人信服地求助于内省和普通经验的；即使能够求助于内省和普通经验，也仍然需要用更为可靠的方法弄清纳入一个公理的事实所具有的相对重要性及其起作用的方式。

这就把我们引向了问题的第二个方面。西尼尔的公理体现了观察，但可能是不充分的观察。难道我们因此而就有理由否定他的书中所写的一切东西吗？显然不能。这条消除了不必要的功利主义联想的公理，在表面上是有道理的。所有可以提出来反对它的理由，例如说西尼尔过分强调了自私自利，过高估计了我们行为中的理性因素，忽视了在不同时间和不同地点对“财富”的欲望的强度的历史差异,西尼尔在评述这一命题时都充分估计到了。然而如果我们感到还有疑惑,我们所应当做的就只是重新开始作适当的研究。任何其他的做法都是一种纯粹的阻挠进展的行为。只要这条公理的强有力的乍看起来的似真性还没有被上述研究的结果所摧毁,只要人们尚未一一指出似真性不足但却受到经济批评家攻击的那些具体问题,我们诚然可以感到西尼尔的分析是幼稚的(我们知道,西尼尔的、李嘉图的和穆勒的全部工作都是幼稚的),但我们却不能否认它具有科学性质,不能在原则上称它为错误的。

如果我们问:西尼尔的第一条公理是否可以重新表述一下,以便避免已经提出的或可能提出的那些反对意见,则我们便接触到了问题的第三个方面。但是,既然这个时期的经济学家即使犯有耽于"心理说"的过错,也肯定远远不及下一时期的经济学家所犯这种过错之甚,所以我们最好是把关于这一点的讨论稍稍往后推一推。

〔(b)第二条公理:人口原理。〕 西尼尔的第二条公理所陈述的是人口原理:"世界上的人口,或者换句话说,世界上的居民数目,只受道德堕落或自然灾害的限制,或只受担心缺乏财富的限制——这种财富是世界上全体居民中的每一个人由于习惯而认为是必需的"(前引书,第26页)。我们利用这个机会来简单地谈谈马尔萨斯的贡献和由此而引起的讨论。此外,还可以顺便谈一谈下一时期的人口理论的历史,这样在第四编中就可以不谈了。鉴于下述事实我才作出这个决定:在十九世纪下半叶,人口理论对分析经济学所具有的意义大大降低了,从此以后它变成了一门半独

立的科学,这门科学在本书中是无法讨论的。〔熊彼特注:"但在我们的时代它又回来了。"〕

我们已经看到,马尔萨斯在其《人口论》第一版(1798 年)中所陈述的事实和所作的论证,乃至分析方面和应用方面的细节,在他以前就已经有那么多的作家提出来过,以至我们可以说,在十八世纪九十年代初,它们是被广泛接受的。因此,这里的情况同大多数下述这类情况有本质的不同:这类情况在经济学中比在其他科学中更为常见,即我们将其与某一个人的名字连在一起的命题是"先驱者们"预示过的。这并不等于指控有剽窃行为,甚至也不等于否认有"主观上的"独创性。但这确实把马尔萨斯的贡献归结为只不过是起了一种有效的协调和重述的作用。马尔萨斯的著作当时在经济学界和政治界获得了巨大的成功,其意义的突出表现是:在未来的大约一个世纪之内,人口理论不外是有关赞成和反对马尔萨斯理论的议论而已。

还有,我已经提到过,有人试图用意识形态的作用来说明这种成功和说明马尔萨斯的成就本身。我已说明了我为什么拒绝接受这种解释,但我也已承认,有两个事实确实能给予这种解释以某种支持。一个事实是:这个理论立即被用来作为反对社会改良措施的一个论据。威廉·皮特就利用过它。马尔萨斯本人也刊行过一本小册子,如果不用比愚蠢更坏的字眼来形容这本小册子,那对它的评价就算是温和的了。在这本小册子中,他像在他以前的汤森那样论证说,鼓励教区建筑村舍的建议是决不应接受的,因为建筑村舍会鼓励早婚(《致塞缪尔·惠特布雷德的信》,1807 年)。在一般人的心目中这种东西于是就变成了这个样子:群众的经济处境是自作自受，别人是帮不了什么忙的。第二个事实是：马尔萨斯自己说，这一论点是他和他的"关心社会问题的"父亲辩论问题时在自己心中形成的：在《人口论》第一版的副标题中，他意味深长地提到了"戈德温先生[①]〔当时的急进派圣经作家〕、孔多塞侯爵和其他作家的理论"。我仍然认为，这些事实所证明的只不过是，某种想法一经引起人人注目，它就能够并且会被利用来为某种意识形态的目的服务。

可是，我们所关心的不是这个理论在实际问题方面的应用——或任何其他应用，除了在工资理论方面的应用外，这种应用将在稍后提到——而只是这个理论本身。根据第一版中的陈述，这个理论显然是想指出：人口实际上并且不可避免地比生存资料增长得快，而这就是所看到的贫困的原因。这两种增长的几何比和算术比（马尔萨斯像更早一些的作家一样，很重视这种几何比和算术比）以及他为达到数学上的精确所作的其他尝试，

① 威廉·戈德温（1756—1836）的主要著作（《政治正义的研究》，1793年，第2〔修订〕版，1796年）和他在1797年以《探究者》为标题所发表的论文，是当时非常有趣的文件，并且在任何政治思想史上都应享有崇高的地位，特别是作为这样一种资产阶级类型的无政府主义的纪念物，它不仅谴责暴力，而且还谴责所有强迫。它实质上是反国家主义的，把平等本身当作是一个目的。但他在经济分析方面的尝试，正如他本人也会承认的，却过于幼稚（虽然比我选定戈德温来作代表的这一群中的其他成员所作的尝试要略胜一筹）了，所以无需加以报道，不过他的《论人口》（1820年）一书是例外。说来奇怪的是（我们应当提到这一点，以给马尔萨斯增光），当《论人口原理》问世时，戈德温竟认为它的论证不仅是令人信服的，而且是新颖的。可是关于头一点他后来改变了看法，在他自己的著作中他企图彻底推翻马尔萨斯的论证。在这样做时，他表现出了相当强的分析能力。虽然博纳提出了非难（《马尔萨斯及其著作》，第369页及以下各页），我却以为应当承认，戈德温在一些方面作出的贡献，可以认为是真正的贡献。

只不过是上述观点的错误表述，我们在此可以不去管这种错误表述，而只需指出：试图为两个相互依存的数量的变化建立独立的“规律”，自然是毫无意义的。整个成就在技术上是可悲的，在内容上也简直是愚蠢的。但至少不应批评马尔萨斯只不过是主张这样一种可怕的平凡琐事，即人口如果继续按几何比（即公比大于一）增加，那么将来总有一天人在这个地球上会像鲱鱼在大桶里那么拥挤。

《论人口原理》第二版（1803 年）完全是一部新著作，除了大量的统计数字之外，它还包含了一个完全不同的理论。① 因为引入谨慎的抑制（道德的节制）——虽然它像马尔萨斯理论中任何其他东西一样并不是一个新发现——就使得这个理论根本不同了。只是这（1）并没有提高这个成就的智力水平，（2）并没有使其结论更站得住脚，（3）也没有增加它在解释方面的价值。关于第一点，需要指出的只是：马尔萨斯并没有想到要去讨论他的道德节制除了对人口数量的影响外还有什么其他的影响，例如，对人口质量的影响或对动机结构的影响。关于第二点，新的表述诚然使得拥护者们到今天还可以坚持认为，实际上每一个反对者所要说的东西，马尔萨斯都已经预先见到了，并且说明过了；但这并没有改变这个事实，即这个理论由此而得到的全部好处，是用丢盔弃甲换来的有秩序的退却。关于第三点，引入了各种“假设”以后，所剩下的——在有权利要求被承认是普遍正确的一切东西中——就只有上面提到

① 〔本节重复了第四章以及其他地方已经陈述过的一些材料，熊彼特若进行修改的话，是一定会注意纠正的。〕

的那个平凡琐事了，除此之外，还有这样来解释个别历史情况的可能性，即说环境的其他要素可能是没有随同人口一起发展，而这是不需要任何普遍原理的。当坎南教授这样写时（前引书，第144页），他并非言过其实：《人口论》"作为一种论证是完全落空了，所剩下的只不过是一堆乱七八糟的事实，用来表明莫须有的规律的作用"。

马尔萨斯本人是不愿意承认在他于1803年所作的限制中潜伏着的一切后果的。反之，他尽可能地坚持他原来的结论，特别是坚持他的理论是适合于他自己的时代的。因此，决不像马尔萨斯的某些敬慕者力图使其读者相信的那样，西尼尔和埃弗雷特[①]（还有其他人）采取的以下做法是多余的：他们或者是老老实实地正视这些后果，或者是在没有研究马尔萨斯的那些限制的情况下得出

① 西尼尔在他的《关于人口的两篇演讲，附作者同T. R.马尔萨斯牧师的一篇通信》（1829年）中发展了这个观点，又在他的《大纲》一书中加以解释。他对马尔萨斯一向是无限尊敬的——他甚至称他为人类的恩人（原文如此！）——并尽他的一切力量去把他同他认为是已经确立了的学说之间的偏离减到最低限度。尽管如此，某些后来的作家摆出令人作呕的权威姿态，把西尼尔看作是一个一点也不聪明的学生，需要由马尔萨斯去加以纠正，仍是没有道理的。事实上，十分明显：西尼尔认识到了在多大程度上马尔萨斯的限制应当意味着放弃从前的主张，以及在多大程度上马尔萨斯坚持以前的意见就意味着矛盾。

美国外交官和报纸编辑A. H.埃弗雷特称自己的书为《人口新论》（1823年），是完全正确的。因为他的主要观点，即人口的增加意味着粮食生产的增加并很可能引起粮食生产方法的改进，在他那时代是新颖的，无论如何比马尔萨斯所说过的一切东西都要新颖。这就引入了在人口增加与生存资料增加之间的那两种关系之中的一种，在马尔萨斯那里是没有这两种关系的，并且一般地提供了一种研究整个人口问题的有用方法，这种方法与埃弗雷特在论证过程中所涉及的美国特有的因素毫不相干。

了自己的结论，都从不同的立场，根据不同的理由，一致指出真正剩下来的东西是非常少的。这很明显地表现在西尼尔的《政治经济学大纲》对这个原理的表述中，读来叫人觉得很悲惨，西尼尔是这样表述的："世界上的人口……只受道德堕落或自然灾害的限制，或只受担心缺乏财富的限制——这种财富是世界上全体居民中的每一个人由于习惯而认为是必需的。"然而，与埃弗雷特不同，西尼尔继续把它看作是经济学的一个基本公理；李嘉图、詹姆斯·穆勒、麦卡洛克等人更加把它看成是基本公理。约翰·穆勒在他的《论劳动增长的规律》一章（《原理》，第一编，第十章）中对人口问题讨论得很简单。诚然，他的解释是：这个题目已经由马尔萨斯仔细研究过了，而让读者去看马尔萨斯的著作。但人们由此可以作出这样的推论：他倾向于低估这个原理的重要性。这或许是因为，约翰·穆勒追随在他写作《原理》一书时已经确立的那种趋势，把人口规律同土地报酬递减"规律"——值得注意的是，马尔萨斯的《人口论》完全没有提到土地报酬递减规律——放在一起，认为它们之间有一种关系，同时也因为正如我们将要看到的，他准备承认这个规律有许多的例外和限制。然而，毫无疑问，他对马尔萨斯理论的确实性和直接重要性抱有坚强的信念。他在《原理》一书中对静态人口问题很感兴趣（第四编，第六章），就说明了这一点，特别是，他既武断又毫无根据地硬说，所有人口最为稠密的国家，都已经达到了"为使人类在最大限度上获得合作和社交的全部好处所必需的人口密度"。这就暗示着，（欧洲）人口的任何进一步增加只会带来"压力"而不会带来别的东西。不过，这种信念更加令人信服地表现在他对节制生育的明确无误的赞同上。[①]

就这样,马尔萨斯《人口论》中的学说在当时正统经济学的体系中牢固地扎下了根,尽管到1803年人们本应当而且从某种意义说人们也确实认为这种学说是根本站不住脚的或者是毫无价值的,尽管这样来看待它的其他理由也正在迅速出现,这是一种很有意思的现象。[②] 马尔萨斯的学说变成了关于人口的“正确的”看法,正如自由贸易已经变成了“正确的”政策那样,只有无知和邪恶的人才可能不接受这种学说,它是人们通过观察所清楚认识到的那些永恒真理的重要组成部分。对反对者可以进行训诫,如果他们还值得这样去费神的话。但是对他们是可以不必认真计较的。无怪乎有些人由于十分讨厌这种叫人难以忍受的、没有什么根据的臆断,就开始厌恶这门“经济科学”,这是与阶级或政党的考虑完全无关的;这种感觉成为从此以后决定这门科学的命运的一个重要因素。

① 参阅N.E.海姆斯:《约翰·斯图亚特·穆勒对新马尔萨斯主义的态度》,载《经济史:经济学杂志增刊》,1929年1月。马尔萨斯、大多数的先行者以及他的某些后继者,例如西尼尔,似乎把节制生育同卖淫一道,包括在“罪恶”或“道德堕落”中。但是所有主要的哲学激进派似乎都把它看作是解决问题的真正办法。边沁本人是如此,弗朗西斯·普莱斯自然也是如此。詹姆斯·穆勒在他的《纲要》一书中(1821年,第24页)在这方面起了带头作用。格罗特也持有相同看法。在这类事情上,信赖逻辑是不可靠的。对待这种问题的态度是同我们的心理和生理有机体的内在因素有联系的,这些因素可能会产生我们完全不知道的影响:个人的思想意识并非仅仅产生于社会地位。可是,我认为,就约翰·穆勒来说,一种马尔萨斯类型的纯粹经济的诊断可能产生了相当的压力,至少是作为一种理论上的说明而产生了压力。

② 应当指出,有一种表面的观察特别有助于这种学说的流传:很明显,单个无产者家庭之所以贫穷和污秽,最明白的原因是子女过多。一些人由此而推论说,如果所有的人都限制子女的数目,那么他们就都会更富有、更快乐,这是一种谬见,这种谬见可以使人们依据每个人都有随遇而安的倾向而推论说,如果让所有的人自行其是,他们就必定会得到最大限度的“快乐”。

可是，大多数经济学家，特别是英国的经济学家，都顺从了。1850 年以后，经济学家对人口问题的兴趣低落了，但他们却总是对那一过时的学说表示敬意。马歇尔是如此，虽然他把这一学说的几乎一切显著特征都消除了；庞巴维克和瓦尔拉也是如此，虽然他们在自己的理论著作中，从未运用过它。十九世纪末，有一个重要人物认真地对待并一再强调这一学说，那就是维克塞尔，他还复苏了最优人口学说，这种学说过去就曾得到过人们的普遍支持。人们可能会预料，这种吵吵嚷嚷是要消失的，但适得其反，第一次世界大战以后，它实际上在炮声中又复活了：凯恩斯先生坚决主张，马尔萨斯提出的问题同以前一样十分重要；事实上这一问题又重新摆在了人们面前，因为自然对于人类的努力所作出的反应已开始日益减少，他认为这种减少始于二十世纪头十年中的某个时候。果然不出他当初所料，经济学界感到大吃一惊。威廉·贝弗里奇爵士拥护相反的意见。但是这种争论由于一非科学方面的原因而平息了下来：在一个出生率即将惊人地下降和销售不出去的粮食和原料即将同样惊人地增长的世界中，人们有更为迫切的事情要做。凯恩斯先生在一个地方说过，经济学是一门“危险的科学”。它的确是如此。①

① 凯恩斯最初是在其著名的《和约的经济后果》(1919 年)一书中就人口问题发表看法的。威廉·贝弗里奇爵士是在提交给英国科学促进协会第六分会的一篇讲演稿(发表在 1923 年的《经济学杂志》上)中和在《凯恩斯先生的人口过剩证据》一文(发表在 1924 年的《经济学》杂志上)中发表自己的看法的。凯恩斯作了答复，而报纸则尽其所能地混淆了他们两人争论的问题。关于战后有关人口问题的一般讨论，参阅 A. B. 沃尔夫 1928 和 1929 年发表在《政治经济学杂志》上的三篇文章，题为《世界大战以来的人口问题》。

然而,马尔萨斯理论的衰落,或至少它在普通经济理论的体系中所起作用的衰落,并不是反对这一理论的人造成的。我们可以迅速地涉猎一下他们的贡献,这些贡献——上面提到的戈德温和埃弗雷特的贡献可能是例外——很少接触到理论问题。正如我们已经看到的,他们提出的一个论点还是很重要的,即:是否能应用这一理论是成问题的;他们或多或少有力地证明了,马尔萨斯的理论至多也只是在某一遥远的将来能够应用,用它来说明现在的贫困则是徒劳无益的。奥本海默就采取了这种立场,[1]但在他以前,西尼尔从某种意义上说也采取了这种立场,而威廉·黑兹利特则更为坚决地采取了这一立场(《对人口论的答复》,1807 年)。在这一标题下,我们可以提到十九世纪二十年代像 W. 汤普森[2]那样的"李嘉图派社会主义者",他们强调,在不同形式的社会组织下马尔萨斯的理论会得出完全不同的结论,并强调妇女在经济上的独立和较高的生活水平即足以使人口问题带上不同的色彩。我们还可以提到卡尔·马克思,他把这种"制度上的相对性"[3]发展成为一个总括性的命题:在资本主义社会中所观察到的"人口过剩",是同任何不变的规律毫无关系的,只是为资本主义社会这种组织形式所特有,只是资本主义社会的积累机制的一个附带现象。

另外一些反对者则试图用其他增长规律(例如,萨德勒,1830 年,道布尔戴,1846 年)去代替马尔萨斯的几何级数,按照这种增

① 弗朗兹·奥本海默:《马尔萨斯的人口规律》(1900 年)。

② 《财富分配原理的研究》(1824 年)。

③ 这个术语是 A. B. 沃尔夫教授在为《社会科学百科全书》所写的《论人口》一文中提出的,我就此机会提请读者注意这篇文章。

长规律，人口不是向着无穷大猛增，而是在马尔萨斯的压力点之前便达到极大值或平稳状态。困难在于，不借助于道德限制或马尔萨斯所说的其他限制，怎样才能说明人口会按这种方式增长。所有船只都在这块岩石上触礁了，所得到的只不过是颇为外行的暗示。这些规律引出了另外一些规律，它们并不含有说明原因的意图——至少是不一定含有——而只是力图描述实际的和——通过危险的推定——将来的发展趋势。韦尔赫斯特的规律（1845 年）就是这类尝试中最早的一个；自那以后许多统计学家也一直试图从事这种工作（例如尼布斯、珀尔、霍特林）。这类规律对马尔萨斯问题自然是中立的。还有一些反对者提出了所谓稀释或补充马尔萨斯论点的条件——凯里是这些人中最有名的一位，查默斯也是其中之一——并认为节制生育会带来不良（反优生的）效果。为了我们的目的，似乎毋需去谈这些，①也毋需去谈生物学家所提出的意见。但是必须提到一个理论——不论能否把它叙述得与马尔萨斯的原文没有矛盾，它得出的结论都是同马尔萨斯的结论完全相

① 可是，应当加上几本一般的参考书：J. 加尼埃的《人口原理》（1857 年），是马尔萨斯在法国赢得胜利的一个良好标志；A. 梅塞达格利亚的《人口理论》（1858 年），对马尔萨斯的著作作了有力的批评；L. 布伦坦诺的《马尔萨斯的教导与近十年来的人口变动》（载《皇家巴威略科学院历史部门论文集》，第 24 卷），之所以令人感兴趣，主要是因为它所反映的一种意见，预示了在正文中将要提到的重要发展趋势。把这篇文章同特拉弗斯·特威斯的出版较早的《论判断人口繁盛的若干标准》（1845 年）一书比较一下，是饶有教益的。马克思正统派的公认首领 K. 考茨基的贡献是：《人口增加对社会进步的影响》（1880 年）。最后，我可以提及一个较晚的马尔萨斯派成员 F. 比尔希利的《人口问题》（1924 年），还有 R. 戈纳尔的《人口学说史》（1923 年），特别是 J. J. 斯彭格勒的那篇博学而详尽的专题论文《1800 年以后的法国人口理论》（分两篇载于 1936 年 10 月和 11 月号的《政治经济学杂志》）。

反的——即蒙伯特的人口“繁荣理论”,这种理论认为,生活水平的提高,会使人的行为合理化,从而出生率会降低。[①] 在某种意义上,马尔萨斯派可以认为这是对道德“限制”或其他限制的一种精心发挥。但是,就目前的情形而论,它已有效地粉碎了这样的预言:生存资料(从这个词的广义来说)的增加总是会或者通常会导致繁殖率的增长。

普通人可能会认为,出生率先在上层阶级中下降,然后在下层阶级中下降,先是在城市下降,然后在农村也下降,从而迅速接近人口不增也不减这一目标,应当能使担心着急的经济学家们放下心来了。可是普通人这样想就证明了,他对经济学家是一无所知的。虽然有些经济学家仍在玩弄马尔萨斯提供的玩具,但另外一些经济学家却已经在有滋有味地玩弄一个新玩具了。既然不再能用未来(或现在)可怕的人口过剩来使自己担心着急并使别人打冷战,他们就又开始使自己和别人担心未来的世界无人居住了。

〔正如本章开头的脚注①所指出的,这一节远在写出其余五节以前就写出来了,因而没有同本章其余部分结合起来。有着大量供修订和改写之用的笔记。

此处没有讨论西尼尔的第三条公理,这条公理是:“劳动的力量,以及生产财富的其他工具的力量,可以通过把它们的产品作为进一步生产的手段而无限增加。”不过,这条公理在下面第五节(“资本”)中在“西尼尔的贡献”这

① 保尔·蒙伯特;参阅例如他在 M. 韦伯的《社会经济学概论》(1914 年)中所写的论述人口问题的文章(《人口论》或他的《人口发展与经济形态》(1932 年)。在“先驱者”中有布伦坦诺(参阅上一脚注),如果再往前追溯,则还有阿奇博尔德·艾利森爵士的《人口原理》(1840 年)。关于蒙伯特,参阅后面第四编第六章第 1b 节。

个小标题下讨论了。〕

〔(c)第四条公理:报酬递减。〕 接下来我们将讨论第四条公理:“如果农业技术不变,则在某一地区内的土地上所使用的额外劳动一般将得到一种比例较小的报酬,或者换言之,随着投入劳动的每一次增加,总的报酬虽然也在增加,但报酬的增加和劳动的增加却不成比例。”这就是报酬递减的事实、假设、原理或规律。西尼尔对它的表述没有什么惊人之处,只是他比其他作家特别是比李嘉图更为强调使该公理有效的那个必要条件所具的重要性,即某一不变的技术水平或“农业技术不变”这个但书;他还强调了一些真正的例外所具有的重要性,这使得这幅图画的色调大为不同。[①] 可是,他对报酬递减的处理有一点是的确值得特别注意的。该时期的所有主要经济学家都把报酬递减限于土地方面,有许多人断言制造业有一个相反的“规律”,特别是韦斯特和麦卡洛克。[②] 但就我所知,没有一个人像西尼尔那样如此强调制造业中的这种报

① 如果我们在一开头就把“报酬递减”可能有的意义列举出来,那是很有好处的。这个短语可能意味着:(1)如果我们把所使用的要素中的一种要素每次作同等大小的增加,而让其他的要素保持不变,则总产品将从某一点起只按递减的比率增加;我们称这种意义上的报酬递减为“边际生产力递减”;(2)如果我们把所使用的要素中的一种要素每次作同等大小的增加,则用这种要素的数量来除总产品,从某一点起,所得的商将减少;我们称这种意义上的报酬递减为“平均生产力递减”;(3)如果我们把同等“分量”的所有其他要素加在土地上,则所得到的产品增加额或(4)所得到的平均产品将减少:后面两个命题我们称之为“穆勒的报酬递减”,可以还原为前面两个命题。

② 参阅韦斯特的《论资本用于土地》(1815年),第二十五章,和麦卡洛克的《原理》(1825年),第277页。

酬递增"规律",他不加保留地断言,"额外的劳动,当使用在制造业中时,其效率在比例上较大,当使用在农业中时,其效率在比例上较小"(《大纲》,第 81 页及以下),然而他没有向读者充分说明,也许他自己也没有完全看出,这种报酬递增规律,即使存在的话,也具有完全不同的性质,决不应把它同报酬递减规律放在一起,作为具有同等权利的两条规律之一。这样,西尼尔——或者说韦斯特与西尼尔——就必须对一种经过了很长时间才消失的传统观点负责,这种传统观点认为,农业是报酬递减规律的领域,而"工业"则是报酬递增规律的领域。直到下一时期,这种十分误人的观点才得到纠正。埃奇沃斯迈出了推翻这种观点的第一步。马歇尔自然是抛弃了它,但他并没有明白否认它。直到最后,他仍把报酬递增主要同原料的生产联系起来,不禁使人想起西尼尔的学说。

至于其余,我们将利用这个机会来考察一下报酬递减原理在这个时期中的发展情况。我们已经知道,《国富论》中没有这个原理。事实上,亚当·斯密所说的只是:"改良的进步"使同一数目的人手所能做的"工作量"的增加,在农业中不如在制造业中那么快。这个笨拙的句子对事实的说明有时可能是正确的,有时则可能是不正确的,总之,它与报酬递减毫无关系。但它是一种看法的萌芽,这种看法大大地影响了后来有关报酬递减的论证。上面已经说过,李嘉图和其他人承认了而西尼尔则强调了这一事实:报酬递减规律的作用是受到技术进步的阻碍的。从表面来看,这个事实似乎足以切断报酬递减与人口压力之间的联系——这种联系对于韦斯特、李嘉图和马尔萨斯的经济发展图画是极为重要的。可是,他们避免了这个后果,西尼尔最后也避免了这一后果,所采用的方法是把农业技术进步的可能性减到最低限度。斯密的命题实际上被提高成为另外一个公理,即农业技术进步在长时期内不会强大到足以超过报酬递减:粮食的边际劳动成本在可以预见的将来实际上将要上升,[①]而不止是“倾向于上升”。这个预言——没有其他的字眼可用——对李嘉图集团和对公众来说都是真正重要的事情,没有它,报酬递减就会成为本来就应当是的那样一种东西:一种分析工具,其本身是不会引起人们很大兴趣的。

锻造出这个分析工具的主要功绩我们已经归之于爱德华·韦斯特爵士(参阅前面第四章第 2 节),尽管有一些前驱者,因为据我所知,他是第一个创造出它在这个时期和以后所保持的那种形式的人,包括刚才讨论过的“预言”或另外一个公理在内。[②]他区分了两种典型情形,一种是必须使用劣等土地所造成的报酬递减,另一种是以下“事实”所造成的报酬递减,即额外的劳动“投在原来的土地上〔韦斯特没有加上:在某一点以后〕不能得到同以前一样的好处”(第十节)。正如韦斯特值得称赞地做的那

① 必须强调指出,上升是在可以预见的将来发生的,因为实际上只有这样,这个命题才是适切的。李嘉图和马尔萨斯并非只是说:无论技术进步的速度如何,均能确定一系列有限的生产数字,这种数字是根本不能达到的,或者无论改良的速度如何,只能在报酬如此锐减以至使边际成本高出前一阶段的水平时才能达到。

② 自然没有理由怀疑他有权主张是他独立地发现了这一基本思想;而且毫无疑问,他最先看出了这一基本思想同经济理论问题的全部关系。所以,韦斯特的《论资本用于土地》(1815 年)一书,虽然远远不是完美无缺的,但却必须列入该领域内最富于创见和最为重要的著作之列。

样(第九节),前一种情形我们可以将其普遍化,以便包括不利的位置,这种情形在逻辑上是毫无毛病的,它以这种观察为可靠依据:相对于任何一定的产品或方法而言,各块土地的肥力是截然不同的。

可是,这并没有使我们走得很远,因为这种意义上的报酬递减,就韦斯特本人以及任何其他人对报酬递减"规律"的利用来说,既不是必要的,也不是充足的。[①] 报酬递减的第二种情形是真正有重大关系的情形,应当表述(如果我们只以土地为限)如下:假如在某一块土地上连续增加等量的劳动(或等量的按固定比例结合的诸生产要素)以种植某一种作物,那么,如果其他条件严格地保持不变,则将达到一点,在这一点以后,产品的增量将单调减少至零(而且,如果继续增加劳动,产品的增量将变为绝对值不断增大的负数)。李嘉图的功绩就在于恰好表明了这一点(虽则不那么精确)。韦斯特心里想的也必定是这种意思,因为这是同《论资本用于土地》相符合的一种意思。不过他的措辞不明确;如果从字面上解释,与其说指的是边际报酬递减"规律",倒不如说指的是平均报酬递减"规律"。而后者正是大多数作家后来所表述的,他们必定是把它同前者混淆起来了,或者是错误地把它看成是两者中最重

① 可是,在整个这一时期内,甚至在以后,正是这种意义上的报酬递减处于被尊崇的地位,正如在斯图尔特和奥特斯的著作中所表现出来的那样。结果,有许多作家指出,以经济领域内无需有贫瘠得不能提供地租的土地,并认为如果所有的土地质量都相同,就不会有李嘉图的地租了,这些作家以为他们由此而驳斥了韦斯特和李嘉图的地租理论。甚至门格尔也利用了这种论点。不过,李嘉图的原文在某种程度上也为这种论点提供了依据。因为他无意中把不同的肥力当作了出现地租的一个条件。

要的。[1] 甚至马歇尔也是如此(《原理》,第四编,第三章,第一节),他的“报酬递减倾向的规律或陈述”在措辞上几乎同西尼尔的完全一样。直到 1911 年埃奇沃斯指出来以前,没有一个人曾明确指出,平均报酬递减和边际报酬递减不是一回事,所有最大化问题中所需要的是边际这一概念。不过,健全的本能防止了从这种混淆中产生错误。然而我认为,物质报酬递减思想的最后胜利,之所以实际上没有直接产生边际生产力理论,边际生产力理论之所以有其独自的历史,其主要原因也正在于此。

报酬递减“规律”自然是一种经验的陈述,是根据观察到的事实作出的概括,只有进一步的观察才能证实它或者驳斥它。值得

① 例如,西尼尔说:“如果农业技术不变,则在某一地区内的土地上所使用的额外劳动一般将得到一种比例较小的报酬,或者换言之,随着投入劳动的每一次增加,报酬总额虽然也在增加〔是无限的吗?〕,但报酬的增加和劳动的增加是不成比例的。”当然,实质上是数量的命题用文字来陈述,其意义总是含糊不清的。但是我认为这个句子中两个部分的原意是:用 y 代表报酬总额,用 x 代表所使用的劳动总量,增加的劳动 Δx 将得出增加的产品 Δy,于是得出 $\frac{y+\Delta y}{x+\Delta x}<\frac{y}{x}$,这是一个关于平均报酬的命题。甚至像庞巴维克这样晚近而著名的作家在不留神的时候(但不是在他的实际工作中)也把平均报酬和边际报酬混淆在了一起,因而受到了卡尔·门格尔教授(经济学家门格尔之子)的责备。这见诸一篇文章,这篇文章等于是由逻辑学家为我们澄清了这种混淆,对于想要认真地担负起自己的逻辑责任的经济学家来说是非常有用的,我们热心地推荐它供人们研究(《收获规律述评》及其续篇,载《国民经济学杂志》,1936 年 3 月,8 月),虽然正如门格尔教授本人特别指出的,这篇文章所显示的某些逻辑上的严格性只是用来说明问题的,而并不是因为它们对于实际处理这两个概念有什么重要性。奇怪的是,虽然埃奇沃斯作出了我们在正文中所提到的那种决定性的贡献,但这两个概念在这篇文章发表以前却没有得到完全的澄清,因而花费了从 1815 年到 1936 年这样一段很长的时间才把它们澄清,而如果不是由于这个问题凑巧引起了一位卓越数学家的兴趣,那就可能还需要更长的时间。这个事实说明,某些经济学家抱怨经济学界对于理论给予了过多的注意是很有道理的。

指出的是,理论家们几乎一致不愿承认这一点。他们一个接一个地试图根据逻辑上先在的和依他们看来是更为明白的假设去"证明"它。对平均报酬递减"规律"事实上是能够这样做的,已有人证明[1]它得自于这样一些假设,这些假设可以被认为比这个"规律"本身还要简单。而且,如果我们加上另外一些不容置疑的假设,这个"规律"也得自于边际报酬递减"规律"。但是边际报酬递减"规律"却不能这样得出,除非我们引人进一步的假设,但这样一来,证明工作也就无足轻重了。[2]

① 这已由卡尔·门格尔在讨论庞巴维克和维克塞尔所提出的相似的但并非完全相同的证明时作出(前引书,第 48 页及以下)。这些证明没有达到它们的作者显然想要达到的目的,即证明报酬递减规律是一个"具有数学上的必然性的定理",但是它们确实证明了,在上面所说的意义上,平均报酬递减规律乃是这样一种定理。这样,这些证明比以前所提出的一些证明要优越得多,在后者中,最幼稚的一个——而且,乍看起来,是表面上最讲得过去的一个——是建立在这样一种错误的信念之上的:这种证明所需要的只是这样一个事实,即人们在耕种最好的土地以外的土地——因为,要不是对最好的土地所增加的投资得到的报酬是递减的,人们为什么要去耕种劣等的土地呢?门格尔也分析了某些这样的论点,而且他还为我们的正文中下一两句话所叙述的定理提供了精确的证明(第 43 页)。虽然篇幅不容许我们作详尽的叙述,但我们必须提到:庞巴维克的和维克塞尔的证明都认为:把土地和使用在它上面的"资本"或劳动两者均增加一倍,至多不过使产品增加一倍(即不存在"规模经济")。

② 因此,不仅在寻找特殊形式的报酬递减函数时,而且在弄清这种函数的基本性质时,都要求作事实调查。若干这样的调查已由 E. H. 费尔普斯·布朗在一篇报告中加以综述,这篇报告题为《一个生产要素的边际效率》,发表在 1936 年 4 月号的《经济计量学》杂志上。人们还根据植物生理学提出了一些假说,由此也得出了一些特殊形式的报酬递减函数,参阅 E. A. 米切利希:《极小值规律与土地报酬递减规律》,载《土地经济年鉴》(1909 年)。

无论如何,维克塞尔主张"土地规律"的有效性无需"实验的"证明,肯定是错的。因为,即使就平均报酬来说,上一脚注提到的那个同质性假设也仍然需要加以证明。但他对沃特斯特拉特所作的反批评(见他 1906 年和 1909 年在《杜能文库》上发表的两篇文章)是对的,沃特斯特拉特用错误百出的方法抨击"土地规律"而使自己也陷入了错误。

2. 价值

正如我们在讨论过程中常常看到的，在任何一种具有理性图式[①]的纯理论中，价值作为主要的分析工具，必定总是居于关键性的地位。或多或少地，这是这个时期的所有经济学家都承认的，无论是马克思还是萨伊都同样承认这一点，尽管在价值问题上仍然笼罩着迷雾。任何与此相反的印象主要是由于经济学家专注于纯理论以外的东西，特别是专注于经济生活的制度方面所造成的。当时分析上的努力都集中在交换价值上。约翰·穆勒强调下面的说法时，只是坚持了当时流行的做法。他说，"价值"一词在经济理论上实质上是相对的，它所指的只不过是任何两种商品或服务之间的交换比率。同样，价格一词所指的也只不过是任何一种商品或服务的(人为)单位与选定充当货币的物品之间的交换比率。我们也可以认为约翰·穆勒的学说代表了后来讨论得很多的一种观点，根据这种观点，始终真正具有重大意义的问题乃是如何解释这种交换比率或价格关系(相对价格)。货币价格(绝对价格)被看作是次要的事情，由讨论货币的那一章单独处理。于是，既然价值是一种比率，就自然而然地得出了这个结论：所有的价值是不能同时增加或减少的。并得出了这个结论：没有像所有财富的服务(或所有财富)的总价值这样一种东西，虽然李嘉图和马克思在这一点上持有不同的看法。

① 我们也已经知道，并不是每一种理论都具有理性图式。

没有人提出过这样的理论问题,即:是否真正有可能或是否允许单单根据交换比率或相对价格去对价格制度进行根本的分析?这当然意味着:真实货币(即不仅是提供一种记账单位而且也在实际上流通着并且还起"价值贮藏"作用的货币)的干预不影响交换比率本身的确定,也不影响对于理解经济过程有重要关系的任何其他东西。或者,用通常的话来说,这意味着:货币实际上只不过是一种技术装置,每当讨论根本性的东西时都可以把它抛弃掉,或者说它是一块面纱,要看清面纱后面的面孔,就得把面纱揭开。或者再换一种说法,这意味着:物物交换经济和货币经济在理论上[①]并没有什么本质区别。没有人试图认真证明这一点,甚至也没有人认识到必须这样做以证实这种观点的正当性。[②] 这得等到我们的时代才有人去做这一工作。在此刻,让我们仅仅指出,这种把重点完全放在"实物"分析上的做法,尽管同后一分析发展时期较高的科学严密性标准比较会显示出其不足,但它在当时还是很有用处的。它消除了长期遗留下来的原始错误。它有助于澄清一些概念和关系。它维护了一种观点,这种观点在当时是需要维护的,或许将来还需要维护。

但是这个时期的经济学家甚至不曾作出认真的努力,去证明一种没有流通媒介的经济的确定性。既然库尔诺的先例一直没有发生影响,因而也就不能说在瓦尔拉(参阅后面,第四编,第七章)以前有人在这方面作过系统的努力。可是,在这个实例中也像在

① 实际上自然没有人否认,既然这种技术装置可能出毛病,一个社会的货币和信用制度也就总是会对该社会的经济过程产生很大影响。

② 不过请参阅约翰·穆勒的《原理》第三编第二十六章。

其他的实例中一样，在经济学中也像在其他的科学中一样，我们看到，人们对于事物内在逻辑所具有的直觉，使他们的认识超出了实际所证明的东西。像前一时期的主要理论家一样，“古典作家”意识到了存在着我们现在所称的经济均衡；尽管他们没有试图去证明它的存在，但却可以说他们把它变成了表面上讲得通的东西，即把他们的直觉体现在了某些经验规则中，[①]例如他们认为在不同的但条件类似的行业中“利润”有大致均等的趋势。我们从追求最大净报酬这一原理中得出了类似的命题，并把它同替代原理联系在了一起。有人认为，[②]“古典作家”没有掌握后面这个原理。[③] 这是事实；而这构成了他们的分析器械的最严重缺点之一，也是事实。但是，虽然他们没有明白地表述它，没有系统地应用它，他们却并非完全没有意识到它。他们在个别场合使用了它。他们的某些命题中也包含了它。

(a)李嘉图和马克思。 我们所说的价值理论，就是这样一种努力，即指出能说明一件东西之所以具有交换价值的那些因素，或者说——虽然严格说来不完全一样——“调节”或“支配”价值的那些因素。让我们从李嘉图开始。我们记得，亚当·斯密可以说是提出了三种不同的价值理论：他的海狸和野鹿的例子所表明的劳

---

① 他们之所以关心同一时间和同一地点的不同行业的不同报酬率——这种讨论自从亚当·斯密以来就是每一本教科书的重要组成部分——主要是由于他们想要捍卫均等性这个根本的假设。

② 例如参阅 G. J. 施蒂格勒:《斯图亚特·伍德与边际生产力理论》，载《经济学季刊》，1947 年 8 月，第 647 页。

③ 正如前面已经指出过的，西尼尔明白地表述了最大化原理。但是，前面也已经指出，他和其他人都不知道如何充分利用这个原理。

动数量价值说、他的所谓“辛苦和麻烦”所表示的劳动负效用说以及他在他的分析的中心部分实际上所采用的成本说。我们还知道,除此之外,他建议把劳动(和“谷物”一道)看作是一种相对稳定的、可以用来表示商品价值的单位(numéraire)。[①] 李嘉图的理论工作是从研究《国富论》开始的,他不喜欢他正当感觉到的这种逻辑上的混乱,他得出了这样的结论:由海狸和野鹿的例子所表示的劳动数量[②]价值说,不仅在劳动是唯一的稀缺性要素的“原始”状态下是应当采用的理论,而且在所有即使还存在其他稀缺性要素的情形下也是一般应当采用的理论。他的头一章就是实现这种想法的尝试。他显然认为亚当·斯密的成本说在逻辑上是不能令人满意的(或许是循环论证)。他不重视劳动负效用说,可能是他认为它同劳动数量说没有什么不同。而且他自始至终把他的这样两种论证混在了一起:一种是反对亚当·斯密对劳动数量价值说的偏离,一种是反对亚当·斯密(和马尔萨斯)把劳动选作价值的尺度。[③] 我将首先试图从我们的道路上消除这种障碍,然后再继续前进。

有两件事情必须加以区别。一方面,李嘉图像所有其他的人

① 需要一而再、再而三地加以重复的一点是:选择劳动充当这一角色——例如根据这样的理由:一个人时的意义比一盎司黄金的意义更不容易发生变化,不管事实上是不是这样——同采用劳动价值说毫无关系。例如,马尔萨斯反对劳动价值说,但他却建议用劳动日来表示价值(作为“价值尺度”)。虽然这是十分明显的,却值得再一次加以强调,因为二者那么常常地被混淆在一起,甚至像李嘉图这样的一流理论家亦然。

② 指的是一件商品所“包含”的劳动数量。

③ 指的是一件商品在市场上所“支配”的劳动数量,这通常同“所包含的劳动”是不同的。

一样，自然是知道这个事实的：不可能有这样一种商品(不管是劳动还是任何其他商品)，它的一个单位所具有的交换价值能够充当一种不变的标准，用来衡量其他商品的交换价值的变化(《原理》，第一章，第六节)。另一方面，他的劳动数量价值论又似乎——要加上一些限制条件，这些限制条件即将在下面讨论，此刻暂且不提——提供了一种方法，可以用来衡量这种变化：既然一个单位的劳动的交换价值必然不能令人满意，那么一个单位的劳动本身——因为根据这种理论，包含在一种商品中的劳动数量“支配着”该商品的价值——就是真正需要的东西，以便有一种衡量交换价值的尺度。在我们暂时不予注意的那些限制条件之下，为了有一种至少在理论上具有不变价值的商品，唯一需要的就是想象一种总是含有同量劳动的商品。于是这样一种商品就会提供一种稳定的尺度，可以用它来衡量所有其他商品相对价格的变化。我们应当把他的数字实例中的英镑和先令理解为这样一种商品。①

理解这种逻辑上的非凡技艺的含义是非常重要的。由于这种技艺，商品便获得了绝对价值，这种绝对价值能够比较，能够相加，能够同时增减，这正是在把交换价值只看作是交换比率的情况下所不能办到的。这就是为什么马克思如此喜欢李嘉图的价值理论的原因。但是李嘉图未能把这种想法完全付诸实施。

① 李嘉图感到满意的是，他由此而做到了德斯蒂·德·特拉西的那句名言所要求做的事情：价值应当用价值单位来表示，就像长度用长度单位表示一样。可是，在这一点上李嘉图错了。因为，不管我们对德斯蒂·德·特拉西的格言怎么想，稍一思索便可看出：李嘉图并没有做到这句名言所要求做到的事情，或者毋宁说他只是靠玩弄文字游戏做到了这一点：他用物质劳动时数来衡量的价值，其本身并不是(虽然对马克思来说是)劳动时数。

而且,由于采用“实际价值”一词来表达他的概念,他造成了许多不必要的混乱。我们所说的实际价值,指的是用一定数量的货币所能购买到的货物来表示的该货币量的价值,这种意义在当时正在得到传播,因而李嘉图使用这个词的方法使人感到困惑不解,例如,按照他的用法,说“实际”工资在下降时(如果构成我们所说的实际工资的物品所包含的劳动量例如说由于技术改进而在减少),所有其他的人都会说它是在上升(如果这些物品本身的数量是在增加)。

还有一点必须提到,这对于理解李嘉图的分配理论——主要是关于相对份额——特别是对于理解他的“利润不下降劳动价值〔即他所说的实际工资〕就不可能上升”(参阅,例如,《原理》,第一章,第四节)这一著名定理,是极为重要的。这个定理的真正意义将在后面讨论。但是,在上面这一节中,李嘉图由于这样解释它而把它变成了一种琐屑不足道的东西:如果产品是在资本和劳动之间分配,“给予后者的部分越大则留给前者的部分就越小”——事实上,詹姆斯·穆勒和许多后来的解释者(例如 A. 瓦格纳)就是这样来理解这个定理的。这怎么可能呢? 显然,李嘉图在写这段话的时候想到的是:相对份额总是由包含在各绝对份额中的劳动时数之间的关系来决定的。可是,一般说来情况并不是这样,而只是在所使用的劳动总量保持不变的时候,情况才是这样(关于这种混乱,参阅坎南,前引书,第 341 页及以下)。

于是,李嘉图在他的著作的头一页就告诉我们,效用是产生交换价值的必要条件:“具有效用的商品,从两个泉源得到交换价值,一是它们的稀缺性,一是获取它们时所需的劳动量。”李嘉图不合逻辑地把稀缺的商品同在数量上非劳动所能增加的商品等同起来，并把它们作为不多见的例外，然后转向可以由人类劳动来增加的那一类商品。我不能停下来指出这个开端的全部缺点（但是读者应当这样做），我将立即进而叙述李嘉图价值理论的中心定理：在完全竞争（他没有对之作出详细说明）的条件下，商品的交换价值将同它们所包含的劳动量成比例。

关于这个来自《国富论》（李嘉图特别提到第一编第五章）的命题，应当注意的第一件事，就是它本身并不是我们在上面所说的那种意义上的价值理论。那种意义上的价值理论包含在李嘉图的下一句话中："这〔指所使用的或所包含的劳动——熊彼特〕实际上是一切物品的交换价值的基础。"上述命题是一条只是在完全均衡的条件下才有效的价值定理。李嘉图是完全了解这一点的。因此，他在第四章和第三十章讨论坎梯隆和亚当·斯密的市场价值概念时，认为市场价值像垄断商品的价格一样，依存于供给与需求，仿佛供给与需求决定价格的方式同商品所包含的劳动量决定价格的方式是根本不同的，是彼此不相容的。但是，由于没有完全掌握明确的完全均衡概念，他是这样来表达这一点的：他说他的劳动数量规律适用于自然价格，也就是说适用于相对价格。所谓自然价格或相对价格，就是每次暂时的失调造成的波动平息下去以后最后通行的那种价格。这就是为什么解释者们以及李嘉图本人都把他的规律——和他的一般论证——说成是"抽象的"，是仅仅针对根本的或长期的趋势的。李嘉图没有使用马歇尔派的"长期正常状态"一词，但他已有了这一观念。

应当注意的第二件事情是：如果劳动——并且是同一种类和

同一质量的劳动——是生产所需要的唯一条件,那么我们的定理(对完全竞争条件下的完全均衡来说)就是正确的。于是事实上它也就成了后来更为一般的边际效用理论的一个特例。①

关于李嘉图的劳动数量法则,应当注意的第三点,是他如何克服重重困难来把只适用于特殊场合的结论(虽然他从未加以证明)加以普遍化。他的第一章的其余部分(第二节至第七节)力图证明:他的劳动数量均衡价值法则虽然不是普遍适用的,然而在完全竞争的整个领域内却是一个可以接受的近似真理。但是这一章没有讨论稀缺性自然要素的存在所造成的根本困难,李嘉图在第二章中才把稀缺性自然要素从问题中消除。我们也照他的样子做,暂时不去管它们。

李嘉图自然看到了(这是马克思将要仔细推敲的):其数量将要"支配"或"调节"价值的劳动,必须是一个工人在任何特定时间和地点通常所做的那种质量的劳动,效率不高于也不低于这种劳动,而且必须是按照技术合理性的通行标准使用的劳动:用马克思的术语来说,必须是社会必要劳动。用来获得技能的时间,包括教师的劳动在内,必须算在这种劳动之内,②而且"投在用来协助这

① 为了表明这一点,只要提到一条定理就够了,这条定理可以根据边际效用理论合理地推演出来,但它却常常包含在"古典作家的"推理著作中,特别是包含在"古典作家"运用均等利润率"法则"的著作中。这条定理说的是:在均衡状态下,所有要素是这样分配给各种可能的用途的,即用于所有这些用途的每一种要素的最后增量所增加的产品,均具有同等的价值。如果产品是海狸和鹿,如果捕杀它们只需要劳动,那么,每一小时捕猎所杀的海狸同每一小时捕猎所杀的鹿必定是等值的,因而,海狸同鹿将按捕杀它们所需时间的反比进行交换。但这是李嘉图的定理,如果还有其他稀缺性要素的话,它就不正确了。

② 李嘉图不曾明白说出这一点。但只有按这种意思去解释他才公道。

种劳动〔指直接使用的劳动——熊彼特〕的器具、工具和建筑物上的劳动”(第三节)也必须计算在内。但是如何对待天生的才能即不是通过劳动获得的那些才能呢？遵循上面提到过的十八世纪的传统，李嘉图并不很重视它们。至于其余，他像亚当·斯密一样，依靠市场机制来确定用来评价不同(天然)性质的劳动的尺度，凭这种尺度，一小时的高级劳动可以表现为一小时普通劳动的若干倍：如果一个“珠宝匠”每小时得到的报酬为一个“普通工人”的两倍，前者工作的一小时就可以算作后者工作的两小时。既然这种关系逐年的变动不大，它“对商品的相对价值在短时期内的影响也就很小”。① 这或许是也或许不是真实的。但是应当注意，在阐释劳动数量法则时竟然乞灵于市场价值——市场价值显然不是由任何劳动数量决定的——按严格的逻辑来说，就意味着放弃劳动数量法则，不管你承认这一点还是不承认这一点。

但承认劳动数量原理的失败是在第四节和第五节。在这两小节，李嘉图正视了这一事实：商品的相对价值不单单是由它们所包含的劳动数量“支配”的，而且也是由它们“运到市场以前必须经历的时间长短支配”的。他的论证如下：“用来维持劳动”的那部分资本同“投在工具、机器和建筑物上”的那部分资本之间的不同比例，以及后者的不同耐久性或前者的不同周转率——这些都是他所讨论的事实——之所以同产品的相对价值有关，仅仅是因为它们带到生产过程这幅图画中来的那个时间因素。② 它们仅仅意味着包

① 有意思的是，李嘉图虽然宣称他所论证的是长期现象，但在这里却毫不在乎地运用了短期论证方法，这是他极端粗心大意的又一例证。

② 让我们再一次指出，这是李嘉图与庞巴维克之间的一个重要连接物。

含在资本财货中的(可能是)等量劳动的不同投资时期或(把李嘉图想到的商业上的常识十分率直地说出来)不同的营运费用,从逻辑上说,营运费用与劳动数量对"自然"价值即均衡价值的影响是一样的。

于是便真相大白了。固然,李嘉图试图这样来把对于他的基本理论的损害减到最小限度,即指出劳动数量依然是决定相对价值的最重要的因素,正是由于这一原因,我们才在上面把他的定理称为一种近似真理。这比起投合其他历史学家心意的那种解释来,对于他的思想似乎是更为公平的解释。这些历史学家追随马歇尔之后,喜欢说李嘉图"实际上"持有成本价值说。诚然,李嘉图最后实际上把应计利润这个因素同劳动数量这个因素弄成同等的了。诚然,有时候(参阅第三十章,第一句)他把"生产成本"(显然包括前一因素)说成是价值的"最后调节者"。但是如果事情只是这样,他的解释就可以简单地归结为说明当时流行的一种观点的迂回方式,那就很难看出,他坚持进行斗争是为了什么,随后人们争论的又是什么。

我们只有承认他相信——自然是错误的——所使用的劳动是比应计利润更为根本或更为重要的一种东西,才能理解他为什么首先在所有工业的资本构成完全类似这个假定之下提出他的价值理论。于是(如果像他那样不考虑自然要素的影响),所使用的劳动数量之间的关系便"调节"相对价值,当然,得自这个事实的安慰完全是虚幻的。在逻辑上同样可以说,在所使用的劳动数量相等的情况下,调节相对价值的是资本结构或"时间"。因此,他必定是认为,前一命题在某种意义上是真实的,后一命题在这种意义上则是不真实的。在我看来，我们的解释——其特征是使用了近似真理一词——对于一个完全不受感情冲动或哲学成见影响的作家来说，是最为明显的解释。

可是，另外还有一点必须提到。李嘉图在第一章第四节和第五节中所做的，是承认营运费用确实影响相对价值这一事实。他还说明了这一事实所带来的某些后果。但他这样做似乎是出于无奈，丝毫没有试图去说明它，除非我们把“对利润被扣留的时间的正当补偿”这句话当作是这样一种说明的象征。在这里也像在别处一样，他满足于停留在事物的表面。但他确曾担忧他承认那一事实会对他的下述得意命题产生影响：“劳动工资的改变不会使商品……的相对价值发生任何变化”，在李嘉图的著作中，该命题实际上是他的价值理论的核心。从原理上讲，自然也应该放弃这一命题(参阅第五节，最后一段)。但实际上它却被保留了下来，重又是——我愿意这样说，以便对他尽可能保持公平——作为一种近似真理。这种承认所影响到的，只限于一个特殊定理：如果工资例如说上升了，则那些主要用“固定资本”或主要用具有高度耐久性的“固定资本”生产的物品，其相对价格就会下降，而“那些主要用劳动生产，所用固定资本较少，或所用固定资本的耐久性不如据以估价的媒介那样大”[①]的物品，其相对价格则会上升，这个命题在我们的时代获得了“李嘉图效果”这个绰号——这是人们承认他们所不愿意承认其含义的某种东西的一种异常迂回的方式。

我们不值得停下来描述李嘉图派的核心成员詹姆斯·穆勒、

① 这是正确的。马克思用全部资本的平均构成来代替它，是弄错了。

德·昆西和麦卡洛克处理李嘉图价值理论的方式及其所造成的假问题。[①] 但在讨论李嘉图的反对者的贡献以及约翰·穆勒的妥协立场以前,先来极简要地看看李嘉图的唯一伟大追随者卡尔·马克思的学说的某些要点,是适宜的。

马克思的交换价值理论也是一种劳动数量理论,而且如果我们不去注意在李嘉图与马克思之间像T.汤普森这样的踏脚石,马克思的交换价值理论也许是最为彻底的劳动数量理论。我们首先得到的印象是,马克思的论证和李嘉图的论证十分相似。马克思问自己,为什么使用价值如此不同的商品可以相互比较。他得出的结论是:因为它们都是劳动的产品。在确立了这个他自己感到满意的但大有争论余地的命题(因为所有商品都具有使用价值这一事实,不仅像他想象的那样是真实的,而且要比他想象的具有更大的普遍性)以后,马克思就进而处理一开始就困扰着这种理论的许多困难,正像李嘉图曾经做的那样。他不时在这里和那里加上一些精密的表述或仔细的推敲——我已经提到过“社会必要劳动”——但他像李嘉图一样,未能注意到潜伏在一个假设背后的危险,这个假设就是:可以利用具有不同先天质量的劳动的市场价

① 不过,我们可以顺便提一下麦卡洛克是如何使李嘉图的劳动数量定理一般化的。麦卡洛克认识到,从李嘉图的立场来看这一问题,麻烦主要是同时间因素连在一起的,因而麦卡洛克便采取了这样的看法:包含在耐用资本财货中的劳动量在这种财货的使用期间一直在从事进一步的劳动。苛刻的批评家可能会称这为纯粹是字面上的应付手段,并且是很愚笨的。但也可以把它看成是放弃劳动数量理论和承认多种生产“要素”或服务(它们全都有助于创造产品价值)的一种特殊方式。如果我们这样看待他的论证,那它就等于是把劳动的概念一般化了。这件事本身对我们没有多大用处,但它却指向了一种更为有用的理论。

格，来把高级质量的劳动时数化成标准劳动时数的倍数。

我利用这个机会来谈一谈技术上的问题，马克思认为这是他对经济理论的最重要贡献之一。他把劳动和“劳动力”(Arheitskraft)区分了开来，认为劳动的数量是用时数来测定的，劳动力的价值是由包含在工人所消费的物品(包括养育他和训练他所用去的物品和服务)中并且从一种意义说“生产了”他的劳动力的劳动量提供的。这些物品及其实际价值自然也是李嘉图分析的重点。但是他没有明确地把这种实际价值同劳动力这种商品的实际价值等同起来。我们知道，西尼尔向这样做迈出了一步。可是，马克思不仅走完了这一步，而且在他的剥削理论(参阅后面，第 6b 节)中还使用了劳动力这一概念，不论是李嘉图还是西尼尔都没有想到这种用法，也不会赞成这种用法。

但是即使是非马克思主义的历史学家也应该认识到(但他们大都没有认识到)，在马克思的劳动数量理论和李嘉图的劳动数量理论之间，有一个更为根本得多的差别。李嘉图这个最不形而上学的理论家采用劳动数量价值理论，仅仅是作为一种假设，用来说明我们在实际生活中所观察到的实际相对价格，或者更精确地说，用来说明相对价格的实际长期正常状态。但对马克思这个最形而上学的理论家来说，劳动数量理论不仅仅是关于相对价格的假设。包含在产品中的劳动数量不仅“调节”产品的价值，而且就是产品的价值(的本质或实质)。产品就是凝结的劳动。为了使这一点给不具形而上学倾向的读者留下印象，让我立即指出这对这两个作家的分析结构所造成的实际差异。

当李嘉图认识到时间因素——或在生产过程中所发生的营运

费用这个因素——同价值或相对价格的决定有关系的时候,这对他就意味着必须承认他的假设是同事实相违背的,不得不按上面所描述的方式降为仅仅是一种近似的真理。但是马克思从他的思想的最初阶段起——肯定是在他发表《资本论》第一卷(1867年)以前[①]——就认识到,交换比率是同李嘉图关于价值的均衡定理不一致的(即使是作为一种趋势),因而该定理对于马克思的学说来说并不是必不可少的组成部分。可是,他没有觉得因此必须修改他的价值理论:对每一种商品以及对全部产品来说,价值总是同所包含的劳动相等的,不管相对价格怎样变化;他所要解决的问题就是说明,在完全竞争的机制下,这种不变的绝对价值怎样屡屡变动位置,以致在末了时,商品虽仍保留其价值,却不是按同这种价值成比例的相对价格出售。对李嘉图来说,相对价格偏离他的比例定理——除了暂时的偏离以外——就意味着价值的改变;对马克思来说,这种偏离并没有改变价值,而只是在商品之间重新分配了价值。这就是为什么我们可以说,马克思实际上贯彻了事物的

① 这个事实从《剩余价值学说》(1905—1910年)所发表的材料中看得很清楚,而在这几卷书出版之前则不那么明显。由于这一原因,甚至十九世纪最伟大的马克思批评家庞巴维克也认为,马克思后来的思想使得他相信他在《资本论》第一卷中所阐释的劳动数量理论是与事实背道而驰的,因此他不得不在他死后由恩格斯作为《资本论》第三卷出版(1894年)的那些著作中改变自己的立场——马克思不愿继续刊行他的著作被解释为一种对失败的自白。换言之,庞巴维克过于按照李嘉图的意义来解释《资本论》第一卷中的价值理论了。这是一种错误,这种错误意味着没有抓住马克思的价值理论的主要之点。当然,我并不否认,虽然有这种错误,所提出的某些批评仍然是正确的。我也不想坚持认为,马克思把同他的论点相适合的计划执行得很成功。这从我们的正文中是看得足够清楚的,虽然我们在有限的篇幅中不可能充分说明这一点。

绝对价值的思想，[①]而李嘉图则虽然在他的论证中有时暗示了这种思想，却从来没有把它当成他的分析结构的枢轴。或者，换一个说法：对李嘉图来说，相对价格和价值在本质上是同一种东西，因而用价值表示的经济演算同用相对价格表示的经济演算是同一种东西；而对马克思来说，价值和价格却不是同一种东西，所以他给自己造成了一个另外的问题，这个问题对李嘉图来说显然是不存在的，即这两种演算之间的关系问题或价值估计与价格估计的问题。[②]

这种价值理论的某些含义和应用将在后面讨论。但在我们暂时离开这个题目以前，我们应当就这种理论提出三点看法。第一，对我们来说，它只不过是用来进行分析的一种构造，应当从分析上的有用和方便与否去判断它。对正统的马克思主义者来说，它诚然可以是神圣不可侵犯的真理，是柏拉图的某种超验的理念，事物的"本质"可以在其中表现出来。对马克思本人来说，也可能是这样一种东西。可是，实际上，马克思主义的价值理论并没有什么神秘的或形而上学的东西。特别是它的中心概念，即绝对价值，同我们在哲学的某些部分所赋予这个词的意义是风马牛不相及的。它只不过是李嘉图的实际价值的充分发挥和充分利用。第二，如果读者已领会了我们的论点，他们就会认识到，反对李嘉图使用实际

① 他是曾经这样做的唯一作家。

② 关于这一点，参阅拉迪斯拉斯·冯·博特基威切(1868—1931)：《马克思体系中的价值估计与价格估计》，发表在《社会科学文献》(1906 年和 1907 年)上的三篇文章，和同一作者的《〈资本论〉第三卷对马克思的基本理论结构的修正》，载《国民经济学与统计年刊》(1907 年)。

价值这个概念的理由并不适用于马克思的理论。即使我们不承认所包含的劳动是普通所说的交换价值的“原因”,也没有什么逻辑上的规则阻止我们把所包含的劳动定义为交换价值,虽然这样做会赋予后者另一种或许会引起误解的意义。因为,从原则上讲,一切东西我们爱怎样称呼就怎样称呼。[①] 第三,李嘉图只是承认了营运费用的实际存在,然后就打住了,而马克思则至少试图——不问其成功与否——将其纳入他的图式中。对他来说,营运费用也是包含在总产品中的劳动的一部分。李嘉图不得不把营运费用加在劳动成本上,不得不加以解释。对马克思来说就不存在解释产品价值的这些因素为什么会存在这个问题。他所要解决的唯一的问题就在于说明,营运费用是怎样从与其无关的总价值中摊提的。关于这一点,我们必须暂且说到此处为止。在我们论证的后一阶段,我们将看到,这归根到底还是同样的困难,即时间的影响,由于李嘉图和马克思两人采取了不同的研究方法,这对他们就呈现为不同的问题。用一句马歇尔的话来说,对李嘉图来说时间是他的分析模型的最大的扰乱物。但时间也是马克思的分析模型的最大的扰乱物,虽然不是那么明显。

(b)劳动数量价值理论的反对者。 要记住:即使是在英国,李嘉图派也总是处于少数派的地位;只是由于李嘉图个人的力量,我们在回顾那一时期时才得到这样一种印象,即他的学说(他用斯

① 但是,如果马克思把他的绝对价值概念称为别的什么东西,他无疑地就会避免许多混乱和无益的争论。“价值”一词用来表示它的实际的分析意义决不是一个选择得很好的词。但是如果选择一个不同的词,它的鼓动的魔力就会丧失。还有,马克思可能想要同李嘉图的实际价值结合起来,而后者也同样容易引起误解。

密的金属铸造的货币）支配了当时的思想，而其他的经济学家只不过是当时所称的“新学派”的反对者——也是完全无法同新学派的学说相抗衡的反对者。事情的反面较为接近于真实情况，就价值问题来说是如此，就其他问题来说也是如此，虽然我们的印象无疑地由于下述事实而增强了：这些反对者，不管在其他方面怎么样，作为论战者，除了少数例外，都不是李嘉图的对手。

从十八世纪延续下来的沿着非李嘉图路线进行的价值问题讨论，在 1820 年左右同李嘉图势力相冲突并爆发为论战，这一年马尔萨斯的《原理》问世了。这场论战的极盛阶段只不过持续了十年多一点，虽然有少数几个绝对忠实的捍卫者——在这一点上麦卡洛克和马克思是肩并肩地站在一起的——和某些历史学家的抗议，但论战还是以“李嘉图主义”的失败而告终。论战附带着许多的相互误解和逻辑谬误，但大体说来是在足以称誉的水平上进行的。最高的成就属于贝利[①]（参阅前面，第四章，第 3c 节），他的批评的影响比从表面上看起来要大得多。他有力地揭露了李嘉图的分析结构的弱点，特别是，李嘉图从价值问题中消除自然要素这种方法的无用，称劳动数量为“价值的唯一决定原则”的武断，实际价值概念和李嘉图利润理论的缺点，如此等等。李嘉图派的一些成员在《威斯敏斯特评论》（1826 年）上所作的不客气的答复是不充分得可怜的；虽然在当时很少人重视贝利，但后来终于看得很清楚，他实际上扭转了局面，给予了李嘉图派以致命的一击。限于篇

① 塞缪尔·贝利：《关于价值的性质、衡量和原因的批判；主要涉及李嘉图先生及其信徒们的著作》（1825 年）。

幅,我们不能详细描述这场论战。[①] 我们暂时只能讨论萨伊、马尔萨斯和李嘉图之间争论的主要之点,只能在这个目的所要求的范围内提及其他一些人和问题。[②]

为了理解争论的主要之点,我们必须首先回忆一下:这个时期所产生的边际效用理论的先驱成就诚然没有发生任何可以觉察得到的影响,但是许多作家觉察到了,效用不仅仅是交换价值的一个条件(按李嘉图说这句话的原意),而且实际上还是交换价值的“源泉”或“原因”。只是他们虽有这种想法,却未能比李嘉图派更加有所作为,而后者恰恰就以此为理由拒绝接受这种想法。因此,这种研究方法没有产生任何结果。例如,J. B. 萨伊遵循法国的传统(特别是追随孔狄亚克),认为交换价值依赖于效用,但他(像孔狄亚克一样)未能加上稀缺性,于是就被在他之前人们经常试图加以说明的一个事实绊倒了:像空气或者水那样的“有用的”东西通常根本没有交换价值。他说:它们实际上是有价值的;只是这种价值

① 不过却应该提及另外三个主要贡献:首先是一本题为《论政治经济学中某些字面上的争论》的小册子(1821 年),这本小册子正确意识到了人们争论的一些问题是虚假的或虚构的;其次是另一本题为《论政治经济学》(1822 年)的小册子,这本小册子值得人们注意的地方是,它很早就认识到了试图用成本来说明价值在逻辑上是站不住脚的,认识到成本只是通过影响供给才影响价值的;再其次是已经提到过的 C. F. 科特里尔的《价值学说考察》(1831 年),这本小册子虽然在思想上不及刚刚提到的那本小册子那么有力,却由于作者为贝利的(大多数)原理辩护而不应被人们忘记。〔两本不署名的小册子是塞利格曼在《经济学论文》第 81—82 页中提到的。〕

② 就价值而论,萨伊和马尔萨斯站在一边,而在储蓄和普遍过剩问题上两人则站在敌对的两边。但在价值问题上,两个人并不完全一致;而在储蓄和普遍过剩问题上,萨伊和李嘉图也不完全一致。我们可以从李嘉图《1810—1823 年致托马斯 · 罗伯特 · 马尔萨斯的书信》(J. 邦讷编,1887 年)、他的《马尔萨斯〈原理〉注释》和他自己的《原理》第二十章和第三十章中,十分全面地了解他在价值论战中的立场。

是如此之大，实际上是无限大，以致没有人能付得起价钱，所以它们就一文不费。[①] 诚然，他并没有止步于这种拙劣的说法，而是继续向前迈进，提出了这样一种不完全的(然而又是这样有意义的)说法：价格是衡量物品价值的尺度，而价值又是衡量物品效用的尺度，这种说法预示了瓦尔拉的说法："交换价值是同稀缺性成比例的"[边际效用，熊彼特]。可是，他基本上只使用了一种相当原始的供给与需求分析。赫尔曼的情形也一样(参阅前面，第四章，第五节)。像在法国一样，或许部分地由于受到法国的影响，德国也有自己的效用理论传统。但它也是同样没有结果的：它只限于承认效用因素，很难看出这种承认同李嘉图把效用当作价值的条件有何不同。赫尔曼比其他人走得远一些，但他实际上也限于以供给和需求来推理。某些英国经济学家，如克雷格[②]和西尼尔，做得要好些。人们一般认为，边际效用概念是西尼尔提出来的，瓦尔拉也这样认为，这种看法是有道理的。但我只能重复这样一点：西尼尔并没有把边际效用概念贯彻到底，这一概念在一闪之后，实际上又消失在纯粹的供给与需求的后面了。劳德戴尔勋爵和马尔萨斯(更尽心竭力地)，都直接走向供给与需求的器械，把全部注意力都

① 与此相反，孔狄亚克说，这些东西是有价格的，价格是由获取它们所作的努力，如呼吸、喝饮等等构成的。

② 约翰·克雷格的《评政治经济学中的若干基本学说》(1821 年)是一部很有价值的著作。特别是，他知道某种物品价格的变动会如何通过释放出或吸收货币收入来影响其他物品的价格。他也像萨伊一样，知道(边际)使用价值必须用交换价值来"精确地衡量"(在均衡状态下，前者必定同后者成比例)。如果我们可以优容一种无疑是错误的东西，并且把我们在括弧里所重新表述的意思硬塞进他的陈述中，那么马歇尔的全部学说就可以用一句话表达出来了。

集中在了供给和需求上。

这样,对李嘉图来说,主要的争论之点从一开头就是劳动数量对供给与需求。效用价值理论他看了一眼就抛弃了,并不认为效用是交换价值的"源泉"或"原因",这种理论没有真正在图画中,虽然他在论述"价值和财富"的那一章中对这种理论作了批判。成本价值理论不完全是敌人。因为他把他自己的理论看作是成本价值理论的重新表述,并且他自己常常乞灵于用劳动和资本来表示的成本。真正的敌人是供给与需求理论,它"几乎已经变成了政治经济学中的一条公理,并且是许多错误的根源"(第三十章,第三段)。读者应当注意,这是多么有趣,又是多么能显示出"人类思想的方式"啊。这自然意味着:李嘉图完全没有看出供给与需求器械的性质及其在经济理论中的逻辑地位,他认为它是代表一种同他自己的价值理论不同而且是敌对的价值理论。这对他作为一个理论家来说,不是一件光彩的事情。[①] 因为他应当看得很清楚:只有靠供给与需求的相交作用,他自己的均衡价值定理才能站得住脚(要是还能站得住脚的话)。假若李嘉图曾试图依据理性得出这个定理,而不只是直觉地断定它,他就不可能不发现这一点。也就是说,只要他停下来问一问,为什么商品的交换价值应当同包含在它们中的标准劳动量成比例,他在答复这个问题时,就会发现他自己是在使用供给与需求器械,只有通过供给与需求,(在适当的假设之下)那个价值"规律"才能确立。于是他就决不可能一方面承认供给与

① 这一点也适用于马克思,他采取了同样的看法,而没有注意到他的剥削理论是以供给和需求的作用为先决条件的。

需求"规律"对于短期市场价格和被垄断的或"稀少的"物品的价格来说是正确的，另一方面又否认这个"规律"对于数量可以通过人类辛勤劳动无限制地增加的物品的长期正常价格来说是正确的。因为，正如马尔萨斯苦心地指出的(《原理》，第一版，第二章，第二节和第三节)，供给和需求在长期和短期两种情况下都对于价格的决定起着十分普遍的[①]作用，不同之处只在于供给和需求所确定的价格水平不同，这种水平在一种情况下具有某些特点，而在另一种情况下则没有。换言之，供给与需求概念所适用的机制，与任何价值理论都不相矛盾，而且实际上是所有的价值理论所必需的。但是李嘉图的个人威望对某些后来的作家是如此之大，以致他的这种错误的痕迹不仅在约翰·穆勒的《原理》中可以找到，甚至在A. 马歇尔的《原理》中也可以找到。

不论是多么不合逻辑，供给与需求机制实际上还是取得了价值理论的地位，[②]甚至可以说，主张它的人在这整个时期内都固守这一要塞以对抗劳动数量说。这不仅是李嘉图的疏忽造成的，也是他们自己的疏忽造成的。我们已经看到，他们虽然一次又一次遇到效用这个因素，但却未能成功地分析这一因素。他们也像李嘉图一样，没有费力去制定一种交换理论，这特别说明了他们以及李嘉图为什么错误地处理了稀缺性这个概念——可是，这个概念

① 严格说来，只有在张伯伦教授所说的那种纯粹竞争的情况下，这才是正确的。在垄断的情况下，没有供给函数；在垄断竞争——也是张伯伦教授所说的那一种——的情况下，既没有纯粹竞争情况下的那种需求函数，也没有纯粹竞争情况下的那种供给函数。因此，正文中的说法只适用于纯粹竞争的情况。

② 马尔萨斯(《原理》，第一版，第 495 页)甚至把"供求原理"称为政治经济学中"首要的，最伟大的和最普遍的原理"。〔以后的引文均指《原理》第一版。〕

对整个价值理论领域的根本重要性由劳德戴尔、马尔萨斯和西尼尔坚决指出了——以及为什么未能理解垄断价格。[①] 但是供给与需求的创议人——库尔诺(以及很少数的其他的人,如 C. 埃利特和 D. 拉德纳)又是没有人注意到的例外——甚至要使供求器械本身站住脚跟也感到困难,他们是试图主张它在经济理论中应当占有一席之地的。他们谈到欲望或有购买力作后盾的欲望,谈到需求的"范围"和需求的"强度",谈到数量和价值,却不知道怎样把这些东西彼此联系起来。在我们自己的时代为每一个初学者所如此熟悉的那些概念,即就某种商品来说,人们(在某些一般条件下)按特定价格所愿购买的特定数量的需求表或曲线,以及人们(在某些一般条件下)按特定价格所愿出售的特定数量的供给表或曲线,竟然如此令人难以置信地不容易发现,不容易同需求数量和供给数量的概念区别开来。马尔萨斯诚然在廓清这些概念方面取得了一些进展。但是读者只要翻翻西尼尔的著作(《大纲》,第 14 页及以下)就会看到,他在试图解释这些简单的东西时采取的是一种多么错误的方式。这些东西难道真的是那么简单吗?人类心灵铸造最简单的概念图式比起当这些因素已经牢牢掌握在手中以后去精制

① 这一点,由于库尔诺在这个时期(1838 年)提出了他的古典的垄断理论——可是它没有引起人们的注意——而显得更加突出。这种事态的后果之一是,关于垄断实际上是什么,流行着一种非常模糊的看法。甚至西尼尔也谈"土地的垄断"。但就他来说,所涉及的只不过是令人误解的名词术语:他所指的只不过是土地的稀少,实际上并没有试图去用并不存在的土地垄断来说明地租。可是,另一些人却试图这样做;某一作家究竟只是用流行的术语来表示一种"不费成本的"生产要素的稀缺所起的作用呢,还是实际上想坚持只有当地主们像一个单一的售卖者那样行事时才会出现的情况,并不总是容易辨明的。

最复杂的上层建筑来，要困难得多，这不正是所有科学的历史上明摆着的事实吗？

劳德戴尔、萨伊、马尔萨斯和其他的人全都问过自己这样的问题：生产成本同供给与需求怎样配合？萨伊的贡献隐藏在这样一个命题中：生产成本只不过是在生产中所消费的生产性服务的价值；而生产性服务的价值只不过是所生产出来的商品的价值——这是他的又一个这样的说法：这种说法表明他有相当的眼力，却未能表述得很明白，使当时的人和后来的批评家都能理解。可是，马尔萨斯虽然没有探索得这样深，就他所看到的东西而言，他却解释得更好一些。特别是，他精确地指出了生产成本的地位，它“只是决定商品的价格，因为支付价格是商品供应的必要条件”（《原理》，第二章，第三节），这种说法使人老早就嗅到了杰文斯学说的气味。在结束时，还可以提出另一个教训。许多因素结合在一起，使得这些作家的理论处在一种只能称作是原始状态的状态中；这种因素之一显然是缺乏适当的技术：实质上，数量关系没有数学就无法陈述得令人满意。同样的缺陷也使约翰·穆勒试图总结概括价值理论的尝试归于失败。

(c)约翰·穆勒的折衷。　约翰·穆勒在1848年这样写道（《原理》，第三编，第一章，第一节），“幸运的是，在价值规律中没有什么留待现在的或任何一个将来的作家去澄清的东西；价值理论已很完善了”。他显然非常满意于他即将利用当时已有的材料建立的分析结构。实际上，这个结构并不是一个诱人的住处。它的主要优点在于它的缺点表现得如此明白，以致即使是偶然一到的访问者也想要改造它。

一方面,穆勒自己无疑地是诚心想要按一种改进的方式重新表述李嘉图的学说。人们一直而且直到今天也是这样来解释他在这个领域内的著作的。穆勒在很大程度上接受了德·昆西对价值学说的解说,把"效用"和"难于获得"看作是交换价值的条件。但是,他竭力坚持交换价值的相对性,因而完全消灭了李嘉图的"实际价值",并且把李嘉图学说中的其他内容变成了没有味道的无害之物。而且,节欲也随同劳动数量一起构成了"成本"的一个因素。在其他方面,侧重点的转变反而摧毁了穆勒想要重建的东西。

但另一方面,穆勒也作出了自己的贡献,主要是充分发展了供给与需求分析,以改正如马歇尔自己所指出的,要达到同马歇尔的分析相去不远的水平,除了删去一些浮泛的议论,加上一点点严肃性之外,要做的事情也就不很多了。穆勒并没有完全廓清供求理论,[①]实际上也没有对它作出全面而正确的陈述。但他比在他以前的大多数经济学家——库尔诺永远是例外——要走得远得多,他可以说是第一个讲授供求理论要点的人。特别是,他用文字写出了"供求方程式",并在他论述国际价值的那一章(将在下面讨论)中充分利用了该方程式。

固然,就"数量绝对有限"的商品(他把被垄断的商品也列入了这一类,自然是错误的)而言,穆勒引入了供给与需求,让其对这类

① 例如参阅他对西尼尔的下列陈述所作的评论:供给的限制对于劳动本身的价值是不可缺少的(《约翰·斯图亚特·穆勒对N. W. 西尼尔的政治经济学所作的注释》,由F. A. 冯·哈耶克教授发表在《经济学》杂志1945年8月号上)。穆勒回答说:"劳动既是痛苦的,没有某种相等的快乐或利益便不会有人从事它,即使工人人数能够随意地无限制地增加,或者即使每一个人能够在一天之中工作十万个小时。"实际上,劳动的负效用之所以与问题有关,仅仅是因为它限制劳动的供给。

商品的价值决定发挥适当的作用(第三编,第二章),从而对李嘉图的幽灵象征性地表示了敬意,同时又让“不增加成本而数量可以无限制地增加的”商品去由这种成本决定(同上,第三章),让“数量可以无限制地增加但也要增加成本的”商品去由“在最不利的现有条件下的生产成本”决定(同上,第五章)。但是,他所关切的与其说是供给与需求本身,倒不如说是在每一种这类情况下供给与需求[①]将要确定的均衡价格的水平。而当他在《西尼尔注释》中十分一般地表述他的“供给与需求规律”时,他就更忠实于自己的思想了,他把供给与需求规定为供给的数量和需求的数量,接着便说:“在任何市场上,一种商品的价值都永远[②]使需求正好与供给相等。”我认为,这条规律尽管不是有意地但实际上却代替了李嘉图的均衡价值规律,并且附带抛弃了李嘉图的实际价值这一中心概念。

这种解释,从论述国际价值一章中的一段话来看就更有根据了:每当“生产成本规律不适用的时候”,我们就必须“求助于一个作为前提的规律,即供给与需求规律”(第三编,第十八章,第一节)。如果这不意味着穆勒接受了——他没有完全意识到这一

---

① 〔在本书中,熊波特一直是使用“供给和需求”,而穆勒和马歇尔则通常用“需求和供给”。〕

② 这个命题只有在竞争性均衡的条件下才是正确的,而竞争性均衡的全部含义则可以用他所谓的“自然”价格或“必要”价格来表示。然而穆勒虽然完全了解这一点,却使用了“永远”一词。我提到这一点,是因为在论述萨伊的规律的第四节,我们将要遇到同样的解释上的困难。因此,让我们立即指出,“永远”或“必要”这样的字眼,当它们出现在那些毫无精确性可言的老作家的笔下时,不一定就表示存在着恒等式。穆勒所指的显然是方程式而不是恒等式。他的意思是“在均衡状态下永远是”。萨伊的意思也可能是这样。

点——李嘉图所诅咒的那种分析,那就要算我没有看懂这一段的意思。在穆勒称为"价值理论概要"(第三编,第六章)的一大堆大错特错的命题中,也没有什么可以用来反对这种解释的东西。穆勒对劳动数量理论作出的让步是无足轻重的①(特别参阅命题十三和十五)。另一方面,他无疑反复申述了反李嘉图的学说(特别参阅定理一、五、八)。他确认了李嘉图的地租不是生产成本的一个要素的定理,但却加上了一些限制条件,而如果加以正确的叙述和发挥(穆勒没有这样做),这些限制条件就意味着否定李嘉图的定理(参阅命题九),并指向机会成本论。② 所有这一切,无疑是一种混乱。但却不是一种理不清的混乱。我们不妨称之为一种有利于发掘的混乱,因为这种混乱包含了为理清它所必需的一切因素。③ 卡尔尼斯就是第一个试图这样做的人,虽然没有取得任何巨大成就。马歇尔这样做时是成功的,虽然他不得不利用穆勒视野之外的一些观念(参阅第四编,第五章和第六章)。

---

① 但一种负效用加节欲的理论则较为适合他的一般思想体系。可以说,穆勒(和卡尔尼斯)把李嘉图的劳动数量理论转变成了马歇尔的"实际成本"理论,这样说虽不完全正确,却也基本上是正确的。

② 并参阅第四编第十六章《论价值的若干特殊情况》,这一章再一次向我们证明,穆勒的这部著作是多么草率地拼凑起来一部著作,它有时会远远偏离所论述的主题,在这一章中我们可以读到这样的话(第一节):"既然生产成本在这里使我们失望,我们就必须返回到在生产成本之前的,而且是更为根本的一种价值规律,即供给与需求规律"(着重点是我加的——熊彼特),而说这样的话是在只隔三段所作的这样一个陈述以后,这个陈述似乎从供给与需求规律的作用中排除了恰恰严格适用于这条规律的自由竞争的情况。的确,对穆勒来说,马尔萨斯所写的东西都是白费。

③ 就他年轻时的那些新方法而言,他落后得令人惊奇:例如,第十五章《论衡量价值的一种尺度》,就没有提到过物价指数,这表明了他的眼界的狭窄,还可以举出其他的例子来说明这一点。

3. 国际价值理论

这个时期的国际贸易政策的某些方面已经讨论过了(第二章和第五章)。其货币方面将在下一章考察。在这里我们将极其简略地[①]考察“古典”国际贸易学说的纯理论核心,也就是约翰·穆勒用“国际价值理论”一词所表示的东西。我们主要对两件事情感兴趣,一是在该时期国际价值理论对于国际贸易的分析所作的贡献;二是这些贡献同上面所扼要叙述的“国内”价值理论的关系。“古典”作家大多是热心的自由贸易论者,他们无疑都急于指出国际贸易给一个国家带来的好处或“利益”。因此,他们关于这个题目所说的东西有许多属于福利经济学的领域,而且这些东西实际上就是他们在该领域所取得的最重要的成就。但从这一节的角度来看,这些东西却只具有次要的意义。

关于对国际经济关系的分析所作的贡献(要记住,我们此刻不从货币的角度考察这一问题[②]),有三件新鲜事物需要记载:(1)一种性质不同的国际价值理论;(2)“比较成本”定理;(3)“相互需求”

---

① 这样做的不足之处,总比不这样做所产生的后果要更加可以容忍一些,因为我可以确有信心地介绍读者去看一部有关这个题目的优秀论著,即J.维纳教授的《国际贸易理论研究》,第八章和第九章。

② 之所以可以忽视货币的角度而从物物交换的角度作分别的考察,自然是上面讨论过的“古典”经济分析模式的一种特征所致。并不是在每一种经济理论的体系中都是可以这样做的。我们还可以附带说,在那个时期的状况下,把国际经济关系同商品和服务的贸易等同起来,并把这种贸易看成是商品对商品的物物交换,要比在现在这样来做显得现实一些——虽然从原则上讲,在那时也同在现在完全一样,是不容许这样做的。

理论。第一件事情是出现了一种性质不同的国际价值理论。从某种意义上说,这同古老的传统并不矛盾,因为重商主义作家已经把对外贸易看作是同国内贸易在性质和效果上有本质不同的一种东西。但对于不接受重商主义理论的古典作家来说,在这两种贸易之间,是否有任何理论上的——甚或实际上的——不同,如果有的话,不同又在什么地方,就不那么明显了。事实上,经济学家在这一点上从来没有取得完全一致的意见。[①] 以李嘉图为首的那个集团,选定生产要素的不流动性作为一个标准。也就是说,他们将国内贸易定义为工业或企业之间的这样一种贸易关系,在这些工业或企业之间,资本与劳动可以不受妨碍地流动,从而保证困难程度和风险程度相同的投资和工作在均衡状态下得到同一比率的报酬——这对他们的"国内"理论是极为重要的;他们将对外贸易定义为工业或企业之间的这样一种贸易关系,在这些工业或企业之间,由于距离遥远[②],语言不同,法律制度不同,不熟习生活状况与营业习惯等原因,资本与劳动不能自由流动。这常常被误解。"古典作家"自然并不是不知道劳动与资本二者在国际间可以移动的事实,就像他们并不是不知道二者在一国之内不是完全"可以流

① 对外贸易与国内贸易之间的最明显的不同或许是以下事实造成的:大多数人对于他们本国的利益和对于外国的利益采取不同的态度。通常人们似乎总是说进行贸易的是国家本身(而不是个人),这部分地就是这种不同的态度造成的。但是有些作家强调了各国货币和信用制度的重要性。其他作家则把位置问题看作是国际经济关系理论的核心。

② 这样,距离因素便进入了图画中。但这个因素只是以这种方式而不是以任何其他方式进入图画中的。"古典"作家没有让距离本身即运输费用成为他们图画的中心。他们后来的某些信徒或批评家却是这样做的,尤其是西奇威克,但是决不要把这样做同李嘉图和穆勒所赋予距离的十分不同的和平凡得多的作用混淆起来。

动”这个事实一样。他们所做的，只是为了分析上的方便，展示两种极端的情况，作为“理想的类型”，它们在现实生活中虽然并不实际出现，却代表着在现实生活中的确发生的事情的重要构成因素。至于缺乏现实性会对这个图式的实际应用产生什么影响，那是另一个问题。然而，可以证明，只要在国内的流动性和国际的流动性之间存在着差别，建立在这个图式上面的理论就具有现实意义。而且还可以证明，“古典”国际价值理论由此而在国际关系领域的应用方面所损失的，它在不完全流动性占优势的国内关系领域中又得到了。卡尔尼斯(《主要原理》，第一编，第三章)通过引入“工业竞争”与“商业竞争”这两词使这一点概念化了。前者表示有流动性的贸易关系，后者表示没有流动性的贸易关系。他还引入了“非竞争性集团”这个概念来表示这样的工人集团(地区性的或职业性的)或企业集团，每一个集团的成员通常是不愿或不能移入任何其他一个集团的，我们可以说，“古典作家”使用这种名词术语，除了按其本意建立了一种一般价值理论外，实际上还建立了一种适用于非竞争性集团或商业竞争的价值理论。毫无疑问，他们这样做时主要是想用这种理论分析国际贸易；但是他们的新学说的理论特征却不受这个实际目的的限制。

第二个贡献，如众周知，是“比较成本”定理。正如维纳教授所指出的(前引书，第440页)，亚当·斯密只是说，在自由贸易之下，每一种东西都将在成本(运输费用考虑在内)最低的地方生产。维纳教授还指出，一些较早的作家曾表述了更为一般的命题：在自由贸易之下，只要能够通过输入而以最低廉的价格获得商品，人们就会输入商品。这包括这样的输出品，这些输出品的成本比在国内生产相应的输入品的成本为低,从而也就包含了“比较成本”定理。[①] 可是,我也同维纳一样,认为明白说出以下一点是有特殊功绩的:即使输入的商品在本国能够以比在外国更低的成本生产出来,输入还是能够有利的。这一功绩应归于托伦斯(《被驳倒的经济学家》,1808 年)和李嘉图。前者给这个定理命了名,后者则精心阐述并确立了这一定理。[②] 最简单的表达它的方法,就是让李嘉图的那一著名例子再尽一次义务。试举两个国家,英国和葡萄牙;举两种商品,葡萄酒和布。葡萄牙在这两方面的生产都比英国效率更高,能够以 80 人的劳动生产一定数量的葡萄酒和以 90 人的劳动生产一定数量的布,而在英国,同样数量的葡萄酒和布的生产分别需要 120 人和 100 人的劳动。在此种情况下,葡萄牙将因“专门生产”葡萄酒并进口布而获利,而英国则将因“专门生产”布并进口葡萄酒而获利,条件自然是:葡萄酒和布的交换条件是在两个极限之间,即一单位英国布交换 9/8 单位的葡萄牙酒以及一单位英国布交换 5/6 单位的葡萄牙酒。在前一种情况下,所有的利益均归于英国,而葡萄牙则同没有贸易一样;在后一种情况下,所有的利益均归于葡萄牙,而英国则同没有贸易一样。在这个限度

① 除了维纳提到的例子以外,还可以加上 M. 德尔菲科在他的备忘录《论自由贸易》(1797 年)中的论证。

② 虽然受到了微弱的抵抗(部分地是由拙劣的论证所支持的),仍可以说这个定理在英国取得了胜利。在美国,它不那么受欢迎;而在欧洲大陆受到的欢迎还要少些,在欧洲大陆,即使在自由贸易论者中间,它也被广泛地误解了。但谢伯利兹对它作了一个很好的说明。冯·曼戈尔特在一个非常重要之点上改进了它,或者说把它推进了一步(参阅维纳,前引书第 458 页及以下;但是如果读者要查阅原文,则应当看曼戈尔特的《概论》第一版,1863 年出版,该版附有有关的附录,1871 年在他死后所出第二版中,编者把该附录删掉了;参阅前面,第四章,第 5 节)。

内，任何中间的交换比率都可能对两个国家有利；如果两国的商人都像垄断者一样行事，交换比率在这两个极限之间就将是不确定的。李嘉图和他的直接信徒没有在意这一点，而只是随便地假定两国各得一半利益——这可能是一种错误，也可能只不过是疏忽。

可是，其他的作家，特别是托伦斯则认识到：至少是在完全竞争（或者是一方垄断）的条件下，通过“相互需求”（我认为托伦斯是第一个在出版物上这样称呼的人）这一机制，一般是可以消除贸易条件或交换比率的不确定性的。约翰·穆勒显得比平常格外的慷慨，他不仅捍卫了李嘉图，反对任何认为李嘉图是犯了一个错误的指摘，而且还否认是自己最先提出了这种思想，虽然他早在1829—1830年即已写成但直到1844年才发表（在他的《一些未解决的问题》中）的一篇文章中就已阐述了这一思想的一切主要之点。从这篇文章中，他得出了他的《原理》一书（第三编）那著名的第十八章第1至第5节[①]的内容，这几节实际上使相互需求理论站住了脚跟。而这正是该时期贡献给国际经济关系一般分析的第三个新颖的东西。

这个问题是复杂的，完全超出了约翰·穆勒所掌握的技术，所以他通过一些起简化作用的假设去处理这一问题，而在这一章的第6节至第9节，他又试图取消一些这样的假设。特别是，

① 只是这一章的这五节获得了这种名声。该章的其余部分，即在第三版中尊重朋友们的“聪明的批评”所增加的东西，并没有分享这种称赞，甚至像巴斯塔布尔和埃奇沃思这样贤明的穆勒派也认为增加的东西是“艰涩的和混乱的”。我不能完全同意这两个人的看法。在增加的东西中，有很有价值的贡献。例如，穆勒在该章的第八节要比在其他地方更接近于理解需求弹性（他称之为“伸展性”）这个概念的性质和用途。某些针对它的批评，所根据的只不过是表述上的笨拙和含糊，而这是用文字来陈述这个题目、除了数字例子以外别无加强之道所无法避免的。

他起初把他的论证限制在只有两种商品和两个国家——应当加上,这两个国家的大小和生产能力是相同的——的场合下,事实上只有在这种场合下,所涉及的原理才能最好地表现出来。为了确定在比较成本所规定的限界以内两个国家和两种商品之间的交换比率或贸易条件趋向于固定的那一点,穆勒再一次求助于"先行的"(从逻辑上说是根本的)供给与需求规律。他看出了:(在相当广泛的假设之下)均衡交换比率将由这个条件来确定,即输入国愿意按照这个比率接受的两种产品的每一种的数量,等于输出国愿意按照这个比率给予的数量("国际需求方程式")。① 假定是:如果一个国家按照这个比率所愿意接受的比另一个国家所愿意给予的要多一些或者少一些,那么"购者"或"售者"的竞争就将调整交换比率,直到它符合这个条件。② 以下一点也应当归功于穆勒:他看出了这并不排除多重的均衡;③一些更为

① 也可以把这个公式改写成交换比率使输出品和输入品的价值相等,改写后的公式比起改写前的公式来虽然要简单一些,但却没有那么清楚地显示出这个命题是一个均衡条件而不是一个恒等式。

② 穆勒的这个暗含的假设实际上构成了一个额外的条件,即所谓次要条件或稳定条件。

③ 这个问题稍微有点复杂。一方面,正如维纳教授所指出的(前引书,第537页),穆勒对于他的供给与需求方程式的性质具有正确的概念,即他看出了,并且向反对者们声明:那是一个均衡条件而不是一个"恒等的命题",因而当然不可能确定均衡点。我们应当记住穆勒在写给卡尔尼斯的信(《书信集》,休·埃利奥特编,1910年)中所说的这段话,因为它证明了,穆勒是完全懂得这种区别的。但是,另一方面,穆勒则说(论国际价值一章的第6节):"可以想象,〔国际需求方程式的〕条件是同样可以由能够假定的每一种数字比率来满足的",而这会把那个"方程式"变成一个恒等式。可是,如果我们联系上下文来读这一段,那就很容易看出,它实际上只不过意味着穆勒觉察到有可能存在着不只一个均衡位置;这样一来,就出现了一个显著的优点,要求人们予以承认,而不是包括埃奇沃思在内的批评家们叫人注意的那个缺点。

微妙的问题，此处无法加以讨论。还有一点应当记下来：穆勒很好地运用了他所创造的器械。特别应当提到的是，他在第 5 节中论述了某一出口工业部门的技术改进并不一定对出口国是有利的。有关这一问题的进一步说明，我们主要请读者参看哈伯勒教授的那部名著。[①]

让我们马上指出，在这个领域内马歇尔所做的只不过是改进和发展了穆勒的学说。他把它铸成了一个优美的几何模型(《对外贸易纯理论》，1879 年)，这就大大地澄清了这个理论。[②] 但是他完全清楚(参阅《艾尔弗雷德·马歇尔纪念文集》，A. C. 皮古编，1925 年，第 451 页)：他的曲线"是按照穆勒所定的那个调子来谱曲的"。这甚至也适用于那个几何器械：穆勒的读起来略显笨拙的教诲，叫人选择了这些曲线而不是任何其他曲线。埃奇沃思的著名的重新陈述(《国际价值纯理论》，载《经济学杂志》，1894 年，收在《政治经济学文集》第二卷中)加上了许多有趣的细节，但在基本原理上也没有超出穆勒。在二十世纪二十年代以前，穆勒的学说没有受到过严厉的攻击，甚至在二十年代，该领域的主要名家实质上仍墨守着他的学说。

既然"古典"作家在阐述国际价值理论时心中总是以拥护自由贸易政策为主要的实际目的，他们自然就对说明一个国家可以从

---

① G. 冯·哈伯勒：《国际贸易理论》(1936 年，第九章至第十二章)。这部参考书还论及了比较成本这个题目，凡是不满意于甚或不理解我的简短叙述的读者，都可以从这本书中得到帮助。

② 关于这个模型，参阅哈伯勒，前引书，第 153 页及以下；还有马歇尔的《货币、信用与商业》一书的《附录 10》。伦敦政治经济学院曾重印了(1930 年)1879 年的论文，书名是《纯理论(对外贸易——国内价值)》。

对外贸易中得到的"好处"很感兴趣。我们在别处已经提到了这往往使他们的议论带有偏见,往往使他们低估保护可能带来的单方面好处。在这里,我们较为感兴趣的,是看他们怎样给这种好处下定义,以及他们怎样确定这种好处的数量。自然,在讨论的最初阶段,只要说出以下一点就完全够了:对外贸易将给一个国家提供它所根本不能生产的或者只有用更高的成本才能生产的商品。后一因素因采用比较成本原理而得到加强以后,李嘉图就同样自然地要强调由此而节约的单位产品的成本。这有两个方面。一方面,这同强调按每单位成本计算的产品数量的增加①是一样的。李嘉图自然认识到,对外贸易不能增加一个国家的实际价值(他所说的那种意思)的总额,但是"对外贸易会非常有力地促进商品量的增加,从而促进享受总额的增加"(《原理》,第七章)。在这里他打住了,因为他坚信效用(使用价值)是不能衡量的。② 但是,我们仍然可以这样来表达李嘉图的原意:对外贸易可以增加每一单位实际价值的享受。无论如何,他对对外贸易的福利经济学的研究只是达到这样一个深度——但比普通所认为的要深一

① 谈到李嘉图用来说明比较成本原理怎样发生作用的那个例子,我们要指出:如果英国和葡萄牙各自生产一单位的布和一单位的葡萄酒,没有贸易,则两国都会花费390单位的劳动;而在通过自由贸易实行专业化以后,生产这四个单位的东西总共就只需360单位的劳动。

② 但是既然他说过对外贸易会增加享受的总额("总额"这个词当然是不恰当的,如果效用不能衡量的话),他就不应当说效用是不能比较的。效用的比较实际上已包含在比较成本原理中了,只是因为效用可以比较,这个原理才有意义。由此我们可以把以下现代思想归之于李嘉图,即:虽然没有"基数效用"这种东西,但却有"序数效用"这种东西,也就是说,虽然一种效用不能是另一种效用的倍数,但一种效用却可能比另一种效用大些或小些。

些。另一方面，对外贸易是以下述方式同李嘉图的实际价值结构发生关系的：如果像英国的情况那样，进口货在很大程度上主要是由工人阶级消费的粮食和其他必需品如棉花，那么工人阶级在总价值中的份额将下降，而利润的实际价值和利润率将上升。不用说，李嘉图的自由贸易论的核心是：对外贸易通过改善资源的分配，通过给予"储蓄和资本积累以刺激"——通过它所带来的"商品的丰富和低廉"——实际上会增加"人类的幸福"，但不会(除了暂时的以外)提高利润，除非对外贸易像生产这种财货的技术得到改良那样，有助于降低李嘉图所说的工资财货的实际价值。

在这个题目上马尔萨斯的议论如果还有一点什么东西的话，那也不同李嘉图的议论有什么矛盾。当然，正如维纳教授所指出的，马尔萨斯本可以这样说：使用"享受总额"这个概念是很靠不住的，因为对外贸易会影响收入的分配，而且可以想象，会使收入分配朝着不利于小收入的方向发展。但他不曾这么说。当时也没有人这么说过，只是在英国的谷物法论战中某些替农场主说话的政治家这么说过。我当然并不认为，李嘉图或穆勒令人满意地处理了对外贸易的福利问题。客观他说，穆勒的相互需求理论是向前迈进了一步，因为它比较直接地指向了福利(效用)方面。但是穆勒自己并没有充分利用这种方法所提示的可能性。这要等待马歇尔和埃奇沃思来做，他们所得出的方法虽然现在已经陈旧，但在十九世纪九十年代却曾使许多人感到满意(参阅后面，第四编，第七章，附录)。他们，尤其是埃奇沃思，批评穆勒不应当单以交换价值

(贸易条件)去估计对外贸易的好处。[①] 鉴于李嘉图强调的是享受资料的增加,这个批评是很难用在他头上的。就穆勒来说,这个批评还有些道理,但也不是大多。两个人都正确地看出了"贸易的社会利益"的性质。与其说他们试图依据贸易条件估计这种利益,还不如说他们根本不曾试图去衡量这种利益,而他们在卡尔尼斯遗憾地称为一种"不确定的和不明白的结果"(《主要原理》,英国版第506页;美国版的页码有所不同)面前止步不前,是有些理由可以为之辩护的。

让我们现在提出以下问题:比较成本理论和相互需求理论是怎样同李嘉图和穆勒的一般价值理论联系在一起的,或者按照普通的说法,他们的国外价值理论和国内价值理论两者之间有什么关系呢?

首先,比较成本理论和相互需求理论之间的关系是怎样的?穆勒的慷慨把一个明白的答复掩盖起来了。我们已经看到,在他的《论某些未解决问题》(1844年,论文一,"论各国间交易的规律")中,他提出了他的相互需求方程式,说这是对李嘉图的比较成本原理的一个小小的补充,是这位伟大的先驱者自己没有时间加上的。大多数历史学家和批评家采取了同样的看法。但很明显,这种看法是完全错误的。需求和供给表——需求曲线和供给曲线的交叉提供了相互需求方程式的几何图形——是李嘉图一向拒绝

① 也就是说,埃奇沃思等人指责穆勒相信一个国家得自贸易的利益总额总是随该国每单位出口货物所得到的利益(英国用自己的一单位毛织品所得到的德国亚麻布的数量)的增减而增减,就像论述工资问题的作家们有时候认为全国工资总额总是随工资率的增减而增减一样。

采用的一种方法，他只是偶尔用这种方法探讨暂时性的波动和被垄断的商品。需求和供给表引入了一种新的更为普遍的原理，恰似在货币领域中，一般汇率理论并不补充以下命题，即在国际金本位制下，外汇率处于黄金输出点和输入点之间（从这种意义说，外汇率是由它们所决定的），而是取代了该命题，使它不再占有关键性地位。就像一般汇率理论把输金点定理降到了关于一种特殊情况的许多命题之一的地位一样，相互需求理论也把比较成本原理降到了这样一种命题的地位，即关于在商业竞争下的贸易的一个特殊方面的命题，固然该命题仍具有某种重要性——因为它对于消除一种流行的错误特别有用——但对于国际价值理论来说已经不再是根本性的了。[①] 由此可见，二者既不是有关国际价值的不同理论，也不是互相补充的，它们的关系是一个特殊定理和一个综合理论的关系。

现在来看看比较成本和相互需求二者同其作者的一般价值理论的关系。就李嘉图来说，我们可以把比较成本原理看作是劳动数量规律的一个例外，因为它描述了商品不再按这个规律来交换的一种情况。由于这个例外不仅涉及国际价值，而且在劳动不是完全流动的一切场合下也涉及国内价值，所以它就更加严重了。事实上，连同李嘉图被迫作出的其他的例外和限制一道，它实际上割裂了李嘉图价值理论的整个结构。但是我们也能够根据差不多

① 我完全同意哈伯勒教授的以下说法：比较成本原理已“并入”了一般国际价值理论中，而相互需求方程式则是该理论的核心定理（前引书，第123页）。但是恰恰因为我赞成这种说法，我才不能赞成哈怕勒在同一个地方所采用的另一种说法，即相互需求理论是“比较成本理论的一个重要补充”。

同样充分的理由来把比较成本原理看成是劳动数量理论的一个产物,李嘉图是从劳动数量理论的角度去看国际价值问题的,这种理论也给他的论证提供了技术。因此,有些权威人士(俄林,梅森)认为,李嘉图的国际贸易分析由于其依赖于陈旧的价值理论而受到了损害。但是决不要忘记,正如哈伯勒所指出的,比较成本原理是可以用机会成本来加以重新表述的。

穆勒的相互需求同他的一般价值理论之间的关系就完全不同了。① 相互需求同任何劳动数量价值理论乃至实际成本价值理论完全没有关系,尽管穆勒的措辞(正如我们所知道的,这种措辞有时候会被误认为是李嘉图的措辞)可能会造成相反的印象。恰好相反,相互需求完全同他的一般供给与需求理论融合在了一起,后者依靠相互需求,成功地扩展到了国际价值领域。这一事例,连同所有其他不能用"生产成本"进行分析的事例一道,帮助加强和统一了穆勒的价值理论,而削弱了李嘉图的价值理论。现在,供给和需求,作为一种价值理论来看(正如我们知道的,它并不真是这样),是真实成本理论和边际效用理论的一个折衷。因此,穆勒的

① 因此,我们可以把穆勒的国际价值理论(或商业竞争理论)看作是他的一般供给和需求分析的一个特例,是由要素不流动这个假设所规定的。但是没有什么东西能够阻止我们采取相反的说法,即说通例是由他的国际价值理论所代表的,而国内价值则是特例,是由要素的完全流动所规定的。这一点之所以值得我们注意,是因为近来凯恩斯的学说也出现了类似的情况:大多数经济学家往往这样来描述瓦尔拉的模型同凯恩斯的模型之间的差异,即声称后者是通过几个限制性的("特殊化的")假设而从前者剪裁出来的;但凯恩斯勋爵自己却把他的理论看作是通例,而他所谓的古典作家(马歇尔及其直接追随者)则是从这种通例中剪裁出他们的特例的,这种特例是通过假设不存在某些事实而得到充分就业均衡的。读者会注意到,这一点虽然从严格的逻辑上讲是一种没有差异的区别,但对于科学论战的心理却关系重大。

相互需求方程式构成了离开前者和走向后者的另一步。而这就是为什么穆勒所建立的国际价值理论，比起他的"古典"体系的其余部分来，在批评的火力下，更能挺立得住，和为什么一直到二十世纪二十年代，它一直是居于统治地位的学说。

讨论一下当时和后来人们对比较成本原理和相互需求方程式所作的(有道理的和没有道理的)批评，这本身是饶有兴味的，而且由此而可以弄清，在不同的时代投入经济论战的能力和分析力有多大。更重要的是，这样一种讨论会大大增进读者对于国际价值理论和对于这种理论能做什么与不能做什么的理解。但在此处进行这种讨论是完全不可能的。幸运的是，参看维纳和哈伯勒的著作即可以大大地弥补这个缺陷。① 我既然建议读者去仔细研读这两人的著作，所以就能够以下面的两点作为结束。

第一，研究"古典"国际价值文献的人必须记住，他所处理的是非常粗糙的基础，而不是一个完成的结构。例如，不论是李嘉图还是穆勒都只是把仅仅涉及两种商品和两个国家的理论看作是说明某些原理的例证——穆勒实际上曾简单地讨论过三种商品和三个国家的例案(第三编，第十八章，第四节)——虽然他们确实相信把这个理论推广到几种商品和几个国家的工作是很容易的，而实际上则不是那么容易。② 对于"古典作家"只分析不变成本的做法

① 决不要因此而认为，我同意这两位杰出作家所作的分析的每一个细节。

② 穆勒认为，在任何数目的国家和任何数目的商品之间的贸易，"必定是"按照与两个国家和两种商品之间的贸易相同的根本原则来进行的。情况并不完全如此。推广到两个以上的国家的确不是很困难。在这个时期内有几个作家就曾这样做过，他们弄清了这种推广会在多大程度上影响结论的有效性。但是推广到n种商品却困难较大。就我所知，M.朗菲尔德是第一个这样做的人(《关于商业的三篇演讲》1835年)。

亦应如此看待:渐增的或渐减的可变成本无疑地应当引入"古典"理论中,但是不能够这样做的批评家所应当责备的,与其说是先驱者们,倒不如说是他自己。还有,"古典作家"并没有这样来反问自己:放弃他们关于"自由"竞争和资源充分利用的假设,会对他们的理论产生什么影响。不过,可以证明,垄断竞争和资源长久得不到充分利用均不能破坏比较成本原理或相互需求方程式的有效性,虽然确实会使所得到的实际结论有很大的不同。①

第二,当我们指出许多无疑地有损于"古典"分析的错误和不足之处时,我们必须注意到,其中有许多是可以消除而对基本理论不会造成多大损害的,而且批评者也有大致相等的错误和不足之处。一个例子是"古典作家"处理"贸易的利益在两个国家之间分配……的比率"这一问题的方式。穆勒在1829年的《论文》(1844年发表)中已经解释过,这种比率可以在比较成本所确定的限度以内变动,他甚至还考虑到了"全部利益……会归于一方"的那种"极端的情况"。他或许是低估了这种情况的可能性——例如,他几乎没有想到一个大国和一个小得多的国家进行贸易的情况——而且还可以就他对这个问题的处理提出其他的批评。可是,从实质上说,他是对的,那些可以作出的修正实质上并没有改变他的论证。但是,即使事情不是这样,这种情况也只在两种商品、两个国家和不变价格的条件下才是真正严重的——在对理论作出的任何比较

① 就资源长久得不到充分利用来说,要使自己相信这一点,最简单的办法就是看一下赞成保护的论点,这种论点由于资源得不到充分利用而具有越来越大的说服力,虽然究竟具有多大的说服力是有争论的。

现实的陈述中，这些条件是会自动消除的。另外一个与此有关的例子，是“古典作家”处理各国在对自己比较有利的生产部门中实行专业化的限度这一问题的方式。李嘉图的疏忽大意，再加上他的批评者的疏忽大意，造成了这样一种印象：李嘉图仅仅考察了完全的专业化；他认为这种完全的专业化在理论上和实践上都是理想的情况。但是，就算这两种看法是完全正确的（是否如此是成问题的），那也没有什么了不起。关于第一种看法，如果在客观上可能的话，也就是说，如果两国都足够大的话，贸易国的完全专业化，在李嘉图不变价格的假设之下，确实会是一般规律。如果我们像在任何情况下都必须做的那样取消这个假设，我们也就取消了这个使人讨厌的命题。至于完全专业化同部分专业化或根本没有贸易的情况相比所具有的利益，李嘉图和穆勒肯定都没有仔细思考这件事。而批评者们感到很容易证明：只有在一种极限情况下为获得国际贸易的全部利益，才有必要实行完全专业化；一般说来，部分专业化或许“利益”更大；而在其他极限情况下，完全专业化或许并不比完全没有贸易更好。可是，既然没有李嘉图和穆勒所说的那种“利益”的贸易也就是无利可图的贸易，因而所需要作的修正重又是没有多大关系的。作这些修正实际上只会使根本的真理模糊不清，而不是重新断定根本的真理。

并非“古典”国际价值分析的所有缺点都是可原谅的。甚至穆勒也很不了解国际贸易对国内价值结构的全部影响，他也像李嘉图那样（虽然不如李嘉图那么严重）认为国内价值是既定的，或是——这也好不到哪儿去——认为是适当地自行调整的。

另外,原始的技术和自由贸易的偏见造成了对以下所有情况的几乎是完全的漠视:设计得好的关税至少可以使某一贸易国大大获益,并且可以想象有时可以使所有贸易国都大大获益。① 但是,整个看来,说"古典"价值理论曾经被驳倒过则是不真实的,是会使人误解的,②虽然正如我在另一个地方已经说过的,"古典"作家根据这一理论得出的某些实际结论确实被驳倒了。而且这种"古典"理论根本不能胜任古典作家加在它上面的重担,即根本不能成为"对政策的指导"。特别是,它并不能"为自由贸易提供证明"。

4. 萨伊的市场规律

J. B. 萨伊在其论著(《政治经济学概论》)的著名的一章中,详

① 这种漠视不应当单单归之于偏见,已由埃奇沃思的情况表明:他做了许多事情去补救那种状况,却仍然是一个坚定的自由贸易论者。在当时,特别是托伦斯在关于《预算》的几本小册子(1841—1844 年)中,指出了在"古典"理论的范围内是有可能对保护措施进行分析的,这种分析不会证明较为激进的自由贸易论者的论证百分之百是对的(这实际上必须用英国的地位和利益而不是用任何理论去说明)。较为激进的自由贸易论者出于策略上的考虑,很不愿意承认实行保护确实有可能带来单方面的好处。库尔诺对国际价值理论的贡献乃是在这个领域内。只不过这种贡献不是在他的《研究》第十二章的论证中——这一章一再受到了毁损性的批评,并且其中的一部分他自己也不以为然了——而是在第十章的论证中,这一章虽然也不是没有缺点,却成功地证明了:在没有障碍的国际贸易下,一种商品的全部产量可以想象要比在两个市场彼此完全孤立时该商品的产量小一些。但是他似乎没有认识到这个论证的局限性。

② 参阅 O. 冯·梅林:《国际价值理论是否已经被驳倒?》,载《社会科学文库》,1931 年 4 月。

细阐明了一种学说，即他的“市场规律”。[①] 这种学说在十九世纪的最后十年重又引起了人们的注意。它变成了凯恩斯和凯恩斯主义者非难的目标这一事实，使它具有了一种本来不属于它自己的重要性。由于这一点，我们将在讨论瓦尔拉和马歇尔体系时不得不再讨论它，据某些凯恩斯派的批评家说，它是这个体系的一个基本命题。由于同样的理由，我们现在必须较为仔细地（若非如此，我们是毋需这么仔细的）讨论它的原有意义和它的早期遭遇。

我们的第一件工作，就是弄清萨伊的原意究竟是什么。就一位如此不精确的作家来说，这并不总是容易的。但在这一次的情况下，他的意思却是足够清楚，事实上已由他的举例和他的结论表明了。让我们从这些例子中的一个来开始，这是他评述英国出口工业在 1810 年左右的困难处境时加上的，这种困难处境是西斯蒙第在说明无限制的生产可能造成停滞时举出的一个标准实例。萨伊的论点是：困难不是在于英国产品的生产过多，而是在于预期来购买这种产品的国家太穷。举巴西为例。如果英国生产者不能把他们试图向巴西输出的货物脱手，那只能有两个原因：要么是英国出口商对巴西人所需要的商品作了错误的估计——正如在当时关于远方国家的消息的状况下，他们实际上做过的那样——要么是巴西人没有什么东西可以向英国提供或向第三国输出，以便获得货币来支付英国的生产者。换言之，问题不在于英国生产得太多，

① 普林塞普译本（1821 年），第一编，第十五章，第 76—83 页。它在《概论》第一版中只占四页，但为了回答批评，在以后各版中不断扩充，变得越来越模糊。“市场规律”〔Law of markets〕是法文 Loi des débouchés 的通常英译。“销路”〔Outlets〕一词也许更能表达萨伊的意思。普林塞普使用了“出路”〔Vent〕一词。

而在于巴西生产得太少。还有,正如萨伊所强调指出的,即使巴西人生产了可以接受的等价物,但如果英国或第三国实行进口限制,致使不能输出它们,对于事情亦不能有所补救。就上面所说到的而论,萨伊的论证只能算是普通的自由贸易论点的一部分,这种论点当时很流行,后来由罗伯特·皮尔爵士在一句格言中表述了:"为了能够输出,我们必须向外国商品敞开我们的港口"——这句话无疑地是过于简单化了,但它包含了许多的根本真理和实际智慧。当我们记起,在"古典作家"的图画中,国际经济关系完全或者几乎是完全简化为商品贸易时,上面这一点就尤其突出:如果我们把短期的和长期的资本移动除外,把变幻莫测的黄金生产撇开,那么,输出品和输入品"最终"就必定彼此抵偿。

可是,萨伊比其他人更清楚地看到:这个论点是从一个也能适用于国内贸易的更普遍的原理得来的。在分工之下,每一个人为了获得他所想要的商品和服务,普通所能利用的唯一手段,就是生产——或者参加生产——与这种商品和服务等价的某种东西。由此可以推论出,生产不仅增加市场上的商品供给,而且通常还增加对商品的需求。从这种意义上说,正是生产本身("供给")创造了"基金",由此带来了对产品的需求:在国内贸易中,也像在对外贸易中一样,产品"最终"是用产品来支付的。因此,所有生产部门的(均衡的)扩大,同某个工业或某类工业的生产的片面增长,是两件非常不同的事情。看到了这一点的理论上的含义,这是萨伊的主要成就之一。我们现在也必须弄清这一点的理论含义。

让我们来看这样一个工业部门:它太小了,对其余的经济部门,对于像国民收入一类的社会总量,不能产生显著的影响。因此，可以把其余经济部门的状况看作是用来研究这个工业部门营运状况的材料——这种方法我们将在第四编第七章“部分分析”这个标题下讨论。[①] 特别是，这个工业部门的产品需求表是根据所有其他工业部门的收入推导出来的：该工业部门对总收入的贡献既然很小，产品需求表就可以认为是既定的，是不随这个工业部门的供给为转移的，对于这个工业部门所使用的要素的价格，（一般说来）也可以如此看待。于是我们就有了概括了全部社会经济状况的既定而独立的需求表和成本表，这个工业部门应当对它们作出反应，它们可以说是决定了这个工业部门在每种价格上将要生产的数量（供给表）。这样，“恰当的”或均衡的数量一般说来既已由这个需求表和供给表很好地规定了，要指出在任何特殊情况下这个工业部门是生产得“太少了”或“太多了”，要描述由这种生产不足或生产过多所推动的机制，就不会有什么困难或含糊之处了。

380

但这样说是合理的：某一工业部门的均衡产量，即既不是太大也不是太小的产量，只是对所有其他工业部门的产量而言，才能算是恰当的。不是相当于其他工业部门的产量而言，称之为恰当的产量就不可能有什么意义。换句话说，需求、供给和均衡这些概念，都是用来描述商品和服务世界之内的数量关系的。它们对这个世界本身来说并没有什么意义。严格地说，谈论一个经济体系的全部的或总的需求和供给，附带地也谈论生产过多，这是没有什么意义

① 由此而对上面的论点作了不必要的限制。它的主要之点实际上是同部分分析中的特殊假设无关的。但是我们的阐述并没有由于作出这样的限制而受到很大的损害，反而大大地简单化了。由于同样的理由，我们也把自己限制在完全竞争的情况下。

的,就像谈论所有能出售的东西所具有的交换价值或谈论整个太阳系的重量一样。但是如果我们一定要把需求和供给这些名词应用于社会总量,我们就必须记住:这时它们的意义同它们的普遍被公认的意义是截然不同的。特别是,这种总的需求和总的供给并不是彼此独立的,“因为对任何一个工业部门(或企业,或个人)产品的分需求都渊源于所有其他工业部门(或企业,或个人)的供给”,①因而,在大多数场合下,如果这些供给增加,需求也就增加(按实物计):如果这些供给减少,需求也就减少。这个命题就是我(像勒纳一样)所称的“萨伊规律”,我相信它表达了萨伊的基本意思。

上面所说明的萨伊的规律,显然是真实的。然而,它既不是浅薄的,也不是不重要的。为了使我们自己相信这一点,我们只要注意由于把通过需求和供给器械得来的命题错误地应用于社会总量上而直到今天仍在产生的错误就够了。例如,注意到“某一工业部门的萧条可以通过限制生产而得到医治”,普通人有时就相信,“要医治整个经济的萧条,需要做的全部工作就是普遍限制生产”,②比较不这样粗糙的但仍然属于这一种性质的推论是太经常出现了,甚至在具有科学水平的著作中也有,以致不容许我们把萨伊的规律当作一种陈旧的自明之理,弃之不顾。而且,我认为,勒纳教授的例子可以这样来重新加以表述,以便使萨伊的规律对危机或“过剩”理论的巨大重要性——尽管是在消极的方面——显现出

① A. P. 勒纳:《工资政策与价格政策的关系》,载《美国经济评论》,增刊,1939年3月,第158页。

② 勒纳:前引书。

来。它正确地断言,危机的原因决不能单单用每一个人生产太多了去解释。最后,这个规律——至少在含义上——等于是承认了各个经济数量的一般相互依存性以及它们彼此互相决定的均衡机制,因而(像萨伊的其他贡献一样)在一般均衡概念出现的历史中占有一席之地。

但是萨伊对于这个分析命题本身却几乎不感兴趣,而这个命题对于我们来说却正是他论述市场的那一章的价值所在。像所有时代的许多其他经济学家一样,他更加急于实际利用这个命题,而没有用心地表述它。他染上了“李嘉图恶习”(参阅前面,第四章,第 2 节)。这一章主要是拥护自由贸易和反对加诸生产的限制的论证,因而充满了粗心的陈述,而人们所注意的恰恰是这些陈述。读者可以欣赏到这样一幅关于资本主义过程的图画:它只表现了工业的胜利向前推进,除了局部性的失调和限制性的政府政策以外,没有什么东西阻碍工业在充分就业条件下的持续发展。人民呻吟其下的所有其他的罪恶,在“供给”创造“需求”这个口号下都消失了,赋予这个口号的意义比它在严格解释时可能具有的意义要大得多。值不得我们停下来,去搜集甚至这幅图画也可能包含的点滴真理,并指出,例如,法国工业在 1811 年、1812 年和 1813 年所经历的困难事实上主要是由于拿破仑政府的政策(“米兰敕令”等等)所造成的,那些年的经济盛衰与其说是由于法国所生产的数量,倒不如说是由于就它所生产的东西而言缺乏补充物〔complements〕所致。但值得我们注意的是,萨伊粗心的陈述——不管公正的批评家在其中可以找到什么其他有价值的或没有价值的东西——为抱有敌意的批评家充分施展才能,提供了机会,他们动不动就说萨伊的理论是为资本主义所作的辩护——是对资本主义的“粉饰”,是对真实困难的轻率否认,是浅薄的乐观主义,是“沉溺于均衡的梦幻”,如此等等。更值得我们做的是,仔细考察一下他的疏忽大意所造成的某些分析上的后果。

要说明的第一点是:虽然萨伊的规律不是恒等式,但他的混乱的解说却使得许许多多作家相信它是恒等式——而这至少有四种不同的意义。

I. 某些作家根据以下理由来捍卫萨伊的规律:这个规律所断言的只不过是“凡售出的东西就是被购入的东西”,或者说卖主所得到的金额就是买主所支付的金额。这种解释显然是错误的。但是萨伊的这一章里有一句话,实际上读起来仿佛就像他的原意恰好是如此。可以指出,正如理查德·古德温在一篇未发表的文章中所表明的,上面所说的这个自明之理决不是无用的。只不过它并不是萨伊的规律。

II. 另一些作家倾向于承认萨伊的规律适用于物物交换经济的情况,他们把反对该规律的根据完全放在忽视货币的作用(在他们看起来,这个规律似乎是如此)这一点上,他们指出:在物物交换的经济中,每一个“卖主”必然也是一个“买主”。从这种意义上说,的确存在出卖与购买的恒等式,而且确实可以引证萨伊自己的话来证明这一点。但是这个恒等式同萨伊的目的是完全没有关系的。要使得它有关系,就必须证明:在物物交换中,每一个人所提供的,在所有的交换比率上都等于其他人按同一比率所愿意接受的。这当然是明显的胡说八道,因为在物物交换经济中和在货币经济中一样,同样有可能出现失衡,虽然在货币经济中可能有更多的干扰源。马尔萨斯已经犯了这个错误,其他人也一再重犯这个错误。

III. 把萨伊的规律当作恒等式的还有另外一种解释,凯恩斯勋爵就采用了这种解释,我们将用 O. 兰格所赋予它的较为精确的形式来陈述它(见《萨伊的规律》,收入兰格、麦金泰尔和英格特 1942 年编辑出版的《数理经济学和经济计量学研究》一书)。用 P_i 表示某种具有代表性的商品或服务 i 的现行价格，用 D_i 表示需求数量，用 S_i 表示按那个价格所供给的数量。如果有n－1种商品（不包括货币），兰格让萨伊的规律表示：

$$\sum_{i=1}^{n-1} P_i D_i \equiv \sum_{i=1}^{n-1} P_i S_i$$

如果把货币看作是第n种商品，这同 $D_n \equiv S_n$ 的意义是一样的。明白指出以下一点也许并不是多余的：我对萨伊规律的解释相当于用等号（=）代替恒等号（≡），该规律只有当经济体系处于完全均衡的状况时才是有效的。当然，没有什么东西阻止我们去做纯理论方面的有益练习，推演 $D_n \equiv S_n$ 这一假说的结果。但这不应当称为萨伊的规律，因为萨伊虽然没有考虑贮藏问题，但却考虑到了货币有效数量的增加（万一交易的增加要求这样做时）问题。然而，得出这种解释还是可以怪萨伊自己。由于他过于热衷地要证明他的定理的实际重要性，他在好几处地方所说的话的确仿佛是：供给的全部商品和服务（不包括货币）的总货币价值，不仅在均衡中，而且"永远地和必然地"等于需求的全部商品和服务（不包括货币）的货币价值。如果他的意思真是如此，他在逻辑上当然是错误的；但是，即使他的意思只是说经济"永远地和必然地处于均衡中"，而同时他又相信——或许他是如此——在大多数时候，现实事实上是，或者在没有政府干涉时会是，同均衡状态一致的，那他在实际上也是错误的：读者可以看到，这两种意思是多么容易混淆。

IV. 最后一种恒等式或同义反复是由萨伊自己荒唐地创造出来的，显然是为了使他的规律无懈可击。对其规律的攻击，使萨伊陷于绝境，他只得重新表述他的生产概念，使其只限于生产价格可以补偿成本的那些物品。那些只能亏本出售的物品不再构成经济意义上的生产了，从而生产过剩就被定义所排除了！[①] 从那时以来，经济学界一直在嘲笑他。篇幅不容许我们去分析造成这种失策的心理状态，或是去试图在其中发现一个可以辩护的核心。

① 这个新的生产概念首先是在写给马尔萨斯的一封信中提出来的（1820年；参阅《杂文和通信》，第202页），然后又见于《百科全书评论》第23卷的两篇文章中（特别是参阅第一篇，题为《论消费与生产的平衡》），并体现在《概论》第五版（1826年）和《教程》（1828—1829年）中。

关于萨伊的粗心大意需要在此处提出的第二点也是唯一的另外一点，是同他对待货币因素的态度有关的，对于任何一个依靠物物交换经济模型的人来说，这个因素都是一个难以逾越的障碍。萨伊就这个题目发表的为数有限的零碎看法可以分为两类：一类是理论性质的看法，另一类是有关读者对他的乐观图景的现实性可能抱有的实际疑问的看法。前者可以归结为一个定理：货币的干预对于他的规律不会造成任何原则上的差异。不论有无货币，产品归根结底还是同产品相交换，因为货币只不过是一种交换媒介，由于让它呆滞就会丧失满足或商业上的利得，所以每一个人都将在收入和商业支付两者的习惯所许可的范围内，尽快地花掉它。现在我们普遍都受到了一种不同学说的熏陶，所以必须强调指出，这个理论本身是没有什么错误的，如果在陈述和使用它时适当地考虑到它的抽象性和它所包含的假设的话。[①] 对它可以提出的主要批评，以及为什么我们喜欢另外一种理论模式的主要理由是：萨伊像那个时代的几乎所有理论家一样，忽视了货币的价值贮藏职能，因而忽视了这样一个事实，即在货币"需求"中有一个因素是他的理论所未能加以说明的。不论由此可能对经济理论的整个研究方法产生什么样的理论后果，这种后果都不能证明有理由全盘否定这个理论，也不能证明有理由拒绝承认它作为分析的最初一步自有其价值。假如人们只是在萨伊采用的理论模式中插入"为持有而产生的对现金的需求"这样一句话，只是谈论补充它而不是驳

① 既然以满足或利息的损失作为人们必须迅速花钱的理由，那就甚至可以主张：在这一段中，萨伊超出了他的概论的范围，而带有一种更完全的理论倾向。

斥它，或只谈论在他的第一个近似真理之上再加上第二个近似真理，那么，我们就可以省去许多无理的争论，并且可以在初学者当中避免许多混乱。

萨伊对他的规律引起的货币问题发表的“实际”看法可以归结如下。与他的解释者约翰·穆勒不同，他对由于广泛拒绝将收入迅速花在消费或“真实”投资（即引起对货物和服务的需求的投资）上可能产生的现象的实际重要性，并没有多加思考。如果有人问他，他是否承认这样的拒绝——如果发生的话——会造成扰乱，以及——如果情形是这样——他为什么没有把这一点指出来，他可以很有道理地回答说，他的书是写给具有正常智力的读者看的。但是他在一个马马虎虎的脚注（《概论》，前引书，第 77 页）中确曾提到，如果生产扩大而流通手段未能相应扩大的话，价格水平是会下降的。但是，他回答说，如果交易的增加需要有更多的货币，则这种需要可以通过创造商业汇票、银行券和活期存款这样的代替物“很容易得到满足”，此外货币还将从国外“流入”。这就把事情看得太简单了，并且表明他的反对者至少在这一点上是很有道理的：萨伊的议论是以实用为宗旨的，他毫无道理地缩小了把他的定理同经济过程的现实隔离开来的那道鸿沟，不加批判地把他的定理应用在实际经济过程上。①

① 而且，我们对于他的脚注的含义在这里给予了完全善意的解释。他的正文是更加可以反对的。他在正文中宣称，真正的购买力基金就是财货，任何数量的货币均可以满足任何数量的实物交易（这种说法也不完全是错误的，但只是在抽象逻辑原理的领域中才站得住脚），试图以此解决全部问题。可是，值得注意的是，他的论证有一部分（即抨击商人观点的那部分，商人把自己遇到的麻烦归咎于缺乏货币）已经被乔赛亚·蔡尔德爵士说明过了。

我们来看看围绕着萨伊的规律展开的争论。由于批评家主要是对于它在实用上的含义感兴趣,这种争论就主要集中在"一般过剩"问题上。因此,此刻只要提出几点就够了。

萨伊的学说被李嘉图(《原理》,第二十一章)和李嘉图派的成员好坏不分地全盘接受了。詹姆斯·穆勒,正如他的儿子所说,甚至可以说是独立地发现了这个规律。[①] 该规律几乎同时受到了西斯蒙第和马尔萨斯的攻击,[②]随后进行攻击的还有查默斯和其他的人。他们的论证有一些错误到了荒谬的地步(虽则萨伊的回答也高明不了多少),而约翰·穆勒在作有利于萨伊的总结时,毫无困难地消除了这些错误。在这样做时,在指出有关这个问题的不同意见涉及"根本不同的'政治经济学'概念,特别是在它的实用方面"时,他对萨伊的解说作了重大的改进,不过很显然:他并没有把这看作是对于萨伊思想的一个纠正。他完全承认,有时会出现危机,在这种时期"全部商品确实会超过货币需求;换言之,也就是会出现货币供应不足。……因此,几乎每一个人都是卖主,而很少有

① 这首先见于詹姆斯·穆勒的《为商业辩护》(1808年),所以萨伊的优先权是不容置疑的。让我附带说一句:詹姆斯·穆勒,特别是李嘉图,在以下一点上超出了萨伊(参阅李嘉图的《原理》,第二十一章,注2)。萨伊承认可以自由使用的资本相对于"利用它们的范围",或者如我们所说的,相对于可利用的投资机会而言如果过多,则会降低利息率,虽然他认为在利息率下降时这种投资机会会无限制地扩大。这——如果对萧条时期的普遍状况加以适当限定的话——是十分正确的,显然没有包含什么矛盾。但是李嘉图以为它包含了矛盾,并认为——这也是正确的,但只是在他自己的理论模型以内是如此,在它以外就不是正确的了——如果工资(的实际价值)不上升,则投资可以无限扩大而不降低"利润"率。

② 西斯蒙第的《新原理》的第一版刊行于1819年;马尔萨斯的《原理》的第一版刊行于1820年。

买主：所以，在一种可以不加区别地称之为商品过剩或货币供应不足的情况下，一般价格确实会极端低落。"这段话从几个方面来看都是非常有趣的。第一，它表明了，不管萨伊的措辞是怎样，他的一个十分能干的信徒并不认为萨伊的学说否认了会实际出现"一般过剩"。第二，尤其是，这段话驳斥了将萨伊的规律变成这种或那种恒等式的一切解释，而加强了我们的解释。① 第三，这段话有一种非常现代的口气，不可不加以注意。特别是要注意"货币供应不足"这个短语，它的意思显然不是说矿山或印刷机没有制造出足够数量的货币，而是正好等于"企业和家庭对用来持有的现款的需求过大"这一现代短语。这在某种程度上有助于使人们对萨伊自由处理货币因素可能提出的异议不过分——此外还树立了一个榜样，表明严肃而公正的研究工作者应如何对待先行者身上的这类缺点。

就这一点而论，在穆勒和马歇尔之间似乎毫无不同意见。两人都承认，宁愿持有货币而不愿将其花在货物和劳务上的欲望，在某种情况——特别是在危机和萧条期间可能是很重要的。而在这一点上，穆勒与凯恩斯之间的唯一分歧是：穆勒把这种对货币的过度需求限制在上述一类情况中，前者是后者的结果之一，所以不能用它去说明后者；而凯恩斯则认为在萧条期间对货币的过度需求只是一种现象的最惊人的形式，这种现象，在不那样惊人的形式

① 有人会反驳说：约翰·穆勒自己在他的第十四章第二节的一段话中主张了在上面(II)下所讨论的恒等式，在这一段他说，每一个卖主按照该词本身的意义讲就是一个买主。但是穆勒在这一章稍后的论证充分证明了：卖主可以拒绝变成买主；因而，如果他们购买的话，那是出于他们的选择，而并不是由于"卖主"这个名词的含义。

下,几乎是无处不在的,或者至少说在资本主义发展的某些阶段几乎是无处不在的,所以它可以成为周期性下降或“长期停滞”的原因。马尔萨斯所采取的,似乎是后面这种看法。[①]

可是,马尔萨斯的下述意见是使得他不同意萨伊的远更重要的理由(这种意见对于他的有效需求原理来说也是远更根本的):储蓄,即使迅速作投资之用,如果超过了某一最优点,也可能导致停顿(前引书,第七章,第三节)。他没有像劳德戴尔走得那么远,[②]后者可以说是那个时代真正反对储蓄的人。他过于偏激地认为赞成储蓄的人持有这样的观点,即:资本增加,除了储蓄之外,别无其他途径。但是他坚持,超过了最优点,储蓄也会造成一种不能维持的局面:资本家和地主对消费品的有效需求不能增加到足以同由于日益增多的收入转化为资本所造成的产品供给的增加相适应;而劳动者对于消费品的有效需求虽然的确也会增加,但不能为进一步积累和使用资本构成一种动力。正是这一点,构成了马尔萨斯反对萨伊规律的根本之点。对它所包含的错误,将在下面分析。但不能把它归咎于凯恩斯。虽然在马尔萨斯以及劳德戴尔的著作中都有许多段文字无疑地令人想起今天的(或者昨天的)反储蓄论点的一部分,我却不禁这样想:

① 这是我对马尔萨斯《原理》(第一版第361—362页脚注)中的一段话的解释,兰格(前引书,第61页)也是这样解释的。

② 马尔萨斯在提到劳德戴尔《研究》中论“吝啬”的第四章和指出劳德戴尔“反对积累,也同某些其他作家[包括斯密在内]赞成积累一样,都走得太远了”时,写道“这种走向极端的趋势,恰恰是我所认为的政治经济学中发生错误的巨大源泉”。我们援引这句话,一方面是因为它富于智慧,同时也因为它突出地表现了马尔萨斯这个人的特色。

凯恩斯勋爵不应那么完全而彻底地赞成马尔萨斯所说的每一句话。[①] 可是，在马尔萨斯的分析结构中确实存在着全部消费品的总需求表的概念，虽然他没有意识到这个概念所引起的问题，[②]因而可以正确地说，他走在了维克塞尔的前面，后者是第二个采用这种概念的一流经济学家。

既然一般过剩问题在下一章还要提出来，我此刻就说到这里为止。既然萨伊、马尔萨斯和穆勒都没有意识到货币因素可能会引起的确定均衡的问题，我们将把这一问题留给第四编讨论。但是某些读者或许会欢迎进一步就凯恩斯的分析作个摘要，因此我现在就来做这一工作。

凯恩斯当然从来没有想要反对在上面称为萨伊规律的那个命题。这从他告诫人们不要把他的“总供给函数”和“总需求函数”[③]同“通常所谓”供给与需求函数混淆起来就可以看出。但是他相信

---

① 参阅《通论》，第362—364页，特别是凯恩斯的《传记集》中关于马尔萨斯的文章(1939年，第139—147页)，其中谈到马尔萨斯和李嘉图关于这个题目的争论时，巨大的热情使得凯恩斯丧失了理智。在那里，他大肆吹捧马尔萨斯，而一味指责李嘉图“盲目”，从而自己也变得盲目起来，看不出前者的明显弱点，看不见后者议论中的一切强有力的论据。但是他所提供的一系列引文是很有趣的，特别是因为其中有些至今还未在别处发表过。

② 因此，关于马尔萨斯的不同意萨伊，我们所要说的，主要不是他对萨伊的实际结论中可能含有的真理因素未能给予公正的评价，而是他没有理解在这些结论背后的理论。

③ 关于这两个术语的含义，参阅《就业利息和货币通论》，第25页〔中译本，商务印书馆，1963年，第27页〕。针对总供给价格概念提出的告诫，见第24页注1〔中译本，第27页注1〕。这并没有改变以下事实：这种术语是很容易使人产生误解的。

萨伊的规律断言:"不论产量在什么水准,总产量之总需求价格恒等于其总供给价格"(前引书,第 26 页〔中译本,第 28—29 页〕),这就是说,他对萨伊规律的解释,同后来兰格的解释是一样的。如果为了便于比较,我们暂且不去反对总供给价格和总需求价格这样的概念,我们自己的解释可以重述于下:这个规律断言,不论总产量在什么水准,总产量的总需求价格是能够同它的总供给价格相等的;换句话说,总产量内部的均衡,不论产量在什么水准,都是可能的,而单就鞋子产量的一切水准而言,均衡则是不可能的;再换句话说,脱离了总产量的各个构成部分之间的关系,就没有总产量的均衡或失衡可言。[①] 如果正确的话,这个解释似乎就消除了凯恩斯的反对。可是事实上并非如此。因为这个较弱的命题——它只断言无论总产量处于什么水平,均衡都是可能的,而没有断言"总产量的需求和供给"的恒等——仍然会产生另外一个命题(可是这个命题不等于前一个命题):企业之间的竞争总是趋于导致产量的扩大,直到资源被充分利用或产量达到最大限度的那一点。[②] 这才是凯恩斯真正想要反对的命题。可是,既然他用来反对的唯一理由只不过是人们不把他们的全部收入用在消费上,也不一定

① 从这个说法到一种更通常的表述并不是很大的一步,这个表述是许多读者所熟知的,即:总产量永远处于中性均衡中。从其本身来说,这个表述是没有意义的,因为无所谓总产量的均衡。但是我相信,在采取这种表述方式的作家中,至少有些人的意思同我们的上述说法是一致的。如果是这样,那他们就提出了一个真实的命题,虽则表述的方式很容易使人产生误解。

② 读者翻阅一下《通论》第 26 页的第二段〔中译本第 28 页最后一段〕就会看到,凯恩斯为适应其论证的需要,把这个命题表述得夸张得多。但无论从哪一种观点来看,超出我们正文中的表述都是没有道理的——除非萨伊也同样喜欢夸张。

把其余的收入用于投资[①]（根据凯恩斯的意见，由此就关闭了走向“充分就业”的道路），因而较为自然的做法便是：也不反对这个命题，就像我们不能以地球没有掉到太阳里面为理由而去反对引力定律一样，而只是说，萨伊规律虽然正确地叙述了一种趋势，但其作用却受到了某些事实的妨碍，而这些事实凯恩斯相信很是重要，须将其纳入他自己的理论模型中。[②]

所以，事情的全部真相就是这样。一个名字叫 J. B. 萨伊的人发现了一个从理论观点看来意义重大的定理，该定理虽然深深植根于坎梯隆和杜尔阁的传统，但在它从来没有被用这么多的文字叙述过这种意义上说却是新颖的。萨伊自己简直不理解他的发现，不仅把它表达得不很正确，而且还把它误用在他所认为真正重要的事情上。另外一个名叫李嘉图的人理解了它，因为它同他在分析国际贸易时所想到的一些考虑相吻合，但是他也对它作了不正当的使用。大多数的人误解了它，对于他们自己所这样理解的东西，有些人是喜欢的，而另外一些人则是不喜欢的。一场不足以为一切有关方面增光的讨论一直拖延到今天，用优越的技术武装起来的人们仍然在咀嚼同样的老东西，他们每一个人都在用自己对于这个“规律”的误解反对另一个人的误解，他们全都出力来把

① 这种说法是粗略的。或许工资的刚性构成了另外一个理由。但是我们不能在这里讨论这一点。参阅后面，第五编，第五章。

② 这就会使凯恩斯的理论成为一个更普通的理论的一种特殊情况。但是凯恩斯宁愿从包含有对充分就业的阻碍（他相信他看到了这些阻碍）的一种模型开始，然后把他所称的古典理论看作是有关特殊情况或有限情况的理论，在这种特殊情况中，那些阻碍的数值假定等于零。

它变成一种可怕的东西。

5. 资本

在这个标题下,我们将把我们的关于生产过程结构的“古典”分析的讨论推进到在第五章已经达到的那一点以外。但首先我们必须注意名词术语方面的一些问题。

(a)关于财富与收入的名词之争。 我们找不出比这种争论更好的实例,来说明上面已经谈到过的追求字面意义的“方法”的徒劳无益,可是我们也不能完全忽视这种方法,(1)因为作家们形成概念的方式可以用来衡量他们在分析上的成熟程度或经验;(2)因为看看他们如何把不容易驾驭的事实纳入他们所采用的概念结构中是很有趣的;(3)在许多场合下,有关名词术语的讨论只不过是更有意义的事情的外衣,特别是这种讨论可以透露出作者的分析构造或模型的一部分。①

“古典”经济学所讨论的主要问题是生产和分配,头一个问题似乎是,被生产和被消费的是什么。答复是“财富”。② 但这只是

① 关于这一点,读者只要细读马尔萨斯的《政治经济学定义》(1827 年)一书就可以完全相信了,这本书可以称为这类作品的标准著作;再重复一遍,该书值得受到比它已经受到的更大得多的注意。特别是,它对李嘉图的理论构造所作的批评是迄今为止最好的批评之一(第五章)。还有,人们不能不赞扬《名词定义规则》中所包含的智慧(第一章)。

② 许多作家,特别是西尼尔,在把“财富”作为经济理论的基本概念时,着重否认有说“财富”比“快乐”、“福利”、“德行”等等更为重要的任何意思。至于李嘉图,只需指出这一点就够了:作为他的著作中如此重要的一部分的有关自由贸易的论证,完全是一种有关福利的论证。

引起了这样一种讨论：这种财富又是什么呢，或者说，既然它同所生产和分配的货物（或者也许是它们的价值）显然是一个东西，那么应当包括在这种货物中的又是什么呢。这种讨论只是表明了分析的不成熟性达到了惊人的程度。著作家们摇摆不定，有的把财富看作是一种基金或本钱，有的把财富看作是一种货物流量；①他们有时甚至不能区别清楚，究竟他们所指的是一种社会总量，还是按人口平均的财富；他们郑重地讨论财富（"财宝"）与价值的关系"问题"，或社会（国民）财富与私人财富的关系"问题"；在给财富下定义时，某些人感觉不到有所谓多余或与标准的毫不相干；甚至在并不信奉单是劳动生产了全部产品这样一种社会哲学或一种劳动价值理论的人中间，有些人也坚持人类努力这个因素是财富或经济货物的决定因素。就这类缺点举出例子是没有什么意思的。只要说明这样一点就够了：讨论实质上是围绕着亚当·斯密的定义——有用的、能转让的和耗费劳动去获取或生产的物质实体——进行的；西尼尔部分地改进了、部分地压缩了这个定义，使其成"具有交换价值的一切东西"。改进之处在于用"供给的有限"这个必要条件去代替劳动费用这个必要条件：西尼尔至少是清楚地认识到两者之间的逻辑关系，也就是认识到，供给的有限在逻辑上是决定性的标准，而取得的困难只是作为限制供给的因素之一才有地位。但是约翰·穆勒并没有看清楚这一点，虽然他也这样来给财富下定义：用"一切有用的和适意的东西"作为 genue prox-

① 当时流行的是后一种意义，"财富的分配"一词的通行即足以证明这一点。这是在《国富论》中所采用的意义。

imum〔大类〕,用交换价值作为 differentia specifica〔特征〕。

经济学家处理难于驾驭的情况的方式,可以用不体现在任何物质商品中的人类服务这个实例来表明。对于像劳德戴尔和J. B.萨伊那样的不把经济货物的概念限制在物质实体[①]之上的人们,不发生什么困难。但是把经济货物的概念限制在物质实体上的人们却面临一个假问题,即一个完全由于他们自己的概念形成而产生的问题。首先,我们已提到过一个突出的例子,说明字面上的困难如何通过字面来解决(即费拉拉处理"物质"货物概念的方法)。第二,我们可以注意西尼尔采用的一种方法。他把人和他们的"健康、精力与知识以及所有其他的先天的和后天的身心能力"都算作财富的项目(有许许多多的经济学家在当时和后来也都是这样做的)。[②] 于是他宣称,例如,一个律师出卖的不是他的服务而是他自己——他同奴隶的区别在于:他出卖自己是出于自愿,为了自己的利益,并且只限于一定的时间和目的,而奴隶则被他的主人永远出卖了。反对这种看法的理由,不应当是:从法律上说,西尼尔的解释是胡说,没有限于一定的时间和目的"出卖"这样的事情;因为这种解释在分析上仍然可能是方便的。反对这种看法的真正理由是:这种概念安排没有提供什么好处,完全是不必要的。但由于

① 非物质财富问题的涉及面当然要比这广泛些,因为非物质财富也包括债权(债权在一个闭关的国土内会相互抵消)以及像专利权和信誉一类东西。在整个十九世纪,甚至在以后,怎样对待它们的问题继续吸引着过多的注意。庞巴维克发表的第一部著作就是讨论《债权和环境》(1881年)的。可是,我们毋需讨论这个问题。

② 例如瓦尔拉。这样做稍微有点好处,那就是:生产三要素,土地、劳动和资本,这样就得到了较为均等的处理。我趁此机会顺便提一下人们不时力图在统计上估计人的价值。可是,人们在这方面所取得的最为杰出的成就之一却属于下一个时期,即欧内斯特·恩格尔的《人的价值》(1883年)。

马克思以及后来瓦尔拉采用了它，[①]它还是具有一定重要意义的。

只是临到所考察的这个时期的末了——而在此时，在英国亦不如在欧洲大陆之甚——经济学家才开始讨论什么东西"应当"称为收入(个人收入或国民收入)，这就在后来产生了另一种不那么引人入胜的文献。[②] 但是我们不应由此得出结论说那个时期的经济学家忽视了收入问题，相反地，我们现在称之为"收入分析"的这种东西的因素在他们的著作中显然是存在的。"收入"一词在他们的著作中之所以没有更经常地出现，[③]其原因只不过是他们使用

① 在马克思的图式中，工人不出卖劳动(即服务)，而是出卖他们的劳动力。就此而言，人们可以认为，这种安排并不是多余的，而是可以达到一定的分析目的。事实上，我们将看到，这种安排在他的剥削理论中得到了巧妙的应用。但是，与反对这种理论的其他理由完全无关，稍一思索即可看出，他的论证也能用劳动服务本身来叙述。而且，马克思之所以如此喜爱他的这种安排，把这种安排看作是他对经济理论的主要贡献之一，是因为他作了一个显然错误的关于事实的假定，他设想："资本家"在购买了工人的"劳动力"以后，就任意决定这个工人应当工作多少小时。甚至在劳动合同并没有明白规定工作时数的时候，这也不是真实的；因为这种条件以及其他的条件总是隐含在劳动合同中的。一个经济学讲师可能只是被"聘请"了，但是他很清楚地知道，在他与之订约的那个学校里，他应当讲多少小时的课；这也适用于其他各种行业。读者一定要弄明白为什么说工人们除了自己的劳动力以外并没有其他的收入来源，所以不得不接受"任何"条件——即使现在或过去的情况确定是这样，也并不构成一种反对的理由。可是，对西尼尔来说，这个结构并不能达到这样一种目的，事实上达不到任何目的，而只能消除一种完全臆想的困难。产生这种困难的根源，就是西尼尔同他那时代的和甚至后来时代的多数经济学家一样都处于无能为力的状态：他们感到极其难于领会财富同财富的服务两者之间的区别——这是如此困难，甚至当欧文·费雪于1906年在《资本和收入的性质》一书中坚持这一点的时候，人们还感到有些新奇。

② 临到所讨论的这个时期的末了，有两个因素有助于开始这种讨论：第一是人们对收入统计的兴趣愈来愈大(罗伯特·D.巴克斯特的《国民收入》是在1868年出版的)，第二是人们对所得税问题的兴趣愈来愈大，特别是在欧洲大陆(A.赫尔德的《所得税》是在1872年出版的)。

③ 这指的是英国的"古典作家"。该时期的欧洲大陆作家确曾较多地使用了收入一词。我们在上面第四章已经提到了施托尔希和西斯蒙第的著作。

了其他的名词。财富就是其中之一。我们已经看到,“古典作家”对于源和流〔funds and flows〕的区别、财富和财富的服务的区别并不是十分清楚的。可是,基本上,当他们谈到财富时,他们实际上所指的是收入货物(甚或服务)的流量〔flows of income goods (or even services)〕,所以我们讨论财富时,至少已经部分地评论了他们的收入概念。这特别适用于亚当·斯密,他的财富便是“一个国家的土地和劳动每年所得的全部产品”,他又称之为“总收入”(第二编,第二章,现代图书馆版,第 271 页)。除了技术性的细节以外,这在实质上就同我们所说的“国民生产总值”的意思一样。从这个量中减去“维持……资本的费用”,就是他的“净收入”或(重又是在实质上)我国商务部所称的“国民收入”。该时期的大多数经济学家都讨论过这些定义——有些人,如萨伊,稍加修改就接受了它们;[①]另一些人,如李嘉图,[②]则对它们加以挑剔。

① 我认为马克思指责萨伊犯了忽视折旧的荒谬错误是不对的。萨伊的全部意图是要强调“总量”概念的根本重要性。参阅《剩余价值学说》。

② 《原理》,第二十六章。这一章甚至在李嘉图本人读来也很别扭,以致他感到有必要插入一些限制性的脚注。但在查阅这一章时,读者在其最后一页(包括脚注)会看到,李嘉图成功地纠正了亚当·斯密所犯的一个错误和萨伊所犯的另一个错误。这一章的头四段似乎把一国的净收入限制在利润和地租上,而把工资看作是折旧费用。他为这种很容易使人产生误解的安排提出的理由是:只有利润和地租才构成能够产生赋税和储蓄的国民剩余〔national surplus〕。但是利润,根据李嘉图自己的看法,并不是或不完全是可以自由支配的剩余,而工资,正如他自己所承认的,一般说来却包含有一些可以自由支配的剩余——这又是一个例子,说明李嘉图多么让人恼怒,他先是极力坚持一个命题然后又自己把它毁掉。但是这种论证指向了一种利润加地租的整体概念(这与李嘉图通常的论证方式完全不同),马克思从中可能学到了一些东西。这种论证也指向了这样一种收入概念:这种概念可能有一些用处,而且实际上是深入一般人的心中,即把收入看作是超过必需费用的剩余。

而且亚当·斯密以他显然认为是唯一的另一种方式表达了相同的事情："净收入"或我们所谓的"收入"，是人们能够……以个人或集体的名义，用来购买必需品、便利品和娱乐品而不侵蚀资本……的那部分收入。德国的赫尔曼和施莫勒给收入下的那一著名定义，依据的就是这一表述。[①] 现代就什么叫作保持资本不动或维持资本展开的讨论——另一假问题——即源于此。

论生产性劳动和非生产性劳动。我们暂时脱离本题，简要地谈谈那场关于生产性劳动和非生产性劳动的著名论战。这种满是灰尘的老古董竟还使我们感兴趣，其唯一的理由是：它是一个绝妙的例子，可以说明对于有意义的概念的讨论会怎样失去其意义，而陷入无谓的争论。就我们面前的这个实例来说，可以看出两种有意义的区别。一种区别产生于这样一个事实：即私营企业制度产生的收入按以下两种方式供消费之用，一是直接供"赚得"收入的人们消费之用，一是间接供他们所"养活"的人们（例如儿童和退休的老年人）消费之用。有理由说，这两者的关系——在我们的例子中是（部分地）由人口的年龄分布所决定的——并不是无关紧要的事情，相反地，是社会经济生活最重要的特征之一。是否有一些行业，为了某种目的或者为了所有的目的，应当看作是依靠营业过程中赚得的收入来"维持"的，例如，是否应该这样来看待公务员，因为他们的收入就得自对其他收入课征的税款，有关这一问题的争论完全是有意义的。[②] 另

① 赫尔曼，参阅前面，第四章。古斯塔夫·施莫勒：《收入的理论》，载《全体政治学杂志》，1863 年。

② 比较一下当代同国民收入统计有关的就下述问题展开的争论：公共行政管理部门是否应当被看作是一工业部门，以便使一个政府官员的薪金同譬如说一个汽车工厂的工人的工资在分析上没有什么区别。

一种有意义的区别产生于这样的事实,即:由家庭直接购买和消费的劳动(或自然力)的服务,例如仆人、教师和医生的服务,在经济过程中所处的地位不同于由企业购买和"消费"并且从经济上说还须通过一个营业过程的劳动的服务所处的地位。这并不是一种不重要的区别(当然,后面这种服务以产品的形式最后也会达到消费者的领域),这一点从一个普通口号所充分表达的下述事实中可以很容易地看出来:后面这种服务是从某个企业的资本中支付的,而前面那种服务则是从某个家庭的收入中支付的。[①] 只要仆人得到了工资或与之相等的实物,就不发生其他问题。而工厂工人得到了工资后,却还存在着出售他帮助生产和产品的问题,以及迟延、风险、折扣等等问题,这些问题全都是同工资本身的确定有关的。这样,这个区别的确同经济过程的结构有关,使分析家在分析途中的许多转折点上不能不考虑它(例如在分析工资基金说时,参阅后面第 6f 节)。

可以看出,这两种区别是彼此完全无关的:每一种区别都有自己的含义,而与另一种区别无涉。但两者——还有其他许多混乱——都是由亚当·斯密留传给这个时期的作家的。在《国富论》"序论"的第 1 页,亚当·斯密极力强调"从事有用劳动的人和不从事有用劳动的人,究竟成什么比例"。由于篇幅所限,我必须让读者自己去弄明白,这段话虽然夹杂有一些无关的事情,但实际上还是勾勒出了我们的第一种区别的意义。不过它说得很含糊,而且

① 正如即将指出的,这不应与靠派生收入(第一种区别中所指的)为生的人们的情况,例如退休老人的情况相混淆。

还由于使用了“有用的”这个不明确的字眼而造成了许多混乱，使以后关于生产性劳动和非生产性劳动——虽然这个短语在《国富论》第一编中没有出现——的争论的价值受到了损害。生产性劳动和非生产性劳动这一短语在第二编第三章又出现了；亚当·斯密受到了重农学派的影响，在这一章提出了他的“积累”理论。当然，他既不需要重农主义的只有使用在农业中的劳动才是生产性劳动的命题，也不需要“重商主义”的只有使用在出口工业中的劳动才是生产性劳动的命题。但是，把重农学派的酒倒掉以后，他留下那个瓶子，装进了他自己的酒：他把这样的劳动界说为生产性劳动，这种劳动“增加它所投诸其上的对象的价值”（前引书，第 314 页），并举工厂工人的情况作为例证，工厂工人——正如他在说明时所指出的（同上，第 316 页）——是依靠“用来补偿资本〔并加上利润〕的那一部分土地和劳动的年产品”而生活的；他把不给任何东西增加（交换）价值的劳动界说为非生产性劳动，并举仆人的劳动和“社会上某些最可尊敬的阶级”的劳动作为例证，后者如国君“和在他下面服务的一切司法和军事官员”，“是靠其他人的勤劳所得的年产品的一部分维持的”。有两件事情是很清楚的：他掌握了我们的第二种区别；他把它同第一种区别混淆起来了。

第一个十分清楚地看出了这一点的人是马克思，他采用了我们的第二种区别，认为是亚当·斯密揭示了资本主义社会结构中这样一个重要的因素，并指出，在亚当·斯密的著作中，这种卓见是掩蔽在马克思认为是肤浅的、无论如何是与之没有联系的一些考虑之中的。[1] 当然,没有人完全看不到这一点;大多数作家在分析劳动的需求时,都暗中或公开使用了它。但他们讨论这种区别本身时,就看不见它了,总是想到第一种区别。不仅如此。我们已经看到,这种区别也是可以有意义的。但是埋头"有用的"和"生产性的"这些词所引起的联想之中,经济学家们便把注意力集中在哪些活动才值得给予这种尊敬的称号一类"问题"上。教师们和文官们不欢喜被称为"非生产性的",感到——有时是正确的,有时是错误的——这个词带有贬义。[2] 因此,尽管人们日益感到这场讨论是徒劳无益的,并最终停止了这场讨论,但这场没有意义的讨论却成了十九世纪教科书中的一项标准内容。我们可以写一本厚厚的书来说明这场讨论的全部细节以及人们有时误用在这场讨论中的全部才智。但这本书只能达到一个目的,即表明经济学家是如何咬文嚼字的,不能区别真问题与假问题。[3] [熊彼特本想用小号字

① 马克思在《剩余价值学说》中讨论斯密的学说时详细说明了这一点。在马克思看来,具有决定意义的区别是"创造剩余价值"的劳动和不创造剩余价值的劳动之间的区别。但是从营业资本中获得报酬的劳动和从"收入"中获得报酬的劳动两者的区别更为可取:一个仆人工作的时数可能要多于他的劳动"价值"所体现的时数,因而可能完全像工厂工人那样受到"剥削"。前者的雇主也可能获得一种剩余。继续用马克思的话来说,关键一点是这种剩余不一定要在市场上来"实现"。

② 每当现代经济学家为了国民收入统计的目的讨论应当在概念上如何对待政府雇员的薪金时,某种这样的感觉总是一再出现。

③ 这场讨论引起了一场相关的关于生产性消费和非生产性消费的讨论。我们可以用西尼尔的以下说法(前引书,第 57 页)来说明这场讨论:"如果一个法官……其地位要求他维持一个每年花费 2000 英镑的家庭,而他竟支出了 4000 英镑,那么他的消费有一半是生产性的,而另一半则是非生产性的。"于是"生产性消费"就是"使用某种产品来产生另一种产品"。人们时常提出这样一种想法,即:商品和服务并不是在进入消费它们的家庭领域之后立即永远离开经济过程,而是在那里"生产"这些家庭成员的生产性服务。在我们的时代,这种思想已为里昂惕夫所采用,在他的体系中,家庭被当成一种行业,它像任何其他行业一样,进行生产性消费。

排印这个“论生产性劳动和非生产性劳动”的插话，以使一般读者能很容易地跳过去。]

(b)物质资本的结构。 [①]在最为抽象的水平上，有关经济选择的分析——这实际上是我们从价值理论那里学到的全部东西——可以依据被称为“货物”的非特指的东西来进行，这种货物除了被欲求及稀少两种特点外，再没有其他的特点。然而，有理由认为：为了超越最为枯燥的概括，我们必须从我们对于现实的想象中，找出对经济选择的进一步的限制，例如包含在我们的“实际知识”中或正规一点说，包含在一定技术水平中的限制，在这种限制下，我们可以对最初的货物存量作一些转变，但不能作另一些转变。无论如何，我们必须假定有一定的欲望，有一定的技术水平，有一定的环境因素如土地和一定种类与质量的人员，以及有一定的用来开始的已经生产出来的货物存量。但这还不够。这种初始货物存量既不是同质的也不是无组织的一堆东西。它的各个不同部分是相互补充的，一旦我们听到厂房、设备、原料和消费品的时候，我们就会知道它们是如何相互补充的。在这些成分中，有一些是在我们能够运用其他成分以前就必须拥有的；经济行为之间的各种连续或迁延硬挤了进来，进一步限制了我们的选择；而它们如何限制我们的选择，则根据我们赖以进行生产的货物存量的构成

① 某些读者会感到这一小节很难读。该小节试图说明对物质“资本”在经济过程的逻辑中所起作用的一种不落常套的看法，这可以压缩为这样一句话：从分析的观点看来，资本意味着一组限制。这一点马上就会看得很清楚；我相信读者如果耐心来掌握这一小节，是会获益的。

而有很大不同。[①] 我们可以这样来表达这一点,即:某一时刻存在的货物存量,是一个结构量〔a structured quantity〕或一个在其内部展现结构关系的量,在某种程度上影响着经济过程后来的进程。为了纯理论的目的,我们自然是希望把这些结构特征归结为尽可能少和尽可能普遍的几个特征,在逼真得无法令人驾驭这个昔拉巨岩和简单得令人乏味这个卡利伯底斯大漩涡之间,尽我们最大的能力来走中间航线。当然,自从坎梯隆和魁奈开始建立科学模型的时代以来,经济学家就已经知道了这一切。在上一章,我们已经窥见了"古典"时期的作家在分析经济过程的结构特征时是如何——犹豫地——迈出最初的两步的:一步是承认资本是生产的一个"必要条件",另一步是采用了重农学派的(坎梯隆和魁奈的)"垫支"概念。我们现在必须在这个分析中填进另外一些更为重要的因素,由此而构成通常所谓的资本理论。

我们将不得不吃力地通过另一个文字争论的泥淖,读者无需为此而担忧。资本理论确实因此而享有一种其他学科很少享有的名声。人们总是问这样一个没有意义的问题:资本是什么?某些人试图通过推测 caput,capitale,κεφάλαιου 等词的原意来回答这一问题。西尼尔甚至认为:"'资本'一词被人作了如此不同的解释,以致令人怀疑,它究竟有没有普遍公认的意义"(《大纲》,第 59

① 欧文·费雪把某一时刻存在的各种财富的存量称为"资本"(《资本和收入的性质》,1906 年,第 52 页)。他成功地证明:从根本上说,所考察的这个时期的大多数(如果不是所有的)作家给资本下的定义归根到底都是如此。这里我们将不采用费雪的概念,而只是使用斯密的"存量"这个极好的名词。由此而可以比较容易地把它同"资本"一词的其他各种意义区别开来,而毋需每次都加上"在我们所说的意义上"这几个字。

页)。从某种意义上说,情况确实如此。[①] 但情况之所以如此,只是因为:第一,个别作家在概念形成上所犯的错误相对他说是很小的,如果他们的分析意图表现得足够清楚的话,我们可以不管这些错误;第二,想要有一个单一的、适用于一切目的的资本概念,是产生一切无谓争论的根源,我自己没有这种愿望;第三,许多作家想要把"资本"——这在他们的分析中是有用的——同一个企业的资产负债表的资产一方或负债一方大致等同起来,这种愿望同样是没有根据的;第四,许多作家有时在物质资本概念与货币资本概念之间摇摆不定,下一个脚注将提及这一点。在其他方面,事情则要比表面所看到的简单得多,因为实际上只有一个占支配地位的分析目的要描述,这实际上是所有的大经济学家所要达到的目的。

资本既然是生产的一个必要条件,所以它是由货物构成的。[②] 而且,它同我们所说的初始存量一样,是货物存量。但它也不同于

① 读者若对经济学家使用这个名词的历史感兴趣,可参阅欧文·费雪(前引书,第四章,第二节)或庞巴维克的大著第二卷讨论资本概念的那一章。

② 但是,即便是最坚决地赞成物质资本概念的那些作家,有时也不知不觉地误入货币资本概念的领域。特别是,李嘉图和约翰·穆勒写的一些句子,有时只有在意指货币资本时才有意义。车尔尼雪夫斯基在《作为科学看的政治经济学》(1874 年)一书中注意到了这一点,并对此作了评论。读书详细分析了穆勒的《原理》,而且我认为是第一次注意到了这一点。在穆勒的信徒福西特的《手册》中,这一点更加明显。对穆勒来说,资本是"花费"在原料上的,从一个手转给另一个手,从一个工业转给另一个工业,从一个国家转给另一个国家,这不由得使人认为他心里想的是差额而不是货物。当然,人们可以这样来回答:货币额可以认为是代表货物的;而且,特别是根据当时的理论研究方法,货币过程最后都可以还原为"实物"过程。但是这种还原往好处说也只是危险的近路,忽视了货币机制可能带来许多根本问题。因此,即使经济过程的实质在事实上能够用实物来作出令人满意的描述,我们还得指出:在资本理论中以及在别的地方,"古典作家"试图用实物进行基本分析,是严重的迷失方向。

我们所说的初始存量,不包括某一时刻存在的一切货物。“古典作家”这样来把他们的资本同这些货物区别开来:第一,从其中除去自然因素(虽然不把像沟渠、篱笆等等一类的“改良”除去);第二,从其中除去生产性劳动的生活资料以外的一切消费品。让我们稍停片刻来说明这一点。

首先,必须懂得:把某一时刻存在的财富存量分为两大部分,一部分是资本,另一部分不是资本,这是用来描述我们在上面所称的货物世界的结构或货物世界的内部结构关系的一种手段。第二件应注意的事情是:把自然因素排除出去,其结果是在劳动之外确立了另一个“原始”生产要素,虽然许多人,特别是李嘉图派的成员未能认识到该要素的重要性。剩下来的便是已经生产出来的货物的存量。但是,第三,这种已经生产出来的货物的结构,又可以用无数方式进一步加以区分,其中两种区分方式有如下述。

一方面,如果我们想要把从技术意义上说是必要生产条件的那部分货物划分出来,我们就得到了已经生产出来的生产资料或庞巴维克派的所谓中间产品的概念。可是,英国“古典作家”及其大陆信徒的理论图式的显著特征之一是:他们是从更广泛的意义来理解“必要生产条件”一词的,它包括在生产过程中维持工人生活的消费品。没有什么逻辑的理由不能把在生产过程中维持地主生活的消费品也包括进去——西尼尔甚至把维持资本家生活的消费品也包括了进去——但实际上李嘉图派多半不把这些包括进去,因为他们的图式使得他们不把地租当作一种生产要素。

另一方面,如果我们想要把某一时刻存在的处于营业过程中或为营业目的服务的——或如亚当·斯密所说,“预期得到利润的”——那部分财富划分出来,那么,除了厂房、设备、原料和“生产性劳动的生活资料”以外,我们还得要把其他的项目,特别是下列二者包括在内。一是另一部分消费品——它们同包括在必要生产条件中的那部分消费品部分地相重叠——即还掌握在制造商、批发商和零售商手中的消费品,而不问是谁(工人还是资本家)将去购买它们。另一个项目是手头掌握的现金。这种区分虽然并非没有意义,却不能在此处讨论。所能说的只是:这种区分并不比另外一种区分更加正确或者更加错误。两者都是为有关的分析目的服务的;也就是说,两者在描述现实的有关方面都是有用的。但是我们将坚持第一种区分(广义的“必要生产条件”),因为它同我在上面所称的该时期占优势的分析目的,特别是同约翰·穆勒所总结的工作关系更为密切。马克思也许会支持我们所作的选择。他十分赞成第一种区分。他认为第二种区分除了复写资本家所看到的表面事实外,不能为任何的目的服务。

以上所述,除了细节以外,再现了亚当·斯密实际上是如何把资本划分出来(《国富论》,第二编,第一章)并列举其主要组成部分,从而“构成”他所谓的“任何国家或社会的总资财”。他(和马尔萨斯)没有把工资货物或劳动者的生活资料明确包括进去,这没有多大关系。因为他在论证时总是显得好像他已将其包括在内。[①]

① 参阅,例如,《国富论》,第 316 页〔现代图书馆版〕。亚当·斯密还把“所有……社会成员后天获得的有用能力”包括在内(这个先例得到了广泛仿效,罗雪尔甚至把“德行”也包括在内),对此毋需另加评述。因为亚当·斯密的这种做法完全没有产生什么影响。可是,要注意它同“土地改良”相类似,后者可能暗示了马歇尔的准地租概念。

还有,所描述的资本概念相当好地代表着大多数领导人物的用词。例如,李嘉图给资本下的定义是:"资本是一个国家在生产中所运用的那一部分财富[着重号是我加的],是由使劳动生效所必需的食物、衣着、工具、原料、机器等等构成的"(《原理》,第五章)。这同西尼尔的定义实质上没有什么不同:资本是"运用于财富的生产或分配中的一种财富,是人类努力的结果[如他在稍后几行所解释的,其意思是"劳动、节欲和天然因素的结果",或者简单说来就是人类生产出来的财富]"。这同约翰·穆勒的有影响的一段话也没有什么不同:"资本之于生产,就是提供工作所需要的房屋、保护、工具和原料,并在生产过程中供养工人及用其他方式维持他们的生活……。作这种用途的一切东西……都是资本"(第一编,第四章,第一节)。[①] 马克思除了按照他的把经济学和社会学结合成一体的原则,将资本一词限于指资本家拥有的东西(同样的东西,在使用它们的工人手中就不是资本)以外,并没有给这个定义增添什么新东西。

可是,"资本之于生产"意味着两种完全不同的东西:工资资本与其余资本——我们将称之为技术资本——的区别很容易浮现在我们心中,一个描述两者之间数量关系的系数也很容易浮现在我们心中,这个系数显然肯定是资本结构的最重要特征之一。然而,最后还是由马克思用许许多多文字指出了这一点,并且明确引入了这样一个系数。他用不变资本一词(c)来表示我们刚才所说的

① 这个表述中所包含的对劳动价值论的仅仅是口头上的让步(上面已经指出),是很容易纠正的。

技术资本，用可变资本一词（v）[1]来表示我们刚才所说的工资资本，并选定$\frac{c}{c+v}$这个比率作为结构系数，他称这一比率为“资本的有机构成”。[2] 决不应低估明确引入这样一个系数的功绩。但是，从亚当·斯密到约翰·穆勒的作家们，并非没有认识到工资资本在总资本中的特殊作用。以下事实充分表明了这一点，即工资资本不仅等于马克思的可变资本，而且等于“古典学派的”工资基金。再者，无论是李嘉图还是穆勒有时都无意中使用了马克思的概念：他们有时写的是“流动资本”，实际指的却是“可变资本”。[3]

显然同样需要分析技术资本的内部结构。这一点重农学派看得很清楚，他们的各种“垫支”被亚当·斯密代之以固定资本和流动资本之间的区别。他把固定资本界说为所有者通过持有（使用）它而能获得利润的资本，如厂房和机器；把流动资本界说为所有者通过“放弃”它（使其周转）而能获得利润的资本，如原料。李嘉图

① 他用所体现的劳动来表示这两者。但由于他的系数总是指向一定的时刻，所以也完全可以用货币价值来表示。应当注意：两种尺度都具有完全的意义；特别是，都只在完全均衡的状态才能作不同时期的比较。马克思采用这两个名词（以及我们在此处不能接受它们）的理由是：在他的理论中，技术资本只把它本身的价值转移给产品——或者说，在生产过程中，用所体现的劳动表示的它的价值保持不变——而工资资本则好像是在生产过程中增大起来，这是由于工人在它所体现的劳动之上增加了劳动时数。

② 劳动时数这个次元在分子和分母中都存在，可以消掉，因而这个系数就是一个纯数〔pure number〕。但这个系数的组成部分是价值而不是物质量，这仍然是值得记住的。

③ 例如，李嘉图在《原理》第一章第四节写道：“在一个行业中可以用作流动资本，即是说[着重号是我加的]，用来维持劳动的资本很少……”另外一些例子可以在第三十一章找到。

认为在亚当·斯密的这种常识性的普通区分的背后具有更深刻的意义,因而他抛弃了这种区分。[①] 让我们试着重新表述一下他的思想。

很显然,李嘉图关注固定资本问题,是由于这样一个事实,即除非各行业都使用"相同比例的固定资本和流动资本",否则,固定资本的存在便会使产品的交换价值不符合劳动数量规律。他还显然毫无困难地觉察到了另一个事实,即为了不扰乱劳动数量规律,各行业的固定资本还必须具有相同的耐久性。然而,最后他也觉察到了另外一些事情,即不同行业使用的固定资本的不同耐久性类似于不同种类的流动资本(如农民的种子和面包师的面粉)的不同周转率。我们由此而可以看到三个截然不同的事实,乍看起来,它们只有这样一个共同之处,即它们都妨碍劳动数量规律起作用。随后,几乎可以说是在天才的灵光一现之下,他看出了这三个事实妨碍劳动数量规律起作用是由于一相同的原因,换言之,他看出了这三个事实中具有一相同的基本因素,即投资与生产出相应的消费品之间的时间距离。[②]

就周转期的差异来说,人们很容易看出:(在李嘉图看来)用作

① 参阅《原理》,第一章,第四节,脚注1。这个脚注——它实际上说,固定资本和流动资本的区别是不重要的——读起来很奇怪,因为整个第四节论证的都是固定资本问题。但我们通过重新表述他的思想,可以看得很清楚:他的意思只不过是说,亚当·斯密所作的区分未能把有关的主要之点表示出来。

② 我称这为天才的灵光,不一定意味着我赞同依靠这种天才的灵光建立起来的资本理论。为了澄清一段非常重要的学说史,我在此刻完全不加批评。因此,正像把这当作自己的理论的F.W.陶西格那样,不承认这个理论的奈特教授也会接受我的解释。在此刻,重要的是要看出李嘉图的分析和庞巴维克的分析之间的关系,这是奈特和陶西格两人都加以强调的。

种子的小麦和制作面粉的小麦之所以完全不同,是由于它们各自成为面粉的时间距离不同,而并非由于任何其他原因。但是人们却不那么容易看出,各种固定资本货物和不同耐久性的资本货物的存在对生产过程从而对价值产生的影响,同周转率产生的影响是一样的,因为它也可以看作是时间距离或周转率的不同产生的影响。例如,设想有一架机器是以李嘉图的方式仅仅由劳动在一天之内生产出来的。假定这架机器可以使用十年。在这十年期间,这架机器或它所体现的劳动,恰如原料或半成品那样,逐渐变成消费品。这架机器所"包含"的每一天劳务,按一定顺序提供,像地下的种子那样变化。这一定的顺序便限制了经济决定或行动,就像农民必须等到种子长成庄稼才能作经济决定所受到的限制那样。因此,正像李嘉图在上面提到的脚注中所指出的,实际上,至少是在最为抽象的水平上,固定资本与流动资本并没有实质性的区别,也没有明确的分界线。两者都不过是未成熟的消费品(的组成部分),即中间产品,或像陶西格在大约八十年后所称的那样,都不过是"未完成的财富"。或者说,两者都可以"分解"为储藏的劳动——这是詹姆斯·穆勒所使用的术语,它很好地表达了李嘉图的意思,并且也是在大约八十年以后,再次被维克塞尔所采用[①]——不过我们不应忘记,体现在各种货物中的储藏劳动的各种集合体,在它们所属的时间顺序中,具有不同的时间距离指数或地点指数。

① 更精确地说,维克塞尔说的是储存起来的劳动和土地的服务,并应加上以前积累的服务。

因此,李嘉图的初步资本分析产生了有关技术资本的时间概念,[①]时间成了统一技术资本的所有特殊形式的要素。那些赞成劳动数量价值理论的人士,可以不无几分理由地宣称,李嘉图由于使该理论(至少在某种程度上)对于具有不同时间指数的劳动数量来说是正确的,因此而挽救了该理论。那些接受庞巴维克资本理论的人士,也可以不无几分理由地宣称,李嘉图把一有害的价值理论转变成了一有益的资本理论。不管怎么说,就这类问题而言,李嘉图显然是庞巴维克的先驱。这并不是说李嘉图的资本理论是完善的,或他看出了其天才灵光的所有含义。特别是,他忽略了其天才灵光的所有短期含义。[②] 而且,虽然他研究了流动资本转变为固定资本的各种情形(最重要的一种情形见他"论机器"那一章),并偶尔触及到技术资本世界内的多种关系(如果想透了的话,"李嘉图效应"便提供了一个实例),但是,他和大多数"古典作家"一样,太喜欢把时间顺序看作是技术资料,而忽略了这样一个事实,即耐久性和一般说来不同种类的资本货物数量之间的关系,以及工资资本和非工资资本之间的关系,都取决于并又反作用于工资率、劳动效率、利息率以及其他因素。但这只不过是以另一种方式重新表述了这样一个事实,即李嘉图的理论只不过是一初步的概略,我们无论是在赞扬他的功绩时还是在批评他的功绩时都必须

---

① 如果把他的思想路线——在这方面他只提供了一些片断——贯彻下去,直到得出其符合逻辑的结论,则我们甚至可以说,他的分析包含了技术加工资资本,把所有的物质资本都分解成了工资资本,或者毋宁说分解成了一种一般性的生存基金。这种思想在詹姆斯·穆勒的《大纲》中表现得更为明显。然而,明白承认这种思想的乃是杰文斯和庞巴维克,虽然在各种工资基金理论当中,有一种暗中包含了这种思想。

② 例如,在短期内,固定资本就像"土地"那样起作用。

时刻牢记这一事实。

(c)西尼尔的贡献。　在这一小节我们要注意两个非常奇怪的事实。一方面,西尼尔认识到,李嘉图是在与亚当·斯密不同的意义上使用固定资本和流动资本这两个术语的(《大纲》,第 62—63 页)。但他却完全未注意到李嘉图的资本分析所具有的真正意义,而只是在那种差别中看到了对这两个术语非同一般的使用方法,认为应该谴责这种使用方法。另一方面,尽管他完全未能理解李嘉图的分析,他实际上却从两方面向前推进了这种分析。这是一极好的事例,表明我们是如何跌跌撞撞地向前走的。

首先,西尼尔的第三个假定或基本命题为:"劳动以及生产财富的其他工具的力量,可以因把它们的产品作为进一步生产的工具而无限增加。"该命题可能是从约翰·雷那里得来的,在劳动的力量之外又加上了"生产财富的其他工具的力量",从而改进了李嘉图的理论。但它还增添了另外一些完全超出李嘉图分析范围的东西。在李嘉图看来,时间因素能使价值背离劳动数量规律,是由于时间因素妨碍了那些周转较慢的资本的产品的供给:其产品需要较长时间到达市场的人,"必须"为此而得到补偿。然而,根据西尼尔的说法,周转较慢的资本的产品之所以价值较高,并不仅仅是由以下事实(如果是事实的话)造成的,即:每隔一年赚取 100 英镑利润在经济上并不等于每年赚取 50 英镑利润。例如就相同数量的劳动来说,两年的投入赚取的利润之所以不止二倍于连续两个一年的投入赚取的利润,是因为如果第一年的产品用来当作进一步生产的工具,这种劳动的生产"力"从而其产品便会增加。在李嘉图那里,一种产品的实际价值不会仅仅因为相同数量的劳动在一个两年过程中比在连续两个一年过程中生产的数量多而增加。但在西尼尔那里,产品的实际价值却会因此而增加。① 由此而完全改变了这件事情的面貌,径直指向了庞巴维克。顺便说一句,庞巴维克对西尼尔的理解程度并不高于西尼尔对李嘉图的理解程度,但他却向前推进了西尼尔的资本分析,正如西尼尔向前推进了李嘉图的资本分析那样。就这一点来说,假如我们注意到把一种产品当作进一步生产的工具完全可以称为"迂回地"地使用这种产品,则西尼尔和庞巴维克之间的关系便会显得特别明显。唯一的区别是,西尼尔只是说,这样使用产品,劳动的生产力会"无限"增加;而庞巴维克则增添了这样一个假说,即随着生产过程的"长度"不断增加,劳动生产力的增长速度会逐渐降低。

其次,西尼尔提出了忍欲资本理论。西尼尔的名字流传至今,主要就是因为他作出了这一贡献,但该贡献(忍欲)作为一项分析上的成就,其重要性却远远小于刚才讨论的那一贡献(把产品当作进一步生产的工具)。西尼尔的忍欲也可以分为两个不同的方面。一方面,无论出于什么样的原因,不管是好的还是坏的,如果我们决定用我们所谓的技术资本构成要素的时间指数来分析技术资本的结构,则我们想要强调的是:这些构成要素(即各种资本货物)具有不同的周转率,或者说,它们的产品要经过不同的时间才能到达市场或"成熟",而这种不同的时间总会以这种方式或那种方式反映在生产成本表上。只要是这种意思,就最好是使用后来由麦克

① 下述事实不会带来什么困难,即:得自两年过程的较多产品的价值,不一定大于得自连续两个一年过程的较少产品的价值。因为在这种情况下,就不会使用两年过程了。

文提出来而被马歇尔所采用的“等待”一词。另一方面，如果我们采纳的理论是，技术资本是“把收入转变”为某种东西的结果，这种东西预期在将来可以产生收入，而要做到这一点，这种东西就必须永远退出收入领域，如果采纳的是这种理论，就最好是使用“节欲”一词。在这种情况下，我们可以保留这个词，用来指储蓄的心理成本，或者如果储蓄与投资很接近的话，用来指资本货物的心理成本，因为以往的储蓄被投入了资本货物。因此，这种心理成本因素也就类似于劳动的“心理成本”，即后来所谓的“负效用”。再进一步，便可以把节欲本身——而不是储蓄，也不是产生于储蓄的资本货物——看作是一种生产要素。[①] 这便是人们一般所理解的西尼尔的节欲的意思，本书也将采用这种意思，尽管他自己的定义表明，他还想使节欲这一概念包含上面所谓“等待”的意思。[②]

当然，正如人们早已认识到了储蓄的作用那样，人们也早已认识到了严格意义上的节欲一词所指的是什么。亚当·斯密的节俭或节省指的就是节欲。1776 年以后写作的几乎所有经济学家都以这种方式或那种方式讨论过节欲，尽管并非所有的经济学家都同意亚当·斯密在节欲问题上的全部观点。节欲还进入了像劳德

---

① 究竟称这个要素为“主要的”要素还是“次要的”要素，关系不是很大。西尼尔称其为次要的要素，但后来人们则趋向于称其为主要的要素。

② 西尼尔给节欲下的定义是：“节欲是这样一个人的行为，他或者节制自己而不把他所能支配的东西作非生产性的使用，或者有意选择带来远期结果而不是近期结果的生产”（《大纲》，第 58 页）。前者仅仅表示储蓄或把收入变成资本，是严格意义上的节欲；后者只意味着在资本结构之内的重新安排，是我们所说的等待。西尼尔显然知道这种区别，其有效性并不因为有可能通过适当变换词语把一个转变为另一个而受到损害。

戴尔和马尔萨斯那样的反储蓄论者的理论图式。李嘉图的图式考察的是等待而不是节欲,但正如我们的解说所充分表明的,该图式无论如何都需要这种概念上的补充。然而,实际上这一概念是由里德,特别是斯克罗普所正式确立的。斯克雷普在这方面相对于西尼尔而言所处的地位,正如约翰·雷在有关把生产要素的产品当作进一步生产的工具而可以增加生产要素的生产力的假说方面相对于西尼尔而言所处的地位。这里并非要贬低西尼尔的主观独创性,但应该指出,西尼尔在客观上只不过使一种已有的理论趋势臻于成熟而已。在约翰·穆勒和卡尔尼斯的推动下,以及在某种程度上马歇尔的推动下,节欲分析在英国的经济学中深深地扎下了根,尽管在其他国家的经济学中从未扎下根。不难猜想,为什么马克思和拉萨尔会在各自的著作中猛烈攻击节欲,认为节欲一词具有辩护性。但这一点最好还是在下面讨论利润的那一节来论述。

(d)约翰·穆勒关于资本的基本命题。 我们评述约翰·穆勒在其《原理》第一编第五章中提出的四个相互关联的有关资本的命题时,可以很方便地提及有关"古典学派"资本理论的另外一些论点,并可以重述一些论点。[①]

"其中第一个命题是,工业受资本的限制",尽管工业并不总是发展到那一极限。不过,劳动就业总额并不受资本的限制,因为劳动就业总额还可以依靠"收入"而增加。约翰·穆勒错误地认为,

---

① 这一章虽然由于有漏误、不适当和笨拙的地方而在价值上受到损害,但它在逻辑上却是很美的。其结构的和谐与完整,会给那些知道怎样弥补这些缺陷的读者留下深刻印象。

工业受资本的限制[1]意味着“资本的每一次增加……都能够使工业的就业人数增加；而且这是没有任何限度的”(第 3 节)。若加以仔细陈述(并适当强调“能够”一词)，则可以证明，这种说法是正确的，而且用该命题反对马尔萨斯、查默斯和西斯蒙第的看法[2](他们宣称，“财富”在任何时候不仅受生产力的限制，而且还受经济体系的消费能力的限制)是完全正当的。不过，该命题应该称为附加命题——我们或许可以称其为“无障碍定理”——因为它并非推论自工业受资本的限制，而且，虽然穆勒为反对那三位作家的观点所作的论证就其本身来说是成功的，但对于证明这条定理来说却还有很大距离。此外，只有当该命题能容纳技术资本和工资资本的总和时，该命题才有意义。但穆勒却限定该命题只能容纳工资资本，结果他所要为之辩护的命题只不过是：假如其他一切条件不变的话，则“指定用来养活劳动者”的那部分资本，便可以无限增加，而不会造成劳动者找不到工作的局面。[3] 这样的命题要么是毫无价值的命题，要么是假命题。一个很有趣儿的问题是，穆勒为什么

① 在这一章第 1 节的末尾，穆勒利用这个命题来反对他所认为的有关实行保护性关税的结果的一种流行的谬论。请读者注意真理与谬论的这种奇怪混合，它极好地说明了经济论证中经常出现的一种情况，即人们常以一种不能允许的方式来利用无可争辩的自明之理，从而得出一个本来应当是错误的但实际上却并非(完全)错误的结论，之所以能够如此，是因为可以用与论证的逻辑没有关系的真理因素来限定所得到的结论。很不幸，由于篇幅有限，我们不能详细解释这一点。穆勒并不是骗子。但是他所说的那段话却为一种著名骗术提供了例证，这种骗术是：使某一与政治有关的结论在表面上得自于一种显而易见的真理，从而巧妙地使政敌处于大傻瓜的地位。

② 穆勒没有能把巴顿加上。

③ 在同一段话中，穆勒谈到固定在机器、建筑物等东西上面的另一“部分”资本时，无意中使用了非物质资本概念。固定在机器上而不是存在于机器中的资本，按他自己的定义来说，不能算是资本。

要这样残害一个肯定在他视野之内的命题。[①] 答案不会是,在短期内,技术资本是特殊货物的集合,其种类和数量为已知数。穆勒并不想写一本短期分析著作。答案似乎是,尽管他当然并非不知道技术资本和工资资本的关系是可变的,但他在原则上——即在论证根本性问题时——却倾向于理所当然地把这种关系看作是技术上固定的关系,倾向于忽视技术资本和工资资本之间的可替换性,这种可替换性的性质和重要性虽然已为巴顿和朗菲尔德所强调,但穆勒并不十分清楚。正是由于这一原因,他才(像李嘉图一样)感到很容易照着亚当·斯密的样子,谈论指定用来养活劳动者的"那部分资本"或基金,也就是谈论工资基金。让我们立即指出,由此可见,所谓工资基金说的一个最为显著的特征,即这种基金是一种已知数的隐含假设或至少是提示,依赖的只不过是原始技术。[②]

当我们考察穆勒有关资本的第二条基本原理即资本可以通过收入转化为资本而增加时,我们便迈出了理解工资基金说的另一步。该定理论及的是产生资本的源泉,认为资本"产生于储蓄"。我们已经知道(参阅前面,第五章,第6节),"古典"经济发展图式由于过高地估计了资本增加的重要性,过高地估计了(自愿)储蓄

① 这个定理应为:从长期趋势看(即是说,忽略暂时干扰的影响),即使利息不断下降,投资机会也是无限的,可能只会受到制度方面的限制。劳德戴尔、马尔萨斯、施托尔希等人否认这个定理,但约翰·穆勒当然是接受它的,因而他没有理由不用那么多的文字去说明它,特别是因为它已经由詹姆斯·穆勒陈述过了。

② 可是,穆勒驳斥马尔萨斯的论点所依据的,并不像凯恩斯勋爵似乎所相信的那样(《通论》,第364页。〔中译本,第309页〕),是这一点,或工资基金说的任何其他部分。

在这种增加中所起的作用，所以是有缺点的，还有，“古典作家”在极力强调经济机制的重要性时，往往把储蓄决定和投资决定看得过于一致。他们认为，这两种决定虽然从来不是完全同一的，[①]却趋向于一致，而把可能介入它们之间的一切东西排除在外，[②]从而储蓄会无条件地使得个人和国家变富，而支出则会无条件地使得个人和国家变穷。像萨伊一样，穆勒重申了这一切；换言之，他重申了——甚至更加强调了——杜尔阁和斯密的资本形成理论。[③]

然而，他怎么能够认为（显然他是这样认为的）——也同占统治地位的传统相一致——储蓄，并且单单是储蓄，必定会一成不变地、“没有指定限度地”不仅增加总资本，而且也增加工资资本，即工资基金？没有立即产生什么困难，因为必须首先生产出固定资本，而指定用来生产它的劳动是用新增加的储蓄去补偿的。只要投资的行为足够紧紧地跟在储蓄决定之后，则轮子一开始转动，对生产性服务——让我们姑且假定这种服务只是归结为劳动服务——的需求就会立即增加到新增储蓄额的全部数量。就是说，

① 他们所等同的，实际上是储蓄（曲线）和可贷资金（曲线）：除了在严重萧条的时期外，所储蓄的货币实际上都用于实际投资或投资于在储蓄者本人的企业或投资于别人的企业；对他们来说，除了储蓄之外，可贷资金没有其他来源——他们在讨论根本原理时，从来不考虑银行信用创造的货币。

② 在这一点上，马尔萨斯完全同意流行的观点。例如参看他的以下措词：“过度节省或（着重号是我加的）将收入转变为资本……”（《原理》第 369 页脚注）。

③ 可是，这一点必须加以斟酌。穆勒直率地承认（第 2 节），许多人是靠资本（不是靠资本的收益）维持生活的，他们什么也不生产；生产工人有着所谓非生产性消费。如果储蓄提供用于非生产性消费的资本那就不能不加限制地主张说，它使社会“富裕”了，因而也就不能说储蓄同用于维持和帮助生产性劳动的支出是同义语。

工资基金增加了,以便在这个数额内,“给予劳动以额外的就业,或〔增加工资率,从而等于〕额外的报酬”,[①]这就意味着,要么有较大的总产量,如果涉及的劳动者以前是失业的话;要么劳动在同一“总产量”中获得较大的份额,如果必须把他们从其他行业中吸引过来的话。但是,就从这种就业中产生了新的技术资本而论,当所有的调整已经作出以后,事情看起来就显然可能完全不同。我们可能面对一种不同的“资本有机构成”,可变资本或工资基金的绝对额甚至可能会减少。再者,忽视穆勒所想的只是短期效应这种可能性,我们可以再次依靠以前提供的解释:像“古典学派”的所有领袖一样,他把技术资本与工资资本之间的关系看作是已知数,从而储蓄最终会按相同的比例增加两者。如果真是这样,[②]那时,也只有在那时我们才能谈论这样一种工资基金,它的意义不是这样:工资收入总额是在与任何其他经济数量(例如“预定用来”购买摩托车的钱数总额)相同的条件下单独确定的。机器代替工人的事自然没有被忽视。但除马克思外,它被当作一种特殊情况,属于不同的区划,从来没有被这个理论总体予以有机地吸收。那时,只有在那时——即是说,凭借由于他们技术的原始性所强加于“古典学派”的一种假设——以下一点才是真实的:在一定的社会生产力水平下,“对劳动的需求”(意思是对生产性劳动的需求,以别于从收入

① 这在穆勒自己的表述中一般意味着新增储蓄中有一部分被用在非生产方面;参阅上一个脚注。

② 严格说来,情况决不会是这样。因为,假定其他条件不变,储蓄必然影响利息率,而利息率又必然影响资本的周转率,即技术资本与工资基金之间的关系,以及技术资本的结构,只有极少数情况是例外,在极少数情况下,资本周转率实际上是由技术必要性单独确定的,例如是由播种与收获之间必须经过的时间确定的。

中支付的或从预定用于维持这种劳动的资金中支付的劳动），只有通过储蓄和动用储蓄才能增加和减少，①这实际上等于说将或多或少的资金"预定用于"此目的。或换句话说，工资基金是一种特殊的基金或总金额，因为它的大小和变动是由一特殊的直接原因即过去和现在的储蓄决定的，任何其他因素只有通过储蓄率才能影响它。

当然，"古典作家"不会否认，储蓄率本身、从而工资支付总额是由许多因素决定的，其中某些因素又受到储蓄率的影响。此外，他们不会否认，工人实际获得的工资货物的种类和数量还取决于其他许多因素，这些因素不是由储蓄率单独决定的。但是他们会答复说，像利润率那样的因素对工资基金只有间接的影响，从而他们的原理在形式上仍然是正确的；而直接影响工人所得货物的因素，例如社会生产力水平，则被假设为给定的。可是，读者会注意到，这只不过意味着揶揄反对者。当然人们总是可以说"给定 A、B、C、……，则 y 取决于 X′"——凯恩斯经济学恢复了这种做法，里昂惕夫教授称为"内含推理"。简单化可能成为丑化。丑化可能具有意识形态上的偏见，虽然没有理由怀疑穆勒有这种情形。

我们无需赘述穆勒的第三个命题。它的大意是，储蓄并不减少消费。这里穆勒仍是维持杜尔阁和斯密的传统；事实上他这样做只是更加强调了：储蓄者进行储蓄，将他本来会消费掉的钱或其等价物交与某些生产工人，从而使所储蓄的钱"完全"与没有储蓄的钱"一样快地"花在消费品上〔着重号是我加的；斯密走得没有这

① 我不再重复必须作出的其他各种假设，这些都已经指出过了。

么远。熊彼特〕。① 但是穆勒“关于资本的第四个基本原理”确实需要我们作一番评论。这条原理是:“对商品的需求不是对劳动的需求。”(第 9 节)让我们首先排除可以归之于这一命题的一种表面上的意义。当然,可以说,对商品的需求包含有对劳动的引致需求,但它决不单单是对劳动的需求,对个人服务的需求才是对劳动的需求。但这不是穆勒的原意。他的原意包含在一种混乱而错综复杂的讨论之中,使他的追随者同他的反对者一样困惑不解。为了简单起见,我只说明我所理解的问题的核心。

工业雇主对劳动的需求,无疑地来自预期的消费者对正在生产的商品的需求。在很高的抽象水平上(此时只有根本的意义才算数),强调这种联系先于任何其他联系那是完全正当的。这不仅同十九世纪最后几十年的理论家——特别是那些强调“归属”问题的理论家——自然持有的观点是一致的,而且同那个时期像萨伊这样的经济学家的观点也是一致的,这些经济学家提出了这样一种学说,即生产与分配最终可以归结为服务的交换。从这种观点看来,说对商品的需求**就是**对劳动(以及其他生产性服务)的需求,或者像赫尔曼所说的,真正的工资基金或劳动支付来源是“消费者”的收入,这样说是没有很大害处的。但是这种推理决不应——像有些人做的那样——用来攻击穆勒的立场。

因为在较低的抽象水平上,应当考虑到消费者对一种商品的

① 我们无论怎样经常强调以下一点也不过分:不现实地忽视中间步骤,是对这一理论所能提出的唯一指摘。在最坏的情况下,这种理论可能是错误的。但它并不像某些庞巴维克分子似乎相信的那样,包含有逻辑错误。当然,并非每一种储蓄行为都一定会使技术资本增加。

支付，一般不是对进入这种商品的生产中的劳动的支付。消费者的支付至多使制造商能够更新他的资本，一般还有所增添。为了实际做到这一点，在这一过程中还必须插进一种不同的决定，即制造商作出进行储蓄、至少是不动用储蓄的决定。正是这种决定——而这不应被视为当然之事——可以说是在轮子的下一次转动中会“有利于”劳动，而不只是消费者的购买决定。以上我们分析了事情的先后顺序，即分析了一种过程中各个连续的步骤，这一过程只有通过一系列适当的决定，才能按递增的、递减的或不变的速度不断地运行。

但是，事情到此并没有完。如果我们确实假定，消费者的储蓄被迅速地变成雇佣劳动的资本，那就正如我们所知道的，劳工界会进一步获益，而且如果收入获得者也进行储蓄而不购买消费品，则对劳动的需求还会增加。因为，暂且不考虑工业必须由生产资本家和地主所消费的货物转变到生产工资货物所造成的扰乱，这一方面会增加“预定用于”维持生产性劳动的资本数量；另一方面不会造成产品需求不足。于是我们可以想象储蓄是因为收入获得者将货物而不是货币交给生产工人而发生的：因而货物像以前那样被生产出来并找到购买者，而工人阶级则额外会得到储蓄者的一部分收入货物。如果收入获得者不进行储蓄，而只将他的消费者需求从商品转为个人服务，那么，只要他继续这样做，这个增加额就会长期存在。但是如果收入获得者进行储蓄，则直到他决定动用相应数额的储蓄以前，这个增加额就会继续存在。所有这一切，并没有什么不好理解的或不合逻辑的。这一模型的用处或现实性当然是另一个问题,但是不应忘记,即使我们认为这一段的推理是不能接受的,前一段的论证也仍然站得住脚。

6. 分配份额

从第五章第5节我们知道,的确有一大群作家,部分地预见到了下一个时期的主导趋势,他们把收入形成问题看成生产服务的评价或定价问题——这样就把价值、(生产)成本和分配这些现象联结在了一起。但是我们也知道,这个观点虽然在某种程度上由A. 斯密所提倡并由J.S. 穆勒所重申,却未被普遍接受,而且即使是或多或少接受它的那些法国、德国和意大利的经济学家——即使是萨伊本人或费拉拉——也没有完全接受这个观点所暗示的图式。至于其他国家的经济学家,则正如坎南教授所正确指出的:[①]分配仍然是经济分析中一个半独立的部分;人们所说的"分配理论",尤其是在英国,只不过是有关利润、地租和工资的不同理论的混合物,每一种理论都是以它自己的不同原理为基础的。[②] 我们将采用这种图式进行下面的研究。

(a)利润。 "古典作家"使用这个词只是意味着商业阶级的利得总额,对李嘉图学派的成员来说,这一阶级的理论典型

① 《生产与分配理论》,第3版,第188页。我再次向读者推荐坎南对主要英国作家的分配分析所作的详尽讨论,一是为了对它本身进行研究,二是为了同本书的论证作比较。

② 这种说法并不完全正确,必须有保留地看待它。可是,在这一陈述中,就英国而论,真理大大超过了谬误。

就是农场主。[①] 在亚当·斯密的著作和约翰·穆勒的著作的出版日期所限定的那一时期内，人们对这种利润所作的分析工作非常有助于澄清问题并为后来的分析奠定了基础，虽然这种分析工作既不能称为卓越的，亦不能称为深刻的。我们将根据两种观点即企业家精神的观点和利息的观点来考察这种分析工作。

我们在前一章已经看到，该时期的经济学家在分析企业家在资本主义过程中的职能方面取得了一些进展(主要是由萨伊取得的)，并看到这一进展暂时还不是很大。然而，却由此发生了一件事情：经济理论至少是获得了第四种因素，即雇用其他因素并将其"结合在一起"的因素，这本来应导致——而实际上却没有导致——对"资本家"的作用有更清楚的认识：资本家本应从资本主义工业的中心地位上被驱赶下来，在受雇用的生产要素的所有者中间占有更适当的位置。[②] 虽然李嘉图和西尼尔都没有这样做，但我们却看到，J. S. 穆勒的《原理》对这个时期整个经济学界实际上已经达到的观点作了较好的表述。特别是他对企业收入的分析在所有各国在未来半个多世纪中变成了一种标准。商人所获得的，首先是马歇尔将要称为"经理工资"的东西，其重要性已由冯曼

① 这可能使人惊奇。但这实际上是非常自然的，因为农场主的情况比任何其他人的情况更好地表现了国民收入的三部分和"没有地租的边际"。还有，必须记住，对韦斯特和李嘉图来说，农场之所以占有主导地位，是由于粮食的边际成本同工资、从而同利润有关系。

② 可是，不要以为我把这种位置看作是理想上的正确位置。

戈尔特的“能力地租”的概念所强调;这一概念的萌芽已经可以在穆勒的书中找到。其次,实业家还获得了承担风险的报酬:就我所知,没有人曾经不惮其烦地去调查研究,为什么这个项目必然是正的。可是,坎梯隆的“按一定价格购入生产性服务,以便生产一种价格不确定的产品”这种说法,在奈特教授的著作[①]刊行以前,并没有获得应有的名声,也就是说,这种说法不是在这个时期之内获得应有名声的。第三,商人获得了其所使用的那部分自有资本的利息。但是应当注意,李嘉图和马克思偶尔也承认第四种归于商人的收益,这种收益实质上是暂时性的,即将一种新的改进、例如一种新机器引进经济过程暂时所得到的收益。[②] 这样,他们就发现了实际上是所有企业家收益中最典型的一种收益的特殊实例。

穆勒并不重视最后一个项目。他的分析强烈表明,像其他人一样,尽管他强调经理工资,他却把利息看作是商业阶级净收入总额中最重要的因素。可是这种利息并不是一种货币现象。“古典作家”在基本分析的范围内谈到货币利息时,并不像经院哲学作家和我们中间的有些人那样,指的是货币贷款本身的收益,而只是指物质资本收益的货币表现,这种收益之所以用货币来表示,只是为

① F. H. 奈特:《风险、不确定性和利润》(1921年)。但是杜能已经完全掌握了所涉及的原则。

② 例如参阅李嘉图的第三十一章“论机器”(第1页)。他和马克思不仅承认这种收益的存在,而且还把它当作他们的分析结构的主要组成部分。在马克思看来,特别明显的是,这种收益是不可缺少的,因为它是机械化过程的动力,而机械化过程他认为并不是对“资本家”阶级永远有利的。

了方便。[①] 实际上，正如我们所知，他们的资本是货物。商人的利润实质上是“资本存量的利润”，即全部资本货物存量或部分资本货物存量的净收益。而利息只是所有人兼经理人付给贷款人（他省支了从事商业的麻烦和风险）的一部分商业净收入，因而仍然是（纯粹的）“资本存量的利润”。对这个时期的所有经济学家——马克思并不亚于萨伊——和下一时期的几乎所有经济学家来说，全是如此。这个观点是重要的。我们关于资本主义过程的图画，大部分是以它为枢纽的，因此，让我们搞清楚它的含义。

首先，由于纯利息（如果我们不考虑消费者贷款的利息）只不过是商业利润的大部分，所以根本的问题就是说明这种商业利润：根本没有单独的利息问题。除了西尼尔的节欲论——马上就要讨论——可能是一个例外之处，十九世纪的所有关于利息的理论，包括李嘉图的，马克思的以及后来庞巴维克的，都是以接受这种观点为基础的。这是把工业家和资本家的作用等同起来的习惯所造成的结果之一，这种习惯甚至微妙地影响了那些偶尔承认相互之间

① 我利用这个机会来澄清引起人们批评“古典”理论的一点，这种批评只是部分地有道理。那时甚至后来的许多作家，常常信口谈论每小时的工资、每英亩的地租和百分之几的利润，似乎这些都是可比的数量。的确，在许多场合，这种做法往小处说也表明了思维上的模糊不清。但情况并不总是这样。特别是李嘉图用一种货币来表示他的实际（或绝对劳动数量）价值，这种货币也体现一种固定的劳动数量并且用李嘉图的这种价值来衡量是不变的。因此，体现 100 个劳动日的资本货物，能提供譬如说“5%”的利息——因为这只意味着，这些资本货物能提供体现 5 个劳动日的净产品——而与任何贴现过程无关。也就是说，这个词实际上同每小时工资或每英亩地租非常相似，不包含任何循环推理：100 个劳动日是像土地一样的“客观”数量；仅仅因为我们所说的“百分之几的利息”指的是不同种类的资本价值——即指的是产生于收益的一种资本价值——批评者才反对李嘉图的用语的。

有根本分歧的人的思想,是那个时期的分配理论的基石。

其次,由于商业利润本身实质上被看作是资本货物的收益,所以利息也就被等同于(而不是决定于)资本货物的净收益。就我所知,头一个明白提出这种理论的,是尼古拉斯·巴贲。得到A.斯密的认可之后,它便盛行于整个十九世纪。当然,它特别受到了三要素图式的拥护者的欢迎——虽然我们在马克思那里也可以看到这种理论的一种特殊形式。巴贲已试图通过与地租相类比的方法来解释利息。[①] 三要素图式的拥护者不难再前进一步,把这个类比推及工资,从而用三收入图式去使三要素图式臻于完美。第一个明确指出资本货物的收益不是利息(不管是别的什么东西)的人,是欧文·费雪。[②]

(b)马克思的剥削利息理论。 既然已经消除了造成混乱的危险,下面我们就将用利息一词来代表斯密、李嘉图、西尼尔和马克思所称的(大部分)利润。既然已经把利息问题放在了那个时期分析思想的适当背景之下,我们现在就可以迅速处理当时人们提出的各种解决办法以及关于利息率长期下降趋势的"证明"。

读者当然会认识到,我们已经追溯到巴贲的那种学说趋势——即把利息和资本货物的净收益等同起来的趋势——本身并不能解决利息的性质问题,即不能明确回答为何支付利息的问题。

① 这种思想路线后来在马歇尔的准地租中结出了有趣的果实。但是后一概念实际上指向了相反的方向:它的出现是人们开始认识以下事实的最早迹象之一:资本货物本身的收益不是利息,是应当同利息区分开来的。

② 《利息率》(1907年);参阅下面,第四编第五章和第六章,我们将在那里重新考察这个论点。暂时给予上面的提示也就够了。

因为那种净收益本身还需要解释。但所考察的这个时期的经济学家却迟迟未认识到这一点。他们已失去了同经院哲学家的思想的接触,因而从一开始就倾向于理所当然地认为这个问题已经得到了解决,而满足于有关这一问题的最为模糊的思想。这样,A.斯密可以说是具有两种不同的利息"理论",而李嘉图——如我们将要看到的——则具有三种甚至四种。但较为符合实际的说法是,他们根本没有明确的理论。他们根本不为这件事操心。终究,处理问题的方法之一——而且并不总是最坏的方法——就是不去注意它。第一个认识到它的存在的人——如果我们除开杜尔阁——就是劳德戴尔,第二个人是詹姆斯·穆勒。一种真正的利息理论(不管是对的还是错的)所应具有的要素是由朗费尔德、雷、斯克罗普和杜能提供的,可是其中没有一个当时获得了很大的成功。获得了成功的是西尼尔。但在追溯沿着巴贲路线的发展以前,我们将先讨论一下"剥削理论"。

就剥削利息理论来说,重要的是要懂得:这种理论是一种历史悠久的口号的合理化,这个口号表达了体力劳动者和哲学家的一种感觉,认为上层阶级是靠体力劳动的果实生活的。这种感觉的社会心理,以及这种感觉在何时和为什么变成了**剥削**体力劳动的同义语等问题,在这里都无法分析:我们只要认识到这个问题的存在,并忆及这种思想通过自然法哲学进入了《国富论》,那就够了。在《国富论》中,它表现为以下命题:地租和利息是从总产品中扣留下来的,而总产品作为一个整体应当被认为是体力劳动的产物。从这种意义上说,A.斯密起了带头作用,随后许多作家便提出了这样或那样的剥削理论。可是,对我们来说更为重要的是,在当时的文献中,即使是在非工党或社会党的文献中,也经常出现使人感到工业雇主及其工人之间的关系必然包含有剥削[①]的措词。这种措词十分自然地产生于 A. 斯密所描述的关于工业雇主的职能的观点。工业雇主只是为工人提供工具、材料和生活资料的资本家,其他事情则做得很少,他们收回这种“垫支”,外加利润,利润显然是工人的“勤劳”所获结果的一部分。我们可以看到,在例如简·马塞特夫人的《政治经济学谈话》(1816 年)中,就有这种关于劳动作用的极其不现实的图画,而且李嘉图用天真的话语描述了这幅图画:“……资本家开始他的营业时,手头拥有粮食和必需品,价值 13000 英镑……:在一年终了时”,工人“使他再拥有粮食和必需品,价值 15000 英镑”(第三十一章)。李嘉图派社会主义者只要接受这种启示就够了;我们在把马克思的剥削理论——这是马克思赋予剥削观念的一种特殊形式[②]——追溯到他对李嘉图的研究时,追溯到这里也就够了。这并不是要否认他可能也从李嘉图派

① 重要的是,要把这种观念同下述一般的观察或印象严格区别开来,即劳动者常常受到粗暴对待,使人所具有的道德感情受到震撼。也要把它同下述更为明显的观察严格区别开来,即人民大众生活在困苦之中,而其他人则拥有大量财富,使人所具有的人道主义感情受到震撼。当然,所有这一切创造了一种气氛,使剥削理论易于被接受,但它们并不构成剥削理论的一部分:对这些理论来说,重要的是工资合同就意味着剥削;工资合同——常常是或总是——与剥削、或者只是与工资挣取者的低生活水平有联系,那是不够的。

② 这就规定了剥削利息理论在什么意义上可以归之于李嘉图。让我再提一下可以归之于他的另外三种利息理论,即节欲理论;剩余理论;可能甚至还有生产力理论;这三种理论前面已经提到过了,后面还将提及(下面 c 小节);V. 埃德尔伯格(《李嘉图的利润理论》,载《经济学》杂志,1933 年)把李嘉图看作是一个生产力理论家,不需要从维克塞尔那里学习什么东西。也许他是对的。从某种意义说,牛顿不需要从爱因斯坦那里学习什么东西。但是这样说无助于一部真实的力学史。

社会主义者，特别是从 W. 汤普森那里得到了启发。此外，还有许许多多的其他先行者，例如西斯蒙第。但是李嘉图的暗示，连同他的价值理论，也就足够了。

马克思的剥削理论可以概述如下。劳动(即工人的“劳动力”而不是他的服务)在资本主义社会中是一种商品。因此，它的价值[①]等于体现在其中的劳动时数。一个劳动者身上体现多少劳动小时？哦，那是需要用来养育他、训练他、供他吃、供他住等等的“社会必要”劳动时数。假定这个劳动数量，按他一生工作期间的劳动日数计算，为每日四小时。而购买他的劳动力的“资本家”——马克思没有径直说出“资本家”购买劳动者就像他能购买股票一样，虽然含义就是如此——使他每天工作六小时。这六小时中，只要四小时就足以补偿给予劳动者的一切货物的价值，或垫支给他的可变资本(v)，另外两个小时生产“剩余价值”(s)，德文是 Mehrwert。对这两个小时，“资本家”没有给予任何补偿。它们构成“无偿劳动”。在劳动者从事这种无偿劳动时，他就受到剥削，剥削率为 s/v。这种剩余价值率当然不是利息率。后者等于剩余价值与总资本(不变资本加可变资本)之比，即$\frac{s}{c+v}$。如果我们假定 s/v 对于经济的所有部门和所有厂商来说都相等——即是说，所有工人都受到相等的剥削——再假定利息率即$\frac{s}{c+v}$，对所有的企业也必然相等，我们就会遇到已经提到的那种困难，即必须在各厂

① 严格说来，我们应当说：它在完全竞争下的均衡价值。

商之间重新分配总剩余,以使它们的$\frac{s}{c+v}$全相等。但是为了避免再来考察这一点,我们在此只指出,这种困难构成了对马克思式的剥削理论的一种可能的反对意见。[①] 至于其余,我们假定这一困难并不妨碍我们把$\frac{s}{c+v}$这一比率看作是马克思的利息率的表达式,只要我们把 s、c 和 v 看作是全国的总量,它们的价值与它们的"价格"成比例,尽管我们知道这对个别商品是说不过去的。

于是我们就可以把马克思的剥削理论理解为他的价值理论在劳动方面的应用:根据他的价值理论,劳动得到的不会少于它的全部价值,消费者付给产品的不会多于产品的全部价值。[②] 因此,马克思的剥削理论就不仅暴露在对马克思的劳动数量价值理论可以提出的一般反对之下,而且暴露在对其应用于"劳动力"可以提出的特别反对之下。因为,如果劳动数量价值理论是正确的话,它也只能根据合理的成本计算才是正确的:只有在经济上使用的(社会必要的)劳动数量才能创造价值。但是根据资本主义的理性法则,人类显然不是被创造出来去获得能补偿成本的收益的,如果把非

① 当我们考虑马克思同节欲理论的关系时,这种反对意见的性质就会变得很明显。

② 这一特点使一些人有理由认为,马克思的剥削优越于所有其他力图合理说明这一毫无意义的名词的尝试。所有其他尝试(这不适用于在我们自己的时代由皮古和罗宾逊夫人加诸这一名词的意义)所依靠的都必然是:劳动者作为生产的参加者或作为消费者,受到了某种欺骗或掠夺,于是它们在试图证明为什么情况一定总是这样或必然是这样时,会遇到很大的困难。但在马克思的理论中却不包含任何欺骗或掠夺。在马克思的理论中,剥削是从资本主义价值规律的逻辑本身中产生的,与任何人的不端行为无关,因此它深深植根于这种制度之中,是无法根除的,这是任何其他的剥削理论所望尘莫及的。

常严格的马尔萨斯规律插进剥削理论,或者把能够使工资保持在仅足以维持生存的成本水平上的其他办法插进剥削理论,剥削理论的处境也许会略微得到改善。拉萨尔就这样做了(工资铁律,法文是 loi d'airain,德文是 ehernes Lohngesetz)。但是马克思,也许是聪明的,拒绝这样做。马尔萨斯的人口规律是他恨之入骨的;此外,他认识到:工资率有超过劳动价值的周期性增长;在较长的时期内,剥削的程度有下降的趋势,这是由于工会的行动、立法等等减少了每天的劳动时间。这样,他就使他的剥削降到了"绝对规律"——一种抽象的趋势——这一等级,不一定在实际生活中通行。可是,另一种反对意见不及从表面上看来的那么严重。马克思认为,剩余价值是资本家不花成本的利得。而已没有把它定义为边际内的利得,像李嘉图的地租那样。可以设想,这样一种利得会诱使各个资本家——他们各自对其所在行业的总产出贡献太小,不足以影响价格——扩大产出,直至剩余降至零为止。只要我们局限在静态过程的图式中,这一结论的确是不可避免的,因为直到剩余消失之前,静态过程是不会达到均衡的。但是我们可以通过考虑以下事实来避免这种情况:马克思想的主要是一种演进的过程,在这种过程中,剩余虽有在某一时刻消失的趋势,却在被不断地再创造出来。[①] 或者说我们可以放弃完全竞争的假设,虽然这样挽救的剩余同马克思的剩余将是完全不同的东

① 根据劳动在积累过程中不断被替代这一事实得出的一种类似的论点,可以用来代替马尔萨斯的人口规律,推动工资趋向于寻求马克思的"劳动价值"所显示的水平。这在简单再生产过程中也不可能实现,但可以把它插入上述考虑之中。

西。我们不再深入讨论这一问题,[①]而转而讨论马克思对“利润率下降趋势”的解释,马克思本人和他的一些追随者对此是引以为骄傲的。

如果我们确实承认,第一,有这样一种趋势,第二,马克思的剩余价值理论是对的,那么,这种骄傲就不是没有道理的。对于分析家来说,最令人满足的事莫过于发现一种理论(譬如说万有引力)能解释一种在构造这种理论时心中并未想到的事实(譬如说潮汐)。

(c)马克思、韦斯特和李嘉图论利润率下降。 我们所要说的第一点不仅适用于马克思、韦斯特和李嘉图,而已适用于所有忙着给利息率的长期下降寻求解释的经济学家:他们中间从来没有一个人想到要问一问,究竟有没有这种长期下降。他们只是把它认为理所当然,而在这样做时,表现出一种几乎无法令人相信的科学上的疏忽大意程度。因为极为明显的唯一一件事是:中世纪的君主们答应付给他们的债权人80%以上的利息,而在1800年各国政府如果支付5%左右的利息、在1900年支付3%的利息就被认为是在支付高额利息了——对商人来说当然也是一样。但这显然是因为,中世纪的君主们大多数甚至不偿还本金,贷款给他们具有很大的风险;以及预期会有通货膨胀。在没有这些因素的地方——例如在十七世纪下半叶的尼德兰——利息显然就不高于二百年后同样情况下的利息。因为需要解释的是纯利息率,而不是

① 马克思的经济理论在下一时期到来之前,并未引起人们的注意,也未受到经济学界的批评,在下一时期一种批评性的马克思文献才发展起来。最重要的成就,特别是庞巴维克的批评,已由P.M.斯威齐在上引书中提到了。

产生较大或较小风险报偿或其他借款成本的条件，所以这些经济学家如果肯花点功夫去找出实际要说明的是什么，则也许会有更多的收获。

第二，马克思的解释依据的是以下两个命题。一个命题是，在经济发展过程中，马克思的不变资本的价值要比马克思的可变资本的价值增加得快，因为生产会越来越机械化。另一个命题是，只有可变资本（工资资本）生产剩余价值，而不变资本，像我们以前说过的，只向产品转移自己的价值。[①] 为了论证起见，如果我们接受这两个命题，并进一步假定剩余价值率保持不变、马克思的资本货物的价值也不下降，那么，我们就会很容易地得出$\frac{s}{c+v}$必然下降（《资本论》，第三卷第十三章）的结论。马克思主义者之所以对这个结论提出反对意见，或是由于未能考虑到所有这些限制条件，或是由于不愿承认它们的现实性。事实上，这是另一个“绝对规律”，如果我们看一下这些限制条件所排除的东西，[②]我们就很可能同意马克思的这样一些信徒的看法：他们感到，即使从马克思的价值和剥削理论的观点来看，也不能过于相信这种抽象的趋势。但是，在马克思理论体系的一般框架之内，再加上上述假设，这种趋势在

---

① 可是，不应忘记，不变资本的价值包括剩余价值。

② 马克思谈到了“各种抵消力量”，它们“阻止并取消”了他的绝对规律的作用。这种抵消力量的清单可以从 J. S. 穆勒那里抄来（抵消因素，第四编第四章第五节），他的“利润最小化趋势”与这里讨论的趋势相类似。可是，应当注意，“利润最小化趋势”这一用语容许作出的解释，使利润率下降在理论家的领域内比起在道理上可能带来的任何历史趋势来更为肯定：在给定的背景（包括给定的技术水平）下，事实上可以证明：利息率是趋向最小化的——工资率则趋向最大化——这是同那种背景和它的给定的投资机会相一致的。

逻辑上并没有错儿。

第三,马克思虽然强调他的规律的抽象性,却深信它会成为资本主义生产的内在"障碍",最终会阻止资本主义过程的发展超过某一界限——这诚然不是"崩溃"理论的全部,却是它的一个重要组成部分。

为了进行比较,我现在要提出韦斯特和李嘉图对利息率的实际下降所作的解释,他们像其他人一样,认为这是无可争辩的事实。这种解释同可以称为李嘉图的第二利息理论连在一起。我们在上面已经看到,李嘉图的理论结构实际上使"利润"成为一种剩余,就是使它等于农场主在无地租的土地上对劳动者作出支付以后的剩余。这种看待"利润"的方式,显然起源于注重实际的商人的思维方法,这反映在商人的损益账户(损益表)上:他的利润是"剩下来的东西"——亦即使他的账目得到平衡的项目。由于在生产的无地租边际上,用"所体现的劳动"来衡量的整个净产品是在劳动与资本之间分配的,因而两种份额也就是用"所体现的劳动"来衡量的,① 又由于劳动的份额是单独加以解释的,我们就很容易

① 注意这同马克思的图式配合得多么紧密:为了得到马克思的图式,我们所要做的,只是除了衡量劳动者的份额之外,还衡量"体现在劳动"中的劳动本身(即劳动力)。在我们所谓的李嘉图的第一和第二利息理论之间,实际上并没有什么矛盾:在这两种理论中,利润额和利润率是由工资(的"实际"价值)决定的。这一结论是在消去了总产出和地租之后,得自于上面讨论的理论构造。剥削的概念(不管我们称之为剥削与否)只是增加了一种特别的解释。但是如果我们把节欲理论归之于李嘉图,情况看起来就不再是这样了(就生产力理论来说也是一样,可是我们不把这种理论归之于他)。为了不再讨论这一点(它并非没有理论意义),我将在这个脚注中解决这个问题。于是"利润"(一般说来)是由"工资"(单独地)决定的。如果我们由此像李嘉图那样宣称,这种

得到下述两个命题，一旦做到这一点，这两个命题实际上也就变得浅薄无聊了。[①] 一个命题是，“利润取决于工资”——在这种图式中，利润还能取决于别的什么呢？另一个命题是，在人口增长和土地收益递减规律的影响之下，体现在每一额外单位粮食中的劳动必然越来越多，因而劳动份额的价值必然上升——虽然人均工资货物的数量不一定上升甚或可能略为下降——留给资本的价值越来越少。这一点，也只是这一点，正如韦斯特以及在他之后，李嘉图所苦心说明的，就是我们自以为在利息率不断下降的假象下所能观察到的现象的原因。但是并不需要对此作出详尽的阐述。因为根据这个奇妙的理论，利息率（除了短期的“市场”波动以外）在逻辑上不可能由于任何其他原因而下降。事实上，李嘉图（第二十

利润是对等待的“公平补偿”（显然是说，一种价格），那么他的体系似乎就具有过于强烈的决定论色彩了：已经被决定了的一种数量，又受到一种额外条件的限制。不过，只是在这种体系中，情况才是如此，在位于该体系背后的一种较为广泛的体系中，情况就不一定如此。读者一般应该先仔细审查得自于决定论色彩过于强烈的体系的论点（这种论点现在很受欢迎），然后再接受它们假定“工资”已决定“利润”为某一数字。再假定这个数字不能“公平地补偿”“资本家”的等待。如果这种事态预期不能得到纠正，“资本家”将减少他们的投资（在这种图式中，他们没有机会做任何别的事情）。从而资本，至少是可变资本即工资基金，将会减少。通过整个系统中的一系列重新调整（这种调整是间接地完成的或“在幕后完成的”，我让读者去进行这项工作）最后会出现这样一种情况：工资仍然“决定”利润，但所决定的工资水平却会使“资本家”感到满意。由此，读者在“由……决定”一词所具有的意义方面也上了重要一课——如果他想要了解经济理论及其妙诀，想要了解经济理论的一些批评家和他们的妙诀，这一课是万万不可不上的。

① 这是那种“浅薄无聊的艺术”的一个绝妙实例，这种艺术同“李嘉图恶习”紧密相结合，使受害者一步一步地陷入这样一种境地：要么不得不投降，要么因为在陷入那种境地之时否认实际上的浅薄无聊之事而被人嘲笑。

一章)断言,除非工资(在他所说的意义上)上升,否则任何积累数额均不能降低利润率;他不仅责备 A. 斯密用积累去解释利润率的下降,而且大胆地谴责 J. B. 萨伊,说萨伊在声称相对于投资机会的范围来说“可用资本越丰富”利润率下降就越大时,是忘记了他自己的“市场规律”。[①] 有两件事情是很清楚的:第一,在所指的意义上和在萨伊的概念安排内,萨伊的命题是正确的,该命题同萨伊的“市场规律”一点也不冲突;但第二,在所指的意义上和在李嘉图的概念安排内,李嘉图的命题也不错。

约翰·穆勒的处境看起来叫人难受。他广泛了解与利息有关的全部现象。特别是,他对货币利息与收益资本化等理论问题的理解,比当时任何理论家理解得都要深刻:在(《原理》)第三编第二十三章他预见到了该领域内四五十年以后的某些发展。此外,他还从萨伊、雷和西尼尔那里学到了一些东西。他的价值理论远远优于李嘉图的价值理论。因此,正像他在第四编第四章中所证明的,他可以建立一种与所有已知事实相符合的分析。然而,天晓得,他为什么不得不拥护李嘉图的学说。于是,从第二编第十五章起,他就以一种造作而褊狭的方式来论述这些问题,以便迫使它们在表面上同李嘉图的原理相符合。分析这一点,并且通过分析而较为充分地理解经济分析是怎样克服自己

① 关于 A. 斯密的论证,参阅下面,e 小节。他完全是在事实和常识(而不是李嘉图的概念化)的范围内叙述工资与利润率的矛盾趋势的:在其他条件不变的情况下,积累只要指是对劳动(以及土地服务)的额外需求,就会降低利息率,而提高工资(和地租)。但是李嘉图完全忽视了他的概念工具不适用于这种机制,对之充耳不闻。

树立的障碍向前发展的，是一件极有意义的事情。但即使如此，我恐怕读者不会同我一样感到遗憾：我不能在篇幅许可的范围内做到这一点。[①]

(d)生产力利息理论。 对于支持三要素图式的人和支持收入实质上是生产性服务的价格（乘数量）这种理论的人来说，自然要做的事情是，把资本货物的收益——像这个时期的所有作家一

① 可是，我要在这个脚注中举出一个例子，说明可以部分地取得一致的方法，并提出一种适用于许多理论的评论，包括今天和昨天的一些理论。例子是：即使将地租除外，对于像穆勒这样的拥护节欲理论的人来说，资本家的垫支也不可能单由工资组成；但这恰恰是穆勒在第六节（第二编第十五章）中所断言的。这怎么可能呢？原因简单得很："利润"当然也是垫支的，但这种垫支并不是垫支，而是由于预期能赚到利润而作的支付。

评论是：在适当的假设下，特别是如果不考虑摩擦、刚性和顺序，所有的经济数量，特别是通常的社会总量都会以确定的方式联系在一起；任何通过它们的变化过程都会影响它们全体。一些人总是说其中一个经济数量在因果关系上具有特别重要的意义，其他经济数量都依存于它，不管这种命题多么荒谬，却没有一个这样的命题可能与事实发生矛盾。因此，在《原理》第四编第四章，穆勒沿着萨伊的路线以完全合理的方式，讨论了利润最小化的趋势和资本输出、技术进步等等"对抗因素"。但是国内投资、外国投资和技术变革也都对国民工资总额有影响——虽然程度和方向有所不同。因此，使这种理论符合李嘉图的图式是毫无困难的。穆勒所要做的，只不过是从链条中把工资这个环节挑出来，并使它起最后原因的作用：我们在逻辑上有权反对的，实际上仅仅是对"原因"一词（或与其意思相等的词）的误用。然而，除了这一点之外别无逻辑上的错误的理论，仍然可能是一种无用的理论，而只能为其作者所喜爱的某种原则提供一种虚假的支持。例如，如果高利润率和高劳动成本像在美国那样同时出现，那又怎么样呢？我们从穆勒写给卡尔尼斯的信件（这些信件已由G.奥布赖恩刊行，见《J.S.穆勒与J.E.卡尔尼斯》，载《经济学》杂志，1943年11月，第279—282页）中可以看出，穆勒也担心这一点。要么对事实必须提出怀疑，否则就必须把事实解释清楚。的确，这总是能够办到的；因为只要增添适当的假设，就可以使任何理论适合任何事实。但是采用另一种分析图式（该图式承认了这一重要事实，即高利润率和高工资通常是同时存在的，而没有找这个事实的麻烦），那就会简单得多，也明确得多，既然这样一种简单图式显然已由A.斯密大体提出，情况就更是这样了。

样,他们把这种收益等同于利息率——解释为这些资本货物提供的生产性服务的价格。[①] 这一点也可以用几种方法来做到,不过很不幸,这些方法都会遭到以下致命的反对:人们可以再容易不过地指出,资本货物或它们的服务,既然是必不可少的和稀缺的,就会具有价值并会获取价格;人们也不难指出,它们的所有权常常会产生暂时的净收益;但人们却比较难于说明——如果是这样,那又为什么——这种价值和价格通常高于使其所有者能够替换它们所必需的价格,换言之,为什么它们的所有权总是附有永久性的净收益。直到庞巴维克在他的《资本与资本利息》第一卷(1884 年)中发表了利息理论史以前,整个经济学界都没有充分认识到这一点。在那以前(在某些场合甚至在现在)人们一直认为(现在有人仍然认为),资本货物必然提供收益这一命题既然很容易得到证明,因而实际上也就证明了资本货物必然为它们的所有人提供收益。这样把两件不同的事情混淆起来,就使所有纯生产力利息理论(庞巴维克是这样称呼它们的)丧失了效力:不论是原始的生产力理论(即庞巴维克所谓的质朴的生产力理论),还是较为精致的生产力理论(即庞巴维克所谓的目的明确的生产力理论)。同样的混淆也使庞巴维克所称的使用理论——它们同生产力理论没有什么本质

① 这只适用于技术资本,虽然生产力利息理论的拥护者一般并不对他们的资本概念作这样的限制。事实上,正如我们所知,有一种将技术资本货物存量归结为生存基金的趋势。但是意味着偏离我们所说的纯生产力理论,纯生产力理论只乞灵于厂房设备的生产性服务,不及其他。因为非工资资本总额(根据纯生产力理论,这是利息的泉源)是马克思的不变资本,根本不产生任何剩余,所以我们可以将纯生产力理论看作是与剥削理论完全相反的理论。

的区别——失去了效力。[①]

劳德戴尔是明确的生产力理论的第一个阐释者，也是第一个作出榜样，明白地犯了上面指出的逻辑错误。但这一错误，为他给资本的生产作用所下的特殊定义掩盖了(如果不是修正了)，根据他的定义，资本不是“辅助”劳动，而是“取代”劳动。资本所有人得到的，是被取代的劳动所会得到的(《公共财富的性质和起源的研究》，1804 年，第 165 页)。作为指向技术资本与劳动间存在的替代关系的指标，作为分析工资与利息间的真正关系的第一步，这是令人感兴趣的。但正如庞巴维克后来所指出的，只有在机器不磨损时，劳德戴尔的理论才能解决资本货物的净收益问题：如其磨损，则劳德戴尔的理论只解释了它们为什么能挣得折旧份额，而没有解释它们为什么能挣得更多——如果它们的确挣得更多的话[②]——这毕竟不是那么肯定。

---

① 不言自明的“使用理论”一词，是富有启发意义的。耐用资本的收益(货币收益或归于资本的收益)同通行的利息率肯定是有某种关系的，这一概念如果扩展到耐用消费品，在某些方面就是一种改进。但“使用”显然可以转化为“服务”。使用理论常常同赫尔曼的名字连在一起(1832 年)，在很长一段时期内在德国很流行。克尼斯和门格尔都是它的拥护者。

② 朗菲尔德和冯·杜能确实功绩很大，把边际分析引入了生产力理论，并研究了利息与工资的关系。但在基本点上，他们的处境却不比其他生产力理论家强。不过，朗菲尔德这样来改善了他的处境：他求助于资本形成需要储蓄这一命题，因而求助于储蓄者是否愿意“为了将来而牺牲现在”——即节欲。但冯·杜能虽在技术上不知比朗菲尔德强多少倍，却并未超过这个公式：利息是由“所用资本的最后组成部分”的效用(或生产效果)决定的。这自然不应从韦斯特—李嘉图的意义去理解。必须从我们自己时代的 D. H. 罗伯逊教授似乎愿意赞成它的意义上去理解(参阅他在《经济学杂志》1937 年 9 月号上发表的文章，该文是对凯恩斯的《各种不同的利率理论》一文的三篇答复文章之一)。

这个例子就够了。我们不会因为讨论例如马尔萨斯的说法而得到更多的收获,他的说法是:"利润"是"对资本家所贡献的那一部分生产的公平报偿"(《原理》,第1版第81页)。读者从庞巴维克的著作中可以找到整个十九世纪拥护生产力利息理论的作者名单。他们的人数在大陆上要比在英国多。既然他们没有作出认真的努力要去证明物质资本货物为什么具有永久性的正收益,他们就更加不会提出这种收益是否为利息的问题了。

我们在这里还将提及另一种类型的利息理论,虽然我们将其放在生产力理论的标题下未必妥当。它同詹姆斯·穆勒和麦卡洛克的名字连在一起,在某种程度上是他们的共同产品,[①]可以用麦卡洛克的说法来表述;"资本的利润只是积累的劳动的工资的另一个名字":资本货物本身是积累的或储藏的劳动;它们所体现的劳动只是继续用来赚取工资;如果存在地窖里的葡萄酒体现一定数量的劳动,那么当这种葡萄酒慢慢成熟时;这种劳动或者"自然力"就继续在工作;支付给这种额外工作的就是利息。明显的解释是:詹姆斯·穆勒和麦卡洛克下定决心,要把他们老师的价值理论推广到连李嘉图自己也认为是不适用于他的劳动数量规律的那些场

① 我们只能讨论主要之点。但在细节上也有几件事情值得注意,而我们却不得不忽略它们。其中之一是,托伦斯在那场产生了即将提到的理论的讨论中所起的作用(《论财富的生产》,1821年)。托伦斯主张的理论我们将称之为涨价利息理论,根据这种理论,"利润"并不进入他所谓的商品的自然价格。他认为这种自然价格等于成本。利润只进入市场价格,这种市场价格因而也就是与A.斯密和李嘉图的市场价格完全不同的东西。詹姆斯·穆勒在他的《纲要》第1版(1821年)中的立论主要是反对这一点的,没有丝毫迹象表明他想采用这种理论,但在第2版中(1824年),在麦卡洛克在《大英百科全书》中的论文发表以后(补编,1823年),他却采用了这种理论。这篇论文便包括有我们在正文中引述的、他在《原理》(1825年)中加以详尽阐述的那种说法。

合，以便像马克思用另一种结构试图去做的那样，使劳动数量规律完全普遍化。批评家一个接着一个地认为，他们用来达到这种普遍性的只不过是一种文字游戏，而且是一种无聊的文字游戏。① 而且，还可以提出这样一点来反对这种利息理论：除了支撑劳动数量价值理论的企图宣告失败以外，它还暴露在了置纯粹生产力理论于死地的那种反对意见之下：即使我们承认资本货物是储藏的劳动，承认"资本家"由于为这种储藏劳动支付了工资而应从收入中得到补偿，这种理论如果不求助于其他事项，也无力证明"资本家"为什么应当为那种想象的劳动得到一些东西。但恰好是这种考虑，虽然它肯定使我们不能接受这个永久性净收益的理论，却使我们能对它作一种稍为有利的解释，特别是就不幸的麦卡洛克的说法而言。也就是说，它让我们看到，麦卡洛克的说法至少以一种笨拙而迂回的方式，根据劳动数量价值理论的观点，承认了物质资本的必要性。他的文字游戏，如果这样来解释的话，则确切地说，就等于是用"劳动"来指"生产性服务"，用"工资"来指生产性服务的价格。或者换句话说，他的文字游戏等于是承认储藏的劳动是一种特殊的劳动，它提供的服务相对于"活"劳动或"流动"劳动的服务而言，也是一种特殊的服务。这就是为什么——肯定没有为它辩护的意图——我把这种理论归类于纯粹生产力理论的原因：这种理论是信奉劳动数量价值理论的人们的纯粹生产力理论。

① 包括坎南(上引书，第 206 页)在内的许多批评家还指责说，这种文字游戏是用来作辩护用的。称"利润"为工资，这是多么美妙的辩护呵！意识形态无疑地进入了麦卡洛克的论证，正像意识形态进入了马克思的论证那样；正如马克思想要攻击利润那样，麦卡洛克可能也想为利润辩护。但这是题外话了。

纯粹生产力理论可以很容易地解释利息率的长期下降。这种理论只须假定,技术资本比可供工业雇用的人口增加得快,那么,在其他条件不变的情况下,每单位的收益——不一定是相对份额,更不是绝对份额——一般就会下降。由于这些其他条件包括给定的技术水平(生产函数),读者可能会认为这种解释并不是很好。它肯定不好。可是这样做也有一个优点:只要表述得正确,[1]这种解释就会自动显示出任何关于纯利息率长期变动的命题所固有的最重要的限制条件,并且在这样做时,会对长期下降“规律”的正确性提出怀疑。

A. 斯密没有提出生产力“利润”理论。但他却对他像其他人一样认为是不容置疑的利息下降趋势提供了一种解释,这种解释极为自然地推论自生产力理论,即:当不断增加的资本彼此开始竞争时,利润率就趋于下降。从韦斯特和李嘉图的观点来看,这必然是一种逻辑上的错误,因为他们据以得出利息率的那种相对价值,不可能受到构成资本的货物数量增长本身的影响。[2]

① 它可以用不同的方式来表达。例如,朗菲尔德认为“利润”下降是因为最有利的投资机会被首先利用,以致随着时间的推移,只有利润越来越少的投资机会留待利用。这会遭到以下反对:技术进步会不断扩大投资机会,因而没有理由说,后出现的机会就不及先出现的机会那样有利可图(参阅正文中倒数第二句)。朗菲尔德的表述只是他的边际生产力利息理论的结果:利润率“等于效率最低的那部分资本给予劳动的帮助,我将称这部分资本为最后使用的那部分资本”(《政治经济学演讲录》,第194页);所以当资本比劳动增加得快时,利润率就会下降,但是这种下降应当与所要解释的长期下降区别开来,因为前者只是后者的一个组成部分。

② 爱德华·韦斯特爵士的这一大意如此的富有独创性的论点是值得玩味的。它提供了一个绝佳的实例,说明一种理论结构一旦被接受后,如何会使分析家看不到最明显的真理。这个论点是李嘉图下列观点的主要根据:资本的增加,除非伴有工资(也就是李嘉图所谓的工资的价值)的增加,否则决不会降低利润率,也不会成为经济过程中的障碍。

(e)节欲利息理论。 只要承认物质资本是生产甚或只是剥削的一个必要条件，那么从服务这个词在经济分析中所具有的意义上说，提供资本货物就必然是一种服务，虽然如果我们接受剥削理论的话，这种服务只是向剥削者而不是向整个社会提供的。因此，我们可以不去强调资本本身的生产性或剥削性服务，而只是强调提供资本这种服务。只要我们坚持约翰·穆勒所表达的斯密的那种理论，即资本货物是储蓄的结果，我们就可以进一步说，资本货物的净收益从性质上说是付给储蓄向生产有机体或单向剥削者提供的服务的报酬。如果我们确实这么说，我们便采纳了斯克罗普和西尼尔的"节欲利息理论"。我这样来引进这个题目，是为了突出以下历史上的重要事实。

第一，可以看出，在生产力理论与节欲理论之间，没有任何本质区别，更不要谈矛盾了。西尼尔显然知道这一点，他的"第三条假定"(参阅上面，第 5c 节)可以证明。但他却没有清楚地说明——这要等 A. 马歇尔和 T. N. 卡弗来说明——节欲理论究竟为生产力理论增添了什么东西，它同生产力理论又是什么关系。这有点像制动器，将阻碍创造额外资本货物的过程达到净收益下降至零的那一极限。[①] 但由于他未能十分清楚地说明这一点，赞成者(例如约翰·穆勒，他满足于利息是储蓄的价格这一公式)和反对者(特别是庞巴维克)都从这样的观点去看它：它是对利息现象的解释，与生产力理论不同，只是以牺牲因素为基础，牺牲或许

---

① 正如某些读者或许已经知道的，我自己并不是节欲论的拥护者。我只是试图从节欲理论家的观点来解释它的基本原理，但愿我的解释能使读者理解为什么会出现这种理论，为什么它具有这么强的生命力。

是与储蓄有关的。

第二,可以看出,对节欲理论的攻击,不应指向它的逻辑。例如,庞巴维克的攻击是以指摘它进行了重复计算为基础的。贷放资金的储蓄者在他所要放弃的资金[①]与他将得到的收益流量之间进行选择。没有再额外计入他可能作出的任何牺牲的余地。即使承认这个论点可能有些道理(条件是"对牺牲的补偿"一词就是节欲理论的全部内容),[②]这也并不意味着,这个理论在得到适当的阐发并放在适当的背景之下以后会是不合逻辑的。主张说一种理论在逻辑上是无懈可击的,同时又说它是错误的、至少是不充分的,这并没有什么自相矛盾的地方。因为,可以用来解释一种现象而不发生逻辑错误的原因,不一定就是实际上造成那种现象的原因。

第三,除了健全的逻辑以外,使许许多多权威——主要是英国人,以约翰·穆勒为首——接受节欲理论的原因,还有它在常识上的吸引力。穆勒交给了马歇尔一种现成的学说,一种主张有两个

① 即使只贷出很短的时间并定期地重新投资,这种资金一般也是从储蓄者的货物消费中取出的。在正常情况下,毫无疑问,他推迟了对这种资金的享受,也就是说,由于得自利息的享受是完全不同的,因而在正常情况下,他确实是放弃了对这种资金的享受。这就是为什么应该保留"节欲"一词的原因,也是为什么不应该放弃"等待"一词而应该用它来指一种不同的现象或至少是用来指同一现象的一个不同方面的原因,我们应该把这种现象与上述用节欲一词所表示的现象区别开来。

② 承认这一点的主要困难是,杰文斯和庞巴维克由于引入了他们的"对未来满足的心理贴现"这一短语而已在很大程度上取代了节欲一词。不过,欧文·费雪又加强了庞巴维克反对使用节欲一词的理由(《利息理论》,1930 年,第二十章第七节,特别是第 486—487 页及其附录),提出了充足的依据反对把等待或节欲看作是真实成本的独立项目。

“实际成本”要素的学说，即劳动者所感受到的负效用（厌烦）和储蓄者所体验到的节欲。[①] 但我们认为 A. 斯密和李嘉图二人只是模糊地提出了这种学说。不管 A. 斯密怎样随时准备提供指向剥削理论的路标，但如果我们在《国富论》中寻找对纯利息的实际解释，则看到的只是极度节省。不管李嘉图怎样轻视这个问题，但他还是注意到，除非有一种利息率能使不同周转期的资本的收益相等，否则不同长度的周转期是不能共存的，而这就清楚地表明他是承认节欲或毋宁说“等待”这一因素的。这种解释，一方面由李嘉图的利息是这种等待的“公平报偿”[②]这样的措词所加强了；但另一方面，又由于李嘉图拒绝根据这一点符合逻辑地解释利息率的下降而削弱了。

第四，对于合格的经济学家来说，赞成节欲理论的理由，反而被对它的攻击在逻辑上和事实上所具有的弱点所加强了，这些弱点同这种攻击的猛烈程度形成了十分奇异的对比。节欲理论是一种使得社会主义者狂喊乱叫的辩护性理论。他们在盛怒之下，完全忘记了提出反对它的严肃论点（这的确是不难找到的），而是乞灵于无聊的嘲弄，说百万富翁由于节制饮食而得到报偿（拉萨尔），说资本家由于没有吞食人粪而得到报酬（马克思）。即使“古典作家”也对边际分析有足够的了解，而不会受拉萨尔的影响，不会想到要费神去驳斥马克思。

---

① 我很难理解，卡尔尼斯怎么能主张说这个功绩应归之于他。但他确是这样主张的。

② 我们当然可以很容易地抛弃这一短语所表达的价值判断，而把它简单地读作：等待的价格。

可是,由于我们时代的一个著名经济学家不久以前重复了马克思的愚笨无能,还由于那个时代的许多经济学家实际上使用了使自己被人误解的词语(例如参阅马克思在《资本论》第一卷第二十四章第三节中对莫利纳里和库塞尔—塞纽尔所作的那些引证),因而可能需要我们作一番说明。正像我们在上面已经说过的,资本家用一笔资金去交换一种流量。根据我们所讨论的这种理论,他得到报酬的"节欲"进入了资金的积累。他并没有因为没有消费掉那笔资金而得到额外的报酬,即使在物质上可能提供那种报酬也是如此。但是因为他以支付流量的形式接受他的补偿,所以看起来似乎是,他由于实行节欲,没有"吞掉"那些在他的资本使用过程中不断出现并被用掉的资本货物而一再得到报酬。这种印象又由于下述事实而加强了:在正常情况下,如果想使人们从事这种交易的话,必须实际提供应允的补偿,或者在资本所有人自行使用资本的情况下,必须实际提供预期的补偿。如果资本的贷出人或自行使用人的这种期望落空,他的确会试图收回他的贷款或不再做生意——于是这看起来就像必须对他一再作出支付,以便使他的资本留下来。但有些大学二年级学生不能正确地解释这些事实,或者让我们加上一句,当有些作家说资本家"把他们的生产工具借给劳动者使用"时,有些大学二年级学生不懂得这是什么意思,这样的大学二年级学生肯定是毫无发展前途的。这种事情部分地说明了,在某种程度上也宽恕了许多很好的经济学家不能在马克思身上看出更深刻的东西:他们一开头看到了那么多的胡言乱语,使自己不能相信,说这种话的人偶尔还能大大超出他的判断水平。

但是准备向鼎盛时期的马克思表示敬意的学生，不可避免地会反问自己：这个人怎么会降低到像第三节那样的水平呢？他不是曾有能力上升到很少有人达到的高度吗？他不是在许多小事情上偶尔也证明自己是一个极为能干的分析家吗？单是鼓动家的需要本身并不能足以说明这一点，特别是由于大多数的词藻都可能是缠绕在一个较为坚实的支架上的。因此，这种怀疑暗示：这种词藻掩盖了某种东西。事实上不难看出那种东西是什么：那就是在他的结构的逻辑中，存在着严格意义上的节欲因素和等待因素。我们已经看到，马克思的理论属于我们所谓的"垫支经济学"那一派系，这意味着承认在经济过程中有一种特殊的因素（不管你称之为一种特殊的服务还是一种特殊的罪恶），它可以成为剥削的工具，但它本身不是剥削。我们也已经看到，节欲这座危险的冰山是多么令人不安地靠近他有关积累的论证，而他有关积累的论证也可以称为有关储蓄论证。[①] 我们现在加上一句：在马克思的结构中，等待并不比严格意义上的节欲少。这可以用以下方式来说明。马克思的不变资本只是将价值转移到产品上，除了它自己的价值以外，不增加任何东西。但是，既然它本身是被剥削劳动的产品，它所体现的就不仅有生产它的劳动所消费的工资货物的价值，而且还有按通行比率计算的剩余价值。因而，把体现在不变资本中的这种剩余价值，加在借不变资本之助使用劳动生产最后产品所

① 比较一下也出现在第二十四章那个不幸的第三节中的那段著名的但也有点庸俗的话语："积累啊，积累啊！这就是摩西和先知们！……储蓄啊，储蓄啊，也就是把尽可能多的剩余价值……重新转化为资本！"我们不必去麻烦摩西或先知们，就知道资本家的"节欲"对于马克思来说同对于西尼尔来说是完全一样的。

产生的剩余价值之上,应当是没有困难的。如果能做到这一点,那就没有理由说,实际价格不应当同体现在它们上面的劳动总额成比例,即同体现在不变资本中的劳动加直到最后产品出现前所增加的劳动成比例,而把价值转变为价格也是没有问题的。可是,马克思却没有这样做,宁愿花上几百页的篇幅去同这个问题搏斗。为什么?显然因为他认为,时间距离不是一件无关紧要的事情。但这就等于是认识到——虽然不是承认——等待终归是马克思结构(价值理论)中的一个因素,而这正是我们想要说明的。

节欲利息理论用来处理利息率的长期下降处于特别有利的地位。如果我们把节欲看作是生产的几个必要因素之一,我们就可以毫不困难地指出,在哪些条件下,节欲的相对增加会产生那种现象。需要有在所考察的这一时期内还不知道的工具,才能令人满意地做到这一点。但即使在那个时期的技术水平下,也可能得出主要的命题,虽然是半直觉地得出这些命题。对利息率下降的历史解释、特别是对它的任何预测,只能有条件地而不是绝对地从这种分析得出,这反而是这种分析的另一优点。当然,致使节欲的相对价格下降的那些条件,(一般说来)会使劳动的相对价格上升。这样,以下两种说法就没有矛盾了,一种说法是:约翰·穆勒本来应该按照良好的逻辑采取这种对“利润最小化趋势”的解释,甚至可以说他实际上采取了这种解释(第四编第三章第二节),另一种说法是,他很容易地使这种解释和他的缠绵不去的李嘉图主义调和在了一起,虽然他所十分仔细地分析的“有效的积累欲望”,比起工资的上升来,更有权被看作是一种“原因”。

(f)工资基金说,现代总量分析的先驱。 我们关于这个时期的工资分析的报道之所以将在这个标题下面提出,是因为属于这个题目的所有其他东西都在我们论述途中的各个转弯处提到过了。[1] 特别是,我们知道A.斯密——在自然法哲学的影响之下——带头走向了剩余工资理论:劳动者生产了整个产品;工资问题是要表明为什么他们没有得到整个产品而不得不安于某种"折扣额";因此,一旦这种折扣额得到了解释,工资问题也就立即自动地解决了。但即使对A.斯密本人来说,同时也对沿着斯密指引的方向走得最远的詹姆斯·穆勒、西斯蒙第和马克思等一流经济学家来说,分析研究"能够"或"必须"归于劳动的部分的上限和下限,对于他们处理工资问题而言,要比他们的一般哲学远更重要,以致撇开他们的一般哲学而去处理工资问题反而更为有益。这同我相信是大多数历史学家的共同意见是吻合的。但是我不能同意许多历史学家对工资理论所作的分类,他们把工资理论分为最低生存理论、供给与需求理论以及生产力理论。因为这些并不是对工资收入的不同解释,更不是互不相容的解释。

头一种根本不是工资理论,而只是关于工资的长期均衡水平的原理。[2] 供给与需求工具对任何工资理论都是必不可少的,但

---

① 特别是,我已经提到了"上升"的工资和"下降"的工资这两个短语在李嘉图的价值理论中具有的特殊意义所造成的各种误解。

② 关于平均工资率概念和针对它提出的反对意见,参阅下面,本小节。至于工资理论(意思是对这一现象的根本分析)与关于工资的均衡原理的区别,请注意这种区别同所谓货币数量理论与李嘉图的价值规律之间的区别的相似之处。

它并不等于任何一种理论。[①] 李嘉图学派(包括马克思在内)在工资方面像在所有其他方面一样,固然未能认识到供给与需求对决定长期常态的意义,但即使他们也让工资像其他价格一样由短期的供给与需求去决定。但对工资来说,供给与需求概念的含义却与它对其他价格的含义有很大不同。因为,如果让长期常态取决于人口的调整,则短期至少会延续十五年。[②] 对于这种短期,甚至更长的短期——实际上是对于“无限”长的时期——来说,李嘉图学派依靠的是供给与需求工具在工资基金说中采取的特殊形式。但是,所有其他领袖们,特别是萨伊和马尔萨斯,也以一种与此不同的(正常)形式把供给与需求概念应用于长期和短期问题。在这里,对劳动的需求可用一条曲线代表,它只描述雇主按不同工资率所雇用的劳动数量。萨伊的对劳动服务的需求和供给概念便包含有这种意思。但使这样一种需求曲线变得明确,并且实际上画出了这样一条曲线的人,却是弗莱明·詹金。[③] 而这种需求曲线又

① 确实有人反对将供给与需求工具应用于劳动,理由是这等于把人类看作是商品——特别是在欧洲大陆,有人指控英国“古典作家”对人类尊严进行了这种凌辱。当然,将供给与需求概念应用于劳动,丝毫也不损害人类的尊严。可是,应当指出,这种指控有时并非只有这种廉价的感情表露:“商品劳动”确实呈现出一些甚至对于最为实际的分析来说也很重要的特点。

② 这是由巴顿指出来的(参阅下面,h 分节)。因为(我们所说的那种)实际人均工资收入的增长并不会立即提高出生率;因为高人均工资收入必须持续很长一段时间,才能使人口有显著增加;最后,因为在这样一个长时期内会出现新的生活标准,所以“古典”长期工资理论的基础实际上要比正文中所指出来的差得多。

③ 弗莱明·詹金论述“工会”和“供给与需求规律的图示及其应用于劳动”二文分别刊行于 1868 年和 1870 年,伦敦政治经济学院重印,1931 年。他的需求函数的形式为:$D=f(A+\frac{1}{x})$,其中,x 代表价格,D 代表按这一价格所购买的数量,A 为常数。

蕴涵了边际生产力理论的萌芽。边际生产力理论虽已由朗菲尔德和冯·杜能在这个时期内提出来，可是就整个经济学界而言，它却依然处于湮没无闻的状态。因而在这里，关于后来经济分析的这种开端，我们无需再多说什么，而只需说生产力因素也必须（以某种形式）进入任何完整的工资理论，因而不应把它本身等同于某一种工资理论。

这样，摆在我们面前的是这样一种形势：这个时期的几乎所有经济学家都以某种形式借助于自己多少有些了解的供给与需求分析来研究工资问题。[①] 生产力因素还未由那些有发言机会的人充分研究好，在图画中只是隐约可见。前台被两项特殊的研究结果所占据，这两项研究结果是在插入有关事实的某些额外假设（"限制"）的情况下，从供给与需求分析中得来的：一项研究结果是关于长期常态的最低生存原理，另一项研究结果是关于短期偏差的工资基金说。

正如我们所知，最低生存原理是魁奈和杜尔阁学说必不可少的组成部分。正如我们也知道的，A. 斯密也仔细地讨论了该原理——他实际上讨论得如此仔细，以致没有留下多少没有讨论过的东西。可是，马尔萨斯《人口论》的第一版却对该原理作了不同的解释，尽管在《人口论》后来的版本中和在《政治经济学原理》中我们发现加上了许多限制，这些限制本来应当使他取消第一版中

---

① 这也适用于马克思，因为工资趋向于与劳动力价值相等的命题（劳动力价值又等于体现在劳动力中的劳动），包含着供给与需求的作用。当然，马克思的工资理论不只是由这个命题组成的。相反，它是一个极为复杂的整体，涉及工资现象的几乎所有方面，而且仔细研究了工资对劳动"价值"所决定的水平的偏离、特别是周期性的偏离。这个整体必须用他的著作的许多组成部分拼凑而成，但这里不能进行这项工作。

的论断,可他却没有这样做。但对于李嘉图来说,却确实需要严格地表述工资的那种趋向,并需要同样严格地接受马尔萨斯的人口规律,否则工资的长期水平就是不确定的了。李嘉图对工资的那种趋向的表述是:工资趋向于"使劳动者能够……生存并延续其种族、使之不增不减的价格"(《原理》第五章)。这句引文表明,至少到 1817 年,[①]李嘉图已经察觉到了这一点,但在他论工资一章的随后论证中,也表明他知道这个必要的原理是站不住脚的。追随托伦斯之后,[②]他用后来通常所称的"社会最低生存"代替了"物质最低生存",前者用托伦斯的话说,是"根据气候的性质和国家的习惯,为维持劳动者所必要的生活必需品和舒适品的数量……"。稍加思考即可表明,这等于是把习惯工资当作一种制度上的已知数。这样做总是可能的:任何东西都可以贴上已知数的标签,这只是意味着,我们对于贴上这种标签的东西,放弃寻找纯粹的经济解释。[③] 这样来看待"古典"长期工资"理论",比从物质最低原理去看待它,似乎更加符合实际一些,因为"古典作家"自己也不承认物质最低原理,并且由于在工资方面非常长的"短期"实际上代替了长期,该原理也就没有多大重要性了。

正如已经说过的,英国"古典作家"实际用来处理工资问题的供给与需求工具,是一种特殊的工具,习惯上称之为工资基

① 这句引文同我们从《论谷物低价对资本利润的影响》(1815 年)引述的那句话毫无共同之处。

② 《论对外谷物贸易……》(1815 年,第 58—63 页)。

③ 这样说当然是有限制的:如果我们有一种在经济上确定的体系,然后决定将它的一些变量变成已知数,我们就必须放弃同样数目的均衡条件,否则这个体系被决定的程度就过大了。

金说。[①] 为了简单起见,我们将不考虑在收入领域起作用的劳动的供给与需求——对直接消费的仆人、教师等等的服务的供给与需求——而只限于考虑工业劳动的供给与需求(自然这是从最广泛的意义来说的:包括如 A. 斯密所说的,从其雇用"预期能得到利润"的一切劳动),好像没有其他行业一样。其次,我们遵循"古典作家的"做法,假定在任何给定的时间,总有由一定数量的劳动者所代表的一定的劳动供给:在劳动者与自雇者间没有转变,劳动者进入或脱离劳动市场的年龄没有变化,每天或每星期的工作时数没有改变,以及除了以后要增加的一种限制条件外,没有最低价格(低于它时劳动者拒绝受雇)。毫无疑问,这些简化即使并不总是得到严格遵守,也会致使人们不再相信工资基金说。但对我们来说重要的是,它们只不过是不费多大事就可以放弃的简化。于是劳动也就没有供给曲线,而只有给定数量的供给,而且我们已假定,劳动是无条件地提供给延续时间至少为十五年的"短期"的。需求在工资基金理论中是用一种多少有点不寻常的方式来表示的,即用资本家决定花在劳动之上的"用实物计算的金额"[②]工资货物、生存资料、

① 可是要注意,(1)正像我们在讨论萨伊规律时已经看到的,供给与需求工具不许可无限制地被应用于像劳动这样重要的一种商品,因为劳动的价格变化会影响所有的社会总量;(2)工资基金说可以被看作是考虑这一点的笨拙尝试。

② 这既可以从我们的意义上来理解,即一种用生活费用指数校正过的货币数量,也可以从李嘉图的意义上来理解,即体现在工资货物中的劳动。"古典作家"的意思,有时是指这一种,有时是指那一种。这就引起了许多误会。斯图亚特·伍德(《对各种工资理论的批判》,载《美国政治和社会科学学院年刊》,1890 年)谴责"古典作家"主张"不管劳动者方面的勤勉,还是生产方面的改进,均不能提高工资",即增加工资基金。有时他们确实主张这一点(不过他们认为工资货物生产方面的改进会提高利润,因而增加储蓄,从而也增加工资基金),但只是从李嘉图的意义上说,而不是从任何其他主张这一点便会犯错误的意义上说。

可变资本[①]——来表示。同样,这种需求在任何给定时刻也不是曲线,而是一种给定的数量。而且——类似于供给方面的工人,他们没有最低价格,再低就拒绝受雇——也没有一种劳动价格,超过了这种价格,资本家就拒绝雇用,因为既然已决定了为自己的消费保留多少,作出了这种决定以后,他们就不会比那一金额(工资基金)支出得多;并且,由于决不想让资本闲置,他们(在正常情况下)也不会比那一金额支出得少。[②]

因为供给的劳动数量在每一时刻是给定的,因为花在劳动之上的"金额"在每一时刻也是给定的[③](出于可以说是幕后的考虑),因为在均衡状态下,需求的劳动数量必然等于供给的劳动数量,所以我们就得到了一个等式,由它唯一地决定称为平均工资率的那个数值。如果实际工资定在这个比率以上,就会有失业;如果在它以下,就有得不到满足的劳动需求。我们将称此为短期工资基金理论。但是自然没有人主张,劳动供给和工资基金实际上是给定的不变数。相反,它们会随着时间而变化的命题不仅是这个

① 要时常记住:马克思的可变资本正是"资产阶级的"工资基金。

② 注意:这是一均衡命题,因为"资本家"是可以支出得多一些或少一些的;只有当他们这样做时,他们才会不满足于所得到的结果,因而不处于均衡之中。但我们很容易理解:由于"古典作家"在思考和说明两方面的草率,这一点不像它应有的那样突出,即使是对他们自己,更不要谈对他们的反对者了。注意这种情况同货币数量理论情况的相似之处,后者的更不完全的表述读起来也像是假定:人们必须将其所得的每一个便士花出去,用于消费品或投资之上。

③ "古典作家"并非没有看到谈论平均工资率时所涉及的问题;他们对于不同行业的不同工资率表示关切就可以证明这一点。可是,在基本工资理论中,他们却完全不加批判地使用了平均工资率这一概念。为了不增加困难,我们也将这样做,假定只有一种质量相同的劳动,在所有的行业中得到相等的报酬。重要的是要注意,可以为这种"古典"做法辩护的是,它并不包括任何可以称为错误的东西。

学说的一部分,而且是它最重要的一部分。左右劳动供给的因素,要么是马尔萨斯的规律,要么就仅仅是工人阶级的“习惯”。左右工资基金、从而需求变化的因素,是储蓄。因此,假若经济过程的生产效率是给定的,则(我们意义上的)实际工资率和工人阶级的人均实际收入随着时间的推移而发生的变化,就取决于工人阶级的繁殖率和社会的储蓄率。[①] 我们将称此为长期工资基金理论。

我们现在可以把上面的论证同我们在前几节中论及到的工资基金概念结合起来。在这样做时,我们将增加或忆及必不可少的最低限度的历史资料。工资基金说的基础是这样一个命题,即(工业)工资是从资本中“垫付”的。这个基本命题至少可以追溯到坎梯隆和魁奈那里。凡是接受这个命题的人就不能彻底反对工资基金说,不管他对其细节、简化和应用会提出什么批评。就长期工资基金理论来说,同样重要的是,这些垫支应当依靠储蓄来作为它们

① 我们已经看到,短期工资基金理论实际上并不是通常意义上的(即运用供给与需求曲线意义上的)供给与需求理论。但上述长期分析却可以用这种曲线来表达。我将只说明怎样能做到这一点:根据马尔萨斯的规律,劳动供给可以表示为(我们意义上的)实际工资率的函数;问题是如何将“资本家”需求的劳动数量也表示为实际工资率的函数。由于在任何时刻这种工资率都取决于工资基金的大小,由于这种工资基金的变动受储蓄率的支配,由于在每一个人的储蓄倾向(即穆勒的“有效积累欲望”)为给定的情况下,储蓄(主要)取决于“资本家”的收入,因而取决于“利润”,由于根据李嘉图的说法,利润取决于工资……如此等等。并不是说我对这种结构怎么重视。但它有两个优点。第一,它显示了工资基金理论的一个方面,即未来的工资取决于现在的利润,这一点既是重要的又是不会为人所喜欢的,无疑地在工资基金理论家的头脑中占有很重要的位置。第二,它澄清可能使细心的学者感到困惑的一件事情。有人把工资基金理论表述为这样一种理论,根据这种理论,劳动支出对工资率的弹性为零(劳动需求的弹性等于 1)。这种说法是不适当的。在长期内它是不真实的,在短期内它是会引起误解的。

的泉源:这一点已由杜尔阁和 A. 斯密予以说明。① 我们自然仍认为马尔萨斯是立了功的,他的人口理论对长期工资基金理论作出了贡献,但只是由于人们对这一理论实际上说些什么认识模糊,才使某些历史学家把他列为其他方面的工资基金理论家。② 李嘉图在他的论工资一章中特别强调指出:正是资本的增加,才使得市场工资率"在一无限长的时期内"超过自然工资率。就他在这一章内把资本定义为包括"食物、衣服、原料等等"而言,可以认为他引进了另一个因素,根据我们的解释,这一因素是短期和长期工资基金说所特有的,即假定我们可以把工资和非工资资本之间的比率看作是固定的,而对其变动应单独处理。③

① 我认为 A. 斯密是第一个谈到"用于维持劳动的基金"的人。这个短语被工资基金说的许多拥护者所袭用,使它的反对者感到不快,因为它似乎是用未经证明的假定来论证。约翰·穆勒改变看法(见下文)时声言:没有一成不变地"预定用于"维持劳动的那样一种基金。但是,如果这种反对意见是说"古典作家"只是假定这种基金的存在而没有去研究它是怎样决定的,那么这种反对意见是没有什么分量的。因为在"古典"理论中,工资基金是通过储蓄者的决定"预定用来"维持生产劳动的,这样,如果每年的储蓄已被决定,那么工资基金也就被决定了。

② 例如,马尔萨斯在《人口论》中说,如果一国的总产出不变,那么一个穷人即使获得额外一笔钱,也不会在这一总产出中得到较大的份额而不减少别人的份额,他的这种说法竟被认为包含有工资基金说!即使说他从头至尾使用了斯密的短语——特别预定用于维持劳动的基金——显然也不能证明什么。

③ 当然,我们也可以对他作这样的解释,他把所有的垫支归结为对劳动的垫支,或者换一种说法,他把全部资本归结为工资资本。约翰·穆勒(《原理》,第二编第十五章第六节)详尽阐述了这一点。同我们的解释相比,根据这种解释,李嘉图更加确定无疑地是杰文斯、庞巴维克、陶西格和维克塞尔的先驱。但是我感到不能把这一点同他论工资一章的正文调和起来。无论如何,我们不得不说——而这在事实上是一种可以接受的妥协——把非工资资本归结为工资资本这一较广的概念,虽然存在于他的脑中,却并没有影响他对工资的分析;但即使如此,庞巴维克不欢喜把"古典"工资基金理论同他自己的理论混淆起来也是有道理的。李嘉图从来没有使他在第一章第四节中的资本理论同他在论工资一章中的工资基金理论协调起来,这从下述事实看是十分清楚的:无论是他还是他的信徒,从来没有把他们的工资基金同可变的时期联系在一起。

这样，虽然在这里或那里加上了一些花边，可他在这方面并没有真正超过 A. 斯密。但他做了一些别的事情。他把“李嘉图恶习”传染给了他的追随者，这种恶习是，在各种总量之间建立简单的关系，于是这些总量获得了一种虚假的光圈，好像具有原因一般的重要性，同时把所有真正重要的(不幸又是复杂的)东西塞入这些总量之中或放在它们背后。因此，詹姆斯·穆勒便像马塞特夫人在他和李嘉图之前所做的那样宣称：“所以普遍说来，我们可以断言，如果其他条件保持不变的话，如果资本与人口的比率保持不变，工资也将保持不变”(《纲要》，第二章第二节)。[①] 如果有人反对说，即使可以用来支付工资的金额保持不变(或作某种与此相类似的假定)，所需求的劳动数量从而工资显然也是可变的，他会回答说：“哦，是的，但我们已在幕后解决这一切了，就像我们已经事先决定了那一金额一样。由于我们已经建立了模型，除了那个比率之外，就没有影响工资率的其他‘直接原因’了。所有其他东西都只是通过那一比率来起作用。例如，土壤的肥沃同劳动能够受雇的实际工资没有任何关系。当然，它提供了迅速积累资本的手段，这当然会在将来提高工资。但在形式上，这并不构成反对我的理论的理由——再进一步，若人口保持不变，我们甚至可以说，工资取决于资本。”

麦卡洛克当时已证实自己是工资基金说的主要阐述者。[②] 但

---

① 虽然他给资本下的定义是不包括“劳动者的生存或消费”，他还是这么说。

② 他对该学说的第一次说明(以后从未作实质上的改动)，见他在《大英百科全书》上写的文章“政治经济学”(1823 年)，他的第二次说明见《原理》(1825 年)。他的《论……工资》出版于 1826 年，增订版的书名是《论工资》(1854 年)。

他没有增添什么东西。托伦斯[①]确实增添了一些东西,不过本来从一开始人们就应该明白,工资基金理论并没有提供什么理由来否认全体劳动力的联合可以提高工资,以致不仅可以把利润,而且还可以把折旧提成都吞灭掉。[②] 约翰·穆勒的情况是完全不同的。通过强调工资基金说的顺序分析方面,他实际上为该学说赢得了一分;考虑到他的技术的一般水平,几乎没有什么理由反对他使用这种总量,这种总量作为一种中间已知数,代表了他的技术不能更加令人满意地加以分析的过程。因为我们决不应忘记:工资基金说——陈述得当的话——不仅在逻辑上不是"错误"的;它不仅强调了——虽然是过于狭窄地——工资问题的某些重要方面;而且除此之外,它还是一种分析工具,在当时的分析结构之内,是特别有用的,因而抽象地批评它,即不联系当时的一般价值理论,是没有意义的。也没有必要去反对它,只是应该提供更好的工具,而让这个工具无声无息地锈掉。

最出人意外的事,似乎肯定是约翰·穆勒的"正式否认前言"。他没有理睬琼斯和朗格的攻击,[③]如果他知道这种攻击的话。但在回答威廉·桑顿对朗格的论点所作的详尽复述时,他写了一篇

① 《论工资与联合》(1834 年)。我不想停下来提西尼尔的微不足道的贡献。

② 可是要注意,詹姆斯·穆勒可以回答说:"哦,不。并不是联合产生了这种效果,而是联合促使预定用于维持劳动的基金的暂时增加产生了这种效果:只有通过影响这种基金,联合才能产生影响。"也许无需指出现代同样性质的论点。

③ 理查德·琼斯(《文学遗稿》,1859 年出版)就现代企业所支付的工资而言,完全接受了工资基金说,但他即使在当时也否认这是唯一重要的情况。这种"历史的"反对在当时没有受到重视,但在后来反对英国"古典作家"本身就有权受到赞扬时,更没有受到重视。F. D. 朗格:《对工资基金理论的反驳……》(1866 年,霍兰德教授所编丛书中重印,1904 年)。当时的其他攻击没有增添任何有趣之点。

评论文章。固然，在这篇评论文章中，他并没有完全投降，[①]特别是没有修改如果不存在工资基金的话就应当取消的那些段落，例如“关于资本的第四个命题”。但是，他却放弃了一个短语，公众感兴趣的正是这一点。根据约翰·穆勒的理解，朗格和桑顿的论点只不过是[②]否认存在任何一定数量的、在任何条件下都“必须”归于劳动的工资货物[③]。如果在作了前面那些说明以后，我们不把这一论点斥之为幼稚的误解（在卡尔尼斯看来就是如此[④]），我们就必须把它解释为：插入工资总量作为自行起作用的“直接原因”是没有意义的。但是如果只是这样，人们为什么要对这一理论细

① 威廉·T.桑顿，《论劳动……》（1869年）。“复述”一词用来表示一个事实，并没有指责桑顿剽窃朗格的意思，不过朗格确曾抱怨说，桑顿和穆勒都没有提到他——根据他曾把他的论文送给穆勒这一点而推论说穆勒肯定读了这篇论文（好一个乐观主义者！）。此外，虽然朗格预先说出了桑顿对工资基金理论批评的实质，但桑顿的书却包含有几点新东西。其中最突出的一点是，他强调预期的消费者需求是生产者的真正指针。鉴于预期因素近来获得的重要性，必须在分析史中给予桑顿的书一席地位，这是同工资基金这一特殊问题完全无关的。约翰·穆勒的评论文章刊登在《双周评论》1869年5月号上，对在别人看来会是挑衅的行为表现出了惊人的容忍，并且彬彬有礼地纠正了明显的误解，但却没有放弃自己的主张。

② 除了我们将要说明的那种批评之外，朗格和桑顿还提出了其他的批评。例如，他们批评了平均工资率概念以及工资基金理论运用供给与需求工具的方式。这些批评是有一些道理的，但不放弃工资基金理论本身便可以回答所有这些批评，它们都没有触及问题的实质。

③ 朗格和桑顿两人都由于在谈论“货币”时没有说明货币代表的是物质货物而把问题弄得模糊不清——并由此而暴露出他们没有充分理解“古典”分析。H.D.麦克劳德在《政治经济学纲要》（1858年，第3版；《经济学纲要》，两卷集，1881—1886年）中的论证更是这样。

④ 卡尔尼斯：《主要原理》，第二编第一章，特别是第214页以下。但他（在第186页）解释工资基金的方式却非常拙劣。可是，这不适用于他对桑顿攻击供给与需求发表的看法。

节小题大作,为什么要对穆勒的所谓取消前言大动肝火呢?

然而,就公众而论,事情却不止于此,即使就经济学界人士而论,事情也不止于此。发生了一件在我们的领域里常常发生的事情。公众抓住了一个词表面上的含义,他们的兴趣尽在于此。基金——听起来是多么明确!劳动必须得到它,但决不能超过它!带有某种色彩的受人欢迎的作家,使这个词意味着,提高工资"在科学上是不可能的"。而带有另一种色彩的受人欢迎的作家,则对这样一种挫伤劳动的希望的卑鄙企图,感到无比的愤怒。这一切是多么荒谬,应当是很明显的。① 同样明显的是:大多数工资基金理论背后的"实际"诊断,即使为了公众的利益使之变得粗糙一些,也只不过是普通常识:它使(实际)工资率和(实际)工资收入取决于生产过程的效率、"习惯"(高或低的习惯的生活标准,以及与之相关的人口繁殖速度)、粮食及其他必需品的自由贸易以及储蓄率——所有这一切无疑地都是符合英国的一般情况的,但整个说来是十分合理的。② 如果货币工资率变化的重要性被打了折扣——像在凯恩斯经济学中被打了折扣一样——这不过是多了一个优点而已。从其中可以找到的对不负责任的"工资政策"发出的警告也是如此。约翰·穆勒并没有放弃自己曾经提出的任何警告。这位当时英国的一流经济学家只是不承认那个令人厌恶的稻

① 但是让我重复一遍:第一,工资基金理论并不包含有这种意思;第二,即使它包含有这种意思,它仍然同99%的工资斗争毫无关系,在这种斗争中,主张提高工资的理由与均衡工资率毫不相干,而是认为,由于摩擦或讨价还价能力微弱等原因,工人未能获得这种均衡工资。

② 其中唯一真正不能为现代激进派所接受的因素,就是工资与储蓄之间的关系。

草人而已。

但是那种感情主义和那种同样荒谬的认为“理论”可以指导政策的信念[①]，却使得本来是对一个技术问题的枯燥无味的讨论变得有了趣味和魅力。这在科学文献中也有反响。在英国和美国，摧毁工资基金“理论”变成了人们喜爱的游戏：F. A. 沃克和 H. 西奇威克的名字就足以说明这一点。在欧洲大陆，特别是在德国，赫尔曼的意见——它本身是完全正确的，但是如果当作一种反对工资基金理论的意见，却是错误的——就整体而言占有优势；虽然劳在其教科书（1868 年第 8 版）中像拥护其他传统理论那样也拥护工资基金说，但罗雪尔（1854 年）却像罗斯勒（在他的相当有影响的工资理论史中）和 L. 布伦坦诺那样，追随了赫尔曼。[②]

462 **(g)地租。** 当时流行的所谓工资理论没有求助于不同的解释原则，而只不过是一种未能得到充分发展的较为全面的“工资与资本”理论的或多或少有价值的组成部分，但是这个时期对地租（概括为自然要素的租金）的解释则实际上是以不同的原则为基础的不同的理论。我们将把它们称为垄断理论、生产力理论和报酬递减理论。这并不是要否认存在一个起统一作用的原则。李嘉图在开始讨论这个题目时，把地租定义为“为了使用土壤的原始的不

① 在《美国经济评论》上曾展开过一场有趣的讨论，讨论工资基金理论对群众思想和政治行动的实际影响。

② C. F. H. 罗斯勒：《劳动报酬理论批判》（1861 年）。卢乔·布伦坦诺：《采矿工人劳动报酬理论》，载《国民经济年鉴》（1871 年）。

可破坏的力量而付给地主的那部分土地产品”①(《原理》第二章);约翰·穆勒在开始讨论时,先重述了一下生产三要素说,得出了与李嘉图相同的结论(《原理》,第二编第十六章)。这指向了供给与需求——这一原则不仅把这三种理论统一起来,而且使地租和产生于静态商业过程的所有其他各种收入成了相同的东西。但是绝大多数经济学家并没有走这条路,因此,从历史上看,说有三种不同的理论要更为符合实际一些。

亚当·斯密②所信奉的垄断理论,在当时和在任何时候一样,在政治活动家和小册子作家中获得了拥护者。但垄断一词在科学文献中的作用并不像由于它经常出现在科学文献中所初看起来的

① 让我们简单地提一下:这个时期的作家仍在和识别出所要解释的现象这一问题作斗争。正如李嘉图所说,亚当·斯密对这个题目是含糊其辞的,并没有总是清楚地把纯地租与得自土地所有权的总收入区别开来,后者也包括得自改良(例如排水、设置篱笆等等)的收益,马歇尔称之为准地租。可是,亚当·斯密明确暗示的这种区别很快就得到了普遍承认。(杜能称得自土地的总收入为 Gutsrent〔地主租金〕,称纯地租为 Grundrente〔土地租金〕。)另外一个问题涉及可耗竭的自然要素,例如矿藏,其收益是李嘉图的定义所不包括的。但人们很容易就看出了这两种情况的相似性,因而没有带来什么麻烦(《原理》,第三章)。可是,这种意义的地租在短期内同产生于任何器具(其数量在短期内不会改变)的收益的相似性,在马歇尔以前是没有被清楚地看出来的,而这就引起了一些重要的后果:凡是看出这种相似性,因而看出了在短期内地租与准地租没有什么不同的人,都注定或迟或早地要反问自己,物质资本货物的收益同利息是不是一码事。

② 但在将地租解释为垄断收益以后,亚当·斯密又宣称,“地租以不同于工资和利润的方式进入商品的价格构成。工资和利润的高低是价格高低的原因,而地租的高低则是价格高低的结果”(《国富论》,第一编第十一章)。他似乎没有注意到,这同他的地租垄断理论是矛盾的,因为,如果地租是一种垄断收益,它就会进入价格。可是,这句非常错误的话可能给了李嘉图一种提示,同斯密的分析相比,它在更大得多的程度上与李嘉图的分析相一致。

那么重要。西尼尔和约翰·穆勒的例子就足以说明这一点：我们分析一下他们使用这个词的情况，就会发现，他们的意思并不是说地主组织了卡特尔，土地服务是根据垄断理论的规则来定价的（一般说来是如此；当然，矿山和葡萄园的情况很特殊）。他们的意思只不过是，地租构成了对"没有成本"的、数量明确有限的东西定价的情况，他们的有缺陷的价格理论引导他们将其看作与真正的垄断情况相同。约翰·穆勒甚至写到一种"垄断化的"东西，在其拥有者中间有着竞争（第二编第十六章第 2 节）；而穆勒和西尼尔两人实际上（十分不合逻辑地）采用了我们即将讨论的报酬递减理论。读者很可能要问，鉴于在任何定价中可能存在的垄断并不能在本质上解释一种收益的性质，除了作为鼓动性的词语外，是否有人真正主张垄断地租理论。就我所知，最接近于这样做的作者是 T. P. 汤普森。[①]

众所周知，报酬递减理论（我们也可以称之为差额成本理论），是和李嘉图的名字连在一起的，他极为成功地阐述了这种理论，以致它能存在到二十世纪。它是伟大的李嘉图迂路[②]的一部分，因为对于李嘉图的分析模式来说，它是一种必不可少的办法，用来从

① 托马斯·佩龙内特·汤普森：《真正的地租理论》（1826 年），这是一本反谷物法的小册子。但愿我有篇幅就这个充满活力而又非常有趣的人说点什么——任何一部英国十九世纪的社会学史都不会漏掉这种人。C. W. 汤普森所写的回忆录（1869 年），虽然不是伟大的作品，却还是值得一读的。

② 李嘉图分析工作的迂回性在这个例子中特别清楚地显示出来。因为他实际上是从"为使用土壤的力量……而支付的"价格开始的，这个定义包括了一种令人满意的地租理论所需要的一切，然后，当着我们的面，他便离开了这条通道，走上了他的迂回道路。

价值问题中消除土地因素(参阅上面,第 2 节)。[①] 当然,实际上,地租是进入还是不“进入价格”,同工资是进入还是不“进入价格”的意思是完全相同的。[②] 可是,李嘉图就是这样来达到他把地租从价格(价值)问题中排除出去的目的的。实际上,厂商是在不同的成本条件下营运的——这个观察在当时也和在现今一样,是平常人的经济学的一部分——有“低成本”和“高成本”的厂商。当然,我们可以按成本上升的顺序排列它们,进而可以毫无困难地观察到,在完全均衡和完全竞争的状况下,价格不会低于,也不会远远高于最高成本厂商的平均成本。当李嘉图有时候说,例如在《原理》的第二十七章,“商品的实际价值是由处境最不利的生产者所遇到的实际困难来调节的……”时,就是这个意思。[③] 在提到这一

① 约翰·穆勒和马克思也想从价值问题中消除土地因素。但是,只要穆勒停下来想清楚自己想法的含义,他一定就会看出来,对于自己的分析模式来说,从价值问题中消除土地因素是完全没有必要的,然而对于马克思和李嘉图的分析模式来说,却有必要这样做。马克思实际上做的是,把地租和利润一道放进剩余价值的均质池塘中,然后,在距离分配的基本原理很近的地方,让地主和“资本家”去决一雌雄。这就使得他能够——就像只凭决定这样做就使得约翰·穆勒能够那样——在他对价值的基本分析中忽视地租的存在。关于洛贝尔图斯在理论上对决定地租的方式所作的解释,参阅上面第四章第 5 节。

② 约翰·穆勒企图绕过这一点(第二编第十六章第 6 节)是一种似是而非的推理的最有教益的例子:当我们为一种我们根据习惯而认为根本无需辩护的命题作辩护时,我们就常常用这种推理来欺骗自己。该事例之所以非常富有教益,首先是因为约翰·穆勒错误地认为,他需要地租不进入价格这一命题;其次是因为他的论证是巧妙的并且初看起来是令人信服的。他实际上得出了这样的结论:“地租实际上并不构成生产支出〔着重号是我加的〕或资本家垫支的任何部分。”他不动声色地坚持这种显而易见的谬论,所依据的理由是:“凡是耕种土地的人都为土地支付地租,作为回报,他获得一种工具,其力量超过其他同种工具的力量”,即是说,他获得一种额外的好处,所支付的地租只不过是补偿这种好处而已!

③ 这一点和亚当·斯密的显然相反的意见并不矛盾,斯密认为是成本最低的厂商趋于调节价格。因为亚当·斯密想到的是这样一种过程:较为先进的厂商排挤效率较差的厂商,在一个时候迫使它们赔本出售。而李嘉图描述的则是均衡状态。

点时，特别是在第二章，他认识到单独一家厂商的产出的不同部分可能也是按不同的成本生产的，例如，如果是在不同肥沃程度的土地上生产的时候；这些部分也可以按成本的上升顺序排列；[①]在完全均衡和完全竞争的状态下，其中最高的成本倾向于同价格相等。最后，他使这一点普遍化，使其包括在逻辑上不均一的情况，在这种情况下，不可能谈任何给定总产出不同部分的不同成本，这种产出的每一部分同其他各部分的成本一样高，但是仍然可以把总产出的成本（为了生产这种总产出所必须负担的成本）的增加额分配给产出的每一次连续增量。[②] 每当在上述任何一种意义上或所有这些意义上收益递减时，就总是有[③]一部分产品在被生产出来时没有享受到任何额外的有利条件，因此对于这部分产品来说，以下

① 这样得出的“曲线”，马歇尔称之为“特别支出曲线”（《原理》，第 521 页）。

② 这便是李嘉图所达到的深度。也就是说，我们可以把只是与现代概念在技术上所有不同的边际成本概念归功于他——就像我们可以将其归功于这一时期的其他作家例如鲁克一样。但是我们不应像某些解释者所做的那样，认为他理解了边际生产力分析原则——或认为这个时期除朗菲尔德和杜能以外的任何其他作家理解了边际生产力分析原则：他的地租理论非但不等于在一种特殊情况下认识到了这种原则，实际上反而等于否认了这种原则。这一点由于下述事实而弄得模糊了：有些后来的边际生产力理论家，特别是 J. B. 克拉克，把他们的理论说成是李嘉图地租理论的自然发展，可以通过批判性地阐释李嘉图地租理论来达到他们的观点。有些人在谈论“三种地租规律”时没有说明，也许没有认识到他们不是在使李嘉图的图式一般化，而是在推翻它。有一点是不能反对的，即边际成本和边际产品在逻辑上是有关系的，因此，懂得一个的人也就懂得另一个。但我们所说的情况却不是这样：懂得一种包括另一概念的概念，并不意味着懂得所包括的这种概念；而且在大多数情况下，理论分析的进展，恰恰在于说明古老思想中以前没有看出或没有清楚地看出的含义。这个题目可能在读者心中存在的任何疑虑或混乱，可以通过阅读朗菲尔德的《演讲录》而得到彻底澄清。

③ 这是以每一种纯理论所作的普通假设为前提条件的，其中包括曲线的继续性和不存在制度上的制约因素。对韦斯特和李嘉图的地租理论提出的许多反对意见，过去和现在都只不过是因为批评者不懂得什么是纯理论。

说法便总是正确的:这部分产品的生产者不为额外的有利条件支付款项,而为边际以内的有利条件支付的款项不进入生产的边际费用。[①] 现在,大多数这样的有利条件实际上都是暂时的——好机器总是要取代不好的机器——另外一些有利条件则与人有关。除了土地[②](及其他自然要素)的位置和肥沃程度等额外有利条件以外,并没有永久性的额外有利条件是同物质因素连在一起的。李嘉图一定想到了,这是个好机会,可以用来消除地租因素,这个因素搅乱了他的劳动数量价值理论。从他在《原理》第二章的论证结构[③]来看,十分清楚的是:李嘉图心里想的主要是不同地块的位置和不同的肥沃程度,而连续将同等"剂量"的劳动应用于同一块土地而使效果递减的情形,对于他来说,则是次要的事情,从未被完全吸收到他的体系之中,虽然它不仅在对付反对意见方面非常有用,而且为了使他的论证完整也是必不可少的。

① 由于这些边际支出——在通常的假设下——等于价格,因此以下说法是完全正确的:为边际以内的有利条件支付的款项不进入价格,马歇尔正是在这个意义上赞成李嘉图的命题的——即把它看作是空洞的自明之理。

② 在详细说明李嘉图的提示(特别参阅《原理》第十四章)时,约翰·穆勒就城市地租写了一段简略的但富于启发性的文字(《原理》第三编第五章第3节),埃奇沃思后来发挥了这段话。

③ 第十八章("济贫税")和第三十二章("马尔萨斯先生关于地租的意见"),还有他的《致马尔萨斯的书信》和《评马尔萨斯的政治经济学原理》,是第二章必不可少的补充,没有这些补充材料就不可能充分理解李嘉图关于地租的观点。可是细读这些材料加强了这一印象:强调支付地租是和在同一块土地上连续应用相等"剂量"的其他要素所产生的不同效果相联系的,乃是讨论和他自己进一步思考的结果,而不是一种开头就有的想法。即使在第二章,有关这个问题的段落读起来也像是插进去的,原来的论证并没有包括它们。这就是为什么肤浅的读者每每提出这种反对意见:李嘉图的理论假定有无租土地的存在。

报酬递减理论在逻辑上并没有什么错误。如果我们坚持劳动数量价值观念，甚或坚持以实际成本即负效用和节欲为基础的价值理论，从而想要消除这种意义上的没有成本的生产要素，则这种理论是可以发挥作用的。① 但这种理论不是对自然要素的租金所作的解释，而只是一种解释的代替物，它只在那种理论结构中才有意义，而且对于认识任何其他解释内部的重要对称性来说，它只不过是一种障碍。可是，在整个十九世纪，大多数经济学家不但没有认识到这一点并将其忘掉，反而把不久即以"李嘉图的地租理论"而闻名的东西当作是独立于那个结构之外而自有内容的东西。②

① 可是，不应该补充说，报酬递减地租理论有一个额外的优点，就是说明了得自自然要素所有权的收入的某些特点，这些特点对许多目的(例如课税)来说是重要的。因为这些特点也一样能从任何其他有关这种收入的理论(例如边际生产力理论)的角度来叙述。特别是，应该反复指出的是，独立于其所有者的任何活动之外而存在的一种要素的边际生产力，对这个所有者的收入并不能证明什么，因此它本身用作辩解是没有价值的，虽然这种理论常常在这个意义上被误解。反过来说也是一样，李嘉图的地租理论对于攻击地主来说既是不必要的，也是不充分的，同时像 A. 赫尔德那样断言，我们必须用李嘉图对地主阶级所抱有的仇恨去解释他的地租理论，那也是一派胡言。

② 有人会反对说，安德林(参阅上面，第二编第五章第 2 节)在李嘉图之前便已讲授过那种理论，而并没有对李嘉图体系的任何其他部分有所预示。但最能表达安德森的地租理论的话语却是这样一句话：地租是为享有使用优等土地的特权而支付的额外费用，这种额外费用等于农民耕种不同质量的土地所得的利润。安德森的这句话指向了生产力理论：正像付给好工人的报酬多于付给坏工人的报酬那样，付给好土地的地租也多于付给坏土地的地租；而资本的竞争在两种场合完全用同一的方式强制实现均等化。让我们顺便指出，约翰·穆勒一方面否定了这样一些人的主张，这些人声称，李嘉图认为耕种劣等地是为优等地支付地租的原因，另一方面则断言，耕种劣等地的必要性是支付地租的原因(第二编第十六章第 5 节)，试图以此修补上述那些人的主张。但穆勒的这种说法也是不正确的；至少它并不比以下说法更正确，即雇用次等工人的必要性是为优等工人支付较高工资的原因。

这样,在当时的经济期刊上,人们便经常就这种理论的正确与否展开毫无意义的讨论。赞美者不仅占多数,而且一般说来在论证上也占上风。因为提出的反对意见大多出于误解,约翰·穆勒的标准阐述①轻而易举地就驳倒了它们。其中有一些反对意见,例如凯里和 R. 琼斯的反对意见,②是典型错误的有趣实例,这种错误是不屑于学习推理艺术的冒牌理论家所一犯再犯的。读者可以从约翰·穆勒和坎南的书中找到自己可能需要的东西。③

既然自然要素的必要性和稀缺性④是解释地租现象所需要的全部东西,则可以预料,会有人极力主张生产力地租理论,至少是在三要素学说的拥护者当中会有人这样主张。但是,正如我们在别的地方已经看到的那样,如果生产力概念不由**边际**生产力概念

① 由于《原理》一书是仓促写成的,组织安排得很不成熟,穆勒在隔得很远的两章即第二编第十六章和第三编第五章中,两次讨论了这个题目,从而损害了他对这一主题的论述。这两章比其他各章更完全地遵循了李嘉图的路线。这又是一个例子,说明穆勒未能看出他自己的理论直觉的含义。可是,他确曾附带瞥见了这样一些实例,在这些事例中,地租构成了机会成本型的成本因素,甚至承认,当地租产生于稀缺价值时,它就是成本的一个因素(《原理》第三编第六章,命题九),而没有认识到这种让步的破坏性,即:这样做会使他的全部论证化归乌有。

② R. 琼斯:《论财富的分配》(1831 年),其中只有第一编“论地租”写完了。

③ 可是,假如篇幅许可的话,我会提到另一类由李嘉图及其追随者的疏忽所引起的反对意见。他们谈到了使用在土地上的资本和劳动的“剂量”——这个词是由詹姆斯·穆勒引入的——而没有试图去处理这种剂量的构成所带来的问题。他们也没有考虑到,不联系一定的用途,土地是难于令人满意地按肥力划分等级的。他们还犯了许多其他的小错误。这类反对意见不起决定性作用。但它们却没有错。不过我们不能停下来讨论它们。

④ 应当注意,稀缺性并不意味着报酬递减。如果一起到 n 剂量为止,连续的资本“剂量”会使产品数量递增,而从 n 剂量起便不会使产品数量有任何增加,那就得支付地租。

来加以完善，那么仅仅意识到生产力因素是不会有多大用处的，就像如果效用概念不由边际效用概念来加以完善，效用因素就不会产生任何有用的价格理论那样。一种边际生产力理论事实上已由朗菲尔德提出，他不仅预示了十九世纪最后几十年将要获胜的一种理论，而且实际上还说出了从这个观点对韦期特和李嘉图的理论所需要说的一切。可是没有人给予多大的注意，而且 J. B. 萨伊把收入看作是生产性服务的价格的做法——他自己由于将土地服务的价格归之于土地私有财产制度而使这种做法受到了损害——暂时也没有产生什么影响。李嘉图的成功是如此巨大，甚至某些在其他方面采用萨伊图式的作家，也在其中插入了李嘉图处理地租的方法，而丝毫也没有表现出在逻辑上感到不安：约翰·穆勒自己就是一个突出的例子，罗雪尔是另一个例子。但是供给与需求工具——这正在慢慢地臻于完善——的应用就足以澄清这件事情，并足以清除有关农业生产方法的改善究竟是有益于还是有损于土地所有人的利益这类问题的一切疑团。因此，分析马尔萨斯的立场对于我们来说是一种有用的练习，因为他在李嘉图地租理论的建造者中也像他在供给与需求工具的建造者中一样，处于突出的地位。可是，我们只能作如下几点评论。[①]

马尔萨斯在他 1815 年的《研究》一书中，提出了一种观点看起来同韦斯特和李嘉图的观点很相似。李嘉图显然也持有这种看法，因为他在他的《原理》一书的序言中说，马尔萨斯和韦斯特“向

① 马尔萨斯对纯地租理论的主要贡献，见他的《地租的性质与进步的研究》(1815 年)、他的《原理》第三章以及他在《第三份移民报告》(1827 年)中对问题 3341 的答复。

世界提出了……真正的地租原理”。但即使在那里我们也可以观察到随后将要发生的争论[①]的种子。特别是,马尔萨斯坚持这样一个命题:地租是一种我们受之于自然恩惠的剩余。这句话很笨拙,曾被人大大误解了[②],但它却预示了生产力地租理论。为什么它不能为李嘉图所接受呢,不是因为它恭维了地主:马尔萨斯关于“自然的吝啬”的同样笨拙的话只不过意味着土地不是自由货物,对生产力理论来说,这个事实也和恩惠同样重要。李嘉图不能接受的原因是,这种思想同他的价值理论是不相容的。[③] 因此,尽管李嘉图在序言中对马尔萨斯表示感谢,我们还是看到了两人之间从一开头就有的根本的理论差异。实际上,马尔萨斯并不需要有报酬递减来说明地租的出现。但他没有清楚地理解这一点,而他的习惯是,总要找些与所要描述的现象有关的具体事实,而不管这些事实对于所要描述的现象是否重要。最后,他把自己无效地力图要去表达的东西变成了一个杂种,比起如果作出正确的陈述来,远更容易受到李嘉图短剑的攻击。他甚至对无租土地的处理也感到为难,并且不能完全吸收资本的没有地租的最后剂量这一概念。他赋予了下述事实以解释意义(我们

① 在李嘉图方面,特别要参阅他的《原理》第三十二章和《评马尔萨斯的“政治经济学原理”》(霍兰德和格雷戈里编,1928 年)。我们将不去管李嘉图和马尔萨斯关于地主利益与社会利益的关系的不同意见,它没有产生什么值得注意的东西。

② 有些批评家认为这种说法只是企图为地主的收入“辩护”。可是,我认为,如果将地主说成是窃取自然恩惠的话,马尔萨斯的说法就不见得怎么有利于地主了,而这正是土地私有制的敌人显然会得出的结论。

③ 回忆一下:从“以所体现的劳动”为依据的价值理论的观点来看,无论是自然的恩惠还是吝啬,同产品的价值都是不可能有任何关系的;但从这种观点来看,特别应该加以反对的是这样一种思想,即劳动以外的某种东西可以**增加**产品的价值。

感到，李嘉图在论述马尔萨斯关于地租的意见那一章所作的评论很可笑）：土地所能生产出来的产品要多于维持在它上面使用的劳动所必需的产品。[①] 他同样确知另一个已由 A. 斯密予以强调的事实的重要性：农业生产的特点是，当其扩大时，它会创造对它的产品的额外需求，不是从萨伊规律的意义来说，而是因为粮食的增加意味着人口的增加——即使按照他自己（后来）的观点，这也是不对的。所以他失败了，虽然在他的一切不中肯的论述背后，有着强有力的理论。[②]

最后，必须提及另一类题目。韦斯特和李嘉图把他们的地租理论看作是对归于一特殊阶级的一种特殊收入所作的解释。他们曾经顺便注意到但没有予以重视的一个事实是：这个阶级的收入，不仅包括“对使用原始的和不可毁灭的地力”的支付，而且还包括对地主在土地上所作改良的支付。他们可能已经注意到，在可能延续几十年的短期内，对这种改良的支付并没有表现出同农民所支付的“地租”（可以看作是为使用那种“原始”地力所作的支付）在经济上有重大的差别。换言之，他们可能发现了准地租这种现象。这对他们的一般理论结构、特别是对他们的地租概念的性质不会有重大的影响。但这一概念在其他方面的推广，却影响了地租概

① 指出以下一点是既有趣味而又令人悲哀的：这种论点一而再、再而三地出现在十九世纪有关地租理论和利润理论的文献中：很多作家在郑重其事地指出生产过程能生产出比维持所用劳动更多的东西时，都认为自己是在谈论某种重要的事情。

② 可是，偶尔马尔萨斯也能取得好成绩。他关于农业技术改良会对地租产生有利影响的看法，固然不比李嘉图相反的看法更正确。但他在《原理》中却正确地指出：这一次，李嘉图论证的是短期情况（他这样做比他自己和他的追随者所认识到的更为经常），李嘉图似乎也承认这一点。

念的含义——并确实推动了韦斯特和李嘉图的原始地租理论不可避免的崩溃过程。

我们在上面已经提到,在对优质土地服务的支付与对优质工作提供的服务的支付之间有相似之处。萨缪尔·贝利最先将这个事实变成了反对韦斯特和李嘉图理论图式的理由。他是对的,不过后来的许多作家,特别是西尼尔,也还有约翰·穆勒(《原理》,第三编第五章第四节),在推广韦斯特和李嘉图的地租概念时并没有与其争论的意图。[①] 有的推广能使一种理论得到额外的成功:它们会丰富和扩大而不是危及原来的应用范围。[②] 但也有些推广会招致或预示这种理论的解体:通过表明这一理论认为某一现象所独具的特点在其他现象中也可找到,从而摧毁它原来的旨趣,用一种新的意义去代替它的旧意义。地租概念的推广属于第二种情况。由于这种推广,地租这一未改良土地所得到的特有收益,同在逻辑上与其有区别的"无成本剩余"范畴合二为一。穆勒所辨识出来的、在冯曼戈尔特手里得到了很好利用的"能力地租",便是无成本剩余范畴中最重要的例子。

(h)分配份额与技术进步。 研究十九世纪关于这个题目的

① 约翰·穆勒没有意识到这种推广的含义,正像他没有意识到隐藏在他承认机会成本类型后面的危险一样。

② 在我们考察的这个时期内,无成本剩余主要是指在不增加"牺牲"(即这种意义上的"实际"成本)的情况下所赚得的超过别人的收益。但是人们后来认识到,这种剩余也可以用机会成本分析来下定义。于是它就指超过为了吸引一种服务到某一行业中去所必需的成本(转移成本)的剩余。此刻,我们所关心的只是在这一时期出现的那些推广。可是,应当立即参阅 F. A. 费特:《古老地租概念的逐渐消失》,载《经济学季刊》,1901 年 5 月。

文献是一件令人生厌的事情。但这种研究却会使那些对十九世纪最后几十年发展起来的分析技术的价值感到失望的人得到一些安慰，[①]因为这种分析技术——经常有人对它提出疑问——在解决实际问题方面的优越性没有比在这一领域表现得更为突出的了。因而，“古典”分析的弱点也在这一领域表现得最为突出。那个时期的经济学家根本看不出一般性问题：他们试图为技术进步对地租的影响和对工资的影响提出不同的学说。他们不得不单独考虑技术进步问题，作为分配理论的半独立的枝节问题，或作为嵌入分配理论的主要结构中的某种东西，而不是在主要结构的基础上去解决它。我们实际上已经看到，在他们对基本原理的分析中，他们作出了、也不得不作出这一假设：工资资本与技术资本之间的比率是固定的，新储蓄——可是这不适用于马克思——是按同一比率用来进行投资的。最后，他们不能通过整个经济制度来追寻技术进步的影响，而只是东鳞西爪地摘取片断，以致本来应当是完整理

① 为了理解本小节的论证，需要熟悉一下现代分析技术的基础。为此目的，读者可以从 J. R. 希克斯的《工资理论》(1932 年)一书中找到自己所需要的全部东西，特别是参阅第六章。可是，我想指出，在分析节约要素的机器所产生的影响时(不论所节约的要素是“劳动”、“土地”还是“技术资本”本身)，我们必须小心区别两种情况。技术改进可从外部影响生产过程，即是说，通过使生产者的技术水平发生革命(改变他们的“生产函数”)的某种革新。“古典”作家想到的完全是或者几乎完全是这种情况，而从来没有认识到——巴顿是例外——还有另一种情况，其效果与第一种根本不同：还可以引入对生产者而言并非新东西的机器，就技术知识而言，这种机器在过去是能被引入但未被引入的，因为采用它无利可图。可是，由于要素相对价格的变化(例如工资上涨)，引入它们可能变为有利可图。在这里，技术水平没有改变，只是在并无变化的生产函数内要素的结合有所改变。亚当·斯密认识到还有第三种情况，即一旦产出超过某一数字，引入以前所知道的机器便是有利可图的。

论的组成部分常常排列得彼此矛盾,好似它们涉及不同的理论。[①]为了说明这一点,我们将只讨论技术进步如何影响劳动利益的问题,[②]而且我们将以李嘉图在其著名的第三十一章"论机器"(这是他在《原理》一书第7版中增列的一章)中所采用的那种形式来提出这一有限的问题,这种形式从工资基金的观点来看是很自然的,实际上也是一个极好的例子,可用来说明作为一种分析方法的工资基金说。我们将要问:采用一种新发明的机器[③]是如何影响工资基金的大小的?

早在工业革命以前,人们就已认识到这样一个明显的事实:机器常常取代劳动。正如我们在上面已经看到的,各国政府和作家们对此感到忧虑,劳工集团和市民组织为反对使用机器而斗争,由于使用机器取代劳工的直接影响在时间和地点上都很集中,而对于一般财富的长期影响则在短期内不那么容易看得见,不那么容易追溯到机器上去,反对机器的呼声就更高了。一般公众对机器生产一般也不怀好感,因为机器生产除了同失业和童工有牵连之外,当时还同产品的质量低劣有关系。日益增多的劳工主义文献[④]表达这种意见和感觉的强烈程度,并不大于像西斯蒙第这样

① 这些缺点与其说是错误运用"古典"分析工具所造成的,还不如说是这种工具本身的根本缺陷所造成的。古典分析工具有许多缺陷。但是如果有人要求指出其中最重要的一种,我们只好再次指出,"古典作家"未能理解替代(要素替代和产品替代)的全部重要性。

② 关于技术进步对地主利益影响的"古典"理论,参阅上面,第六章第6h节。

③ 参阅本小节的第一个脚注。

④ 作为一个典型的例子,参阅一个技工所写的《对在大不列颠制造业中使用机器的考察……》,1817年。

的站在科学立场上发表意见的作家，西斯蒙第[①]主要是从这种意见和感觉中获得了反对储蓄的另一个理由。大多数英国经济学家较之看得更深刻些，他们在这件事情上做了像他们在其他事情上(例如在国际贸易上)所做的同一工作：专心致志于他们所认为的根本真理，反对公众的过分专注暂时现象的偏向，因此他们自己对暂时的现象又注意得太少了。李嘉图以马克思所公正地称赞的那种可爱的真诚态度，在论述机器一章的头一页就说明，他同意流行的观点，即节约劳动的机器除了会带来暂时性的过渡困难[②]之外，只会给作为消费者的所有各个阶级带来好处。因此，像对外贸易的增长一样，机械化过程是一件关系到福利的事情——机械化肯定能增进福利——而不是一件关系到李嘉图主要关心的那种价值(李嘉图派的价值)的事情，当然机械化会降低受其影响的产品的实际价值和相对价值，这个事实是李嘉图所一再指出的。[③] 他之所以认为机械化在长期内不会减少工资(按照我们使用这个词的

① 法国“保守”型的经济学家，例如，维勒纳夫—巴吉蒙(参阅上面第四章第4节)和L. G. A. 博纳尔子爵(参阅《全集》，J. P. 米涅编，1859年，第二卷)走得比西斯蒙第更远。但即使是西斯蒙第的论证，就其分析方面而论，也有许多令人悲叹的地方。例如参阅他在《新原理》第一卷第375—380页和在《政治经济学研究》第一卷(1837—1838年)“社会收入”一章中的推理。

② 马克思用华丽的辞藻指出了这个冷酷的名词所可能包含并且有时确实包含的令人恐怖的事情。可是，倘若他指出(即使是牺牲一些辞藻)，就每一个别机械化行为的效果而论，机器代替劳动可能是暂时的，但仍根据这种个别行为经常出现这一假设，说明失业的长期存在，那就更加中肯了。不应过分强调这一点，但是稍微予以强调，就会使马克思有一种长期失业理论，这种理论要远比马克思自己的理论站得住脚，除此之外，还可省去他浪费在竭力驳斥他所谓的补偿理论中的所有那些麻烦和怒气。

③ 可以顺便提一下，根据李嘉图的价值理论对相对价值的变化趋势所作的长期预测，基本上是符合实际情况的：很显然，那些随着时间的推移每一单位所体现的劳动越来越少的产品，其价格从历史上看是下跌了，至少相对于其他产品而言是下跌了。

意义来说,就是实际工资总额),是因为他认为机械化不会减少工资基金。[①] 然而他进而承认,他发现了相信机械化会减少工资基金的理由。

在陈述李嘉图的论证以前,我将要介绍一本书,这本书对使李嘉图改变关于机器这个题目的想法比他仅仅提到此书所表明的显然更有关系:这就是约翰·巴顿的《评影响社会中各劳动阶级状况的环境》(1817 年)。这是一本杰作,远远超过了现在批评"古典"领袖们缺乏现实性(实际的或假设的)的其他文献。在现藏克雷斯图书馆的那一本上,福克斯韦尔教授加上了这样一段评语:"写得真漂亮……既充实又有分量,同李嘉图的浅薄而不切实际的空论形成了鲜明对照",〔原文如此〕即便是这样的评语,也有某种真理成分。巴顿很明白不应该反对抽象推理本身,不应该仅仅指出似乎与斯密或李嘉图的结论不相吻合的事实:他知道怎样去推理,知道怎样指出理论与事实不相契合的原因。因此,他对李嘉图和斯密关于利润率下降这个题目的观点的"调和"(前引书,第 23 页脚注)是既巧妙又简单的。但是我们只能讨论与手头这一点有关的那一命题。他否认对劳动的需求总是并且必然是随着财富总额(根据 A. 斯密的说法,即资本加收入)的增长而成比例地增长,否认对劳动的需求不会由于其他原因而增长(巴顿是在"下议院济贫法报告"中作此主张的,该报告发表于他的著作出版之前不久)。[②] 他否认这一点的理由是:每年的储蓄不一定使固定资本和流动资本(意指技术和工资资本)成比例地增长,它可能使一种比另一种增加更多,随何者利润更大而定。他正确地解释说,如果工资率相对于商品价格有所上升,"师傅们"就会试图使用尽可能多的机器,而在相反的情况下他们则会雇用更多的人手:于是在这里我们就有了资本和劳动的替代关系的清楚概念,这一概念改进了劳德戴尔的概念,预示了

① 我们在这里可以很清楚地看到李嘉图的一般理论结构所带来的结果并由此而受到教益,这种理论结构使他看不出地租与工资的类似之处。

② 他还否认"劳动会得到丰厚的报酬,其原因是这是财富增长的结果,因而也是人口增长的原因。"但是我们在这里不能讨论他为此所作的论证。

朗菲尔德的概念，同时也是比较有影响的作家们所忽视的。但是，虽然李嘉图没有认识到这一原则的重要性，他至少是接受了这种思想：即在生产过程中引进机器，会由于减少对体力劳动的需求而损害体力劳动的利益（与在任何情况下均会产生这种结果的暂时干扰无关）；他用一个与巴顿所举的例子（前引书第 15 页）只是略有不同的数字实例说明了这一点。

李嘉图是这样来论证的。一个已经用一定数量的“固定”资本雇用了一定数量的工人的资本家，现在决定采用一种新发明的节约劳动的机器，让一部分工人去生产这种机器，这种机器现在在他的资产负债表中表现为他以前年复一年地用来进行再生产以获得利润[①]的工资资本的一部分。他这样做的动机是，由于不是所有的厂商都会同时采用一种新机器，因而采用这种机器就会获得暂时的利润。在李嘉图的例子中，“资本家”的资本依然没有变动——它在价值上既未增加，亦未减少。但它已经改变了它的有机构成。工资资本变成了技术资本——现在后者较多，前者较少。当暂时的利得由于起而效尤的其他厂商的竞争而消失时，则总资本的利润量和利润率将可能恢复到采用机器以前的那种状况。可是，商品价格会下降，制造商的工资基金会永久地减少，人口将变得“过多”，这就是李嘉图所要证明的。

李嘉图由此得出结论说，“劳动阶级中流行的看法，即使用机器常常损害他们的利益，并不是产生于偏见和错误，而是同政治经济学的正确原理一致的。”正是这一锋芒毕露的说法吸引了经济学

---

① 在这一章，李嘉图比他在任何别的地方所做的更接近于马克思将要作的利润分析。李嘉图教授与学生马克思之间的关系，在这里比在任何别的地方都表现得更为清楚——虽然像有时会发生的情况那样，没有哪一个对另外一个的成就会完全满意。

界的全部注意力，而事实上又被同一章中的另一段话所加强：这段话断言，在像所讨论的那种情况中，“对劳动的需求必然会减少，人口将变得过多，劳动阶级将处于困苦而贫穷的境地”。朋友们和敌人们似乎没有看到别的东西，而且从此以后，李嘉图在学说史上就一直是这些说法实际上似乎所表达的那种观点的主要代表者。但是，如果我们考虑到这一章的其余部分，并记住该章自认是研究李嘉图所谓的永久效果的，那就很清楚，第一，这些说法并不是从上面提到的数字例子中得出的；第二，李嘉图清楚这一点，他的意思根本不是这两段所说的那样。关于第一点，李嘉图的例子只包括采用机器所推动的事件进程的一部分：他对这一情况的分析固然是“比较静力学”方法的一个实例，但所比较的两种状况的第二种并不是一种确定的均衡状况，因为我们没有被告知，在失去了工作的工人们身上发生了什么事情，然而，除非我们准备违反完全竞争与工资具有无限伸缩性的假设，否则他们是不会继续失业的。关于第二点，李嘉图完全承认——虽然是以一种特别狭窄和不确定的方式——机械化会使生产效率大大提高，以致按商品计算，“它不会减少总产值”（他所说的总产值就是包括工资的净国民产值）。这就等于是说：实际工资收入（按我们的意义说）不一定会“永久地”下降；无论如何，由于机械化造成的价格下跌会使利润和地租的购买力上升，“那就不能不得出结论”说，在储蓄倾向不变时，资本家和自然要素所有人将用增加的储蓄再度填满空虚的工资基金。这些承认（为了简单起见我不再提其他的）并不是他的论证的例外，而是如果使之继续下去超出数字实例所达到的那一点，在逻辑上所必然会得到的结论。这样，李嘉图就成了马克思所谓的“补偿理论”之父——这个理论说的是，最终有利的结果会使工人阶级最初由于采用节约劳动的机器所受的苦得到补偿——而马克思则把这个理论归之于詹姆斯·穆勒、麦卡洛克、托伦斯、西尼尔和约翰·穆勒，从而使这些人与李嘉图形成了一种完全不符合实际的对照。大多数经济学家或多或少做了同样的事情，即使是那些本来不想像马克思那样把所谓补偿理论挑出来进行辱骂的人也是如此（参阅《资本论》，第一卷第 15 章第 6 节）。

在整个十九世纪及以后所进行的争论，主要表现为赞成或反对“补偿”说，现在已经完全成为过去的事了：如上所述，当一种较好的技术逐渐被普遍使用使得分歧化归乌有时，争论就从画面上消失了（参阅对希克斯《工资理论》的附注，本小节头一个脚注）。可是，为了理解学说史上的一个重要阶段，应作以下几点说明。第一，读者不应认为，李嘉图在上面引证的那两段话中所表述的结果是错误的。恰好相反，如果我们把他的意思理解为机械化会永久地减少劳动在国民收入中的相对份额、甚至可能是绝对份额（不管这种国民收入是我们所说的实际收入还是李嘉图所说的那种实际收入），他反而是正确的。只是他的整个论证没有证明这一点。第二，就李嘉图的意思不仅是要表达一种抽象的原理，而且是要提供一幅有关实际过程和可能性的图画而论，他显然是低估了机械化资本主义生产能力的增长所带来的结果，以及由此而造成的产量扩大带来的结果——因此，长期的“困苦和贫穷”在他的著作中比在一幅符合实际的画图中显得要大些。另一方面，这是由于比不完美的技术更坏的某种东西，即由于缺乏想象：他从来没有清楚地认识到，关于资本主义“机器”的主要事实是，它在数量上和质量上做到了没有它就根本做不到的事情,换句话说,它所“代替”的是从来没有出生过的工人。但是,另一方面,这也是由于他的分析工具有缺陷,它是不适宜用来描述数量扩张的。特别是,在李嘉图的体系中,价格能直接降到成本水平,所谓直接就是以产出增加以外的方式(《原理》,第30章):因此他未能看到,由于机械化,在他所假设的完全竞争的条件下,用货物计算的总产出必然会增长。他也未能清楚地看到,如果我们也用商品来表示工资基金,那么即使储蓄不增长,工资基金也能增长,虽然这样一来,只是说(我们意义上的)实际工资收入增加,比起说工资基金增加、因而实际工资增加,要自然得多。

第三,读过李嘉图论机器一章的读者将其看作是混乱一团,是完全正确的;他很可能会问为什么是这样。在我看来,原因似乎是:李嘉图一方面保留了他自己按实际价值(“所体现的劳动”)进行分析的方法,同时又一再逾越把这一方法同按货物进行分析的方法分离开来的边界。他为什么这样做是很清楚的:他的精确的推理总是按所体现的劳动这一方法来进行的;但是这种方法并不能得出关于任何人的困苦或福利的任何结果,而这正是他在这一章所感兴趣的。因此他将二者混在一起,有时在总结按所体现的劳动来进行的论证时他谈论“劳工的困苦”,从而与我们所说的实际收入无关,这种实际收入是用货物来计算的;有时在只有按照货物的绝对数量来说才有意义的论证过程中,他又按照他的实际价值来论证。

最后,关于资本家储蓄的增加,可能需要作些额外的说明,李嘉图认为储蓄的增加会补救机器使工人遭受的损害。由于在李嘉图的工资基金方法的范围内这种损害被描述为李嘉图的工资基金的价值的减少，因而额外的储蓄事实上会补救这种损害。这种额外储蓄由于以下两个原因而来自于利润。第一，即使利润率不会永久增长(用李嘉图的话来说，就是即使利润的“价值”不增长)，资本家所消费的货物的价格下跌也会使得他们更容易储蓄，而(如果消费倾向保持不变，对李嘉图和凯恩斯来说它总是不变的)资本家是会这样去做的。但是第二，如果降价货物全部或大部分由工人消费掉，那么，根据李嘉图的理论，利润率就会上升。储蓄因此而会增长。让我加上一句，约翰·穆勒固然接受了李嘉图的方法，但没有严格遵循它们。他提供给工人阶级的主要安慰是，机械化出现在能带来大量储蓄的过程中，后者很容易替代机械化所造成的工资基金的减少(否则这种储蓄就会流入殖民地等处)，因此这种减少或许只是潜在的可能性而不是现实。马克思应当喜欢这一点——因为它很好地暗示了社会主义者的帝国主义理论(参看后面)——但是当他利用它时，并没有表示感激之情。

马克思(前引书，第十五章)接受了李嘉图的分析，没有加上什么实质性的东西而只是把李嘉图所加的限制条件减到最低限度，对之进行精雕细刻，最大限度地利用历史上同机械化过程相联系的失业，一任自己倾泻激烈的言词，以致达到兴奋的极点，竟未顾及提出某些论点来支持自己的理论或反对被憎恨的补偿理论。或许这表明，就像他在其他场合的慷慨激昂所表明的那样，他对于自己所采取的立场并不十分有把握。这肯定表明，他是知道机械化问题对于他关于资本主义制度未来的最后结论具有决定性的重要意义的。机器必然要把劳工抛向“街头”——更好的说法是，由于英国的机器,印度织工的骨头不得不"在太阳底下曝晒"。马克思所说的失业实质上是技术失业。这种技术失业必然造成一支永久的"产业后备军"——李嘉图的过剩人口。而这支永久的产业后备军的存在——只是在高度繁荣的一段时期才能暂时被吸收——必然会使实际工资(按我们的意义说)降到日益贫困、恶化等等(Verelendung〔德文贫困化〕)的地步,这会最终驱使无产阶级进行最后的革命。当然,这只是一个"绝对规律"。[①] 当然,马克思对于经过严格选择的历史事实——这些事实充满了他在那一章中所作的分析——的有效排列,包含了他自己的大量限制,像在第三卷中的某些段落那样。但是由于抽象的趋势不能使任何人陷入困苦和失望,由于谈到最后的结论和目的时马克思对于他自己所加的限制并不怎么注意(例如参阅第三十二章"资本主义积累的历史趋势"),因而任何按照这两种路线为马克思进行的辩护都不会成功。我们除了认真对待前面那些说法之外,别无其他选择。如果我们这样做,马克思企图把李嘉图所想象的可能性变成不可抗拒的必然性的失败就会危及他的体系的逻辑结构,正如工人阶级的实际历史会危及马克思的体系宣称所具有的现实性一样。[②]

---

① 读者应当记住这个词在马克思的专门术语中的含义,即和绝对趋势的含义完全相同,这种绝对趋势在经济史的任何给定阶段不一定能得到证实。

② 有些马克思主义者实际上并不在乎采取这样的可笑立场:说劳动阶级生活水平下降的趋势事实上是可以观察得到的。另一些马克思主义者则只限于主张一种不那么可笑的提法:马克思的抽象规律之所以未能发生作用,是由于在十九世纪出现了特别有利的情况(例如运输费用的大幅度降低,开辟了食物和原料的新来源),但即使它在三十年代未能发生作用,最终它还是要起作用的。还有一些解释家则竭力把马克思的规律说成只是意味着相对贫困,即劳动的相对份额下降,这种说法除了同样站不住脚之外,显然也不符合马克思的原意。

然而，在马克思对技术发展过程的分析中，只有关于日益增长的贫困这个提法需要放弃，虽然从马克思主义正统的观点来看，它可能是极端重要的。其他的结果都可以留下来。为了从适当的角度来看它们，让我们记住，在马克思的一般图式中，社会进化是由这样一种力量推动的：这种力量是内在的，或是利润经济所必然包含的。这种力量就是“积累”：在竞争的压力下，各个企业被迫将其利润尽可能多地投在自己的生产设备上；[①]并且它被迫将其主要投在技术资本上，自然总是寻找日新月异的机器。这并不能使作为一个阶级的“资本家”永久获益，[②]因为正如李嘉图已经指出的，任何超额利得都会随着竞争者采用每一种技术改进而很快消失。但是捷足先登的厂商会获得暂时利益，使他在竞赛中走在前头：在平均成本下降曲线上猛烈下冲，在这一过程中消灭（“剥夺”）那些弱者，因此，资本主义企业个别地在生产规模上扩大，建立起巨大的生产能力，最终会突破资本主义社会的框架。并不是所有这些都站得住脚。特别脆弱的是最后一点：马克思从来没有说清楚，究竟大企业经济怎样会崩溃，而他的崩溃理论（德文是 Zusammenbruchstheorie）实际上已被他的一些最卓越的信徒所放弃了。可是，整个说来，人们不能不被这种资本主义演进概念所具有的分析

---

① 当然，这同说各个企业被迫进行储蓄是一回事，马克思认为这个词的含义极为不足取，因而像躲避豺狼虎豹那样尽力避免使用这个词。可是，在指出存在这种强迫性时，他显露出他对资本主义机制比起他同时代的“资产阶级”经济学家来有更深刻的理解。但和他们一样，他所看到的只不过是积累的机械方面，因而他所看到的不是资本主义演进的实际，而只是它在日益增长的一堆堆无生物中的倒影：除了积累这些东西之外，“资本家”就只是剥削而没有做别的事情。

② 关于“利润率下降规律”，参阅上面 6c 小节。

上的和实际上的价值所深深地打动,特别是如果把它同马克思在李嘉图的论机器一章中所发现的它的质朴因素加以比较的话。

第七章　货币、信用与周期

1. 英格兰的问题

(a)1793—1815 年的战时通货膨胀

(b)本位问题

(c)银行改革

2. 基本原理

3. 从通货膨胀和恢复兑换硬币的讨论中得到的巨大收获

4. 信用理论

(a)信用、价格、利息和强迫储蓄

(b)就 1844 年的皮尔法案进行争论的收获

5. 外汇与国际黄金流动

6. "这种"商业周期

1. 英格兰的问题

大家公认，今天(或昨天)的货币科学的基础，是由这样一些作家奠定的：他们处于从《限制法》(1797 年)直到 19 世纪 50 年代的黄金通货膨胀这一时期，讨论了该时期英格兰的货币与银行政策。这诚然是忽视了 18 世纪法国和意大利的研究，然而比起这类空泛的说法来通常要更接近于真实。许多这样的作家在异常高的水平上进行论述。他们轻而易举地上升到抽象概括的领域，具有进行分析的纯真意愿。由于他们之中的大多数人都是从事实际业务的人、主要对实际措施感兴趣，这就更加值得注意了。我们习惯于一种不同的情况：现代经济学家在他们的分析工作中，很少向从事实际业务的人，特别是银行家导求帮助，更不把他们看作是他们本身业务的理论权威。但是这种情况是在下一个时期出现的。在我们所考察的这个时期，分析进步的带头人却是实践家，各种类型的研究工作者在大多数场合都愿意从实践家那里获得自己的研究线索。

我们已熟悉了大多数主要作家，特别是李嘉图、马尔萨斯、西尼尔、图克、托伦斯和约翰·穆勒。[①] 少数其他作家将在下面随时

① 我们也已经提到了这些人以及其他人的一些有关出版物。其他的出版物将在合适的地方提到。可是，应马上列出李嘉图的主要著作。正如读者所知，李嘉图是在有关战时通货膨胀的讨论中作为一个论述货币政策的作家而首次出名的。他为《纪事晨报》写了三封信(1809 年，霍兰德用《论黄金价格的三封信》作书名重印，1903 年)以后，又以小册子的形式较为充分地陈述他的看法：《金块价格高昂：银行券贬值的一个证明》(1810 年)。《对博桑奎先生关于金块委员会报告的实际意见的答复》一书出版于 1811 年，这是李嘉图从事“事实”研究的唯一成果，但却令人很感兴趣；《关于一种经济的和可靠的通货的建议》出版于 1816 年。《原理》(1817 年)的第 27 章“论通货与银行”，尽管有从《建议》的长引文，仍然具有独立的重要性。《建立国家银行的计划》(1823 年)已由霍兰德教授在《1809—1823 年大卫·李嘉图发表的关于通货问题的短篇论文》(1932 年；参阅李斯特教授在《货币与信用理论史》中对这个计划的讨论，第 177—179 页)中重印，霍兰德的这本书还收录了其他文章，对于充分理解李嘉图的观点是非常重要的。还可以加上其他的文章。李嘉图关于货币、信用和银行业的理论我们差不多已经熟悉了，细读他的信件以及他向“高利贷法律委员会”和“恢复委员会”提供的证词，人们会发现越来越多的片断，它们可以联结成为一个广大的结构。可是，我不想这样去做。我们不得不满足于李嘉图分析的少数几个特征，这些特征对于学说史来说是至关重要的。我提醒读者注意，这样做可能对于他的全部成就未免有些不公道。但是，读者一定会得出这样一种印象，即李嘉图没有作出多少既正确又富于创造性的贡献；这种印象和维纳的判断(前引书第 122 页)是一致的，我认为和我的意见也是一致的，即：作为货币和信用的分析者，李嘉图不及桑顿高明。

介绍。但我们应立即向亨利·桑顿(1760—1815)表示敬意。他是银行家、国会议员、慈善家,而他自己和许多熟悉他的人或许会首先认为他是一群有影响的福音主义者的领袖人物,这群福音主义者被称为克拉潘教派。他的《大不列颠纸币信用的性质与影响研究》(1802 年)一书①是一部令人惊异的作品。据冯·哈耶克教授估计,这部书大约花了六年多才写成,在这期间作者的精力主要用在商业和政治活动上,虽然它在细节上不是无懈可击的,也不是完全成熟的,在某些点上却能走在未来一个世纪的分析发展前面。在这一时期没有其他的著作堪与比拟,虽然有几部书(其中有李嘉图的书)在当时以及在后来获得了 更大得多的成功。部分地这是因为作者根本没有强调他的新成果——这本书读起来好像是作者本人并不知道这些成果的新颖性。或许他是不知道,不过他对自己所知道的那些先行者们却基本上给予了学术上应有的注意。他是这样一种人:对事情看得很清楚,并能把所看到的东西朴实无华地表达出来。

我们将基本上只讨论英国的分析工作——这个决定,就这个时代和这个题目来说,即使不考虑篇幅所加的限制,也是正当的。除了将要提到的一些限制以外,这种分析工作已由约翰·穆勒成功地加以总结。《原理》一书的有关章节包含了穆勒的一些最出色的分析。它的确表现出一些矛盾、迟疑和未经消化的妥协——像

① 《经济学丛书》重印本(1939 年)以冯·哈耶克教授的一篇论文作为序言,这篇论文学识渊博,文字优美。读者如果不去读它,不仅会丧失许多有价值的信息,而且还会错过一次极端愉快的享受。

他的关于价值的分析所表现的那样——但即使这些也并不是纯粹的坏事，因为它们所显示的，是那个时代没有完成的分析状态（这与穆勒自己相信他的学说具有终极性形成了奇异的对比），从而给未来的研究指明了应当遵循的路线。无论如何，主要是穆勒的系统而确切的表述，使十九世纪前半叶的分析工作传到了后半叶作家的手中，因此，在本章中我们将始终盯住穆勒的表述，作为一个参考点。

我已赞扬了这一时期的作家从事理论分析的爱好和能力。然而，他们的分析是同他们时代和国家的状况与问题非常紧密地联系在一起的，不提到这些状况，便无法说明他们的分析。因此，我们将草草看一下当时的状况——由于已经说明的原因，我们将完全忽视美国和某些欧洲大陆国家的更加令人兴奋得多的经验。更为充分的信息来源列述于下。

对想要有单独一本参考书以便集中阅读的学者，我推荐维纳教授在《国际贸易理论研究》第三、四、五章中的陈述。这一卓越的研究——可是赞美它并不意味着同意每个细节——既提供了最重要的事实和论战的历史，又指明了进一步阅读的历史文献。关于统计数字，参阅 N. J. 西尔伯林："拿破仑战争中大不列颠的金融与货币政策"，载《经济学季刊》，1924 年 5 月，和"1779—1850 年不列颠的价格与商业周期"，载《经济统计评论》，第五卷预备版，1923 年；并参阅 E. V. 摩根："1797—1821 年银行限制时期的某些方面"，载《经济史：经济学杂志补编》，1939 年 2 月。

至今为止，当代最伟大的"推理史"当推图克和纽马奇的《价格史》（上面第 4 章第 8a 节讨论过）。细读 T. E. 格雷戈里爵士为该书 1928 年版写的导言，是我所要作的第二个推荐。其次是 R. G. 霍特里先生的《通货与信用》

(第3版,1928年,第18章)和《中央银行业的艺术》(1932年,第4章),通常辅之以W. T. C. 金先生的《伦敦贴现市场史》(1936年)。进一步的帮助可从下列各书得到:J. W. 安吉尔:《国际价格理论》(1926年);E. 坎南:《1797—1821年的纸英镑》(1919年),附录《金块报告》;A. E. 费维耶尔:《英镑》(1931年,第9章);A. W. 阿克沃思:《1815—1822年英格兰的金融重建》(1925年);R. S. 塞耶斯:"19世纪50年代的本位问题",载《经济史:经济学杂志补编》,1933年1月,和"1815—1844年的本位问题",(同上,1935年2月);R. H. I. 帕尔格雷夫:《银行利率与货币市场》(1903年);埃尔默·伍德:《1819—1858年英国有关中央银行管制的各种理论》(1936年),该书附有一个有价值的书目,特别是列出了有关货币问题的各种委员会的报告以及其他官方文件,像通常一样,这里无法对此加以评述。

(a)1793—1815年的战时通货膨胀。　尽管在1797年暂时中止了英格兰银行用黄金赎回它所发行的银行券的义务,[①]但直
490 到1800年左右,战时财政并没有对价格和外汇汇率产生任何重大影响。对于习惯于强烈变化的现代学者来说,随后发生的通货膨胀的显著特征,就是它的温和性:公众在货币方面的正常行为并没有受到严重干扰;政府战时支出的影响并没有消除通常情况下可能出现的波动;政府除了向英格兰银行大量借款以外,并没有被迫做任何更加非正统的事情,而且即使是这种借款也没有超过限度,没有使"借款"一词变成印刷政府钞票的委婉说法;最后,全国工资总额——通货膨胀效应的主要传导体——也没有严重膨胀,以致危及通货。事实上正是这种通货膨胀过程的温和性本身,使得诊

① 这个《限制法》不是作为战时措施,而是为了制止向银行挤兑而通过的。

断非常困难。尤其是,这种温和性使得在当时的情况下辨认出通货膨胀因素并把它同下列两个因素对于外汇的影响区别开来更加困难:一个因素是军事支出中的很大一部分是用来维持在大陆上的盟国和英国部队;另一个因素是英国的出口和进口一连许多年受到了严重的干扰。

政府大手大脚地花钱。但政府也尽了一切努力,通过开征所得税及其他办法,使英格兰银行的通货膨胀性垫支降到最低限度,而且政府的财政状况一直是良好而可靠的。但是政府对于自己向英格兰银行借款的数量却缄口不言(这在滑铁卢一战以前是完全可以理解的),由此而使人们倾向于将自己所不喜欢的一切后果归罪于英格兰银行。这种倾向在所有的时候都是强大的,大多数作家也具有这种倾向,我们必须自始至终记住:从李嘉图到大街上的最单纯的人,每一个人都喜欢把中央银行当作一只替罪羊,这个习惯经济学家一直保留到今天。英格兰银行至少不能公开为自己辩护,因为不出卖政府就不可能进行有效的辩护——而当权的政治家们是有办法发泄自己的怨恨的。这应当可以解释使历史学家们痛感官方文告缺乏见识的许多事情。事实上,英格兰银行显然无法拒绝政府的垫付“请求”。如果说该行“对通货膨胀负有责任”的话,那就必须理解为指的是它对公众的放款(贴现);由于政府实行赤字支出,这种贷款不可避免地增加了。但是,每当政府大量借款时就定量供应并减少供应量,因而从一切方面看,都显然不能说这种贷款过多了——虽则当然总是可以争辩说,假如英格兰银行愿意承担在战时打乱生产的责任,贷出的数目可能会少些。而且,直到 1832 年以前，由于高利贷法律，收取 5%以上的惩罚利率[①]是不可能的。毫无疑问，实际发生的那种通货膨胀强大得足以加剧过度的投机行为和破产、农业的繁荣以及 1815 年以前大多数年份的一般繁荣状况，可是，没有一样是能够由英格兰银行完全予以制止的。

可见，从表面上看，对货币分析作出了那么多贡献的争论，只不过是两类作家之间的争论：一类作家力图证明并指控通货膨胀，将其责任归之于英格兰银行；另一类作家则力图否认通货膨胀的存在，或者是为之辩护，并把物价上涨和汇兑不利的责任归之于英格兰银行行为以外的因素。就此而言，可以说有两个界限相当分明的并且彼此对立的集团或派别。而且，第一个可以说是占了上

① 我要利用这个机会来澄清一个问题，这一问题在有关英格兰银行责任的讨论中起了作用，而且在每次战时通货膨胀时期都会出现。如果筹措一定数量的政府支出而不能以相同数量减少公共支出，如果这种支出影响到一个就业水平很高的商业有机体(就英国而言，有时就业水平很高，有时就业水平则不那么高)，那便会提高价格。于是，既然价格已经上涨，生产的货币成本就会增加，非政府的借入也就增加，也就是说，在这种情况下，政府借款造成的通货膨胀会形成次一级信用膨胀浪潮，也就同时增强了它自己。现在显然可以说，由于这种政府通货膨胀在定义上意味着支付手段的增加，由于次一级通货膨胀也是如此，因而整个的麻烦就是“货币数量的增加”。但是，由于这种货币数量的增加是这样一种过程的附带事物，这个过程包含许多更带根本性的“原因”要素(其中有导致战争的政策)，由于次一级通货膨胀事实上是由先前的价格上涨引起的，所以同样可以说，为政府支出或商业支出的增加提供资金的那家银行或那些银行是在起“被动的”作用，尤其是，就商业借款而言，它们只是“对需要作出反应”，这种需要产生于高昂的价格和高昂的货币工资——或者说，“货币数量”(银行券和存款)的增加因为价格已经上涨。这两种说法，没有一种必然是错误的。但当每一种被解释为否定另一种所强调的因素时，它就立即变成错误的了。然而，这正是在 1800—1810 年的英国争论中发生的事情，正像在关于任何通货膨胀的任何讨论中所发生的那样。但是，任何这种讨论虽然从根本上说是徒劳无益的，可也不排除这一可能性：参加者会由此而了解并得出有价值的结果。

风，即是说，在使著名的1810年《金块报告》[1]接受自己的观点方面，它比第二个更为成功。因此，通常便给这一个集团的成员加上“金块主义者”这一毫无意义的标签，而给报告的反对者加上“反金块主义者”的标签，虽然报告本身实际上代表着各种妥协。然而，实际的问题以及关于“应当对战时通货膨胀做些什么”的建议，对我们来说是没有多大重要性的。重要的是所产生的论证和诊断的分析质量。而从这个观点来看，派别的界线就不那么明确了，也几乎没有什么意义了。《金块报告》的拥护者们之间的分歧实际上比他们之间的共同纽带更要有趣得多。但是在离开这个历史文件以前，让我们指出这样一个重要的事实：建议英国在1918年按战前平价恢复金本位的《坎利夫委员会报告》（报告的定稿发表于1919年）所展示的关于货币问题的知识，很少（如果还有的话）不是《金块报告》的起草人所已经具有的。

(b)本位问题。　不能兑现的纸币流通了大约二十年，以及在此期间发生的全部经济变化，使得决定采取何种货币政策的问题要比在较短的扰乱以后困难得多。实际上，虽然不是在法律上，1797年颁布限制法时英国已经实行了金本位。停战后的几年之内，产生了一股强大的政治潮流，导致英国在法律上采用了金本位（1816年），并使它最后按战前平价恢复了支付硬币（1819年通过了皮尔的“恢复法”，实际恢复支付硬币则是在1821年）。[2]　有人

① 参阅上面提到的坎南的版本（《1797—1821年的纸英镑》）。

② 这一潮流的势头日益增大的显著标志是，利物浦勋爵于1805年发表了《论英国的货币……》，这篇论文尽管毫无价值可言，却由于作者的政治立场而在货币史上占有一席之地。威廉·科伯特反对纸币的鼓动宣传（参阅他的《纸币反对黄金》，1810—1811年，1817年重印），代表了小中产者的感情，并表明这种感情具有强大的影响，已形成了一种政治力量。据说罗伯特·皮尔爵士十分畏惧科伯特的“雷轰”。

鼓吹继续实行战时纸币制度(凯恩斯勋爵在 1923 年就是这样建议的)或采用复本位制或银本位制,但没有人认真考虑这些建议。可是,应当提一下:根据李嘉图的"计划",货币金属不应当进入实际流通,而应由英格兰银行保持,用来赎回银行券,不是用金币赎回,而是用金锭赎回;这一主张实际上已经体现在 1819 年的"恢复法"中,不过,由于公众方面完全漠然置之,而英格兰银行方面则对之毫无好感,有关的非约束性条款并没有生效。

金本位制是在经济萧条的情况下恢复的。战后的调整不管怎样是一定会造成困难的,特别是在农业部门。不仅价格不可避免地要从战时的高峰降下来——虽然西尔伯林提供的具体日期和数字受到了批评,但到 1819 年,价格水平在大约五年中毫无疑问地下降了 30%左右——而且生产也得适应一种崭新的形势,这一切所产生的问题,总得有一次萧条才能理顺。此外,还有一个事实是许多专家认识到但不是所有的专家都认识到的,就是黄金生产的前景显然是不利的。可是,最后,还有一些别的事情是这些专家们——就像 1918 年的专家们一样——完全没有看到的:与先前的战时通货膨胀毫不相干的是,英国经济当时正在进入这样一种特别长的时期之一:这种时期总是跟在"工业革命"之后,在这种时期,物价、利率和利润都下降,并伴随有失业和经济不稳等现象。十八世纪的最后几十年就发生了这样一种革命——新的棉纺织机、蒸汽机和运河建造只是一些显著的实例,它们改变了制造业和贸易的基础。其结果从 1815 年起开始显现,倾覆了以前存在的工业结构,产生了主要是萧条的影响,直到铁路建设投资肇始使得经济过程再度稳定为止,这种稳定在十九世纪三十年代微弱一些,四十年代更为强大一些。在这样一种形势之下，即使是一种略带限制性的货币政策也不像在价格趋于上升的形势下那样，是一件无足轻重的事情。而恢复金本位制毫无疑问是会在某种程度上对经济产生限制作用的。

《金块报告》所建议的恢复政策的残存拥护者们因此没有理由去庆祝这一政策的最后胜利。他们在恢复金本位制以前的几年中事实上就已默默无言和心怀歉疚了。他们同他们的反对者一样作出了错误的诊断：认为十九世纪二十年代价格水平进一步下降的责任完全在于恢复金本位制。还有，他们乐于同这些反对者一道，毫无道理地谴责那只被随意用来代人受过的替罪羊，英格兰银行，认为它对恢复金本位制的工作管理不当，尤其是，通过提高黄金价值，造成了国际萧条。我们在这里只能指出：几乎只有图克这样一个重要作家认识到这样做是荒谬的，只有图克接近于根据非货币因素作出更合理的诊断。其余的人则继续进行讨论，反对不受限制的金本位制的拥护者，直到 1830—1835 年的经济回升和另一个问题的出现使注意力转变方向，直到俄国、澳大利亚和加利福尼亚的黄金改变了货币方面的形势和经济学家的古怪做法为止：1850 年以后，1819 年颁布的皮尔法案实际上很受他们欢迎；临近十九世纪终了时，对于这个措施的不合理的赞扬基本上已取代了不合理的谴责。

(c)银行改革。　我们感兴趣的银行业文献，大体上是虽然并不完全是，以赞成和批评皮尔的另一个法案即 1844 年的《银行特许状法》为中心的，该法案试图将“银行业应当同对通货的管制分开的理论”[1]付诸实行，它实际上强制执行的是可以称为银行券的“100％的准备金计划”。像恢复金本位制一样，这一措施也产生于一种强大的舆论潮流，这种潮流是在 1836—1839 年的盛衰兴替中形成的，因而是不容争辩的：这种盛衰兴替，除了发行银行券的银行方面的处置不当和不负责任之外，公众和政治活动家们看不出还有什么其他的原因。银行券和由此而产生的任何麻烦都是清楚可见的。存款——它的使用此时还仅限于公众中的一小部分人——实际上没有受到注意，而银行券则广泛流通，在平常的人看来，发行银行券就是“银行业的罪恶”[2]的典型形式。当一般的国会议员投票赞成罗伯特·皮尔爵士的议案时，他或许认为自己正在制止一种显而易见的弊端，正在保护人民的货币。

到 1800 年，英国的银行制度已达到高级发展阶段。在首都，除了英格兰银行以外，还有许多私人银行（合伙银行；股份银行在 1826 年后才出现，对银行存款业务给予了决定性的推动，因为它们无权发行银行券）和票据经纪人。在首都以外，在商人与伦敦没有直接银行往来（或者，在 1826 年以后，与英格兰银行的分行没有往来）的情况下，工商业是由地方银行提供服务的，它们的数目在拿破仑战争中大为增加，在十九世纪二十年代则大为下降，为工商

① 参阅 P. 巴雷特·惠尔：“回顾 1844 年的‘银行特许状法’”，载《经济学》杂志，1944 年 8 月。鉴于我们主要不是对这个“法案”本身感兴趣，不是对关于它的社会学的和经济的解释感兴趣，而且即使我们感兴趣，我们也根本不可能详尽讨论这个题目，所以我们特别建议读者去细读这三页极佳的文章。关于英国银行业的历史，我们的态度也相似：事实和数字，请读者主要参阅 E. 伍德的著作（本章开头曾提到）；我们自己的正文，只能使读者集中注意于少数几点，这些是了解分析和争论的背景所必需的。

② 这是 1797 年刊行的一本匿名小册子的标题。

业服务的还有票据经纪人。有两个特点必须特别注意。第一，这些地方银行虽然也有一些存款业务，却主要是以在贴现商业票据时发行银行券(一经请求即用硬币或英格兰银行券支付的本票)的方式来为顾客服务。作为这些银行券的担保，它们持有不同比例的准备金，比例大小法律未予规定。这种作法，即使在 1844 年的皮尔法案将其扼杀以前，就已经是陈旧的了。① 但对许多论述银行业的英国作家来说——对于他们的大陆上的兄弟们来说尤其如此——源于贴现商业票据的银行券在整个这一时期和以后依然是银行业理论的精髓。② 第二，有另外一种作法，在伦敦以外的整个英格兰，尤其是在兰卡郡，是非常通行的，我们之所以对这种作法非常感兴趣，是因为它比任何别的事情更好地告诉了我们货币实际上是什么：商人使用汇票进行支付。即是说，一家售出某种商品的商号会对买主开出一张票据，由买主予以承兑，然后由卖主在背

① 除英格兰银行之外，其他银行发行银行券只限于一个固定的数额，1844 年和 1845 年的皮尔法令并未予以制上。但是用意和效果却是诱使地方银行自愿不再发行银行券。

② 这个事实必须牢牢记住，不仅因为它引起了对银行业务过程的一种解释，我们马上将要在“银行业的商业理论”的标题下讨论这种解释，而且因为它对于充分理解围绕皮尔法案的争论中这样一个争执之点是必不可少的：赞成这个措施的人(所谓“通货学派”)不把英格兰银行的银行券看作是一种信用工具，不把它们看作是源于商品贸易的支付手段，而是将其看作是它们在当时实际上所是的那种东西，即一种储备货币；而这一措施的反对者(即所谓“银行学派”)，特别是它在大陆上的大多数拥护者，则受到自己眼前的有所不同的银行业务的影响，仍然坚持商业票据与银行券的图式。因此，部分地，整个争论便起源于事实问题，而当这个事实问题被忽视时，就起源于误解。把银行券同商业票据联系起来的中央银行业理论具有特别强的生命力：十九世纪以后，它的影响支配着大陆上的银行立法，它对 1913 年的《联邦储备法》产生了强大的影响。关于这个理论的极好说明，参阅维拉·史密斯：《中央银行业的理论基础》(1936 年)。

后签名，将其交与另一个商号，以偿还对它所负的某种债务。这样，一张汇票就积累了好多的背书，实际上从一个人手中转到另一个人手中，常常是没有利息的，这样汇票暂时就不再是对货币总需求中的因素，而是货币供给中的因素。①

伦敦银行家变成了地方银行的代理人或代理银行，因而彼此保持相当密切的关系——伦敦票据交换所，到十八世纪末，已经成为牢固建立的机构。这样，我们就看到一个有机的系统，而不是许多个别的台球。而且，这个系统已经发现，或者正在迅速发现，英格兰银行是它的核心机关，是可以“最后依靠”——像弗朗西斯·巴林爵士所说的②——的贷款人。但是即使我们有篇幅，也极其难于描述这一过程：英格兰银行究竟是怎样最后认识到这一职责的，怎样接受它，并建立起一套例行的原则去执行它；要根据当时的情况，去评价它在这一过程中的每一阶段采取的行动或不行动是否成功，那就更加困难了。

在探究英格兰银行在某一时候想要做什么，甚或只是探究它的作法实际上是什么的时候，我们遇到的困难之一是：它的官方发

① 这种作法受到了许多人的注意。有些商人甚至把真正的商业票据看作是“我们的头等通货”（参阅 J. W. 博桑奎：《金属的、纸的和信用的通货》，1842 年）。

② 《关于建立英格兰银行的意见》（1797 年）。同一年，H. 桑顿在他向上议院和下议院的两个委员会提供的“证词”中，首先叙述了他关于中央银行政策的思想，这是他在 1802 年那本有名的著作中所要详细阐述的。所要区别的有两件事情，都由“最后依靠”这个词语包括了。一方面，英格兰银行是现金的最后来源，从这种意义上说，它是通货的保护人。另一方面，它是银行系统的（货币市场的）最后的信用来源，从这种意义上说，由于它的处境，如果说不是出于选择，它是信用结构的保护人，由此便像桑顿所看到的或预见的那样产生了这样的结果：它的政策必须同任何其他银行的政策有本质的不同。

言人总是保持缄默;他们即使在被迫要说点什么时,也尽力只限于说些不关痛痒的琐屑之事,尽可能不留下惹来敌对批评的余地。从事实际业务的人员很少能正确地表述自己的行为。但在这个场合,保持缄默是有特殊理由的。如果我们现实地看待英格兰银行的处境,读者就很容易懂得这些理由。我已经说过,英格兰银行没有什么朋友。管制今天是一个受人欢迎的名词。但在自由放任的资本主义时代,它却并不受人欢迎。公开宣称英格兰银行是在试图管理银行系统,更不要说控制一般的经济形势,即使不引起愤怒,也会引起哄堂大笑:只能说英格兰银行是在谦恭地管理自己的业务,只不过是跟在市场后面行事,丝毫不想管制任何事情或任何人。而且,在政策形成阶段,用那么多话语去承担我们现在理所当然地归之于中央银行的那些职责,不免疯狂。这会意味着,承担英格兰银行不能确有把握完成的义务。而且,任何漂亮的政策宣言都会给董事们招来一大堆不请自来的顾问,他们每一个人都深信,对于英格兰银行应当做什么,他懂得比谁都多——还有一种危险,就是公众会大声疾呼,促使通过法律,强迫英格兰银行采取或不得采取某种行动方针。而且,在危机中默默地拒绝承担责任,不一定意味着像表面上看来的那样。在1782年、1792年、1811年、1815年,这种拒绝的结果,就是政府被迫采取行动:它向陷于困境的商人发行了国库券,从而向他们提供了英格兰银行随时准备贴现的东西——而拒绝的动机,可能正是要开启这种讨人喜欢的安全途径,去帮助市场。这样,某些批评英格兰银行的人就没有多少理由对英格兰银行不愿"承认它的责任",对汤姆森·汉基(此人于1851—1852年任英格兰银行总裁)所抱的那种观点感到愤怒和惊异了，汉基直到 1867 年（在他的《银行业原理》中）仍否认英格兰银行对货币市场负有任何责任——虽然他真正否认的只不过是“好的汇票……在任何时候都可以向英格兰银行贴现”（第 2 版 1873 年，第 33 页）。如果我们加上一句，舵操得好看起来就像没有人在操舵，我们就不能排除这种可能性；董事们的见识和做法都在一般对他们的评价之上——尤其是走在这种评价的前面。

实际上，仅仅由于英格兰银行的规模，凡是在英国乃至世界上发生的事情，没有一件能够从一开始就与它的决定无关。稍加考虑，读者即可深信：即使董事们完全由该行的长期利润利益所支配，即使他们除了“所有人”（股东）以外不承认对任何人负有责任，他们在该行每一发展阶段的历史条件下所做的大多数事情，也构成了中央银行的职能。古老的理论说，一家中央银行照顾它自己的利润利益就是对经济的最好服务，这句话比起我们现在愿意承认的更有道理。我们尚不知道英格兰银行的董事们究竟是在什么时候清楚而自觉地开始考虑更为重大的事情。可以作出这种解释的征候，从英格兰银行在拿破仑战争期间的行为中肯定可以观察到，当时采用了某些信用管制方法，例如，不问借款人的信誉如何，对信贷进行配给，当时还可能试图通过伦敦市场去影响地方银行的行为。[①] 1815 年以后，该行开始通过一种非常有益的检误法来确立其长远的和平时期政策，就像联邦储备系统从 1918 年至 1923 年确立它所谓的长远政策那样。我们可以从该行总裁 J. 霍

---

① 关于当时刚刚出现的、通过控制政府存款、特别存款和特别垫支而开展的公开市场业务，参阅上面提到的 E. 伍德的著作（《1819—1858 年英国的中央银行管制理论》）。

斯利·帕尔默在1832年英格兰银行特许状国会委员会前作证的几篇声明中，两次饶有趣味地窥见这条道路上的里程碑。一个里程碑指的是1827年采用的一条经验规则（“帕尔默规则”），根据这条规则，该行的“证券”（贴现、贷款、投资）将保持大致不变，以使流通中的变化只在黄金流入或流出本国时才发生，就像流通货币全是金属货币那样。这条规则——不是想要人严格遵守的——在某种程度上较皮尔法案的原则先行一步，事实上可能是因为预期会有某种这样的规定而采用的。更重要的是另外一个声明，它实际上体现了一项分析。略为改写一下帕尔默对“678号质询”的答复，我们可以将其叙述如下。帕尔默承认外汇的不利转变是信用“过度”扩张的一个信号，因而他断言，该行可以通过提高利率防止或制止黄金外流：利率提高会减少借款；借款减少会使交易额和就业人数减少并降低价格；价格降低会增加出口，减少进口；这又会改变国际收支，从而改变汇率。注意到这一点是令人高兴的：这个提法并没有挂上某个经济学教授的名字。但是它听起来太富于学术气味了，教授们是不会不注意到的。它变成了“古典”中央银行政策理论的基础，是19世纪的教科书中所教导的。我们将看到，当时还发现了提高银行利率的远更重要的短期效果，即提高利率会吸引国外的短期存款（桑顿，1802年；图克，1838年）。

我们不能再进一步考察这一时期中央银行政策的演变——不能考察银行家的存款余额在英格兰银行的存款中具有的越来越大的重要性，不能考察英格兰银行在自己的贴现业务方面采取的不同政策，不能考察它对货币市场采取的经常变化的态度，如此等等。可是，有一点不能不提到一下。有些批评家断言，当该行最终认识到它的职责时，它让自己完全由外汇的状态来指导，即是说，以实际的或预期的黄金流动作指导。现有的资料并不能证明这种观点。英格兰银行的董事们似乎是以他们对本国和外国的一般商业和政治状况的判断和预测作指导的。在银行利率与外汇汇率之间的确有着强大的关联。但是这种关联是很容易用以下事实来解释的：在不受限制的国际金本位制度下，黄金流动是一般商业状况的敏感指数。

2. 基本原理①

我们不能指望创造我们将要考察的文献的那类作家，会对货币与信用理论的逻辑基础（即德语 Grundlagenforschung〔基础理论研究〕一词所表示的那种东西）非常感兴趣。这些经济学家在脑子里形成概念的方式，虽不能说粗糙，但确实有些原始，这在当时和后来导致了各种误解和无谓的争论。这不只是一个名词术语的问题。在我们面前的实例中，术语的模糊不清是关于货币是什么和货币做什么的思想模糊不清所造成的。从一开头（桑顿，“提供给各秘密委员会的证词”，1797 年），就对所有支付手段——亦称流通媒介，有时也称通货——形成了一个总的概念，所谓流通媒介或通货包括全值硬币和代币、银行券、使用支票的存款或者说支票本身，在某种情况下还包括汇票。不错，“我们用来作支付的全部

① 该时期分析工作的纯理论部分的主要权威，是亚瑟・W. 马吉特（《价格理论》，1938—1942 年，各处）。

东西"的总和显然是一个有意义的概念；它的主要分析价值，在于承认了它所包含的这一事实，即银行券与存款没有本质区别。这个事实并不是不言自明的，而是有待"发现"的，这一点从有些作家拒绝承认这个事实可以得到证明。奥弗斯东勋爵和 1844 年皮尔法案的拥护者们一般在银行券与存款之间划出清楚的界线，这不仅仅是用词的问题，但其确切意义却不容易弄清，因为这些作家没有一个在逻辑基础方面作过足够清晰的说明。① 图克在 1840 年——这一年他的《历史》第三卷出版——以前，最初也是反对在概念上将银行券与存款混为一谈的人们之一。到 1844 年(《研究》)，他改变了主意，采用将其合在一起的做法，或许——这样认为并不是太不宽厚了——因为这是一个方便的论据，可以用来反对奥弗斯东和皮尔的法案。

但即使是使用"支付手段"这个包罗丰富的概念的人，②大都

① 如果分别考虑英国的银行券、英格兰银行的银行券以及英格兰银行的战时银行券，就可以认识到由此而造成的解释上的困难。关于第一种，正如已经指出的，一个从逻辑原则上把银行券和存款同等看待的人，却可能在政策目的上拒绝将其同等看待，这是有技术上和实际上的理由的。关于第二种，正如我们也已经看到的，英格兰银行的银行券由于是其他银行的"准备货币"，因而实际上在英国的货币体系中享有特殊地位，承认这一点也就等于在原则上把它们和存款同等看待。关于第三种，可以主张说——为了理解李嘉图的态度，记住这一点是重要的——英格兰银行的银行券在战时改变了性质，变成了与政府法币没有本质不同的东西。这些都是可能采取的立场，一个作家采取的是哪一种立场，对他的基本理论构造会产生巨大影响。然而，除非他对这一点说得十分明白，否则就很难说他实际上采取的是哪一种立场——以及他是否前后一致地坚持这种立场。

② 人们并不总是明确采用这一概念。因此，正像我们将要看到的那样，这个概念应归之于约翰·穆勒，可是，他在自己的理论结构中也避免明确使用它。

也并不像我们中的大多数人那样，把它和“货币”概念等同起来。[①]绝大多数主要作家，其中有桑顿、李嘉图、西尼尔、富拉顿、约翰·穆勒和马克思，都像加利亚尼、贝卡里亚和斯密曾经所做的那样，把货币定义为被挑选出来用作交换手段、价值尺度等等之用的商品。罗雪尔在说以下一段话时表达了当时人们的主要看法，他说，错误的货币理论可以分为两类：一类认为货币比最容易出售的商品多一些，一类认为货币比它少一些。这一点，从表面上看，使得他们成了“理论上的金属主义者”(参阅上面，第二编第六章第 2 节)。

为了确立这种提法，我们必须考虑几个表面上与它矛盾的事实。第一，不是所有的作家都像富拉顿(他认为货币只包括足值硬币)、尤其是马克思那样，明白地接受金属主义的原理的。其他的人，特别是桑顿(参阅《纸币信用》头一页)，都只含有这个意思而没有明白说出。第二，所有的或大多数的作家都认为货币包括不兑现的政府纸币，或者在被追问时会把不兑现的政府纸币包括在货币中。但这并不和我们的提法相矛盾，因为纸币可以解释为包括在金属主义者的货币定义中。例如李嘉图就较为自然地将纸币解释为货币，其全部成本“可以看作是铸币税”(《原理》，第 27 章)。也不应当认为，因为李嘉图主张一种从流通中完全消除黄金的货币制度(《关于一种经济的和安全的通货的建议》，1816 年)，因为他主张，“当通货全部都是纸币时它就处于最完全的状态”(《原

① 这种等同的一个实例已由维纳指出(上引书第 247 页)：H. 希尔，《通货原理》(1856 年)。可是，通货并不总是(虽然常常是)指和货币同样的东西，而是也用作最广义的支付手段的同义语。

理》,第 27 章),他就不可能是一个金属主义者,因为这句话的后半句是,"但这种纸币具有与它声称所代表的黄金相等的价值。"这样一种黄金收据通货会同黄金铸币通货起完全相同的作用,同后者没有任何基本原则上的不同,而只有某种经济制度上的不同。李嘉图的意思是确保货币单位的价值随着黄金的价值而波动:这样一种制度仍然是金属主义的。

可是,第三,我们必须考虑到当时把银行券看作纸币的趋势。罗伯特·皮尔爵士在提出他的法案时,把货币定义为包括本国的硬币和银行券,因为后者是"纸通货",这种说法当时是很普通的。但它并不意味着,信用支付手段应当看作是货币,而只是意味着,在李嘉图和奥弗斯东看来,银行券不是信用支付手段,而是事实上的货币,*虽然它不应当是这样*。或者换一种说法,用罗雪尔的话来说,它是非法地篡夺了货币作用的货币纸张,现在被迫好像自己是合法的黄金货币那样起作用。这就是皮尔法案的全部哲学。因此,在货币中包括*被这样看待的*银行券,并不同我们的提法矛盾。约翰·穆勒认为货币不包括银行券,恰恰因为他离开了李嘉图—奥弗斯东的教导,不这样去看待银行券。[①]

但是如果我们认为大多数作家都是理论金属主义者——因为他们中的大多数认为使黄金(或白银)成为通货的基础是富有实际智慧的,所以他们也是实践上的金属主义者——我们就必须弄清,这究竟意味着什么。它确实意味着,他们——毫无疑问地有李嘉

① 因此,当他相信在货币中包括或不包括银行券是一个名词术语的问题,只不过是"命名法问题"(《原理》,第三编第十二章第七节)时,他是错误的。

图、西尼尔、穆勒和马克思——用足值金属货币的情况来解释货币现象，这一点我们马上就会看到。它还意味着，这损害了他们对“货币与信用”这个主题的分析，这将在第四节说明。但它并不意味着，他们的分析所具有的这种金属主义的基础在每一步上都妨碍了他们。有时候，它幸而被忘记了。在另一些时候，适当的结构上的装置防止了它产生破坏作用。一个这样的装置我们已经看到了。有些后来的德国作家主张说，金属主义的出发点使得不可能对不兑现纸币的事实进行适当的分析。然而李嘉图和约翰·穆勒在把这种事实纳入金属主义的理论时，并未感到有任何困难。

像在后一时期一样，当时货币理论的中心问题是货币的价值。当时人们比前一时期更为明确地把这种价值等同于货币与货物的交换比率或等同于货币的“购买力”。[①] 但是，在正常情况下，并非所有的货币价格都按同一方向变动，更不要说按同一比例变动，这一事实也就是引起一般购买力问题或它的倒数即一般价格水平问题的事实，由此而造成的困难在关于战时通货膨胀的讨论中是非常明显的，并且从来没有得到真正克服。我们大都——也许是不加批判地——相信，我们可以用指数方法去解决这些困难，而且这种方法我们知道已经有了。但是真正喜欢它的理论家是寥寥无几的。就我所知，惠特利是头一个采用它的人。其余的大多数人，一

① 商人经常把货币的价值等同于货币的利息率，这一习惯偶尔引起了混乱。经济学家极力避免这种混乱，可能是他们中的一些人不愿承认购买力与利息的关系的原因。可是，购买力一词也用于不同的意义，例如，在约翰·穆勒那里，购买力指的是一个人所能进行的最大限度的购买。

直到并包括约翰·穆勒在内，则不相信它，甚至不知道它的用处，尽管洛和斯克罗普二人作出了努力。他们也不曾建立任何清晰明确的价格水平理论。他们只是泛泛地谈论一般价格，或者更精确地说，只是谈论价格的高低（卡尔尼斯），但他们所做的也只不过是把这种想法轻描淡写地说一下，有些人，特别是李嘉图，则明确予以否定。[①] 这就是为什么他在证明银行券在拿破仑战争中有所贬值时主要依靠金块的升水，为什么在讨论对外贸易的货币方面时，他只比较本国和外国个别商品的价格，虽然他和其他的人可能相信，这些价格可以表示更一般的价格变化。

主要的"古典作家"在解决这个颇为暧昧不明的货币价值问题时所采用的方法，只不过是把他们的一般价值理论推广应用于这一问题。因此，他们把货币的自然价值或长期正常价值与短期均衡价值区别了开来。前者，或像他们也说的——易引起误解的——"永久"价值，是由生产（或获得）贵金属的成本决定的，[②]后

① 例如参阅他在《建议》中的明确陈述。可是，维纳教授（前引书第313页，读者在这里也可看到李嘉图的陈述）指出，李嘉图在他的通信中使用了价格水平一词。然而，拒绝承认价格水平是一个有意义的或可衡量的概念，只是从现代经济学家的观点来看，是反对李嘉图的一点，现代经济学家将价格水平视为理所当然。从既不相信价格指数也不相信价格水平概念本身的一小群卓越人物（例如冯·米塞斯教授、冯·哈耶克教授，以及在某些条件下冯·哈伯勒教授）的观点看来，这自然是李嘉图的一大优点，证明他有健全的识见。

② 这是约翰·穆勒所作的解释（《原理》第三编第十二章第一节；但有关的材料是在第九章），他强调黄金是进口商品这一事实。但是，李嘉图、西尼尔和马克思也抱同样看法，李嘉图阐述得不那么详细，西尼尔和马克思则作了详细得多的阐述。可是，只有西尼尔把这条原理发展成了一种包罗广博的理论：他认为货币的生产成本不仅涉及工业对黄金的需求，而且还涉及公众对持有现金的需求（《有关货币价值的三次演讲》，1829年作，1840年印行。1931年伦敦政治经济学院重印）。

者是由供给与需求决定的。

让我们注意以下三点。第一，他们解决货币价值问题的方法说明我们称他们为理论上的金属主义者是正确的。第二，上述两个命题显然都是均衡命题，虽然所指的是不同类型的均衡。第三，“由……决定”这个词很容易引起误解，应当代之以“依照……来决定”。因为这种决定并没有特别强大的因果含义。读者只要考虑下面的情况就可以很容易地弄清这一点：假定公众永久地改变自己的支付习惯，此后每一个人比他以前持有较少的现金（金币）；于是在给定的价格水平上“所需要”的黄金将减少；在这一分析的假设范围内，黄金生产肯定将要这样来进行调整，即（边际）成本等于货币单位的新的较低的价值；但应当明白，在此场合，成本适应于价值的程度，至少同新价值适应于新成本的程度一样大。换言之，我们的长期均衡命题是许多长期均衡条件之一，只是由于理论家的大笔一挥，即只是由于他们决定把这一情势中的所有其他因素都冻结起来，才获得了因果含义。正像西尼尔和约翰·穆勒所认识到的，即使如此，黄金边际成本的变化也只有通过影响货币的供给，才能影响货币的价值。[①] 当然，必须记住，由于黄金的极端耐久性，黄金总存量对于它的每年生产速度的反应是缓慢的，因此，就黄金而言，比起其他的商品来，短期均衡的格局比长期均衡的格局更为重要。即使李嘉图，尽管他喜欢长期分析，在论证货币时主要还是根据前者，即根据供给

---

① 李嘉图不必承认这一点，因为在他的一般价值理论中，一种商品的价格在其供给不增加时，也是可以下跌的。

与需求。

我们现在可以来考虑以下难于解决的和使人烦恼的问题了："古典作家"在多大程度上接受了数量原理，这种原理是否由于他们而获得了不合法的权威。就三个主要作家即桑顿、西尼尔和马克思来说，否定的回答是如此明显，以致无需加以证明。[①] 那就让我们来看看李嘉图和约翰·穆勒的立场。首先应回忆一下，只是承认黄金的供给或数量与价值有关，并不意味着接受我们所称的"严格的"数量原理（第二编第六章第4节）。即是说，仅仅声称每单位货币的购买力"依存于"供给和需求，并不等同于任何特定的货币理论。在这方面，读者必须对付的第一个麻烦是，李嘉图和詹姆斯·穆勒（以及一长串后来论述货币问题的作家，包括皮古和坎南）不曾认识到这一点，而是同他们在工资基金的场合采取的作法极为相似，试图从供给与需求"法则"引申出数量原理。结果，人们在每一个具体场合不得不问自己：究竟他们指的是得自于供求"法则"的某种东西呢——例如，假定其他条件不变，货币数量的增加会降低每单位货币的购买力——抑或他们意味着更多的东西——例如，假定其他条件不变（严格地说），货币数量的增加，将**成比例地**降低每单位货币的购买力。读者必须对付的第二个麻烦产生于

① 可是，关于桑顿的立场，有些东西还必须说说。三人之中，唯一完全否定数量原理的是马克思，他称数量原理为"乏味的假说"（德文原文是 abgeschmackte Hypothese）。他采取这种立场，似乎是由于他认为：货币价值的数量理论与货币的生产成本理论是非此即彼的，分析家必须在二者中作出选择。情况并非如此：由数量所"决定"的货币价值在长时期内必然与由生产成本所决定的货币价值合而为一，这一点已由穆勒详细说明。

以下事实:“数量理论”一词有几种意义,因此当他发现两个作家在关于“某种”数量理论是否应归之于某一作家这一问题上意见不一致时,他必须记住这两个作家所用的这个词可能意味着两种不同的东西。就我们现在的目的来说,我们把数量理论定义为:第一,货币数量是一自变量——特别是,它不受价格和实际交易额的影响而变化;[①]第二,流通速度是一种制度上的已知数,它变化得很缓慢或者根本不变化,但不管怎样,是不受价格和交易额影响的;[②]第三,交易——或者让我们说产出——与货币的数量无关,只是由于巧合,两者才会一道变动;第四,货币数量的变化,除非由同一方向的产出变化所吸收,否则会机械地影响所有的价格,而不问货币数量的增加额是怎样使用的,亦不问它首先冲击的是哪一个经济部门(即谁得到它)——货币数量的减少也是一样。

我认为,李嘉图以及在他之前的惠特利、在他之后的詹姆斯·穆勒和麦卡洛克,都持有这种严格意义的数量理论,没有其他的主要作家持有这种理论。诚然,李嘉图——麦卡洛克也是一样,但詹姆斯·穆勒则不然——偶尔也加些限制条件;在这里和那里,他作的一些陈述在逻辑上同他的严格的数量理论是不相容的,就像他在他的劳动数量价值规律方面所做的那样。可是,在这两种场合,他提到限制条件只是为了使它们的重要性减至最低限度。就像我

① 我们马上就会看到,这又会根据一个作家采用的“货币数量”的定义不同而具有不同的含义。

② 在“是”字前面加上“通常”一词,这个断言就可放宽一些。

们有权断言他持有劳动数量价值理论那样，即使只不过是作为一种近似之物，我们也有理由把严格的数量理论归之于他，作为一种近似之物。①

约翰·穆勒的情况则完全不同。② 他的确在开头就表示赞成我们所定义的那种严格的数量理论，甚至用那么多的文字来主张说，货币数量的变动"将按完全相等的比例"来影响它的价值，而这一特点"是货币所特有的"（第三编第八章第二节）。但是他在这一章的结尾说，然而这种严格的数量理论，在现代条件下，"是对事实的极端不正确的表述"。这种表面上的矛盾是容易解决的。第一，他把数量原理的应用范围限制在这样一种社会中：这种社会除了硬币和不兑现纸币外，不知道还有其他支付手段。他认为，"信用"的出现从根本上改变了局势：有了发达的"信用"制度，价格就不再

① 如果有些历史学家像在价值理论领域中所做那样，坚持说倘若把李嘉图的离题的话都收集起来，加以整理，那就可以说在任何后来的著作中所能找到的几乎一切东西都可以归之于他，则这样说只会模糊历史发展的线索。但是，李嘉图完全有权根据另外一个理由来进行辩护。当时，"银行董事们和部长们一本正经地认为……英格兰银行发行银行券，不受其持有人要求兑换金币或金块的任何权力的限制，没有，也不能，对商品、金块或外汇的价格产生任何影响"（《原理》第27章），李嘉图在这样的时候进行写作，同桑顿用较为精致的理论所能够做到的相比，用较粗糙的方式更强烈地反对这种荒谬见解，是完全正确的。他的著名的类比，把英格兰银行在"限制法"下享有的权力比作在该行庭院中发现金矿，不仅是生动的，而且就这种类比本身而论，也是正确的。可是，这并没有改变这一事实：在货币理论方面，也像在一般理论方面一样，李嘉图的学说走的是一条迂回道路，它使分析的进程减慢了，如果人们追随桑顿的话，如果李嘉图的力量没有超过桑顿的识见而占据上风的话，分析的进程可能要快得多，顺利得多。

② 穆勒对货币理论的阐释，或有关货币理论的大部分阐释，可从《原理》第三编第7—14章和19—24章找到。

按任何简单的方式依存于那种意义的货币数量。[①] 第二，即使对于只流通金属货币的情形来说他也把数量理论的有效性严格限制的实际流通的货币数量上，从而进一步阉割了这种原理。但是，货币的**流通**数量肯定不是独立于商业形势——产出、就业等等——的，正如约翰·穆勒关于货币数量的说法所表明的：货币数量“是人们想要花掉的那些货币；即是说，除了他们所贮藏的、或至少是保留在手边作为将来应急之用的货币以外，他们所拥有的全部货币”（第三编第八章第二节）。而且，他是完全知道这一点的含义的，正如我们在讨论他对萨伊法则的解释中已经看到的。如果我们把这一点同下面一点并列起来，即他承认“靠信用”（即用任何一种信用工具）购物对价格的影响，就像用货币购物一样（同上，第十二章），我们就发现在他的分析图式中，根本不是货币数量本身对“一般价格”发生作用，而只是支出在发生这种作用；这种支出同硬币或纸币数量并没有密切的（更不要谈唯一的）关系。这样，在穆勒的数量理论与这种理论的反对者（同时代的或以后的）的观点之间，就几乎没有什么差别了。约翰·穆勒的概念安排所达到的目的，同其他人把流通速度当成一个经济变量所达到的目的完全一样。因为，使有关的货币数量在购买力问题中成为一个变量（其办法是将其定义为实际支付的数量），与从给定的货币数量（不管怎

① 由此而产生了这样的问题：数量原理现在是否适用于包括银行券和存款的“货币”的数量。在其较为现代的形式中，数量原理通常是从这种意义来理解的。但是约翰·穆勒没有采取这一路线。他更没有提出这种论断：即使在发达的信用制度下，数量理论仍对硬币加不兑现纸币保持有效性，因为存款同由法定货币构成的准备金保持固定的比例关系。这种见解，在后一时期的末了才由欧文·费雪提出，在当时是由桑顿明确持有、由奥弗斯东勋爵隐含地持有的。

样下定义)开始,使平均流通速度成为一个经济的、特别是一个周期的变量,显然会得出相同的结果。前一种方法可以使不变的流通速度免于遭受批评,而且还有一个好处,即我们因此而能把通常称为流通速度的两个组成部分分离开来:一是支出的速度,它肯定是可变的;一是狭义的流通速度,它是由支付习惯、产业集中程度等等所决定的,实际上,至少是在正常情况下,可以看作是一种制度上的常数。无需指出,这同现代的观点是多么接近。

在往下讨论以前,我要草草提到有关流通速度的两点,它们在当时是无足轻重的,但在下一个时期却在某种程度上受到了重视。第一,在当时以及在后来,有些作家认为,使用信用"节约了"货币或"使货币更为有效"。这显然包含有这个意思:信用增加了法定储备货币的流通速度,后者尽管躺在银行的金库中,却可以比喻为在"流通",其速度要比它在实际流通时的速度快得多。洛贝尔图斯发挥了这种思想(《普鲁士的黄金危机》,1845年;参阅M. W. 霍尔特罗普:"早期经济文献中的货币流通速度理论",载《经济史,经济学杂志补编》,1929年1月,第520页)。第二,用代数方法表述交换方程式的尝试——这不一定意味着接受数量理论——要早得多(约翰·布里斯科,H. 劳埃德,参阅上面,第二编第六章第2c节),但最为精致的一个是在我们考察的这个时期内提出来的:J. W. 卢伯克:《论通货》(1840年)——这是一部有趣的书,而作者是一个更加有趣的人。他的方程式在维纳(前引书第249页脚注)和马吉特(前引书,第一卷第11页和第12页注8)的书中被引用了。

3. 从通货膨胀和恢复兑换硬币的讨论中得到的巨大收获

诚然,穆勒的成就中没有一个因素是始源于他自己的。然而他的成就却具有历史功绩。如果我们现在研究导向他的地位的道路上的几个里程碑,这两点就会显现出来。[1]

1800 年左右开始就货币政策问题进行写作的英国人,对于十七世纪甚至十八世纪的英国著作知道得非常少,对于这些世纪中的非英国著作则知道得更少,事实上几乎是一无所知——这是一个有趣的例子,说明当时和现在一再丧失以前积累的知识如何损害了经济学的发展。特别是,他们一点也不知道坎梯隆和加利亚尼,对斯图尔特也知道得不多。甚至较为博学的桑顿虽然知道洛克、休谟、孟德斯鸠、自然还有亚当・斯密[2]的著作,却对其他人了解得不多。实质上他们是从头开始,这就很可以说明,即使是其中最优秀的人,为什么也常常出现最原始的论证。由于我们主要不是对争执的实际问题感兴趣,而是对他们在讨论中所使用的方法并且只对与货币理论的基础有关的那些方法感兴趣,所以这方面没有多少可报道的。

我们已经看到,停止赎回英格兰银行的银行券的"枢密院命令"(1797 年),是对危机和挤兑作出反应的预防措施。政府向英格兰银行借款,在几年之中没有产生特别明显的影响。可是,当价格开始上升、汇率开始下降时,文章和小册子连续不断地出现,其主要论题是,不兑现银行券的"过度"发行,应对这些"坏事"负责。从他向两个"秘密委员会"提供的证词(1797 年),到

---

① 再一次请读者参考关于那种发展的广泛文献(参阅上面,第 1 节),特别是维纳和马吉特的著作。我现在再加上 J. H. 霍兰德:"货币理论的发展,从亚当・斯密到李嘉图",载《经济学季刊》,1911 年 5 月。

② 熟悉《国富论》自然意味着对影响亚当・斯密的文献有所了解。但我认为,在任何其他意义上,当时人们甚至不知道像约瑟夫・哈里斯的《论说集》(1757—1758)这样的英国著作。

他发表的关于《金块报告》的两次演说(1811 年)[①],桑顿的贡献就理解的广度和分析能力来说,都超过了所有其他的人。这种贡献中有三种对于货币分析史是头等重要的。第一个是把"流通的速度"看作是一个变量,随"信任"的状况而波动,实质上是随一般商业状况而波动:[②]这次重新发现的在历史上记在坎梯隆名下的一个基本真理就从来没有再失去,但当时注意它的人很少,以致不得不由凯恩斯再一次去重新发现。[③] 第二,把利息引入有关货币过程的理论,或者更确切他说,把每一个银行家在直觉上非常熟悉的货币、价格与利息之间的关系(参阅下面,第 4a 节)铸成一个科学模型。[④] 第三个贡献涉及国际贸易的货币方面,将在下面第 5 节讨论。

但是还有另外一些东西。桑顿在把他的分析工具应用于他的时代和国家的事实和实际问题时,证明自己是经济诊断艺术方面的一个老手。在主要的作家中,只有他看到了英格兰银行发行银行券所产生的影响,同时又使这种发行在十九世纪头十年中形成英国货币情势的各种要素的总格局中保持其应有的地位。像 1810 年《金块报告》无疑地具有的那些优点——特别是诚实地(虽

① 参阅《纸币信用》的"经济学丛书"重印本附录 I 及附录 III。

② 《纸币信用》,第三章,特别是第 97 页。

③ 《货币改革论》,1923 年,第 87 页及以下。凯恩斯的 k 与 k'的可变性,事实上是这本书的主要理论贡献。

④ 可以说,十七和十八世纪法国、意大利以及英国的"通货膨胀主义者",已经探索了这件事情。但是他们在这样做时是不成系统的,也没有正视其所包含的理论问题。唯一可以从任何较为重要的意义上宣称自己是桑顿的先行者的经济学家,就是休谟,但除了下面要提到的那一点外,即使是休谟也没有提出桑顿的学说所特有的那些命题。维里的情况也是一样。

然有些平庸地)列举一切有关的事实,不论其为原因、结果还是症状——必须主要归之于桑顿。[①]

其他的"金块主义者"或《金块报告》中所体现的政策(英格兰银行应在尽早的日期恢复用硬币支付)的拥护者们,则不能由于研究工作的性质相同,或由于观点密切相似,而与桑顿同日而语。除了代表一种截然不同思想派别的惠特利和李嘉图以外,我们只提及博伊德和金勋爵以及马尔萨斯。前两个人的论点属于惠特利—李嘉图路线,不属于桑顿路线,而说马尔萨斯的情形与之相反则更为接近事实。[②] 从根本上说,他们的论点非常简单。他们说金块升水是银行券"贬值"的证明,他们的这种说法只不过是一种定义罢了。他们说假定其他条件不变,比起在可以兑现的银行券的流通情况下——即银行券发行较少时——可能会发生的事情来,升水会大些,汇兑会更不利些,价格会高些:只有那些抱着毫无理性的顽固态度的人才会否认这一点。但他们也以同样毫无理性的顽固态度使这一情势中的所有其他因素的影响降至最低限度,这就

① 弗朗西斯·霍纳的一封信(哈耶克在给桑顿《纸币信用》一书所写的《导言》中引用,第 54 页),称这个报告是"由赫斯基森、桑顿和我共同凑成的"。我的印象是,霍纳可以在某种程度上看作是桑顿的学生。赫斯基森则不能。但他是一个有经验的、聪明的人,不会有不加考虑地接受一个因素的解释的习惯。我要说句公道活,对这个《报告》提出的敌对的批评,许多是指向它的政策建议,而不针对它的分析。但是像在这种场合通常发生的事情那样,反对这些建议的批评家(而这是完全可以理解的)认为自己有责任去攻击据以提出建议的分析。可是,马尔萨斯(《原理》,第 7 页)对报告的分析给予了应有的好评。

② 沃尔特·博伊德:《致……威廉·皮特的一封信》(1801 年);彼特·金:《论英格兰银行限制兑现的影响》(1803 年)。金对李嘉图产生了很大的影响。马尔萨斯的《论纸币贬值》和《评关于金块高价的争论》两篇文章,均刊登在《爱丁堡评论》上,1811 年(第 17、18 卷)。

使他们无法否定在某几点上更为成功的答复。[①] 不赞成银行券的发行量大于在一经请求即行赎回银行券的情况下可能有的数量，自然是以假定后者为通货的正常的或理想的状况为前提的。这就使得所有这些“金块主义者”成为理论上的和实践上的金属主义者。但这不一定意味着，他们坚持任何严格的数量理论——例如，桑顿就肯定不曾坚持这种理论。一当着手详细分析通货膨胀的机制、特别是英格兰银行发行与地方银行发行之间的关系时，在这些根本问题背后，便会产生更加有趣得多的问题。但是我们无法去一一讨论。

惠特利—李嘉图路线之所以能取得巨大成功，不仅是由于李嘉图能言善辩，才华横溢，而且也是由于他的反对者们缺乏这种品质。我们只限于论述其中的一个突出的权威，即托马斯·图克，[②] 他的著作——虽然其中的第一部直到 1826 年才出版——比任何其他著作更代表了反对李嘉图分析的理由的最强点和最弱点。

显然最强之点——我们继续不考虑政策问题——自然是：在一种温和的通货膨胀中（像英国限制时期的通货膨胀那样），非货

① 关于金块主义者曾经作出的让步以及他们应当作出的让步，参阅维纳上引书，第 127—138 页。“反金块主义者”的回答，关于汇兑持续不利的解释，主要是根据国际收支的论据。参阅下面，第 5 节。回想起来，假如他们承论对手的基本论点，自己只限于提出这个问题：那又怎样，并抨击按战前平价迅速回到金本位的建议，那他们就更聪明了。

② 读者所需要的全部东西（并且更多的东西）都包括在不朽的《价格史》（共六卷，1838—1857 年）中，我们已经描述了这部书。但下列各书也有些独立的重要性：第一部是首次接近于系统地表述他的观点的书，《通货状况的思考》（1826 年）；第二部著作是《联系谷物贸易……来讨论通货》（1829 年）；在第三部著作《通货原理研究》（1844 年）中，争论的灼热感情战胜了他，使他放弃了自己的一些最好的成果。

币因素的影响，甚至是只直接影响个别商品或某些类商品（例如谷物）的因素，比起在进一步的（更不要谈猛烈的）通货膨胀的情况下，必然能说明观察到的现象的大得多的部分。于是，丰收或歉收，繁荣或危机，有时能支配一定的价格局势，暂时使通货膨胀的影响降至微不足道。在这种情况下，分析家要做的事情是，年复一年地，甚至月复一月地仔细收集并讨论有关的资料，使之能自行说明问题。图克在这方面做得很好，并且获得了很大程度的成功，这就足以使李嘉图的理论在应用于当时占主导地位的形势时变得无效。但是图克的目的并不限于此，他还攻击了李嘉图的理论本身。这也是可以成功地做到的——按照从桑顿的著作所能得到的线索——但是图克完全不能胜任这一工作。他毫不了解观察与分析之间的逻辑关系，从来不懂得哪些事实可以，哪些事实不可以引用来证实或否定一种理论。[①] 一旦他失去了同个别情况的接触（他知道怎样去分析它），他似乎就失去了思维的能力——他是处于同一困境的一大类经济学家中最突出的一个。于是他甚至丧失了在进行事实分析时对他颇为有用的那种对于荒谬见解的健康辨别力，毫不踌躇地委身于一些明显站不住脚的命题，像在 1844 年的《研究》中所作的一些结论那样——他试图用这些结论来总结他的

① 这种古怪的缺点——这是图克同他当时以及我们自己时代的许多经济学家所共有的——的最好实例是，他后来企图（在 1844 年的《研究》中）否定这一原理：低于通行（边际）利润率的货币利息率趋于抬高物价。在 1826 年，他曾经拥护，甚至进一步阐释了桑顿的上述命题：这样做事实上是他对货币分析的主要贡献之一。可是，在 1844 年，他试图否定它，甚至试图"根据事实的证明"来拥护相反的命题。读者会认识到，这是十分容易做到的，就像作出下面的主张一样聪明：服用阿司匹林不会减轻，甚至反而会加重头痛，理由是，服用阿司匹林无疑地是同人们有头痛病相联系的。

关于货币理论根本原理的观点。第十二个结论声称(用那么多文字):商品的价格并不——他没有能加上"唯一地"一词,否则会扭转局势——依存于"流通媒介的数量";反之,流通媒介的数量是价格"造成的结果"。可是,在我们将其看作是十足的蠢话以前,我们最好是回忆一下:他所面对的经济学家,是完全否认他的第十二个结论中所说的关系的存在的;根据这一点,图克可以说是部分地有道理的——而他的拙于表述是无与伦比的,这种情况为他稍稍解围。然后第十三个结论提出了——虽然是用同样笨拙的形式——图克的一般价格理论,该理论备受赞扬,特别是在德国,[①]在那里,该理论部分地经过改进以后,在二十世纪的头二十年中经历了一次复苏。该理论的实质是这样的。因为,一方面,商品可以不使用"货币"而买到;另一方面,"货币"不一定全都起作用(在这种情况下,就其对价格的影响而言,货币实际上是不存在),所以,李嘉图据以进行论证的货币数量并不是一种有用的资料。对价格发生作用的是支出,不论支出的资金是怎样筹集的。在用于一切目的的各种支出的总和中,家庭的消费或投资支出享有特别重要的地位。"而在这里我们就找到了货币价格的最后调节原理"(《历史》,第三卷,第 276 页):根本的决定因素"是一国的不同阶级的收入,其名称为地租、利润、薪水和工资……"换言之,我们得到了对货币价值问题的"收入研究法"[②]。应当马上

① 德国对于作为一个理论家的图克的热情,我认为大部分是由于阿道夫·瓦格纳的影响。

② 关于这种收入研究法的历史和讨论,主要参阅马吉特,前引书,第一卷第十二章。

指出,图克本人提出了几种线索,可以据此更加正确地重新申述这种"货币收入理论",用各种方式去发展它,其中之一就以凯恩斯的《通论》告终。但照图克所留下来的那种样子,它是会遭受一种批评的,这种批评会大大降低它的重要性:①这些收入显然不是最后的资料;价格决定收入,也像收入决定价格一样;在造成价格的各种复杂因素中,货币的数量自有其地位。不难想象,李嘉图会兴高采烈地拿起他的斧子,把图克的没有伦次的论证这样加以修剪,以致能胜利地表明,这些收入只不过是货币数量乘流通速度罢了。然而,虽然我们将要述说图克的更加重要的贡献,这一贡献的重要性也不应评价为零,如果对它的启示力量加以应有的考虑的话。

让我们现在暂时回到约翰·穆勒以及他的成就。从我们离开他的时候已经知道的东西来看,我们可以把他的学说称为李嘉图的学说和图克的学说的混合物。他看出了惠特利—李嘉图分析的缺点,锉平了它的(或它的一些)粗糙的棱角;他也看出了图克分析的缺点,迅速纠正了它的一些最明显的错误;但他也做了许多事情,去挽救两种分析中所包含的真理。在某种程度上,特别是在他讨论国际贸易的货币机制时,他重新发现了桑顿的路线,并在处处

① 事实上,维克塞尔在给他的《货币利息与商品价格》一书(1898 年)所写的序言中,能够说"比较仔细地研究了图克及其追随者的著作以后",使他相信,"除了数量理论之外实际上再没有货币理论;如果数量理论是错误的,那我们实际上就根本没有货币理论"。这就意味着,最有资格作出判断的人中的一个,拒绝把图克的研究方法看作是可以接受的除李嘉图研究方法以外的另一方法。我承认,我不能理解,像维克塞尔这样一位有资格的和公平的作家,居然有这种过甚之词。但他也不过是夸张地叙述了一个真理而已。

加以改进。对这样一种巨大成就的评价只要求加上两种限制——这种成就倘若被人较好地理解的话，本来是有助于带来一个货币分析的新时代的。[①] 第一，虽然他正确地保留了这一原理，即假定其他条件不变，货币的增加会按同一比例提高价格（这是货币独有的特性），而且加上了正确的限制条件，但他也保留了李嘉图的错误原理，即货币数量的变化与物质产出数量的变化是彼此无关的，除非由于偶然，否则决不会彼此一致。第二，这种否定“货币刺激”的可能性，只不过是十九世纪二十和三十年代出现的关于货币管理思想的狭隘观点的一个最重要的例子。这些现在必须简单地加

① 就货币和货币政策的一般理论而言，这个时期的非英国著作只不过是英国著作的复制品而已，虽然比较全面的说明应当提到少数几个小贡献。J. B. 萨伊的货币理论不是他的特长之一。但他是第一批这样的作家之一，他们把货币的和货物的流通速度等同起来（或者说将其混为一谈，如果读者喜欢这样说的话）。虽然（这对一个法国人来说是很自然的——法国大革命期间发行的纸币的崩溃只不过是十年前的事）他注意到了猛烈的通货膨胀所特有的现象，即每一个人均企图使货币脱手，因而货币获得了异常之高的“流通速度”，但如果在第一次世界大战期间及以后的通货膨胀中作家们没有再一次（泰然自若地）发现同一现象的话，这就似乎只不过是一个很小的功绩。然而萨伊对货币的分析之所以使我们感兴趣，是因为这种分析表明，他完全了解人们对持有现金的态度是变化无常的，因而可以引证这一点来支持我们对萨伊定理的解释。还有，让我们顺便提一下，萨伊将以敌对态度猛烈批评英国按战前平价恢复金本位制，这表明他不可能把价格水平看作是一件无足轻重的事情。读者若想更多地了解法国的货币理论，可以参阅 M. 谢瓦利埃的著作《货币论》（1850 年）和《政治经济学辞典》（1850—1854 年，科格林和加尼尔编）中的有关词条。意大利有关货币的文献，我们只提及费拉拉的《论强制流通》一文（1868 年，载《不兑换法币》一书），虽然他的《序言》和《教训》也包含了对这一主题的其他贡献。德国文献，在信用与银行业理论方面比在一般货币理论方面要强些。但在比凯论纸币的文章中有些富有创见的论点。至于美国，只提几本书就够了：E. 洛德的《通货与银行业原理》（1829 年）、乔治·塔克的《货币与银行理论研究》（1839 年）和 W. M. 古奇的著名的《纸币与银行业简史》（1833 年）——没有一本是特别有力的，但就理论概括而言，均有一般的成就。

以说明。[①]

甚至在皮尔的《恢复法案》(1819 年)通过以前，或在英格兰银行实际恢复硬币支付(1821 年)以前，许多人对这一步骤可能产生的后果就表示了疑惧，这必然是意味着一种震惊，可能比震惊尤甚。当人们开始认识到他们正在进入一次严重的萧条——这实际上发生了，除了 1817 年和 1824 年的短期兴隆以外，萧条从 1815 年延续至 1830 年，而且(在 1830 年左右开始的上升之后)从 1836 年起经济又陷入了萧条——时，他们便像我们已经看到的，把一切责任归之于一个表面上最明显的因素，即恢复兑现，以及英格兰银行恢复兑现的方式。政治活动家是比较有理智的——农业利益的代言人是唯一的一个集团，它作为一个集团，在这方面走到了不讲理的地步。[②] 但是银行家、金融家和经济学家，受到银行家和金融家，特别是那些由于以前支持过《金块报告》而现在处于守势的人的观点的激发，大都毫不怀疑一切坏事的根子是货币而不是别的东西，在多数场合甚至不肯费力去证明一个似乎毋庸置疑的诊断。因此，他们批评恢复兑现，至少是按战前平价恢复兑现，是不合时宜的或者是毫无意义的，他们提出了补救办法和改革计划，其范围

---

① 只能提到很少的几个问题和名字。较全面的说明，除参阅维纳前引书之外，还请参阅 R. S. 塞耶斯:《1815—1844 年的本位问题》，载《经济史:经济学杂志补编》，1935 年 2 月，和《十八世纪五十年代的本位问题》，同上，1933 年 1 月，以及其中所提到的各种权威著作。

② 在一部经济分析史中，没有篇幅也没有必要去讲“乡绅”韦斯顿的故事——他怎样口流泡沫，他怎样受人讥笑，他怎样变成一种悲剧—喜剧式的人物。我不禁感到，对这位可敬的人物是有些太不公道了。他的论点在 1930—1934 年美国关于货币的讨论中还是会显得很高明的。例如参阅他的《致利物浦伯爵的信》(1826 年)。

广阔，从把黄金排除在实际流通以外、增列白银为货币准备金，经由“商品元”的预想，到用来稳定物价和就业的受到管理的纸通货，无奇不有。我们当然知道，历史是不断地重演的。但是，看到这种现象是令人惊异、或许是有点悲哀的：经济学家，受人们一时的普遍情绪的影响，也重复他们自己，并很有福气地对于他们的先行者一无所知，在每一个场合他们总是相信：他们是在作出空前的发现，是在建立一门崭新的货币科学。可是，从分析史的角度看，还是有些东西可以拾取的。[①]

第一，诊断问题的确是被忽视了，但并没有被完全忽视。正如我们应当预期的，图克在这次讨论中是出类拔萃的。他有一个很大的优点——不是货币狂热者，他的常识和对事实的掌握使得他能用一种完全理智的方式去分析 1814 年至 1837 年的价格下降。

① 李嘉图便是因对提出《金块报告》和恢复兑现负有责任（实际的或想象的）而内心感到痛苦的那些人当中的一个。他拒绝对后者（以其实际执行的形式）承担责任的主要理由，是他早在 1811 年就首次提出了“金锭计划”（《金块的高价……》，第 4 版，附录）。从本质上说，提出的计划同英国在 1925 年恢复金本位时采取的制度是一样的：英格兰银行“有义务收购向它出售的任何数量的黄金，每次不得少于 20 盎司，每盎司收购价不得少于 3 镑 17 先令；并有义务出售任何数量的黄金，每盎司售价为 3 镑 17 先令 10 $\frac{1}{2}$ 便士。”金块出口和进口完全自由（《一种经济而安全的通货的建议》，1816 年）。正如已经指出的，这意味着一个完全的和自由的金本位制，只是在国内不实际流通金币。从怎样减少恢复兑现对价格的影响这个问题的角度来看，这个计划同该问题的关系只有一点：即如果英格兰银行不必为国内流通提供黄金，那么它会比它的银行券一部分用金币代替时需要有较小的黄金存量。由于把萧条归咎于恢复兑现的作家不久就不得不认为所有的麻烦都起因于英格兰银行因购入黄金而造成了国际通货紧缩（“提高了黄金的价值”），所以，李嘉图计划提出的政策事实上也会遭到反对恢复兑现的那些意见的攻击。这里不能讨论英格兰银行“提高了黄金的价值”这一论点本身。关于李嘉图计划及其历史的详细情况，读者可参阅詹姆斯·博纳的文章《李嘉图的金锭计划，一个一百年前的贡献》，载《经济学杂志》，1923 年 9 月。

他的“六个原因”[①]——丰收、有利的外汇汇率、消除了对外国供应的阻碍和原料新来源的出现、运费率和保险费率的下降、技术进步、资本供应增加因而利息率降低——的确并不是理想的分析，从理论的角度来看，它们也有许多地方是可以批评的。但它们至少包含了那个最重要的因素，即“工业革命”使生产效率得到了极大的提高，此外还显示出了那个时代的大多数显著特征，虽然在分析方面图克未能把它们的正确关系表达出来。

第二，货币购买力的变化，引起了债权人和债务人(或者就公债而论，纳税人)之间的“公平”问题。像通常一样，所谓“公平”就是有利于每一个作家所同情的利益集团。但较为实在的论证，有时是粗糙的，有时是比较精致的，加强了或者甚至是取代了公平的考虑。“乡绅”韦斯顿坚持，在某些情况下，较高的价格是避免广泛破产的唯一选择，因此货币价值的下降可以看作是于债权人有利的。其他的人则强调，整个看来，债务人代表经济中的积极因素，因此对他们有利的事归根到底会对每一个人有利。还有一些人学会了给他们为工业因价格下降而受到挫抑所唱的挽歌加上一点限制，说“除非这种价格下降是由成本下降引起的”[②]——虽然有些人即使在成本下降时也赞成维持价格。像休谟(和维克塞尔)一样，大多数通货方面的作家宁愿价格缓慢上升而不愿价格稳定。无须说，人们常把一个作家所感兴趣的各种价格同价格水平相混淆，这普遍损害了论证；大多数作家，像我们在上面已经看到的，在

① 《价格史》，第二卷，第 348—349 页。

② 有些作家，虽然不是较好的作家，在供给增加之外，还提到了成本的下降。

给他们所指的“一般价格”下定义时，感到很困难。

第三，人们正在形成明确的货币管理思想，其中有一些不只是十七世纪论证的简单重复。人们有了稳定的价格水平的思想，有了货币刺激生产的思想（我们所称的刺激经济的政府投资），有了稳定利率的思想，有了稳定就业的思想。

我们的少数几个用来说明问题的例子，主要取自以“科学”著称的经济学家。桑顿为危机时期的货币管理提出了几种建议。李嘉图的计划我们已经谈过了。约瑟夫·洛的物价指数表〔平均物价标准〕，[①]旨在供自愿使用以稳定长期合同，标志着货币分析取得了显著进展。不兑换纸币已由T. P. 汤普森提出。[②] 波利特·斯克罗普不曾走得这么远，而只是坚持金属本位（黄金或白银）。[③]

① 《英格兰的现状》(1822年)。惠特利在他1807年的《论文》中，已作出了类似的提议。这个思想本身当然至少可以追溯到弗利特伍德那里。

② 他在他的载于《威斯敏斯特评论》的文章《论交换工具》(1824年;1830年重印)中，首次提出了他的关于货币政策的思想。这些思想自然是从这样一种形势中产生的：不兑换纸币已在实际流通，并没有把太阳和月亮遮住；而恢复兑现则已变成一个痛苦的过程。除了“乡绅”韦斯顿之外，许多人一定感到：最好是把战时的制度变成平时的作法，即永远保持它。因此，托马斯·佩罗内特·汤普森，像凯恩斯在1923年那样——《货币改革论》的基本建议恰恰是这样，虽然凯恩斯保留了金准备——一定是代表了许多其他没有准备发言的人的感情在说话。1824年和1923年的思想和情势事实上呈现出许多惊人的相似之处，而托马斯·佩罗内特·汤普森和波利特·斯克罗普二人，但尤其是托马斯·阿特伍德(参阅下面)，值得被人们知道得更多一些(比他们实际上被人们知道的)。格罗斯特·威尔逊也是如此：他在他的值得注意的《为抽象通货辩护：对金块报告的答复》(1811年)中，提出了一种说法，这种说法在十九世纪后半叶常常受到嘲笑，然而却包含了一个深刻的真理(这在奥地利作家中自然是一种普通常识)：黄金之于畿尼，并不比制成尺子的铜对尺子更重要。

③ 《论信用通货……》(1830年)和《银行特许状问题考察……》(1833年)。我们现在所考察的整个讨论，在许多点上自然同银行信用问题有关，后者我们将在下一节叙述。在某些点上，两种讨论合而为一，而我们将其分开的企图——这不管怎么说，除了说明上的方便外，并无其他道理——偶然就失败了。

可是，除了提倡和阐释洛的物价指数表思想之外，他还研究了从货币购买力变化所产生的全部复杂问题，包括这种变化对劳动的影响。他错误地认为，当债权人在“总产值”中的份额（按固定利息）增长时，劳动者的相对或绝对份额一定会减少，但是他有一个功绩，就是强调价格下降对于就业的影响。博尔曼也强调了这一点。[①] 我将要提到的唯一的另外一个名字，就是阿特伍德，此人系“伯明翰通货学派”的两个英雄中的一个。[②] 伯明翰通货学派可以用它自己所接受的称呼来正确地描述：“反黄金法联盟”。正如我们所预料的，它的成员中许多只不过是通货膨胀主义者。但托马斯·阿特伍德远远不止于此。如果我对他的话语的意义算是有理解的话，那么他就是一个现代意义上的反通货紧缩主义者。他对于我们所称的通货紧缩，有一种几乎是歇斯底里的恐惧，把他那时代的每一种经济困难都归之于它。而在通货紧缩本身中，他所看到的只不

① 贾斯蒂克·E. 博尔曼是个医生，在欧洲从事了几项冒险事业后，便定居于美国，在美国银行理论史上占有显著地位。他的与我们讨论的题目有关的著作有：《……就恢复兑现硬币致托马斯·布兰德先生的一封信》（1819 年）和《就新金块支付制度……的第二封信》（1819 年）。同他的早期著作《论银行》（1810 年）和《改进合众国货币制度的计划》（1816 年）一样，这些信件显示出，博尔曼对有关问题的理解，远远超过了一般水平。

② 托马斯·阿特伍德和马塞厄斯·阿特伍德兄弟都是银行家——马赛厄斯还是一个极其成功的公司创办人——他们决非狂热者或幻想者。马塞厄斯只不过一个复本位主义者，将自己的论点叙述得详尽而审慎。但托马斯喜欢写小册子、鼓动、群众大会和词句上的夸张，他为此不得不付出代价：职业经济学家不是很认真地看待他。可是，他们错了。非常大量的分析成就能从他的文章和证词中提取出来。参阅他的《致尼古拉斯·范西塔特的信：论货币的创造，兼论它对国家繁荣的影响》（1817 年）；《论通货、人口和赤贫》（1818 年）；《致利物浦伯爵的一封信》（1819 年）；还有他在《地球》杂志上发表的文章，1828 年以《苏格兰银行家》的书名重印。任何对货币管理的现代思想的研究，均应从这些著作开始。

过是一种本质上不合理的货币与信用制度的不可预测的行为。但是，不管我们对这一诊断如何想——我们中许多人一定会表示同意——它的功绩却是起了放大镜的作用，使他能看到这一时期的主要经济学家拒绝去看的东西，即一种管理得很好的纸币，能避免在事实上不起作用的黄金自动机制所产生的一些后果。就我所知，他没有将他的原则充分地、系统地表述出来。但是，除了有些夸张以外，他对这个原则本身的辩护并没有什么可以称为荒诞的东西。他之有权被看作是一个严肃的货币专家，由于下述事实而进一步加强了：他建议，如果确实必须恢复黄金支付的话，也应按减少英镑黄金价值的办法来恢复——这引人注目地预示了1919年的思想。

所有这些思想没有一种写入穆勒的权威性教科书，反而有那么多需要予以揭露的错误写入了他的教科书。在他的"论不兑换纸币"一章(《原理》第三编第十三章)，除了断言"无限制地使通货贬值"的权力是一种"不可忍受的罪恶"之外，他断然否定了不仅是阿特伍德的也还有休谟和桑顿的关于货币有可能发生刺激作用的论点。从我们的立场看，我们无权指责穆勒对这种思想的明显厌恶。没有人非得赞成货币管理不可，并且过去和现在都完全有理由不相信那些必须承担管理责任的机构的能力、独立性等等。也有理由(不论是好的还是不好的)去希望，人们会忍受自动货币的不可预测的变化而不能忍受政治的不可预测的变化。但我们确实有权指责穆勒不肯考虑受控货币理论，指责他不肯正视产生这种思想的事实和问题。他在这样作时，使得货币分析变得有气无力，使之在这方面处于这样一种状态：它说明了(虽然不能证明其为正当)在我们今天通行的一种印象，即在他和我们之间隔着一道巨大的科学鸿沟。

他的“论双重本位”一章(第三编第十章)也并不更为杰出。在复本位方面他所要说的都建立在一种怀疑(一般说来这种怀疑当然是有充分理由的)之上,即复本位计划的提倡者只是想要降低货币的购买力。由于他不赞成这种想法,他就把整个这一主题撇到一边,不去认真探讨其所涉及的分析问题,尽管在所考察的这个时期产生了大量论述白银和论述复本位的文献——亨利·塞路斯奇的《交换的机制》出版于 1865 年——尽管撰写像穆勒的那样一部论著的作家显然有责任充分研究这一题目,而不管自己对它抱有什么看法。[①] 本书中关于这些问题能说的一点点东西,要等到第四编(第八章)去说。在十九世纪四十年代以前,黄金生产处于很低的水平。当俄国的、然后是澳大利亚和加利福尼亚的黄金进入市场改变了这种形势以后,在十九世纪五十和六十年代人们便开始热烈地辩论有关黄金的事实与影响。没有理由怀疑,新黄金对价格产生了一些影响,但却格外有理由怀疑,这种影响是否强大得足以使英国的价格水平提高很大的幅度,因为这种影响事实上被黄金流入印度、中国及其他国家,被货物产量的同时增长抵消了一部分。[②] 这就意味着应考察新黄金对全世界的货币制度、信用、利

① 有一个时候,李嘉图曾鼓吹把白银当作本位金属。

② 关于这种文献中的一些样本、关于这种讨论的水平,参阅塞耶斯(前引书,1935 年,第 II、V 节)。应特别提及 M. 谢瓦利埃的《论黄金价值可能下降》(1857 年;英译本,理查德·科布登译,有序言,1859 年);卡尔尼斯的贡献也是一样,三篇文章,“论黄金问题”(1859—1860 年),在《政治经济学……论文》(1873 年)中重印。这种讨论当然对物价指数的发展给予了有力的推动。由此而产生了杰文斯的《黄金价值的严重下降……》(1863 年)和《黄金贬值》(1869 年),二者均在《通货与金融研究》(福克斯韦尔教授编,1884 年)中重印。

息、产出等等是如何产生影响的。没有人怀疑：先是对利息产生了影响；准备金容易筹办这种情势防止了在1853年可能发生的一次金融危机；但是货币对经济过程的刺激所产生的高利润和投机活动，会导致银根紧张，加剧周期的升降程度。[①] 虽然我尊重较全面的报道本来应当提及许多较好的分析著作，但是我不得不得出这样的结论：经济分析方面的收获是微薄的，当时的经济学家失去了一次机会，未能根据这些经验教训，建立他们的一般货币理论。在过多的黄金对人们关于复本位的看法产生的影响方面也表明了这一点。

整个说来，人们享受了似乎由黄金发现所带来的繁荣：股票交易暂时广被天佑。可是，并非没有异议，有些持不同意见者开始想采用银本位制，作为补救黄金通货膨胀的办法，即是说，其理由与在1820年左右使某些作家推荐银本位制的理由恰好相反；[②]从十九世纪七十年代起人们再次推荐银本位制。可是，除此之外，历史就在经济学家的眼皮底下进行了一次有趣的复本位制的试验，使他们沐浴了恩惠。法国当时实际上实行的就是复本位制，比率为1∶15½。当金价下跌时，黄金就流入法国的流通和储备中，逐出白银。这就是有名的降落伞效应，像谢瓦利埃所称的，即是说，复本位制的作用是吸收贬值的货币金属，释放升值的货币金属，从而

① 穆勒在写给卡尔尼斯的一封信中简要地表述了自己对新黄金的作用方式的看法（参阅G.奥布赖恩在《经济学》杂志上刊行的穆勒—卡尔尼斯通信，1943年11月，第279页）。

② 关于英国的最重要的银本位制提倡者，詹姆斯·麦克拉伦，参阅塞耶斯，前引书，1933年，各处。

稳定单位货币的价值，至少是在后者未被完全替代以前。这种效应以前经济学家没有想到过，因而并没有给他们增添多少光彩。[①]当他们看到它展现在自己面前时并没有充分理解它，这就使他们更加脸上无光。第一个提出了有关固定比率复本位制的全面理论的经济学家，是瓦尔拉。

4. 信用理论

即使在今天，有关货币、通货和银行的教科书也很可能是从分析这样一种事态开始：法定"货币"是唯一的支付和贷放手段。然后再通过引进债权和信用票据，一步一步地建立起庞大的贷方和借方、债权和债务制度，资本主义社会正是依赖这种制度进行它的日常生产和消费业务的。信用票据是法币的替代物，的确可以用许多方式影响法币的作用，但却不能剥夺法币在金融结构的理论图式中的根本作用。即使这一根本作用实际上非常少，在通货、信用和银行领域中发生的一切事情，也都是从它来推断的，就像货币本身的情况是从物物交换来推断的一样。

从历史上说，这种分析货币、通货和银行的方法是容易理解的：从十四和十五世纪起（甚至在希腊—罗马世界中），金币、银币或铜币就是习见的东西。信用结构——而且它是在不断发展中的——则是有待探究和分析的事物。法律的解释——要记住，大

① 例如李嘉图曾经注意到这种机制（《原理》第 27 章），通过这种机制，本位有时是黄金，有时是白银。但他从中所看到的，除了"一种极其需要纠正的不方便"以外，别无其他。

多数不是商人的经济学家都是法学家——也是同下列二者的严格区分相结合的：作为唯一真正的和最后的支付手段的货币，和体现对货币的一种要求权的信用票据。但是从逻辑上讲，最有用的方法究竟是不是从硬币开始——即使我们对现实作出让步，加上不兑换的政府纸币——以便进入现实中的信用交易，则不是很清楚。更有用的方法可能是从信用交易着手，把资本主义金融看作是一种清算制度，它抵消债权和债务，将差额结转到下期——使得"货币"支付成为特殊情况，没有任何特殊的根本重要性。换言之：从实际上和分析上讲，一种信用货币理论可能优于一种货币信用理论。①

该时期的信用与银行理论的情况，现在可以这样来描述。英国的领袖们，从桑顿到穆勒，探究了信用结构，在这样做时有所发现，这些发现构成了他们对货币分析的主要贡献，但却未能用货币信用理论来加以充分的叙述。但是他们未能认清这些发现的理论含义，即是说，未能建立一个有系统的信用货币理论，②而是在原则上坚持了货币信用理论。所以他们最后拿出来的东西，既不是这个，也不是那个。因此，我们时代的一个卓越的批评家，货币信用理论的坚决拥护者李斯特教授，正式谴责那一时期的有些作家"混淆了"货币与信用，他是有权利这样做的。他们在使用名词时

① 我希望这句话是不解自明的。但它将在第四编货币一章（第八章）得到说明，那里将讨论经济学家未能完成上面概略叙述的思想所产生的后果之一。

② 我们可以从麦克劳德的著作中看到这样一种理论的轮廓。但是这些著作完全处于公认的经济学的范围以外，我们只好将它们和它们的作者转到第四编去。还可比较上面提到的维克塞尔的权威性断言。

的摇摆不定,肯定会使人联想到这一点。[①]

心中记住这一点,我们将在本节粗略地讨论(a)这一时期信用理论所取得的最有趣的胜利,然后(b)就银行业和中央银行业再提出几点意见,这些都便于联系"通货"学派和"银行"学派就1844年的皮尔法案所体现的——或假定是它所体现的——原则进行的争论来陈述,虽然这种争论与关于战时通货膨胀和恢复兑现展开的争论不同,产生的热比产生的光多。[②]

(a)信用[③]、价格、利息和强迫储蓄。 一旦我们认识到那些

① 然而,正如我们所知,十七世纪的设计师以及从一种纯粹的形式来讲十八世纪上半叶的科学经济学家(例如布阿吉尔贝尔、坎梯隆和维里)所熟知的事实和思想,本来可以使1800—1850年的作家走上我相信是更为适当的分析轨道。但是这些事实和思想到1800年时实际上是被遗忘了——唯一留下来的东西便是一想到约翰·劳的做法就令人发抖——不得不由那些在货币信用理论拘束之下工作的人们去重新发现。

② 再一次请读者参阅维纳、马吉特和李斯特的著作。还可参阅V. F. 瓦格纳:《信用理论史》(1937年);哈里·F. 米勒:《1860年以前美国的银行业理论》(1927年;这本书读者会感到特别有用,因为在这个概述中不可能对重要的美国银行业文献一一介绍);和L. W. 明茨:《银行业理论史》(1945年),这部书包含600多个条目,但由于它对商业票据银行理论进行了不分青红皂白的谴责,把婴儿连同洗澡水一起倾倒了。

③ 当时的著作家在给"信用"下定义时遇到了困难。因此,这个名词自始至终使用得不很严格。桑顿将其定义为"信任",这显然在逻辑上是不合适的。穆勒(《原理》第三编第十二章第一节)断言影响价格的是"信用"而不是"银行券、票据和支票",这才更接近于这些作者想要表达的意思,才更接近于他们表达这种意思时所遇到的困难。穆勒的意思是,个人的购买力(这是用硬币表示的需求背后的客观因素),并不能由在"支付"中实际使用的信用票据的数量,甚至不能由(我们应当加上)借以开支票的存款、透支等等来充分代表,而是应由个人想要支配就能支配的总额来充分代表,即实际上以某种可测度的形式听任他支配的数额加上某种可称为潜在信用的东西,后者不能测度,然而又是任何给定情势中的一个因素。我想,我们可以假定:当人们使用"信用"一词时,他们所指的就是这个总数。

用于支付和贷放的各种"纸信用"之间并无本质的区别,[①]一旦我们认识到由"信用"支持的需求对价格的影响与由法币支持的需求对价格的影响在本质上是相同的,我们就在走向一种有用的信用结构理论,特别是走向价格与利息的关系的发现。可是,在转而讨论该时期有关这些关系的理论以前,我们必须考虑阻止许多作家接受刚刚提到的两个命题的那些障碍。我们已经看到,货币信用理论本身就是这样一种障碍,因为该理论是从用硬币支付这一具体情况建立起信用"支付"网理论的,从而赋予了法定货币以逻辑上的特权地位。但是我们还得考虑一些实际的理由,它们似乎减弱了把譬如说"货币"和"存款"放在本质上相同的地位的分析。

第一,法律以不同方式对待不同类型的支付手段。就法定货币来说,法律坚持必须接受;就已经承兑和背书的汇票来说,法律并不这样坚持。在法律界人士看来,二者决非"在本质上是同一种东西",因为信用票据在表面上只是对货币的要求权。第二,与此相关联,"货币"与"纸信用"以及各种"纸信用",实际上并不是同样有资格用于每一种目的的。它们并不是能完全彼此代替的:法定货币是一种通用的支付手段;银行券和存款被接受的程度就要差些;已经承兑和背书的汇票只能在比较小的商业圈子内流通。在大多数历史场合,只有法定货币被承认是银行

① 我重复一下,对法学家来说,"支付"一词不是在法律的意义上来使用的,而是意味着,除了构成法律上的确定支付的东西(拉丁文为 solutio)以外,还包括许多在法律上只是确定支付的代替物的东西(拉丁文为 datio in solutionem)。

系统的最后准备货币。这些差别当然是非常重要的，在试图说明某种货币制度的运转方式时，没有人会不去考虑它们。而这就是为什么说桑顿听取得的一项重大分析成就是他认识到，不同的支付手段在一定的抽象水平上可以当作本质上相同的东西来看待。单纯的实际工作者一般只看到技术上的差别，而看不到根本上的相同之处。[①] 但恰恰是由于同一原因，虽然桑顿的看法最后由约翰·穆勒所接受，但相反的看法却自始至终有人拥护，这是完全可以理解的。而且正是由于这一原因，虽然不是唯一的原因，有些作家坚决否认“信用”对价格的影响。[②] 现在我们转到“价格与利息”这个主题，这个主题也可称之为“实际的与货币的利息率”。

在经院学派的系统内，利息只不过是使用货币的价格，“真实的与货币的利息率”这一用语是一个空盒子上面的标签——没有任何这种直接关系的问题，就像在凯恩斯系统中没有这个问题一样。[③] 但是当在 A. 斯密的影响下巴贲的分析开始占统治地位时——根据他的分析，利息是归于物质资本供应商的那一部分企业所得——这个问题是必然要发生的：这种利息同货币贷款市场

① 因此，我们也可以讲是桑顿的一个真正的发现，假如不是老早以前就有人发现了的话。例如参阅1697年的《论文》，一般认为是波勒克斯芬写的，上面第二编第三章和第七章已经提到过。

② 图克必须归入他们一类，即使在他承认银行券与存款的根本相同以后，如果我们把他的一些说法按字面解释的话。但是又可以对这种否认作各种不同的解释。我们将在下面回到这个论点上来。

③ 当然，如果我们探究得更深一些，这个问题在两个系统中确实都会重新出现。

上的利息具有什么样的关系，后者毕竟是一种不同的现象。A.斯密实际上是这样答复的：[①]货币市场的贷款利率只不过是实物资本的“利润率”的影子——实物资本是“以货币的形式贷出的”，像后来的标语所说的——可是货币的数量，不管怎样下定义，是与之根本无关的。我要强调指出（怎么强调也是不够的）：这在整个十九世纪一直是占统治地位的意见，至少是直到维克塞尔以前；这也是李嘉图的意见，正如马上就要说明的；甚至桑顿对“货币”、价格和“实际”利息率的关系所作的贡献（虽然它们很重要）——它们指向一个不同的结论——也大部分被忘记了。

桑顿以如下四种方式把货币及其他流通媒介的数量与流通速度同利息联系在了一起。（1）他第一个指出：高贴现率将从海外吸引黄金。（2）他还指出，通行的货币利息率与公众持有现金的意愿有关联。[②]（3）而且，他指出，有关未来价格趋势的预期会对贷款

① 关键性的成就是D.休谟的文章“论利息”（《政治论文集》，1752年）。A.斯密赞赏地引证了该文的论点，以反对洛克、劳和孟德斯鸠的观点，这些人认为美国的黄金和白银是欧洲的利息率下降的原因（《国富论》第337页），但A.斯密忽视了充分利用休谟理论的其余部分——这种理论抢在后来许多著作之前，朝给予货币因素以应有的重视走出了一段路。桑顿改进了休谟的观点，但他和约翰·穆勒对休谟的批评都不是很公平的。正如我们所知，休谟在几个主要之点上已被坎梯隆占先。

② 虽然应当承认，持有闲置现金所遭受的损失随利息率的高低而异，而且这一事实确实具有某种重要意义，但是，却不应认为持有大量现金与低利息率之间的经验上的关联可以用这一事实说明其原因：大量现金项目与低利息率主要是在萧条情况下限制业务活动的决定所造成的结果，不过，即使它们之间根本没有函数关系，也会有相关关系。

利率产生影响。[①] (4)最后，他完全撇开银行有无力量“使通货膨胀”这个陈腐的争论，而对可贷放资金市场作了全面分析(或者说对所有主要之点作了分析)，这种分析以基本均衡定理为轴心：贷款利率(货币利息)倾向于和投资的预期边际利润(资本的边际效率)相等。[②] 这需要作些说明。

第一，桑顿的定理是在这样一种论证过程中出现的：其大意是：在信用机制本身的逻辑中，除了可兑换性之外，并不存在任何

① 这段分析太棒了，是在两篇“演说”的第一篇(《纸信用》，经济学丛书重印本附录，第 335—336 页)中扼要地提出来的。很容易看出，在价格下降(上升)时期，用货物衡量，债权人比他所预期的得到多(少)些。认识到下面这一点就不那么容易了，但仍然是容易的：上述事实，如果被人预见到，将影响贷款合同的条件，用货币衡量将比在价格不发生变动的情况下规定较低的(较高的)利息率。但桑顿看出，这一点不是决定性的，至少在预期价格变动不大的时候，除非能发现一种机制，通过它，即使没有我们所谓的自觉的预期，也会产生那种结果。因此他指出：如果价格上升(下降)，债务人会在预期之外(之下)而有所得，而这就会诱使他去借更多(更少)的钱——只要这种情况继续存在，它就与(4)合而为一——这就会使利息率调整到价格上升(下降)的水平，应当看到，作为一个短期的限制，这同在正文中所称的关于实物资本的利润率与货币贷放利息率之间的关系的“公认的意见”是完全吻合的。桑顿的思想又由欧文·费雪于 1896 年独立地拾起来(参阅下面，第四编第五章第 7(b)节)，在此之前，也由马歇尔拾起来。

② 这种用现代名词所作的表述，是否忠实地表达了桑顿的意思，这要由读者来判断：它虽然是以许多其他的段落为依据的，却是旨在特别表达《纸信用》第 253—254 页上的一段话的意思。桑顿谈论的是英格兰银行的利率，考虑到当时的银行业务活动，这并没有本质上的矛盾。桑顿只谈“现行商业利润率”也不应引起良心上的不安。除了我对他的用语的翻译可以认为是公平的这个事实以外，即使没有其他东西去支持它，期望这一因素也进入了桑顿的许多其他论证(参阅第 158 页)，而且在这个时期的文献中是很常见的(约翰·穆勒使用过它，见《原理》第三编第十二章第三节)。但在“利润”一词前面加上“边际”这个形容词，至少就处境最不利的厂商的利润来说，是李嘉图增添的一种改进。如果我的解释是正确的，那么也同样可以正确地说：桑顿阐释的定理，是马歇尔—维克塞尔—霍特里分析的基础。这也是冯·哈耶克教授的意见。

的限制可以阻止银行信用超过会致使价格发生通货膨胀性上涨的限额；[①]特别是，“健全的银行业务活动”，即只有凭良好的担保品才发放贷款、甚至只贴现真实的商业票据，并不构成这样一种限制。之所以是这样，原因当然是，贷放的扩大，除非伴有借款人以外的人们的支出的相应减少，否则必然会增加货币收入，从而提高对货物和劳务的需求曲线（但不一定会提高它们的价格），结果额外借入的每一次浪潮，事后都会证明是有道理的；至少是在有利的情况下，按低于预期边际利润的利率提供贷款会诱发贷款的这种扩大。换言之，桑顿的定理的均衡是不稳定的：超过均衡数额以外的贷款增长，最终（虽然不一定是在一开始）将造成价格的上涨；如果利息率继续保持在其原有水平（诱致首次扩大的水平）上，则在新的价格水平上，进一步的借入将继续是有利可图的；随之将发生信用的进一步扩大，如此循环往复，没有任何可以指定的界限，由此将出现“维克塞尔的累积过程”（关于该过程的重新陈述和批评，参阅下面，第四编第八章第 2 节）。因此，为了得到稳定，其他的条件，例如银行券的可兑换性——直接的或间接的——和黄金存款都是必要的。这一实际的结论（如果不是桑顿的整个分析）是被广泛接受的，接受的人中有金、李嘉图、乔普林和西尼尔。约翰·穆勒也接受了这一结论，虽然或许是在图克的影响之下，他将其变柔和了。

就我所知，金勋爵在他的《论银行限制的效果》（1803 年）中，是头一个追

① 桑顿讨论的主要是英格兰银行的贷放活动和它发行银行券的活动。可是，他完全了解英格兰银行发行银行券的活动对地方银行发行银行券的活动和对伦敦银行家和“其他贴现人”的行为的影响。这似乎证明我们正文中的概括性陈述是正确的。

随桑顿的人。李嘉图坚决接受了以下学说，至少是按其错误的形式，即：如果银行"收取的比市场利息率低，则任何数量的货币它们都可以贷放出去"（《原理》第二十七章，但参阅《金块的高价》，1810年）。西尼尔也发表了同样的意见（参阅《工业效率与社会经济》，S. L. 利维编，1928年：第二卷；这篇文章是对金勋爵的小册子的评论），但使用的是"通常"利率一词。由于市场利率或通常利率可能会低于那种会防止信用膨胀的均衡水平，所以李嘉图和西尼尔的意思必须解释为与维克塞尔的"实际利率"相同的东西。李嘉图似乎还用另外一个错误的句子表达了这个意思，这个句子就在我所援引的那一段话之中，即让利息由"使用资本所能得到而与货币的数量或价值完全无关的利润率"去"调节"。在这一段话中显然有两种不同的考虑在彼此交战。一方面，李嘉图想要坚持上面所称的关于"实际"利息率与货币利息率之间的关系的斯密观点；另一方面，没有一个实际的金融家能否认，流通媒介（不管其为黄金还是纸币抑或任何其他东西）的增加，会降低利息率，至少是暂时的。因此他调和了与他的数量理论格格不入的桑顿的理论，调和的方法是，第一，强调"暂时"二字；第二，正如我们马上将要看到的，排除其他一切东西而强调这样一种增长的通货膨胀效应。图克很可以指出，而且在某种程度上他也确实指出了，低利息提高价格的命题是有许多限制的。事实上，他被自己的辩论激情冲昏了头脑，最终否认了任何这种关联的存在，就像他荒唐地否认货币数量与价格之间存在任何关联一样。约翰·穆勒，在这一点上也像在别处一样，使图克"合于理性"。他是用以下方式做到这一点的：银行的贷放，作为贷放，确实会影响利息率而不影响价格；但是，由于"普通使用的货币是银行家提供的通货。全都是在发放贷款时发行的"（《原理》第三编第二十三章第四节），所以银行的贷放，作为创造出来的通货，对价格发生影响而不对利息率发生影响。认识到银行创造通货的力量（这是图克在《研究》一书中所否认的）是有趣的，就像认识到，一方面贷放与偿还的关系（在美国人们非常强调这一点）；另一方面流通媒介的扩大与收缩之间的关系——在这种关系中，有些较天真的美国通货大夫过去看到了（或许现在仍看到了）所有各种罪恶的根源——一样有趣。正如马上将要再次指出的，约翰·穆勒从这一切没有得出任何的结论。可是，这一切都没有逃脱他的注意——或者说不会逃脱他的读者们的注意。

第二，桑顿当然知道得十分清楚，他所描述的通货膨胀过程是以贷款的无补偿的扩大为前提条件的。如果贷款的增加受到，例如，储蓄的补偿，经就不会使那种过程开始。但是，由于他全神贯注于战时“纸信用”的运行，他不曾在这上面费心，因此他未能明白陈述贷放资金市场稳定均衡的条件，在维克塞尔1898年的表述中，这一条件被表述为贷款应当等于人们的自愿储蓄。在某种程度上，这个空白至少由乔普林填补了，[①]虽然他因此得到的声誉，并不大于他由于预见到了银行政策的原则而得到的声誉，就英格兰银行的银行券而论，皮尔法案付诸实施了这些原则。像李嘉图一样，他强烈反对银行具有通过贷放创造支付手段总存量的净增加额的权力，但他不否认这种权力的存在——是其他人否认存在这种权力——并指出，如其能够被取消，如果因此而能阻止银行把其贷款总额增加到超过公众现行储蓄的数额，就可能存在货币市场的稳定均衡。应当看到，在这种场合，均衡定理只不过是杜尔阁—斯密的储蓄与投资理论的一种特殊叙述方式。

第三，桑顿不仅认识到，增加支付手段的银行贷款如果加在就

① 托马斯·乔普林：《政治经济学体系纲要……连同银行原理论第四版》（1823年）和《通货问题的分析与历史》（1832年）。乔普林是第一个提出百分之百的银行准备制度的人，旨在使货币利息的变动像在一种纯粹金属通货制度下一样，从而使银行不可能创造通货，即不可能通过贷放创造支付手段。在他的详尽陈述中，所有这种计划遇到的困难显得非常突出：阻止银行创造准货币（我认为这个美国名词源于准啤酒一词）并不能阻止商业去这样做。还有，在他的计划中，仍允许流入黄金，这就会扰乱货币市场的均衡。

业不足的经济上，可能刺激产出而不是提高价格，[1]而且还认识到，即使已经达到充分就业，信用扩张仍然可能对产出有一些影响，虽然他立即进而表明，这种影响将比通货膨胀性信用扩张的影响小(《纸信用》，第 236、239 页及以下)。如果某些货币收入的增加和价格增长不同步，其接受人可能被迫削减他们对货物和劳务的购买，即是说，被迫进行一种非自愿的储蓄，这种非自愿的储蓄可能增加实物资本，就像通常意义上的储蓄增加实物资本那样。这样，他就预示了维克塞尔的"强迫储蓄"原理。但是边沁——他创造了"强迫节俭"一词——对这一问题钻研得更加深入得多，马尔萨斯也是如此。[2] 李嘉图充耳不闻桑顿的提示，继续一再强调[3]——几乎

① 这个真理的实际重要性并不很大，因为资源的使用不足一般只出现于萧条时期，这时对额外信用是没有需求的。可是它的理论上的重要性是很大的，因为它迫使我们承认流通媒介与产出之间存在着关系，而这是李嘉图的或严格的数量理论所那么坚决否认的。

② 这一段理论史由冯·哈耶克教授作过卓越的阐释，见《评"强迫储蓄"原理的发展》，载《经济学季刊》1932 年 11 月，关于进一步的详细情节，请读者参阅此文。边沁对"强迫储蓄"的分析是后来加在《手册》上的——其中一部分由杜蒙德在 1798 年首次刊行，其缩写本包括在 1838—1843 年刊行的《著作集》中——哈耶克认为有关的段落"最后形成于 1804 年"，而其提纲写出的时间或许要早得多。可是，根据我所遵循的按先后顺序处理的规则，我不得不将这个理论发表的时间定为 1843 年，虽然冯·哈耶克教授认为边沁将其内容告诉了他的经济学家朋友们，也许是正确的。马尔萨斯的贡献，见他对李嘉图的《金块的高价》所作的书评，该书评载于《爱丁堡评论》1811 年 2 月号。李嘉图的答复附在《金块的高价》第 4 版上，内容是：固定收入的接受人可能减少他们的储蓄而不是减少他们对消费品的支出。但是就马尔萨斯而言，由于他除了桑顿所说的那些暧昧不明、不得要领的——虽然是富于启示性的——话语之外别无可以依循的东西，由于没有理由可以认为他已经知道边沁的分析，所以必须将高度的主观独创性归之于他。乔普林在他的《关于通货的看法》(1828 年)中使用了"强迫节约"和"自愿节约"这两个词。

③ 关于一些实例，参阅维纳，前引书，第 196 页。在《原理》中也表达了同样的看法。"虚拟"一词(指金融票据)出现在桑顿的著作中。

是愚钝地——“虚拟”资本不能刺激工业，资本只能由储蓄而不能由银行业务创造，如此等等，从来不去正视所面临的问题。这样做自然也是有原因的。在这里也像在别处一样，李嘉图是思想一旦形成即永远不能改变的奴隶。在这个场合，他已经把他的军旗钉死在严格数量理论的桅杆之上。数量理论意味着，在“货币”数量与产出之间没有任何关系。而他就是不愿承认，终究还可能有一种关系。

约翰·穆勒徘徊于这两种对立的观点之间。几乎可以肯定，在边沁的影响下，他充分发挥了这一观点，即银行信用的扩大可能会使收入“转变成为资本”——这是那个时期有关储蓄效应的标准公式——甚至使用了“强迫积累”一词，[①]这读起来就像是在试图改进边沁的“强迫节俭”。正如我们已经见到的，在《原理》中，明白承认了银行可以通过贷款创造支付手段这一事实，而这就意味着承认强迫储蓄。但我们却可以读到这样的语句：“可以自由处置的资本”即“存在银行中或由银行券所代表的”资本，连同“靠他们的财产的利息生活”的人们的资金，“构成了国家的一般贷款基金”(第三编第二十三章第二节)。在所有这一切中，以及在那一章的整个大意上，都是李嘉图的影响占上风。但是在第六版中，[②]偷偷地加上了一个脚注，重申了他早先的观点。自此以后，大经济学家们实际上忘记了关于“额外存款的创造”和“强迫储蓄”的一切，以

① 论“利润和利息”一文，发表在《一些没有解决的问题》(1844 年)一书中。该文写作的日期不很肯定，通常猜想是 1830 年。

② 正是在 1865 年的这个版本的序言中，穆勒特别是关于那一章，对他的朋友卡尔尼斯教授的提示和批评表示了感谢，他称卡尔尼斯为“当时活着的最有科学头脑的政治经济学家之一”。

致竟斜眼看待维克塞尔对它们的重新发现：借用凯恩斯勋爵在另一场合讲过的一句话，这些观念，如此明显地重要和现实，但从大约 1850 年至 1898 年却在经济的下层社会过着一种受人怀疑的生活——这是关于人类思维方式的另一个教训！

(b)就 1844 年的皮尔法案进行争论的收获。 就我们的目的来说，不必走得太远了。那次争论中所说的大部分(为数不多的)重要事情前面都已说过了。在立法问题上彼此对立的两个集团，被称为“银行学派”和“通货学派”。前一学派中我们感兴趣的只有图克、富拉顿和吉尔巴特，后一学派中 我们感兴趣的只有托伦斯和奥弗斯东。

图克和托伦斯我们已经知道了，但托伦斯有关货币和银行业的著作尚未提到。从一个长长的书单中我择取他在这一领域的最早著作，《论货币与纸通货》(1812 年)；《罗伯特·皮尔爵士 1844 年法案的原理和实际运用……》
542 (第 1 版 1848 年)；和他的《金融与贸易论文集》(1852 年)，所有这些即使现在仍然值得一读。当然，我们也要顺便提到几个其他的名字，但是必须提醒读者，除了对于我们自己的有限的目的以外，对其他任何目的来说，我们的选择都是不充分的，有几个重要的作者被排除了。至于大陆和美国的文献，我们甚至没有企图去包括。关于美国的文献，再一次请读者参阅 H. E. 米勒的《1860 年以前美国的银行业理论》(1927 年)。

约翰·富拉顿(死于 1849 年)作为一个外科医生和银行家在印度发了财，从商业退休并在英格兰定居后，开始就银行业的理论和政策进行写作。他的主要著作(《论通货的调节……》，第 1 版 1844 年)在英国和大陆获得了持久的成功，几乎没有哪本有关一场短暂论争的著作能获得这样的成功——这种成功比它的毫无疑问的巨大功绩要大一些：但它是一种相当巨大的成就，一方面能满足较高的标准；另一方面对于广大非专业读者也是一种恩惠。而且，它受到了马克思的赞赏，直到二十世纪，在马克思主义者中，仍很受欢迎。R. 希法亭的《金融资本》(1910 年)一书大量地不加批判地引用了它。J. W. 吉尔巴特(1794—1863 年)终生是一个银行家；是伦敦和威斯敏斯特银行的第一任经理，这家银行是他帮助创办的；是银行界的一位能干的和备受尊敬的成员，银行界把他看成是一个领袖；他阐释并部分创造了十九世纪其余时间里的所谓正统银行业理论。即使是现在，也没有哪一位银行业学者能不读他的取得了巨大成功的《银行业实践论》（第1版1827年）、他的《银行业的历史和原理》（1834年）以及至少是《伦敦的银行家们》（1845年）。他的《美国银行业史》（1837年），在我看来，似乎与美国的一个著名银行思想学派相关联，他是这一学派的主要权威。塞缪尔·琼斯·洛伊德，通常称为奥弗斯东勋爵（1796—1883年），也是一个银行家但有继承的财富和地位，他是一个远更卓越的人物，对政治家具有大得多的影响。他是通货学派的强有力的人物，他的敏锐（一方面）和简略（另一方面）使得好几代经济学家未能认识到他的思想的广度和深度。他没有留下什么有系统的著作，我感到我能为读者所作的最好的事情，就是请他们去参阅他的《关于金属通货和纸通货的论文及其他著作》（麦卡洛克编，1858年）和他提交给1857年下议院特别委员会的《证词》（也是麦卡洛克编，1858年）。

两个集团都不是我们所说的学派。在每个集团内部，都有很大的意见分歧，特别是水平参差不齐。事实上，在两种场合都必须把普遍流行的论点与实际上是或者勉强可以称作是严肃分析的东西区分开来，但并不总是那么容易进行这种区分，因为参加争论的人很少有系统地陈述其理由的，①作出的陈述很少能得到本派成员毫无保留的支持。大多数参加者攻击的不是对手的真

① 托伦斯和富拉顿差不多这样做了。但还可以加上G. W. 诺曼（《评有关通货与银行业的一些流行谬见》，1833年）和麦卡洛克，两人均属通货学派。麦卡洛克（特别参阅他的《论金属货币与纸货币以及银行》，为《大英百科全书》而写，1858年；还有他在自己编辑的《国富论》的序言中对货币和对皮尔法案的评论）支持通货原则的方式，过度强调了它和李嘉图、《金块报告》以及数量理论本身之间存在的联系。实际上完全有可能赞同皮尔法案而不拥护严格意义上的数量理论。我利用这个机会来提一提詹姆斯·威尔逊，此人系通货学派较低级的但颇为严厉且富于才干的批评家，伦敦《经济学家》杂志的创办人，印度财政部长，在经济分析史上很不走运的卓越人物之一。参阅他的文章，收录在《资本、通货与银行业……》（1847年）中。

正观点，而是有关对手立场的通俗化了的甚至是歪曲了的图画。大多数科学的经济学家，其中最重要的有穆勒，都站在银行学派一边——在欧洲大陆上比在英国更为坚决。[①] 但在实际工作者当中，特别是在英格兰银行的董事们当中，皮尔法案却赢得了许多拥护者。[②]

现代观察家回顾这场争论时，第一件使他吃惊的事是，两"派"之间根本一致的程度是如此之大。[③] 两派都没有激进的货币改革家。两派都反对货币管理或任何全面的银行业与信用管制。这在银行学派是很明显的，它反对皮尔法案，却又没有提出任何其他的控制方法，通货学派的情况也是这样，它想要调节银行券发行，恰恰是因为它想要使通货"自动化"，让银行业务——甚至是中央银行业——完全自由。这就是说，两派都是由主张自由放任的人组成的。此外，两派都坚决支持金本位制，特别是赞成通过黄金的自由流动去调节国外汇兑。如果我们将银行集团反对皮尔法案的理由和通货集团赞成皮尔法案的理由看作是纯粹技术性的东西存而

---

① 例如参阅阿道夫·瓦格纳:《论银行业理论》(1857年)和《皮尔银行法中的黄金与信用理论》(1862年)。我们已经提及他无比喜欢图克。在他的解释和批评中，他均未能公正地对待奥弗斯东。在法国，唯一能激起真正兴趣的问题是，法兰西银行是否应享有发行垄断权。赞成的人有时乞灵于奥弗斯东勋爵的权威，反对的人(谢瓦利埃、库塞尔—塞纽尔等人)有时乞灵于图克的权威。

② 不应忘记，英格兰银行的董事们有一切理由欢迎这样一个法案，这一法案使他们宽慰地舒了一口气:他们由此而可以享有绝对自由，不受调节的干扰，除了银行券发行之外。

③ 奥弗斯东和图克之间科学上的类似——虽然这种类似被看来是强烈的个人厌恶所掩盖——在本章的最后一节会更加清楚地显露出来。现在我所谈的，是他们在货币和银行业政策方面和在他们想要为之服务的那种经济方面的一致之点。

不论，[①]那就似乎没有多少东西可以彼此争论的了。简单地但不是十分充分地，我们可以说，“银行原则”主张：(1)在英国的状况和银行业的作法下，特别是在英格兰银行的正确领导下，[②]有了银行券的可兑换性就足以确保资本主义制度所能做到的全部货币稳定；(2)不管怎样，即使情况不是那样，也没有理由来单独管制银行券，因为存款会引起同样的问题。同样简单地而不是充分地，我们可以说，“通货原则”主张：(1)如果对银行券的发行没有特别的限制，它的可兑换性就不能得到保证；(2)英格兰银行的银行券实际上或者应当看成只不过是黄金收据——不是像存款或商业票据那样的信用工具，而是最后(准备)货币，就像它们所代表的金币或金块那样。[③] 只有托伦斯，在回答单限制银行券发行是徒劳无益的

① 一个例子是反对将英格兰银行严格划分为两个部门，这样会使发行部的黄金对银行部的经理来说可望而不可即，除了后者持有银行券的准备金以外。这样，像在1847年实际发生的情况那样，当发行部的金库充满黄金时，银行部可能不得不拒绝帮助市场。可是，让我们顺便提一下，通货集团尽力缩小一再中止皮尔法案的重要性是对的，银行学派夸大一再中止皮尔法案的重要性则是错的：中止皮尔法案的必要性已由奥弗斯东预先见到，这种中止实际上(虽然不是正式地)是他的计划的组成部分。

② 这个条件，即使在没有明白陈述的地方，例如在像图克这样严厉攻击英格兰银行的批评家那里，提出来也是很自然的，但这个条件应当成为一项十分普遍的条件。特别是银行学派从来没有对中央银行的调节职能提出过异议。

③ 重要的是要注意，“收据”和“代表”两词是奥弗斯东勋爵使用的。我认为，他使用这些词为了解他的立场提供了钥匙。也就是说，他想要指出，英格兰银行发行的银行券根本不是通常所理解的那种银行券，尤其不是欧洲大陆上所理解的那种银行券(参阅下一个脚注)。只有在这种假设下，使黄金加银行券像黄金单独那样起作用的思想——这就是通常所表达的“通货原则”——才有意义，即是说，(1)银行券的数量应当与它所“代表”的实际黄金的数量完全一致，不过(2)应当加上固定数量的银行券，这是从过去继承下来的，消除它会造成极大的不方便。

这一反对意见时，明白地超出了这个狭隘的目的：[①]正如我们所知道的，他认为，银行通过贷款能够创造的存款数量同现有的硬币加银行券的数量是有密切关联的，因此主张：调节银行券发行也会对调节存款创造发生作用。[②] 但是如果我们不去注意这一点，那么马上就可以看出，银行学派与通货学派关于银行券可兑换性的根本重要性的一致看法是根本的东西，而两派在要不要对这种可兑换性给予特别保证的问题上的不同意见则是次要的东西。因为，既然银行学派不曾主张流通媒介在银行业竞争的过程中会自行调节——如果他们相信这一点，他们究竟为什么还要坚持可兑换性呢？——既然他们认识到"银行业务过度"的危险永远存在，所以他们说银行券发行过多是"不可能的"就只能意味着，在可以自由兑换的情况下，银行券发行过多最终会受到严厉的惩罚。而这显然是真实的。[③] 通货学派坚持英格兰银行的银行券可能发行过多的全部含义，不是否认这一明显的真理，也不是主张那一同样明显的非真理，即在可以自由兑换的情况下过度发行可以永远继续下

① 《答威斯敏斯特评论的反对意见》(1844 年)。

② 这样说是得当的：这个思想是能够加以辩护的，只要人们不在它身上加上过重的负担，使之不能承受。注意到以下一点是有趣的：托伦斯预示了一个论点，该论点在我们时代是由埃德温·坎南提出的(《限制通货还是限制信用?》，载《经济学杂志》1924 年)。冯·哈耶克教授在《价格与生产》第 2 页中指出，杜戈尔德·斯图尔特已经在论《金块报告》的一个"备忘录"(《著作集》，W. 汉密尔顿爵士编，1855 年第 8 卷)中表述了 1811 年所涉及的这个问题："一种意见主张，通过一种受到限制的通货来限制信用是合适的；另一种意见主张，通过很好地受到调节的和差别待遇的信用来限制通货是合适的。"

③ 可是，富拉顿(前引书第五章)确实走得太远了，他预期可兑换性会"像时钟一样准确地"发生作用。

去，而只是说，若对英格兰银行的发行没有特别限制，则过度发行可能走得足够地远，以致除了毁灭以外，别无补救办法。这样解释，两种立场之间的分歧无疑地依然具有实际的重要性。但它所包含的只不过是在分析方面的小小[①]不同意见。

英国中央银行习惯作法的演进，并未受到皮尔法案的很大干扰。英格兰银行对待自己顾客和对待贷款市场的态度的改变，在其全部存款之内银行家存款余额的重要性的增加，以及皮尔法案通过后英国金融史上的其他特点，比起由那个法案带来的对政策的影响来要更为重要。这种变化的大部分渗透到中央银行理论中是很缓慢的，这种理论到 1850 年已经僵化，几乎是等于对银行利率的狂热崇拜，有关银行利息的作用方式的分析，很少考虑可以观察到的事实。最重要的是要指出，一种范围广阔得多的中央银行政策，已在高出许多的水平上由桑顿在这个时期之初拟出大纲。桑顿对于银行信用的性质的健全识见，他对事物内在联系的锐敏而又均衡的感知，使他完全有资格来论述这个题目。他的论述，预示了未来一个世纪关于中央银行政策所发现的几乎一切东西。在《纸信用》第 249 页上，他在一组规则中总结了他的分析，这些规则实际上是完全私营企业经济中信用管理的“大宪章”。为了证明这一点，我本来应当抄录下这一页。但是为节省篇幅，我只能请读者去参阅它。

在结束本节的论证时，我们必须注意另外一个题目。至此为

① 有些这样的小小差异，例如关于黄金流出流进对于信用和价格发生作用的方式、关于内部和外部的“消耗”，关于皮尔法案怎样（间接地和无意地）干预英格兰银行的银行部的有效管理，均有很大的科学意义。不幸的是，我们不能探讨它们。

止，我们论述的主要是这一时期最高一级的分析工作。我们已提及了几项重要成就，我们将在本章下两节中还将提及另外一些成就。但是我们也注意到了，这些成就未能结出充分的果实，特别是，它们未能彼此协调，以便为下一时期的分析工作提供一个良好的跳板。事实上，我们看到，不但没有对最佳的研究结果作出有效的陈述，反而形成了一种关于银行的性质和作法的相当普遍的看法，这种看法保存了这一时期分析的许多弱点，而不是它的优点，但在银行家和经济学家中却广为流传，从而变成了继续前进的障碍。为了简洁起见，我将不提名字，除了少数几个权威之外，这些权威可以被引证来——根据或多或少的理由——支持将要讨论的一些命题。① 这些命题是同所谓“商业银行理论”相关联的，也同“银行学派”的部分论点相关联，但在使用这些标签时我们必须记住，不论是这一个还是那一个都不是同它们不可分割地交织在一起的。或许我们最好称所谈的这个学说为“商业票据银行理论”。

(1)根据商业票据银行理论，银行的主要业务——使银行**成为银行**的业务——是为现行商品贸易(国内的和国际的)提供资金。是否仅仅以贴现真实的商业票据(每一张都是针对一宗具体的出售开出的)的形式来这样做这一点并不重要，然而我们仍然保留我们的标签，因为这被认为是一种典型的情况。即使如此，这种关于银行业务的概念，虽然还是太窄，却没有使任何一种理论个别化。即便把下列一个或两个命题加在上述银行业务的定义之上，我们仍可得到商业票据理论：(a)银行可以而且也

① 读者在本节开头提到的 L. W. 明茨的著作中可以找到许多作者的名字。

应该从公众托付给它们的存款中获得资金,用来进行贴现;(b)它们满足商品贸易的需要,并不因此而影响价格,也没有力量——为了公平我们总是应当加上“一般说来”——去影响现存信用的数量。

(2)应当是十分明显而无须解释的是:这些提法怎样和一定的错误连在一起,后者我们看到已由这个时期的较好作家的著作、特别是由桑顿予以驳倒。也应当很明显的是:这种关于银行业的观点——银行家是商品贸易的助手,他提供自己的钱来满足商业的需要但不是将其强加于商业,他同价格波动和贸易过度(说得重一些)毫不相干——把银行家的职业的意识形态表达得非常之好,他们喜欢这样看待自己。但是最后应当注意到,这种原理中有着实际真理和智慧的因素。如果加以重新表述,说银行家最好是关心他们的现金状况和到期票据,最好是同样关心向他们提出来的信用申请中的弱点,那就变得完全无可反对了。换言之,一种错误的理论,在这一场合也像在其他场合一样,包含着聪明的忠告。健康的贴现业务原则是使经济之舟保持平稳的唯一要着,这种命题,自从桑顿以来,的确应当看作是错误的;可是,按照它来行动,却在金融史中避免了所有的最惨重的崩溃。

(3)可是,我们应当注意一些支持这种满足贸易需要的看法的论点,它们的目的并非仅仅是谆谆教导人们在贷款活动中采取负责的态度。首先我们提到一种论点,只要我们只考虑在有许多银行的竞争制度下的个别银行业务,该论点就是完全正确的。个别银行的信用扩大,在事实上受到它将最后引起的准备金耗竭的严格限制。自然，把所有的银行放在一起，这就不再是正确的了；[①]但如果这个制度是真正竞争性的，则即使对所有的银行来说，对于越界出线的惩罚，也要比银行业务的批评家通常准备承认的，能更为有效地制止界内的扩张。其次，富拉顿的过于驰名的“回流规律”虽然是有内容的，但并不那么多，它只是使改革家回忆起这个平常的事实：一般说来贷款是要偿还的，偿还贷款也就消灭了购买力，因此，虽然单凭偿还贷款并不能防止信用的通货膨胀性扩张，但在下列二者之间却有重大区别：银行信用自动地“流回”，而政府纸币则不自动“流回”。最后，我们要提及贸易需要这一中心论点，有些人对它如此不加批判地吹嘘，另外的人又对它如此不加批判地否定。这一论点认为，真实票据的贴现具有“独特的”限制；此外，这种贴现还使流通媒介随着生产和贸易的扩大和收缩而“有弹性地”扩大和收缩。这个观点可以求助于A.斯密和图克的权威作后盾。可是，它的不足之处是无须乎指出的。最重要的是，指出它的真实核心。考虑一下通常情况中的最通常的情况：一种商品已经生产并售出；生产者A对商人B开出了请求支付货款的期票；A将已经承兑的期票在自己的银行贴现，把钱用于自己的日常生产；B把商品售予最终消费者，从他们那里收集货款，用以支付到期的票据，日期的选择是要使这样作一般成为可能。注意这是一种可以观察到的实际做法，而不是什么理论结构；一家把自己限制在这种业务中的银行，事实上不能自行增加贷放，因为首先必须生

① 维纳教授(上引书，第239页以下)指出，这种区分——我们习惯于归之我们自己的时代，当其实际上渗入到教学中时——自从十九世纪二十年代以来就被人广泛理解了。

产并售出商品；[①]在一种显而易见的意义——虽然只是许多种意义中的一种——上可以断言，这种银行货币会大体上随着商品的流动而变动，不会提高价格，并具有“弹性”。我们的确可以怀疑，这种情况是否具有该学说的拥护者们所归之于它的那种重要性。我们可能不喜欢这样一种弹性，但却没有任何正当理由可以否认它的存在。我重复一句，所提到的各种错误，没有一种是不能同银行学派的立场或同商业银行理论分开的。

5. 外汇与国际黄金流动

这个时期对国际经济关系的货币方面的分析(以约翰·穆勒赋予它的形式)，证明是一种极端经久的成就，虽然现在受到了批评，却仍然是当代许多最优秀的著作的基础。[②] 为了评价它，我们

① 这种说法并不包含下一陈述中通常含有的错误：即银行给予的信用，不能超过其顾客的“需要”；图克的意思很可能正是如此。受人尊敬的英国银行家的典型态度也许能证实他的这个意见，以及这种信用并不影响价格的意见。另一方面则不应忘记(这已经由凯珀饶有教益地表明，参阅下面，第六节)，图克并未严格遵循商业票据银行货币理论。在有些地方，他显然委身于一种广泛得多的顾客需要定义：主张没有一种服务于严肃商业目的的短期信用会是通货膨胀性的(他似乎提出了一种例外，即在“贸易过度”之时的纯粹投机交易)。这自然不仅是难于辩护的，而且甚至是难于理解的，除非我们将其看作是他的下列观点的一个推论：银行不能比公众所储蓄的贷出更多。但在《研究》一书中，他承认银行是能够的。

② 我相信这不仅对陶西格的著作是真实的，而且对维纳和哈伯勒的著作也是真实的，他们无疑地发展了这种“古典”分析，而且也接受了各种新的工具和其他人的命题，但却没有对这种“古典”基础提出挑战。俄林和另一些一流经济学家确实对这种“古典”基础提出了挑战，但他们的贡献也可以说成是改良而不是改造。维纳教授有关这一问题的研究(上引书，第六章)可以用来支持这种看法。相反的看法主要产生于下列事实：现代分析面对的是其他的实际问题和状况。

必须记住以下三件事实。

第一,"古典"作家,虽然没有忽视其他情况,却主要是根据不受限制的国际金本位来进行推理。有几个理由要这样作,但其中之一特别值得我们注意。一种不受限制的国际金本位(一般地说)将使外汇汇率保持在现金输送点以内,并使国内价格水平和利率发生"自动的"联系。现代人不喜欢这种自动机制,既是由于经济的理由,也是由于政治的理由:他不喜欢这种自动机制紧紧加在政府对经济过程的管理上的桎梏——不喜欢黄金,这个把不愉快的真实情况信口说出来的顽童。但我们考察的这个时代的大多数经济学家,恰恰是为了这个缘故而喜欢黄金。虽然他们在实践上、也像在理论上一样妥协了,虽然他们承认中央银行的管理,但自动机制——奥弗斯东勋爵喜爱的一个名词——对他们来说(他们既不是民族主义者,也不是国家主义者),既是经济的理想,又是道德的理想。有理由认为:单是这一点就将在他们的问题和他们的问题之间造成了巨大的差异,这种在实际看法上的差异必然会——虽然也许不应该——表现在纯粹的分析工作上。

第二,"古典"作家主要关心的是商品贸易。虽然他们也曾考虑国际贷款、补助和贡金,他们的中心问题却是商品贸易的货币问题(进口的支付和出口的收入、黄金流动和因此产生的价格水平的变化以及黄金流动对国内信用结构和利息率的影响),而且达到了这样一种程度:他们从商品贸易的角度来看待其他一切的事情。结果,国际金融在他们的分析中没有受到应有的重视——所进行的信用交易是体现在商业票据中的交易(诚然是包括金融票据),它直接地或转为间接地与商品交易相适应。但是,例如,南美洲贷款和矿业股票——1824 年发行，暂时统治着伦敦的货币市场——在基本理论中却没有留下脚印。对我们来说，正好相反的研究方法似乎更为自然：我们可能会把国际资本交易看成是基本的现象，而商品贸易则是它的附随现象，是由它控制的，必须依据资本交易来理解商品贸易。这一点本身便足以把现代分析同所谓“商品—贸易”国际金融（或国际支付或国际黄金流动）理论分开来。

这样，商品—贸易国际金融理论同国际价值理论一样，很容易受到以下批评：它对所研究的现象的看法太狭窄了。[①] 还有，必须指出，它的特别假设，使得它不能作直接的实际应用。但是有另一种批评从它自己的范围以内袭击它，我们必须马上提到，因为这在过去二十年左右的时间里，获得了过高的名声。一种以商品贸易为轴心的国际金融理论，自然会强调相对价格变动的均衡作用。已经有人指出（首先是由维克塞尔），对贸易关系打乱所作的调整，可以而且常常是在没有实际价格变化的情况下发生，也在没有实际黄金流动的情况下发生。这自然是真实的，没有一个古典作家会去否认它，李嘉图尤其不会。然而如果“古典”理论受到批评，说它给价格机制加上了完全不应有的负担，并且在这样作时未能注意到其他的均衡因素，那么，这个批评家就错了，因为“古典”理论所想象的这种价格变化包含着需求曲线的移动，后者又包含着收入的变化，像我们马上将要见到的。此外，在

① 关于这一点，参阅 J. H. 威廉斯：《国际贸易理论重估》，载《经济学杂志》，1929 年，重印于《战后货币计划与其他论文》（1944 年）第四编。

“古典作家”选定用来进行分析的格局中，价格变动事实上确实享有关键地位。批评家所能说的只是：在价格僵硬而资本移动占统治地位的格局中，情形不再是那样。最后，在所考察的这个时期内，有几个作家明白地引进了批评者在古典图画中所没有看到的因素。[①]

第三，“古典”国际金融理论并非是全新的理论。给它画草图的桑顿——赞许地和批判地——提到了洛克、休谟和 A. 斯密，而休谟的分析无疑地是该时期工作的起点。但是休谟本人所做的，只不过是有效地表述了一种漫长发展的结果，在这一过程中，“重商主义者”的工作慢慢地走向“古典作家”的理论。桑顿的学说或多或少地为那一时期和后一时期的主要作家所接受，从马尔萨斯[②]通过图克到约翰·穆勒和卡尔尼斯，最后到陶西格。但惠特利不同意桑顿的学说，随之有李嘉图。[③] 我们进而考察一下争执之点。

为此目的，我们从两国之间的货币均衡状态开始。[④] 已经拥

① 这是由维纳(上引书，第 293 页以下)指出来的，他特别提到了朗费尔德、托伦斯和乔普林。

② 《爱丁堡评论》1811 年，这篇评论文章在另一场合已经提到(上面，第 3 节)。

③ 在某种程度上，正如麦卡洛克指出的，巴贲又走在他们的前面。参阅上面，第二编第六章和第七章。

④ 我们作下面的假设，部分是为了再现“古典学派的”格局，部分是为了使表述简单化：除了具有完全弹性的(和竞争性的)价格从而收入的商品贸易以外，没有其他国际经济关系；没有任何信用；完全自由的国际金本位；只有两个国家，大小没有太大的不同，对每一个来说对外贸易的重要性都不是微不足道的；没有黄金开采；黄金虽被看作是商品，却被完全吸收在货币职能中；在黄金的运送中或在商品的运输中没有成本、风险或时间损失。显然，把这些假设一个一个地取消以后，可以得到一个相当完全的理论。

有国际价值理论和由相互需求等式(我们知道,这包括比较成本原则)所给定的均衡状况理论,我们很容易看出:我们现在必须增添的货币均衡状况只不过是,产生于商品交易的债权彼此抵消之后,在我们的假设下,黄金就不会从一国流向另一国。我们进而考察这种均衡的特点:先假定它受到干扰,然后分析随后进行的调整。首先,我们假定在货币领域出现了扰乱:我们像休谟那样假定,两国中有一国的人个个所持有的货币黄金突然增加一倍。即使不信仰任何严格的数量理论,我们也可以断定:在这个国家,用黄金衡量的收入和商业资金,从而支出,均将增加;对所有商品的需求曲线将向上移动;黄金物价因之上升;出口减少;黄金流出,直至均衡重新建立为止。从来没有人怀疑过这些,虽然所假定的高度人造化的过程提供了很大的余地,可以运用模棱两可之词。[①] 第二,假定不是黄金在两个国家之一有所增加,而是商品减少了,因为(例如)歉收。读者会被诱使去主张:由于粮食进口的"需要"增加,就会出现贸易收支逆差,造成黄金输出,这样来暂时[②]得到调整。但是稍加思考,他就会认识到,这严格说来是不正确的,不是对休谟论点的推广,而只是对它的偏离。因为歉收本身并不造成贸易逆差。需要并不是不能压缩的。如果粮食进口是急需的,其他的进口就可以减少;换言之,发生的事情只不过是,粮食歉收的国家的

① 我用收入和支出而不只是用货币数量来推理,缩小了模棱两可的范围。但仍然留下一些这样作的余地。

② 下一步就是另一国的收入增加和价格上涨,这甚至在通常收成以前就会抵消这一过程,重新建立以前的状况,完全使之反过来。

人民暂时比以前穷些，不得不将他们的消费和投资调整到较低的实际收入水平；但在这个较低的水平上贸易收支即使没有货币和信用，也仍然可以像以前一样保持均衡。可是，如果我们按照休谟的论点进行正确的推理，我们确实也会得出贸易逆差，只是我们是作为黄金输出的结果而不是作为它的原因而得到的。由于黄金并未因歉收而减少，由于我们假设货币收入和货币支出也都没有减少，但是由于现在我们可以买进的商品较少，所以价格将要上升，或者说，按商品来衡量的黄金将要贱些，我们也可以说，从以前的价格水平来看，黄金变得过多了。这会减少黄金以外的商品的出口；促进其进口，完全就像黄金、收入和支出都增加了一样(产出保持不变)。[①] 这样我们就把商品领域中发生的扰乱变成了货币领域中发生的扰乱。

桑顿是用提出谷物歉收的例子来开始他对国际贸易中货币均衡的性质的研究的(《纸信用》，第 143 页)，他似乎是用刚才所说的容易受到批评的方式来进行论证的。的确，在另外的地方(例如，同上书第 244，247 页)，他的论证表明，他是懂得我在上面试图说明的那一点的。但是他在这一点上是如此含

① 指出以下一点是多余的：所描述的事件的先后顺序只是为了表达这一过程的逻辑，实际上观察到的不一定总是这样。但是这并不能构成一种反对理由，就像它不能构成对商品征收货物税的效果的通常理论的反对理由一样——商品的价格不一定像解释图式似乎假设的那样，先上升整个的税额，然后因需求数量因之减少而又下降，如此进行，直到在新均衡水平上安定下来为止，在实际上某些步骤是可以省略的。同样，为了支付额外的谷物进口，黄金可能马上就开始流动，而歉收对受灾国价格水平的影响可能从来不完全表现出来：这不一定会影响价格变动在解释图式中所起的作用。

糊和踌躇，以致惠特利以及后来李嘉图这样主张是对的：对黄金的价值或购买力发生作用的因素是一回事，黄金的价值或购买力的作用是另一回事。但是他们对自己的立论处理得如此不好，以致让当时的和后来的作家怀疑，究竟他们的论点有没有道理。①

但他们有没有道理呢？当我们坚持说，黄金流出是因为它是"最廉价的可以输出的商品"而不是因为一次歉收使得黄金成为"最廉价的可以输出的商品"时，真的是分析过细吗？我不作任何其他的答复，只指出一件对经济分析史和经济思想史都非常重要的事实。使自己处于个别银行家境地的银行家们和作者们，自然会说：银行不能将信用扩大到它们所受限制（与它们自己的行为无关的）的范围以外。关心个别银行的问题的银行家们和学者们，也同样自然地要从这一明显的事实出发：黄金的流出或流进，产生于贸易逆差或顺差，而贸易逆差或顺差又产生于对外国债权的需求和供给。除了个别期票的质量以外，银行家为了诊断和预测的目的所要分析的，似乎只是需求和供给背后的因素：政治

① 关于这种争论，参阅维纳：《1900—1913年加拿大的国际债务收支》（1924年），第九章。惠特利和李嘉图采用的论据不仅是无关的和非主要的，而且是错误的。例如，两人都否认歉收会造成通货"过多"，虽然李嘉图在给马尔萨斯的一封信中（《书信》第13页）承认了这一点。但是惠特利，或许因为他对价格水平有较清楚的概念，比李嘉图远更接近于掌握有关的原则。例如他大胆地说，尽管在拿破仑战争中向国外提供了那么多补贴和其他款项，仍可能迫使"货币在任何范围内流入英国"（《论货币理论……》，第一卷第194页）。除了明显的夸张以外，这显然意味着（虽然没有明白说出）这个原则：直接处于交换和黄金流动背后的是一种货币机制：而交换和黄金流动决不是由只起一次作用的因素——例如政治性的支付或决定个别商品需求的条件——所单独决定的。

因素，商业情况，收成状况，如此等等；而这实际上就是戈申撰写著名的《外汇理论》(1861 年)一书时采取的态度。[①] 由于对外国票据的需求和供给反映了一国现行的(和未来的)国际收支，我们可以称之为外汇的“国际收支理论”。几十年的安定状况可能逝去，没有人觉察到这一理论有什么不足之处。但是如果人们在激烈动荡的状况中继续应用它，另一个因素的存在就会变得很明显，它不能分解为我们通过对国际收支各个项目的分析所能发掘出来的因素：这一因素就是用以表示国际收支的货币单位的价值(购买力)。我们可以称一国货币单位的价值相对于其他国家货币单位的价值的变动为“相对通货膨胀”，从而也就可以谈论“外汇的通货膨胀理论”。我们将在第四编第八章回到这个题目。现在我只想指出，两种理论——虽然应当很清楚，它们并不构成非此即彼的解释——之间长期战斗的第一次隆隆炮声，在桑顿与惠特利—李嘉图之间进行的辩论中已能听到：当——用后者的话说——黄金在一国变得“过多”或成为“最廉价的可以输出的商品”时，该国就经历着“相对的黄金通货膨胀”。因此，惠特利和李嘉图确定有些道理，而且这种道理并不

① 乔治·J.戈申(后来是戈申勋爵，1831—1907 年)，索尔兹伯里第二次组阁(1886—1892 年)中的财政大臣，作为忠于纯粹古典自由主义(不过极其意味深长的是，这种自由主义是处于一个保守党内阁的庇护之下)传统的最后一个财政大臣而具有历史的重要性，是一个德国血统的银行家。他的书非常出色地描述了一个有高度教养而又很聪明的外汇经纪商在外汇方面所应知道的事情。作为一部分析性著作，该书没有一处能深入到观察入微的表面现象以下，因而地位并不很高。但它所说明的事情，政治活动家们和学院经济学家们未必知道得很多，因此对于这两种人都是一种恩赐。这本书当时影响很大，现在仍然值得一读。

只是逻辑上的强词夺理，虽然就他们对桑顿的攻击而论，他们可能有些不公道，因为桑顿有很强的悟力，认为对国际收支理论中的谬误不值一顾。

当各个国家彼此保持货币均衡时，那么像上面已经提到的，黄金在它们之间的分配是这样的：把一国持有黄金的任何一部分转移到任何其他国家都是无利可图的。为了表达这一点我们可以说，黄金的购买力在国际上处于平价；还有，从外汇的通货膨胀理论的观点来看，这种平价及其变动是外汇市场上（直接地）起决定作用的因素。这种"购买力平价"理论，或它的某种雏形，可以向上追溯到、并且肯定能够（像我们在上面已经看到的）归之于马利内。在第一次世界大战期间，该理论的一种特别创造是和卡塞尔的名字连在一起的。但所涉及的原理仍应归之于惠特利和李嘉图，[①]它是在他们的著作中出现的（正像看来在卡塞尔的著作中出现一样），同一种严格的（和粗糙的）数量理论有特殊的联系。[②]

关于黄金流动和汇率的"古典"立论可以没有多大困难地

① 这不是维纳教授的意见（上引书，第126页、第382页以下）。但这仅仅是因为他把这个名词保留给了这个原理的卡塞尔形式。这自然不能归之于李嘉图，他总是设法避开价格水平概念，而这个概念对这一原理的卡塞尔形式很重要但对原理本身并不重要。经济学家与正在出现的价格水平概念的搏斗，上面已经讨论过。

② 在货币理论的一定水平上，数量理论与购买力平价理论只是互相补充的，或者甚至是同一件事情的两个不同的方面。但是，可以表明，在其他的水平上，它们可以被表述得成为两个在逻辑上独立的命题，虽则仍然是有关联的。

概括为不兑换纸币。[①] 把它应用于贷款、补贴和遥领业主身份[②]——这一时期经济学中的标准课题——则有某些困难。自然,刚才描述的不同观点也带到了有关这些事例的讨论中。但这不是唯一的问题。所有这些事例,特别是国际贷款,所提出的问题,是不能由前面所描述的图式来令人满意地解答的,因为这种图式是从一国黄金存量的不可思议的增长或是从歉收得来的:而在上述事例中,特别是收入效应会开始起一种性质不同的作用,利息也开始发挥决定性作用。因而结果也是不能令人满意的。可是现代的批评——**作为**批评——常常出错,这是由于对各个作者所设想的交易的特殊情况以及这些情况所造成的事件的先后顺序没有给予足够的注意。让我们看一看约翰·穆勒对单方面的政治性支付——譬如说,年度贡金——的著名论述,它在关于德国 1920 年后赔款问题的讨论中是一个起点,并引起了许多批评(《原理》,第三编第二十一章第四节)。穆勒的论述是很短的,而且是过于简化的,但就所考虑的一种情况来说实质上是正确的,这种情况是,接

① 惠特利(《论货币理论》,1807 年)比别人看得更清楚:即使在这种情况下它也是"多余的"(即对价格水平的压力),商品世界本身发生的任何事情都不会造成汇率的下跌。约翰·穆勒对这个题目的颇不充分的论述,重复了这一点(《原理》,第三编第二十二章第三节)。

② 爱尔兰的地主住在英格兰,靠他们在爱尔兰的地产租金生活,自然是引起了人们越来越多的讨论:主要的纯经济问题是,他们在英格兰而不是在爱尔兰生活和开支,对爱尔兰人民是否有任何影响。麦卡洛克作出了否定的答复,理由是:一个人在哪里消费他所消费的东西,那是无关紧要的(《论关于不在业主身份的流行意见的错误》,载《爱丁堡评论》,1825 年,重印于《货币、交换、利息论文集》,1859 年);西尼尔则作出了不那么有力的肯定答复(《爱丁堡评论》1825 年;还可参阅西尼尔,《大纲》,第 156 页)。M. 朗菲尔德的著作(《关于商业的三篇演讲和关于不在业主身份的一篇演讲》,1835 年,伦敦政治经济学院重印,1937 年),颇具有分析上的意义。

受者坚持要每年获得一定数量的货币，第一年债务国除了向自己的公民征收之外别无他法。在这里，黄金流动根本不是什么自动机制问题，而只是由问题的最初条件所强制的。在这种条件下，支付国的价格是不会不下跌的。这将增加出口，减少进口，使黄金流回，但是，按照穆勒构想的情况，支付国对这种黄金的债权将由接收国对一下期贡金的请求权所吸收，因此，支付国的黄金存量、收入、支出和价格均保持很低，它的过多的出口保持不变。无疑地可以构想另一种情况：它会产生一种不同的事件顺序，根本不包括黄金移动和价格变动，而只有收入的变化和商品的流动。但是两种情况均能说明从“古典的”观点看是重要的事情，即真正起均衡作用的因素是商品转移。两者都不是很符合实际情况的。

6. “这种”商业周期

所考察的这个时期的最重要成就之一，少数具有真正独创性的成就之一，是对商业周期的发现和初步分析。诚然，1815 年，1825 年、1836—1839 年、1847—1848 年、1857 年和 1866 年的危机，迫使甚至最学院式的经济学家也来注意这一现象。但是同样的崩溃在十八世纪也出现了，具有同样的规则性，可是并没有人深入去研究这个问题：没有人将其同战争或其他外部扰乱的影响清楚地区分开来，没有人从其看出有比偶然的灾祸或狂乱、错误或失策所造的结果更多的东西。最初的暗示，说这些崩溃可能有更深刻的原因、经济过程本身的内在原因，诚然可以从“重商主义的”文献中找到，主要是同后来发展成为各种消费不足理论的思想连在一起。但这种思想在关于供应过多的争论以前并未变得十分明白，后者是在拿破仑战争之中及以后进行的，我们已经知道这种争论，这种争论是以消费不足理论的暂时失败而告结束的。在对这次争论额外作些评论以后，我们将考察对商业周期的分析，这主要是由图克和奥弗斯东勋爵进行的，而以马克思的贡献告终。对这个题目的详尽论述，读者可参阅冯·伯格曼的著作。①

报纸和公众所注意到的有关危机的事实，主要是信用崩溃和商品售不出去，并且很自然地把银行破产和失业归因于这两个因素。当时报纸和公众是货币与生产过剩"理论"的根深蒂固的拥护者。② J.B.萨伊在"市场规律"一章中所反对的，正是有关生产过剩的普遍看法。正如已经说过的，就危机这个题目而论，那个规律的主要功绩是一种消极的功绩。萨伊成功地表明，不管生产过剩现象在个别危机的历史图画中显得多么庞大，从它却不能得出原因上的说明：说有危机是因为生产得"太多"，那是没有意义的。虽

① 欧根·冯·伯格曼：《经济危机：国民经济危机理论史》(1895年)。大多数著有关于商业周期的系统著作的作家，都提供了一些关于商业周期分析史的信息，少数人还提供了有关其他历史的信息。从分析上看，弗里德里希·卢茨教授的《国民经济中的总的经济情况问题》(1932年)，比冯·伯格曼的著作水平高得多。可是，据我所知，在这一时期的文献中，冯·伯格曼是唯一能提供广泛研究结果的人——就一个在现代研究中显得如此重要的题目来说，这是令人吃惊的。学者们的努力往往指向个别作家或一群作家的著作，或是指向个别的问题或理论，而不是指向一种综合的研究。关于图克和奥弗斯东，例如有格奥尔格·克普尔的杰作《银行业与通货的一般经济情况理论》(1933年)。关于美国的著作，参阅H.E.米勒：《1860年以前的美国银行业理论》(1927年，第十六章)。

② 在今天，商业周期"理论"的内容已远远不止于说明性的假设，而包含有一整套理论上的和统计上的分析工具。可是，对十九世纪来说，这样说是大体正确的：关于危机或周期的"原因"的假设，就是所谓危机理论的主要(如果不是唯一)内容。

然是消极的，这一贡献却是非常重要的。它可以说是科学的周期分析的源头，标志着科学的周期分析与分析之前的思想的分离。但萨伊企图对他的规律所作的积极的应用，其价值则要小得多。他依据该规律错误地（虽然表面上是合乎逻辑地）推断出：如果普遍的生产过剩不能解释危机，那么部分的生产过剩一定是产生麻烦的根子——某些商品售不出去是因为它们缺乏配件，或者说某些商品的表面生产过剩实际上是由于其他商品的生产不足。这就是后来所谓的“比例失调危机理论”，①该理论在十九世纪由于缺乏活力而自行消亡了，虽然自始至终不乏个别的拥护者。其中之一就是李嘉图。他在《原理》第十九章稍稍改进了这种思想，为把“贸易渠道的突然变化”看作是扰乱的最重要的唯一原因提出了合理的——虽则自然是不充分的——理由。

像我们知道的，西斯蒙第和马尔萨斯（跟着是查默斯）是反对萨伊规律的运动的领袖——他们的论点有些已被早先的作家特别是劳德戴尔说过了。很难给他们的理论加上名称，他们两人都没有使之完全系统化，就西斯蒙第和马尔萨斯、特别是就后者来说，这些是关于停滞和长期失业的理论而不是关于“危机”的理论。可是，马尔萨斯远更接近于明确表述，我认为可以将储蓄过多型的消

---

① 萨伊所想象的比例失调主要是在生产过程同一阶段之内的不均衡：相对于上衣的生产来说，鞋的生产过剩。我们最好把这个名词限制在这种意义之上——自然，不反对形成比鞋和上衣更大的范畴——并把它同另一种理论区分开来，这种理论将周期或危机归因于各阶段之间（作为一个整体）的失衡，例如投资货物生产与消费品生产之间的失衡。因为后一种比例失调总是同其他因素相连的，如货币的因素或储蓄过多，因此是症状或结果，而不是“原因”。

费不足理论归功——或归罪——于他：[①]当人们储蓄和投资达到这种程度以致由于价格和利润的必然下降而“没有动力去进一步增加生产时”，就会发生停滞。[②] 这种论点本身不管有什么附带的优点——其中之一是，它认为停滞的根源在储蓄—投资过程中——如果用来解释“危机”，肯定是错误的，虽然如果仅仅用来表明生产有变为停滞的可能性，它是不错的。这一点无论怎样经常强调都不过分。但是西斯蒙第提出了那么多造成危机的因素，以致不能令人满意地说他主张哪种理论。他无疑主张储蓄过多论，该论点是他对生产和消费失衡的分析的核心。[③] 但是低工资所造成的消费不足却更加突出，一方面是由于“恶性”收入分配本身；另

① 当然，从某种意义上说，总可以把消费不足称为生产过剩。因此，冯·伯格曼称马尔萨斯的理论为“被引起的生产过剩理论”。每当一个作者将困难的根源归之于消费者行为时，作出清楚的区分，避免使用生产过剩一词，似乎更为有益，尽管其结果也是某种生产过剩——就像为了同一理由，我们给“比例失调”一词下了更严格的定义一样。我们将区分三种消费不足理论，全都是在那个时期出现的。第一是刚才提到的储蓄过多型，马尔萨斯是其主要的鼓吹者。第二是非支出型，强调未由投资决定所抵消的储蓄决定所引起的扰乱。我们已经看到，马尔萨斯简略地谈到了这种思想，这是一种古老的思想——应当归之于例如魁奈以及他的几个法国先行者——但在我们自己的时代以前，它没有在现代经济学中起任何重大作用。第三是大众贫困型，它将供应过多归因于劳工因工资低而无力“购买他自己的产品”。这一理论的最重要的提倡者是西斯蒙第，而远更明确的则是洛贝尔图斯。这个理论，正如马克思所熟知的，是不值得讨论的，因为它忽视了这样一个基本事实：工资收入不足以——甚至是日益增长地不足以——按能补偿成本的价格购买全部产品，不会阻止为满足非工资收入者对“奢侈品”或对投资的需求而进行的无限制的生产。

② 参阅马尔萨斯的信，见J. M. 凯恩斯：《传记论丛》，第143页；还有当时德国对马尔萨斯与萨伊争论的讨论，K. H. 劳：《马尔萨斯和萨伊论当前贸易不振的原因》(1821年)。

③ 除了西斯蒙第在布鲁斯特的《爱丁堡百科全书》上发表的文章和《新原理》之外，特别要参阅他的《消费与生产的平衡》一文，载《百科全书评论》，1824年5月。在该杂志上(1827年6月和7月)，他还就这个题目与迪努瓦埃进行了交锋。

一方面是由于节约劳动的机器所造成的就业不足。还有与他的先后顺序分析相关的一种思想，即增长着的产出会满足总的购买力，后者是由于以前参加较小产出的生产所赚得的。而且，西斯蒙第还十分正确地重视所有随机变化，正是透过这些变化，理论家们看到了平稳的最后长期正常状态。这样，他就变成了所有“解释”的守护神，这些解释满足于谈论资本主义生产的无政府状态，满足于谈论生产者不了解别人在做什么或购买者想要什么，虽然在这种文献中可能找到的那些粗糙而不成熟的东西不应归之于他。拿破仑以后的萧条现象向他昭示了所有各种困难的多种多样的根源，将其组成一种指控比将其组成一种分析的原则更为容易。

这样，他也就处在这样一种思潮之中，这种思潮产生了一种理论，它从大约1850年起，到十九世纪末，会获得一些才华出众的经济学家的大力支持，我们将要再次提到它。简言之，这种理论可以表述为：当任何足够重要的事情发生差错时，就会发生危机。这种观点的主要代表之一是罗雪尔。① 但除了这种有点平庸的常识性理论外，罗雪尔所提供的东西只能称为他写作时流行的大部分思想的大杂烩。将它们全都加以阉割之余，他接受了萨伊的规律，但

① 《原理》(德文书名 Grundlagen，第1版1854年；英译本1878年)，第四编第216—217节论“商业危机”以及第220节“当储蓄为有害时”。每当生产被突然而大量地增加或消费被突然而大量地减少，或“工业的正常进程被扰乱时，就必然会发生商业危机”，这一理论在《论国民经济》(1861年)中得到了更充分的说明。这种观点在法国非常普通，有时依据这种观点可以对个别情况作出敏锐而富有教益的分析。在这方面可以援引库塞尔—塞纽尔、谢利埃等许多作家，他们只是在强调可能特别发生作用的因素——例如信用扩张——上彼此有分歧。可是，举一个非常典型的例子就够了：约瑟夫·加尼尔的 *Eléments*〔《纲要》〕(1845年；后来更名为 *Traité*〔《论文》〕)，特别是他的论《商业危机》一文，载《商业与航海的普通理论与实践词典》(1859年)。

使它变成了一个恒等式;[①]他接受并扩展了李嘉图的贸易渠道突然发生变化的论点;他小心地接受了马尔萨斯的储蓄过度的因素,虽然他说马尔萨斯过分强调了他的论点;他承认,储蓄如果不用于投资,就是"有害的"(《原理》,第220节);他接受了西斯蒙第提出的几个论点;最后,也许是在约翰·穆勒的影响下,他承认在固定投资中吸收资金的作用[②]——所有这一切他都没有试图去进行严格的表述或使之彼此协调。产生这样一种成就的情况尚有待于进行事实方面的调查研究,关于各次危机有几部很好的专著,但我只能提及维尔特的那部全面而非常成功的危机史。[③]

图克和奥弗斯东勋爵的周期分析,比我们到目前为止考察的分析工作,具有大得多的意义。虽然"危机"在整个这一世纪中占据着舞台的主要场面,但从十九世纪二十年代起,许多观察家——在其中,经济学界的科学领袖们却并不突出,这并不是他们的光荣——已经看到,危机只是一个更根本的波浪式运动的阶段,只有在这个更广阔的背景下,才能真正理解危机。从一开头,作家们就使用"周期"或"商业周期"一词来表示这一运动的单位,[④]并谈论

① 可是,在这样作时,他无意中作出了一种表达,那是很优美的,在现代人听来会很熟悉,虽然像我们知道的,他完全误解了萨伊的意思:他说萨伊的规律对包括货币在内的所有商品来说都是真实的。

② 这一理论在当时曾由几个作家详细说明,包括V.博纳特:《有关危机的经济和金融问题》(1859年)。

③ 马克斯·维尔特:《商业危机史》(1858年)。他对分析的贡献不大。但他是试图对危机作出描述性分类(信用危机、资本危机、投机危机等等)的首批作家之一,这种研究问题的方法受到许多德国学者的重视。他也强调了危机的国际方面。

④ 这种思想是新的,但这个词却不新。在《论赋税与贡金》(1662年)中,威廉·配第爵士在试图估计土地的正常地租的过程中,提到丰收和歉收的顺序时就使用了这个词。没有证据表明,他对一般经济周期有过任何概念,或者他想用收成的丰歉去解释它。

这种周期的"周期性"，可是大多数人这样说的意思只不过是各个阶段的一定顺序，而不问时间的长短。[①]可是有一些人确曾提出大致的（如果不是精确的）相等长度，其中"十年周期"最后获得了一定程度的流行——甚至马克思也曾用一种含糊的方式去试验它。这种开拓性工作在这一时期产生了杰文斯和朱格拉的开创性成就，可是这留待第四编来考察更为方便。在下面的脚注中，我提及另外几个人，他们差不多被忘记了。注意：在这种工作与早先讨论的供应过多之间并没有什么关系。它是独自成长的，同这个时期的一般经济学很少历史牵连。它的作家们同职业经济学家处于一种淡漠的和彼此互不关心的关系。可是应该说，每一个集团都从另一个集团得到了帮助。[②]

① 关于这一点，由于下述事实而产生了一些混乱：使用严格意义上的"周期性"一词——不变时期中的重复出现——的某些现代作家，把同样的意义归之于所有使用这个词的作家，然后在应当谈论对长度不变的时期的肯定或否定时，却谈论对周期性的肯定或否定。这一点必须自始至终记住。奥弗斯东勋爵谈到过"定期重复出现的状况"，但不曾断定说它们是在相等的时期中重复出现的。朱格拉（参阅下面，第四编第八章第9a节）谈论过危机的定期重复，但他提供的日期表明，各次危机之间的时间距离是极不相等的。此外，他明白否认他所提供的材料表明存在着任何确定的时期。

② 我首先提出约翰·韦德，他完全是一个局外人，他对"政治经济学"的客气几乎未能掩盖一种类似于蔑视的感情。他在《中等阶级和工人阶级的历史……》（1833年）一书中，提出了一种关于"萧条和繁荣的商业周期"的相当全面的理论，他认为这种周期平均长度为5—7年，主要依价格和就业来测定。虽然他的推理是错误的和不能令人信服的，但作为一种内生动态模型的原始实例却具有一定意义：这种模型通过价格与消费之间的滞后关系再现了萧条与繁荣的交替。要提及的第二篇著作，是海德·克拉克的《物质经济学……》（见《铁道记录》，1847年），我只是从杰文斯的报道（《对通货和金融的调查研究》，第222—223页）中才知道的。他定出十年的周期（1796年、1806年、1817年、1827年、1837年和1847年是危机年份，这看起来有点人工痕迹），此外还有一个大约54年的长时期，这令人吃惊地预示了后来的大周期或幅度、尤其是康

但是图克和奥弗斯东确实影响了这个圈子以内的意见，——自己又受到它的影响——他们的分析工作成功地发动了对“这种”商业周期的新的分析。① 还有，他们彼此产生的影响比他们所认识到的，或者无论如何，比他们所准备承认的要多；他们的方法和结果的相同之处比不同之处更为重要。普通的印象与此相反，那是因为，第一，在关于中央银行的政策方面，他们的意见是敌对的，特别是因为他们就皮尔法案发生过争论。第二，从类型上说，他们是迥然不同的人，会把同样的事实或结果表达得如此不同，看起来就像两种不同的事实或结果一样。第三，他们在理论和事实诊断上确实有些分歧，这种分歧两人都强调得有些过分了，就商业周期分析而论，实际上比看起来的分歧要小些。

在十九世纪三十年代的研究工作所处状态下，他们看到了并（至少是在直觉上）理解了商业情况的周期变动现象，仅仅这一事实本身就构成了根本的相同之点。但是他们用来表达自己的看法

德拉捷也夫的长波（参阅下面第四篇第八章）。但他企图用气象方面的事实来进行解释是徒劳的。接下来我要提到《曼彻斯特统计学会记录》上发表的有趣的文章，特别是 W. 兰顿（1857—1858 年）和约翰·米尔斯（1867—1868 年）的文章。两人都为十年周期提供了一些证据，都把这种周期同心理的（“道德的”）因素相当含混地联系在一起。此外，兰顿预示了杰文斯的“秋季消耗”分析，并注意到一个事实，即每年第三季度特别有利于危机的爆发；米尔斯特别称他的周期为信用周期。在美国，从重复出现的意义上所说的周期性很早就得到了承认。在其他国家，人们则热烈讨论银行信用是否为周期产生的原因这一问题（例如参阅 C. 拉格特在 1839 年出版的《论信用与银行业》一书中进行的讨论；这位作者也提出了一种有趣的但动力不足的消费过度周期理论）。R. 黑尔（《银行能增加可以贷放的资本吗？》，载《亨特商业杂志》，1852 年）是把周期归之于经济进展加速所起的作用的少数几个最早的作家之一。

①　有些当时的作家，尤其是海德·克拉克和兰顿，认识到有多种周期同时在进行。可是，图克和奥弗斯东却只知道一种类型的周期波动。

的方式，极好地说明了他们的心灵结构的不同，这使得那么多的历史学家忽视了他们所有的共同之点。就图克从讨论个别情况得出结果的方法来说，对现象的了解同他的浩如烟海的详情细节完全融合在了一起，以致对现象的了解在哪里也不显得突出，以致他看见了这种现象这一事实本身，还需要由一个很高的权威[①]来证实。奥弗斯东勋爵则善于作理论上的讨论，虽然无疑地也是根据事实，特别是他作为一个银行家所经历的事实。他大胆而果断地提出“商业的状况”(他的引号)“显然依照一种既定的周期循环”，他把这种周期划分为静止状态、改善、信心增长、繁荣、激动、贸易过度、骚动、压力、停滞和痛苦，“最后又以静止告终”。[②] 这十个阶段的重要性也不比图克的两个或三个阶段更大。但它们的先后顺序仍然是有意义的。

两个作家都没有自觉地试图使他们的各个阶段具有**一般的**特点——能产生周期的标准图景的特点。但是可以证明，他们看到了有经验的商业实践家会看到的一切东西以及实际上我们的丰富

① 这个权威就是T.E.格雷戈里爵士。但图克在《价格史》第九章和第十章(第二卷，特别是第九章第二节最后一段)对1828—1837年情况的描述(正如凯珀所指出的)则令人信服地表明，他知道有一种确定的周期机制，在此处，他把这种周期机制描述为：在“市场日益繁荣的状态中”，供给落后于消费；而在后来的“停滞”阶段，情况与此相反。在第一卷第175页上可以看到：“在各个阶段，信心和失去信心、企业精神和失望的不同时期发生变化和交替”。甚至有一处暗示了十年的周期。

② 这个有名的段落是常常被引用的，它见于《对J.霍斯利·帕尔默先生论货币市场压力的原因与结果一文的读后感》，1837年(重印于《论文集》，第31页)。但是只有依据散见于他的全部论文、书信和证词中的没有系统的评述(参阅上面，第4b节)，才能概略地了解他的看法。还有许多未作最后决定的细节，也有一些不能解决的矛盾——可以公平地假定，他从来没有完全想通过他的思想。

的统计资料使我们看到的一切东西。价格、利息、信用、黄金流动、投机与投资以及它们同商业活动和贸易过度的关系，自然在他们心中占主要地位。但是有这样一种差别：图克虽然凝神于连续发生的历史事实，却提供了大量的相关因素，这是奥弗斯东的著作中所完全没有的，可以假定在他的思想中也完全没有。在这种因素中，有两个因素值得特别提到。第一，图克自始至终强调"谷物贸易"以及与之相关的收成的重要性。我们不能把收成周期理论归之于他——任何这样的单一因素理论对于他的思维方法都是十分陌生的。但是我认为我们应当归功于他的是：他使得这一因素保持在读者眼前，他对这一理论给予了推动，即使在杰文斯写作以前，这种理论就已经得到了某种支持。[①] 第二，他强调了繁荣时期是和固定资本投资——特别是同十九世纪四十年代铁路建设的繁荣联系起来看——与技术变革有关系的。

强调这两个因素，当然也就是在因果分析方面迈出了重要的一步。图克和奥弗斯东的周期理论主要是一种"内在"理论，即是说，两位作者均试图表明，周期过程的每一阶段是怎样由前一阶段中流行的状况所诱致的。但他们均不以此为满足。图克的方法产生了大量说明性的、附带的和随意的因素，但奥弗斯东勋爵也看出了一些较为重要的因素，特别是技术进步，他接近于将其看作是上升的最重要的原因。因此，将纯粹的货币周期理论归之于奥弗斯东个人是十分错误的，这种理论在周期中所看到的，只是一种管理

---

① 冯·伯格曼(上引书第239页)提到一位法国作家布赖恩(《商业危机……》，1840年；《谷物价格、自由贸易与储备》，1857年)，该作家提出了一个轮廓分明的收成理论，意思是，周期从根本上说只是丰收和歉收的魔力对社会总收入的影响。

不善的通货和信用制度的变化莫测，在他的英国战友中无疑有人拥护这种理论，在美国则有更多的拥护者。[①] 奥弗斯东本人明白宣称，造成上升的不是银行的政策。[②] 可是这种解释对货币周期理论的现代鼓吹者——特别是霍特里和冯·米塞斯——可能具有的意义，可以用以下两个命题来加以限定。

第一，不管他关于最后原因的问题是怎么想的，奥弗斯东勋爵肯定认为，银行贷款通过发行银行券和"创造"存款扩大到超出"实际"资本[③]的范围，是产生这样一种事件进程的原因：这种事件进程同贷款总是维持在实际资本范围以内所会发生的事件进程有质的不同。他认为，在后一情况下也可发生失误；但是，不管怎样频繁，每一种失误都是个别的事件，不一定彼此有牵连，因此可以在当时就被吸收。但是如果信用扩张大大超过了那个范围，那么经济过程的整个结构就被扭曲了。厂商的投资普遍增长到这样一种程度以致经济的根本状况并不能证明其为正当，因此只是在这种

① 甚至 G. W. 诺曼(《对货币与银行业方面一些流行错误的看法》)，属于颇有名声的作家之列，也最接近于主张上述意义上的纯粹货币周期理论，但承认许多其他的原因要素，从而对它作了根本的修正。关于美国的例子，参阅 H. E. 米勒，上引书第 193 页以下。

② 特别要参阅他的《致 J. B. 史密斯的一封信》(1840 年)。无疑地他有时就这个题目不加小心地发表意见，但我不认为这样说是正确的：提到的陈述同其他的陈述是有矛盾的；或者它们只不过是一种不合逻辑的让步，是从事政治争论的人常常被迫作出的。

③ 这是他在《向下议院银行法律委员会提供的证词》(1857 年)及其附件(1858 年重印)中使用的词语。我认为把这种实际资本同银行从公众储蓄或通过输入黄金得到的购买力存量等同起来是没错的，因此他的立论是指向李嘉图的"虚拟"资本。或许这种区别在他的银行家的心目中是同下述不同的但有关系的区别联系在一起的：可供长期投资之用的资金，与虽然只能供短期之用却用来供应长期投资的资金。

通货膨胀继续进行时这种投资才是正当的。这超出了图克从来没有加以否认的以下说法中所包含的意思：过多的低息货币会促进“贸易过度”，加剧它的后果。

第二，奥弗斯东勋爵用一种纯粹的或占统治地位的货币机制去解释从“贸易过度”到“震动、压力、停滞”的事件转变：萧条是对以前繁荣的反作用，但它主要是对繁荣时期信用扩张的反作用。这种信用扩张抬高了价格，从而造成现金的流失（流往外国和流入流通过程）并威胁银行券的可兑现性。这一定会抬高利息，后者又会动摇信心，缩小银行存款及现有商业票据的数量（《论文》，1857年，第 264 页以下）。所有这一切都没有仔细而透彻地予以阐述，而后来的分析，借敌对批评之助，则使我们习惯了仔细而透彻的阐述。但是一般的涵义是足够清楚的：是本身就不稳定的货币和信用，使得经济进步不稳定，需要的是银行改革以稳定经济进步——诚然不能完全稳定经济进步（奥弗斯东一再地否认这一点），但要尽可能地予以稳定。图克批评了这一切；他不相信“虚拟”资本的存在，或者说无论如何不相信它的重要性；他极度轻视利息在周期中的作用；他不认为信用收缩是造成下降的最重要因素。这的确足以使他在政策方面得出不同的结论。但是，当我们一方面考虑到奥弗斯东对自己的论点所加的限制；另一方面考虑到图克对自己的否定所加的一切限制时，我们便会发现，两人的意见分歧大大缩小了。

由此可见，可以收集到大量思想和分析成就，它们都产生于这一时期。我们已提及各种生产过剩理论，同时也提到最质朴的生产过剩理论是如何被排除的；我们已提及几种消费不足理论，并且也提到了暴露它们缺点的批评性著作；我们已提及各种形式极为不同的随机扰乱理论；我们已提及商业周期的发现，以及关于它的货币理论和投资理论的出现；甚至还有消费过度理论和收成理论；尤其是，我们提到了有关这个问题的统计工作的开端。然而，奇怪的是，在这个时期终了以前，似乎没有人知道所有这些砖瓦，或者懂得它们是砖瓦，等待着人们将它们组成一所综合的建筑物——虽然只是暂时的综合。约翰·穆勒未能完成这一任务，虽然他所提供的综合比初看起来要多。[①] 他用对利润的预期——由有利的或不利的事件所诱致的——来描述周期机制，这种预期影响商人的股票，从而影响价格，价格最后继续上涨，其原因只是它们已经上涨；当认识到上涨已经超过了最初事件所许可的范围时，又开始下跌，直到它继续不断地下跌，因为它们已经下跌。在细心地指出“即使在一个不知信用为何物的社会中”也会发生这种事情以后，他又强调：轻易扩大的信用会大大增加这种波动的剧烈性。但是商业危机——被定义为这样一种状况：“大量商人和交易者同时难于或担心将难于偿还债务”——在“信用没有特别扩张”时也会发生，即当通常供应贷款市场的资本有很大一部分被对外支付、固定投资等等非正常需求所吸收时。他驳斥了质朴的生产过剩理论和消费不足理论，特别是储蓄过多理论，但在萧条事件中为供应过多和支出不足找到了位置。利息也得到了自己的适当的位置；纯粹

① 这部分地是因为穆勒没有在任何地方把他关于危机式周期所要说的话全都集中到一起。他在《原理》第三编第十二章第三节草率地谈了一下这个题目。但是有关的材料可以在许多其他的地方找到，特别是在第三编第十四章和第二十三章，以及在第四编的第四章。

货币性的内部和外部流失机制也是如此。周期性(按这个词的广义来说)也是存在的。我想这就足以把我在试图重现穆勒对周期的分析时所感到的单调乏味传达给读者了。但是虽然很平庸,所有这些也是普通常识,却为进一步的工作打下了很好的基础。在细读A.马歇尔关于这个题目所说的话时,[①]我们的确发现了更多的材料,而没有相同的单调乏味感;但在实质上,他的处理只不过是对约翰·穆勒的暗示的一种阐释罢了。许多其他的学者也受到了穆勒的影响或者甚至是启迪。甚至马克思也从他那里学到了一些东西。

马克思关于商业周期的分析是“未写出的一章”,他所有的,或者甚至是所有正统的,马克思学家同意的关于这种分析的统一画面没有出现过,也不可能出现。[②] 首先我们应注意方法论上的几个特点。马克思总是意识到自己是在广泛不同的抽象水平上进行推理——有时是在同一页上。在周期方面,注意这一点特别重要,

① 材料集中的地方是《货币、信用与商业》(1923年出版)中的第四编“工业、贸易与信用的波动”,但主要是很早以前的研究成果(其中有一些是十九世纪八十年代的)。此外,马歇尔的《原理》中也有几段话与此有关。正文中“价格上升或下降是因为它们已经上升或下降”一语,是马歇尔的话。

② 关于这个题目的马克思主义文献,参阅P.M.斯威齐《资本主义发展现论》,第三编。比斯威齐博士自己的解释更近于正确的,在我看来是H.史密斯的解释,见他的《马克思与商业周期》,载《经济研究评论》,1937年6月,请读者特别参阅此文——部分地因为有了此文,下面的评论就可以简短一些。我的唯一的另一个辩解是,在本书容许的篇幅内,不可能依据大量有关的材料作出差强人意的叙述。这种材料大部分可以从《资本论》第二卷和第三卷,特别是从《剩余价值学说史》中找到(《共产党宣言》和《资本论》第一卷中的一些有名的但不充分的段落,实际上重要性较小)。有几封信也是重要的,例如马克思就英国纺织工业中耐用资本的更新期问题与恩格斯的通信。

因为，既然每一周期是一历史的个体、是部分地由在其他周期没有完全类似之物的情况所决定的，我们就总得处理——甚至要为之构造专门的理论——这样的事实，其相关性随我们愿意在上面移动的抽象水平而不同：一种周期理论可能仍然旨在成为一般的或相当一般的理论，但又包括从纯粹模型的角度看没有意义的因素，这大大地增加了解释上的困难。此外，马克思细心照顾到使周期运动得以发生的一般制度上的状况与实际使之发生的“原因”或因素之间的重大区别。例如，资本主义社会的有名的“无政府状态”、货币在“实物”交易之间进行的干预、银行信用的变化莫测，这些对他来说都是值得考虑的事实，但只是容许的——虽然是必要的——条件，而不是“原因”：他完全认识到满足于指向这些以及类似事实的任何“理论”的空洞性。

最后，他把另一组事实即症状同条件和原因区别了开来。① 有理由认为：忽视这种区别肯定是产生分析错误和无谓争论的肥沃土壤；这种方法论上的贡献本身，就是以使马克思在该领域的分析工作者当中享有很高地位。

其次，我们必须试图评价周期与资本主义社会最后崩溃之间的显而易见的关系，《共产党宣言》中有一段话似乎是这样暗示的。马克思理所当然地使用了（或许是十年的）周期概念。危机对他来

① 在《资本论》（第一卷，英译本，克尔发行，1906年）第695页上有这样一句话：“政治经济学的肤浅性也表现在，它把信用的膨胀和收缩，把工业周期各个时期更替这种单纯的征兆，看作是造成这种更替的原因。”〔中译本第694页。——译者〕自然，整个“政治经济学”并不是如此。但是马克思所要表达的意思包含有大量的真理。

说从来只是周期过程中的一个阶段。但是如果像他似乎相信的那样，他确实相信，随着资本主义时代的消逝，危机会变得愈来愈具有破坏性，那就可以很自然地认为：他把这个推测的事实[1]同最后的崩溃联系在了一起；甚至可以很自然地认为，他希望资本主义在最后一次危机中崩溃，这次危机具有极大的破坏性，使资本主义社会的基础化为灰烬。可是，对马克思的基本概念更为公平的做法是：忽视证明他持有这种观点的那类证据，强调在他的分析中周期过程本身和指向崩溃的趋势——特别是，如果崩溃只不过等于停滞——在事实上是两种不同的现象，每一种没有另一种也可能存在。这样做并不会妨碍他去把重复出现的危机看作是"导致"最后的不可维持的社会情势的"原因"。

最后，我们必须试图收集马克思在从根本上或"原因上"解释周期方面所作出的贡献，并像我们以前的许多人曾经试图做的那样，弄清究竟有没有任何关于周期的明确理论能归功于马克思，即使他从来没有明白地写出来。头一步很容易做到。马克思显然看到，按平均活动、繁荣、生产过剩、危机和停滞这几个阶段(或用他的话来说"时期")运行的("但被较小的摆动所打断的")"十年一次的周期"，[2]是"现代工业的特征"，而不只是一系列事件或偶然事

① 关于这个"事实"本身和马克思对于它的相信都有许多话要说。我们可以"证明"他持有这种信念，就像我们能"证明"马克思相信资本主义制度将被暴力所推翻那样。他可能持有这两种信念，到临终时可能又放弃了这两种信念。对我们来说，更重要的是注意(a)危机变得越来越剧烈的论点不是他的一般理论在逻辑上固有的东西，(b)后来的一些马克思主义者，特别是希法亭，在1929—1933年的事件似乎提供了一种证明以前，驳斥了这一论点。

② 《资本论》，第一卷第二十五章第三节(英译本1906年，第694页)。〔中译本也是第694页。——译者〕

件的结果。并且他明确地认为其根源在积累过程之中。但除此之外，却只能肯定一件事，即，他把这一过程(包括它所带来的生产能力的增加和“它所创造的产业后备军”)看作是离开均衡的运动，把危机看作是异常的灾祸，它定期地重建均衡，又通过彻底摧毁资本价值，为商业盈利再创造条件。这是一种有希望的研究方法，它避免了许多可能发生的错误和无关的东西，有意把人们引向尚待解决的问题：为什么积累过程在本质上[①]是不均衡的？

由于马克思把周期看作是资本主义生活的基本形式，我们不能把随机—扰乱理论当作答案。由于他对周期的信用理论表示蔑视，我们可以把这些理论排除在外，不管他多么重视由一种扩张的信用制度所促成的投机及其他过分之事。他肯定不是质朴的生产过剩危机理论——从傅立叶的生产过剩危机的意义上说——的拥护者。[②] 也不应像他的朋友和敌人常常认为的那样，认为他持有消费不足理论，该理论把危机同劳动者的购买力不足联系在了一起；在门外汉看来，该理论似乎是和剥削紧密相连的。[③] 这种理论

① 要理解为什么在实际生活中积累过程会受到投机狂热、错误以及各种失误等非均衡因素的影响，并不困难。但正如马克思清楚地知道的，这些因素并不能解决最后的理论问题：为什么周期波动是资本主义逻辑所固有的。

② 读者决不要被马克思的著作中频繁出现生产过剩一词引入歧途；像我们所看到的，在他的阶段顺序中甚至也出现了这个词。对他来说，这个词除了描写意义外，别无其他含义。在他的周期现象学中，货物的全面不能脱售当然起着一定的作用。但他并未将任何因果上的重要性归之于它。有些追随者(例如 K. 考茨基，在《爱尔福特纲领》中，1891 年)则不然。

③ 参阅上面，本节第 541 页注①。由于从来没有人把我们在上面提到的那段话中称为非支出(凯恩斯)型的消费不足理论归之于马克思，因而坚持马克思所说的资本家总是急于投资这一事实就不免是多余的，从而强调情况中的这一因素在他的体系中没有地位也是多余的。由于这些资本家投资是因为在竞争的压力下不得不投资，所以同样的推理也适用于马尔萨斯的消费不足。

属于洛贝尔图斯而不属于马克思，像马克思这样优秀的经济学家，完全了解这种理论的弱点，并且用了那么多文字去驳斥它。[①] 这样，最后似乎就只剩下了利润率下降——对马克思来说，这不是积累本身造成的结果，而是不变资本相对于可变资本而言不断增长的结果——但用这个规律来达到手头的目的时，事实上有几种可能性出现在眼前。首先，这个“规律”可以在最高的抽象水平上存在。其次，毫无疑问，繁荣时期是超过正常投资的时期，而由此造成的生产能力增长会对价格和利润产生影响，这种影响不一定起原因的作用，但必然总是具有极大的重要性。[②] 最后，马克思所说的积累导致失业，倾向于摧毁在任何时候存在的工业结构(毁灭较小的和效率较低的厂商等等)。可是，马克思似乎已经认识到，这些因素没有一个能很容易地说明积累过程的周期形式，更难说明危机的出现。无论如何，他没有提出明白地以这些因素中的任何一个或全部为基础的解释性假说，这也许是很聪明的。[③]

① 关于这一点，参阅 H. 史密斯，上引书第 193—195 页。工人们的消费不足的确是起作用的，但只是以一种间接的和次要的方式起作用，不是作为根本的原因：如果工资高些，即剥削的程度小些，积累率也就会小些；由于周期是积累造成的，因而我们可以预期，在那种情况下，周期会不那么明显。

② 这个事实当然能用“资本的生产过剩”一词表示。但这并不能使马克思成为生产过剩或比例失调理论的倡导者。

③ 我们不得不略而不谈马克思有关周期的其他许多思想，例如他曾简略而肤浅地提到存在着一种依靠自身的动力而起作用的机制；不过，我们提到了他对耐用资本替代周期的兴趣。这种不断的探索似乎证明了一种猜测：根本问题在他的心中并未得到解决。

图书在版编目(CIP)数据

经济分析史.第2卷/(美)约瑟夫·熊彼特著;杨敬年译.—北京:商务印书馆,2017
(汉译世界学术名著丛书:120年纪念版:珍藏本)
ISBN 978-7-100-14194-9

Ⅰ.①经… Ⅱ.①约… ②杨… Ⅲ.①现代资产阶级经济学—经济思想史 Ⅳ.①F091.354

中国版本图书馆CIP数据核字(2017)第137597号

汉译世界学术名著丛书
(120年纪念版·珍藏本)
经济分析史
第二卷
〔美〕约瑟夫·熊彼特 著
杨敬年 译
朱泱 校

商务印书馆出版
(北京王府井大街36号 邮政编码100710)
商务印书馆发行
南京爱德印刷有限公司印刷
ISBN 978-7-100-14194-9

2017年12月第1版 开本710×1000 1/16
2017年12月第1次印刷 印张36¾
定价:180.00元